普通高等教育城市轨道交通系列教材

U0649829

城市地铁与轻轨工程（第2版）

Urban Subway and Light Track（2nd Edition）

高 峰 主编

人民交通出版社股份有限公司
China Communications Press Co.,Ltd.

内 容 提 要

本书结合我国快速发展的轨道交通建设实践,针对高等院校教学需求,全面系统介绍了城市地铁与轻轨工程的规划设计、施工技术及监控量测技术,全书共分十二章,主要内容包括:绪论;城市轨道交通路网的规划;城市轨道交通线路与轨道工程;地铁与轻轨车站的建筑设计;地下车站结构工程;区间隧道工程;地铁结构的计算;高架结构工程;地下铁道的施工技术;地铁防水设计;城市轨道交通环境与灾害控制;信息化施工监测。本书内容翔实,涉及知识面广,部分章节配备了二维码资源,拓展了教材的深度和广度,反映了近年来轨道交通建设领域的最新技术与诸多先进成果。

本书可供城市轨道交通、隧道与地下工程、市政建设工程等相关专业的高等院校学生学习使用,也可以供从事城市与轨道交通规划、设计、施工和运营管理的相关技术人员参考和学习。

图书在版编目(CIP)数据

城市地铁与轻轨工程 / 高峰主编. — 2 版. — 北京:
人民交通出版社股份有限公司, 2019.8
ISBN 978-7-114-15779 – 0

Ⅰ. ①城… Ⅱ. ①高… Ⅲ. ①地下铁道—铁路工程②
轻轨铁路—铁路工程 Ⅳ. ①U23

中国版本图书馆 CIP 数据核字(2019)第 176913 号

普通高等教育城市轨道交通系列教材

书　　　名: 城市地铁与轻轨工程(第 2 版)
著 作 者: 高　峰
责 任 编 辑: 谢海龙
责 任 校 对: 孙国靖　宋佳时
责 任 印 制: 张　凯
出 版 发 行: 人民交通出版社股份有限公司
地　　　址: (100011)北京市朝阳区安定门外外馆斜街 3 号
网　　　址: http://www.ccpcl.com.cn
销 售 电 话: (010)59757973
总 经 销: 人民交通出版社股份有限公司发行部
经　　　销: 各地新华书店
印　　　刷: 北京虎彩文化传播有限公司
开　　　本: 787×1092　1/16
印　　　张: 23.25
字　　　数: 517 千
版　　　次: 2012 年 2 月　第 1 版
　　　　　　2019 年 8 月　第 2 版
印　　　次: 2021 年 2 月　第 2 版　第 5 次印刷　总第 10 次印刷
书　　　号: ISBN 978-7-114-15779-0
定　　　价: 48.00 元

(有印刷、装订质量问题的图书由本公司负责调换)

第2版前言

本书于2012年第一次出版,随着科学技术的发展,相关规范不断更新。为更好的适应当前的教育要求和工程实际,编者在广泛征集意见的基础上,于2019年6月开始对第1版进行修订。修订版在保留第1版内容丰富的特色的基础上进行了更新、修订和补充。

本次修订的内容主要有以下两个方面:

(1)对所涉及的相关规范进行了更新。将《城市道路交通规划设计规范》(GB 50220—95)更新为《城市道路交通组织设计规范》(GB/T 36670—2018),将《地铁设计规范》(GB 50157—2003)更新为《地铁设计规范》(GB 50157—2013),将《铁路隧道设计规范》(TB 10003—2005)更新为《铁路隧道设计规范》(TB 10003—2016),将《公路桥涵设计通用规范》(JTG D60—2004)更新为《公路桥涵设计通用规范》(JTG D60—2015),将《铁路桥涵设计基本规范》(TB 10002.2—2005)更新为《铁路桥涵设计规范》(TB 10002—2017),将《给排水工程结构设计规范》(BGJ 69—84)更新为《给排水工程结构设计规范》(GB 50069—2002),将《城市道路设计规范》(CJJ 37—90)更新为《城市道路工程设计规范》(CJJ 37—2012),将《建筑结构荷载规范》(GB 50009—2001)更新为《建筑结构荷载规范》(GB 50009—2012),将《铁路桥梁钢筋混凝土和预应力混凝土结构设计规范》(TB 10002.3—2005)更新为《铁路桥涵混凝土结构设计规范》(TB 10092—2017)。并根据最新规范调整了相关参数的取值以及相关计算公式。

(2)补充、修正、完善相关内容。将第一章中的城市地铁与轻轨工程修建条件根据国务院最新文件要求进行了修正,同时将世界城市轨道交通里程统计数据和排名顺序以及我国大陆地区的里程统计数据及排名顺序更新至2019年统计数据,并增加了第四节市域快轨的发展。将第三章中第二节的道岔部分进行了适当补充。将第七章中暗挖圆形衬砌结构计算中的例题计算部分进行了步骤细化和答案修正,便于读者阅读和理解。此外,在有关章节中加入了可供读者拓展学习的微课程/动画资源的二维码,以及将上一版的排版及印刷错误进行了修正。

希望采用本教材的广大师生和读者,对使用过程中发现的问题,提出宝贵的意见和建议,以利于今后的再次修订,使之更臻完善。

编　者
2020年12月

第1版前言

随着我国国民经济的飞速发展,城市化进程的进一步加快,我国众多城市的轨道交通迎来了新的机遇和挑战。由于城市地铁和轻轨在改善交通状况、节省城市用地、减少环境污染等诸多方面具有明显优势,国内众多大中型城市纷纷开始大兴城市轨道交通工程,一些大专院校土木工程及交通工程专业也都开设了相关的课程。本书作为给相关专业提供的专业教材,具有信息丰富、资料全面、内容新颖的特点,保证了理论体系的科学性和专业的针对性,突出了以培养人才为目的的指导思想,用学生容易接受的文字分章阐述,条理清楚,书中各章节能够很好地串联成一个整体,大中专生在阅读本书后可掌握该领域的基本知识,同时本书也可作为从事城市轨道交通建设的科研人员、管理人员、规划人员的工具书和参考书。

本书内容涵盖城市轨道交通路网的规划,城市轨道交通线路设计,地铁与轻轨车站、区间隧道及高架结构工程的设计、计算及施工工艺的建筑设计,城市轨道交通环境与灾害控制。教材共分十二章,第一章为绪论部分,总体介绍目前城市轨道交通发展概况及前景。第二章介绍城市轨道交通路网的基本结构及路网规划的设计原则、方法及步骤。第三章介绍城市轨道交通路线总体设计方法及轨道工程结构设计和轨道交通限界相关内容。第四章介绍地铁与轻轨车站的特征及建筑设计原则。第五章分别针对地下车站的不同施工工艺、适用条件及结构设计做了详细介绍。第六章介绍区间隧道工程的结构类型及其设计方法。第七章为本书的一个重点章节,介绍了地下铁道工程的主要计算模型及作用荷载,并详细介绍了地铁车站及区间隧道的静力计算过程及抗震分析过程。第八章介绍了高架结构工程(包括高架区间桥梁结构、高架车站结构及高架结构墩与基础)的结构形式、设计计算方法与过程及其施工技术。并对重庆轨道交通中首先采用的单轨交通做了单独的介绍。第九章介绍了地下铁道的各种施工技术。第十章详细介绍了不同形式的地下铁道工程的防水设计。第十一章介绍城市轨道交通环境控制措施与防灾设计。第十二章介绍信息化施工监测的内容、方法及作用。

本书由重庆交通大学高峰教授统稿。其中第一章、第六章和第七章由高峰教授编写;第二章和第三章由梁波教授编写;第四章由张学富教授编写;第五章由黄明奎教授编写;第八章由王成教授编写;第九由王先义副教授编写;第十章由李明副教授编写;第十一章由付钢副教授编写;第十二章由涂忠仁副教授编写。关宝树教授对全书进行了审阅,提出了很多宝贵意见,在此表示衷心的感谢。

由于编者水平有限,书中难免有欠妥之处,敬请专家和读者批评指正,不胜感谢。

编 者

2012 年 2 月

目　录

第一章 绪 论

城市轨道交通是城市公共交通系统的重要组成部分,城市轨道交通的定义是"通常以电能为动力,采取轮轨运转方式的快速大运量公共交通的总称",它包括地铁、轻轨、市郊铁路、有轨电车以及磁悬浮列车等多种类型。

当今世界范围内人口向城市集中,城市化步伐加快,大中型城市普遍面临人口密集、住房紧缺、交通阻塞、环境污染严重、能源匮乏等所谓的"城市问题",城市道路交通已经难以满足城市交通的需求,城市轨道交通以其用地省、运能大(轨道线路的输送能力是公路交通输送能力的近 10 倍),成为城市现代化立体交通系统中的骨干,被称为"城市交通的主动脉"。

第一节 城市轨道交通的概况

城市轨道交通是指以轨道交通运输方式为主要技术特征,在城市公共客运交通系统中具有中等以上运量的轮轨交通系统(有别于道路交通),主要为城市公共客运服务,是一种在城市公共客运交通中起骨干作用的现代化立体交通系统。城市轨道交通主要包括以下几类:有轨电车(Tramway)、地下铁道(Metro)或称为快速轨道交通(Rapid Rail Transit,RRT)、轻轨交通(Light Rail Transit)、独轨交通(Monorail)、自动化导向交通(Automated Guideway)、磁浮交通系统(Maglev System)、缆索轨道交通(Cable Railway)等。几种主要的城市轨道交通的主要技术指标见表1-1。

几种城市轨道交通方式的主要技术指标 表 1-1

指 标		单位	地下铁道	轻轨交通	独轨交通	有轨电车
平均站间距离	市区	m	500 ~ 800	800 ~ 1 000	700 ~ 1 500	600 ~ 1 200
	市郊	m	1 000 以上	1 000 以上	2 000 以上	—
最高行车速度		km/h	90	80	80	60
旅行速度		km/h	30 ~ 45	25 ~ 35	18 ~ 43	16 ~ 20
行车最小间隔		s	50 ~ 90	90	90	90
每辆车容量		人	150 ~ 310	190 ~ 336	80 ~ 180	110
列车编组		辆	4 ~ 10	2 ~ 6	2 ~ 6	1 ~ 3
单向运输能力		万人次/h	3 ~ 8	2 ~ 4	1 ~ 2	1 左右

下面将目前国内外城市通常采用的主要轨道交通系统简单介绍如下。

1. 地下铁道

地下铁道，简称地铁，主要指在大城市的地下修建车站和隧道，并在其中铺设轨道，以电动快速列车运送大量乘客的城市铁路系统，但是在城市郊区以及人员车辆较少的地方，地铁线路可延伸至地面或高架桥上。地铁运输几乎不占用街道面积，也不干扰地面交通。

地铁交通车辆大部分采用动力分布式（即动车组），而不采用动力集中式。另外，部分较为先进的系统已开始引入列车自动操作系统，如伦敦、巴黎、新加坡和我国的台湾、香港等地车辆通常都不需控制列车。更先进的轨道交通系统正在向无人操控的全自动方向发展，例如，世界上最长的自动化 LRT(Light Rapid Transit) 系统——温哥华 Skytrain，整个 LRT 系统所有的车站及列车均实现了"无人管理"。

在交通拥挤、行人密集、道路又难以扩建的街区，以地铁代替地面交通工具，具有许多优点，其主要表现在以下几个方面：

（1）地铁交通具有安全、快捷、方便、准时的特点，可为乘客赢得效益，乘坐地铁通常要比利用地面交通工具节省 1/2 ～ 2/3 的时间。它以车组方式运行，载客量大、准点率高、安全舒适。对于多条地下铁道立体交叉的情况，在交叉节点处设有楼梯、自动扶梯或垂直电梯，换乘极为方便。同时，由于地铁的行驶路线不与其他运输系统（如地面道路）重叠、交叉，因此行车受到的交通干扰较少，可节省大量通勤时间。

（2）修建地铁可以改造地面环境。一方面地铁建于地下，可以减小对地面的噪声；另一方面，地铁列车是以电力驱动，相对于以石油为能源的汽车，地铁交通没有废气的排放，大大降低了对地面生活环境的影响。

（3）地铁可节省地面空间。通过地铁建设建立起城市立体交通系统，能保护城市中心区域有限的地面资源，完善城市的交通服务功能。

（4）地铁修建可以带动周边经济发展。地铁建设及开通会带动沿线地产、商业的增值，加速人口的流动，乃至拉动区域、城市的发展。从这点上来说，建设地铁可以为城市在其他方面带来长期丰厚的回报。

（5）城市地铁具有一定的防御战争和抵御地震破坏的能力。由于地铁位于地下，比较隐蔽，所以在战争状态下一般不易成为轰炸的目标，且地铁在修建时已经充分考虑了人防要求。另外，由于地铁隧道在地下围岩的约束下随围岩变形协调，所以在地震作用下能够很好地抵御地震的灾害作用。从近些年来的地震情况来看，地铁所遭受的破坏程度相对桥梁等地上建筑来说比较轻。

因此，对于大城市，尤其是对国际化特大城市来说，建设地铁是非常必要的。从目前已建成地铁的城市来看，一般认为，当城市人口超过 100 万时就有考虑修建地铁的必要性。

同时，城市地铁建设和运营中还面临着很多问题，主要表现在以下几个方面：

（1）地下铁道的建造和运营成本高。由于地下工程的复杂性和不确定性，地下建造成本要远高于地面建设。一般来说，地铁工程的每千米造价在 4 亿～7 亿元之间，且车辆每辆列车的造价动辄就高达数千万元。此外，地铁的运营维护成本也很高，即使搭乘人流再大，所收票额也仅供日常运营开销，地铁修建所投入的高昂成本很难通过售票等措施的收入收回。目前，世界上除香港、新加坡等少数城市的地铁系统能够实现真正意义上的盈利外，其他地铁线路基本依靠政府的补贴修建和维持运营。

（2）地下铁道的建设周期长。地铁建设过程包括挖掘地下洞室、铺设铁轨、安装设备以及进行各种调试工作,地铁从开始动工到投入运营需要很长的时间。

（3）前期准备时间长。由于需要规划和政府审批,甚至还需要试验,建设地铁的前期准备时间较长。从开始酝酿到付诸行动破土动工需要非常长的时间,短则几年,长则十几年都是有可能的。

（4）运营中的安全性有待提高。虽然地铁对于雪灾和冰雹的抵御能力较强,但是对水灾、火灾和恐怖活动等抵御能力很弱。考虑到地铁的构造,极易导致因为这些因素而发生悲剧。

①水灾:由于地铁内的系统所处高程低于地平线,而导致地上的雨水容易灌入地铁内。因此,地铁在设计时不得不规划充分的防水排水设施,即使如此,依然有可能发生地铁站淹水事件。为此,在发生暴雨之时,地铁车站入口的防潮板和线路上的防水闸门都要关闭。

②火灾:以前,人们不太重视地铁站内的防火设施,而车站内一旦发生火灾,瞬间就会充满烟雾,从而引发严重的灾祸。1987年11月18日,英国伦敦地铁国王十字车站发生火灾,导致31人死亡。产生火灾的原因之一是伦敦地铁内采用了大量木质建筑。因此,日本地铁部门规定在地铁站内禁烟来避免火灾。

2003年2月28日,韩国大邱广域市的地铁车站因为人为纵火而发生火灾,12辆车厢被烧毁,192人死亡,148人受伤。这次火灾造成如此严重死伤的原因除了车厢内部装潢采用可燃材料之外,车站区域内排烟设施不完善也是重要因素,加上车辆材质燃烧时产生了大量的一氧化碳等有害物质,导致不少人中毒死亡。

③恐怖活动:由于地铁的空间狭小、人流量大、单位空间内人员密度大,发生灾难引起的伤亡大且救援困难,且引起的社会反响较大,所以地铁往往也容易成为恐怖分子袭击的目标。其中,比较典型的当属莫斯科地铁。2004年2月6日,俄罗斯莫斯科一列地铁列车在运行中发生爆炸,造成近50人死亡,130多人受伤。2004年8月31日,莫斯科里加地铁站附近发生恐怖爆炸事件,造成10人死亡,51人受伤。2010年3月29日早晨7点50分左右,莫斯科市卢比扬卡地铁站内一节车厢发生爆炸;其后,莫斯科地铁文化公园站发生爆炸;随后又发生第三起爆炸事故,地点位于和平大街地铁站。此次事件被称为莫斯科地铁连环爆炸案。

自地铁出现以来,工程师们就不断持续研究如何提高地铁的安全性。

2. 轻轨交通

轻轨交通是在有轨电车的基础上发展起来的以电力驱动车辆与列车在特定保护下,但不一定与城市道路立体交叉的轻型、便捷的城市客运方式。其输送能力为1.5万~3.0万人次/h。它的车辆轴重较地铁车辆轴重轻,因此,施加在轨道上的荷载相对于城市铁路和地铁的荷载来说要小一些,因而称之为轻轨。

轻轨交通是城市轨道交通的一种,是目前缓解城市交通压力的主要形式之一,因为它具有诸多优点,而越来越被人们所认可。它的主要优点有:

（1）相对于普通的城市公共交通而言,它具有运量大、噪声低、污染小、速度快、安全性高以及正点运行的优点。

（2）对于地铁等其他城市轨道交通来说，它的灵活性更高，而且投入的成本要小很多。一般情况下，地铁的平面曲线半径不小于 300m，而轻轨一般在 100～200m 之间，转弯能力和与其他建筑的协调能力比地铁要灵活得多。

3. 独轨交通

独轨交通又称单轨交通，是指车辆在一根轨道上运行的轨道交通系统，通常区分为跨座式和悬挂式两种：跨座式是指车辆跨坐在轨道梁上行驶；悬挂式是指车辆悬挂在轨道梁下方行驶，其重心处于轨道梁的下方。因其轨道梁比较窄，仅为 85cm，故对城市的景观及日照影响较小。

独轨交通具有噪声低、振动小、对城市的景观及日照等影响小、通过小半径曲线能力和爬坡能力强等优点。另外，跨座式独轨系统尤其适合复杂多变的地形。我国第一条独轨运输系统是重庆市较新线跨座式独轨运输系统，整个工程的一期工程于 2004 年底建成通车，线路共18 个车站，全长 18.878km。

但是，独轨交通也有运能小、速度低、能耗大、粉尘污染等缺点。此外，由于橡胶轮与混凝土轨面的滚动摩擦阻力比钢轨大，所以，其能耗要比普通钢轮钢轨的轨道交通大 40% 左右；橡胶轮与轨道间的摩擦会形成橡胶粉尘，对环境有轻度污染；列车运行在区间发生事故时，面积狭小的轨道梁难以安设救援设施，造成疏散和救援工作都比较困难。因此，尽管独轨交通已经经历了一个多世纪的发展历程，但它在世界范围内却并没有得到广泛的应用。

4. 有轨电车

有轨电车是一种公共交通工具，简称电车，通常采用地面线，有时具有隔离的专用路基和轨道，列车只有单节，最多不超过 3 节。旧式的有轨电车由于与其他公共汽车及行人共用街道路权，且平交道口多，因而其运行所受的干扰多、速度慢、通行能力低，单向运输能力一般在1 万人次/h 左右。现代有轨电车与运量较低的轻轨交通已很接近，只是车辆尺寸稍小一些，运营速度超过 20km/h，单向运能可达 2 万人次/h。

有轨电车自 1879 年在柏林博览会上首次尝试使用以来，已有 140 多年的历史。它在城市交通体系中具有自己的优点，主要包括：对于中型城市来说，路面电车是实用廉宜的选择；无须在地下挖掘隧道；相较其他路面交通工具，路面电车能更有效地减少交通意外发生的概率；路面电车以电力驱动，车辆不会排放废气，是一种无污染的环保交通工具。

5. 磁浮交通系统

磁浮列车不同于一般轮轨黏着式铁路，它是一种利用电磁感应作用使车轮浮在轨道上行驶的客运交通系统，其驱动方式是靠磁力推进，其运行速度可达 300km/h 以上。目前，使磁浮列车走向实用化的技术开发已基本完成，磁浮交通已经在中低速（80～120km/h）和高速（430km/h）实现了商业运用，在中速和超高速领域的研究仍在持续进行中。

第二节　城市地铁和轻轨建设的条件

近年来，城市轨道交通在我国得到较快发展，部分特大城市相继建成了一批项目，使城市交通状况得到了明显改善，同时，城市轨道交通的发展使大批房屋建到郊区，这不仅有利于建设生态城市,还能大幅度降低房价,使更多的居民买得起住房,从而推动房地产市场以及整个产业链的发展,为促进经济和社会发展起到了重要作用。

城市轨道交通的一个主要弊端就是造价太高,而我国的建设投资模式单一,资金不足,限制着我国城市轨道交通的发展,甚至在一些地方引起因盲目建设城市轨道交通,导致债务负担沉重,运营后亏损严重的状况。因此,城市轨道交通项目应坚持量力而行、有序发展的方针,必须确保城市轨道交通建设与城市经济发展水平相适应。对经济条件较好、交通拥堵问题比较严重的特大城市,其城市轨道交通项目可予以优先支持。

城市地下铁道经过一个多世纪的发展,线路完全在地下的只占少数,包括我国的北京和天津,多数城市的地铁线路,都在不同程度上包括地面段和高架段,只有在通过中心城区时才进入地下段。香港的二期地铁线总长仅 10.5km,却有 1.2km 在地面,1.9km 为高架,地下段只有7.4km。据统计,全世界 96 个城市地铁当中,地下线占统计总全线长的 35.4%,地面线占51%,高架线占 13.6%;而全世界 26 个城市轻轨当中,地下线仅占 15.9%,地面线占 79.3%,高架线占 4.8%。因此,城市轨道交通的建设应使地下、地面和高架合理布局,以尽量降低工程建设的造价。

综上所述,城市地铁与轻轨工程建设的必要前提条件,大体应该从以下几点考虑。

(1)一般认为人口超过 300 万的城市就可以考虑建设地铁与轻轨的可能性,但这只是宏观的和笼统的推测,不能以此作为建设地铁的决定性依据。

(2)评估一个城市是否修建地铁与轻轨的重要因素,还要考虑主要交通干线上单位时间客流量的大小,即现状和可以预测出的未来单向客流量是否超过 3 万人次/h,且在采取增加地面公共电汽车车辆、完善城市现有的公共道路交通系统以及拓宽城市地面道路等措施后,仍无法满足客流量的增长时,才有必要考虑建设地铁与轻轨。

(3)地下铁道和轻轨应成为城市快速轨道交通系统的组成部分,为了降低整个运输系统的造价,还应合理布置地下、地面和高架线路之间的相互衔接关系,尽量缩短线路在地下段的长度,以降低轨道交通的建设投资。

(4)地下铁道与轻轨的建设必须根据国民经济状况、城市经济实力、设备国产化概率和施工与运营管理技术水平等综合因素经过可行性论证才可以确定。

城市轨道交通过高的造价不仅使多数城市难以承受,盲目建设还容易造成国民经济的局部失衡,为此,国务院于 2003 年明确指出城市快速轨道交通系统的建设要坚持"量力而行,有序发展"的原则,并且规定了建设地铁和轻轨的城市应达到的基本条件。

(1)地方财政一般预算收入在 300 亿元以上。

(2)国内生产总值达到 3 000 亿元以上。

(3)城市总人口超过 700 万,城区人口在 300 万以上。

(4)规划线路的客流规模要达到单向高峰 3 万人次/h 以上。

城市轨道交通建设资金需求量大,仅靠政府单一的投资渠道建设,难以满足城市建设发展的需要,资金不足曾一度成为制约城市轨道交通建设的重要因素。对此采取的主要办法有改革建设经营管理体制,按市场经济规律办事,逐步开放城市轨道交通市场,实行投资渠道和投资主体多元化,鼓励社会资本和境外资本以合资、合作或委托经营等方式参与城市轨道交通投资、建设和经营,并采取招标的方式公开、公正地选择投资者。在融资渠道上,鼓励和支持企业采取盘活现有资产、发行长期建设债券和股票上市等方式筹集资金。城市轨道交通沿线土地增值的政府收益,应主要用于城市轨道交通项目的建设。

同时,要改革国有城市轨道交通企业的经营体制,引入竞争机制,增强企业活力,提高管理水平和效益。要通过加强管理,理顺价格,开拓经营范围,提高企业自我积累、自我发展的能力,减轻城市财政压力,逐步实行自负盈亏。

借鉴西方发达国家城市轨道交通的建设经验,可以采取以下几个具体措施:

(1)城市轨道交通建设与沿线物业综合开发相结合,让沿线物业土地出让的收入投入到轨道交通工程建设。

(2)积极利用外资,加快城市轨道交通建设步伐。

(3)实行轨道交通建成线沿线单位有偿受益。

(4)设立轨道交通建设专项基金。

(5)采取合作开发的策略。

(6)建立中央政策性投、融资体系,组建国家开发银行,为轨道交通项目进行融资。

(7)通过发行轨道交通建设的国家中长期债券,筹集轨道交通建设的部分资金。

第三节　城市轨道交通的发展现状及前景

一、世界城市地铁与轻轨的发展

1863年1月10日,用明挖法施工的世界上第一条地铁在伦敦建成通车,列车用蒸汽机车牵引,线路全长约6.4km,区间隧道断面为矩形双线断面,宽度为8.69m,高度为5.18m。1890年12月,伦敦首次用盾构法施工,建成另一条线路,由电气机车牵引,线路长约5.2km,区间隧道断面为圆形断面。虽然城市轨道交通诞生已有一百多年,但重视和大规模修建城市轨道交通系统则是在第二次世界大战结束以后。20世纪下半叶以来,伴随着世界范围内的城市化进程,大城市逐步形成了目前以地下铁道为主体,多种轨道交通类型并存的现代城市轨道交通新格局。据日本地下铁道协会统计,到1999年全世界有115个城市建成了地下铁道,线路总长度超过了7 000km。

截至2018年底,全球共有72个国家和地区493座城市开通城市轨道交通,运营里程超过26 100km,车站数超过26 900座。其中,56个国家和地区的179座城市开通地铁,总里程达14 219.36km,车站数超10 631座;20个国家和地区的53座城市开通轻轨,总里程达1 293.68km,车站数为1 077个;58个国家和地区400座城市开通有轨电车,其中有里程数据来源的236座城市的有轨电车总里程达10 609.05km,车站数超过15 200个。

表1-2显示了截至2018年底全球各大洲城市轨道交通总体线网规模。

2018年世界各大洲城市轨道交通运营里程汇总　　　　　　表1-2

大　洲	地铁长度(km)	轻轨长度(km)	有轨电车长度(km)	总计长度(km)
亚洲	8 137.35	836.25	332.6	9 306.2
欧洲	3 569.46	324.23	10 253.25	14 146.94

续上表

大 洲	地铁长度（km）	轻轨长度（km）	有轨电车长度（km）	总计长度（km）
北美洲	1 410.2	122	—	1 532.2
南美洲	1 005.95	11.2	—	1 017.15
非洲	96.4		23.2	119.6
总计	14 219.36	1 293.68	10 609.5	26 122.09

世界各国地铁各具特色。纽约是当今世界地铁运行线路最长的城市，其设施较为陈旧，但方便快捷且价格低廉。中国、墨西哥城与首尔（汉城）分别是世界上地铁发展最快的国家和城市，墨西哥的地铁如今有拉美规模最大、最现代化的地铁网络，首尔（汉城）的地铁也是四通八达，截至 2015 年年底，整个轨道交通系统共 19 条路线，总长度已达 596.9km，其中地铁里程 314km。莫斯科地铁以其宏大的建筑规模和华美的地铁站风貌闻名于世，其整个地铁系统中早期建成的车站均有其独特风貌，都经过建筑师和艺术家的精心设计，以不同的历史事件或人物为主题，采用五颜六色的大理石、花岗石、陶瓷和彩色玻璃镶嵌出各种浮雕和壁画装饰，辅以华丽的照明灯具、富丽堂皇的大理石地面，美不胜收，故有"地下宫殿"之美誉。巴黎地铁是世界上最方便的地铁，地铁站间距非常短，班次也很多，每天发出 4 960 次列车。法国里尔地铁是当今世界最先进的地铁，全部由微机控制，无人驾驶，轻便、省钱、省电，车辆行驶中噪声、振动都很小，高峰时每小时通过 60 次列车，为世界上行车间隔最短的全自动化地铁。美国旧金山地铁是当今世界地铁列车速度之冠。新加坡地铁是世界上最安全、最清洁、管理最好的地铁。

1978 年 3 月，国际公共交通联合会（EITP）在比利时首都布鲁塞尔会议上，确定了新型有轨电车交通的统一名称，英文为 Light Rail Transit，简称轻轨交通（LRT）。20 世纪八九十年代，环保、能源结构问题突出，在经济可持续发展战略方针指导下，全世界掀起了新一轮的轻轨交通系统建设高潮。

截至 2019 年，世界各国（地区）城市轨道交通发展排名情况见表 1-3。

世界各国（地区）城市轨道交通运营里程汇总（单位：km） 表 1-3

国家/地区	地铁	轻轨	有轨电车	总计	国家/地区	地铁	轻轨	有轨电车	总计
中国	5 902.64	422	405.63	6 730.27	智利	140			140
德国	400.7	—	3 214.4	3 615.1	泰国	113.59	23		136.59
美国	1 296.7	35.1		1 331.8	芬兰	35		96	131
俄罗斯	590.7	10	522.2	1 122.9	希腊	84.7		27	111.7
波兰	32.1	—	1 057.4	1 089.4	斯洛伐克			91.5	91.5
法国	267.5	89.9	724.7	1 082.1	丹麦			35.9	44	79.9
日本	790.6	96.2		886.8	埃及	77.9			77.9
韩国	803.9	57.3	—	861.2	卡塔尔	76			76
英国	479.5	44.4	317.7	841.6	委内瑞拉	63.6	11.2		74.8
西班牙	440.925	59	271.6	771.525	阿联酋	74.6			74.6
乌克兰	112.8	—	622.9	735.7	克罗地亚			66.2	66.2
印度	635.77	11.7		647.47	阿根廷	56.7			56.7
意大利	156.8	66.327	374.3	597.427	菲律宾	13.75	36.55		50.3

续上表

国家/地区	地铁	轻轨	有轨电车	总计	国家/地区	地铁	轻轨	有轨电车	总计
罗马利亚	71.4	—	432.7	504.1	塞尔维亚	—	—	43.5	43.5
荷兰	141.8	—	290.5	432.3	哥伦比亚	42.1	—	—	42.1
奥地利	83.3	—	315.7	399	爱尔兰	—	—	42.1	42.1
捷克	65.2	—	333.6	398.8	阿尔及利亚	18.5	—	23.2	41.7
比利时	39.9	—	341.9	381.8	爱沙尼亚	—	—	39	39
巴西	374.1	—	—	374.1	巴拿马	36.8	—	—	36.8
瑞典	108	—	221.5	329.5	阿塞拜疆	36.7	—	—	36.7
伊朗	280.2	—	—	280.2	乌兹别克斯坦	36.2	—	—	36.2
中国台湾	201.2	77.5	—	278.7	澳大利亚	36	—	—	36
墨西哥	258.5	—	—	258.5	秘鲁	34.6	—	—	34.6
土耳其	217.83	34.63	—	252.46	多米尼加	31	—	—	31
挪威	85	—	160.1	245.1	格鲁吉亚	27.1	—	—	27.1
加拿大	141.5	94	—	235.5	波黑	—	—	22.9	22.9
瑞士	5.9	—	224.65	230.55	朝鲜	22	—	—	22
匈牙利	39.4	—	190.9	230.3	沙特阿拉伯	18.1	—	—	18.1
拉脱维亚	—	—	213.9	213.9	波多黎各	17.2	—	—	17.2
葡萄牙	44.1	—	158.2	202.3	印度尼西亚	15.7	—	—	15.7
新加坡	119.1	79.5	—	198.6	亚美尼亚	13.4	—	—	13.4
保加利亚	40	—	154	194	哈萨克斯坦	11.3	—	—	11.3
中国香港	174.7	11.2	—	185.9	中国澳门	—	9.3	—	9.3
白俄罗斯	37.3	—	129.4	166.7	卢森堡	—	—	6	6
马来西亚	51	91.5	—	142.5					

注：1. 空格表示无数据来源，"—"表示无该制式；
　　2. 另有埃塞俄比亚、摩洛哥、尼日利亚、突尼斯、阿鲁巴、以色列无数据来源；
　　3. 中国大陆的市域快轨暂时并入地铁统计。

二、中国地铁与轻轨的发展

中国第一条现代化城市轨道交通线路是1969年10月1日建成通车的北京地铁1号线。经过40多年的发展，中国城市轨道交通不断创新，已从单一的地铁发展为城市轻轨、市郊铁路乃至城际铁路的多样化、立体化交通系统，从蒸汽机牵引发展为电气化牵引。

我国第一批得到国家批准建设轨道交通项目的城市有北京、上海、天津、广州、南京、深圳、武汉、西安、重庆、成都、哈尔滨、长春、沈阳、杭州和苏州，共15个城市。在2007年，又有南宁、宁波、无锡、大连、东莞、昆明、郑州、长沙、福州和贵阳10个城市在制订规划或报批之中。根据《中国城市轨道交通年度统计分析报告》，截至2019年底，中国大陆地区开通城市轨道交通城市共40座，运营里程达6 736.2 km。其中，37座城市开通地铁5 180.6 km，3座城市开通轻轨217.6 km，9座城市开通市域快轨754.6km，16座城市开通有轨电车417 km。2019年中国大陆地区共新增温州、济南、常州、徐州、呼和浩特5个城轨交通运营城市；另有27个城市有新增线路(段)投运,新增运营线路长度共计974.8km,其中地铁788.5km,市域快轨98.2km,有轨电车88.1km。截至2019年,中国大陆地区已建成地铁运营情况统计见表1-4。

中国大陆地区已建成地铁运营情况统计汇总表　　　　表1-4

城　市	线路条数(条)	线路长度(公里)	客运量(万人次)
北京	20	637.6	394 318.4
上海	15	669.5	386 885.4
天津	5	178.6	47 037.2
重庆	7	230.0	61 034.4
广州	13	489.4	328 830.3
深圳	8	304.4	178 044.8
武汉	9	338.4	123 959.2
南京	5	176.8	104 165.7
沈阳	2	87.2	36 765.3
长春	2	38.7	11 503.6
大连	2	54.1	13 934
成都	7	302.2	139 942.8
西安	5	158.0	94 554.1
哈尔滨	2	30.3	10 360.9
苏州	4	165.9	36 168.5
郑州	4	151.7	41 120.8
昆明	3	88.7	21 404.6
杭州	4	130.9	63 402
佛山	—	21.5	—
长沙	3	81.8	33 392
宁波	3	91.3	16 681.3
无锡	2	58.8	10 966.4
南昌	2	60.4	17 502.1
兰州	1	25.5	3 249.9
青岛	2	50.0	15 585.2
福州	2	53.4	10 733.9
东莞	1	37.8	5 375.6
南宁	3	80.9	27 383.3
合肥	3	89.5	17 981.6
石家庄	2	38.4	9 571.8
贵阳	1	34.8	5 063.5
厦门	2	71.9	5 813.9
乌鲁木齐	1	26.8	2 552.1
济南	2	47.7	573.5
常州	1	34.2	1 009.8
徐州	1	21.8	743
呼和浩特	1	21.7	19.9
总计/平均	150	5 180.6	2 277 630.8

注:广佛线线路长度数据按照地理区域划分,其他数据全线计入广州。

三、城市轨道交通的发展前景

根据 20 世纪发达国家发展城市交通正反两方面经验得出的结论：优先发展以轨道交通为骨干的城市公共交通来解决城市的交通问题，已成为世界各国的共识。21 世纪将是发展中国家城市轨道交通成网的世纪。在新的世纪，随着城市轨道交通的发展，对城市轨道交通功能的认识上，将由解决城市交通拥堵的基础性功能转变为引导城市结构优化、建设生态城市的先导性功能。

随着世界人口的增加和经济的发展，地下空间的开发利用将是历史发展的必然趋势，城市轨道交通将会得到空前的发展。而为了克服地铁投资巨大的困难，各国纷纷进行投融资的体制改革，城市轨道交通建设将大量吸纳民间资本。新世纪，科技的发展也将使城市轨道交通的全自动化技术日益成熟，可以预料到，全自动运行将成为 21 世纪城市轨道交通的一大技术特征。

第四节　市域快轨的发展

市域快速轨道交通（简称"市域快轨"），指的是大城市市域范围内的客运轨道交通线路，其作用是沟通城市与郊区、中心城市与卫星城、重点城镇等，作为连接中心区与外围新城的重要交通方式。服务范围一般在 100km 以内，采用大站距、全封闭，最高运行速度为 100～160km/h，融入城市轨道交通系统网络，基于城市轨道交通运营管理模式，以城市客运服务为主，是城市轨道交通线路制式的一种。

市域快轨能够加强核心区与近郊新城、城市副中心、大型交通枢纽之间的快速通达性，具有带动城市外围组团、副中心及新城发展等功能，其功能定位为：（1）是国家干线铁路与城市轨道交通系统之间一个重要的轨道交通层级；（2）满足城市中心区与卫星城之间的通勤客流需求；（3）配合和引导沿线土地的开发，带动城市外围组团、副中心及新城发展，防止"摊大饼"式发展；（4）在提高轨道交通线网覆盖密度的同时，与其他轨道交通（地铁、城际铁路、高铁、既有国铁）实现良好的衔接和换乘，相互协调配合，优化城市交通网络的整体结构。

一、市域快轨系统制式应用情况

轨道交通系统制式包括车辆制式、供电制式、轨道制式三方面的内容。供电制式主要有25kV 交流供电、1500V 直流供电、750V 直流供电以及双流制式，车型主要有 A 型车、B 型车、D 型车、直线电机车辆、磁悬浮车辆等；轨道制式主要有钢轮钢轨和适用于中低速磁悬浮的 F 轨。目前我国运营或在建的市域快轨系统制式见表 1-5。

我国运营和在建的市域快轨系统制式　　　　　　　　　　　　　　　表 1-5

线 路 名 称	供 电 制 式	车 辆 制 式	轨道制式	速度（km/h）	线路长度（km）
温州 S1 线	25kV 交流供电	动车组 6 辆编组	钢轮钢轨	120	51.9
香港机场 LAR 快线	1 500V 直流供电	车辆采购自西班牙和韩国	钢轮钢轨	130	35
广州地铁 3 号线	1 500V 直流供电	B 型车 6 辆编组	钢轮钢轨	120	67.25

线路名称	供电制式	车辆制式	轨道制式	速度（km/h）	线路长度（km）
天津滨海轻轨	1 500V 直流供电	B 型车 4 辆编组	钢轮钢轨	100	45.43
南京宁高城际二期	1 500V 直流供电	B 型车 4 辆编组	钢轮钢轨	120	54.4

各地的市域快轨均需与当地的城市规划、经济社会环境相适应,研究恰当的市域快轨系统制式可从速度目标值选择、车辆选型、供电系统比选、工程经济性比较等方面综合分析。

市域 A、B 型车直流制式在我国应用相对成熟,建设和运营成本较低。市域 D 型车主要在温州市域快轨 S1 线运用,开行速度高,建设成本高于 A、B 型车。CRH6F 型动车组在长株潭城际铁路、宁波至余姚城际铁路中投入运营,运行稳定,应用成熟。双流制式车辆在我国尚没有运用,已有相关厂家正开展自主研究。市域快轨的车型选择应有利于线路与整个轨道交通线网的资源共享,能与线路的客流需求相适应。

二、市域快轨的特点

和普通地铁列车相比,市域快轨的硬件更优秀,比如速度更快、行驶更稳。在软件方面,则设置了大行李架以及空间更大的座椅。

(1)车速更快:市域快轨列车运行速度从 0 ~ 160km/h,只要 1min 左右,这比动车组的加速时间要减少一半,同时,列车最大速度可以达到 160km/h,比普通地铁列车速度更快。

(2)运行更平稳:市域快轨列车转向架上增设了抗蛇形减震器,使列车运行更加平稳。

(3)车厢噪声低:市域快轨列车采用塞拉式门,开门时推出车体再往两边拉,这种门更加密闭,列车运行的时候就更安静。

(4)靠背座椅更舒适:市域快轨主要是中距离运输,站间距比地铁更长,因此,列车采用了横排座椅,提高了乘客乘坐的舒适度。

(5)节能:车厢采用 LED 灯和变频空调技术,可以节能 15% 左右,同时设置节能坡,在即将进站时,设计一个上坡,采用滑行进站,将动能转换为势能,启动时滑行加速,将势能转换为动能,从而达到节能的效果。

(6)配备大件行李架:和地铁列车相比,市域快轨车厢两侧座位上方各有一排行李架,在车厢两端,还专门配备有大件行李格子。

(7)载客量更大:市域快轨列车可根据实际客流需要采用 6 辆或 9 辆编组,同时还能重联运行。按照每辆车最大载客量 370 人计算,9 辆编组的列车最大可以运载 3 330 人左右,每小时双向客流量可达 1 万 ~ 4.5 万人。

三、市域快轨的应用规划情况

我国市域快轨的发展虽然起步较晚,但发展迅速,目前国内已建及在建轨道市域快轨已达到十余条,见表 1-6。

部分城市已建及在建市域快轨线路   表 1-6

线路名称	起终点	里程	站点数	设计速度
北京新机场快线	丽泽商务区站—新机场	41.4km	3	160km/h
广州 18 号线	南沙万顷沙—广州东站	61.3km	9	160km/h
广州 14 号线	嘉禾望岗站—新河站	76.3km	22	120km/h
成都 18 号线	火车南站—天府新城	66km	12	140km/h
上海 16 号线	龙阳路站—滴水湖站	59km	13	120km/h
深圳 11 号线	福田站—碧头站	51.7km	18	120km/h
东莞 2 号线	东莞火车站—虎门火车站	37.7km	15	120km/h
南京 S1 线	南京南站—空港新城站	37.3km	9	100km/h
南京 S3 线	南京南站—高家冲站	36.2km	19	100km/h
南京 S7 线	空港新城站—无想山站	30.2km	5	100km/h

（1）重庆市

根据规划,重庆市在 2035 年,主城区至将形成"22 线 1 环"的线网布局。其中,市域快轨将由 6 条快线组成,包括 26 号线、27 号线、28 号线、15 号线、19 号线、20 号线,主要功能包括衔接市域铁路及服务于城市内部。在"22 线 1 环"的线网布局中,包含轨道快线、轨道普线,线网规模 1 252km（不含璧山、江津地区线路 41km）;规划至远景年形成"29 线 1 环"的轨道线网,1 473km（不含璧山、江津地区线路 57km）。按照规划,6 条市域快轨线路都是连接新城区与市中心和新城区与新城区之间的快速轨道交通,建成通车后,重庆市主城的交通将得到进一步的完善,各个城区之间的沟通也将更加便捷,如图 1-1 所示。

（2）南京市

自 2014 年至今,南京市共建成投入使用了 5 条市域快轨线路,分别为 S1 禄口机场线、S3 宁和线、S7 宁溧线、S8 宁天线及 S9 宁高线,衔接南京周边高淳区、溧水区、六合区等新区。在此基础上,南京市将重点构建市域快轨线、城区干线以及中运量轨道三个层次的轨道交通线网,轨道交通总里程将达 1200km 左右。其中,市域快轨线路总长将达到 380km,服务于都市圈通勤,可以与高铁站和地铁站进行换乘,速度介于高铁和地铁之间。此外,到 2035 年,南京市还将规划预控过江通道 23 处,总计 26 条。

（3）温州市

温州市将建设"S + M"线,其中 S 线指市域快轨线路,目前,市域快轨线网规划了 4 条 S 线,其中近期建设 3 条,即 S1 线、S2 线、S3 线。S1 线路全长 77km,规划设站 29 座,其中换乘站 6 座,平均站间距 2.8km;S2 线路全长 88.9km,规划设站 20 座,其中换乘站 4 座,平均站间距 4.68km;S3 线路全长 56.2km,规划设站 23 座,其中换乘站 4 座,平均站间距 2.6km,如图 1-2 所示。

（4）长沙市

长沙市规划构建"一横、两纵"长沙快线格局,其中"一横"为长宁快线与西站—浏阳快线组成。根据线网规划提出快线互联互通的运营组织理念,两条快线构成了贯穿长沙东西的穿城快线。穿城快线途径湘江新区高铁西站、梅溪湖二期、洋湖等重点发展片区,辐射宁乡、浏阳城区。其中,长宁快线全长约 60.32km,分为两期建设,规划设站 21 座,如图 1-3 所示。

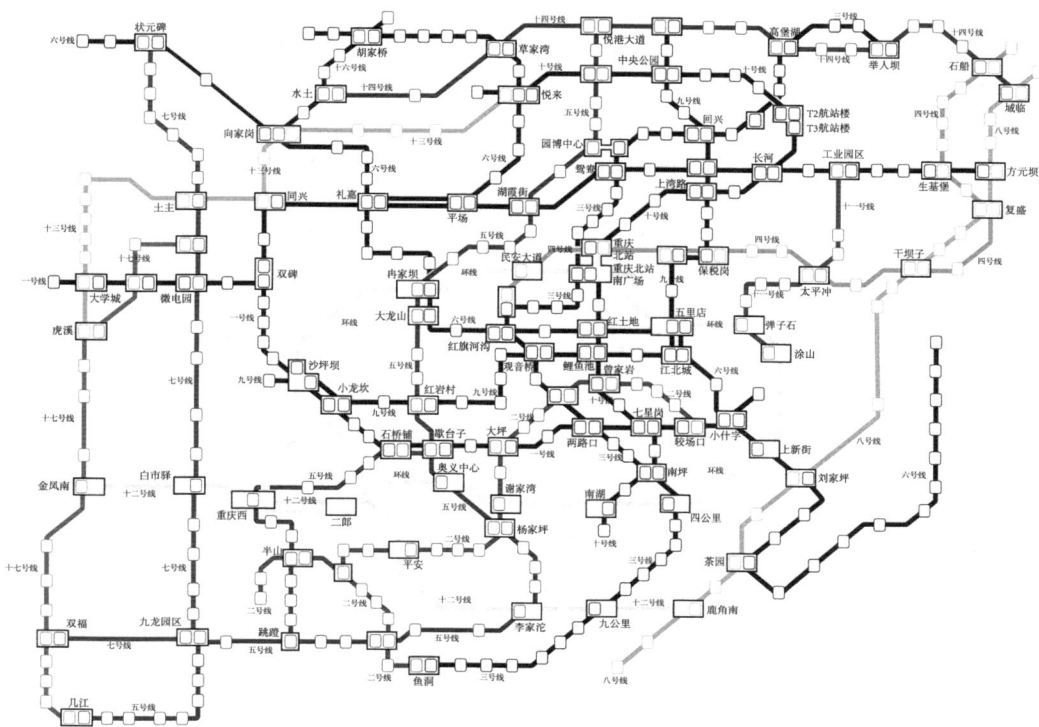

图 1-1 重庆市(主城区)轨道交通规划示意图

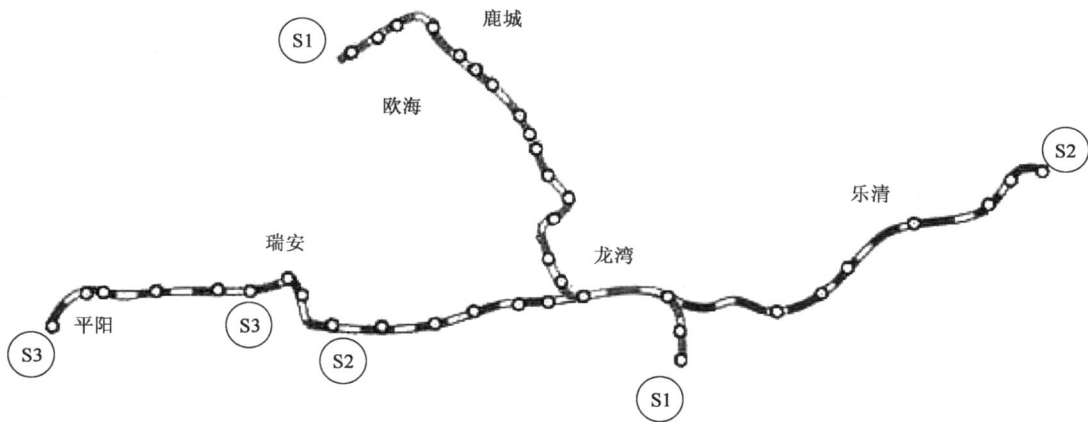

图 1-2 温州市域轨道快线 S1、S2、S3 线一期工程线网示意图

四、市域快轨与地铁、轻轨的区别

（1）功能定位差异。地铁和轻轨是为满足城市中心区域出行需求而建设的城市轨道交通线路，市域快轨是服务于市中心与近远郊的通勤线路，或为串联大都市格局的快线。

（2）市域快轨是一个大的城市轨道交通概念，它不限定特定的制式和车型，比如南京地铁

S 号线系列被纳入地铁系统,上海已经获批的崇明线暂定采用 10 编组直线电机车型,发改委的批文里将它定义为市域铁路。两相比较,线路在技术制式和车辆选型上差异极大,但从线路的功能定位上来说,它们都可纳入市域快轨交通系统。同时,市域快轨交通系统不能从制式、运量、车型上去和其他城市轨道交通系统进行区分,一条线路是否为市域快轨,应该首先考虑线路的功能定位,其次是速度目标值、线路长度、站间距等各个指标。

图 1-3 "穿越快线"总体方案布置示意图

目前,我国许多大城市的市域快轨正在探索投资小、见效快的建设方式,新建线路选择在外围新城边缘设站或仅利用既有铁路现状能力富裕时段开行市郊列车,这两种方式对既有通勤客流的服务水平都非常有限,造成已经运营的类似线路效果并不理想。如果想有效地解决外围新城的现状通勤问题,需要新建线路直接修入客流集散地,既有铁路开行的市郊列车频次至少在高峰时段可以达到专线水平,但这两种方式投资都很大。因此,我国在市域快轨建设处于相对被动的地位时,需要权衡工程的投入与效益,在资金允许的情况下,重点保证服务水平与客流需求的匹配,从而达到投资效益最大化。

思 考 题

1. 简述地下铁道与轻轨交通的区别和特点。
2. 城市地铁与轻轨建设需满足哪些条件?
3. 结合实例,浅谈城市轨道交通的发展现状及前景。

第二章 城市轨道交通路网的规划

现代城市的健康和谐与可持续发展需要有一个与之相适应的现代化交通体系。解决城市交通究竟靠什么？是个体交通还是公共交通？这是城市交通发展的战略问题。20世纪60年代法国巴黎最先提出公共交通优先的战略，后来，几乎所有国家和地区都鲜明地选择了优先发展公共交通的政策。欧美在近40多年的实践中形成了丰富的城市公共交通体系，取得了显著成效，并成为解决城市交通堵塞的根本办法。

城市交通是一个多学科的系统工程，它牵涉人、车、路和环境的相互作用，关系非常复杂，要解决好城市人多地少、车多路少的交通问题，形成一个与城市发展布局相协调的综合交通路网，必须要统一规划、综合治理、分期建设。近期，应做好与城市交通量基本适应的道路网络系统，与综合交通规划有机配合，扩展空间、利用条件，重点发展以城市轨道交通为骨干的公共交通网络，逐步改变以常规公共交通为主的客运方式，引入大、中客运量的地铁和轻轨交通方式。远期，应逐步实现多层次、多平面、立体化的城市交通网络体系，在大部分地区实施机动车辆和非机动车辆分流行驶，并充分利用高新技术建设和管理城市交通工程，打造城市宜居和畅通有机结合的美好生活环境。

骨干交通运输方式又是城市交通发展的关键。大运量、高速度、独立专用轨道的城市轨道交通已经具备了作为大城市公共交通系统骨干运输方式的条件。骨干运输方式就是要承担较大比例的城市客运周转量。单一的轨道交通线一般很难达到这种"骨干"要求，主要是因为其客流吸引范围和线路走向的局限。因此，轨道交通必须要形成网络才能起到骨干作用。因此，怎样做好一个城市的轨道交通规划，及其编制原则与需求条件，以及预测的项目按规划建成后能否充分发挥城市交通与市际交通的整体效益，促进土地的有效开发利用，都是当前亟待探索和需要解决的重大问题。

我国继20世纪60年代在北京、70年代在天津、80年代在上海兴建地铁后，目前已有61个城市正在修建地铁和轻轨。由于我国城市修建轨道交通的历史还很短，且在此以前，城市总体规划中很少吸纳轨道交通网络，有些城市甚至连综合交通规划也不够完善。因此，编制轨道交通规划对于城市规划人员和建设者来说既新鲜又重要，这一规划直接影响城市的整体布局和功能定位，直接关系到我国城市的轨道交通事业能否健康有序地发展。线路网络的规划是城市轨道交通工程设计建设的主要技术依据，它的好坏直接影响城市交通结构的合理性和工程投资及工程建设的经济效益和社会效益。所以，每一个城市在修建第一条轨道交通线路之前，首先应按规划设计年限认真编制好轨道交通网络规划，并有机地融入总规划之中，从而构成城市公共交通体系，在缓解城市交通压力、节约土地和道路资源、保护环境和降低社会经济运行成本起到重要作用。

第一节　路网规划设计原则

路网规划包括规模、走向、类型等方面，是城市轨道交通规划的重要组成和具体体现，城市轨道交通规划又是城市建设和城市公共交通的重要组成部分。好的路网规划必须建立在遵循城市交通规划基本原则的基础之上，包括全局性、客流预测、线路走向、车站布置、交通组织等原则。不管何种原则，需要强调的是，不成网的线路是难以发挥轨道交通效率的。具体的路网规划原则和要求可细化如下。

1. 全局性原则

路网规划必须符合城市的总体规划。轨道交通网络规划是大城市总体规划和综合交通规划的重要组成部分。随着城市经济的不断发展，城市区域会不断扩大，为了减少中心城区或老城区过重的交通压力，需要规划一些组团式的城市副中心，即在中心城区的周围发展若干个卫星城的方式来扩大城市。交通引导城市发展是一条普遍规律，可以通过轨道交通和城市快速干道改变城市的区域布局。轨道交通的发展改变了大城市的发展模式，使城市沿轨道交通走廊轴向伸展；而城市快速干道及高速公路的飞速发展则带来了城市蔓延和副中心的出现。所以，在制订轨道交通路网规划时，一定要根据城市规划发展方向留有向外延伸的可能性。如上海市新一轮总体规划中确定城市发展的四个伸展轴，无不依附于相应的轨道交通干线。

轨道交通路网规划要符合城市的远景规划，要有前瞻性。巴黎市郊快速铁路发展规划是在巴黎城市总体规划和土地使用规划的基础上，结合巴黎市远期发展制定的。在巴黎从单中心向多中心转变的过程中，巴黎的规划部门已经预见到由此带来的客流潜力，及时规划和建设了地区快速轨道交通线，从而在转轨期间成功地疏散了大量客流。交通的便捷也反过来促进了各中心经济迅速发展，从而使城市步入良性发展的轨道。

2. 客流预测原则

路网规划走向要与城市客流预测相适应。通过对城市主要交通干道的客流预测，定量地确定各条线路单向高峰小时客流量，也就可以确定每条线路规模和容量。在大城市修建轨道交通最主要的目的是为居民，尤其是对中、远程乘客，提供优质的交通服务，轨道交通应是最能满足出行要求的交通方式。居民每天出行的交通流向与城市的规划布局密切相关，轨道交通只有沿城市交通主客流方向布设，才能照顾到居民快速、方便的出行需要，并且能充分发挥轨道交通客运量大的功能，提高城市的生活品质和社会效益。

3. 线路走向原则

规划线路要尽量贯穿连接城市中心并沿城市主干道布置。城市各类中心由于汇集了包括行政、资本、商业、交通枢纽和丰富的文化娱乐等资源而成为客流汇集最多的地方，并由此形成了具有通达效果的主干道，城市居民由于工作、学习、出行或购物等原因外出时，一般都是沿着主线（主干道）汇集流动而形成密集客流。如果规划线路贯穿连接城市交通枢纽（如火车站、飞机场、码头和长途汽车站等）、商业中心、文化娱乐中心、大型的生活居住区等客流集散数量大的场所，可以大大减少线路的非直线系数和缩短居民出行时间。这样规划的轨道交通线，可以满足城市居民由于工作、学习、出行等原因外出换乘需要，最大限度地吸引客流，带来的经济效益和社会效益显著。此外,大型主干道路面宽阔,两侧民居较少,沿城市主干道布置的轨道交通线,可以减少拆迁费用,便于工程展开,减少对城市居民生活的干扰。

4.车站布置原则

线路规划的一项重要内容是车站规划与选址。因为车站远近、换乘条件及换乘次数直接影响着出行时间的多少,并且直接影响着吸引客流大小的问题。根据国内外的经验,在市区,两平行网线间的距离一般以1 400m左右为宜,同时要与街道布局相配合,除特殊情况外,两线间距离最好不少于800m,且不大于1 600m。在市郊,两线间距离可以适当增大。若在相关交叉点乘客必须换乘时,除在设计中考虑方便的换乘条件之外,最好经一次换乘就能达目的地,最多不要超过两次。

5.交通组织原则

轨道交通路网要与城市公共交通路网和其他交通方式相衔接,以充分发挥各自优势,为乘客提供优质的交通服务。检验现代城市交通状况的优劣,主要是分析居民出行是否方便,而衡量的主要标志是出行时间的长短。所以,大城市的交通组织一定要以轨道交通为骨干,常规公共交通为主体,辅之以其他交通方式,构成多方位多层次交通体系。如常规公共交通与主干道上的轨道交通的车站换乘联系甚至联运,就可减少居民出门步行时间。

路网规划在遵循上述原则的前提下,还要满足以下要求:

1.客运负荷均匀

路网中各条规划线路上的客运负荷量要尽量均匀,避免个别线路负荷过大或过小的现象。这就要求在规划中充分考虑线路吸引客流的能力和居民出行的可达性,使乘客平均乘距与线路长度的比值要大,使乘客穿越商业中心、文化政治中心、旅游点、居民集中区次数均衡。

2.地层和环境选线合理

轨道交通是涉及车、机、工、电、信等的复杂交通系统,既可能穿越地下,也可能跨越地表,会遇到地上和地下建筑物。因此,在考虑线路走向时,应考虑沿线地面建筑的情况,要注意保护重点历史文物古迹和环境;要尽量避开不良地质地段和重要的地下管线等构筑物,以利于工程的实施和降低工程造价。线路位置应考虑尽可能与地面建筑、市政工程综合利用,充分开发地上、地下空间资源,以利于提高工程实施后的经济效益以及社会效益。

3.利用既有线路

轨道交通尤其是地铁,应尽可能利用城市既有的铁路设施。上海市轨道交通明珠线,属于规划中的地铁4号线,规划线路总长62km,南起闵行,北至宝山。一期工程南起漕河泾,北至江湾镇,全长24.975km。除起点漕河泾站、石龙路站和上海火车站为地面站外,其余16座均为高架站。它充分利用旧有的淞沪、沪杭两条铁路线(约18km),占总里程的72%,其中,高架线约占86%(沿主干道),地面线约占14%(主要在郊区)。这样既减少了地面拆迁费用,又解决困扰上海市内铁路道口交通通行的难题。该工程可使既有沪杭铁路内环线城市道路的20多处平交道口的交通压力得以缓解,从而大大改善了地面公共交通的拥挤堵塞状况。

4.设置车辆停放和检修基地

车辆段(厂)是轨道交通的车辆停放和检修基地,在规划线路时,一定要同时规划好其位置和利用的范围。另外,还要规划好设备维修、材料供应和人才培训基地等的用地。该用地最好和车辆段（厂）规划在一起,若条件不允许时,可单独设计。一般而言,这些基地占地面积较大,在"寸土寸金"的大城市里,规划设计时一定要注意节约用地,并要充分考虑利用基地上下方的空间,结合城市规划做好综合开发规划。一般车辆段、检修厂设置在一条线路的两端郊区,这样可以方便地面铁路运输的轨道交通的车辆、设备与材料等经由车辆段（厂）进入轨道交通的地下或高架线。这之间要布置规划轨道专用线,专用线位于车辆段（厂）内。在网线之间为便于路线调运车辆,还要设置联络线。

5. 设置环形线

环线的主要作用是为了减少没必要到市中心去换乘的客流,并使沿环线乘行的乘客能直达目的地,提高其可达性,以起到疏解市中心客流的作用。所以,环线设计除考虑方便乘客换乘与减小市中心区客流压力外,还一定要保证日常有足够的流量。否则,环线客流负荷强度太小,会影响其运营效率和企业的经济效益。因此,轨道交通环线的布设,要在客流预测基础上,经过分析比较,优化组合确定,不可生搬硬套,要做到因地制宜。

6. 优化路网修建程序

在确定线路规划网中各条线路修建程序时,要与城市建设规划、旧城改造计划相结合,以保证轨道交通工程建设计划实施的可能性和连续性,以及工程技术和经济上的合理性。

第二节　路网基本结构

一、路网形态结构的基本类型

一个城市的轨道交通线路一般达到 3 条以上,这些线路围绕客流集散点相互组合,并受城市具体的人文地理环境等条件制约,形成千姿百态的路网形态。路网结构形式布置适当与否,直接关系到路网建成后的经济效益、社会效益和交通服务质量。轨道交通路网的线路越长、条数越多,所构成的路网形态就越复杂。目前,世界各国城市的轨道交通路网结构形式比较繁杂,将这些路网形态抽象、归类,如图 2-1 所示,其中,最基本的类型主要包括放射形（星形）结构、条带形（树状结构）、放射加环线形、棋盘形（栅格网状结构）、棋盘加环线形、混合型,其他形如十字形、井字形、T 字形等为简单的基本类型。

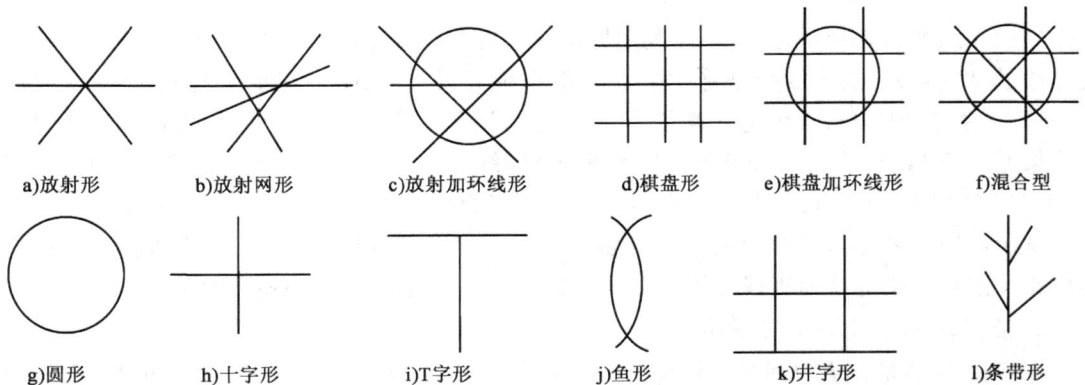

a)放射形　　b)放射网形　　c)放射加环线形　　d)棋盘形　　e)棋盘加环线形　　f)混合型

g)圆形　　h)十字形　　i)T字形　　j)鱼形　　k)井字形　　l)条带形

图 2-1　路网形态结构基本类型

二、路网形态结构的特征分析

路网形态结构的共同特点是:在城市的外围区,轨道交通线路呈放射状,密度较低,形成主要的交通轴向;而在内城区,轨道交通线路密度较高,形成以三角形、四边形为基本单元的形态多样的网络结构。从几何图形上分析,大致可归纳为放射形(星形)结构、放射网形、放射加环线形、棋盘形(栅格网状结构)、混合型、条带形(树状结构)等。下面对这几种类型的路网结构特征加以分析。

1. 放射形(星形)

放射形结构是指路网中所有的线路只有一个交点(换乘站)的结构,如图 2-1a)所示。其唯一的换乘站一般都位于城市中心的客流集散中心,如目前美国波士顿的轨道交通路网(图 2-2)、俄罗斯基辅的轨道交通路网(图 2-3)。这种形式对于乘客非常方便,郊区乘客可直达市中心,并且由一条线到任何一条线只要 1 次换乘就可到达目的地,是换乘次数最少的一种形式。但换乘站上的客流量大,换乘客流相互干扰也大,常易引起混乱和拥挤,此外,换乘车站的设计与施工难度也大,一般多采用分层换乘。这使得车站埋深加大,换乘复杂,增加了建设和运营费用,且市郊之间、城市各副中心之间联系不便,必须经过市中心的换乘站。所以,要根据城市规模和地形条件进行规划。

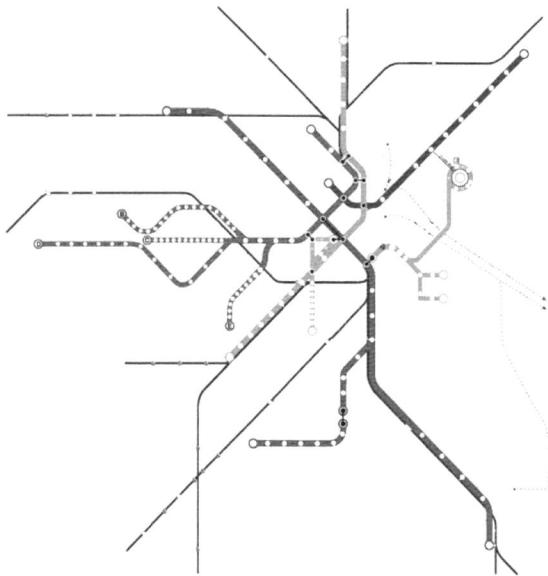

图 2-2　美国波士顿轨道交通路网示意图

2. 放射网形

放射网形结构指线路(至少 3 条)多为径向线且线路交叉形成不规则路网结构,如图 2-1b)所示。放射网形路网基本上是与城市结构和地面上的道路系统相配合,沿城市繁华地区客流量集中的道路下呈网状布置地铁路网,实现地铁车站与地面各交通站点的换乘。如葡萄牙首都里斯本轨道交通路网(图 2-4)和重庆市轨道交通规划(图 2-5)即为这种形式。这种线路由于各方向都有线路通达市中心,市郊到市中心的出行方便,市中心区对市郊的经济辐射距离较远。其缺点是市郊区之间发生联系时,必须到市中心区的换乘站换乘,导致乘客走弯路。

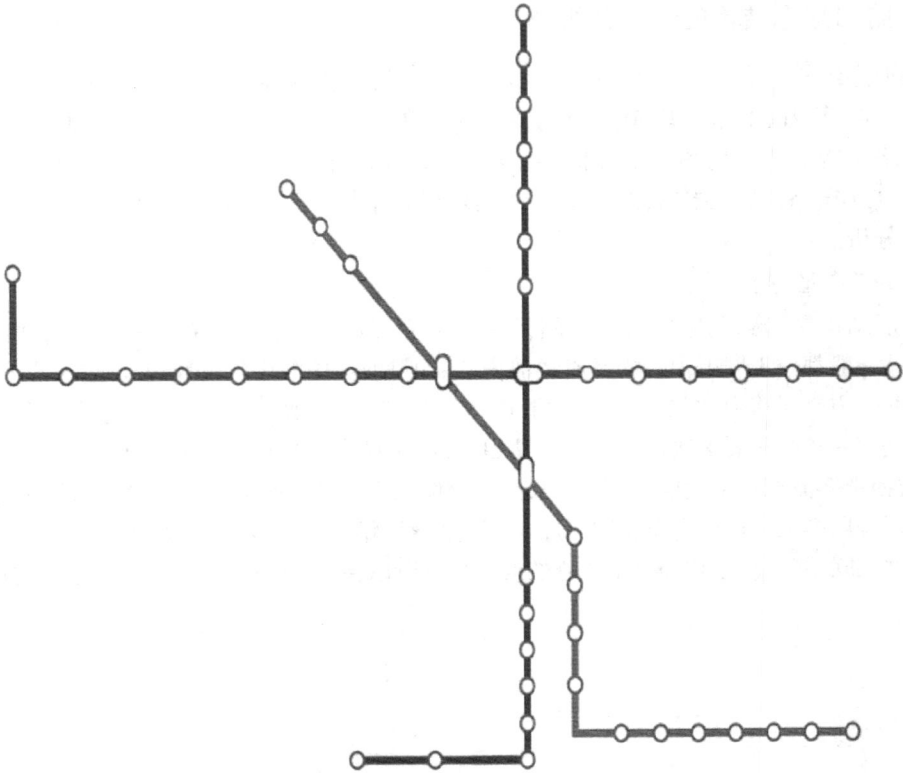

图 2-3　俄罗斯基辅轨道交通路网示意图

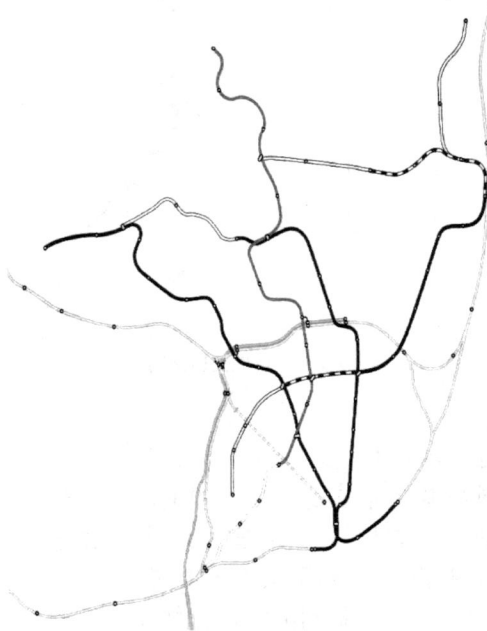

图 2-4　葡萄牙里斯本轨道交通路网示意图

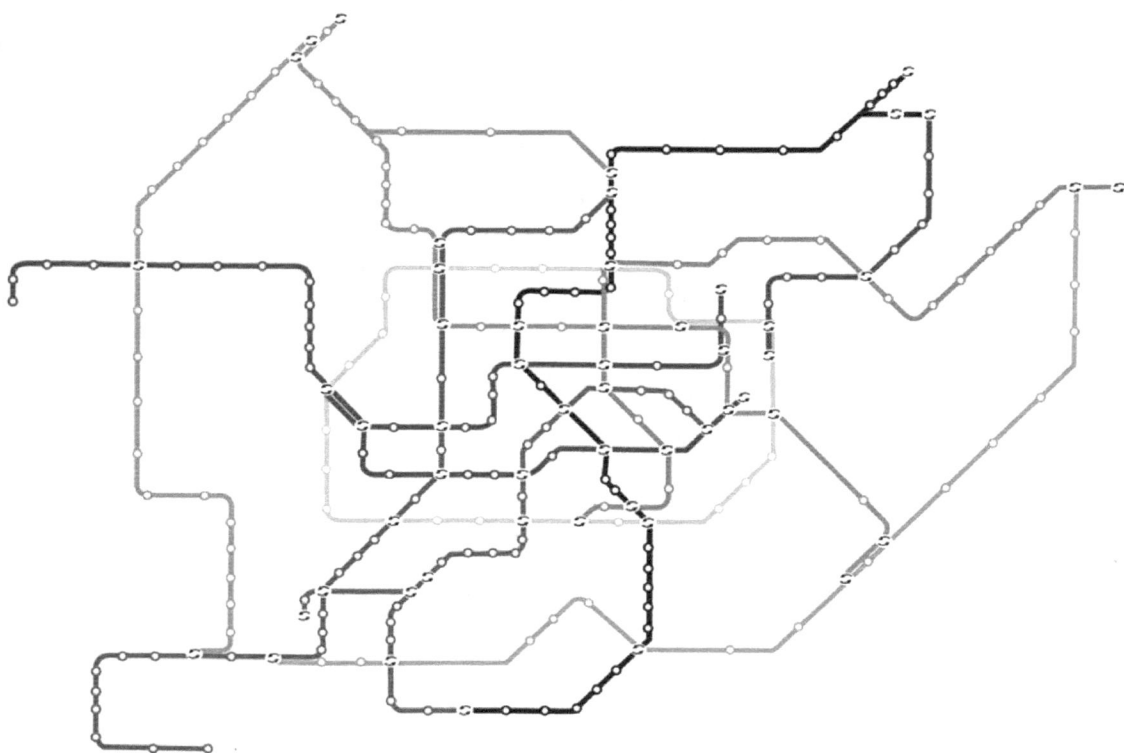

图 2-5　重庆市轨道交通路网规划示意图

3.放射加环线形

放射加环线形是在放射网形的基础上增加环行线而成的路网结构。通过环线将各条放射线有机地联系在一起,如图 2-1c)所示,它既具备放射形路网的优点,又克服了其不足之处,方便了环线上的直达乘客和相邻区域间需要换乘的乘客,并能起到疏解市中心客流的作用。这种形式常见于一些规模很大的系统,较典型的路网如俄罗斯莫斯科市地铁路网和韩国首尔地铁路网,见图 2-6 和图 2-7。

4.棋盘形(栅格网状形)

棋盘形是指由若干线路(至少 4 条)大多呈平行四边形交叉,构成四边形路网结构,其形状如图 2-1d)所示。从目前已经建成的这种路网形式的大阪和墨西哥城两个城市的情况来看,这种结构的路网线路分布比较均匀,客流吸引范围比例较高。线路按纵横两个走向,多为相互平行或垂直的线路,乘客容易辨识方向,能提供很大的运输能力。此类路网的缺点,一是线路走向比较单一,对角线方向的出行需要绕行;二是没有通达市中心的径向线路,市郊到市中心出行不便,换乘次数多。因此,在结合城市干道网必须采用这种结构形式时,应尽量将分叉点布置在大的客流集散点上,以减少换乘次数,方便乘客。图 2-8 所示为墨西哥城棋盘式地铁轨道交通网。

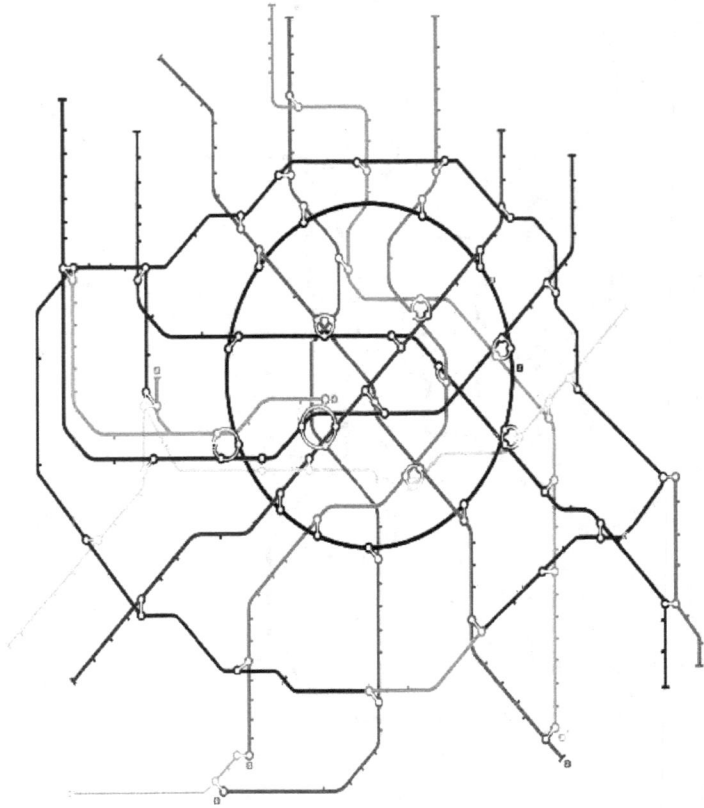

图 2-6　俄罗斯莫斯科轨道交通路网示意图

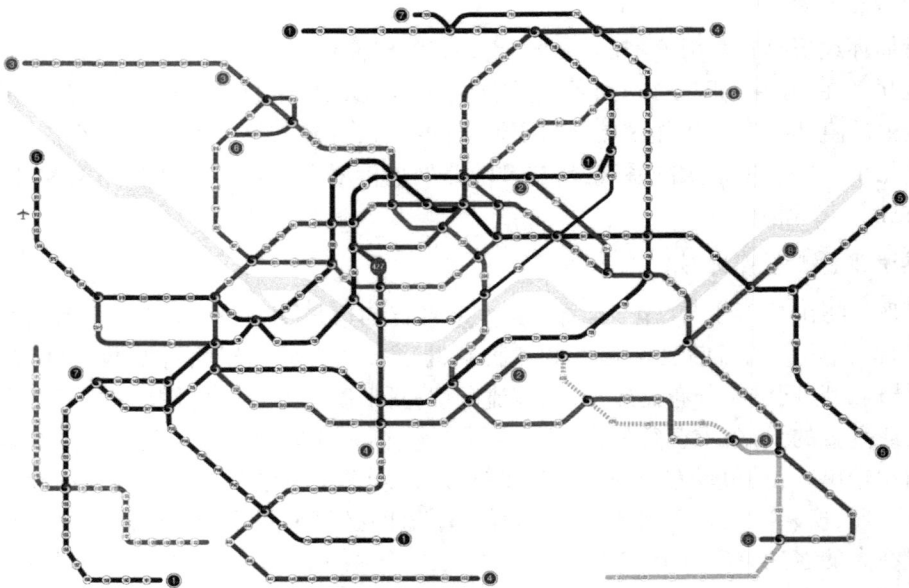

图 2-7　韩国首尔轨道交通路网示意图

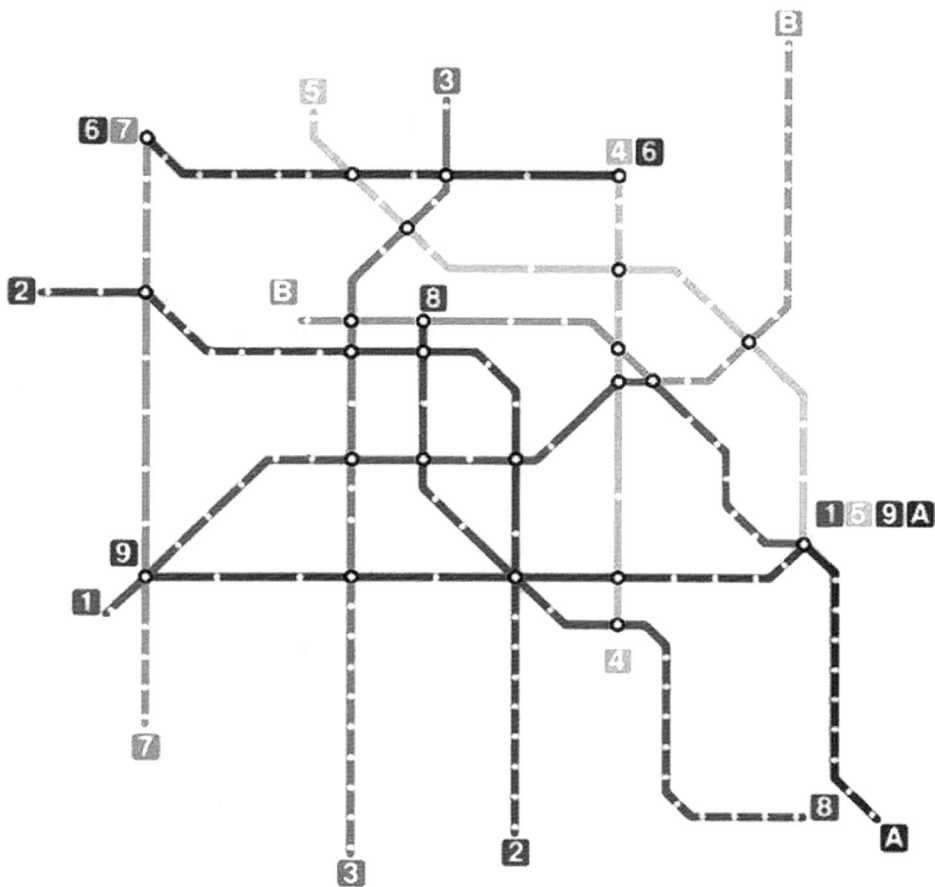

图 2-8　墨西哥城轨道交通路网示意图

5. 混合型

结合城市的具体情况,将上述几何图形的两种或多种有机地结合在一起,成为一个完整的路网结构形式称为混合型结构路网。这种形式需要充分适应城市的特点,并尽力吸收各种几何图形的优点,因地制宜布置与城市特征相协调的路网形式,比较机动灵活,能够达到较好的效果,如图 2-1f)所示。我国的北京轨道交通路网和西班牙首都马德里轨道交通路网就采用这种模式,见图 2-9 和图 2-10。

6. 条带形(树状)

条带形(树状)结构是指几条线路有 $n-1$ 个交叉点(换乘站),且在网络中没有网格结构,形如树枝状,如图 2-11)所示。这种结构适合于沿江或沿山谷条带状发展的城市地域。这种结构连通性差,线路间换乘不方便,两条树枝线间至少要换乘两次才能实现互通。此外,线路上客流分布不均,同一线路任两个换乘站之间的路段因担负着大量的换乘客流,客流量较换乘站外侧路段显著增高,给线路的行车组织带来困难。

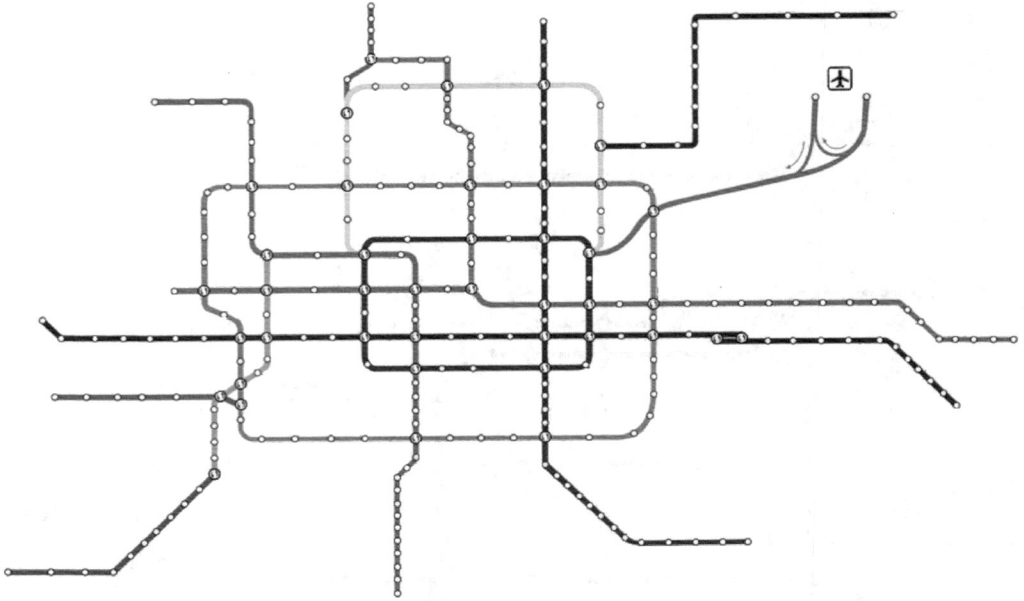

图 2-9　北京市轨道交通路网示意图

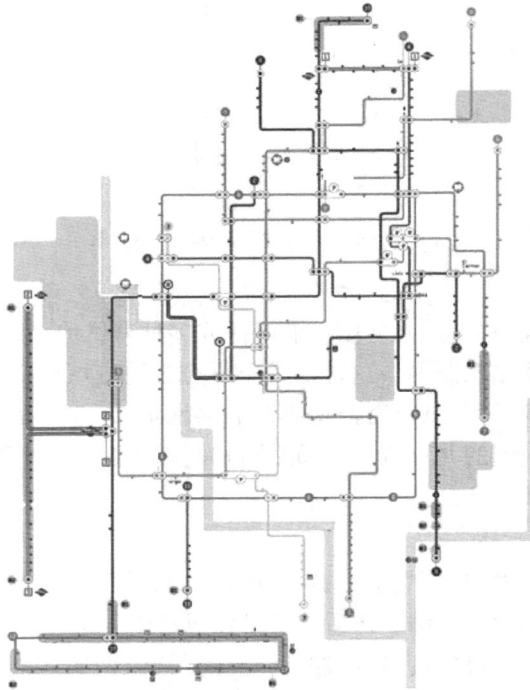

图 2-10　西班牙马德里轨道交通路网示意图

7. 其他形状

国内外许多规模不大的城市,因城市地理位置特殊等原因,客流流向较为集中单一,往往不需修建更多的轨道交通线,形不成轨道交通网,多数形成如图 2-1g) ~ 图 2-11) 的几何图形。目前,国外较典型的类似路网有秘鲁利马 1 字形地铁、日本神户 L 形地铁、英国格拉斯 O 形地铁、巴西累西腓 Y 形地铁、哥伦比亚麦得林 T 形地铁、意大利罗马的十字形地铁、法国里尔 X 形地铁和巴西圣保罗 + +形地铁等。

第三节 轨道交通客流量预测

本章第二节介绍了不同城市中形式多样的路网形态和路网基本结构,而规划和建成合理的路网结构形式前提是合理的客流预测。城市轨道交通建设的模式和规模要适应近期城市交通的需求,又要适应远期城市交通发展的要求,客流预测是确定城市轨道交通系统路网规模、交通方式选择以及线路运输能力、车站规模、设备能力、运营组织、经济效益评价的重要依据。因此,在研究城市当前客流量特点和规模的基础上,进行城市客流量预测是十分必要的。完全准确的客流预测几乎是不可能的,但是通过客流预测,能为准确或正确决策提供科学依据和前提。本节重点介绍各种预测方法,为各种可能的客流预测提供选择。

一、客流量发展的主要决定因素

1. 城市的扩张和发展

随着城市化进程的加速,城市用地面积不断扩大,城市人口进一步集聚,客流量的时空分布规律也会因此发生很大的变化。比如高新区、工业园区、副中心区的规划和设立,中央商务区与集中建设的保障性住宅区等,都使人们的出行时间和出行距离发生变化。

2. 对高质量城市公共交通的需求

经济的发展,人民生活水平的提高,人均出行次数的增加,对城市交通提出了更高的要求,居民不再满足于有车乘,而是要求更快捷、更舒适、更符合现代观念的交通方式。因此,城市交通要为人们提供准时、安全、舒适等多方面的优质服务。

3. 城市经济辐射吸引的流动人口规模

随着城市的日益扩张和特大城市的经济辐射作用,城市流动人口将会大幅度增长,城市客流也会随之增长。比如,地处长三角龙头的上海市,仅南京路每天流动人口数量就达 100 万,而一般大城市流动人口也占到城市总人口的 20% ~ 30%。流动人口活跃在城市的每一个角落,为城市增添了生机与活力,但同时也极大地加重了城市交通设施的负荷,因此也是客流量预测的重要影响因素。

4. 城市公共交通建设的自身发展需要

目前,我国大、中城市交通基础设施建设普遍滞后于社会经济的发展水平,不能满足城市居民的出行需求,也就抑制了城市居民的出行欲望。随着交通基础设施建设投资的加大和改善,将会逐步释放被抑制的出行需求,使得社会经济发展与出行需求形成良性的互动循环。

二、客流量预测的思路和方法

在规划路网时,先要根据居民出行调查 OD（Origin and Destination）分布图及城市道路网等资料初拟路网规划图,然后预测路网客流流量以证明路网设计的合理性,如发现不当之处,需要重新调整路网规划,并重做客流预测,多次反复,直到满意为止。

1. 交通调查资料的收集与分析

交通调查主要包括居民出行调查、道路交通状况调查、公交线路随车调查、社会经济调查4 个方面。其中,居民出行调查的目的在于为出行预测提供依据;道路交通状况调查的目的在于了解当前交通网络的交通质量,并为规划交通网络提供依据;公交线路随车调查的目的在于了解当前公共交通的服务状况;社会经济调查的目的在于为出行预测提供必要的参数。交通调查分析的任务在于确定影响客流量预测的有关参数,包括居民平均出行次数、不同交通方式的平均出行时间、高峰小时系数、不同出行目的出行次数的构成比例、不同职业的平均出行次数及利用不同交通方式出行量的构成比、不同交通方式换乘系数等。

客流量预测需要的基础资料主要有:统计年度居民出行调查资料,城市土地利用现状与规划资料,城市总体规划资料,城市综合交通规划资料,常住人口及流动人口统计与规划资料,区域经济发展现状与规划资料,对外交通即铁路、公路、机场、港口等的分布状况,道路网现状资料,各种运输方式的客运量及发展趋势等。

2. 常用客流量预测方法

通过对国内外有关资料进行分析研究后可以得到,目前常用的轨道交通客流量预测有以下几种方法:

①指数平滑法、比例增长法和多元回归法。这几种计算方法主要是利用目前地面调查所得交通客流资料,模拟客流增长曲线,预测规划年度全线客流量,进而提出路网各站点的客流集散量。

②吸引范围法。即以轨道线路途经的地区站点设定吸引范围,用以计算客流总量。这是近几年较多采用的方法,多数城市将 600 ~ 700m 距离设定为一次吸引范围,将垂直于轨道线的公交线路的延伸段设定为二次吸引范围。

③吸引系数法。主要是利用已有居民出行调查资料,采用不同的数学方法计算轨道交通方式和站点对各交通小区的吸引系数,预测轨道交通站点的集散量,然后统计全线客流量。

④转移曲线法。主要采用交通规划的“四阶段法”,即城市客流生成、分布、交通方式划分及交通量分配,从而得出预测客流量。这种预测技术在我国应用最广泛,并不断被设计工作者修正和完善,较为适合我国的国情和现状。

上述几种方法在实际应用中可适应不同层次的需要。它们各有特点和利弊,应针对不同情况采用不同的预测方法。

由于各城市间的交通调查资料齐全程度不同,个别城市甚至没有进行过系统的城市交通调查,即使有一些统计资料也不甚规范。因此,针对不同城市,分别按未进行城市居民出行调查的城市（简称未调查）和已进行城市居民出行调查的城市（简称已调查）进行客流量预测。

（1）未调查交通情况时的客流量预测

一般而言,这类城市主要是根据历史统计资料,采用时间序列趋势外推法来进行客流量预测。用这种方法预测近期客流量是可行的,但用于预测远期客流量时,预测精度难以保证。因此,实际预测工作中常采用"吸引范围法",这一方法需模拟并考虑 3 个方面的内容。

①从理论上讲,每一轨道交通车站都有一个吸引范围,其范围半径为 600~1 000m,一般为步行 10~15min 的距离。进站上车人数 N_i 可按式(2-1)计算:

$$N_i = K_s \cdot R \cdot \sum p_i / 730 \tag{2-1}$$

式中:K_s——乘轨道交通出行的比例;

$\quad$ R——人均年乘车出行次数;

$\quad$ $\sum p_i$——轨道交通车站 i 吸引范围内人口数,包括常住人口和流动人口。

②用三次吸引法计算拟建线路沿线各站的三次乘客吸引系数。这种以车站为单位进行计算的方法,改变了以线路为单位进行计算的原有方法,充分注意到了车站及其吸引范围内土地开发利用的程度对吸引客流的影响。通过对每个车站客流变化的量化分析,预测拟建线路全线的客流变化规律。

一次乘客,即步行到车站乘地铁或轻轨的乘客。车站一次乘客的吸引范围约为 750m,平均步行 10~15min 的距离。

二次乘客,即骑自行车到车站乘地铁或轻轨的乘客。车站二次乘客的范围从统计数据得知约为 3km。

三次乘客,即坐常规公共电、汽车到站换乘的乘客。车站三次乘客的吸引范围与二次乘客的吸引范围相当,也约为 3km。

三次乘客吸引系数,即在不同层次乘客的吸引范围内,进站乘地铁或轻轨的乘客所占的比例系数。吸引系数的大小与地铁或轻轨车站周围公交线路的配置、方便程度、土地的开发利用程度等密切相关,不同乘客吸引系数计算的通用公式为:

$$K_i = \frac{C}{N_i} \tag{2-2}$$

式中:K_i——车站不同乘客的吸引系数,其中 $i = 1, 2, 3, \cdots, n$;

$\quad$ C——常数,一般取 0.75;

$\quad$ N_i——不同乘客吸引范围内的公共交通线路条数,其中 $i = 1, 2, 3, \cdots, n$。

为使吸引系数计算更准确,可对本地区已有的地铁或轻轨车站进行调查或参照其他城市的基础资料,计算不同乘客吸引系数的实际值为:

$$K_i = \frac{A_i}{\sum P_i} \tag{2-3}$$

式中:A_i——调查所得地铁或轻轨车站的不同乘客进站量,其中 $i = 1, 2, 3, \cdots, n$;

$\quad$ $\sum P_i$——调查所得地铁或轻轨车站的不同乘客吸引范围内的出行总量,其中 $i = 1, 2, 3, \cdots, n$。

将上述理论值与实际值进行比较,即可得沿线各站的吸引系数。一般情况下,一次乘客吸引系数约为 0.47,二次乘客吸引系数约为 0.08,三次乘客系数约为 0.45。

③确定与城市居民有关的一些基本参数,依据以上参数计算出预测期内拟建线路各站的上下车人数、高峰小时断面客流量。

利用这种方法进行客流量预测,计算简单,结果符合实际,曾用于武汉、西安的轨道交通可行性研究工作中。

(2)已调查过交通情况时的客流量预测

对于已进行过客流调查且资料比较完备的大城市,目前一般采用国际上通用的"四阶段法",通过建立交通量发生模型、分布模型、吸引模型、分配模型进行客流量预测。预测流程如图 2-11 所示。

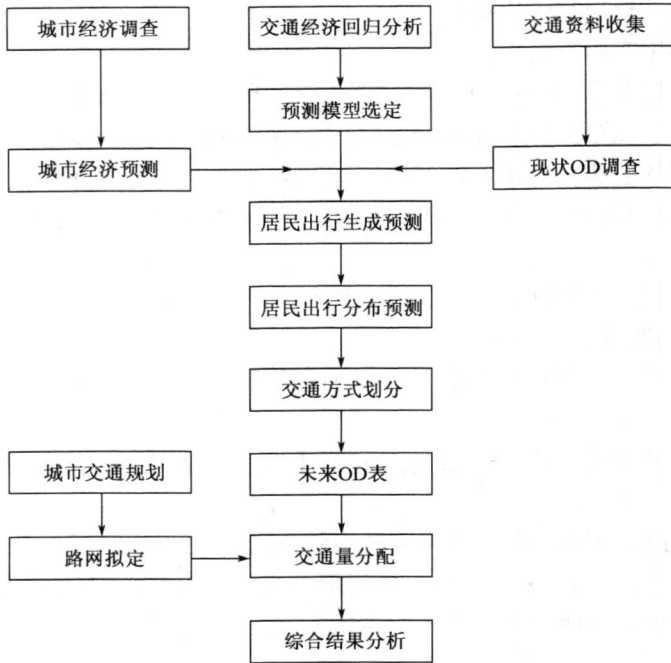

图 2-11 客流量预测流程图

①居民出行生成预测模型。

居民出行预测要建立在对规划线路一定范围内城市建设和土地开发变化、人口分布及就业情况了解的基础上进行。采用单位系数法按不同的出行目的预测各交通小区出行的生成量和吸引量,先要在城市轨道交通路网规划范围内进行交通小区的划分。在交通小区的基础上,将 2~5 个交通小区组合成交通中区,并在保持行政区的形状基本不变的前提下,将若干个交通中区组成交通大区。

a. 出行生成预测模型:

$$P_i = \sum_{i=1}^{n} C_{pi} X_{pi} \tag{2-4}$$

式中:P_i——第 i 个交通小区出行生成量,人次/d;

X_{pi}——第 i 个交通小区的总人口数、成人数、学生数或就业岗位数;

C_{pi}——与 X_{pi} 相应的出行生成系数。

b. 出行吸引量预测模型：

$$A_j = \sum_{j=1}^{n} C_{aj} X_{aj}$$ (2-5)

式中：A_j——第 j 个交通小区出行吸引量，人次/d；

　　　X_{aj}——第 j 个交通小区的总人数、就业岗位数或用地面积；

　　　C_{aj}——与 X_{aj} 相应的出行吸引系数。

②出行分布预测模型。

交通出行分布模型是将各个交通小区的生成量分解成各交通小区间的出行量（即 OD 分布量），以此给出 OD 分布图。

出行分布模型有很多种，如增长系数模型、重力模型、熵模型、竞争机会模型等，其中，重力模型是目前应用最广泛的分布模型。该模型可以较好地体现城市土地利用状况及交通水平对交通出行分布的影响。

重力模型是应用牛顿万有引力定律的原理，认为人类出行的空间相互作用类似于物体间的引力作用。该模型假定任意两交通小区 i 与 j 之间的出行量 T_{ij} 与交通小区 i 的发生量 T_i 及交通小区 j 的吸引量 T_j 的乘积成正比，而与两交通小区间的距离 d（时间或费用）的幂次方成反比，其数学表达式为：

$$T_{ij} = k \frac{T_i^\alpha T_j^\beta}{d^\gamma}$$ (2-6)

式中：T_{ij}——交通小区 i 和 j 之间的出行量；

　　　T_i——交通小区 i 的发生量；

　　　T_j——交通小区 j 的吸引总量；

　　　d——交通小区 i 和 j 之间的距离（时间或费用）；

　　　k——社会经济修正系数；

a,β,γ——常数项。

美国学者在应用该模型时，又引用了城市布局修正系数，使之更符合城市的实际情况，并称之为复合重力模型，其数学表达式为：

$$\theta_{ij} = \frac{P_i A_j F_{ij} K_{ij}}{\sum A_j F_{ij} K_{ij}}$$ (2-7)

式中：θ_{ij}——交通小区 i 和 j 之间的出行分布量；

　　　P_i——交通小区 i 的发生量；

　　　A_j——交通小区 j 的吸引总量；

　　　F_{ij}——交通小区 i 和 j 之间的出行阻抗系数；

　　　K_{ij}——交通小区 i 和 j 之间的城市布局调整系数。

以下式迭代消除 j 交通小区出行量吸引总量的误差：

$$A_j^{(k)} = \frac{A_j^{k-1} A_j}{\sum_k T_{ij}^{k-1}}$$ (2-8)

③交通量吸引模型（交通方式选择模型）。

居民出行可以选用各种不同的交通方式，如步行、自行车、公共电汽车、轨道交通及其他交通方式,交通方式的选择确定称为交通方式划分。

交通方式划分可以在规划过程的不同阶段进行,从而得出不同类型的交通方式划分模型。

Ⅰ类:与交通生成结合在一起,在建立交通生成模型时分别以不同的交通方式如轨道交通、公共电汽车、自行车、摩托车等建立生成模型,一般采用多元线性回归模型。

这种方法对预测新建轨道交通的客流量比较适用。因为随着轨道交通的运行,不仅分流了原来的客流,还会诱发新的客流。轨道交通的这个特点将在这种模型中体现出来。

Ⅱ类:在交通生成和交通分布之间研究方式划分模型。一般可采用转移曲线法,针对某个土地使用变量(如人均经济收入)画出使用某种交通方式的百分比的经验曲线。

这种方法不太适合新建轨道交通或轨道交通网不完善的城市(我国属于此类情况)。因为轨道交通网不完善,在出行终点未确定时,无法知道出行起终点之间有无轨道交通可乘,就更谈不上选择轨道交通方式了。

Ⅲ类:与交通分布结合在一起。此时将交通方式划分作为出行分布的组成部分,仍可用重力模型:

$$T_{ijm} = P_i \frac{A_i \cdot T_{ijm}}{\sum_j \sum_m A_j \cdot F_{ijm}} \tag{2-9}$$

式中:T_{ijm}——交通分区 i 和 j 之间第 m 方式的分布量;

　　P_i, A_j——产生量和吸引量;

　　F_{ijm}——分区 i、j 之间方式 m 的阻抗系数。

这种模型能充分考虑轨道交通对出行分布的影响。这种影响在 F_{ijm} 中体现出来,故适合于轨道交通客流量预测。

Ⅳ类:在交通分布与交通分配之间进行方式划分。一般来说,多采用非集计分析法。

这是建立在个人对交通工具选择的行为上的,以不同交通方式的效用差异决定选择依据,并以概率的形式预测方式划分:

$$P_{mk} = \frac{e^{V_{mk}}}{\sum_j e^{V_{mk}}} \tag{2-10}$$

式中:P_{mk}——第 k 个人使用方式 m 的概率;

　　V_{mk}——第 k 个人使用方式 m 的效用,一般为出行时间 t、费用 c、舒适度 s 的函数,$V_{mk} = a \cdot t_{mk} + \beta \cdot c_{mk} + \gamma \cdot s_{mk}$。

这种模型具有样本量小,时间和地区转移性强,精度高等优点,但其参数标定比较困难。轨道交通的客流量预测可采用此模型。

④交通量分配模型。

交通量分配是客流量预测的关键环节,也是比较复杂的阶段,就是把各种交通方式的 OD 分布量按一定规则分配到交通网络上,得到交通小区的客流 OD ,再以小区的 OD 计算站点的 OD ,进而得到各站乘降量和断面流量,为确定系统规模和经济评估奠定基础。

居民出行总希望选择行程最短、时间最少,且方便舒适的路线,其行程分配在交通路网上的程序为客流分配。其模型形式为：

$$P_k = \frac{\exp\left[-\beta t_{ij}^k\right]}{\sum\limits_k \exp\left[-\beta t_{ij}^k\right]}$$
(2-11)

式中：P_k——居民出行选择路线 k 的概率；

　　　t_{ij}^k——路线 k 的出行广义费用，一般采用出行时间；

　　　β——系数。

由以上 4 个阶段的预测模型和分析可知，客流量预测是一项费时、费力的工作，而且预测方法也在不断发展变化，因此就要求在实践的基础上不断探索和完善符合我国城市特色的预测理论和方法，为城市轨道交通建设项目的投资和决策提供可靠的依据。

三、上海地铁 1 号线的客流量预测实例

客流量预测是规划设计城市轨道交通工程的重要依据，也是进行轨道交通车站规模、车辆和设备容量以及技术经济指标的论证前提。下面以上海地铁 1 号线客流量预测为例说明客流量预测的方法。

上海地铁 1 号线客流量预测是根据当时上海市城市总体规划方案的近期、远期城市发展的规模、人口分布、市民出行调查、公交客流统计资料、全市客流增长预测，以及城市总体规划布局、中心城新区的近期、远期建设开发数据，运用出行分布量预测模型，采取年增长率递增法，以 1983 年为基点，按预测年限近期为 2000 年、远期为 2013 年经过推算而得到的，并为上海地铁 1 号线建设规模提供基础数据。

上海市全市人口在 1986 年已达 1 200 万，市区人口 668 万，当时市中心 11 个区人口密度已超过 4 万人/km²。市区流动人口每天约 160 万人，市区面积为 276.4km²。1985 年工业总产值已达 826.7 亿元。铁路、航空、港口客运量已达 3 000 万人次/年，市区公共交通客运量已达 50 亿人次/年，日均达 1 365 万人次。上海市内公共交通的客流量不仅是规划地铁网络、安排工程建设顺序的依据，也是设计车站规模、选择设备容量、制定各项技术标准、估算工程投资及进行经济财务分析的依据。

1. 预测的基础资料

(1)以 1983 年的客流量为基点年客流量值——上海市原公用局曾根据公共交通年运量观测资料得到的客流现状，选择了 16 条公交路线，根据各自与地铁 1 号线走向的相关程度，推算出地铁 1 号线 1983 年的客流量资料，作为地铁 1 号线的基点年客流量值。

(2)预测年限——近期为 2000 年，远期为 2013 年。

(3)1983 年和 2000 年的城市土地使用资料。

(4)根据"上海交通现状"中的客流发展趋势的预测结果，2000 年的全市客运总量为 82 亿人次。

(5)1982 年上海市居民出行调查中出行目的概率表——主要调查上海市居民在每日早高峰 6:30~7:30 的出行目的概率，见表 2-1。

(6)日本国际协力事业团提出的"上海市地铁可行性研究的中间报告Ⅱ"中关于上海 65 个区域 2000 年和 2020 年的出行发生和吸引量推算数据。

上海市居民每日早高峰（6:30~7:30）出行目的概率（单位:%）（1982 年） 表 2-1

出发处＼到达处	家庭	工作单位	学校	商业区	文体场所	合计
家庭	0.04	83.57	4.75	3.98	1.73	94.07
工作单位	3.26	0.94	0.00	0.04	0.06	4.30
学校	0.00	0.00	0.00	0.00	0.00	0.00
商业区	0.47	0.74	0.00	0.04	0.06	1.31
文体场所	0.09	0.11	0.03	0.02	0.00	0.25
合计	3.86	85.36	4.78	4.08	1.85	99.93

2. 预测的步骤和方法

预测客流量的方法基本上采取年增长率法计算,由于上海城市总体规划对 2000 年以后的土地使用资料尚未提出,在远期客流量预测中按日本国际协力事业团提出的中间报告 Ⅱ 中的有关数据计算,故在近期和远期客流量预测计算方法上略有不同,现分述如下。

（1）近期客流量的预测

①选定相关区域。

根据地铁 1 号线的走向,在划定的区域图上确定各车站与之相关联的区域号,并使基点年和估算年之间选定的区域尽量对应,见表 2-2 。

上海地铁 1 号线各车站出行产生量和吸引量情况（单位:万人次） 表 2-2

序号	站 名	1983 年 区域号	1983 年 产生量（P_i）	1983 年 吸引量（A_i）	2000 年 区域号	2000 年 产生量（P_i）	2000 年 吸引量（A_i）	1983—2000 年的增长倍数 产生量 $K_i^{(p)}$	1983—2000 年的增长倍数 吸引量 $K_i^{(A)}$
1	新龙华	138、139	1.08	2.050	94、95、96、97	11.73	11.00	10.861	5.366
2	漕宝路	138、141	0.503	1.690	94、99	8.45	9.70	16.799	5.740
3	上体馆	34、42	1.656	0.431	27	2.73	1.76	1.649	4.084
4	徐家汇	34、35、40、41、42、46	6.560	9.358	27、28、31、34	11.77	13.46	1.794	1.438
5	衡山路	36、37、40、41	4.408	3.573	29、31	8.09	7.50	1.835	2.099
6	宝庆路	36、37、38、39、51、52	5.149	3.849	29、30、39	9.89	8.14	1.921	2.115
7	陕西路	32、33、26、51、52、1 17	4.830	3.722	22、25、26、39	9.26	7.80	1.917	2.093
8	思南路	28、30、31、32、59、60	5.814	3.352	24、25、43	10.66	7.22	1.834	2.154

序号	站　名	1983 年			2000 年			1983—2000 年的增长倍数	
		区域号	产生量 (P_i)	吸引量 (A_i)	区域号	产生量 (P_i)	吸引量 (A_i)	产生量 $K_i^{(p)}$	吸引量 $K_i^{(A)}$
9	嵩山路	3、4、5、22、23、28、30、31、115	7.489	3.404	2、3、16、24	13.70	6.99	1.829	2.053
10	人民广场	1、2、4、5、10、11、114、115	6.126	7.099	1、3、7、8	11.20	13.96	1.828	1.966
11	新闸路	1、2、11、55、56、57、58	6.596	5.768	1、8、41、42	12.10	11.87	1.834	2.058
12	汉中路	72、73、74、75	2.750	1.585	52、53	4.66	2.92	1.695	1.842
13	新客站	72、73、81、82、83、61、62	6.807	5.840	44、52、56	10.47	11.48	1.540	1.966
	合计		59.76	51.72		124.71	113.80		

注：1. 本表中的产生量、吸引量的单位为"万人次"。

　　2. 区域号为各小区的相应编号。

②计算区域的出行产生量和吸引量。

根据土地使用资料和居民出行目的概率分布计算出基点年(1983 年)和估算年(2000 年)的每个车站相对应区域中的出行产生量和吸引量。然后将二者的计算结果相比较,得出从1983 年到 2000 年的各车站相对应区域出行量的增长倍数,见表 2-2 。

居民出行产生量和吸引量的计算公式分别为：

各小区的出行产生量 = 全市高峰小时客运人次 × ［94.07 ×（小区人口数/全市人口数）+ 4.30 ×（小区工作岗位数/全市工作岗位数）+ 0.00 ×（小区学位数/全市学位数）+ 1.31 ×（小区商业数/全市商业数）+ 0.25 ×（小区文体活动人次/全市文体活动人次）］

各小区的出行吸引量 = 全市高峰小时客运人次 × ［3.86 ×（小区人口数/全市人口数）+ 85.36 ×（小区工作岗位数/全市工作岗位数）+ 4.78 ×（小区学位数/全市学位数）+ 4.08 ×（小区商业数/全市商业数）+ 1.85 ×（小区文体活动人次/全市文体活动人次）］

③计算平均年增长率(增长倍数)。

考虑到客流的站间相关性和 2000 年 1 号线可能延伸到纪蕴路的因素,也就是某个车站的上客量增加必然促使其他各站下客量的变化以及路线延伸之后的长距离乘客量的上升。将上述计算所得的各区域增长倍数(表 2-2),以 1983 年和 2000 年的出行产生、吸引量为基础做加权平均计算,最后求得上海地铁 1 号线的平均增长倍数约为 2.6。故 1983 年到 2000 年的平均年增长率为 5.78%。

计算公式为：

$$G = \frac{1}{4}\left[\sum_i\left(\frac{p_i^{(1983)}}{\sum_i p_i^{(1983)}}K_i^p\right) + \sum_i\left(\frac{A_i^{(1983)}}{\sum_i A_i^{(1983)}}K_i^A\right) + \sum_i\left(\frac{p_i^{(2000)}}{\sum_i A_i^{(2000)}}K_i^p\right) + \sum_i\left(\frac{A_i^{(2000)}}{\sum_i p_i^{(2000)}}K_i^A\right) \right] \quad (2\text{-}12)$$

式中：G——平均增长倍数；

p_i——第 i 站相关区域的出行产生量；

A_i——第 i 站相关区域的出行吸引量；

K_i——第 i 站相关区域的出行产生和吸引的增长倍数，$i = 1,2,\cdots 13$。

④估算地铁 1 号线的近期（2000 年）客流量。

根据求得的从 1983 年到 2000 年客流量的平均增长倍数 2.6 乘以基点年的客流数据，由此估算出地铁 1 号线的近期客流数据。

（2）远期客流量的预测

①预测地铁 1 号线客流的设计最大输送能力与饱和年限。

a. 远期客流量的预测是指饱和年限的客流量预测，设计最大输送客流能力是决定地铁工程建设规模和投资总额的关键因素之一。在预测客流量的置信范围内确定的设计最大输送客流能力是有限度的。这应从城市的工业布局、客流的发展、地铁有关运行设备的运转效率、列车的折返能力、允许的最大停站时间来确定，即从技术、经济以及环境地理条件来确定一个合适的设计最大输送客流能力，从而对规划地铁工程的规模和估算投资总额做到目标明确，并能预测出该线达到设计最大输送能力的饱和年限。

地铁 1 号线南北两翼都是工业区，在新龙华至新客站段的客流估算基础上，北段先延伸至彭浦工业区，再至宝钢；南段到闵行。这样必将增加 1 号线的长距离乘客量，并且线路的区间通过流量上升率要比各站的集散量增加得快，因此，确定此线的设计最大输送能力单向为 6 万人次/h。根据列车的牵引计算和行车作业图的编排，列车在 8 节编组的情况下，行车的最小间隔为 2min。与国外资料比较，上述的行车计划是可行的，与设计最大输送能力相匹配。

b. 预测相对饱和年限。客流量预测的结果表明（表 2-3），地铁 1 号线 2000 年的区间最大客流量为 3.96 万人次/高峰小时 ≈ 4 万人次/高峰小时，同时参照各方面的研究资料，上海地区的客流在 2000 年以后的年增长率相对稳定在 2.5%，但是地铁还须考虑地下网络的逐步形成，2 号线或 4 号线的投入运营对 1 号线的客流将会有 15% 左右的促进。因此，2000 年以后地铁 1 号线客流年增率取 3%，预期地铁 1 号线的客流将在 2013 年达到 6 万人次/高峰小时的相对饱和状态。

上海市相对饱和年限的客流量预测 表 2-3

年增长率（%）	最高区间客流量（万/高峰小时）	预测年限（年）
—	3.96	2000
2.5	5.79	2015
3.0	5.87	2013
3.5	5.84	2011

②预测远期（2013 年）客流量。

a. 计算各车站的相对出行量。

根据线路规划中所设定的各车站位置，在划定的 65 个区域中，按照车站与区域相邻程度，分为车站的坐落小区和旁邻小区，各自将其 100% 和 50% 的区域出行发生量和吸引量累加，得出地铁各车站的相对出行量，见表 2-4。

上海地铁 1 号线各车站的相对出行量情况   表 2-4

站　　名	区　　域		相对出行量		增 长 倍 数
	中心	邻近	2000 年	2020 年	
新龙华	—	58、59	64 621	146 251	2.263
漕宝路	—	58、60	44 213	99 367	2.247
上体馆	19	—	24 578	37 479	1.525
徐家汇	19、20、21	—	70 886	107 386	1.515
衡山路	21	22	22 266	33 428	1.501
宝庆路	22、23	28	51 216	76 682	1.497
陕西路	18、23	33	66 861	94 941	1.420
思南路	17	16、18	44 834	59 954	1.337
嵩山路	3、16	4、11	67 982	88 869	1.307
人民广场	1、4、7	—	77 441	105 465	1.362
新闸路	2	32、41	29 740	39 446	1.337
汉中路	40	31、41	36 753	51 824	1.410
新客站	39	37、44	43 248	76 197	1.762

b. 计算 2000 年以后地铁 1 号线客流的年增长率。

首先,将各车站 2000 年和 2020 年的相对出行量对比,计算出各车站的增长倍数和年增长率;然后折算出 2000 年至 2013 年各车站的增长倍数,见表 2-5。

上海地铁 1 号线各站客流量的增长倍数(2000—2013 年)   表 2-5

站　　名	2000—2020 年增长率(%)	2000—2013 年增长倍数	站　　名	2000—2020 年增长率(%)	2000—2013 年增长倍数
新龙华	4.168	1.700	思南路	1.463	1.208
漕宝路	4.131	1.693	嵩山路	1.347	1.190
上体馆	2.132	1.316	人民广场	1.557	1.222
徐家汇	2.099	1.310	新闸路	1.463	1.208
衡山路	2.051	1.302	汉中路	1.733	1.250
宝庆路	2.038	1.300	新客站	2.872	1.445
陕西路	1.769	1.256			

③估算 2013 年的地铁 1 号线客流量。

把计算所得的各车站增长倍数乘以相对应站的 2000 年客流量,可求得 2013 年的地铁 1 号线客流量。

通过预测,上海市 1992 年全市总客运量将达 65 亿人次/年,地铁 1 号线在 1992 年开始运营时,预测全日客流量将为 60 余万人次,高峰小时单向客流量预测为 24 000 人次。今后 30 年至 2020 年预计全日客流量将达 170 万人次,高峰小时单方向将达 7.5 万人次。

第四节　路网方案设计的基本方法

一、轨道交通路网设计的基本参数

在进行城市轨道交通系统路网方案设计时，应该了解和掌握与设计相关的基本参数或变量。

1. 客运量

客运量是指城市 1 条或多条线路上，各个区段在单位时间内单程或往返运送的实际或预测旅客量。

2. 客流

客流也称为客流量，是指某一区段上，在单位时间内单方向或往返的实际或预测旅客量。

3. 居民流动度

居民流动度是指在 1 年内城市的客运量除以居民总数，也即 1 年内每个居民的平均乘行次数，表示居民流动的频繁程度。

4. 运程

运程为每个旅客 1 次乘行的平均距离，取决于城市大小、形状和现有各种运输方式的运输网总长度、结构形态、运输组织方式等因素。一般大城市的平均运程在 6 ~ 10km。

5. 客流密度

客流密度是指每年经由每千米双线线路的旅客总数。1975 年，莫斯科地铁约为 11 000 万人／（年·km），东京地铁 7 500 万人／（年·km），北京地铁 5 100 万人／（年·km），纽约和巴黎地铁约 2 900 万人／（年·km）。

6. 车辆容量

车辆容量用 v 来表示，它是指车辆容纳乘客的数目，取决于车辆的长度、宽度、站位与座位的比例、旅客舒适度标准等。通常地铁系统车辆的宽度约 3m，长度在 23m 左右。每节地铁车辆的定员标准与舒适度标准有关。我国目前城市交通普遍紧张，虽然每节车辆的定员只有 150 ~ 310 人，但在实际运营中，尤其在高峰期拥挤时段，往往会超员运行，每节车辆乘客人数可达 225 ~ 410 人。

7. 列车编组数

列车编组数一般用 n 表示，它指 1 列列车包含的车辆（如动车和拖车）数量。编组数越大，输送能力也越大。在市区内的地铁，通常限制在 6 ~ 8 节；轻轨可能更少，限制在 3 ~ 4 节，甚至 2 节。我国香港及上海地铁多采用 6 ~ 8 节编组。

8. 列车容量

列车容量用 V 来表示，它指 1 列列车能够运送的乘客数量，是车辆容量 v 与列车编组数 n 的乘积，即：

$$V = v \cdot n \tag{2-13}$$

9. 列车行车间隔

列车行车间隔用 I 来表示,是指两列列车发车的时间间隔,单位通常用 s 表示。允许的最小行车间隔受信号设备限制,目前,地铁最短可达到 75～90s,轻轨可以短至 45s。通常地铁采用的最小行车间隔是 90～120s。

10. 通过能力

通过能力 N 也称为通行能力,以 1h 单方向通过的列车数来衡量,与列车行车间隔成反比,即:

$$N = \frac{3\,600}{I} \tag{2-14}$$

当行车间隔时间 I 为 90～120s 时,相应的通过能力为 40～30 对/h。

11. 输送能力

输送能力 C 是指 1h 单方向所能运送的旅客数,有时也称为运输能力或简称为运能,由 1 列列车的容量 V 与线路通过能力 N 的乘积来确定,即:

$$C = V \cdot N \tag{2-15}$$

通过车辆容量、列车编组数及通过能力可以估算线路的输送能力。如果每节车辆载客 150 人,8 节编组,30 对/h,则输送能力为 36 000 人/h。在欧美,由于舒适度标准较高,输送能力通常小于 25 000 人/h;轻轨线路的输送能力一般在 5 000～15 000 人/h。

在美国和加拿大,舒适度标准为每位乘客 0.5m²。在通行能力为 30 对/h 时,现有的快速轨道交通系统高峰小时的输送能力为 20 000～34 000 人/h,轻轨约为 16 000 人/h。在亚洲等人口密集的大城市,舒适度标准比欧美国家低,其快速轨道交通系统的运能较大。我国香港地铁的高峰小时运量达到 80 000 人/h。上海地铁 2 号线高峰小时输送能力 74 400 人/h,超员运行时可达 98 400 人/h。

12. 分离式路网

分离式路网是指轨道交通各条线路在不同高程的平面上相交的路网,即在交叉处采用分离的立体交叉,路网中各条线路均独立运营,乘客必须通过交叉点处的换乘站中转才能到达位于其他线路上的目的地车站,见图 2-12a)。

13. 联合式路网

联合式路网是指轨道交通各条线路在同一平面内交叉的路网,即在交叉处用道岔连接,因而各条线路之间可以互通列车,在整个路网上可以像城际铁路那样实行联运,乘客可以直接到达位于另一条线路上的目的地车站,见图 2-12b)。

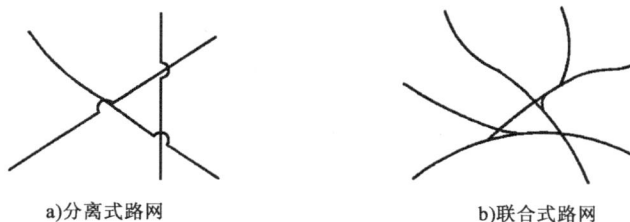

a)分离式路网　　　　　　　　　　b)联合式路网

图 2-12　按线路布置方式划分的路网类型

14. 线路交叉次数

（1）线路之间无交叉。

在轨道交通路网中，两条线路之间不交叉时，两条线路之间无法实现直接换乘，而是通过与这两条线路都交叉的线路进行两次或两次以上的换乘来实现，或是通过其他出行方式来实现，因而这两条线路之间的客流换乘很不方便。

（2）线路之间交叉1次。

轨道交通线路之间交叉1次，即两线之间存在1个换乘站。线路交叉的形态呈"十"字形、"X"字形、"T"字形以及"Y"字形4种。线路之间交叉1次，使得两条线路之间可以实现直接换乘，但是当换乘客流很大时，容易引起换乘客流的相互干扰和混乱。

（3）线路之间交叉两次及两次以上。

两条线路之间相互交叉两次，便构成两个交叉点，二者间的距离可以较远，也可较近，甚至是紧邻的两个车站。

在交叉点相距较近的情况下，交点间的线路多按平行或近似平行的方式布置，只是在两交点外侧才分开。在一些大城市客流量很大的交通线路上会采用这种方式。此外，当两条线路在某些地段的换乘客流量特别大，1个换乘站无法满足要求时，也会采用这种方式。

15. 换乘站

在轨道交通路网中，两条或多条线路构成的交叉点即称为换乘站。换乘站在路网设计中有着特殊重要的地位和作用。

从日常的路网运营状况看，线路之间交叉点的个数、位置决定着路网的形态，影响着路网中各换乘站客流量的大小、乘客的换乘地点、出行时间及方便程度，从而影响了整个路网的运输效率并导致整个城市布局结构体系的变化和调整。例如，东京山手线上的新宿站，由于有7条以上的轨道交通线路在此交汇，不久便由一般的城市区域逐步发展成东京都重要的城市副中心。

我国目前在大力发展汽车业，即使在上海这样的路面交通比较拥挤的大城市，汽车保有量也将获得较大的增长。欧美流行的停车—换乘（Park & Ride）方式在不久的将来很可能成为现实，对整个城市来说，换乘停车的好处是引导小汽车换乘公共交通，减少一定规模的私人小汽车进入城市中心区，缓解中心区交通压力。它应该是一种随城市发展而变化，服务特定区域的交通需求管理措施，因此换乘站在城市发展中的作用及地位将显得更加重要。

二、路网规划的基本思路和主要研究内容

城市轨道交通路网规划的基本思路是：以交通分析为主导，同时考虑定性和定量分析相结合、近期规划与远景方案相结合，且技术分析与经济分析并重。

基于目前路网规划研究内容的进展，路网规划主要内容可归纳为城市背景研究、路网构架研究和实施规划研究3个方面。在规划观念上突出宏观性和专业性的有机结合，从规划工作安排上使研究过程和研究结果并重。应该说路网规划主要内容随着社会发展和城市成熟度的提高不是一成不变的。

1. 城市背景研究

主要是对城市自然和人文背景加以研究，从中总结指导轨道交通路网规划的技术政策和

规划原则。主要研究依据应是城市总体规划和综合交通规划等,具体研究内容包括:

(1)城市现状与发展规划——城市性质、城市地理环境、地形地质概况、城市区域与人口、城市布局、国民经济和社会发展规划。

(2)城市交通现状与规划——城市道路交通现状分析、道路网结构和布局、城市客运交通的发展和现状、城市交通发展总体战略、城市轨道交通现状。

2.路网构架研究

路网构架研究是路网规划的核心,通过多规模控制—方案构思—评价—优化的研究过程,得到最优、最合理的规划方案。这部分主要研究内容包括:合理规模的研究、路网方案的构思、路网方案客流测试、路网方案的综合评价。

3.实施规划研究

实施规划是轨道交通是否具备可操作性的关键,集中体现轨道交通的专业性,主要研究内容是工程条件、建设顺序、附属设施的规划。具体内容包括:车辆段及其他基地的选址与规模研究、线路敷设方式及主要换乘节点方案研究、修建顺序规划研究、轨道交通路网的运营规划、联络线分布研究、轨道文通路网与城市的协调发展及环境要求、轨道交通和地面交通的衔接等。

三、城市轨道交通路网规划的基本方法

1.基本方法简介

目前,城市轨道交通路网的拟定,常用的基本方法有逐线规划扩充法、主客流方向路网规划法、效率最大优化法、功能层次法与点—线—面要素法等。

其中,前3种方法均是在现状或未来道路网流量分配的基础上布设轨道线路,其客流预测时难以反映轨道路网与土地利用规划的相互作用,对郊区人口、客流需求估计偏小,造成市郊网络规模较小对城市形态发展的引导作用有限。

功能层次法将路网分为市域级、市区级与局域级等3个层次;3级网络逐级编织,不仅能满足市区内人口密集地段的城市活动需要,而且对城市多中心发展起到积极的促进作用。

点—线—面要素法综合考虑城市基本的客流集散点、主要的客流分布与重要的对外辐射方向,注意轨道路网的形态结构与城市的结构相适应。下面主要介绍这种方法。

2.点—线—面要素法

(1)规划层次

路网规划是覆盖数百平方公里范围的大系统,规划的核心内容是路网结构分析。在结构分析过程中,应进行分类、分层的系统性研究。

路网规划研究可分为以下3个层次:

①点,即局部研究,主要涉及以下内容:a.大型交通吸引点、发生点分布;b.具体工程实施方案;c.需要轨道交通疏解的交通瓶颈;d.工程难点。

②线,即城市的主要交通走廊,是城市客流流经的主要路线,是串联"点",构成"面"的途径,主要涉及以下内容:a.大型交通吸引、发生点。b.城市客运交通走廊分布。c.交通走廊沿

线的土地利用和客流发展。d. 交通走廊敷设轨道交通的工程条件。

③面,即整体研究,既包含了对整个研究区域的整体性研究,也包括对规划区范围内的影响分析。它主要涉及以下内容:a. 区域内土地利用的功能定位和合理分布。b. 区域内交通分布和方式划分的预测。c. 轨道交通合理的需求和供给平衡。d. 城市综合环境影响下轨道交通路网的整体形态。e. 路网构架整合。f. 路网构架内各线路的功能分析,以及由此影响下的相对关系、建设顺序、制式搭配、系统运营。

以上"点""线""面"的关系,实际上就是整体和局部、宏观和微观、系统和个体之间的循环分析过程。规划过程中,要坚持以整体指导局部、以局部支持整体的思路。

（2）节点的选择与分级

由于路网规划的出发点是促进城市的合理发展,因此,节点的选取与分级不仅要依据节点客流量的大小,还要依据节点的功能、地位以及在城市发展中的作用。

点—线—面要素法将路网节点分为3个层次:都市圈（市域）范围内的卫星城镇、城市副中心与市中心,市区范围内的大型客流集散点,区域（局域）范围内的主要客流集散点。其中,第2、3层次节点的区分主要依据节点客流量的大小。

根据节点的功能、性质、地位与出行量大小,可赋予每个节点以相应的产生、吸引权值。值得注意的是,具有多种功能的客流集散点还可将其区分为多个点分别分级,再将权重加总,而不宜将该点简单升级作为一个高级别的客流集散点。

（3）路网规模及密度

路网的规模由路网的线路数和线路总长度两部分组成。下面提供两种方法计算路网线路总长度。

①以城市公共交通客流总量计算路网总长度 L_z:

$$L_z = \frac{aQ}{q} \tag{2-16}$$

式中: L_z——路网规划线路总长度,km;

Q——远期公共交通预测客流每年总量,万人次;

a——快速轨道交通远期在公共交通总客流量中分担客流的比重,该值根据各城市情况不同而异,一般为 0.3~0.6;

q——线路负荷强度,万人次/km·年。

②以路网密度指标计算路网线路总长度。

以城市的用地面积计算:

$$L_z = A\delta_1 \tag{2-17}$$

式中: A——城市市区用地面积,km^2;

δ_1——路网密度指标,km/km^2,一般取 0.25~0.35。

③以人口总数计算:

$$L_z = M\delta_2 \tag{2-18}$$

式中: M——城市人口数,百万人;

δ_2——路网密度,km/百万人。

用以上各式分别计算出应有路线线路总长度,然后可取其平均值或最大值,作为控制路网规划线路总长度的参考值。在城市里不同的交通方式的路网密度应该是不一样的。国外较为成功的实践表明:公共汽车较合理的路网密度为 $2 \sim 3 km/km^2$,无轨电车为 $1.5 \sim 2.5 km/km^2$,有轨电车为 $1.0 \sim 1.5 km/km^2$。我国《城市道路交通组织设计规范》(GB/T 36670—2018)中规定城市公共交通网的规划密度,在市区为 $3.0 \sim 4.0 km/km^2$,在城市的边缘地区应为 $2.0 \sim 2.5 km/km^2$;大城市快速道路交通路网的规划密度为 $0.3 \sim 0.5 km/km^2$,主干道的路网密度为 $0.8 \sim 1.2 km/km^2$。

（4）连通需求度法确定交通走廊

确定交通走廊的方法有多种,这里利用重力模型法给出连通需求度的求法:

$$t_{ij} = k \frac{G_i^{\alpha} \cdot A_j^{\beta}}{R_{ij}^{\gamma}} \tag{2-19}$$

式中: t_{ij}——节点 i,j 之间的连通需求度;

G_i——节点 i 的产生权值;

A_j——节点 j 的吸引权值;

R_{ij}——节点 i,j 之间的最短距离;

α、β、γ、k——待定系数。

为考虑节点间功能互补与否所引起连通要求上的差异,两点间连通需求度为各出行目的连通需求度之和:

$$t_{ij} = \sum_{l=1}^{n} t_{ij,l} \tag{2-20}$$

式中:$t_{ij,l}$——节点 i,j 之间出行目的为 l 的连通需求度;

l——出行目的的类别,$l = 1,2,\cdots n$。

将各节点间的连通需求度按照"全有全无"算法进行分配之后,可以在分配图中得出交通走廊的情况。

（5）生成初步路网

在路网形式选择上,较为适合我国大城市多中心轴线式发展的是环形—放射路网。这里将路网分为骨架路网、发展路网与加密路网 3 个层次。

在市中心四周首先出现的是若干个部分分担市中心功能的副中心。副中心本身、副中心与市中心之间及副中心相互之间的出行量都很大。最早修建的城市轨道交通线主要应分担这些出行量。如果以 3 条线为限,这 3 条线的最佳结构形式是"一叉一环"。这种"一叉一环"的结构可称作"骨架路网",是整个城市轨道交通网的基础。

城市面积的拓展是有限度的。居民出行的一小时效应以及环境、社会问题的增加,要求大城市朝着以一个大城市为主、多个中小城市一起联合构成产业结构各有特色而又互补的"一核多心的生态城市群"的模式发展。因此,城市轨道交通规划要为即将到来的城市群体化作准备,并起到引导作用。连接副中心与卫星城之间的轨道交通可统称为"发展路网","发展路网"可采用支线形式。

市区与卫星城的分区内也有为数不少的客流集散点。这些集散点之间以及它们与城市主中心和副中心之间也需要用轨道交通相连。为此,在"骨架路网"与"发展路网"留下的空白处布设"加密路网"。

（6）路网的检验和优化

路网的检验应从规模和布局的合理性、实施的可能性和经济性，以及对城市发展的促进作用等几个角度来进行。路网的调整、优化在此基础上进行，直至得到满意的结果。

路网的规模要求轨道交通的分担率达到城市发展政策的要求；轨道交通与其他交通方式（如道路公共交通、私家车、自行车等）的容量之和能够满足城市客运交通的需求；路网应覆盖多数的节点与交通走廊，其数目按照级别不同进行加权求和。

路网的合理性包括：路网的密度与覆盖的均匀性问题，即路网的疏密问题；路网的通达度，即每条线路到市中心的换乘次数；换乘站的数量与负荷是否合理；各线路是否符合城市客流的主流向；路网中是否存在瓶颈等。

路网的可实施性是指线路近远期建设问题。由于城市轨道交通的建设耗资大、工期长、难度高，一般城市只能逐段或逐线建设，因此，要求修建较少的线路即能达到一定的规模，也就是"骨架路网"的客流量覆盖率问题。在近期实施计划难以安排时，要对路网进行调整。

路网能否促进城市的发展主要反映在以下几方面：路网对市中心辐射作用的支持程度，即与城市CBD（中央商务区）直接关联的轨道交通线路数目及其延伸方向；对副中心的支持程度，即直接通过各城市副中心的轨道交通线路数目及其布置方式是否有利于该副中心的形成、发展及其作用的发挥；轨道交通直接连接或覆盖的市级商业中心、分区中心、地区中心、大型住宅区等重要的人口或岗位集散点的数量；与城市发展方向及发展轴线的吻合程度；轨道交通与城市道路公交系统及对外交通枢纽的衔接配合情况等。

第五节　路网方案设计步骤

根据近年来路网规划的实践，可以认识到轨道交通路网设计影响因素众多，且与其他交通方式一起承担城市交通任务，由于人的认识的局限性，光靠定性分析或少数的几次定量分析都难以获得满意的路网方案，必须切实有效地把定性分析与定量分析有机地结合起来，构成定性分析与定量分析的循环，在这种循环中逐渐推进规划者的认识深度。路网方案设计方法的基本步骤可归纳如下：

（1）在选择了轨道交通发展模式后，拟定路网规模。

（2）建立城市的初始研究对象交通网络。该网络的线路包含主要的道路及现有的轨道交通线路，为简化计算分析工作，可以不包括那些次要的道路，因为它们对轨道交通客流分析影响很小。网络的节点也不包含所有道路交叉点，而主要是客流集散点及主要道路的交叉点。

（3）交通网络客流特征分析：收集历年的交通统计资料，进行必要的交通调查，进行城市综合交通的交通分布预测；建立交通方式划分及交通分配模型，对规划年度初始研究对象交通路网进行交通分配，了解路网各交通线路的主要客流走向、分布及大小。

（4）轨道交通初始路网方案设计：综合考虑城市主要客流分布、一定规模下的路网形态特征及其功能特点、城市地理、地形、地质、环境等因素，拟定1个或多个初始轨道交通路网方案，其中，许多方面是依赖于定性分析，而不完全是根据定量分析来决定的。因此，为减少计算分析工作量，应该请有经验的专家进行这项工作。由于轨道交通客运能力大，对城市发展影响深远,因此,方案拟订往往要在城市交通战略分析的基础上进行。

（5）路网方案分析:对各方案进行定量分析和定性分析。定量分析是根据已建立的评价模型进行计算,获得某些定量评价指标,如把各轨道交通路网方案加入初始研究对象交通网络中,进行规划年度的路网交通分配,获得各路线的客流量、饱和度、财务评价指标等,定性分析是对各方案的社会经济效益进行全面的分析。

（6）方案评价、比较和筛选:建立路网评价指标体系,对各路网方案进行比较和筛选。

（7）方案更新及优化:良好的路网设计方案并不是一下子就设计出来的,而是通过方案设计—分析评价—比较筛选这一过程的反复作用之后才能获得。在上述分析、评价与比选过程中,规划者不只是为了筛选出现有的较优方案,更重要的是要通过分析相比较过程中获得的信息及领悟,更深刻地认识城市交通的现状及其发展变化规律,挖掘出那些被遗漏的有比较价值的路网设计方案。对所形成的新路网方案,连同本轮评价刚刚筛选出来的较优方案一起,进入下一轮分析评价与比选过程。如此循环往复,可以筛选出更有价值的方案。这是一个动态的过程,也是逐步趋优的过程。由此可见,方案设计与方案分析评价是紧密相连并且相互交替进行的。同样,在这个过程中,可能会发现原先确定的路网规模需要调整,这时,需要在调整后再重复上述过程。在分析评价过程中。需要把定量分析与定性分析有机地结合起来,规划者在方案设计及分析评价方面的经验会加速这个过程的深化,同时,规划者、有关专业的专家及决策者之间的相互交流也是很有益处的,如图 2-13 所示。

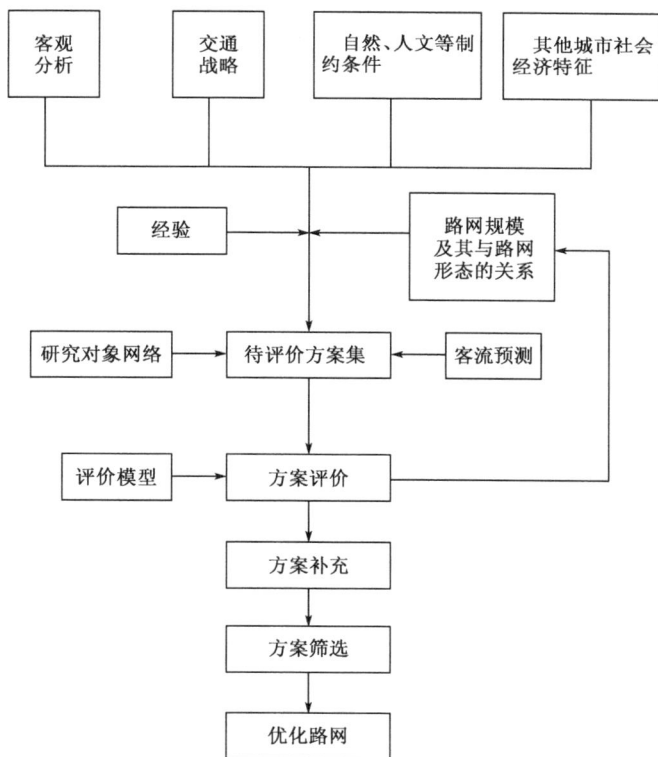

图 2-13 路网方案设计步骤

思 考 题

1. 简述轨道交通路网规划的原则、内容和程序。
2. 轨道交通客流量预测模型有哪几类？影响因素是什么？预测年限如何确定？
3. 轨道交通路网有哪些基本形式？路网规模如何确定？
4. 路网规划设计的主要指标有哪些？
5. 轨道交通路网规划的基本方法有哪些？各自特点是什么？

第三章 城市轨道交通线路与轨道工程

第一节 线 路 设 计

在路网规划中,对每一条线路所进行的勘测、规划和设计工作统称为线路设计。线路设计一般分为4个阶段,即可行性研究阶段、总体设计阶段、初步设计阶段和施工设计阶段。通过不同的设计阶段,逐步由浅入深,不断地比较修正线路平面、纵剖面和纵坡、线路与车站的关系,最后得到地铁和轻轨线路在城市三维空间中准确的位置。

线路设计首先要确定线路的走向、不同线路形式(如地下、地面和高架)、位置和长度。线路选择应与客观存在的最大客流量的流向相吻合,线路运营后能否发挥最大效益将与此密切相关。当路网形式、线路主要走向、车站位置、埋深等确定以后,在考虑线路的具体位置时,应配合城市规划和现有地面及地下建筑物位置,尽量减少拆迁,同时应减少施工对地面交通的影响。在线路经过高大建筑物、名胜古迹等地点时应作横断面定线,以尽量减少对这些建筑物基础的影响。

地铁和轻轨线路按其运营中的作用,可分为正线、辅助线、车场线。正线为载客运营的线路,行车速度快、密度大,且要保证行车的安全和舒适,因此线路标准较高。辅助线是为保证正线运营而配置的线路,一般不行驶载客车辆,速度要求较低,故线路标准也较低。车场线是场区作业的线路,行车速度慢,故线路标准只要满足场区作业即可。

一、线路选线

选线包括设计线路走向、线路路由、车站分布、辅助线分布、线路交叉形式、线路敷设方式等的选择。

在选线工作开展之前以及过程当中,一般由建设单位向设计单位提供下列资料,作为开展线路设计工作的依据。

(1)城市轨道交通项目路网规划(研究)报告。

(2)项目建议书(或预可行性研究报告)及其审批文件。

(3)市政府及其上级部门或领导对项目建设的指示。

(4)公共交通客流预测资料。

(5)城市总体发展规划资料。

(6)城市的经济统计资料。

(7)水文气象资料。

(8)工程地质及水文地质资料。

微课3
线路选线设计
扫描此码 深度学习

（9）地形图资料。

（10）线路可能经过区域内的文物保护场地及建筑物等资料。

（11）线路可能穿越的街道建筑区内主要房屋及其基础资料。

（12）线路可能经由区域内的市政及人防设施资料。

如果还有地铁延伸线，则应增加下列资料。

（1）线路的主要技术标准。

（2）接轨点线路纵断面竣工资料。

（3）运营技术经济指标及客流统计资料。

（4）车辆配备及车辆技术参数资料。

选线可分为经济选线和技术选线。

1. 经济选线

经济选线就是选择行车线路的起始点和经过点。需要考虑客流分布与客流方向、城市道路网分布状况和主体结构施工方法等因素，从而保证线路社会效益最大化。

（1）客流分布与客流方向。无论从线路经济效益，还是社会效益，都要求轨道交通能够最大限度地吸引客流。线路应尽量多地经过一些大客流集散点。为此，往往要放弃控制点间的最短路由方向。例如，上海地铁一期工程衡山路站至人民广场站区间，长约 5km，有复兴中路、淮海中路和延安中路 3 条路由可选，以复兴中路方案为最短，施工干扰也小，但最后选定了线路长 200m 的淮海中路方案，理由是淮海中路是繁华商业街，吸引客流比复兴中路大 50%，见图 3-1。

图 3-1　上海地铁 1 号线示意图

（2）城市道路网分布状况。城市道路分为快速路、主干道、次干道、支路等。快速路、主干道是贯穿整个城市或各区之间的主路，道路宽阔、交通可达性好。道路两侧往往集中了许多重要的政府机关、企事业单位、商业部门等，人口密度高。线路一般应选择城市主路敷设，吸引范围内客流多，换乘方便，能更好地为市民服务，运营效益高。只有在特殊条件下或为了转换主路，在过渡地段才选择次干道及以下道路敷设。

（3）主体结构施工方法。线路主体结构施工方法很多，不同施工方法的土建费用和对城市的干扰程度差别很大。根据线路通过地段的地面建筑、交通、商业发达程度以及古建筑和景观要求，分别选择地下、高架桥和地面不同形式的轨道交通线路结构。同样在地下线路中，浅埋明挖法施工的土建费用最省，但对城市干扰大，暗挖法反之。因此，有条件时尽量用明挖，但在市中心区则应采用暗挖、盾构或 TBM 施工方法，以减少拆迁和拆建工程。

2. 技术选线

技术选线是按照行车线路，结合有关设计规范对平面和纵剖面设计要求，确定不同坐标处线路位置。一般遵循先定点，后连线，点线结合的设计原则。

定点就是选定车站的位置。两条轨道交通线交叉时，应在交叉点上设乘客的换乘站。轨道交通与城市主要交通干道交汇处，为了便于乘坐城市其他交通工具的乘客方便换乘地点，也应设站。城市的政治、经济、文化中心，有较大客流的集散处，如道路十字交叉口、商业区的中部或两端、公园、影剧院、体育场出口附近应该设站。

每条线路的长度不宜大于 35km，也可按每个交路运行不大于 1h 为目标。当分期建设时，初期建设线路长度不宜小于 15km。不同线路的长度，车站的疏密宜有所不同，短线路宜多设站，长线路宜少设站。城市中的江、河、湖、山和铁路站场、仓库区等，人口密度低，甚至无人，地铁在穿越这些地区时可以不设或少设站。而城市中心地区人口密度往往很大，同样吸引半径范围内，发生的交通客流量大，因此车站分布宜密。

在车站分布数量上，除大型客流集散点及换乘站外，其他车站的位置，主要受人们对车站距离要求所限制。对于平均站距，世界上有两种趋向，一种是小站间距，平均为 1km 左右，另一种是大站间距，平均为 1.6km 左右。车站之间距离的选定应根据具体情况确定，站间距离太短会降低运营速度，增大能耗和配车数量，同时，由于多设车站也会增加工程投资。站间距离太大，会使乘客感到不便，特别对步行到车站的乘客尤其如此，而且增大车站的负荷。香港地铁平均站距为 1 050m，其中港岛线仅为 947m；莫斯科地铁平均站间距 1.7km 左右。

我国地铁吸收世界各国地铁建设的经验，在《地铁设计规范》（GB 50157—2013）中规定"车站间的距离应根据实际需要确定，市区宜为 1km 左右，郊区不宜大于 2km"。

3. 辅助线的分布

辅助线路按其使用性质可以分为折返线、存车线、渡线、联络线、车辆段（车场）出入线。辅助线是为保证正常运营，合理调度列车而设置的线路，最高运行速度限制在 35km/h。

每条线路的起始点或每期工程的起止点，因列车需要转线返回，必须设置折返线或渡线。在靠近车辆段端，一般可以不设折返线而设渡线，利用正线折返。折返线为供运营列车往返运行时掉头转线及夜间存车而设置的线路。存车线供故障列车停放及夜间存车。折返线和存车线布置形式一般相同，功能也可互换。用道岔将上行线、下行线及折返线连接起来的线路是渡线,又分为单渡线和交叉渡线。渡线单独设置时,用来临时折返列车,增加运营列车调度灵活性;在与其他辅助线合用时,完成并增强其他辅助线功能。折返线形式很多,常见的折返线形式如图3-2所示。

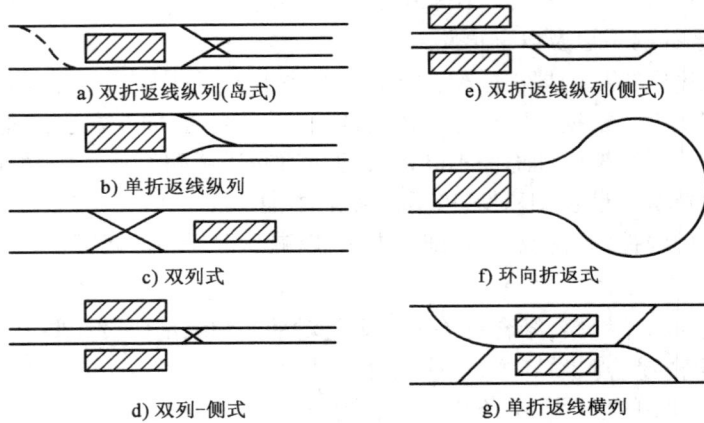

图 3-2 常用的折返线形式

联络线是为沟通两条单独运营线路而设置的连接线,为两线车辆过线服务。车辆段出入线是正线与车辆段间的连接线,是车辆段与正线之间的联络通道。图 3-3 为联络通道的实例,它将存车线与联络线合并布置。

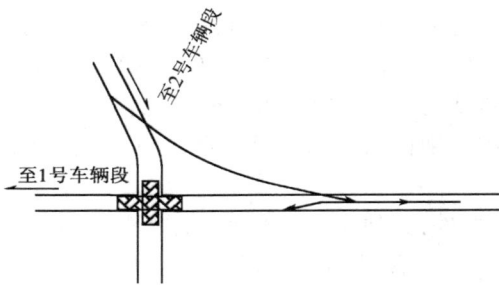

图 3-3 联络通道

为了故障列车能尽快退出正线运营,每隔3～5个车站应设置存车线,供故障列车临时存放或检修;起终点站及区段折返线上应有供故障列车存放的能力,不再另设存车线。靠近车辆段出入线的折返线可以不考虑故障列车存放。远离车辆段的终端折返线,若列车折返对数多,没有能力停放故障列车时,应选择临近车站设置存车线。图 3-4 表示车辆进入车辆段的 3 种典型形式。

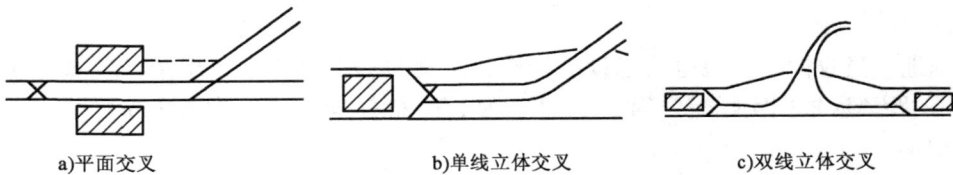

图 3-4 车辆段出入线

二、线路平面设计

1. 线路平面设计的一般原则

(1)线路应与城市发展规划相结合。轨道交通是一个庞大而复杂的系统工程,其涉及面广,因此要求对城市按轨道路网进行详细规划,为轨道交通建设留出地上和地下空间。

(2)双线右侧行车制。轨道交通是便捷的城市交通运输工具,采用与我国城市街面交通一致的右侧行车制度。为突出高行车密度和大运输量的特点,其跟踪列车最小间隔时间为75~120s,因此轨道交通正线必须设计成双线。

(3)线路运行速度。列车运行速度一般在60~75km/h,但不得小于35km/h,地铁线路的最高运行速度一般规定为80km/h。

2.线路平面位置选择

(1)地下线平面位置

①位于城市道路规划范围内:地铁位于城市规划道路范围内是常用的线路平面位置。图3-5是地铁线路的3种典型位置示意。

A位:地铁线路位于道路的中心,对两侧建筑物影响较小,地下管网拆迁较少,有利于地铁线路取直,减少曲线数量,并能适应较窄的道路宽度,但不宜采用明挖法施工。

B位:地铁线路位于慢车道和人行道下方,能减少对城市交通的干扰和对机动车路面的破坏,但对地下管网的改移难度较大。

C位:地铁线路位于待拆的已有建筑物下方,对现有道路及交通基本上无破坏和干扰,且地下管网也极少。但房屋拆迁及安置量大,只有在与城市道路改造同步进行时才有优势。

②位于城市道路范围以外:在地质条件好、城市非建成区和旧城改造等特定的条件下,地下线路可设置于道路范围之外以达到缩短线路长度、减少拆迁和降低工程造价的目的。

除上述条件外,若线路从既有多层、高层房屋建筑下面通过,不但施工难度大,并且造价高昂,选线时要尽量避免。

(2)高架线平面位置

由于自由度更少,高架线路平面位置的选择要比地下线路严格。一般要沿城市主干道平行设置,道路红线宽度宜大于40m。在道路横断面上,高架桥墩柱位置要与道路车行道分别配合,一般宜将桥柱置于分隔带上,如图3-6所示。

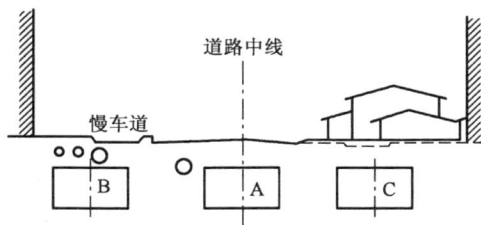

图3-5　地铁线路位置示意　　　　图3-6　高架桥设置位置(单位:m)

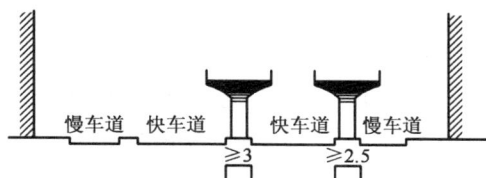

当平面线路位于城市道路中心线上时,对道路景观较为有利,噪声对两侧房屋的影响相对较小,路口交叉处,对拐弯机动车影响小。但是,在无中间分隔带的道路上敷设时,改建道路工程量大。

由于房屋的朝向以坐北朝南为最佳,此外,朝向正东方向上午采光也比较好,当位于快慢车分隔带上时,要充分利用道路隔离带,减少高架桥柱对道路宽度的占用和改建,一般偏向房屋的非主要朝向面,即东西街道的南侧和南北街道的东侧。缺点是噪声对一侧市民的影响较大。

除上述两种位置外,还可以将高架地铁线路置于慢车道、人行道上方及建筑区内。这种设置仅适用于广场、公园、绿地及江、河、湖、海岸线等空旷地段或将高架线与旧房改造规划成一体时。

（3）地面线平面位置

地面线位于道路中心带上,如图3-7a)所示,带宽一般为20m左右。当城市快速路或主干道的中间有分隔带时,地面线设于该分隔带上,不阻隔两侧建筑物内的车辆按右行方向出入,不需设置辅路,有利于城市景观及减少地铁噪声的干扰。其不足之处是乘客均需通过地道或天桥进入地铁。

地面线位于快车道一侧,如图3-7b)所示,带宽一般为20m左右。当城市道路无中间分隔带时,该位置可以减少道路改移量,其缺点是在快车道另一侧需要建辅路,增加道路交通管理的复杂性。

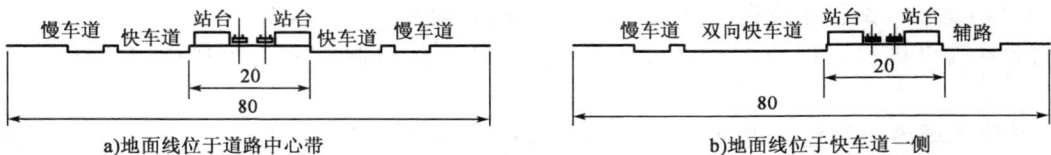

图3-7　地面线平面位置（单位:m）

当道路范围之外为江、河、湖、海岸滩地,不能用于居住建筑的山坡地等,可考虑地铁设于这些地带上,但要充分考虑路基的稳固与安全。地铁地面线一般应设计成封闭线路,防止行人、车辆进入,与城市道路交叉时一般应采用立体交叉。

3.线路左右线断面位置的选择

地铁线路不论是设置在地下、高架或地面,其双线的左线与右线一般并列于同一街道范围内。在左右线并列条件下,依照两线间距离的大小和轨面高程有各种不同的组合形式,常见的地下线设置有如图3-8所示的几种形式。

图3-8a)是左右线等高并列平行,线间距离一般为3.6~5.0m,适用于明挖法或顶管法施工的区间矩形隧道结构。

图3-8b)是左右线上下重叠,明、暗挖法施工均可采用,适用于狭窄的街道下方布置线路。

图3-8c)是左右线等高并列平行,线间距离一般不小于11m,适用于车站矩形框架隧道结构。

图3-8d)是左右线分开,线间距离宜大于2D（D为隧道开挖直径）。在困难的情况下,采取地层加固措施后,最大可降至1.4D,适用于采用盾构法或矿山法施工的单线单洞圆形或马蹄形隧道结构的线路中。

图3-8e)是左线对右线在水平面与高度之间均保持一定距离的并列方式,采用暗挖法施工,适用于较窄街道下方布置线路。我国香港地铁港岛线采用了这种线路布置形式,由于上下行站台不在同一高程,增加了车站提升设备和高度,也不方便乘客使用。

图 3-8f)是左右线上下重叠,采用暗挖法施工的线路上,可适用于狭窄的街道下方布置线路。但二者之间的水平高差 L 必须经过计算和试验确定。

高架的左右线一般采用同一桥墩,由于桥墩设置受限制,故左右线一般均为并列、平行、等高,车站、区间的线间距基本一致。地面线一般也是并列、平行、等高。

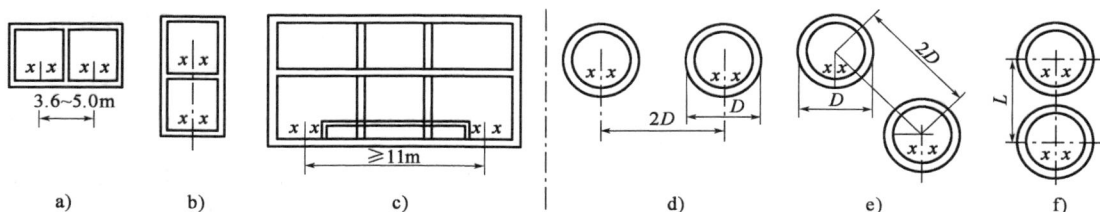

图 3-8　左右线路位置关系

4. 最小曲线半径的确定

理想的线路平面是由直线和较少数量的曲线组成的,而且每一曲线应采用尽可能大的半径,在直线和曲线之间设置缓和过渡线。因为小半径曲线有许多缺点,如需要一个较大的建筑限界去容纳车辆端部和中部的偏移距离,不仅增加了轮缘和轨道的磨损,而且增加噪声和振动,并需要限速。而限制速度就会增大运营费用和基本维修费用,因此应尽量避免采用小半径曲线。

列车以一定速度通过曲线时,为了列车的安全和乘客的舒适,曲线最大外轨超高和未被平衡的离心加速度应受限制。这就需要通过最小曲线半径的合理选定来控制。最小曲线半径与地铁线路的性质、车辆性能、行车速度和地形地质条件等有关。它对行车速度、安全、稳定有很大影响,并直接影响着地铁建筑费用与运营费用,因此,最小曲线半径是轨道交通的一个主要技术参数。

当列车以求得的“平衡速度”通过曲线时,能够保证列车安全、稳定运行的圆曲线半径的最低限值,称为最小曲线半径,其计算公式为:

$$R_{\min} = \frac{11.3 v^2}{h_{\max} + h_{qy}} \tag{3-1}$$

式中:$R_{\min}$——满足欠超高要求的最小曲线半径,m;

　　　　v——设计行车速度,km/h;

　　　$h_{\max}$——最大超高, 取 120mm;

　　　h_{qy}——允许欠超高,一般取 153a,其中 a 为当速度要求超过设置最大超高值时,产生的未被平衡的离心加速度。

我国《地铁设计规范》(GB 50157—2013)中规定 $a = 0.4 \text{m/s}^2$。列车在曲线上运行产生的离心力,通常设置超高 h 来产生向心力以达到平衡离心力的目的,当 $R_{\min}$ 一定时,v 越大,要求设置的超高值就越大,但规定 $h_{\max} = 120 \text{mm}$。因此,当速度超过设置最大超高值时,就会产生未被平衡的离心加速度 a,允许的欠超高值为 $h_{qy} = 153 \times 0.4 = 61.2 \text{mm}$。

我国《地铁设计规范》(GB 50157—2013)中规定的圆曲线最小曲线半径,见表 3-1。一般正线的圆曲线最小曲线半径取 $R_{\min} = 300 \text{m}$,若在困难情况下,取 $R_{\min} = 250 \text{m}$。

我国规定的最小曲线半径(单位:m)　　　　　　　　　表 3-1

线　路	一　般　情　况		困　难　情　况	
	A 型车	B 型车	A 型车	B 型车
正线	350	300	300	250
联络线、出入线	250	200	150	150
车场线	150	150	—	—

注:除同心圆曲线外,曲线半径应以 10m 的倍数取值。

　　影响圆曲线最小曲线半径的因素较多,除上述因素之外,还与列车运行安全、钢轨磨耗程度、养护维修工作量等因素有关,因此,如果圆曲线最小曲线半径标准定得太高,会给设计、施工带来很大困难,并造成大幅度地增加工程投资。车站的站台同样也宜设置在直线上,当设置在曲线上时,其站台有效长度范围的线路曲线最小半径应符合表 3-2 的规定。

车站曲线最小半径(单位:m)　　　　　　　　　表 3-2

车型		A 型车	B 型车
曲线半径	无站台门	800	600
	设站台门	1500	1000

　　各类车型的主要技术规格,可参照表 3-3 选定。

各类车型主要技术规格　　　　　　　　　表 3-3

名　　称		A 型车	B 型车	
			B1 型车	B2 型车
车辆轴数		4	4	4
车体基本长度 (mm)	无司机室车辆	22 000	19 000	19 000
	单司机室车辆	23 600	19 600	19 600
车钩连接中心点 间距(mm)	无司机室车辆	22 800	19 520	19 520
	单司机室车辆	24 400	20 120	20 120
车体基本宽度(mm)		3 000	2 800	2 800
车辆最大高度 (mm)	受流器车	有空调	—	3 800	—
		无空调	—	3 600	—
	受电弓车(落弓高度)	≤3 810	—	≤3 810
	受电弓工作高度	3 980 ~ 5 800	—	3 980 ~ 5 800
车内净高(mm)		2 100 ~ 2 150	2 100 ~ 2 150	2 100 ~ 2 150
地板面距轨面高(mm)		1 130	1 100	1 100

名　　称		A 型车	B 型车	
			B1 型车	B2 型车
轴重(t)		≤16	≤14	≤14
车辆定距(mm)		15 700	12 600	12 600
固定轴距(mm)		2 200 ~ 2 500	2 000 ~ 2 300	2 000 ~ 2 300
每侧车门数(对)		5	4	4
车门宽度(mm)		1 300 ~ 1 400	1 300 ~ 1 400	1 300 ~ 1 400
车门高度(mm)		≥1 800	≥1 800	≥1 800
载员(人)	座席 单司机室车辆	56	36	36
	座席 无司机室车辆	56	46	46
	定员 单司机室车辆	310	230	230
	定员 无司机室车辆	310	250	250
	超员 单司机室车辆	432	327	327
	超员 无司机室车辆	432	352	352
车辆最高运行速度(km/h)		80、100	80、120	80、100

注:车辆详细技术条件,可参照《地下铁道车辆通用技术条件》(GB/T 7928—2003)和《地铁设计规范》(GB 50157—2013)。

其中正线 A 型车允许的最小曲线半径标准为 300m,相应的最大允许速度为 74km/h,比国产地铁车辆(长春客车厂生产)的构造速度 80km/h 要低,因此,实际选用时可适当增大些。

5.地铁缓和曲线的确定

在地铁线路上,直线和圆曲线不是直接相连的,它们之间需要插入一段缓和曲线,如图 3-9 所示。其目的在于满足曲率过渡、轨距加宽和超高过渡的需要,以保证乘客舒适安全。缓和曲线的半径是变化的,它与直线连接一端的半径为无穷大,逐渐变化到等于所要连接的圆曲线半径 R,以便于测设、养护维修和缩短曲线长度。

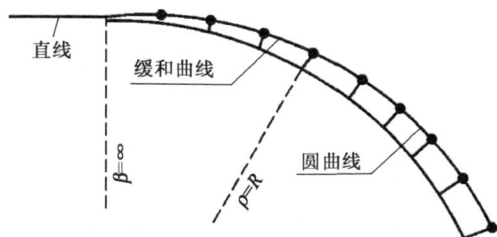

图 3-9　缓和曲线示意图

(1)缓和曲线长度的计算

①从超高顺坡率的要求计算。

一般超高顺坡率不宜大于 2‰,困难地段不应大于 3‰,按此要求,则缓和曲线的最小长度为:

$$L_1 \geqslant \frac{H}{3} \sim \frac{H}{2} \qquad (3-2)$$

式中：L_1——缓和曲线长度，m；

H——圆曲线实设超高，mm。

②从限制超高时变率、保证乘客舒适度分析计算：

$$L_2 \geqslant \frac{Hv}{3.6f} \tag{3-3}$$

式中：L_2——缓和曲线长度，m；

v——设计速度，km/h；

f——允许的超高时变率，40mm/s。

将 $f=40$mm/s 和最大超高 $H_{max}=120$mm 代入式（3-3）得 $L_2 \geqslant 0.84v$，因此缓和曲线的长度应满足上述两式。根据超高顺坡的要求，在一定的时速范围内，曲线上的缓和曲线长度的计算方法为：

当 $v \leqslant 50$km/h 时，缓和曲线 $L=H/3 \geqslant 20$m，当 50km/h $< v \leqslant 70$km/h 时，$L=H/3 \geqslant 20$m；当 70km/h $< v \leqslant 3.2\sqrt{R}$ 时，$L=0.007vh \geqslant 20$m。缓和曲线长度 L 值按上述公式计算求得，其计算按"2舍3进，进5的整倍数"处理。

缓和曲线 L_0 的最小长度为20m，这主要是考虑不短于一节车厢的全轴距而确定的。全轴距指一节车厢第1位轴至最后位轴之间的距离，目前我国地下铁道车辆的全轴距最大不超过20m。

（2）曲线半径的确定

缓和曲线是为满足乘客舒适要求而设置的，考虑视曲线半径 R、时变率 β 是否符合不大于 0.3m/s^3 的规定而确定。当设计速度 v 确定的后，按允许的 β 值，由式（3-4）可确定不设缓和曲线的半径 R。

$$R \geqslant \frac{11.3v^3 g}{1\,500 \times 3.5L\beta + Lvig/2} \tag{3-4}$$

式中：v——设计行车速度，km/m；

g——重力加速度，取 9.81m/s^2；

L——车辆长度，取19m；

β——未被平衡离心加速度的时变率，取 0.3m/s^3；

vig——超高顺坡率，取 $2‰ \sim 3‰$。

如最高速度为 $v=100$km/h，取 $i=2‰$时，$R=2\,619$m，即当速度为100km/h 时，$R \geqslant 2\,619$m 就可不设缓和曲线，因此《地铁设计规范》（GB 50157—2013）中规定曲线半径 $R > 3\,000$m 时可以不设缓和曲线，而 $R < 3\,000$m 时必须设置缓和曲线，规范规定的缓和曲线长度见表3-4。有关路线平面圆曲线和夹直线长度的确定，可参见《地铁设计规范》（GB 50157—2013）中的相应规定。

6. 高架轻轨线曲线半径

高架轻轨运营速度低，车辆性能、养护和维修的困难程度与地下铁道线路不同，因此，轻轨高架线和地面线对曲线半径、缓和曲线长度、外轨超高值等要求标准较地铁线路适当降低。计算原理和方法与地铁线路平面设计基本相同。

我国规定的地铁线路平面缓和曲线 l（单位:m）　　　　　表 3-4

v(km/h) R(m)	100	95	90	85	80	75	70	65	60	55	50	45	40	35
3 000	30	25	20	20	20	20	20	—	—	—	—	—	—	—
2 500	35	30	25	20	20	20	20	20	—	—	—	—	—	—
2 000	45	40	35	30	25	20	20	20	20	20	—	—	—	—
1 500	55	50	45	35	30	25	20	20	20	20	20	—	—	—
1 200	70	60	50	40	40	30	25	20	20	20	20	20	—	—
1 000	85	70	60	50	45	35	30	25	20	20	20	20	20	—
800	85	80	75	65	55	45	35	30	25	20	20	20	20	20
700	85	80	75	75	65	50	45	35	25	25	20	20	20	—
600	—	80	75	75	70	60	50	40	30	25	20	20	20	20
550	—	—	75	75	70	65	55	40	35	25	20	20	20	20
500	—	—	—	75	70	65	60	45	35	30	25	20	20	20
450	—	—	—	—	70	65	60	50	40	30	25	20	20	20
400	—	—	—	—	—	65	60	55	45	35	30	20	20	20
350	—	—	—	—	—	—	60	55	50	40	30	25	20	20
300	—	—	—	—	—	—	—	55	50	50	35	30	25	20
250	—	—	—	—	—	—	—	—	50	50	45	35	25	20
200	—	—	—	—	—	—	—	—	—	50	45	40	35	25

注:表中 R 为曲线半径(m), v 为设计速度(km/h)。

（1）半径的选择

　　线路平面要与规划道路平面保持一致,最小曲线半径根据不同基本车型参照表 3-2 选用。为了减少轮轨的磨损,降低噪声、提高运行速度,在地形地物不受限制地段,曲线半径选择应尽可能大些。

（2）平面连接

　　正线与联络线上曲线半径小于 1 500m 时,直线与圆曲线间,要设缓和曲线。场线上由于运行速度低,可不设缓和曲线和超高。当曲线半径小于 1 500m 时,按 3‰的变坡率设过渡段,其长度不短于表 3-5 所列数据。

过渡段长度（单位:m）　　　　　表 3-5

R	30	40	50	60	80	100
过渡段长度	5	4	3	2	1	1

两曲线间所夹直线，一般情况下不小于50m，困难情况下不小于25m。场线上两曲线夹直线不小于12.5m（均不含过渡段）。圆曲线最小长度为12.5m，不小于最大转向架中心销距11.0m，进整为标准轨长的一半。

（3）曲线函数计算公式

①缓和曲线示意图（图3-10）。

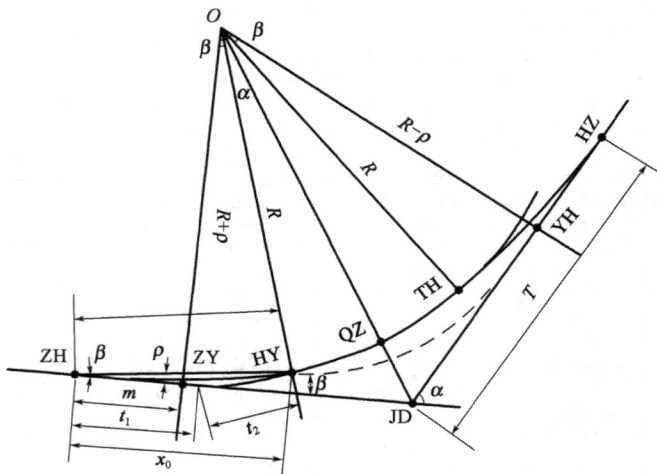

图3-10 缓和曲线示意图

②圆曲线函数计算公式：

切线 $T = R \cdot \tan \dfrac{\alpha}{2} + m$

曲线 $L = R \cdot \dfrac{\pi \alpha}{180} + m$ (3-5)

外矢 $E_0 = R \cdot \sec \dfrac{\alpha}{2} - R$

式中：R——半径；

  α——偏角。

缓和曲线函数计算公式：

$$T = (R + \rho) \cdot \tan \dfrac{\alpha}{2} + m$$

$$L = \pi \cdot R \cdot \dfrac{\alpha}{180} + l$$

$$E_0 = (R + \rho) \cdot \sec \dfrac{\alpha}{2} - R$$

(3-6)

缓和曲线角度 $\beta = 90 \times \dfrac{l}{\pi R}$

切垂距 $m = \dfrac{l}{2} - \dfrac{l^3}{240 R^2}$

圆曲线运动量 $\rho = \dfrac{l^2}{24 R} - \dfrac{l^4}{2\,688 R^3}$

式中：l——缓和曲线长度。

其余参数见图3-10，公式如下：

$$x_0 = l - \frac{l^3}{40R^2} + \frac{l^5}{3\,456R^4}$$

$$y_0 = \frac{l^2}{6R} + \frac{l^4}{336R^3}$$

$$t_1 = \frac{2l}{3} + \frac{l^3}{114.5R} + \frac{l^5}{4\,786.2R^2}$$

$$t_2 = \frac{56R^2 l - l^3}{7(24R^2 - l^2)}$$

$$C_c = l - \frac{l^3}{90R^2} + \frac{l^5}{3\,888R^4}$$

曲线加宽和缓和曲线函数表，见表3-4。

三、线路纵断面设计

1. 线路纵断面设计的一般原则

(1)地铁线路纵断面设计要保证列车运行的安全、平稳及乘客的舒适，高架线路还要注意城市景观，坡段应尽量长。

(2)线路纵断面要结合不同的地形、地质及水文条件，地下建筑物与基础情况以及线路平面等条件进行合理设计，力求方便乘客并降低工程造价。必要时，可建议变更线路平面及施工方法。

(3)线路应尽量设计成符合列车运行规律的节能型坡道。车站一般位于纵断面的高处，区间位于纵断面低处。除车站两端的节能坡道外，区间一般宜用缓坡，避免列车交替使用制动而增大牵引负荷。

2. 纵坡要求

线路因排水的需要和各站台线路的高程不同，需要设置纵坡，线路纵坡用千分率表示。地铁线路纵断面的最大纵坡值，不包含曲线阻力、隧道内空气阻力等附加当量坡度，与我国城际铁路设计中的限制坡度值有所区别。

地铁由于高密度行车和大运量，为保证行车安全与准点，设计要求列车在失去部分（最大可达到一半）牵引动力的条件下，仍能用另一部分牵引动力将列车从最大坡度上启动，因此，最大坡度阻力及各种附加阻力之和不宜大于列车牵引力的一半。各段线路上的坡度应该满足下列要求。

(1)正线最大纵坡。正线的最大纵坡宜采用30‰，困难地段可采用35‰。辅助线的最大纵坡不宜大于40‰，且均不包括各种纵坡折减值。

正线最大纵坡是线路的主要技术标准之一，它对线路的埋深、工程造价及运营都有较大的影响，因此，合理确定线路最大纵坡具有很重要的意义。

最大纵坡是根据地铁机车最大启动力、载客重车和行驶在大坡道以及列车行驶在最不利地段(如纵坡大,处于小半径的曲线处)启动的情况下作出的规定。

高架轻轨线最大纵坡可参见表3-2,规定正线的限制坡度为60‰。

(2)最小纵坡。一般情况下,线路的纵坡与隧道排水沟的纵坡是一致的,为了满足排水需要,隧道内与路堑地段的正线最小纵坡不宜小于3‰。困难地段,在确保排水的条件下,可采用小于3‰的纵坡。

车场线设在不大于1.5‰的坡道上,较大的坡度会造成停车不稳,易发生溜车等危险事故。

为了便于道岔的养护与维修,道岔应铺在较缓的坡道上,一般规定设在不大于5‰的坡度上,在困难的条件下可设在不大于10‰的坡度上。

隧道内折返线和存车线,既要保持隧道内最小的排水坡度,又需满足停放车辆和检修作业的要求,一般选取2‰。

(3)车站纵坡。地下车站站台的纵坡应尽量平缓,车站站台段线路纵坡宜采用2‰,在困难条件下可设在不大于3‰的坡道上。但站台段线路应只设在一个坡道上,这样设计、施工均较为简单,也有利于排水。

地面和高架桥的车站站台段线路应设置在平道,在困难地段可设在不大于8‰的坡道上。

3.线路竖曲线半径

为了缓和变坡度的急剧变化,使列车通过变坡点时产生的附加加速度不超过允许值,相邻坡度差大于或等于2‰时,应设竖曲线。地下铁道为钢筋混凝土的整体道床,其弹性变形量比地面铁路碎石道床小得多,所以地下铁道设置竖曲线的要求要高。抛物线形曲率渐变,更适合列车运行,但铺设和养护复杂,故竖曲线通常为圆曲线形。

列车通过变坡点时要产生附加加速度 a_v(m/s^2),其与竖曲线半径 R_v(m)和行车速度 v(km/h)之间关系为:

$$R_v = \frac{v^2}{3.6^2 a_v} \tag{3-7}$$

参照国外试验资料,我国地铁规范正线取值一般取 $a_v = 0.1$m/s^2,困难条件下 $a_v = 0.17$m/s^2。区间正线的运行速度一般为80km/h,站端为60km/h。将上述数据代入式(3-7),区间线路竖曲线半径采用5 000m,困难地段为3 000m;在车站端部为3 000m,困难地段为2 000m;辅助线和车场线采用2 000m,见表3-6。

竖曲线半径(单位:m)   表3-6

线 别		一般情况	困难情况
正线	区间	5 000	3 000
	车站端部	3 000	2 000
联络线、出入线、车场线		2 000	

对于轻轨线路,设计行车速度 $v = 30 \sim 60$km/h,竖向离心加速度 $a_v = 0.3 \sim 0.6$m/s^2,以此代入式(3-7),其计算结果均在500m以下。为便于线路铺设养护,建议统一标准,安全系数取4,进

整后 $R_v = 2\,000$m。困难条件下当 $v \leqslant 30$km/h,R_v 最小限值为 $1\,000$m。

车站站台和道岔范围内不得设置竖曲线,竖曲线离开道岔端部的距离不应小于 5m。

4.线路坡段长度

在列车通过变坡点时要产生附加离心力和附加加速度,为行车平稳考虑,宜设计较长的坡段,但为了适应线路高程的变化,坡段也不能太长,否则将引起较大的工程量,给施工带来困难,因此应综合考虑两者的影响确定最短坡段长度。

(1)一般情况下线路纵向最小坡段小于列车长度时,可以使列车长范围内只有一个变坡点,以避免变坡点附加力叠加影响和附加力的频繁变化,保证行车的平稳。

(2)坡段长度还应满足竖曲线既不相互重叠,又能相隔一定距离,两竖曲线夹直线长度不宜小于 50m,以利于列车运行和线路的维修。

竖曲线不得侵入车站站台范围,以保证站台的平稳和乘客的安全,并有利于车站设计和施工。为了节能和降低造价,竖曲线紧邻站台端最为有利,能够更容易找到变坡点最佳位置,不致失去节能型坡段的设计条件。

对于轻轨高架线,坡段最小长度不应短于远期列车长度,同时要保证两竖曲线间夹直线不小于 25.0m。对于大坡道,由于牵引功率限制,要求:60‰坡度限长 500m;50‰坡道限长 $1\,000$m;小于 50‰坡道不限。

第二节　轨道工程设计

轨道结构是地铁和轻轨交通的重要组成部分。一般由钢轨、扣件、轨枕、道床、道岔及其他附属设备等组成。

轨道是轨道交通运营设备的基础,它直接承受上部车辆荷载,并引导车辆运行。轨道设计应保证车辆安全、平稳、快速运行,并满足乘客舒适度要求。轨道交通对轨道结构的基本要求如下。

(1)结构简单、整体性强,具有坚固性、稳定性、均衡件等特点,确保行车安全、平稳、舒适。

(2)具有足够的强度、刚度;便于施工、易于管理,可靠性高、使用寿命长,可以少维修或者避免维修,并有利于日常的清洁养护,降低运营成本。

(3)对于扣件,要求强度高、韧性好。

(4)采用成熟的新工艺、新技术、新材料,满足绝缘、减振降噪和减轻轨道结构自重的需要,尽可能符合城市景观和美观要求。

一、轨道结构及组成

轨道铺设于路基上,是直接承受机车、车辆巨大压力的部分,由钢轨、轨枕、连接件、道床、道岔及其他附属设备组成。

1.钢轨

钢轨起直接承受车轮压力并引导车轮运行方向的作用,此外还兼作轨道牵引电力回流的作用。钢轨的类型和强度以 kg/m 表示,图 3-11 为 43kg/m 的钢轨断面尺寸详图,图 3-12 为 50kg/m 的钢轨断面尺寸详图。

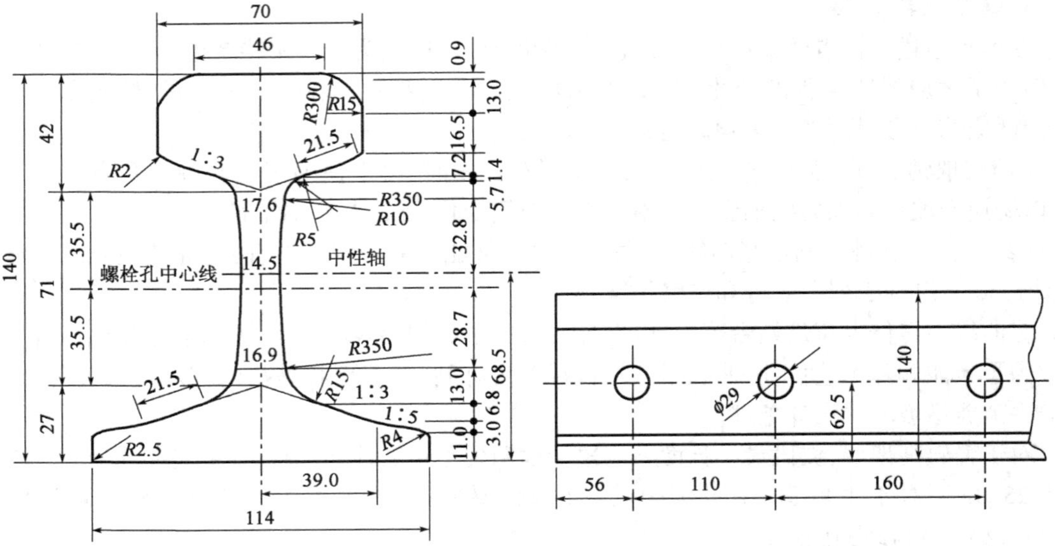

a)正面图　　b)侧视图

图 3-11　43kg/m 钢轨断面尺寸(尺寸单位:mm)

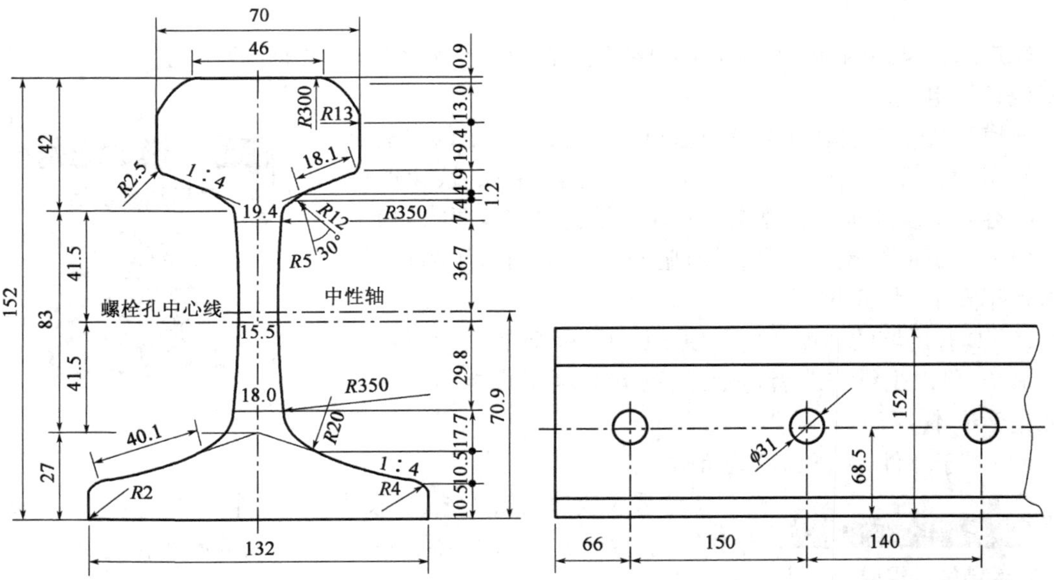

a)正面图　　b)侧视图

图 3-12　50kg/m 钢轨断面尺寸(尺寸单位:mm)

我国地铁正线、辅助线一般采用 50kg/m 及以上的钢轨,车场线采用 43kg/m 的钢轨。钢轨接头为对接,正线、联络线和出入线的直线段以及半径 $R \geqslant 200$m 的曲线段整体道床地段、半径 $R \geqslant 400$m 的曲线段碎石道床地段以及长度大于 1km 的试车线,采用温度应力式的无缝线路,其余可用连接件连接。连接件可分接头连接件和中间连接件两类,中间连接件是用来把钢轨扣紧在轨枕上的零件,故又称为钢轨扣件。

我国地铁及轻轨没有统一的选型标准,参照国家铁路钢轨选型的标准,年通过总重在 $15\sim30Mt$ 时,采用 50kg/m 钢轨;在 $30\sim60$ Mt 时,采用 60kg/m 钢轨。选用钢轨原则上应以轨道承受荷载的大小确定。虽然轻轨交通车辆的轴重较轻,如我国轻轨样车轴重只有 10t,但为保证客运车辆的运行质量和钢轨能有较长使用寿命以及适应铺设无缝线路的需要,在正线上宜选用 60kg/m、50kg/m 钢轨,在车场内可采用 50kg/m、43kg/m 的钢轨。但在《地铁设计规范》(GB 50157—2013)中规定,正线上选用 60kg/m 钢轨,车场线采用 50kg/m 的钢轨。

当前,国内外在地铁和轻轨设计中有选用重型钢轨的趋势。从技术性能分析,60kg/m 的钢轨重量只增加 17%,而允许通过的总重量可增加 50%,重型钢轨不仅能增加轨道的稳定性,减少养护维修工程工作量,而且还能增加回流的断面,减少杂散电流。据有关试验资料介绍,60kg/m 钢轨比 50kg/m 钢轨抗弯强度增加了 34%,而弯曲压力减少 28%,使用年限增加 $1.5\sim3.0$ 倍,而疲劳破坏造成的更换率减少 84%,振动影响减少 10%,故我国地铁和轻轨均采用 60kg/m 的重型钢轨;车场线供空车运行,行车速度低,所以选用 50kg/m 或 43kg/m 的轻型钢轨。我国香港轨道交通采用 45.60kg/m 的钢轨。表 3-7 为国内外一些城市轨道交通系统所用钢轨类型,国产 50kg/m、43kg/m 的钢轨物理力学特征参数见表 3-8。

国内外一些城市轨道交通系统所用钢轨重量　　　　　　　　　　表 3-7

城市	巴塞罗那	布加勒斯特	纽约	东京	伦敦
钢轨重量(kg/m)	54	49	49.5	50	47.54
城市	鹿特丹	马尼拉	汉堡	香港	新加坡
钢轨重量(kg/m)	46	50.1	49	45.60	60

国产 50kg/m 和 43kg/m 钢轨的物理力学参数值　　　　　　　　表 3-8

参　　数	钢 轨 类 型	
	43kg/m	50kg/m
钢轨断面面积(cm²)	57.0	65.8
重心距轨底距离(cm)	6.9	7.1
重心距轨头距离(cm)	7.1	8.1
对水平轴的惯性矩(cm⁴)	1 489.0	2 037.0
对垂直轴的惯性矩(cm⁴)	260.0	377.0
下部断面系数(cm³)	217.3	287.2
上部断面系(cm³)	208.3	251.3
底侧边断面系数(cm³)	45.0	57.1
每延米质量(kg)	44.653	51.514

2. 轨枕与道床

(1)轨枕

轨枕是钢轨的支座,起着保持钢轨位置,固定轨距和方向,承受钢轨传来的压力并将其传递给道床(基础)的作用。因此轨枕必须具有坚固性、弹性和耐久性。轨枕是轨下基础的部件之一。

轨枕按其使用部位可分为用于区间线路的普通轨枕、用于道岔上的岔枕以及用于无砟桥上的桥枕。

轨枕按其材料可分为木枕、混凝土轨枕及钢枕等。钢枕在我国很少采用。木枕又称枕木，是铁路上最早采用的形式，但目前已逐渐被混凝土轨枕所代替。

轨枕类型的选择随轨距、道床种类、使用场所不同而异。地下铁道正线隧道内线路一般采用短轨枕或无轨枕的整体钢筋混凝土道床，车场线采用普通预应力钢筋混凝土轨枕，在道岔范围内少数区段采用木枕。高架轻轨线宜采用新型轨下基础，这种新型的轨枕结构不同于传统的道砟道床上铺设木枕或混凝土的轨下基础，而是以混凝土道床为主的构造形式，如上海明珠轻轨高架线采用了承轨台、支撑块整体式道床。因为轻轨车辆轴重小，可以直接采用常规铁路强度最低的预应力混凝土枕，如 J-1 型轨枕，其主要外形尺寸如图 3-13 所示，质量约为 260kg。每千米直线段轨枕配置根数为 1 600 根，在曲线半径 300m 以下的地段，每千米增加 80 根，地面线路为碎石道床上铺预应力混凝土轨枕。

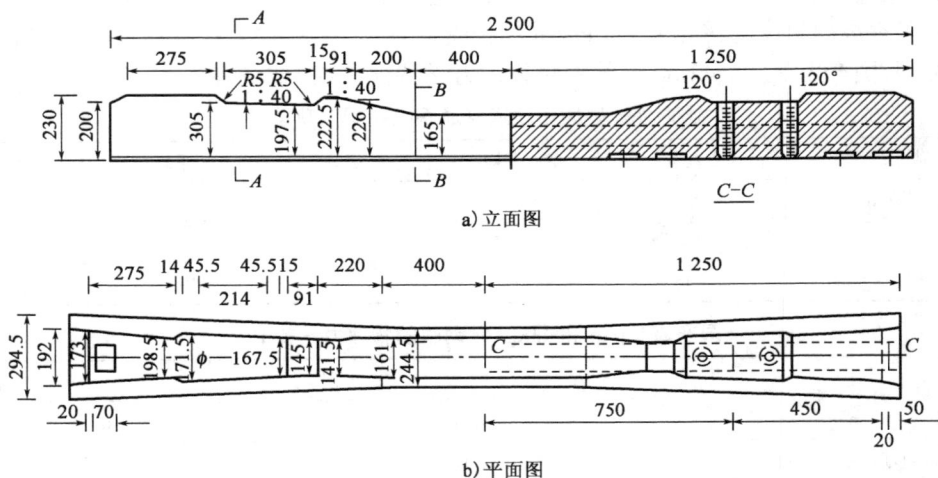

图 3-13　J-1 型轨枕外形尺寸(尺寸单位:mm)

隧道的正线及辅助线的直线段和半径 $R \geqslant 400m$ 的曲线段，每千米铺设短轨枕数为 1 680 对，半径为 400m 以下的曲线地段和大坡道上，每千米铺设轨枕数为 1 760 对。地面碎石道床上铺轨枕数同上。车场线每千米铺设轨枕数为 1 440 根。

预应力混凝土轨枕，简称 PC(Prestressed Concrete)轨枕，已得到各国的广泛采用。按照其制造方法的不同可分先张法和后张法 PC 枕。配筋材料可以是高强度钢丝，也可以是钢筋。混凝土轨枕按结构形式可分为整体式与组合式两种。整体式轨枕整体性强、稳定性好、制作简便，是目前广泛使用的一种类型。组合式轨枕由两个钢筋混凝土块使用 1 根钢杆连接而成，其整体性不如前者，但钢杆承受正负弯矩的能力比较强。这种轨枕使用的国家不多，法国巴黎的(市郊火车)RER 中使用的 RS 型组合式轨枕获得了很大成功。

(2)道床

道床铺设在路基之上，轨枕之下。道床一般分为有砟道床和无砟道床两种。

有砟道床的优点是施工简单,防噪声性能较好。但因轨道建筑高度较高,造成结构底板下降,增大了地铁隧道开挖断面,同时,轨道排水设施复杂,维修工作量也较大,一般不在轨道交通正线中采用。

无砟轨道结构形式较多,采用最普遍的为整体道床。目前,整体道床形式主要有混凝土整体道床、钢筋混凝土短枕式整体道床、新型轨下基础、轨枕整体碎石道床等几种。隧道内采用混凝土整体道床,地面线和车场线道岔可采用轨枕碎石道床,高架线宜采用新型轨下基础。

轨枕式整体道床可分为短枕式和长枕式两种。

①短枕式整体道床。

这种道床轨道建筑高度一般为 550mm 左右,道床混凝土强度等级为 C30,轨下道床厚度一般小于 160mm,设中心排水沟,如图 3-14 所示。

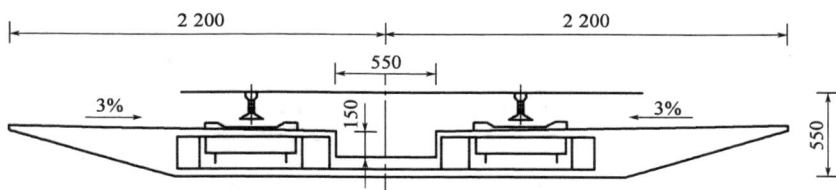

图 3-14　短枕式整体道床(尺寸单位:mm)

②长枕式整体道床。

长枕式整体道床设侧向水沟,如图 3-15 所示。一般长轨枕预留圆孔,道床用纵向筋穿过,加强了与道床的连接,使道床更坚固、稳定且整洁美观。这种道床适用于软土地基隧道,可采用轨排法施工,进度快,施工精度也容易得到保证。上海和新加坡地铁铺设这种道床,使用状况良好。

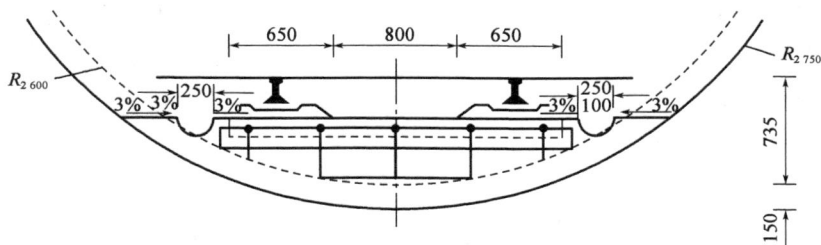

图 3-15　长枕式整体道床(尺寸单位:mm)

此外,还有浮置板式整体道床。这种道床是在浮置板下面及两侧设有橡胶垫,减振效果明显,如图 3-16 所示。浮置板较重,需要大型吊装机具,施工进度难以保证,更换底部橡胶垫困难,大修时要中断地铁正常运营,造价也高。根据新加坡地铁使用经验,发现浮置板式道床对隧道外减振、降噪效果明显,但地铁车厢内振动和噪声较大,超过了环境保护的标准。德国、新加坡等国家的地铁以及我国广州和香港部分地铁区段铺设了这种道床。

针对浮置板式道床的缺点,国内研究了纵向浮置式整体道床,如图 3-17 所示。这种道床较轨枕式道床施工难度大,要求严格控制施工的精度。莫斯科、基辅地铁铺有这种道床,国内未正式应用。

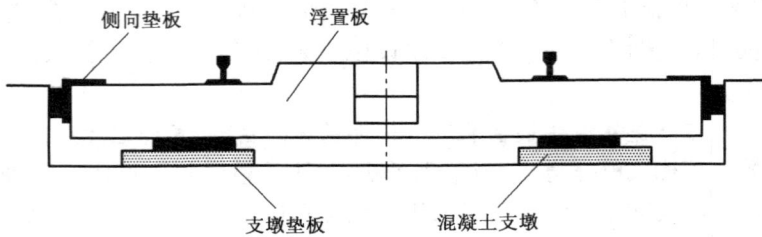

图 3-16　浮置板式整体道床

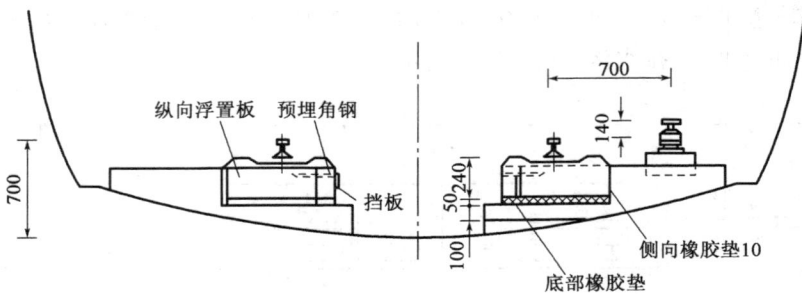

图 3-17　纵向浮置板整体道床(尺寸单位:mm)

隧道内道岔区可采用钢筋混凝土短枕式整体道床,车场线及地面线的道岔区可用木枕或钢筋混凝土轨枕碎石道床。混凝土整体道床与碎石道床相连时,衔接处应设弹性过渡段。

高架桥上的轨道结构分为有砟轨道和无砟轨道两类。早期修建的高架线路上使用较多的是有砟轨道,如巴黎地铁 6 号、7 号线。高架桥上无砟轨道结构是通过扣件直接把钢轨和钢筋混凝土桥面联结起来,如图 3-18 所示。应用较多的是在混凝土梁上二次浇筑混凝土纵向承轨台,承轨台每隔两个扣件节点断开。与有砟轨道相比,无砟轨道结构可减少桥梁恒载,降低梁的建筑高度和造价,同时可大大减少轨道维修;其缺点是二次混凝土浇筑施工复杂,施工精度要求很高,承轨台表面抹平费时费工。

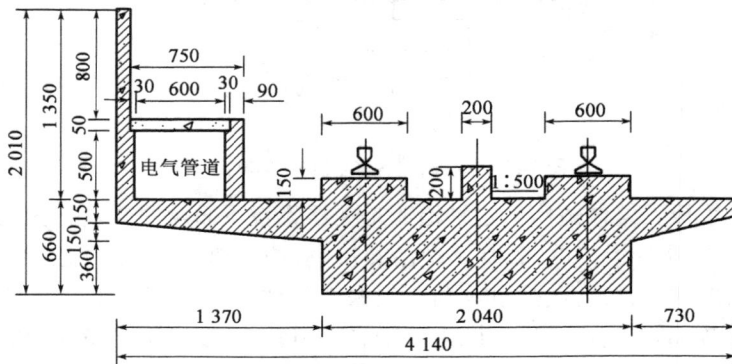

图 3-18　高架桥的无砟轨道结构(尺寸单位:mm)

3. 扣件

扣件是钢轨与轨枕或其他轨下基础连接的重要连接件,它的作用是固定钢轨,阻止钢轨纵向和横向位移,防止钢轨倾斜,并能提供适当的弹性,将钢轨承受的力传递给轨枕或道床承轨台。扣件由钢轨扣压件和轨下垫层两部分组成。

（1）地铁扣件

我国地铁线路使用的扣件为 DT 系列，其中主要有 DTⅠ、DTⅡ、DTⅢ、DTⅣ、DTⅤ、DTⅥ和 DTⅦ等型号。

北京地铁一、二期工程采用了 DTI 型扣件，这种扣件为全弹性分开式，如图 3-19 所示。扣压件为弹性扣板，扣压力较强，用轨距块调整轨距，原为四边形，调量 +4mm、−8mm，个别调量不够。北京地铁二期工程现为六边形，其调量为 +8mm、−12mm，高低调量为 −5mm、+10mm。轨下设一层 10mm 厚的沟槽形橡胶垫板，铁垫板下设一层 8mm 厚塑料垫板，主要起绝缘作用。扣件与轨枕连接，在轨枕内预埋有玻璃套管，螺栓道钉可拧进取出，使用方便。

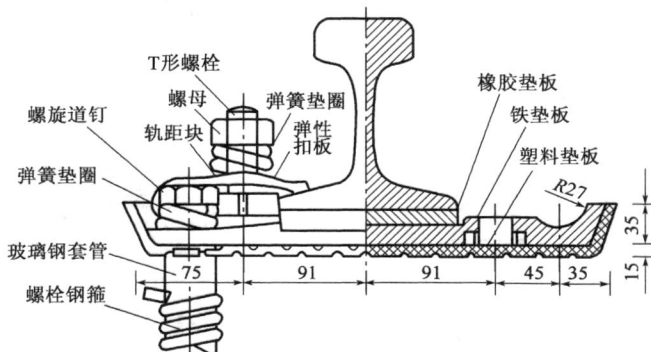

图 3-19　DTⅠ型扣件（尺寸单位：mm）

北京地铁"复八线"复兴门至西单段铺设 DTⅣ型扣件，敷设轨道为 50kg/m，如图 3-20 所示；上海地铁 1 号线一般减振地段铺设了 DTⅢ型扣件，敷设轨道为 60kg/m，运行后使用状况良好。青岛、沈阳和上海地铁 2 号线轨道铺设 DTⅥ型扣件，如图 3-21 所示。

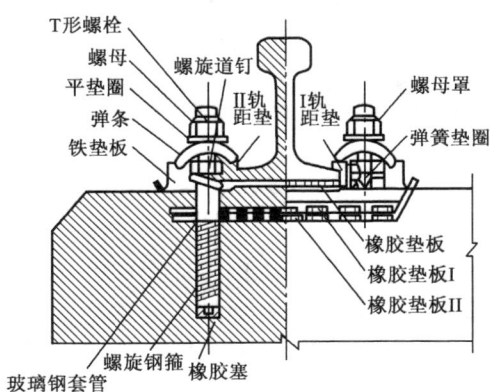

图 3-20　DTⅣ型扣件

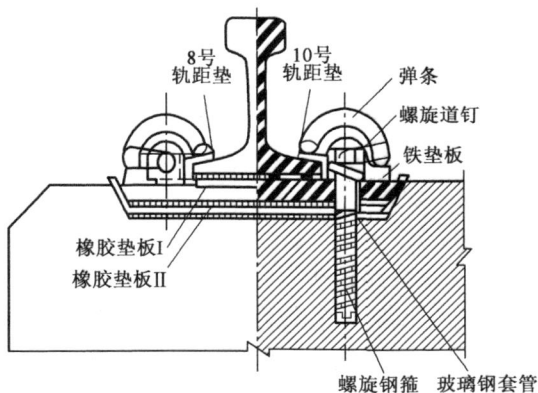

图 3-21　DTⅥ型扣件

（2）轻轨扣件

如图 3-22 所示，轻轨Ⅱ型是类似"科隆蛋"的高效能减振扣件。该扣件上下铁垫板用硫化橡胶联成整体，在荷载作用下，橡胶以承受剪力为主，产生较大的剪切变形，因而弹性较好，硫化橡胶既减振又起绝缘作用,具有良好的绝缘性能。另一个突出的特点是:扣件承受垂直荷载时,轨下衬垫(用塑料制作)压缩变形小,扣压钢轨的部件不容易松弛。试验表明轻轨Ⅱ型扣件各项技术性能都优于轻轨Ⅰ型,但由于构造较复杂,造价高,除非环境要求极高的地段,一般不轻易使用。它的主要技术指标为:

①垂直静刚度 8.46kN/mm,满足不大于 10kN/mm 的设计要求,具有良好的弹性,百万次疲劳试验,减振垫完好。

②结构设计合理,在 30kN 横压疲劳荷载作用下,各部件良好无损,轨距扩大 3.5mm。

③减振效果好,加速度幅值从钢轨到承托梁衰减 97.7%,加速度自振频率谱从钢轨到承托梁衰减 99.3%,有明显的社会环境效应。

④绝缘性能好,在洒水状态下,两股钢轨绝缘电阻能满足设计要求。

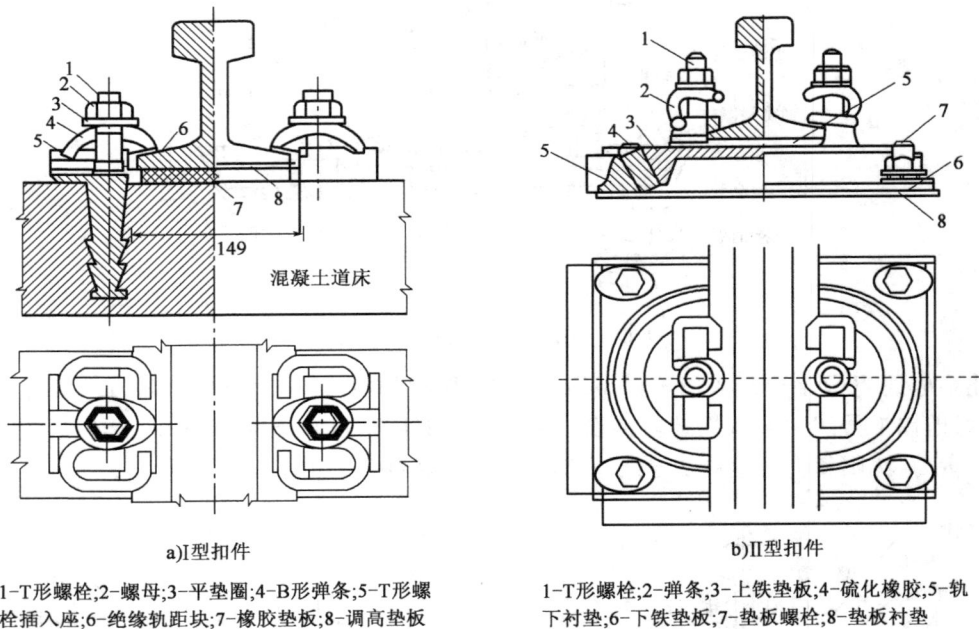

a)Ⅰ型扣件

1-T形螺栓;2-螺母;3-平垫圈;4-B形弹条;5-T形螺栓插入座;6-绝缘轨距块;7-橡胶垫板;8-调高垫板

b)Ⅱ型扣件

1-T形螺栓;2-弹条;3-上铁垫板;4-硫化橡胶;5-轨下衬垫;6-下铁垫板;7-垫板螺栓;8-垫板衬垫

图 3-22　轻轨Ⅰ、Ⅱ型扣件(尺寸单位:mm)

4. 道岔

道岔是线路连接设备之一,起着将机车、车辆由一股道转入另一股道的调车作用。道岔有线路连接、线路交叉、线路连接与交叉三种形式。常见的线路连接有普通的单开道岔、单开式对称道岔及三开道岔。线路交叉有直角交叉和菱形交叉。终始车站、中间站、行车线、检修线的附近,车辆需要折返、调动的部位均须设置道岔。

在城市轨道交通中基本采用双线线路,线路中间站通常不设配线。在城市轨道交通线路中,道岔设备主要作用有:①设有渡线和折返线的车站,通过设置道岔来实现车辆的转线;②在车场、车辆段内,股道通过道岔逐级与走行线连接。

一般地段采用的普通单开道岔如图 3-23 所示,是由引导列车的轮对沿原线行进或转入另一条线路运行的转辙部分,为使轮对能够顺利地通过两线钢轨的连接点而形成的辙叉部分,以及使转辙部分和辙叉部分连接的连接部分和道枕、连接零件等组成。

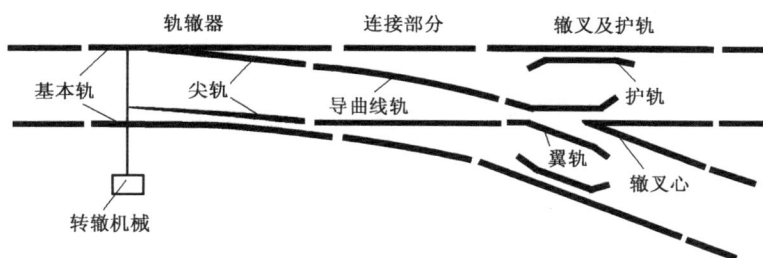

图 3-23　普通单开道岔

转辙部分是由两根基本轨、两根尖轨、各种联结零件和道岔转辙机械组成的。基本轨用 12.5m 或 25m 标准断面的普通钢轨制成,主股为直线,侧股按转辙器各部分的轨距在工厂事先弯折成规定的折线。基本轨除承受车轮的垂直压力外,还与尖轨共同承受车轮的横向水平力。尖轨是转辙器的主要部分,车辆进出道岔就是由尖轨引导的。尖轨在平面上可分为直线型和曲线型。

辙叉是使车轮从一股钢轨越过另一股钢轨的设备,它设置于道岔侧线钢轨与道岔主线钢轨相交处。辙叉是由心轨、翼轨、护轨及联结零件组成的。按平面形式分为直线辙叉和曲线辙叉两种,按构造分为固定式辙叉和可动式辙叉两种。单开道岔以直线固定式辙叉采用较多。

连接部分包括直股连接线和曲股连接线。直股连接线与区间直线线路的构造基本相同,曲股连接线又称为导曲线,目前线路上铺设的道岔导曲线均为圆曲线,当尖轨为曲线型时,尖轨本身就是导曲线的一部分。

道岔号数为辙叉角余切的取整值,常用的道岔号数有 9、12、18 号等。号数越大的道岔,允许侧向通过的列车速度越大。正线道岔型号不宜小于 9 号,在车站端部接轨,宜采用 9 号道岔,其道岔前端,道岔中心至有效站台端部距离不宜小于 22m,其道岔后端,道岔警冲标或出站信号机至有效站台端部距离不应小于 5m。

二、轨道的轨距及加宽、超高

1. 轨距

轨距是轨道上两根钢轨头部内侧间在线路中心线垂直方向上的距离,应在轨顶下规定的部位量取。国内标准轨距是在两钢轨内侧顶面下 16mm 处测量,轨距为 1 435mm。各国地下铁道的轨距宽度不尽相同,但考虑到有条件时地铁线路与地面铁路或地面轻轨交通的线路接轨,所以,一般地铁的轨距与地面铁路和轻轨交通线路的轨距相同。

2. 轨距加宽

有固定轴距的车辆,为了平顺圆滑地通过曲线线路部分,轨距应有一定扩大,这种扩大称为轨距的加宽。一般轨距加宽是指内侧轨向曲线里侧移动。地下铁道曲线上的轨距加宽是按车辆在静力自由内接条件下所需轨距来进行计算的,其值视车辆固定轴距、曲线半径、轨与轮缘的间隙、轮缘的高度、轮距而定,如图 3-24 所示。

一般曲线半径小于或等于 200m 时，需进行按标准轨距的加宽，其计算公式为：

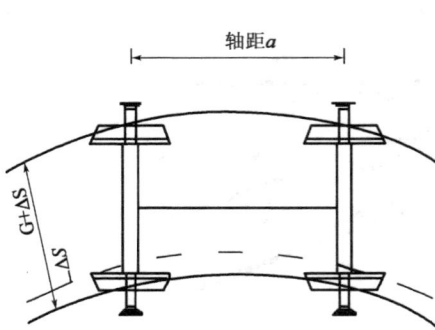

图 3-24　地下铁道轨距加宽示意图

$$\left.\begin{array}{l} \Delta S = f_0 - \delta_{min} \\[2mm] f_0 = \dfrac{a^2}{2R} \times 1\,000 \end{array}\right\} \tag{3-8}$$

式中：ΔS——轨距加宽，mm；

　　　f_0——外轨矢距，mm；

　　　R——曲线半径，m；

　　　a——固定轴距，m；

　　　δ_{min}——最小游间，mm，$\delta_{min} = S_0 - g_{max}$；

　　　S_0——直线轨道轨距，mm；

　　　g_{max}——最大轮对宽度，mm。

由于目前地下铁道车辆固定的轴距尚未统一，因此上述公式计算的同一半径的加宽值会有所出入。鉴于国内外对曲线轨距加宽有逐渐减小趋势，对上述计算的轨队加宽值还要做一些修正，辅助线和车场线曲线轨距加宽值，可依照相关规范，按表 3-9 选用。

辅助线和车场线曲线轨加宽值　　　　　　　　　　　　　　　　　　　　表 3-9

曲线半径 R （m）	加宽值（m）	
	A 型车	B 型车
$100 \leqslant R < 150$	15	10
$150 \leqslant R < 200$	10	5
$200 \leqslant R < 250$	5	—

辅助线半径小于 200m 的曲线地段，直线和圆曲线间一般都用缓和曲线连接，所以轨距加宽必须在缓和曲线范围内均匀递减。若无缓和曲线，则在直线上递减。对于车场线，一般在直线上递减。

3. 外轨超高

地铁车辆在平面圆曲线上行驶时，对轨道会产生离心力，使外轨承受较大压力，由车体向内倾斜产生的重力分力来平衡离心力。外轨抬高的数值，称为超高值。

超高值的计算公式为：

$$h = \frac{11.8 v_c^3}{R} \tag{3-9}$$

式中：h——超高值，mm；

　　　v_c——列车通过速度，km/h；

　　　R——平面圆曲线半径，m。

超高值以 5mm 取整数，计算值小于 10mm 时可不设超高，圆曲线的最大超高值为 120mm。曲线超高值也应在缓和曲线内递减顺接，无缓和曲线时，在直线段递减顺接。超高顺坡率不大于 2‰，困难地段不应大于 2.5‰。当设置的超高值不足时，一般可容许有不大于 61mm 的欠超高。对于混凝土整体道床，采取外轨抬高超高值的一半和内轨降低超高值一半的办法来设置其曲线超高。地下铁道隧道外的线路一般采用碎石道床,超高如若采取抬、降各半的办法是很难实现的,故只能在曲线外侧道床采取全超高的办法实现。

第三节　轨道交通限界

一、限界确定的一般规定

(1)地铁列车需要在特定的空间中沿着固定轨道高速运行。根据车辆轮廓尺寸和性能、线路特性、设备安装及施工方法等因素经技术经济综合比较确定的空间尺寸称为限界。为了确保运营的安全,各种建(构)筑物和设备均不能侵入限界。

(2)限界是确定地下铁道与行车有关的构筑物净空大小和各种设备相互位置的依据,例如隧道的断面尺寸、桥梁的宽窄,都是依据限界确定的。限界越大,安全度越高,但工程量和工程投资也随之增加。根据车辆轮廓尺寸、线路特性、安装施工精度等因素进行综合比较,确定一个既能保证列车运行安全,又不增加桥梁、隧道空间的经济合理断面,是制定地铁工程限界的任务和目的。

(3)地铁和轻轨限界应包括车辆限界、设备限界、建筑限界。受电弓限界或受流器限界是车辆限界的组成部分,接触轨限界是属设备限界的辅助限界。

(4)地铁设备限界是用于限制设备安装的控制线。地铁和轻轨的限界是按车辆在平直轨道上运行时制定的,而车辆在曲线上运行时,由于车辆纵向中心线是直线,轨道中心线为曲线,因此两者无法吻合。同时在曲线段外轨还要设超高以平衡车辆驶经曲线段时的离心力。所以车辆相对轨道中心线而言就会产生平面漂移和竖向加高,其漂移量和加高量应根据不同曲线半径、车辆性能进行计算。

(5)车辆限界是车辆在正在运行状态下形成的最大动态包络线:直线段车辆限界分为隧道内车辆限界和高架或地面线车辆限界,高架或地面线车辆限界应在隧道车辆限界的基础上,另加当地最大风荷载引起的横向及竖向偏移量。

(6)建筑限界是在设备限界基础上。考虑了设备和管线安装尺寸后的最小有效断面。在宽度方向上设备和设备限界之间加留 20~50mm 的安全间隙。当建筑限界侧面和顶面没有设备或管线时,建筑限界和设备限界之间的间隙不宜小于200mm;困难条件下不得小于100mm。建筑限界中不包括:测量误差、施工误差、结构沉降、位移变形等因素。

(7)地铁限界应根据车辆轮廓线和车辆有关技术参数,结合轨道和接触网或接触轨的相关条件,并考虑设备和安装误差,按规定的计算方法进行设计。

(8)相邻的双线,当两线间无墙、柱及其他设备时,两设备限界之间的安全间隙不得小于100mm。

二、制定建筑限界的原则

(1)建筑限界分为矩形隧道建筑限界、马蹄形隧道建筑限界,圆形隧道建筑限界、高架线及地面线建筑限界,车辆段车场线建筑限界等。矩形隧道直线段建筑限界以直线段设备限界为计算依据,曲线地段建筑限界是在曲线设备限界基础上考虑超高进行计算。正线段马蹄形隧道,由于直线地段建筑限界和曲线地段建筑限界的断面尺寸差别不大,为了简化计算,采用一种模板台车进行施工,全线宜按规定运行速度用最小曲线半径和最大超高值计算的曲线设备限界以及设备安装尺寸、误差等因素来设计隧道建筑限界。用盾构机进行机械化施工的圆形隧道,全线是统一孔径的,所以必须按规定运行速度用最小曲线半径和最大超高计算的车辆设备限界设计隧道的建筑限界。

（2）建筑限界坐标系与限界标准中的基准坐标系是两种不同的坐标系。建筑限界的坐标系规定正交于轨道中心线的平面内的直角坐标,通过两钢轨轨顶中心连线的中点引出的水平坐标轴称水平轴,以 X 表示;通过该中心的垂直于水平轴称垂直轴,以 Y 表示。

三、地铁区间隧道限界

1. 直线地段

直线地段矩形隧道建筑限界,应在直线设备限界基础上,按下列公式计算。

$$\left.\begin{aligned} B_S &= B_L + B_R \\ B_L &= Y_{S(\max)} + b_L + c \\ B_R &= Y_{S(\max)} + b_R + c \end{aligned}\right\}$$

A 型车和 B2 型车:　　　　　　$H = h_1 + h_2 + h_3$

B1 型车:　　　　　　$H = h_1' + h_2' + h_3$

（3-10）

式中:B_S——建筑限界宽度;

　　B_L——行车方向左侧墙至线路中心线净空距离;

　　B_R——行车方向右侧墙至线路中心线净空距离;

　　H——自结构地板至隧道顶板建筑限界高度;

　$Y_{S(\max)}$——直线地段设备限界最大宽度值,mm;

　b_L、b_R——左右侧的设备、支架或疏散平台等最大安装宽度值,mm;

　　c——安全间隙,取 50,mm;

　　h_1——受电弓工作高度,mm;

　　h_2——接触网系统高度,mm;

　　h_3——轨道结构高度,mm;

　　h_1'——设备限界高度,mm;

　　h_2'——设备限界至建筑限界安全间隙,取 200mm。

2. 曲线地段

（1）矩形和马蹄形隧道建筑限界,应按直线地段的建筑限界分别进行加宽和加高,计算公式如下（可参见图 3-25 示意）:

$$\left.\begin{aligned} B_a &= Y_{Ka}\cos\alpha - Z_{Ka}\sin\alpha + b_R\,(\text{或}\ b_L) + c \\ B_i &= Y_{Ka}\cos\alpha + Z_{Ka}\sin\alpha + b_R\,(\text{或}\ b_L) + c \end{aligned}\right.$$

A 型车和 B2 型车:　　　　　$H = h_1' + h_2' + h_3$

B1 型车:　　　　　$B_{1i} = Y_{Kh}\sin\alpha + Z_{Kh}\cos\alpha + h_3 + 200$

$$\left.\right\}$$ （3-11）

$$\alpha = \sin^{-1}(h/s)$$

式中:　　　　　　　　B_a——曲线外侧建筑限界宽度;

B_i——曲线内侧建筑限界宽度；

B_{1i}——曲线建筑限界高度；

h——轨道超高值，mm；

s——滚动圆间距，取值 1500mm；

$(Y_{Kh}、Z_{Kh})$，$(Y_{Ki}、Z_{Ki})$，$(Y_{Ka}、Z_{Ka})$——曲线地段设备限界控制坐标值，mm。

（2）采用盾构法施工的圆形隧道。

盾构法施工的圆形隧道，其建筑限界应按全线最小曲线半径来确定。采用盾构法施工的圆形隧道和矿山法施工的马蹄形以及拱形隧道，在建筑限界与设备限界之间的空间不宜小于 150mm，以满足电缆管线横穿的需要。

马蹄形隧道建筑限界可根据围岩条件来确定其形式：当围岩条件较好时，可采用拱形直墙式或拱形曲墙式；在围岩条件较差时，要增设仰拱。仰拱曲率可根据围岩条件、隧道埋深及其宽度、轨道构造高度、排水沟深度等条件确定。马蹄形隧道内部净空尺寸应考虑其施工误差才能满足建筑限界的要求，一般在建筑限界的两侧及顶部各增加 100mm。

直线地段隧道限界与坐标位置规定如下：

区间隧道在直线地段采用圆形断面时隧道限界如图 3-25a）所示；区间隧道在直线地段采用矩形断面时隧道限界如图 3-25b）所示；区间隧道在直线地段采用马蹄形断面时隧道限界如图 3-25c）所示；车站地段矩形隧道的限界如图 3-25d）所示。

图 3-25 中车辆轮廓线坐标值、车辆限界坐标值以及设备限界坐标值，均可参见《地铁设计规范》（GB 50157—2013）中的数值，这里不再赘述。

图 3-26 和图 3-27 分别为单线圆形盾构隧道和双线马蹄形隧道的断面图。

（3）道岔区的建筑限界，应在直线地段建筑限界的基础上，根据不同类型的道岔和车辆技术参数，分别按几何偏移量和相关公式计算合成后进行加宽。采用接触轨授电的道岔区，当电缆从隧道顶部过轨时，应检查顶部高度，必要时采取局部加高措施。隧道内安装风机、接触网隔离开关、道岔转辙机等设备时应符合限界要求，必要时建筑限界应采取局部加宽、加高措施。

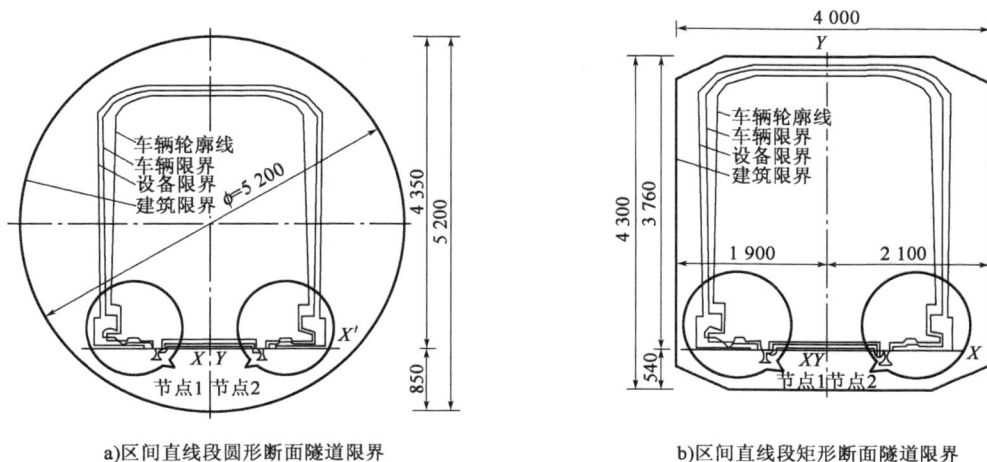

a）区间直线段圆形断面隧道限界

b）区间直线段矩形断面隧道限界

图 3-25

c)区间直线段马蹄形断面隧道限界

d)车站地段矩形断面隧道限界

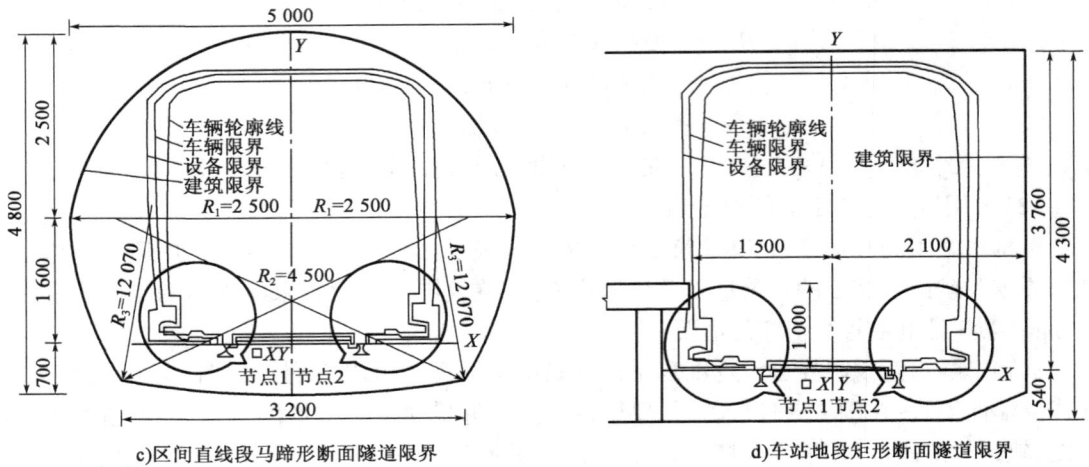

图 3-25 地铁隧道限界图(尺寸单位:mm)

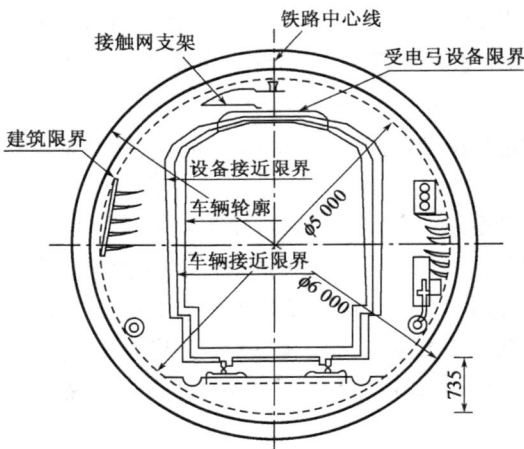

图 3-26 单线圆形盾构隧道断面图(尺寸单位:mm)

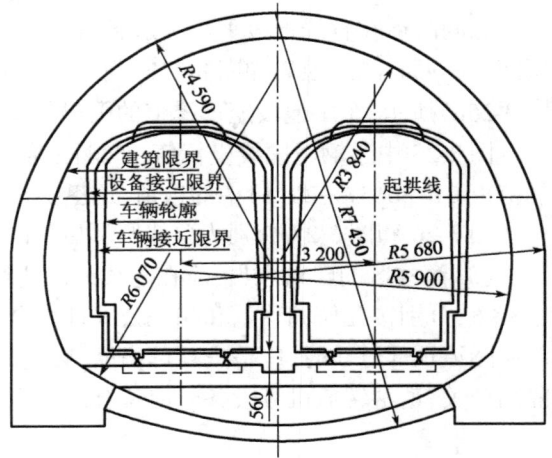

图 3-27 双线马蹄形隧道断面图(尺寸单位:mm)

其中,在道岔导曲线范围内的加宽量为:

内侧加宽

$$e_i = \frac{l_1^2 + \alpha^2}{8R_0}$$

外则加宽

$$e_e = \frac{L_0^2 - (l_1^2 + a^2)}{8R_0} \tag{3-12}$$

式中:R_0——道岔导曲线半径,mm。

(4)竖曲线地段的建筑限界加高量应为:

凹形竖曲线

$$\Delta H_1 = \frac{l_1^2 + \alpha^2}{8R_1}$$

凸形竖曲线

$$\Delta H_2 = \frac{L_0^2(l_1^2 + \alpha^2)}{8R_2} \tag{3-13}$$

式中：R_1，R_2——凹、凸形竖曲线半径，mm。

（5）车站直线地段的站台高度应低于车厢地板面 50～100mm。站台边缘距车厢外侧面之间的空隙宜留 100mm。

四、高架结构建筑限界

1. 高架线建筑限界

高架线建筑限界按高架线设备限界及设备安装尺寸计算确定；当线路一侧设人行通道时，通道宽度大于或等于 600m，人行通道与电缆槽结合设计，如图 3-28 所示。

（1）线路一侧无人行通道时，建筑限界宽度的计算方法按照矩形隧道处理。线路一侧有人行通道时，人行通道和设备限界之间的安全间隙应不小于 50mm。

（2）线路一侧设置接触网支柱时，接触网系统最大突出点与设备限界之间的安全间隙应不小于 100mm。

（3）线路一侧设置声屏障时，声屏障与设备限界之间的安全间隙应不小于 100mm。

（4）建筑限界高度。

①受电弓型车辆按接触导线安装高度和接触网系统高度加轨道结构高度确定。

②受流器型车辆按设备限界顶部高度和轨道结构高度另加不小于 200mm 的安全间隙。

2. 高架车站

高架车站桥面建筑限界的宽度与车站形式有关，一般多采用侧式车站。如有需要也可采用岛式车站。侧式车站桥面建筑限界的总宽度与选用的车辆宽度及侧站台的宽度有关，如选用车辆的宽度为 2 800mm，侧站台的宽度为 4 000mm，其建筑限界的总宽度宜为 14 600mm。高架车站直线段桥面建筑限界见图 3-29。

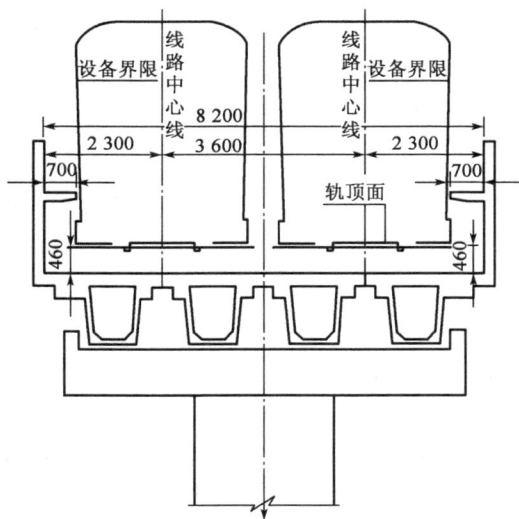

图 3-28　区间高架桥面建筑限界（尺寸单位：mm）　　　图 3-29　高架车站直线段桥面建筑限界（尺寸单位：mm）

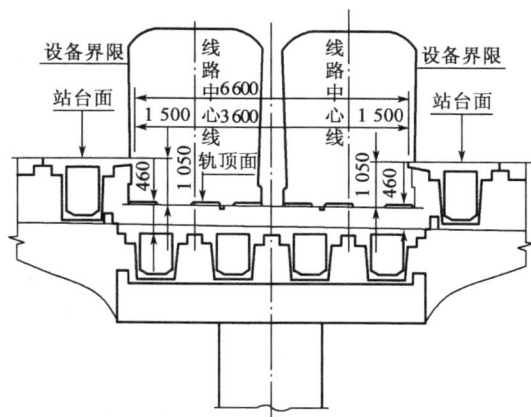

在曲线地段的隧道内，车站和高架车站都应在直线地段车站的各有关尺寸基础上，根据所选用车辆的有关尺寸和平面曲线半径以及是否设置超高等因素进行加宽。

五、车站地段建筑限界

1. 直线地段

站台的高度应根据空车状态下的车厢地板面高度计算确定，车厢地板面在任何情况下（轮轨磨耗、车体下垂、弹簧变形等）均不得低于站台高度，其高度差宜为 50～100mm。站台至轨顶高度应满足：

受电弓型车辆：$(1\,030\sim1\,080)^{0}_{-10}$ mm；

受流器型车辆：$(1\,000\sim1\,050)^{0}_{-10}$ mm。

当采用外挂门或塞拉门时，应检查车门与站台边缘的安全间隙，必要时修改车体轮廓尺寸或站台高度以满足限界要求。

计算长度内站台边缘距线路中心线距离，一般按车辆限界加 10mm 安全间隙确定。站台边缘与车辆轮廓线之间的间隙，当采用整体道床时不应大于 100mm；当采用碎石道床时不应大于 120mm。站台计算长度外的站台边缘距线路中心距离，宜按设备限界另加 50mm 的安全间隙确定。屏蔽门设于站台长度之内，屏蔽门安装尺寸应考虑在弹性变形状态下，屏蔽门最外突出点至车辆限界之间应有不小于 25mm 的安装间隙。

2. 曲线地段

曲线站台边缘与车辆地板面处车体的间隙规定为 180mm，用于限制站台计算长度内的线路平面曲线半径不得小于 800m，轨道超高不大于 15mm。

六、车辆限界

接触轨受电的车辆主要尺寸及地铁车辆限界见《地铁设计规范》（GB 50157—2013）中的有关规定。其中车辆限界是指车辆在运行中的横断面的极限位置，车辆的任何部分都不允许超出此限界之外。车辆限界的确定应从以下几个方面考虑：

1. 车辆轮廓线

车辆横断面外轮廓线，是经过研究分析后确定的，其作为确定车辆限界及设备限界的依据，是车辆设计和制造的基本数据。

2. 车体外轮廓尺寸

目前，我国规定地铁车辆采用标准车型和宽体车型两种。

上海、广州、南京采用宽体车型，北京、天津和其他拟新建地铁的城市均采用标准车型。我国目前所采用车辆的技术参数见表 3-10。

尽管车型不同，但其制定限界的内容和方法是相同的。由于几个城市采用宽体车的车体外轮廓尺寸还没有完全统一，限界的具体数值稍有出入，现以标准车型为例说明各种限界。

标准车体长 19 000mm，宽 2 800mm，高 3 515mm。图 3-30 为北京地铁采用的 BJ-2 型电动机车主要尺寸。

我国目前各型车辆的基本参数（单位：mm）　　　　　　　　　表 3-10

参　数		车　型			
		A 型	B 型		
			B1 型		B2 型
			上部授流	下部授流	
计算车体长度		22 100	19 000		
计算车体宽度		3 000	2 800		
计算车辆高度		3 800	3 800		
计算车辆定距		15 700	12 600		
计算转向架固定轴距		2 500	2 200/2 300		
地板面距走行轨面高度		1 130	1 100		
受流器工作点至转向架中心线水平距离	750V	—	1 418	1 401	—
	1 500V		—	1 470	
受流器工作面距走行轨面高度	750V		140	160	
	1 500V		—	200	
接触轨防护罩内侧至接触轨中心线距离	750V		≤74	≤86	
	1 500V		—	≤86	

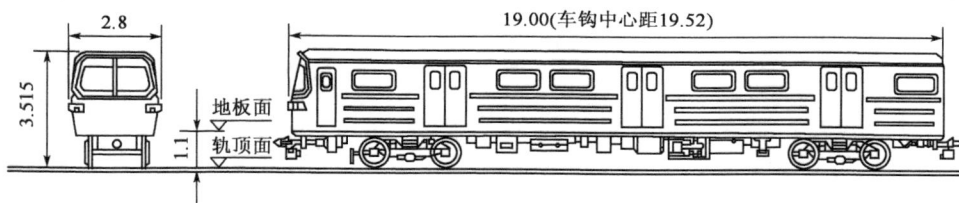

图 3-30　BJ-2 型地铁电动机车主要尺寸（尺寸单位：m）

3.车辆定距

车辆定距为 12 600mm。

4.车辆地板面距轨面高度

车辆地板面距轨面高度为 1 100mm。

5.转向架固定的轴距

转向架固定的轴距为 2 300mm。

七、其他限界

1.设备限界

设备限界是在车辆限界的基础上,考虑轨道的轨距、水平方向、高低等在某些地段出现最大容许误差时引起车辆的附加偏移量,以及包括在设计、施工、列车运行中不可预计的因素在内的安全预留量。设备限界也是一条轮廓线,所有的固定设备和土木工程(除接触轨及站台边缘线)的任何部分都不得侵入此轮廓线。

2. 防淹门和人防隔断门建筑限界

防淹门和人防隔断门建筑限界内除接触导线外的一切管线都不准在门框内通过。防淹门门框的高度应与区间矩形隧道的高度相同；人防隔断门框的高度，当采用接触网授电时，应按接触网导线和汇流排距门框下沿保持150mm净距设计。

3. 车辆段和辅助线

车辆段库外连续建筑物至设备限界净距，当有人行便道时取100mm；车辆段库外非连续建筑物（其长度不大于2m）至设备限界净距，当有人行便道时取600mm。

辅助线的平面曲线半径小于正线平面曲线半径，运行速度低，应另行计算制定专用限界。

思 考 题

1. 线路平面设计的原则和考虑因素有哪些？不同轨道交通类型各自的特点是什么？

2. 线路纵断面设计的原则和考虑因素有哪些？

3. 在线路设计中为什么要考虑最小曲线半径、缓和曲线和竖曲线以及外轨超高？

4. 已知地铁通过曲线段最高运营速度为 75km/h，外轨最大超高 120mm，内轨最大欠高 61.2mm，理论计算平面曲线最小曲线半径 R_{min} 是多少？如果列车通过变坡点的附加加速度 $a=0.15m/s^2$，正线运行速度为 80km/h，试计算适合运行的竖曲线最小半径为多少？

5. 什么是轨道交通限界？确定限界的原则是什么？有哪几类限界？各自特点是什么？

第四章 地铁与轻轨车站的建筑设计

第一节　概　　述

地铁与轻轨同属于城市轨道交通工程,它是现代化城市所应有的高效的公共交通工具,地铁是在城市地下穿行的轨道交通工程,而轻轨是指在城市地面和上空行驶的轨道交通工程,并且地铁与轻轨可以相互转换。在城市地面建筑较稀疏的地段,轨道交通可以直接在地面铺设。

城市轨道交通建筑包括车站建筑及车站与车站之间为铺设轨道线路所需的地下隧道或高架桥。作为区间隧道或高架桥,其结构形式及功能比较单一,而车站建筑的结构与功能就需要解决客流的集散、换乘,同时还要解决整条线路行驶中的技术设备、信息控制、运行、管理,以保证交通的通畅、便捷、准时、安全。

一、地铁车站与轻轨车站的特征

地铁车站,顾名思义,就是建在城市地下的铁路车站。因此,它具有地下建筑的特征:其一,为了有利于结构、施工及节约投资,它的形体必须简单、完整;其二,没有自然光线照射,必须全部靠人工采光;其三,设有庞大的空调设施,以保证地下空间的舒适环境;其四,有众多鲜明的指示标牌和消防设施,以保证客流安全、顺畅、快捷地进出;其五,有一定长度的地下通道与地面出入口连接,在地面有较大体量的风亭建筑。

轻轨车站的特征是车站架于地面之上,人们必须上行才能到达车站的站台,因此车站具有一般地面建筑的特征及强烈的交通建筑的形体。另外,为了节约用地并减少对城市建设的影响,轻轨线路往往结合城市交通干道,与城市地面交通叠合建造,因此,在车站两侧建有过街的人行天桥。

地铁车站与轻轨车站除了它们各自的特征外,还具有轨道交通所共有的特征,即车站沿着轨道,按车辆编组长度作线形的布置;车站有候车的站台及客流集散、售检票等功能的站厅;必要的设备用房及管理用房等。

二、地铁车站与轻轨车站建筑的设计原则

车站建筑设计必须满足客流的需要,保证乘降安全,疏导迅速、布局紧凑、便于管理,并具有良好的通风、照明、卫生、防灾等设施,为乘客提供舒适的乘车环境。

1.适用性

地铁车站与轻轨车站是人流相对集中的交通建筑,在设计中必须有序地组织人流进站和

出站或方便地换乘,满足客流高峰时所需的各种面积规定及楼梯、通道等的宽度要求;上下楼梯位置的设置能均匀地接纳客流,另外要有足够的设备用房和管理用房,以满足技术设备的布置及运行管理的要求,使车站具有管理和完善的使用功能。

2. 安全性

地铁车站和轻轨车站的建造,常被比作"上天入地"的工程,因此,对工程结构的安全性、可靠性提出了更高的要求,一旦出问题将危及千百人的生命。在建筑设计上,特别是地铁车站建筑设计要给人们带来安全、可靠的保证,如有足够明亮的照明设施以减弱人们身处地下的不安心理;有足够宽的楼梯及疏散通道,在突发事件时能在安全时间内快速疏散;有明确的指示标牌及防灾设施等。

3. 识别性

城市轨道交通是一种定时快速的公共交通,站间运行速度很快,而到站至发车的间歇时间也很短,因此车辆线路及车站都必须有明显的特征和标志,以免旅客的误乘和错过站。如车辆按运行不同的线路标示不同的色带,车站有特殊的造型和不同的色调,在关键部位设有详尽清晰的指示标牌,都能够使乘客快速获得信息,作出正确的行为判断,引导人们的走向。

4. 舒适性

以人为本的设计原则已成为世人的共识,无论是车辆内部环境还是车站的内部环境都必须体现这一设计原则,目前我国城市轨道交通引进了部分国外的车辆,具有内部舒适的环境和现代的视觉观感,有利于提高我国车辆设计生产的观念。作为大量客流集散的车站,在经济条件许可下,也应尽量从以人为本的出发来考虑设计标准。如自动扶梯数量的配置、环控的设置、车站内各种服务设施如公用电话、自动售票、残疾人通道、公厕、座椅、垃圾筒等。尽管人们在车站内逗留的时间是短暂的,但还是要创造一个满足人的行为所需的场所,使人们在生理和心理上得到舒适感。

5. 经济性

城市轨道交通建设的投资相当大,根据我国已建的轨道交通项目,城市高架轻轨交通平均每公里造价约为 4 亿人民币,城市地铁的造价平均每公里约为 6 亿～7 亿人民币,其中车站土建工程的造价约占总投资的 13%,因此在车站建筑设计时,在满足功能的前提下,应尽量压缩车站的长度及控制车站的埋深或车站架空高度,以降低造价、节约投资。

第二节　地铁车站建筑设计

一、地铁车站的选型与车站组成

地铁车站的选型可按线路走向分为侧式站台候车车站与岛式站台候车车站,从结构的类型可分为矩形箱式地下建筑和圆形或椭圆形的隧道式建筑,从建筑布局的形式可分为浅埋式和深埋式。

从线路走向区分的侧式站台候车和岛式站台候车具有不同的优缺点,从功能上比较,岛式站台候车便于客流在站台上互换不同

动画2

地铁展示

扫描此码　深度学习

方向的车次,而侧式站台候车客流换乘不同方向的车次必须通过天桥才能完成,一旦乘客走错方向,会给换乘带来很多不便,但侧式站台候车方式带来的轨道布置集中,有利于区间采用大的隧道或双圆隧道双线穿行,具有一定的经济性在城市地下工况复杂的情况下,大隧道双线穿行反而又缺乏灵活性,而岛式站台候车方式的两根单线单隧道布线方式在城市地下工况复杂情况下穿行则具有较大的灵活性,如图4-1所示。

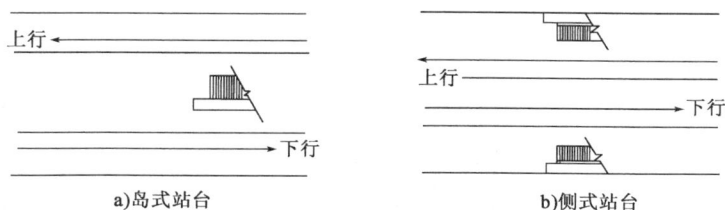

图4-1　岛式和侧式站台

按照结构类型不同划分的矩形箱式车站,基本上都是采用地下连续墙后大开挖的现浇钢筋混凝土结构,施工时对周边的环境影响较大,土方量也大,对地面交通也有影响;而圆形或椭圆形的隧道或暗挖车站建筑,基本可采用盾构掘进的方式,土方量较少,同时对周边环境的影响也大大减少,但带来的技术要求则较高且需更大的盾构掘进机械,如图4-2所示。

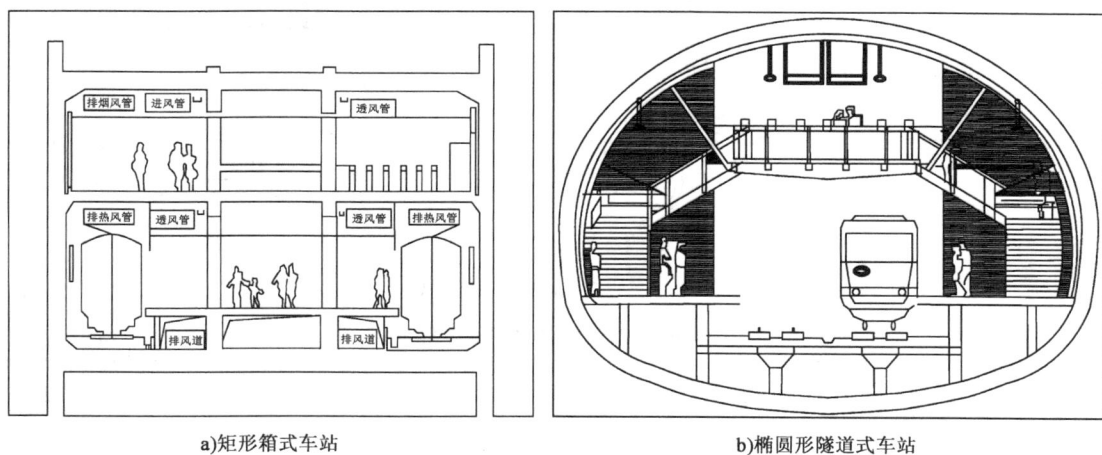

图4-2　矩形箱式和椭圆形隧道式结构车站

按照建筑布局形式不同划分的浅埋式车站,由于车站的埋置深度浅,带来一系列经济效益,如土方减少、技术难度减小、出入口通道客流上下高度减小等,甚至它的售检票大厅也可直接建于地面,大大节约车站在地下的建设投资。这种车站的建设前提是,地面以下没有各种城市管线通过,也不在城市主要道路下,并得到地下铁道线路走向的允许。

深埋式车站因受周边环境的影响和线路走向的制约,必须较深地建于地下,带来深基坑的技术难度增加、土方量增加、投资的加大和客流上下高度的增加,如图4-3所示。

上述这些车站建筑形式必须结合各城市特有的发展规划、地理条件及经济状况,因地制宜地考虑选型。目前,上海地铁车站模式基本采用矩形的箱式结构,分上下两层,上层为站厅层,以集散客流、售检票,设置主要的设备管理用房为主;下层为站台层,主要功能为列车停靠、客流候车及少量的设备管理用房。设备管理用房见表4-1。

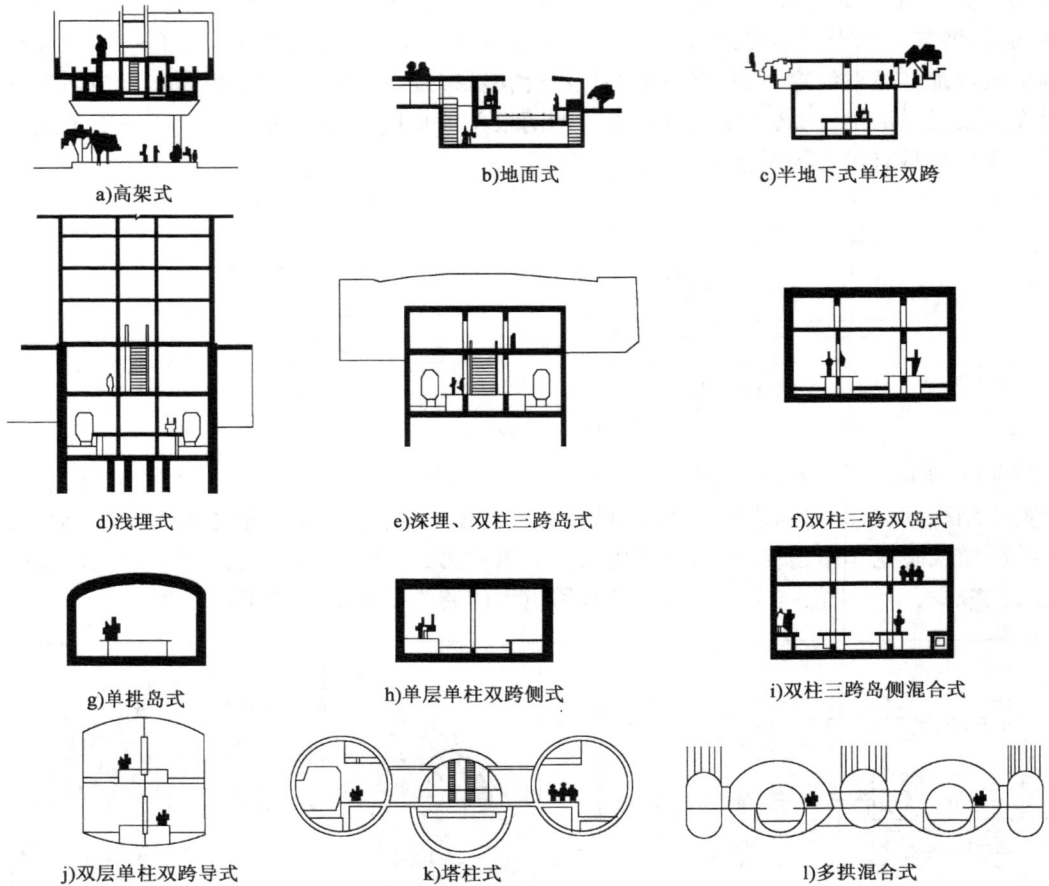

图4-3 轨道交通车站剖面形式

a)高架式　b)地面式　c)半地下式单柱双跨　d)浅埋式　e)深埋、双柱三跨岛式　f)双柱三跨双岛式　g)单拱岛式　h)单层单柱双跨侧式　i)双柱三跨岛侧混合式　j)双层单柱双跨导式　k)塔柱式　l)多拱混合式

车站设备管理用房面积参考表　　表4-1

	房间名称	面积(m²)	备注		房间名称	面积(m²)	备注
站台层 大端	整流变压器室		设牵引变电站的车站才有	站台层 大端	屏蔽门管理室		
	牵引变电所开关柜室				污水泵室		
	降压变电所开关柜室				电梯、电梯机房		
	控制室				辅助楼梯间		
	供电值班室(每座降压变电所配一间)	10	加SCADA同步可不设		列检室	10	交通折返站
	蓄电池室				司机休息室	6～8	交通折返站
	配电室				维修巡检室	8～12	宜每站一间，至少3～5站一间
	烟络尽室						
	静压室						

续上表

		房间名称	面积(m²)	备注
站台层	中部	清扫室(站厅、站台各设一间)	6~8	洗涤池、两个站厅、侧式站台另增
		值班室		
	小端	配电室		
		静压室		
		蓄电池室		
		废水泵室		位于坡度最低处
		通风机房		
		冷冻机房		
		环控机房		
		环控电控室		
站厅层	大端	交接班室(兼会议、餐厅)	1.2~1.5m²/人	按一班定员计
		女更衣室	0.6~0.7m²/人	
		男更衣室	0.6~0.7m²/人	
		收款室	16~20	
		车票分类编码室		
		警务室	(12~15)×2	1条线上另加1~2间警署室12m²
		配电室		

		房间名称	面积(m²)	备注
站厅层	大端	男厕	1个坑位2个小便斗	管理人员用(也可与设于车站的公厕合用)
		女厕	2~3个坑位	
		茶水室	8~10	
		库房	16~20	
		通信设备		
		信号设备(含防灾控制)		
		站控室	35~50	两个站厅时另加设一间12m²副值班室,地面、高架站适当减小
		站长室	15~18	中心站另加1间12m²
		站务员室	12~15	侧式站设两间
		通信仪表		
		辅助楼梯		
		直升电梯		
	小端	通风机房		
		环控电控室		
		消防泵房		
		配电		

　　地铁车站的组成基本上分为两大部分,一是与客流直接有关的公共区域,包括站厅层、站台层及出入口通道,站厅层要有足够的公共区域面积,满足高峰时段客流的集散;要有足够数量售检票设备和其他为公共服务的设施;还要有足够宽度的联系地面的地下通道、出入口及通向站台的楼梯和自动扶梯;站台层要有足够的站台宽度,要有分布均匀的楼梯、自动扶梯和满足列车编组停靠的有效站台长度。二是涉及车站运行的技术设备用房及管理用房,一般分设于站厅和站台的两端部。

二、地铁车站的平面布局

　　以上海地铁标准车站的组合形式为例,如图4-4所示。

　　站厅层和站台层在进行建筑平面布局时必须紧密地同时考虑,如它们的宽度和长度,所需楼梯的数量、位置、设备用房上下的孔洞等。设计时首先由站台层着手,根据列车编组确定站台的有效长度,再根据站台两端应有的设备用房和必需的端头井(作为施工时盾构机掉头、进

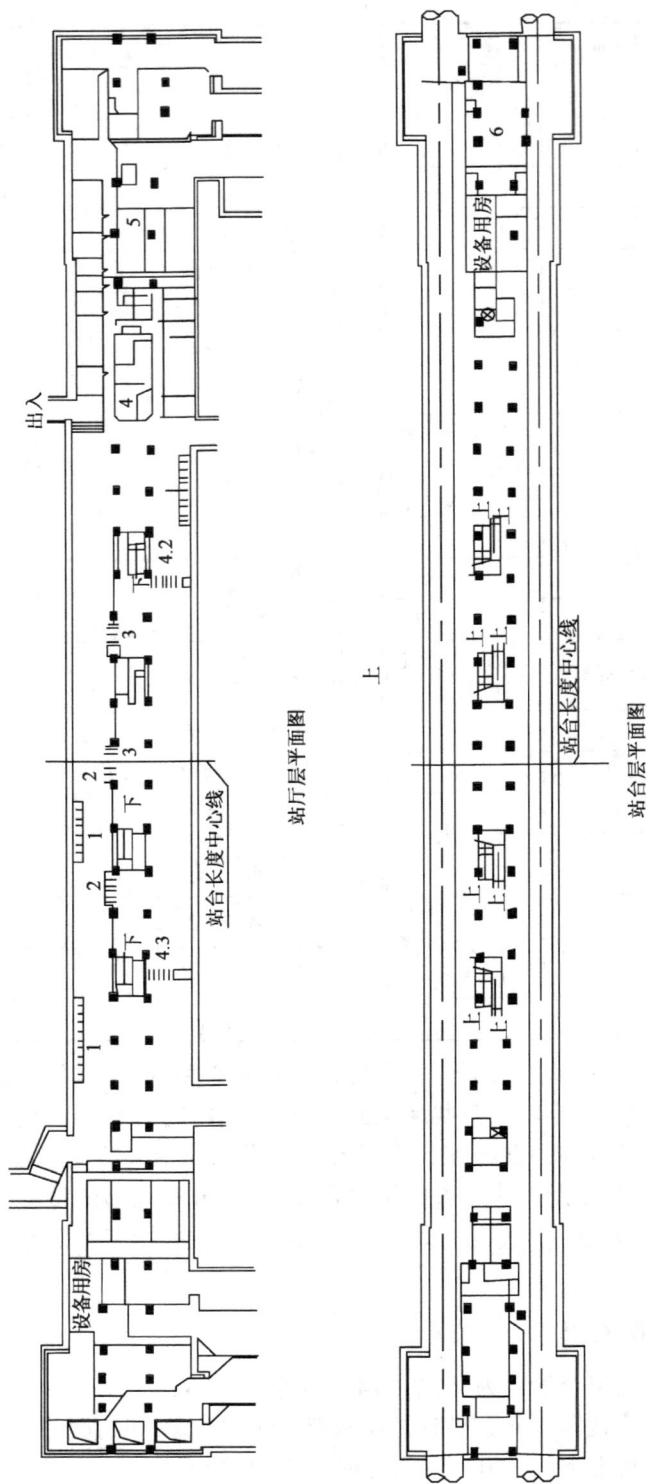

图4-4　上海地铁标准车站示意图

1-半自动售票机；2-进站；3-出站；4-车站控制室；5-环控机房；6-降压变电所

出洞用)定下车站的初步长度。同样,根据计算所得的站台宽度加上上下行车道的宽度,确定车站的总宽度,再根据站厅层设备管理用房所需面积划分出站厅公共区和设备管理用房区,同时调整站厅至站台的楼梯数量及位置,使其能均匀面向客流——这是一个集结构、建筑功能和各工种工艺流程复杂的综合过程。

微课6

地铁车站的平面布局

扫描此码　深度学习

1. 站厅层布局

设备管理用房基本分设于车站的两端,并呈现一端大,另一端小的现象,中间留出站厅公共区,有利于客流均匀通向站台候车。在设备用房中所占面积最大的是环控机房,其中包括冷冻机房、通风机房及环控电控室。作为建筑设计人员必须了解地铁车站中环控的系统及其工作原理和主要设备的基本尺寸,才能有效、经济地布置好环控机房。地铁车站的环控设计基本上由 5 个系统组成。一是车站公共区域的环控系统,主要是站厅、站台的制冷送风(包括新风)回风系统;二是车站的排风(排烟)系统;三是站台层列车及车道产生的热量和废气的排热、排烟系统;四是车站活塞风及区间隧道发生灾变时的送风排烟系统;五是各管理用房的小环控系统。这五个系统直接影响到环控机房的形状和面积大小,并且有许多与站台相连的孔洞,影响到车站的整体布局。如车道的排热、排烟风道必须经过站台与站厅上下连通的排风洞口通过站厅的排风设备,排风通道通向风井经地面风亭排出,这一上下连通的孔洞面积很大,它的位置对设备用房的布局十分重要。另外,车站活塞风及区间隧道灾变时的送风排烟系统是环控机房布局中另一个重点,它要组织上下行车道的活塞风,同时还要考虑区间灾变时两活塞风道中的 WF 风机的双向可变送排风流程,使(新风)送风迎着人流逃生的方向。由于流程的可变及风机较长也会影响环控机房的布局及风道和风井的位置,一旦环控机房得到合理、紧凑的布局,其余设备用房就较易解决。

在管理用房中主要应解决站控室及站长室的位置以及消防疏散兼工作楼梯的位置、工作人员厕所的位置。站控室要求视野开阔,能观察站厅中运行管理情况,故一般设于站厅公共区的尽端、中部,室内地坪高出站厅公共区地坪600mm。站长室紧连站控室,以便于快速处理应变情况。消防疏散兼工作楼梯位于管理用房的中部,照顾到该梯与站台的位置,避免与其他楼梯发生冲突。厕所位置只能设于管理用房的中部,因为它要与设于站台的污水泵房有直接管道连通的要求。

站厅层公共区设计主要解决客流出入的通道口、售票、进出站检票、付费区与非付费区的分隔。站厅与站台的上下楼梯与自动梯的位置等。

(1)客流通道口

客流通道口主要位于站厅层的公共区,分左右两侧布置,有利于地面道路两侧出入口的均匀布置。有时车站位于地面十字交叉道路的下面,站厅通道通常以通向地面道路交叉口的四个方向布置。通道口的通行总宽度必须大于站台至站厅楼梯(包括自动楼梯)的总宽度,以利于灾变时的紧急疏散。根据地铁设计规范规定,通道口最小宽度不能小于 2.4m。

(2)售票

根据经济条件和设备的可行性,售票可分为人工售票、半人工售票及自动售票三种。人工售票与半人工售票亭的尺度相同,半人工售票的方式为人工收费找零、机器出票,售票机将作为主要售票设备,如图4-5所示。人工售票亭、自动售票机数量计算公式如下:

$$N_1 = \frac{M_1 K}{m_1} \tag{4-1}$$

式中：M_1——使用售票机的人数或上行和下行上车的客流总量（按高峰小时计）；

K——超高峰系数，选用 1.1 ~ 1.4；

m_1——人工售票每小时售票能力，取 1 200 张/(h·人)；自动售票机半自动售票机每分钟售票能力取 4 ~ 6 张/分/台。

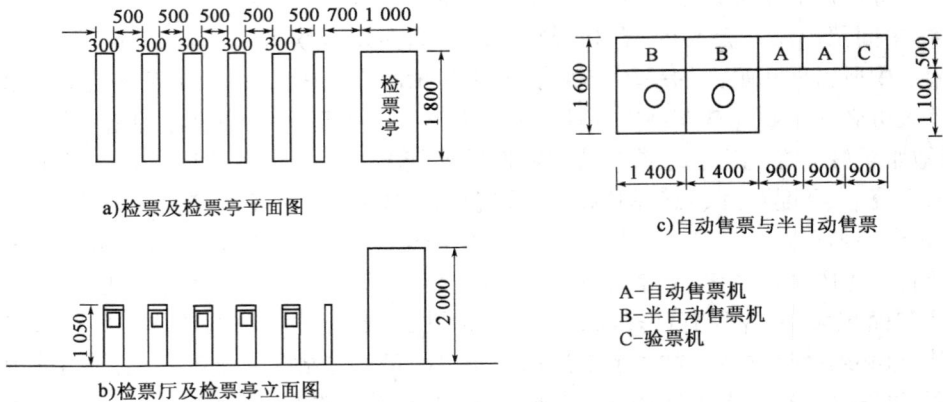

图 4-5 售票与检票设备（尺寸单位：mm）

式(4-1)仅为标准的高峰小时客流单人次买票所需的售票亭或自动售票机的数量，随着票务形式的改变和社会售票点的增多，如部分票面采用储值磁卡、公交 IC 卡等，则售票点不局限于地铁车站内设置，可在地下商场或地面各便利店出售，这样站厅内的售票机(亭)数量将可大大减少。

售票亭的位置布置应在进站客流和进站检票的流线上，使其顺畅避免与出站客流交叉。

（3）进出站检票口设置及付费区和非付费隔离栏的设置

进出站检票口的数量必须根据高峰小时客流量计算。检票机、检票亭、补票亭尺寸见图 4-5。

检票口计算公式：

$$N_2 = \frac{M_2 K}{m_2} \tag{4-2}$$

式中：M_2——高峰小时进站客流量(上行和下行)或出站客流量总量；

K——超高峰小时系数，选用 1 ~ 1.4；

m_2——检票机每台每分钟检票能力，取 20 ~ 25 张/分/台。

进出站检票机旁还需设置一定宽度的人工开启栅栏门，以便于解决检票过程中的特殊情况和较大行李的进出，也有利于站务人员的进出。在进站检票口处应设有检票亭，出站检票口附近设补票亭，以提供解决乘客票值不足的补票便利。

在检票口周围设有围隔作用的栏板，以区分非付费区和付费区。一般非付费区面积要比付费区面积大，因为客流一经检票就会快速地进入站台候车，在付费区内很少停留。非付费区的布置应能将几个通道口连接以利于客流出站后自由地选择出站通道通向地面的不同方位。在非付费区还必须设置一定的服务设施，如公用电话、厕所、小商亭等。

（4）站厅与站台联系的上下楼梯设计

楼梯的位置必须上下兼顾，在站厅层要考虑进出站检票口与楼梯的关系，特别是出站检票口与楼梯口有一定的距离要求，以解决出站客流检票时排队所需。在站台层主要考虑楼梯位置能均匀地接纳客流及楼梯的方向。设计从节约投资考虑，可只考虑出站客流上行乘自动扶梯，进站客流下行走步行梯。

自动梯和楼梯台数及宽度的计算，以出站客流乘自动梯向上到达站厅层考虑。

自动梯台数的计算：

$$\tau = \frac{NK}{n_1 n} \qquad (4\text{-}3)$$

式中：N——预测下客量（上行 + 下行），人/小时；

　　　K——超高峰系数，取 1.1 ~ 1.4；

　　　n_1——每小时输送能力 9 600 人/h/m（自动梯性能为梯宽 1m，梯速为 0.065m/s，倾角为 30°）；

　　　n——利用率，选用 0.8。

楼梯宽度计算：

$$\xi = \frac{NK}{n_2 n} \qquad (4\text{-}4)$$

式中：N——预测上客量（上行 + 下行），人/h；

　　　K——超高峰系数，取 1.1 ~ 1.4；

　　　n_2——楼梯双向混行通过能力，取 3 200 人/h/m；

　　　n——利用率，选用 0.7。

乘客使用的人行楼梯宜采用 26°34′倾角，其宽度单向通行不小于 1.8m，双向通行不小于 2.4m。当宽度大于 3.6m 时，应设置中间扶手，楼梯宽应符合建筑模数。

上述公式根据目前的经济条件，以向上出站疏散客流乘自动扶梯，向下进站客流走步行楼梯的模式而设置，在实际使用中，步行梯也有向上的疏散客流，在有条件设置上、下都使用自动扶梯的情况下，步行梯的宽度计算将做适当调整，相当部分的进站客流将被自动扶梯分担，因此，步行梯宽度将缩小，根据地铁规范，在公共区中的步行楼宽度不得小于 1.8m。图 4-6 为自动梯的基本尺寸图。

另外，所设计楼梯的总宽度（包括自动梯宽度）应保证在远期高峰小时客流量时发生火灾的情况下，6min 内将列车乘客和站台上候车的乘客及工作人员全部撤离站台。

站台层事故疏散时间按下列公式计算：

$$T = 1 + \frac{Q_1 + Q_2}{0.9[A_1(N-1) + A_2 B]} < 6 \qquad (\text{min}) \qquad (4\text{-}5)$$

式中：Q_1——列车乘客数，人；

　　　Q_2——站台上候车乘客和站台上工作人员，人；

　　　A_1——自动扶梯通过能力，人/min·m；

　　　A_2——人行楼梯通过能力，人/min·m；

　　　N——自动扶梯台数；

　　　B——人行楼梯的总宽度，m；

　　　1——为 1min（作为人们遇灾变时所需的反应时间）。

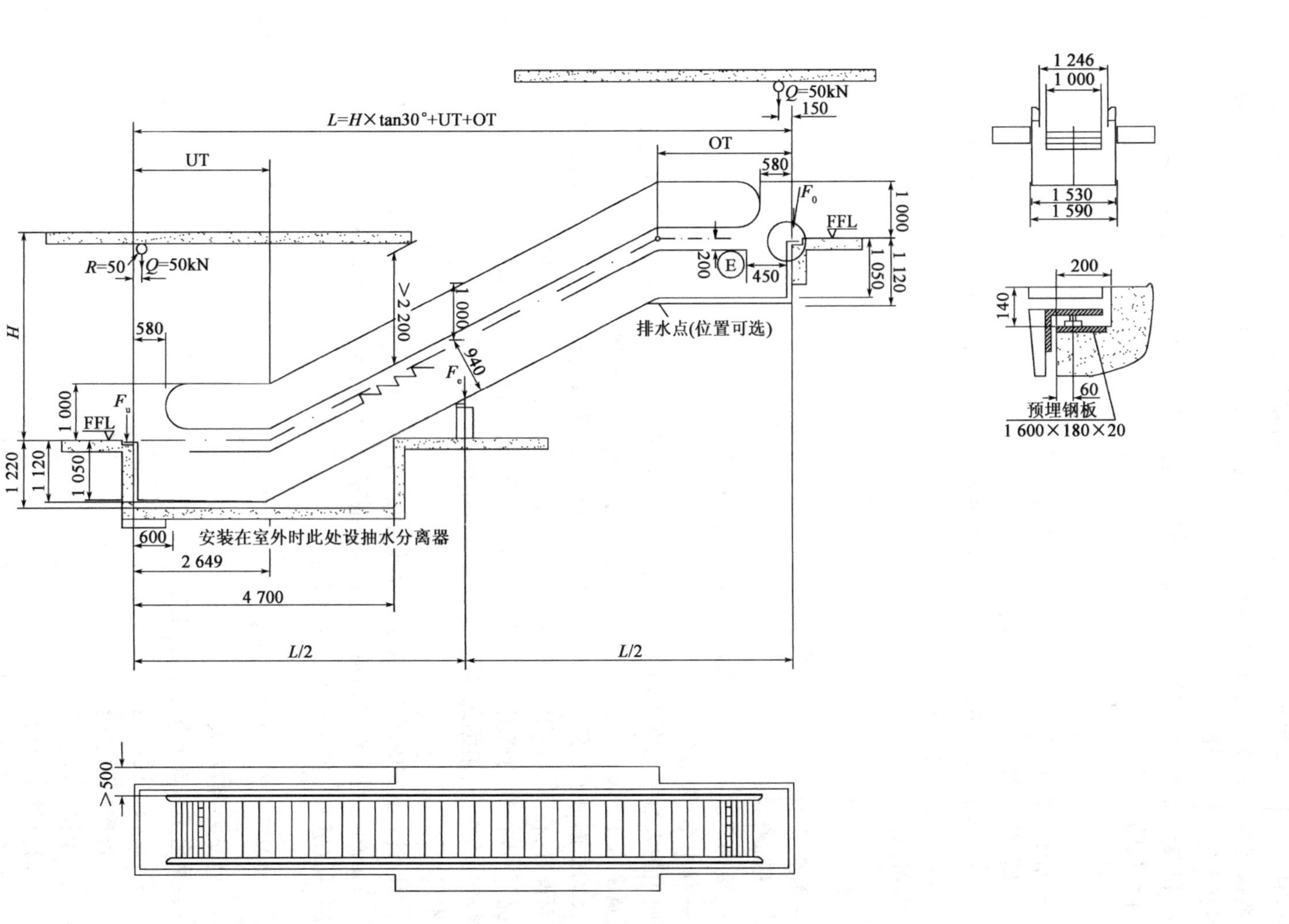

图4-6 自动梯的基本尺寸图（尺寸单位:mm）

注:提升高度超过7.8cm的扶梯，中间要加支撑。

2. 站台层的公共区设计

站台层公共区设计应首先确定站台的有效长度及宽度,一般按车辆的编组长度加上车辆停靠的误差来决定站台的有效长度,图4-7为车辆长度平面及立面。

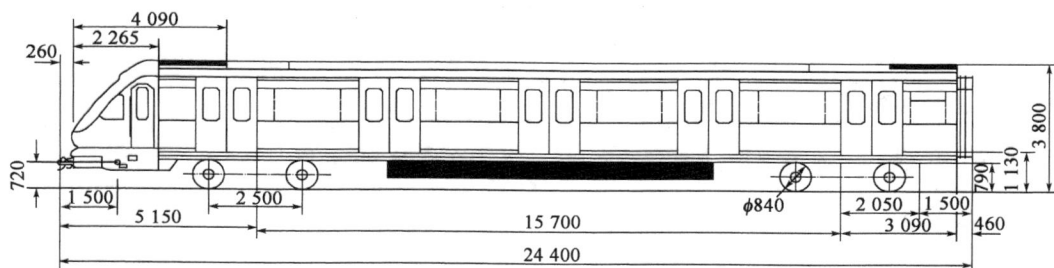

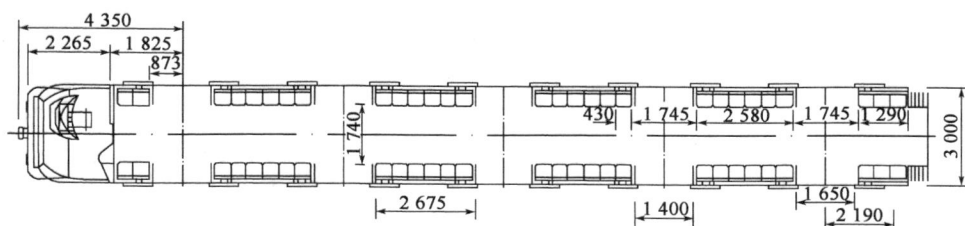

a) 控制车示意图

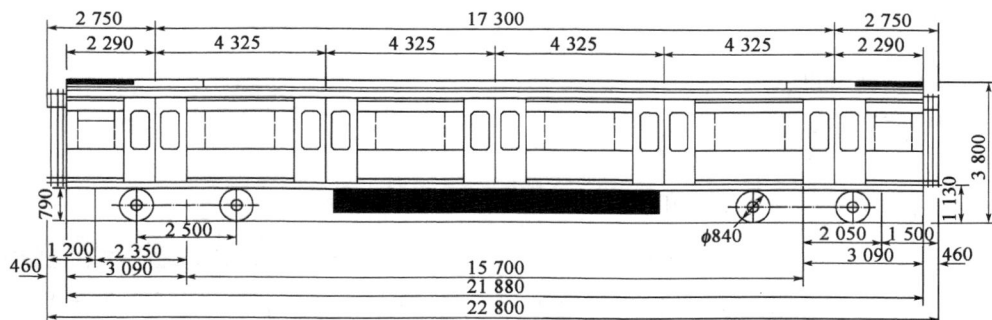

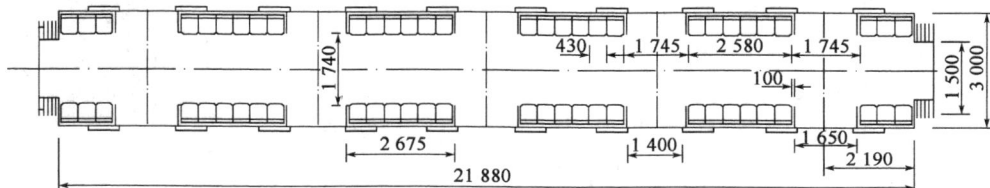

b) 动车示意图

图4-7　地铁车辆长度平、立面示意(尺寸单位:mm)

目前上海地铁 1 号线和 2 号线按 8 节车辆编组，其站台有效长度为 186m，明珠线 1 期和 2 期为 6 节车辆编组，其站台有效长度为 142m。站台宽度根据站台所需的面积除以站台有效长度即可得出站台宽度。各类轨道交通车辆编组适应客流量及站台长估算见表 4-2。

各种轨道交通车辆编组适应客流量和站台长估算表 表 4-2

车　型	编　组	列车载客量（人）	断面客流量（万人次/h）	站台长度（m）	适应范围（万人次/h）
A 型车	4 辆	1 240	3.72	93	3.7~7.4
	6 辆	1 860	5.58	140	
	8 辆	2 480	7.44	186	
B 型车	4 辆	950	2.85	78	2.8~4.3
	5 辆	1 1950	3.59	98	
	6 辆	1 440	4.32	120	
C 型车 四轴车	3 辆	610	1.83	57	1.8~3.0
	4 辆	820	2.46	76	
	5 辆	1 030	3.09	95	
C 型车 单铰六轴车	2 辆	490	1.47	45	1.5~3.0
	3 辆	740	2.22	68	
	4 辆	990	2.97	90	
C 型车 双铰八轴车	1 辆	325	0.98	30	1.0~3.0
	2 辆	650	1.95	60	
	3 辆	975	2.95	90	

注：表中断面客流量为按行车密度 30 对/h 的高峰小时最大断面客流量。

站台宽度计算公式：

$$B = 2b_1 + b_2 + b_3 + b_4 \qquad (4\text{-}6)$$

式中：b_1——侧站台宽度；

　　　b_2——柱宽之和；

　　　b_3——人行梯宽度之和；

　　　b_4——自动扶梯留洞宽度之和。

$$b_1 = \frac{MW}{L} + 0.40 \qquad (4\text{-}7)$$

式中：M——远期每列车高峰小时每间隔列车单侧上、下车人数（换乘车站应含换乘乘客人数）；

　　　W——每人所占用站台（含通道）面积取 0.33m^2/人，正常情况取 0.75m^2/人；

　　　L——站台有效长度；

　　0.40——站台警戒的安全距离。当采用屏蔽门时，安全防护宽度取站台边缘至屏蔽门立柱内侧的距离。

一般在设计中，根据车站等级规定了站台的宽度模数，基本上都能满足站台宽度的计算要求。表 4-3、表 4-4 分别为北京地铁一期、上海地铁 1 号线车站尺寸。地铁车站站台设计实例请扫描二维码下载查看。

附件

地铁车站站台设计实例

扫描此码　深度学习

北京地铁一期车站尺度　　　　　表4-3

项目岛式车站	规模（m）		
	大	中	小
站台总宽	12.5	11	9
站台中跨集散厅宽	6	5	4
站台面至顶板底高	4.95	4.55	4.35
侧站台宽	2.45	2.10	1.75
站台纵向柱中距	5	4.5	4
站台长度	118	118	118

注：此表摘自建筑设计资料集。

上海地铁1号线车站尺寸表　　　　表4-4

项目岛式车站	规模（m）		
	大	中	小
站台总宽	14	12	10
侧站台宽	3.5～4	2.5～3	2.5
站台长度	186	186	186
站台面至顶板底高	4.1	4.1	4.1
站台面至吊顶面高	3	3	3
吊顶设备层高	1.1	1.1	1.1
纵向柱中心距	8～8.5	8～8.5	8

注：此表摘自建筑设计资料集。

站台层设计的另一个要点是限界要求，设计规范中规定，在站台有效长度范围内，线路中心到站台内的结构物界面（柱面或墙面）的距离不得小于3 600mm，在站台有效长度范围以外的，线路中心到站台内的结构物界面的距离不得小于1 800mm。上海地铁的有些线路车站在站台层设置屏蔽门系统的，屏蔽门外侧的界面至线路中心限界按1 700mm考虑。

站台层的两端也布置有必要的设备及管理用房，形式上也是一端面积大，另一端面积小。

降压变电所是站台层占面积最大的设备用房，位于面积大的一端，与上部站厅层大的设备用房相对应，符合就近供应用电负荷大的设计原则。整个车站纵向有2‰的坡度，以利于车站的排水，因此站台层中的废水泵房应设在站台层标高低的一端。

三、地铁车站的换乘设计

城市轨道交通只有形成基本网络的情况下才能充分发挥其应有的作用。在路网的交叉点，各线路车站之间必须设置相互联通的换乘设施。

换乘的布置形式有多种，有站台与站台的直接换乘，也有通过站厅的间接换乘。站台直接换乘可以给旅客带来快捷、省时、顺畅的方便，根据地铁线路交叉的情况及两车站的位置，可以形成站台与站台的十字换乘、丁字换乘和平行换乘的模式，见图4-8。换乘

微课7　地铁车站的换乘设计

主要通过上下楼梯来完成,因此,楼梯宽度必须根据高峰小时最大换乘客流量计算。在楼梯上下穿过不同线路车站底板或楼板时,必须注意留出设备、管线的通道以及楼梯上部洞口高度。在相近线路车站互不相交的情况下,客流换乘只能经由站台出站厅经连通道进站厅至站台的流程来完成,这样的方式给客流带来较多不便(如上海地铁1号线人民广场站与上海地铁2号线人民公园站之间的换乘),这是在总体布局已定的情况下不得已的做法。因此,换乘问题应在路网规划时就必须加以详尽的考虑。

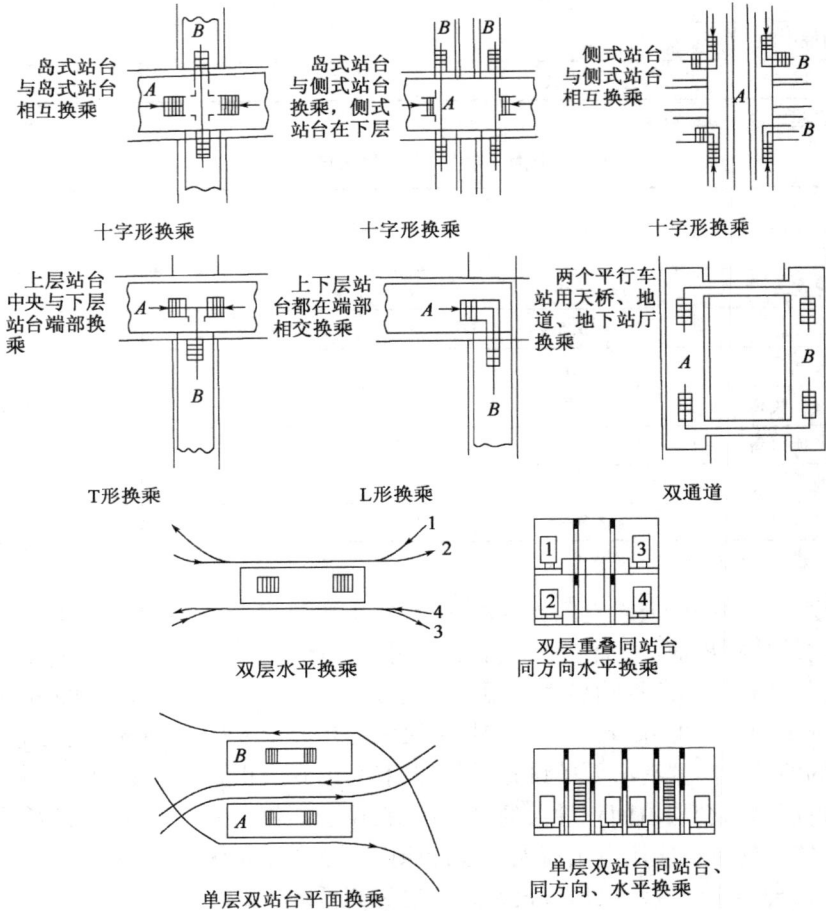

图4-8　地铁车站两线换乘模式

欧洲地铁中有的换乘也采用同一站台、不同线路车辆的停靠来实现。乘客不用走动,就像地面公交同站换乘一样的方便,这种模式更大地体现了对人的关怀,但带来技术上的更大难点和庞大的投资建设规模,在目前我国的经济条件下尚难实现。

四、地铁车站的剖面设计

以上海地铁车站的标准横剖面为例,车站剖面分为上下两层及站台下的辅助层。剖面主要解决的是车站的结构形式、结构尺寸、设备和建筑所需的空间高度以及车辆通行停靠的限界要求,在这里必须综合辩证地考虑空间高度和经济的关系。空间的增高必然带来车站埋置深度的增加,因为车站上部覆土的厚度基本都有技术规定(满足道路管线铺设的要求),根据已有车站的设计经验,站厅层的净高不小于4m,基本上能满足设备安装及装修的尺寸要求,完成后的净高不低于3m;站台层的净高要根据车辆的高度、车辆受电弓安装的高度及排热、排烟风管的高度来确定。根据已有的车站设计,从站台面到顶部的净高为4.1~4.3m,保证站台装修后吊顶至站台的高度不低于3m,站台下的空间主要是设置电梯基坑、电缆通道和排热风道(车轮与轨道摩擦产生热量和废气),其高度由车辆尺寸及轨道的道床高度决定,在已设计的车站中采用道床高度为0.54m,站台面至轨顶面高度为1.08m,因此,从站台面至下部底板面的高度为1.62m,可以满足各种设备布置的要求,如图4-9和图4-10所示。

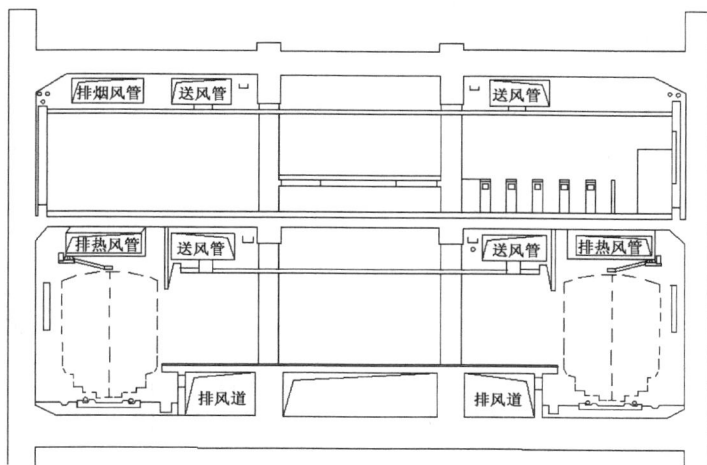

图4-9 地铁车站标准剖面示意

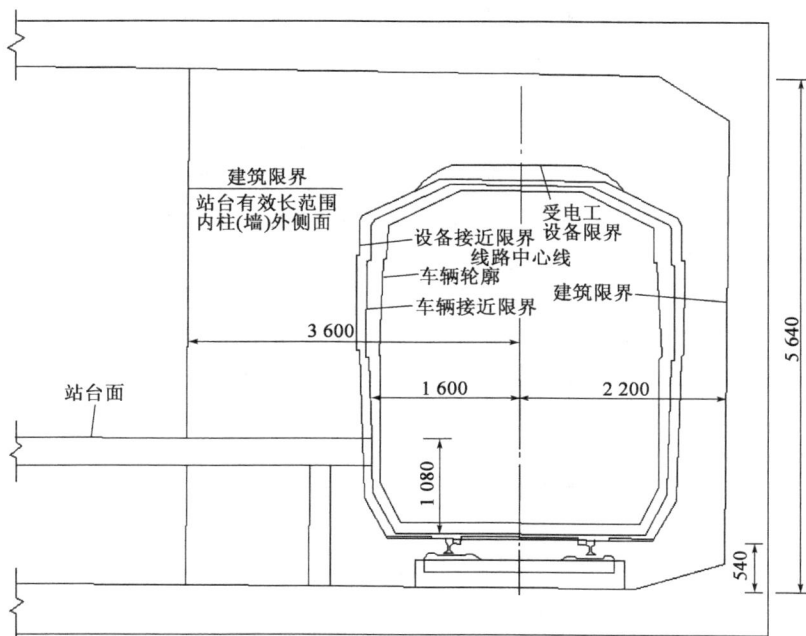

图4-10 车站直线段矩形隧道限界图(尺寸单位:mm)

五、无障碍设计

为了体现"以人为本"的设计理念，地铁车站内应实施无障碍设计。针对地铁车站设置的不同位置，采取两种不同的设计方法，一种是车站位于道路地面以下，出入口位于道路的两侧，残疾人乘坐的轮椅可挂在楼梯旁设置的轮椅升降台下至站厅层，然后再经设置于站厅的垂直升降梯下达到站台，另外也可以直接自地面设置垂直升降梯，经残疾人专用通道到达站厅，然后再经设置于站厅的垂直升降梯下达到站台。针对盲人设置有自电梯门口通至车厢门口的盲道。另一种形式是车站建于住宅区的地下，车站的垂直升降梯可直接升至地面，因此，在地面直接设有残疾人出入口，以方便残疾人的使用。

地铁车站内的垂直升降梯可采用液压升降，机房在站台层，面积较小，升降梯的开门方向应避免面向站台列车。盲道的铺设必须连贯，在站台层，上行和下行两个方向都需铺设，但一般只需自站台中心处的车厢门铺设至垂直升降梯门口（不必全长铺设），这样可适应不同车站垂直升降梯的不同位置，如图4-11～图4-13所示。也可统一规定各车站将垂直升降梯设计于同一端，这样盲道的设置可以更短，联系更直接。

六、地铁车站的内部环境设计

微课8
地铁车站的内部
环境设计
扫描此码　深度学习

地铁车站的布局及一系列的建筑设备及设施，最终要通过内部环境设计来体现。一个花巨资建设的地铁车站对于公众看到和切身感受到的就是地铁车站公共区的环境设计，因此它的设计标准不应太低，并应与一定的建设投资相适应。地铁车站内部环境设计的原则应与建筑设计的原则相一致，首先应保证其安全、适用、通达、快捷，在此基础上同时考虑视觉范畴内的造型因素及装饰材料的应用，改善地下空间封闭、沉闷和压抑的感觉，使车站在全线统一格局的基础上设计成为具有一定识别性的特型车站。

1. 空间形态设计

地铁车站内部的空间形体比较单一，特别是一般的标准车站，通长的空间内，列柱形成一定的节奏感，因此空间的变化更多依靠顶面的形体变化来实现，如在极其有限的单一空间内充分利用顶面设备布置剩余的空当来达到空间形体变化的目的，或者利用装饰材料的不同肌理组合，显示其空间形态的变化。在一些特殊的车站，如上海地铁1号线的人民广场站，利用地面公园的条件，加大地下站厅至站台的洞口，站厅顶部开设采光窗口，使自然光照直接射到站台，大大改善了地下空间原本阴暗的环境面貌，同时也丰富了室内空间形态，取得较好的效果。国外有些车站，将站厅部分压缩得很小，客流从车站的两端下入到站台层，从而使站台层的中间段处于一个高大的空间内，获得开敞、舒展的视觉效果。

2. 界面线形及其用材

地铁车站的界面包含地面、墙面、顶面及柱面，根据规范要求，所有装饰用材都必须是不燃材料。

地面用材要耐磨、防滑、易清洁，常用的材料为花岗石及地砖，地面可做图案设计，但以简洁为宜，较好的图案组织可对人流起一定的导向作用。在站台层地面靠站台边缘均设有一定宽度的警戒线，靠内柱边还有盲道的纵向饰带，这些饰带可用同质不同色彩的地面材料镶拼，也可用不同质的材料镶嵌。

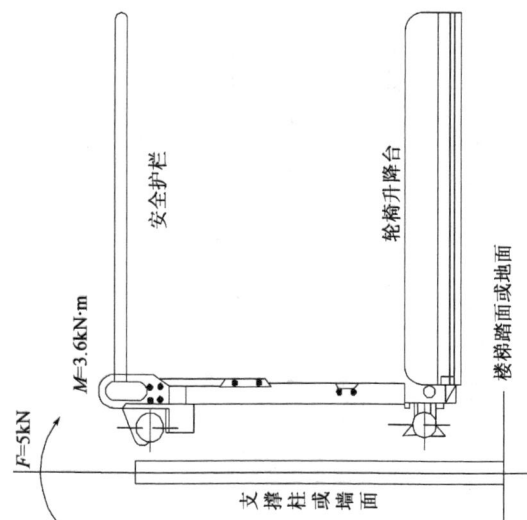

注：1.图中所标尺寸是轮椅升降台可运行的最小尺寸。
2.图中所示0°、90°、180°是三种终点停靠位置，可任选一种。
3.PDC为驱动柜，高×宽×厚=1 053mm×650mm×300mm。
4.P从一底层停靠位置。
5.平台尺寸：长×宽=1 050mm×760mm。
6.驱动功率：1.12kW。
7.额定速度：6m/min(转弯时3m/min)。
最高速度：9m/min。
8.额定载重：204kg(限载人)。
本图尺寸仅作参考。

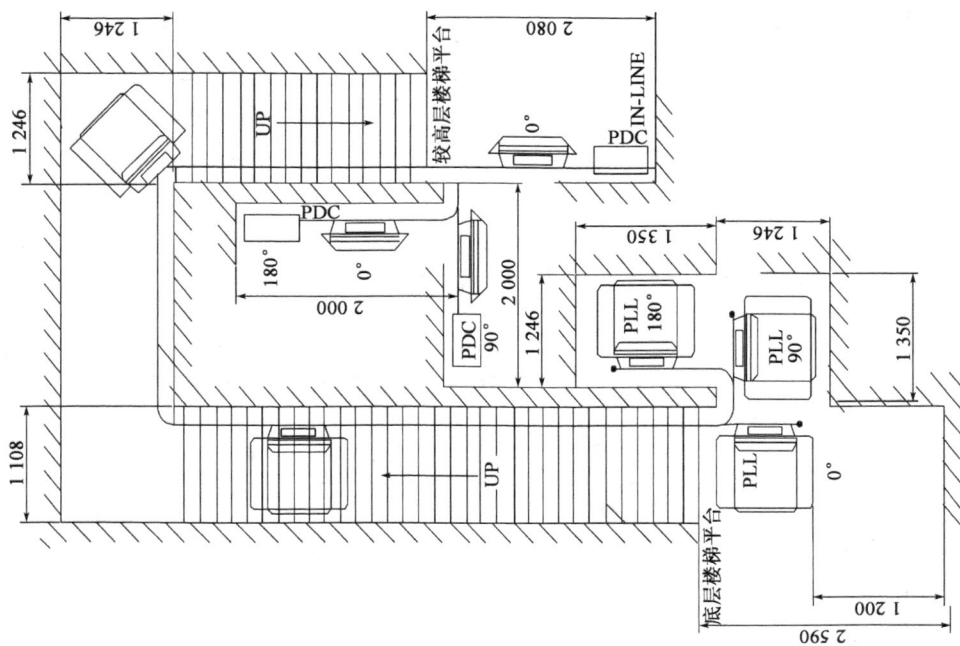

图4-11　轮椅升降台尺寸示意图(尺寸单位：mm)

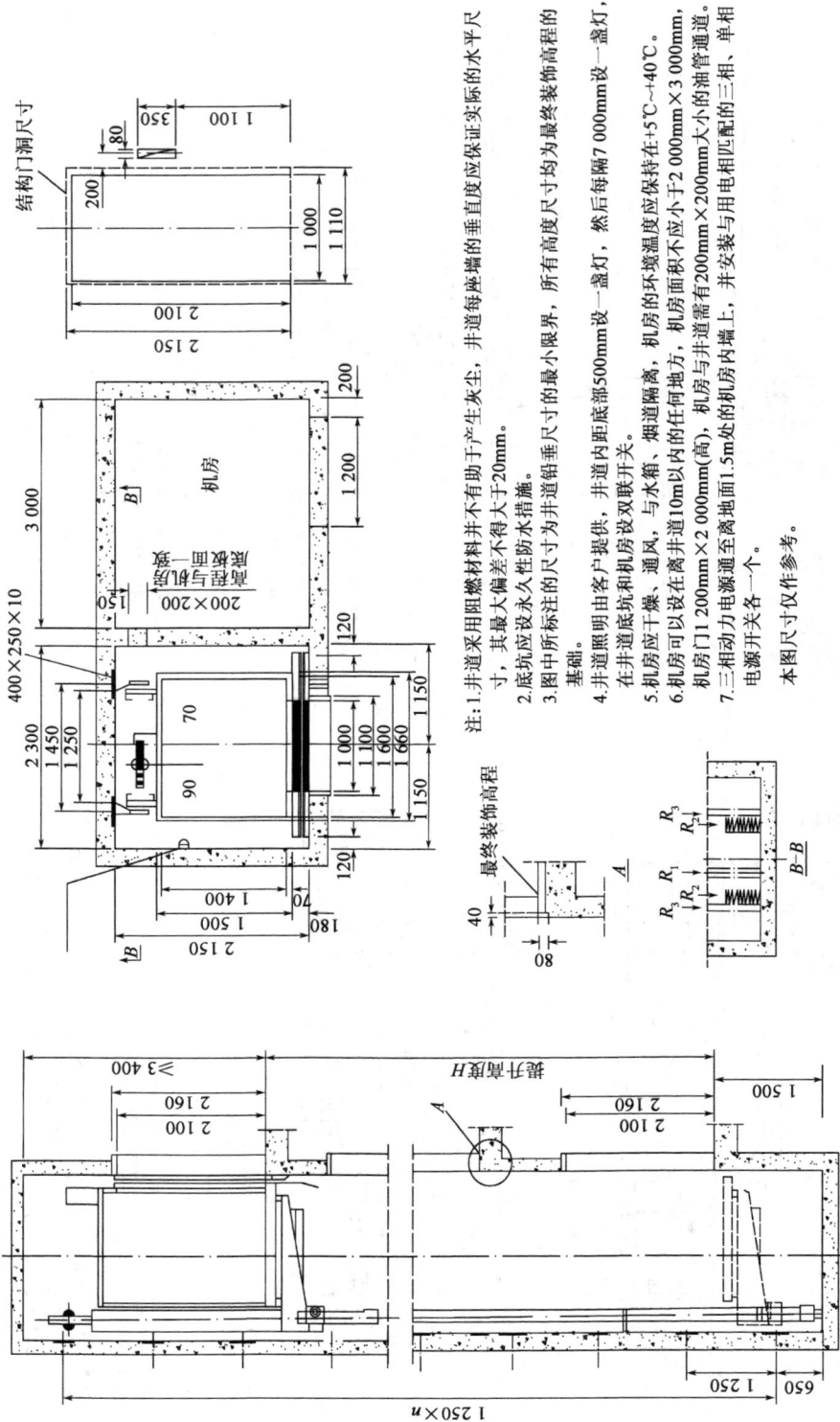

注：1.井道采用阻燃材料并不有助于产生灰尘，井道每座墙的垂直度应保证实际的水平尺寸，其最大偏差永久性措施不得大于20mm。

2.底坑应设永久性防水措施。

3.图中所标注的尺寸为井道铝平垂尺寸的最小限界，所有高度尺寸均为最终装饰高程的基础。

4.井道照明由客户提供，井道内距底部500mm设一盏灯，然后每隔7 000mm设一盏灯，在井道底坑和机房设双联开关。

5.机房应干燥、通风、与水箱、烟道隔离，机房的环境温度应保持在+5℃~+40℃。

6.机房可以设在离井道10m以内的任何地方，机房面积不应小于2 000mm×3 000mm，机房门1 200mm×2 000mm(高)，机房与井道需有200mm×200mm大小的油管通道。

7.三相动力电源接通至离地面1.5m处的机房内墙上，并安装与电相匹配的三相、单相电源开关各一个。

本图尺寸仅作参考。

图4-12 液压直升梯井道及机房尺寸示意图（尺寸单位：mm）

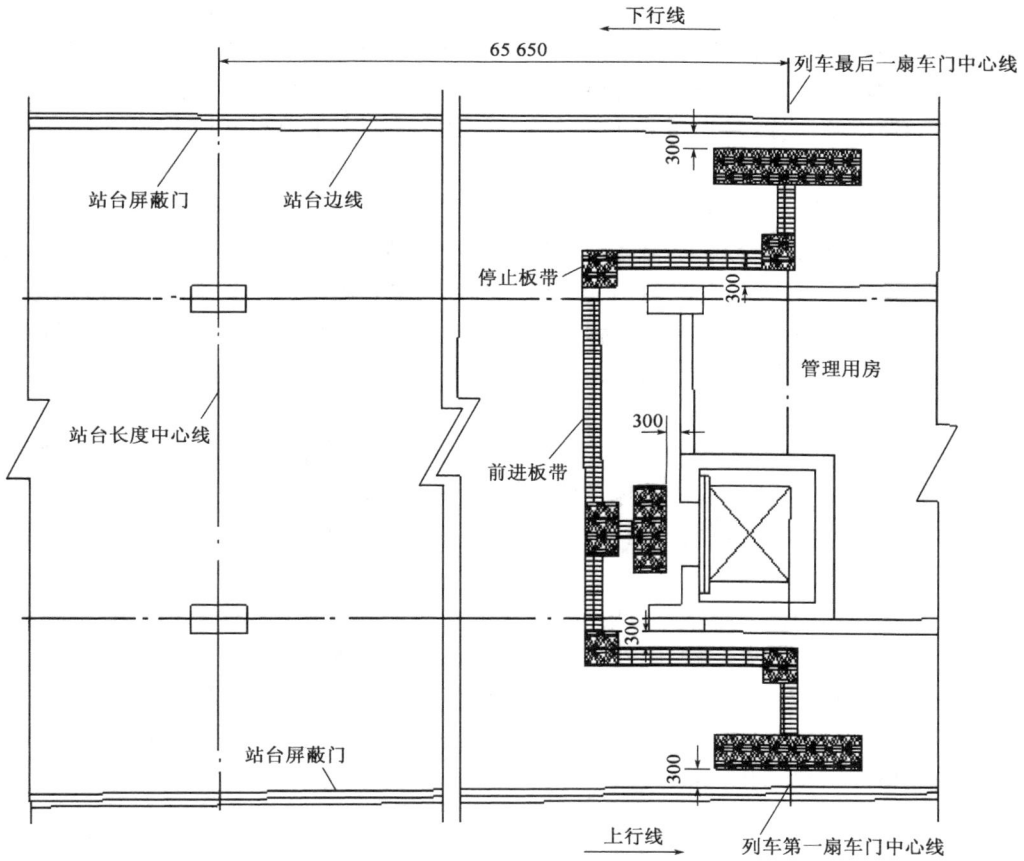

a)地铁车站盲道铺设示意图

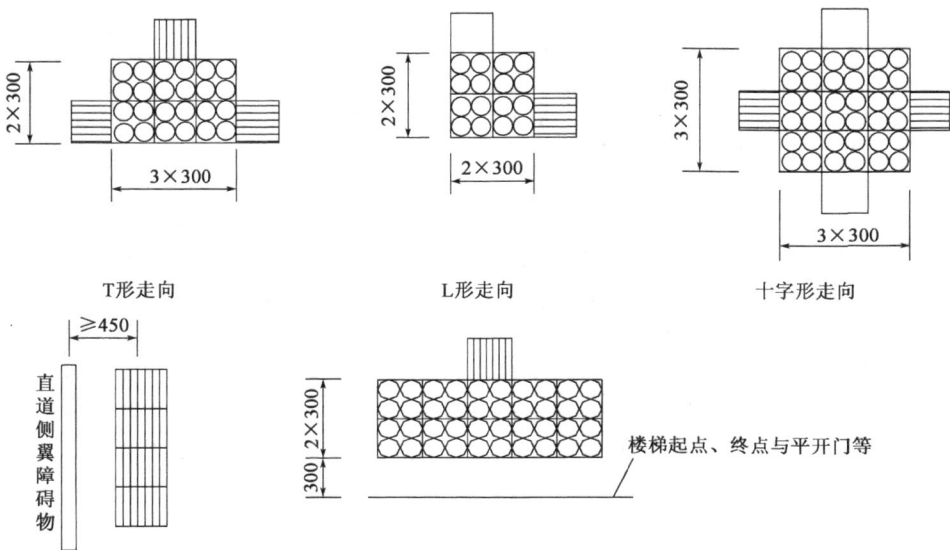

b)盲道地面铺设示意图

图4-13 地铁车站盲道铺设示意图(尺寸单位:mm)

墙面处在人的主要视觉范围内,宜采用色彩明快、易清洁且耐久的材料。常用的有釉面砖和涂料,由于墙面长度特长,必须注意墙面上的线形处理,最简单的是做一定的分仓缝,一方面是材料构造上的需要,另一方面也是解决墙面过长的单调感觉。在实际操作中,经常会出现一些其他设备如消火栓箱、电器开关箱、广告灯箱等,可在墙面上加以很好组织,成为墙面线形的组成内容。在地铁车站内因墙体壁面位于地下难免有渗水现象,为了保证内部墙面装修不受渗水影响,地铁车站公共区部分的墙面一般均做成离壁式衬墙,在两墙体下部做成排水沟,在离壁式衬墙上做各种装饰材料,如图 4-14 所示。另外,必须提及的是墙面装饰壁画。一般来说,在交通建筑内不主张增设此类装饰,一是增加造价,二是不符合使客流快捷通畅的原则,但有时车站处在特定的地理位置,为了加强识别性和增加城市文化气息,可做一些喻示地面特性的墙面装饰,如壁画、浮雕之类墙面装饰,但即使设置该类墙面装饰,也应为简洁明了的视觉传达形态,切忌繁杂而喧宾夺主。

顶面遮盖了车站大量的设备管线和组合照明灯具、风口、通信广播、喇叭、消防喷淋等设备,常用材料为铝合金挂片、条板、方板及异形板等,色彩以浅色为主。顶面采用装配式的施工工艺可以拆卸,为设备的维修创造有利条件,同时还可以利用不同品种的组合形成不同肌理的形态,丰富顶面的装饰效果。

柱面是地铁车站中人们经常靠近的界面,同时又是车站内部最富有造型要求的构件,也是形成地铁车站识别性的重要元素,因此在设计中应加以特别重视。经常采用的装饰材料有花岗石、大理石、釉面砖、人造石、铝合金板、搪瓷钢板等。由于地铁车站结构的因素,往往柱子截面会很大,在装饰处理时尽量采用以大化小的手法,另外考虑人流的顺畅和防止对人的伤害,要尽量减少棱角的出现,如图 4-15 所示。

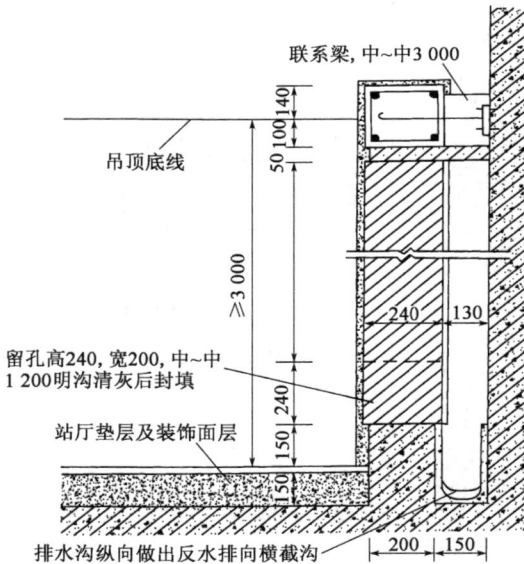

图 4-14　离壁式隔墙示意图(尺寸单位:mm)

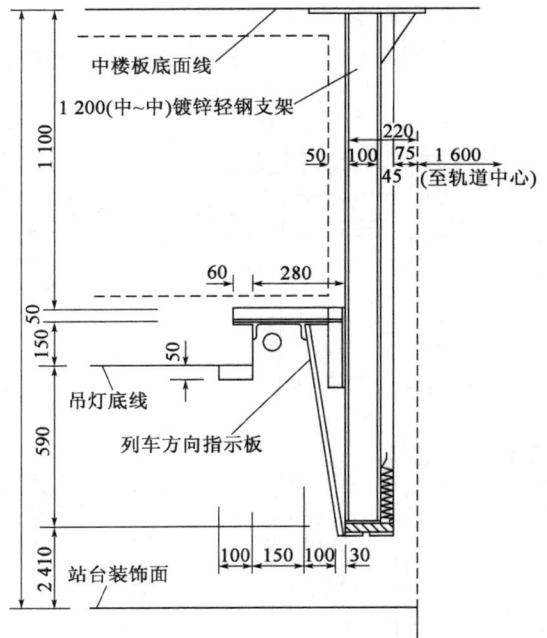

图 4-15　站台口上沿列车方向指示板剖面图(尺寸单位:mm)

3. 照明、标识、色彩及其他公用设施配置

照明在地铁车站室内环境中具有相当重要的作用,它不仅保证了地铁运行所需的照度要求,而且在光照艺术处理下,可增添人们对地下空间的亲和感,在地铁车站中照明灯具的布置主要有整体照明、局部照明和灯箱照明。

整体照明是地铁车站照明的主要形式,它要考虑布置方式及照明灯具的形式,一般以长条形日光灯为主,光色温在 4 000 ~ 5 000K 之间,具有较好的显色系数;也可组合其他形式的荧光灯和一些筒灯(白炽应急灯)布置,灯具尽量以直接露明的方式布置(注意眩光的隔挡),这样有利于提高光照效率,便于维修更换灯具。灯具的布置形式要和顶面用材形式有机结合,这样才能取得较好的光照艺术效果。

局部照明是特定视觉工作用的,为照亮某个局部而设置的照明。

灯箱照明在地铁应用较多,广告灯箱的引进,增加了车站的光照度标准,同时增添了车站内部的色彩和人情气氛。而指示标识灯箱则是地铁车站功能的重要信息亮点,人们通过它的指引,可以安全无误的完成旅程,而标识灯箱的艺术造型又是体现现代化地铁车站室内环境的元素之一。车站应用标志图案如图 4-16 所示。

图 4-16　车站应用标志图案

地铁车站内部的色彩设计以高明度、低彩度色彩为主,作为车站的背景色,可以是冷色调,也可以是暖色调。适当配置高彩度构件或公用设施作点缀,可以增添环境的活力如公用电话、候车座椅、垃圾筒等,高彩度的构件还可以成为车站识别性的标志。

七、地铁车站的出入口设计

有人将出入口通道比作是地铁车站的"生命线",因为出入口通道是地下向地面逃生的最主要通路,出入口所处的位置好坏会影响集聚客流的数量,涉及地铁运行的效率,同时出入口的设置还会影响周边地面的商业兴旺,所以许多商家争相吸引地铁出入口进入商厦成为共识。

出入口的位置在总平面设计时要经多方面的协调,以取得最佳效益,一方面要考虑到地下通道的顺畅,同时又不宜过长;另一方面也要考虑能均匀地尽量多地吸纳地面客流,因此,出入口一般

微课9
地铁车站的出入口、地面风亭及人防设计
扫描此码　深度学习

都设于交叉路口或结合地面商业建筑设置。设置在地面建筑内的地铁出入口，由于其内部空间有一定限制，主要考虑其楼梯的位置与形式及客流路线与商家界限的可分可合，并满足地铁出入口本身的特殊防洪要求。一般出入口地面高程比室外人行道高程高出450mm，出入口还必须设置防洪闸板以防特大洪水的侵袭，出入口的立面造型由整体地面建筑决定，但要有明显的地铁车站标志。

独立的地铁出入口其建筑形象必须具有鲜明的特点，通常一条路线中的地铁出入口做统一形式处理为好。

八、地铁车站的地面风井（风亭）设计

地铁车站的地面风井是体量相当大的构筑物，由于其风量和风速的要求，排风或进风口的面积巨大，再加上规范要求进风口之间保持一定的距离，风口开设高度必须离地高于2m，使高大的风井耸立地面之上，对城市景观带来不利的影响，因此在建筑设计时必须加以重视，具体有如下几种处理方法：

（1）与地面开发建筑合为一体，淡化风井的存在，将风井建于地面建筑内。根据风口距地面高度的要求或开发建筑功能的要求，风口可设于地面一层或建筑二层内，城市景观主要以开发建筑的造型为主体，风井可隐融于建筑的整体造型之中，单此种处理方式往往风口只能设置于一个方向；有时地面开发建筑不能与地铁同步建设，风井只能暂时独立存在时，要考虑与后建筑结合的可能性及建筑造型的统一性。

（2）在城市街区中的风井应独立设置、形体加以分化，减小体量庞大的感觉，并结合地面绿化及城市建筑小品，共同塑造成城市景观，独立风井的风口可有多个方向。

（3）设置在大片绿地中或城市车道中间绿带中的风井，可以其独特的造型独立存在，也可压低风井高度，风口朝天开设，使其隐没于绿化丛中，但需要妥善解决井底雨水的排放。

九、地铁车站人防设计

地铁车站利用它已有的结构条件，在战争时期是城市人民防空的理想待蔽场所和疏散、运输通道，按国家规定，在地铁建设中应结合人防按六级抗力等级设防，在常规武器袭击下，能保障列车运行及人员出入，作为城市人民防空疏散运输干道；在核武器、生化武器袭击下，车站能作为800人的临时待蔽场所。因此，要求地铁车站对于战时必需的出入口、通风口、人防连通口及其他孔口的防护设施，应结合车站结构同步建设到位，对有些战时不需要的孔口、通道及战时的设备安装，则采取平时预留位置及预埋件，在临战规定期限内快速封堵、安装、改造到位，实行平、战功能的转换。

为了减小可能爆发的战争灾害所造成的影响，将一个地铁车站加一段区间隧道作为一个防护单元，相邻防护单元设置一道防护隔断门，如图4-17所示。每个防护单元待蔽人数按800人考虑，战时只考虑供应饮用水，不考虑供应生活用水。饮用水采用2只24t食品级玻璃钢水箱，设置在站台层的饮水间内，平时预留位置，临战前用轻质隔断隔出，玻璃钢水箱在临战前拼装。饮水间的面积不仅要考虑存放水箱的位置，而且还要考虑水箱龙头前用水人员活动的面积，用水龙头一般按10只考虑。战时使用的厕所为干厕，设男女厕所各一间，位置应远离饮水间，平时预留位置，临战前用轻质隔断隔出，干厕面积按每只便桶0.8m²计算，随后加上人员活动的面积，便桶数量按人防规范确定。饮水间及干厕位置应不影响临战转换期间列车运时客流的通行。

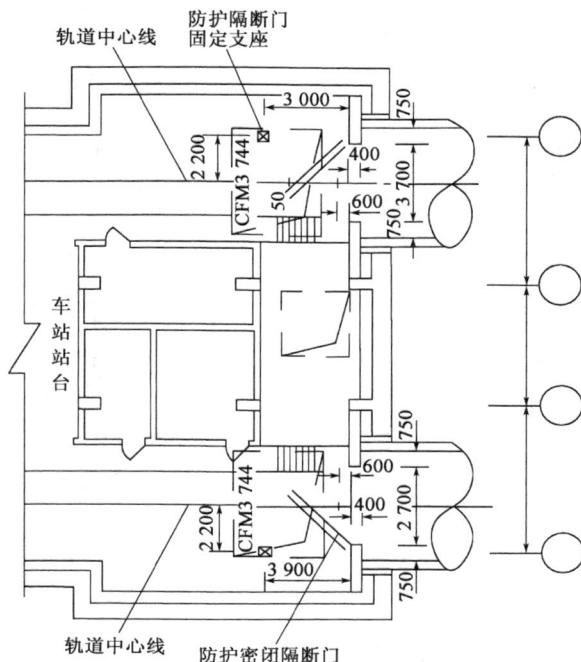

图 4-17　区间防护密闭隔断门平面位置示意图(尺寸单位:mm)

　　每个地铁车站在战时直通地面的人员出入口(不含风井、人防连通口)不得少于两个,且必须位于车站的两端,其中有一个作为战时主要出入口,该出入口的位置要选择在战时便于待蔽人员出入之处,且位于地面可能倒塌建筑的范围之外。如该出入口在地面建筑为钢筋混凝土结构之内可不考虑倒塌的影响,如位于倒塌范围以内的战时人员主要出入口,其上部必须设防倒塌措施,战时人员出入口与平时出入口结合设置,其门洞宽度按平时要求定,但其宽度不得小于 2.4m。

　　在出入口密闭通道两端设活置式门槛防护密闭门、普通密闭门各一道,在密闭门外通道内设消洗污水集水井(可与平时排水集水井相结合),设计时要考虑门扇安装后的开启及暗藏位置,为出入口通道装修后保持平直创造条件,如图 4-18 所示。另外,每个车站还须设置不少于两个人防连通口,连通口的距离应相对拉开,并宜设置在车站两侧,连通口的净宽不小于1.5m,安装防护密闭门一道,附近有人防工程时,连接通道应同步建设到位。附近没有人防工程或暂不知设施情况时,人防连通口做完,通道应预留出接口,如图 4-19 所示。

　　风口的防护措施考虑到战时清洁式通风和隔热式通风方式,在进排风口及活塞风口采用一道防护密闭门的设置。由于防护密闭门尺寸的限定,往往门洞尺寸与通风面积技术要求有矛盾,因此在防护密闭门门框墙上部加开孔口,以达到平时通风面积的需求,临战前上部孔口加以封堵。

　　对于无伸出车站主体结构风道的朝天井口,均应在井口下部考虑防护密闭门开启的位置,并注意在构造上考虑来自井口上方冲击波的影响。

　　车站的内部装修应符合防震、抗震要求,镶嵌的构件必须牢固可靠,顶板不允许抹灰,为平时使用的吊顶应便于战时拆除。

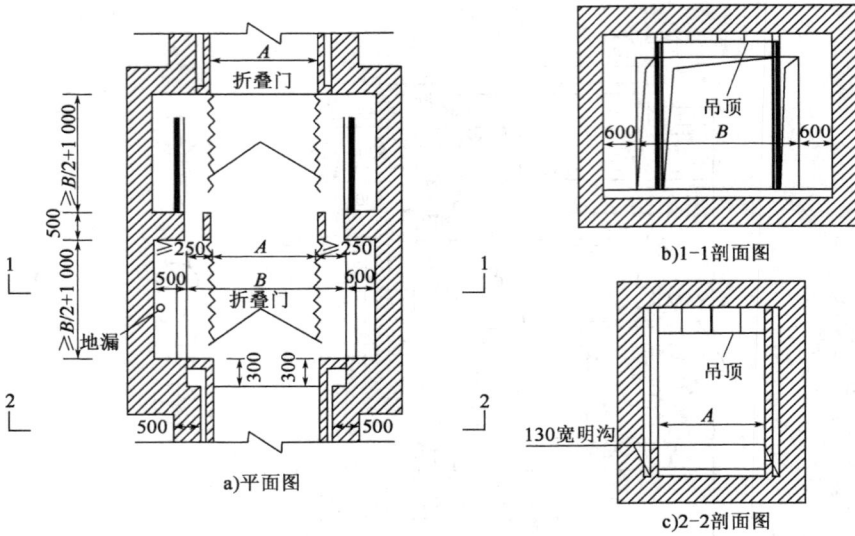

图 4-18 车站战时人员出入口密闭通道示意图（尺寸单位：mm）

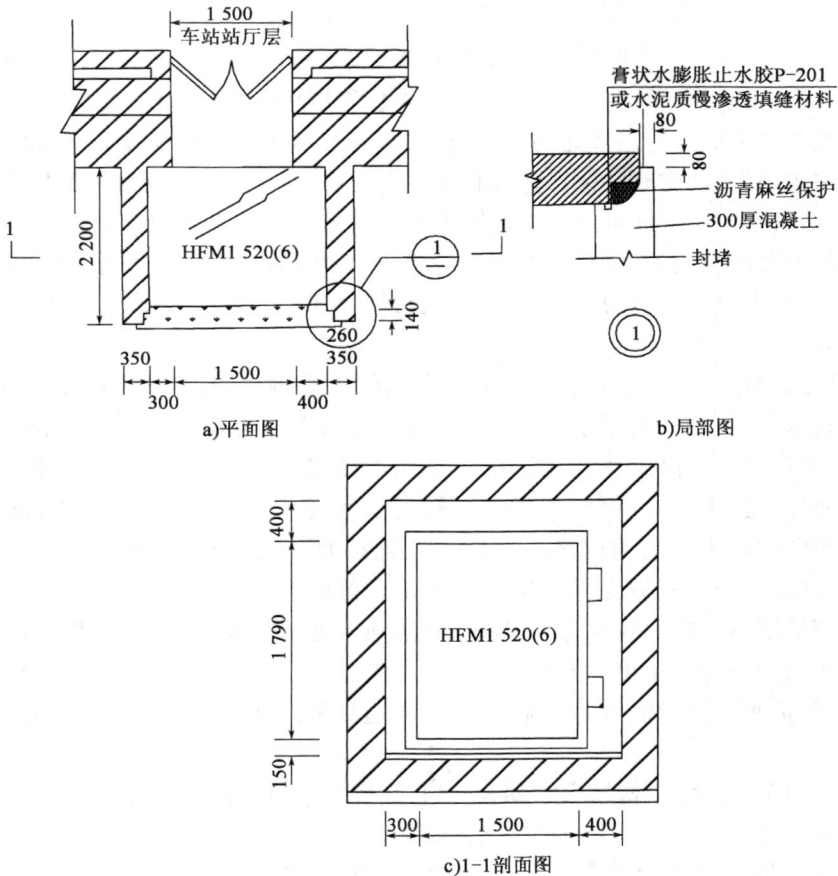

图 4-19 人防连通口示意图（尺寸单位：mm）

第三节　轻轨车站建筑设计

　　轻轨交通是指在城市地面或地面上空行驶的轨道交通,其车站建筑设计具有交通建筑的一般特征,但与大型交通枢纽的车站建筑相比又有其自身的特点。轻轨交通的车站客流以城市上班族及城市居民为主,车次较密且时间一定时,客流在车站停留候车的时间较短,具有城市地面公共交通的特征,因此不需要设置大量的候车面积,车站主要解决在短时间内安全、顺畅的集散客流。车站建筑基本以线状布置,主要建于地面上空,有时也可设于地面或地下。

一、车站建筑的平面设计

　　轻轨车站平面设计与地铁车站相比有其相似之处,但也有其不同的特点。相同之处在于站台候车方式、站台长度(根据车辆编组确定)、售票检票方式等;不同之处在于一个一般在地下,一个一般在地上,客流行进的方向和站厅站台的组织顺序正好相反。轻轨车站的站台层在最上层,客流向上经站厅层检票后到达站台层候车。由于车站建于地面以上,具有开敞空间的条件,不需设置庞大的空调机房而大大缩小了设备用房的面积。车站位置因线路走向的不同,有设于城市交通干道中央的,也有设于城市交通干道一侧的。车站站台的候车形式同样有岛式和侧式两种,一般以侧式站台候车为主,以利于城市架空桥道铺设。

　　设于城市干道中央的车站,客流需经道路两侧的人行天桥或地道进入车站的站厅层,其人行天桥和地道可兼作过街的通道,车站的站台宽度、疏散楼梯、自动梯的计算方法与地铁车站相同,车站长度取决于该线路的列车编组数量,一般轻轨的车辆比地铁车辆略短稍窄,列车编组数量也少,因此车站的长度也相应缩短,如图4-20所示。

图4-20　轻轨车站效果图

　　车站本体分为站厅层和站台层两层,在站厅层设置客流出入大厅及售检票厅,利用回栏分隔付费区及非付费区,其过街人行天桥及地道的出入口必须设于非付费区内,管理及设备用房尽量设置于一端。由于站台候车方式的不同带来站厅楼梯位置及组合方式的不同,同时也影响到管理用房的布置及检票口的位置设置,如图4-21所示。

　　车站管理及设备用房见表4-5。

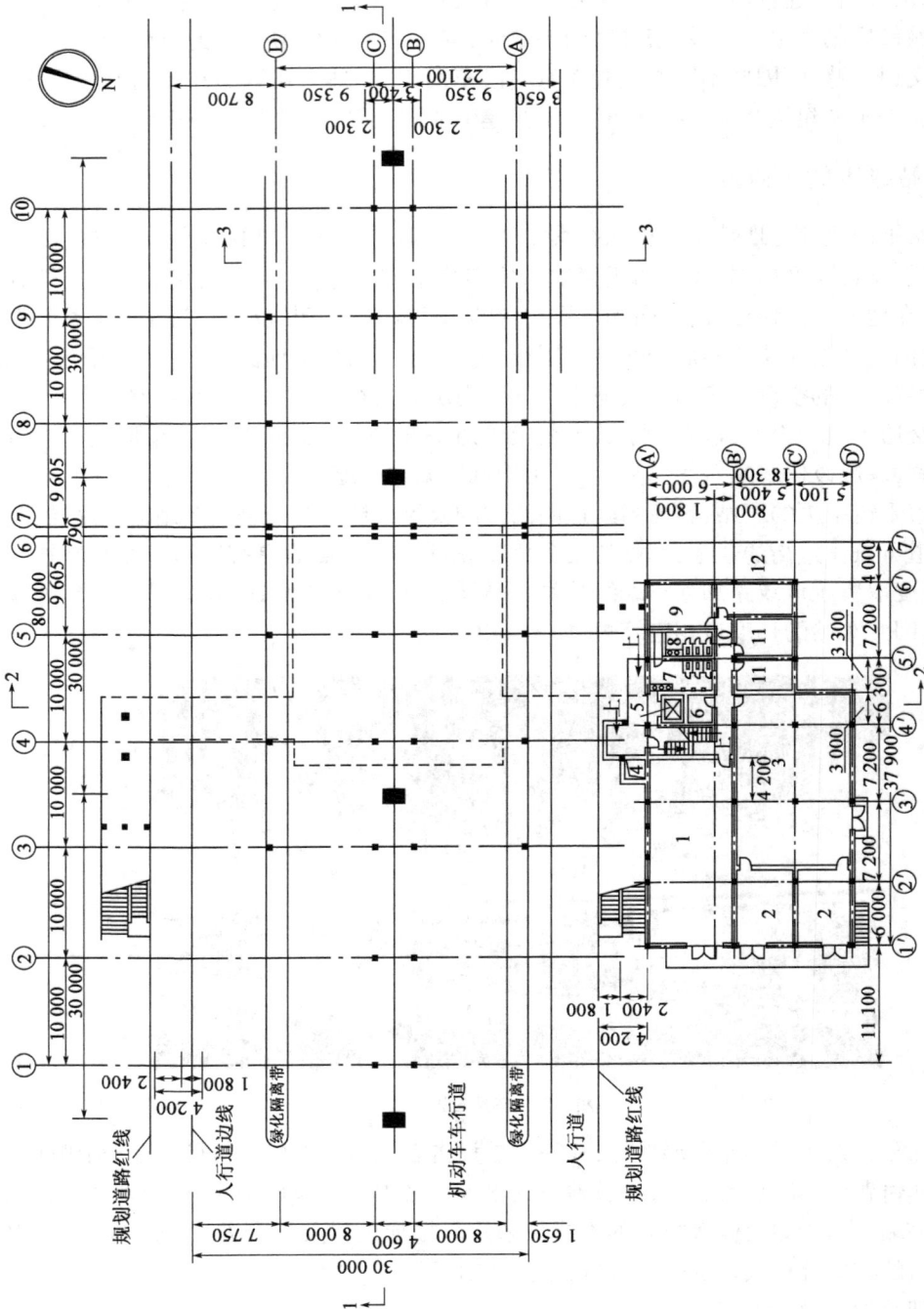

图4-21 上海莘闵线某车站设计方案——底层(道路)(尺寸单位:mm)

1-降压变电所;2-变压器室;3-牵引变电所;4-电缆井;5-残疾人电梯;6-机房;7-男厕;8-女厕;9-消防泵房;10-值班室;11-SCADA;12-蓄电池室

车站管理及设备用房　　　　　　　　　　　　　　　　　　　　　表 4-5

管理用房	参考面积(m²)	设备用房	参考面积(m²)
车站控制室	50	信号机械室	60
站长室	10	通信机械室	60
副值班室	侧式 8×2,岛式 8	蓄电池室	15
值班员室	10	防灾报警	20
站台服务员室	侧式 10×2,岛式 10	自动售检票机房	25
交接班室	15	票务间	25
公安用房	15×2	通风机房	根据设备要求确定
更衣室	15×2	降压变开关柜室	根据设备要求确定
车站用品库	15	泵房	30~50
清扫室	10	配电室	12×2
茶水间	10	卫生间	10×2

注:由于车站不需空调,因此不设环控机房,有关设备用房及需要空调的管理用房采用小的集中空调和分体式空调解决。表中房间面积仅供参考,应以现行规范为准。

由于线路及城市环境的制约,车站可能为三层至四层,除了最上部两层的车站本体外,其下部的一、二层需解决客流出、入口及上至站厅的过渡空间设计,其余部分可作为开发用房处理。

二、车站建筑的剖面设计

根据总体线路的纵坡设计和周边环境的因素,各车站轨顶高程会不一样,因而形成车站高度及规模的不同,在地面以上有两层的、三层的,甚至高的可达四层,而真正作为车站本体所用的仅为两层。

在交通干道中央的车站,为了使城市地面公共交通车辆通行流畅和视线无阻挡,一般车站下部架空,即使下部必须布置设备用房,也应尽量将长度缩短,留出空当,使下部空间有畅通感。有可能的话,可将设备用房布置于道路外侧,使车站主体显得更加简洁、轻快,如图 4-22所示。

车站剖面形式与结构方案、客流量、站台候车方式、车辆尺寸及车辆运行限界有关。车站结构方案影响车站的剖面形式基本上分为两种,一种是建筑结构与车道下部的承载结构脱开,建筑结构犹如罩壳,套在车道上,车站部分的车道与区间的车道连成一个整体;另一种是车站建筑结构与车站中的车道下部承载结构结合在一起,车站自身形成一个整体,区间车道与车站的车道分离建造。这两种方案各有优缺点,车站建筑与车道下部承载结构分开的方案,车站建筑结构的整体性和刚度较差,但由车辆经过产生的振动对建筑本体结构的影响较小;而车站建筑本体结构与车道下部承载结构相连的结构方案其优缺点正好相反,建筑结构的整体性好,但车辆行驶产生的振动对建筑的本体结构的影响也较大,如图 4-23 所示。

车站建筑结构以钢筋混凝土框架为主,也有车站在升至站台层后采用钢结构,上覆轻型钢结构屋盖,屋顶可以是全覆盖,也可以在候车站台上部作局部覆盖。

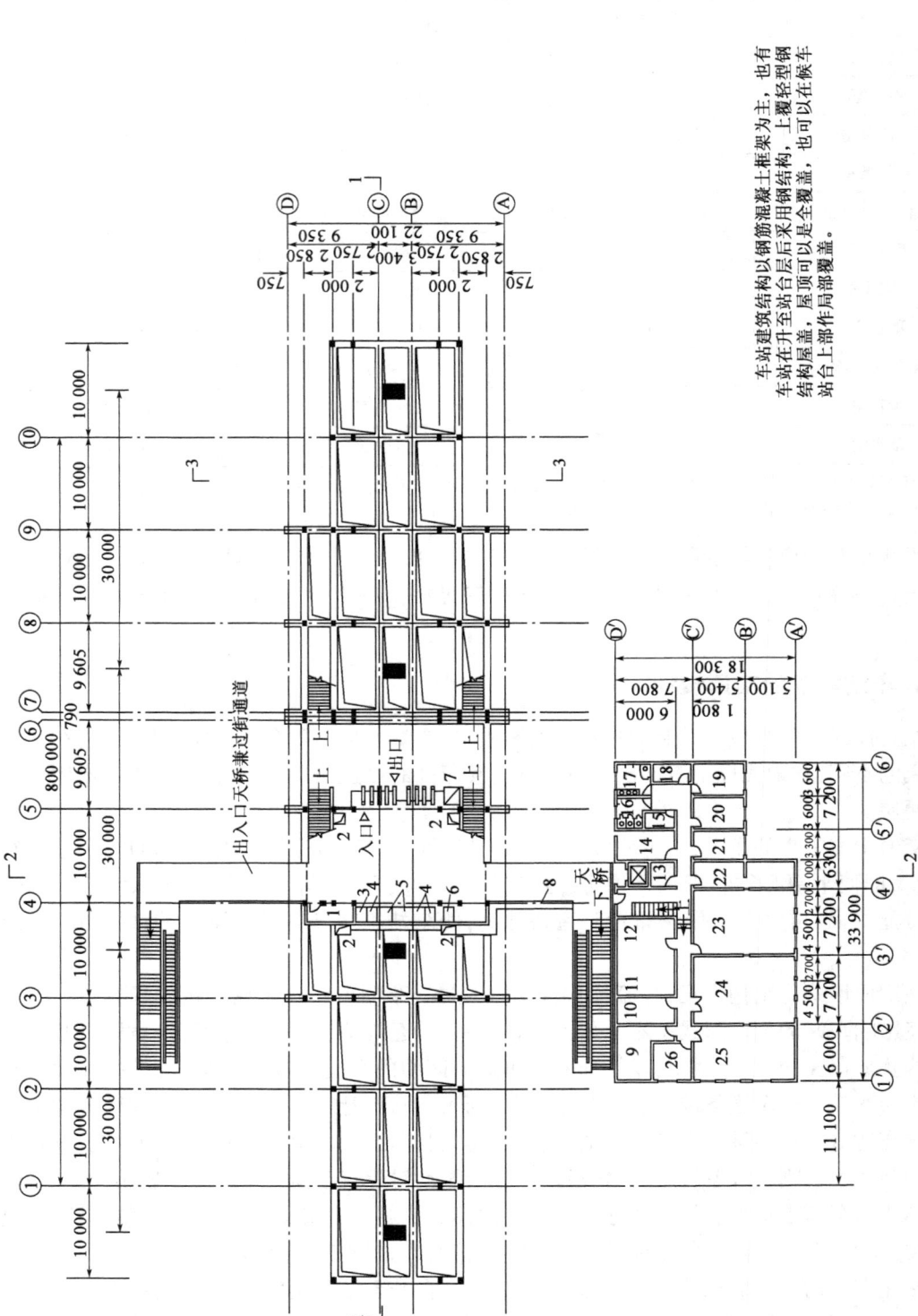

车站建筑结构以钢筋混凝土框架为主，也有车站在升至站台层后采用钢型结构，上覆轻型钢结构屋盖，屋顶可以是全覆盖，也可以在候车站台上部作局部覆盖。

图4-22　上海莘闵线某车站设计方案——站厅层（夹层）（尺寸单位：mm）

1-配电;2-电缆井;3-加值机;4-售票机;5-售票亭;6-验票机;7-补验票亭;8-电缆通道;9-车票分类编码;10-站长室;11-防灾报警控制室;12-车控室;13-配电;14-交接班室;15-清扫;16-女厕;17-男厕;18-茶水;19-女更衣室;20-男更衣室;21-休息室;22-备品室;23-通信设备;24-信号设备;25-信号工区;26-票务

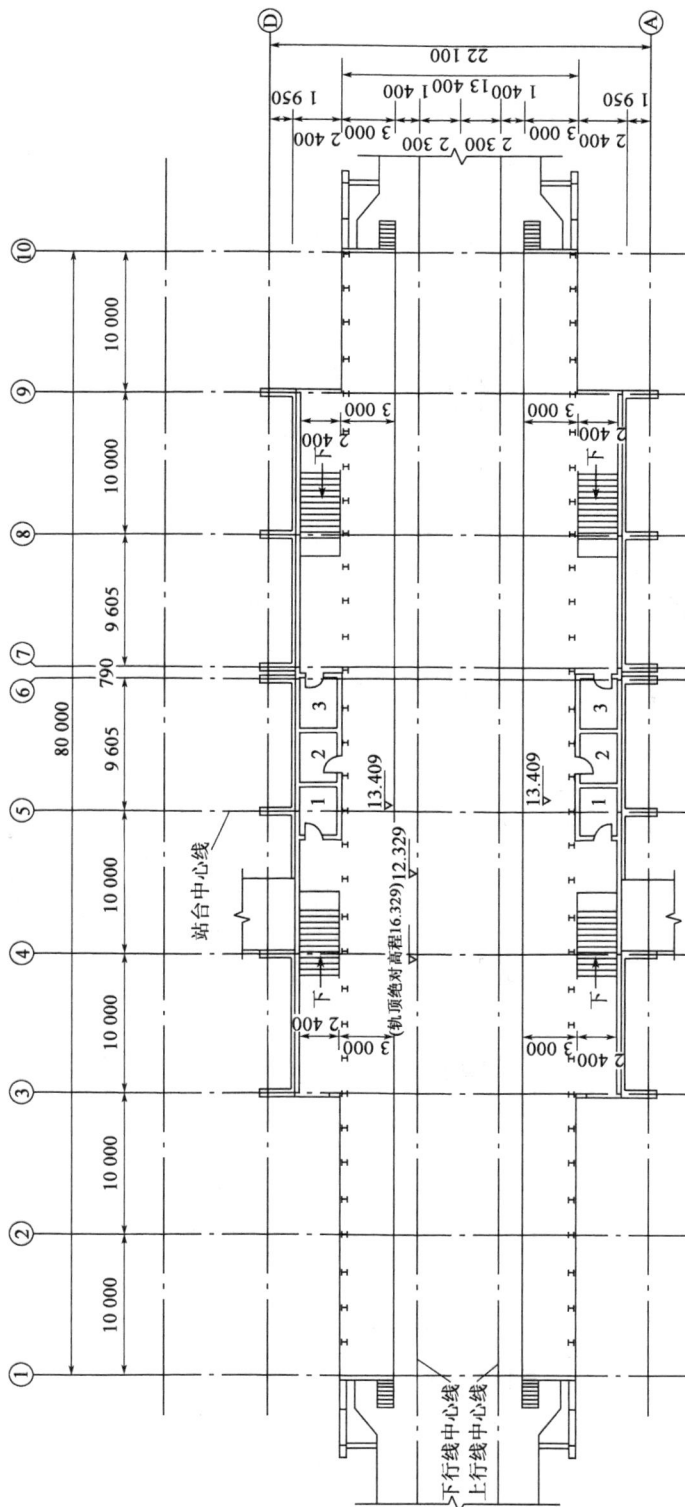

图4-23 上海莘闵线某车站设计方案——站台层 (尺寸单位:mm)
1-配电;2-值班;3-清扫

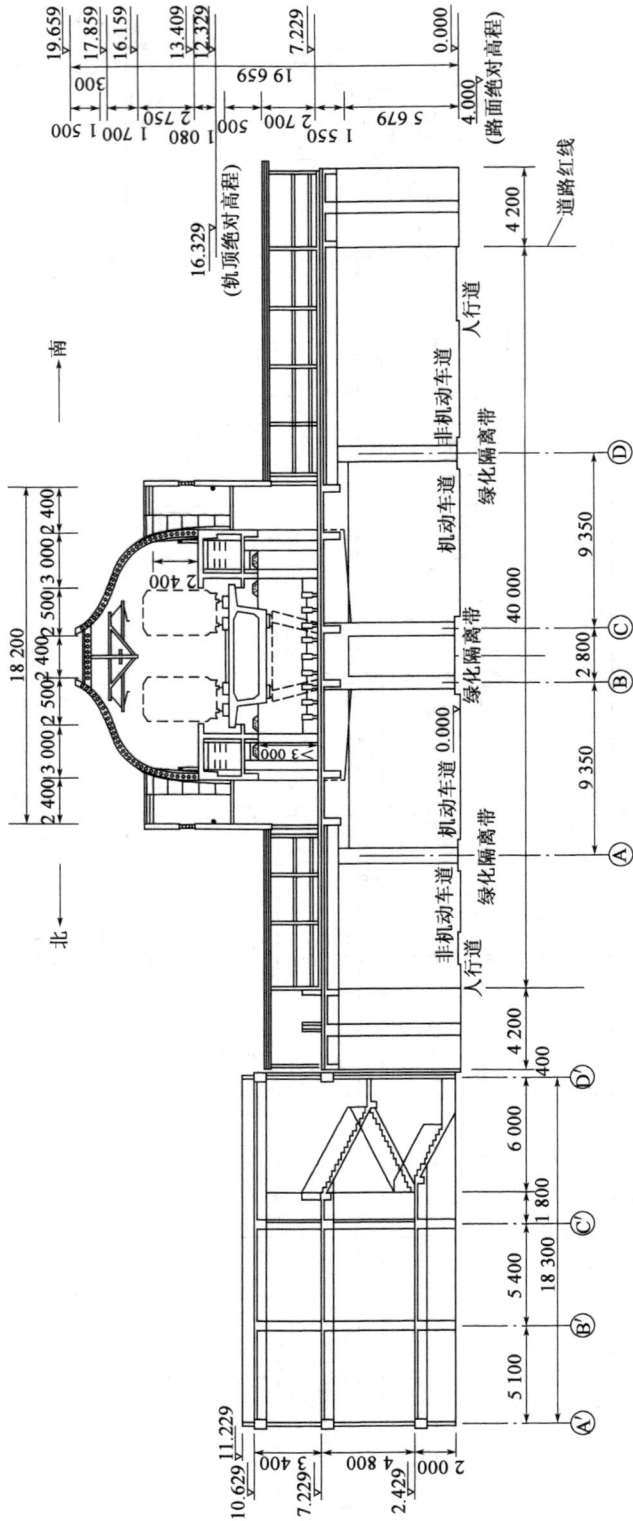

图4-24　上海莘闵线某车站设计方案——2—2剖面（尺寸单位：mm）

注：图中±0.000为绝对高程+4.000。

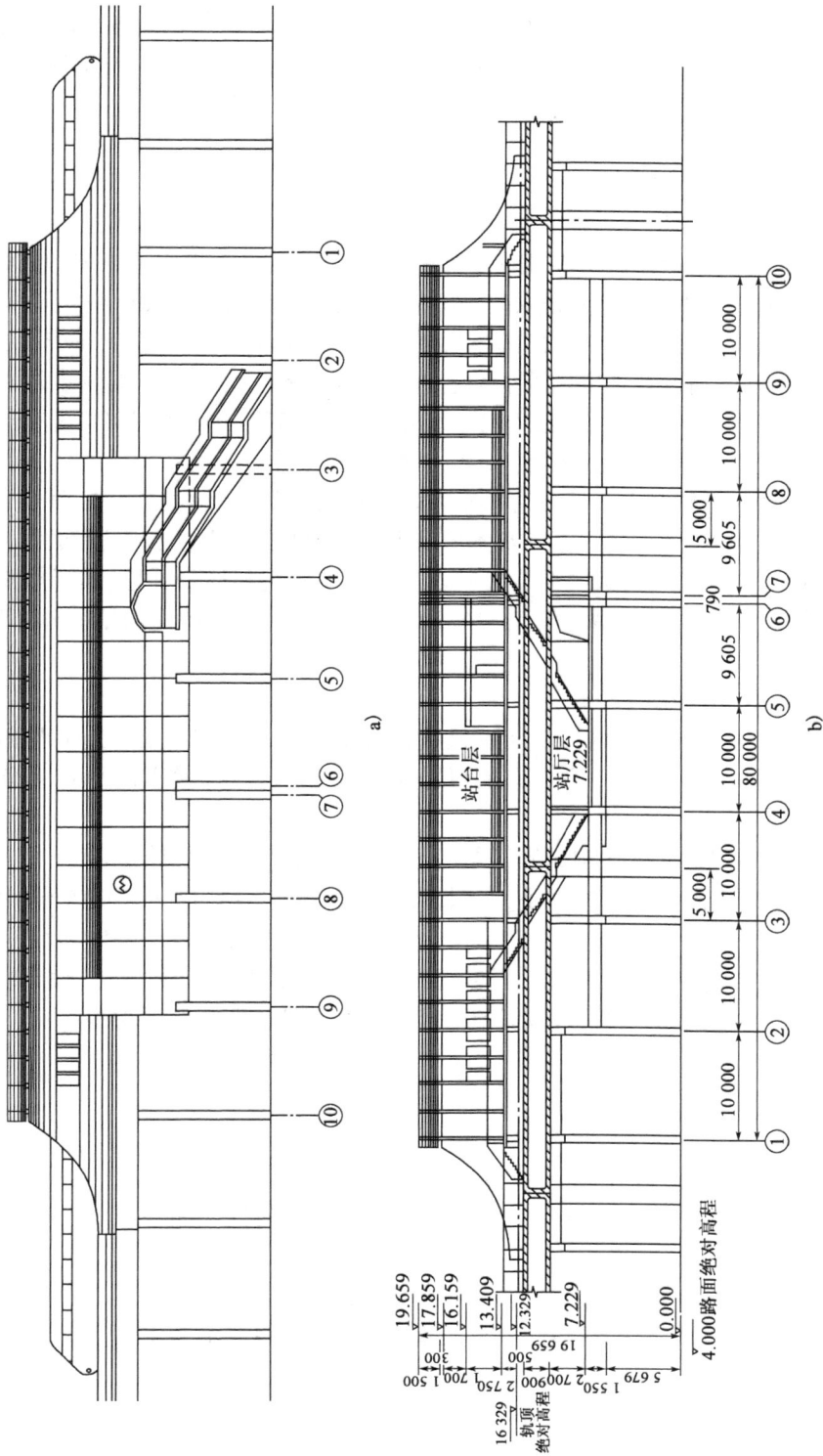

图4-25　上海莘闵线某车站设计方案——1-1剖面图及南立面图（尺寸单位：mm）

剖面设计(图4-24、图4-25)中还需根据车辆尺寸及车辆运行限界尺寸确定车道宽度及车辆中心至站台边缘的尺寸；根据车站轨顶高程及设备所需层面确定车站各层的高程及架空线对结构提出的屋顶高程要求；根据平面布局中的楼梯及自动扶梯的位置，详细计算楼梯的踏步数及其长度、自动梯的提升高度及其长度。

三、车站立面造型设计

由于车站位于地面或架空于地面上部，因此车站形体及立面设计对周边环境及城市景观有一定影响，反之周边环境及城市景观对轻轨车站的造型、立面均提出了一定的制约条件。

轻轨车站的造型基本上由其功能决定，车站沿着轨道线路走向形成长条的形体，有时车站建在轨道曲线段上，车站也形成了弧形的条状体。从车站本体来说，基本上属于两层的车站建筑，但由于线路高程的高低差别造成了车站建筑的不同层数。为了不影响城市周边的其他交通，在车站的两侧不可能有过多的外凸体量，车站只能以其简洁、明确的形体，充分体现其内部功能，形成城市轨道交通建筑的一大特征。以上海轨道交通明珠线一期工程为例，沿线19个车站绝大部分车站的形体和立面处理统一于车站基本功能所形成的三段式，顶部是架在钢筋混凝土框架上的轻型屋架，金属屋面板及条形采光板，中间是体现站台和站厅的站主体围护墙体，下部绝大部分是架空层，形成了明珠线一期工程车站建筑形体的共性，然后根据各车站所处的线路位置(高、低、曲、直)、周边环境等不同情况，对车站建筑的立面造型作不同的处理，形成各自的个性。

造型设计中的基本处理手法。

(1)车站造型、立面形式与内部功能有机结合。结合车站各层功能，有的可开设窗户，有的只需设置通风百叶(如电缆夹层)，有的可作半开敞空间处理，使立面形式充分反映内部功能。

(2)充分利用顶部轻型屋架构成的不同形式，形成车站外部的不同造型。

(3)在立面处理上除考虑窗户大小、比例、对位关系以外，还必须考虑设置车站铭牌、标志的实体墙面。

(4)车站下部架空处理或入口大厅等尽量处理成虚的空间，或向内收进，使车站建筑轻盈地浮于上空，另外，利用过街人行天桥的轻快处理，增添车站的现代交通观感。

思 考 题

1. 简述地铁、轻轨车站的特征和设计原则。

2. 高峰单向客流4万人次/h，列车8节编组，列车运行间隔2min，试求站台长、宽及自动扶梯和楼梯宽度。

3. 地铁车站的换乘方式有哪几种，各自的优缺点是什么？

4. 试述地铁车站内部环境设计特点，轻轨车站立面造型设计的特点。

5. 简述地铁车站的地面风井和人防设计的特点。

第五章 地下车站结构工程

地下车站除提供列车通行外,还要具有集散旅客的功能。地铁车站结构一般应具有较大的跨度以提供站台、疏散、通风和其他服务空间。车站结构应在满足功能要求的前提下,兼顾经济和美观,力图创造出与交通建筑相协调的气氛。在选择过程中应根据地层的类别、地面环境、使用目的、车站规模、技术经济指标和施工技术水平等条件选用合理的结构形式和施工方法。

从不同的角度区分,可得出不同的地下车站结构类型。如按照车站的结构形式不同,可将地下车站结构分为拱形结构、圆管结构、框架结构和薄壳结构四大类;按照施工方法可将地下车站结构分为明挖法施工的车站结构、矿山法施工的车站结构和盾构法施工的车站结构。本章按照施工方法的类别介绍地下车站的结构工程。

第一节 地下车站明挖结构

一、明挖结构的优缺点及适用条件

自从公元前 2200 年间古代巴比伦王朝出现明挖法修建隧道以来,该方法仍是目前地下工程最基本、最常用的施工方法。明挖车站结构的适应性强,可根据场地条件和使用要求灵活布置车站的平面和纵断面;可较好地利用地下空间,紧凑、合理的把设备用房集中设置在车站内,且管理方便。尤其适用于客流量大的车站、换乘站以及需要考虑城市地下、地上空间综合开发利用的车站。另外,明挖法由于其方法简单,技术成熟,在施工中可分段同时作业,加上在浅埋地段时工程造价和运营费用较低、能耗较少而受到建设、施工部门的青睐。当然,明挖法也存在许多缺点,如外界的气候对施工影响较大;施工对城市地面交通和居民的正常生活有较大影响,易产生噪声、粉尘及废弃泥浆等污染;需要拆除工程影响内的建筑物和地下管线;在饱和软土地层中,深基坑开挖引起的地面沉降较难控制,且坑内土坡的纵向稳定常常会成为威胁工程安全的重大问题等。

基于功能要求、造价和工期等对能否发挥修建地下工程的社会效益和经济效益起决定作用,而施工期间对周围环境、居民的影响只是一种短期效应,所以目前浅埋地段的地下工程仍以明挖法为主,并根据不同的地层情况采用不同的围护结构。只有在交通繁忙的地段,不允许施工干扰地面交通,或需要严格控制基坑开挖引起地面沉降时,或由于地面拆迁量过大等原因明挖施工很不经济时,可采用其他方法如矿山法等进行施工。

二、地下车站明挖施工结构形式

明挖车站可采用矩形框架或拱形结构。车站结构形式的选择应在满足功能要求的前提下，兼顾经济和美观，力图创造出与交通建筑协调的气氛。

1. 矩形框架结构

矩形框架结构是明挖车站中采用最多的一种形式，根据功能要求及客流量等可以设计成单层、双层、单跨、双跨或多层多跨（图5-1）等形式。侧式车站一般采用单跨结构；岛式车站多采用三跨结构，站台宽度不超过10m时，站台区宜采用双跨结构，有时也采用单跨结构，在道路狭窄的地段修建地铁车站，可采用上、下行重叠的结构。

现代城市的发展对地下铁道提出了新的要求，在很多情况下地下车站不再是一个单纯的交通性建筑物，与城市其他构筑物或建筑物合建的例子越来越多，这时车站结构又是这些结构物的基础或基础的一部分，或者成为集交通、餐饮娱乐于一体的地下综合体。由于做到了统一规划、统一设计、统一施工，不仅可节约建设资金，而且也减少了施工对城市产生的负效应。如20世纪80年代中期开始建设的上海地铁1号线，有多座车站都是结合城市其他基础设施同步实施的，取得了良好的效果。

2. 拱形结构

拱形结构一般用于站台宽度较窄的单跨单层或单跨双层车站，可以获得较好的建筑艺术效果。明斯克地铁在10m站台的车站中，采用了多种形式的单拱车站，图5-2所示的是其中的一种形式。

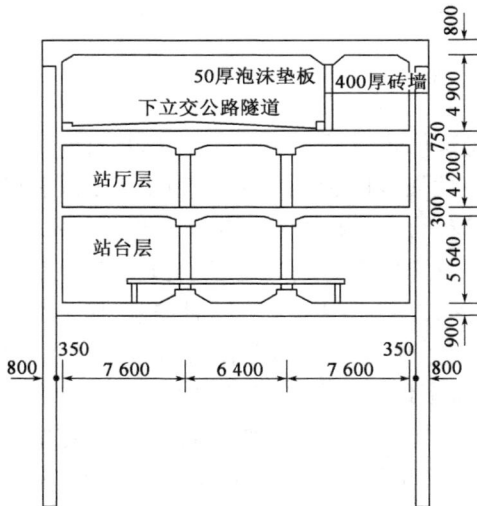

图5-1　上海地铁徐家汇站（尺寸单位：mm）

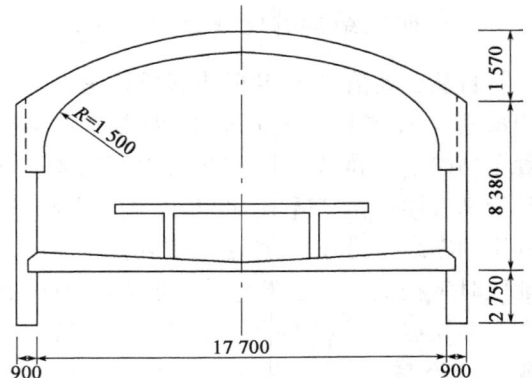

图5-2　明斯克地铁车站剖面图（尺寸单位：mm）

三、构件选型与设计

1. 构件的选型

明挖地铁车站结构由底板、侧墙及顶板等围护结构和楼板、梁、柱及内墙等内部构件组合而成。它们主要用来承受施工和运营期间的内、外部荷载,提供地铁必需的使用空间,同时也是车站建筑造型的有机组成部分。构件的形式和尺寸直接影响车站的使用空间和管线布置等,所以必须综合受力、使用、建筑、经济和施工等因素合理选定。

（1）顶板和楼板

可采用单向板（或梁式板）、井字梁式板、无梁板或密肋板等形式。井字梁式板和无梁板可以形成美观的顶棚或建筑造型,但造价较高,所以只有在板下不走管线时方可考虑采用。

①单向板（或梁式板）。

多将板支承在与车站轴线平行的纵梁和侧墙上,单向受力。这种结构方案具有施工简单、省模板,可利用板底至梁底的空间沿车站纵向布置管线,结构的总高度较小等优点,故在明挖地铁车站中获得广泛的应用。

②井字梁式板。

板由纵横两个方向高度相等的梁所支承,双向受力,故板厚可减薄。为使结构经济合理,两个方向梁的跨度宜接近相等,一般为 6～7m。井字梁式板造价较高,仅在地铁车站中荷载较大的顶、楼板或因施工需要才采用。

③无梁板。

无梁板的特点是没有梁系,将板直接支承在立柱和侧墙上,传力简捷、省模板,但板的厚度较大,且用钢量较多。

④密肋板。

密肋板具有重量轻、材料用量较少等优点。肋可以是单向的,也可以是双向正交的,间距在 1m 左右,多用装配式结构的顶板。

（2）底板

底板主要按受力和功能要求设置。为了有利于整体道床和站台下纵向管道的敷设,底板几乎都采用以纵梁和侧墙为支承的梁式板结构。

无地下水的岩石地层中的明挖车站,可不设受力底板,但铺底应满足整体道床的使用要求。

（3）侧墙

当采用放坡开挖或用工字钢桩、钢板桩等作基坑的临时护壁时,侧墙多采用以顶、底板及楼板为支承的单向板,装配式构件也可采用密肋板。

当采用地下连续墙或钻孔灌注桩护壁时,可利用它们作为主体结构侧墙的一部分或全部。这种情况下的侧墙,根据现场土质条件的不同,基本可分为两大类:一类为由灌注桩与内衬墙组成的桩墙结构;另一类为与地下连续墙或地下连续墙与内衬墙组成的结构。在无水地层中,可选用分离式灌注桩,大桩径、大桩距（必要时可施作喷射混凝土层）,保证土层的稳定;在有地下水时,可结合形成止水帷幕或改用搭接的灌注桩;在饱和软土或流沙地层中,从提高围护结构的强度、刚度、止水性和保护环境等方面考虑,尤其当挖深超过 10m 时,多采用地下连续墙。

（4）立柱

明挖车站的立柱一般采用钢筋混凝土结构,可采用方形、矩形、圆形或椭圆形等截面。按常规荷载设计的地铁车站站台区的柱距一般为 6～8m。当车站与地面建筑合建时或为特殊荷载控制设计,柱的设计荷载很大时,可采用钢管混凝土柱或劲性钢筋高强度混凝土柱。

2.结构构件的设计

1）结构设计原则

①结构设计应根据结构类型、使用条件、荷载特性、施工工艺等条件进行,结构、构件应满足强度、刚度、稳定性和耐久性要求,并满足防水、防火、防杂散电流的技术要求。

②车站结构的净空尺寸除满足建筑限界和设备安装要求外,在设计中尚应考虑结构变形、不均匀沉陷、测量误差及一定量的施工误差,其值参照类似工程实测值加以确定。

③车站结构安全等级应根据建筑结构有关设计规范的要求确定。

④车站结构及出入口、通风亭的耐火等级为一级。

⑤车站结构应分别对其在施工阶段和正常使用阶段进行强度计算,对于混凝土和钢筋混凝土结构尚应进行抗裂或裂缝宽度验算。钢筋混凝土的裂缝开展允许值,应根据结构类型、使用要求、所处环境条件和防水措施等因素加以确定。在永久荷载和基本荷载组合作用下,按荷载短期效应组合并考虑长期效应组合的影响所计算的最大裂缝宽度应不大于$0.2 \sim 0.3$mm。其控制标准如下:

顶板的顶面 $\delta_{max} \leq 0.2$mm;顶板的底面和底板的顶面 $\delta_{max} \leq 0.3$mm;

底板的底面 $\delta_{max} \leq 0.2$mm;侧墙外侧 $\delta_{max} \leq 0.2$mm;

侧墙内侧 $\delta_{max} \leq 0.3$mm;中层板 $\delta_{max} \leq 0.3$mm。

当结构有可靠的附加外防水层时,裂缝宽度的控制值可适当放宽;当处于侵蚀性地层时,迎土侧的各混凝土构件的最大裂缝宽度的控制应适当严格。

裂缝宽度计算采用《混凝土结构设计规范》(GB 50010—2010)计算时,当结构钢筋保护层厚度超过35mm 的按35mm 取值,小于35mm 的按实际取值。

⑥结构设计应按最不利地下水位情况进行抗浮稳定验算,在不考虑侧壁摩阻力时,其抗浮安全系数不得小于1.05,当计及侧壁摩阻力时,其抗浮安全系数不得小于1.15。当结构抗浮不能满足要求时,应采取相应的工程措施。

⑦车站结构按地震设防烈度进行抗震验算,并在结构设计时采取相应的构造措施,以提高结构的整体抗震能力。当地铁结构上部建筑有地面建筑物时,应按整体检算抗震能力。

⑧车站的结构设计,应依《地铁杂散电流腐蚀防护技术规程》(CJJ 49—1992)采取防止杂散电流对结构物腐蚀的措施。主体结构要分段实现主钢筋的纵向可靠焊接及设置电流测防端子。相邻结构段之间须绝缘。主体结构的防水层应有良好的电气绝缘性能。

⑨车站结构防水设计,应满足《地下工程防水技术规范》(GB 50108—2008)的要求,并充分考虑所在地区地下水腐蚀性情况和气候条件对施工的影响,在满足结构强度和稳定的基础上,应遵循首先满足防水方案要求的原则。

2）抗浮设计

（1）必要性

明挖车站一般是高而宽的结构,当埋置于饱和含水的地层中且顶板上覆土较薄时,浮力的作用不容忽视,其对车站结构的作用主要表现在两个方面:

①当浮力超过结构自重与上覆重量之和时,结构整体失稳上浮。

②导致结构底板等构件应力增大。

所以明挖车站的结构设计,应就施工和使用的不同阶段进行抗浮稳定性验算,并按水反力的最不利荷载组合计算结构构件的应力。

（2）明挖车站结构的抗浮措施

①施工阶段：由于结构自重小且无覆土，施工阶段往往难以满足抗浮稳定性要求，一般可采取诸如降低地下水位减小浮力；在底层结构内临时或填砂，增加压重；在底板中设临时泄水孔，消除浮力；在底板下设置拉锚等措施。

②使用阶段：为了提高车站结构在使用阶段的抗浮稳定性，可采取诸如增加结构厚度；在结构内部局部用混凝土充填，增加压重；在底板设置拉锚；在底板下设置倒滤层等措施。

抗浮稳定系数应结合各城市类似工程的实践经验，一般多在 1.05～1.20 之间选用。

第二节　地下车站暗挖结构（矿山法）

一、特点及适用条件

暗挖法的起源也可追溯到公元前 3000 年的新石器时代，后来发展却因技术难度较大而比明挖法相对慢一些。迄今已广为采用的暗挖法有矿山法、盾构法、顶管法等。其中矿山法历史悠久，但对饱和软土地层不适用，其施工适用的地下车站的情形主要有以下几个方面。

（1）在第四系的疏散地层中用新奥法修建地下车站或折返线等大断面隧道时，必须对明、盖挖法方案进行全面比较，经过充分论证。

（2）矿山法车站不仅施工难度大、安全性差、造价高和周期长，而且从使用效果和运营质量分析，也远不如明、盖挖车站。

（3）矿山法可用于施工不允许干扰地面交通或因埋深过大，或拆迁过多，采用明、盖挖法施工非常不经济时的地下中间站。

二、地下车站暗挖施工结构形式

矿山法施工的地下车站，视地层条件、车站功能、远期预测客运量、周围环境状况、施工安全性、工程造价等因素，并参考国内外已建成矿山法车站工程实例，可采用单拱、双拱或三拱式车站，根据需要可作成单层或双层。此类车站的开挖断面一般为 $150～250m^2$，由于断面较大，开挖方法对洞室稳定、地面沉降和支护受力等有重大影响，在第四系土层中开挖常需采取辅助施工技术措施，其结构形式类型如下。

1. 单拱车站隧道

这种结构形式由于可获得宽敞的空间和宏伟的建筑效果，

适用于整体性好的岩石地层且地下水不发育的地区，近年来国外在第四纪地层中也有采用的实例，但施工难度大，技术措施复杂，造价高。

（1）当地下岩石的坚固性系数 $f \geq 8$，侧壁无坍塌危险，仅顶部岩石可能有局部脱落时，可采用如图 5-3 所示的半衬砌结构。此时为了岩石不受风化，常在侧壁表面喷一层 2～

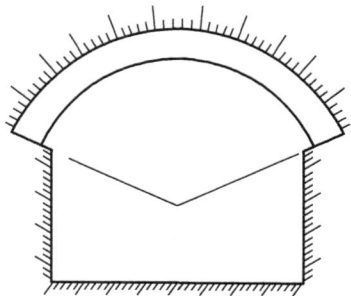

图 5-3　半衬砌车站结构

3cm 厚的水泥砂浆。

（2）当石质良好，岩石的坚固性系数在 6~7 之间，顶拱的拱脚较厚，边墙较薄时，单拱车站可采用如图 5-4 所示的大拱脚、薄边墙衬砌。这时顶拱所受的力可通过拱脚大部分传给岩石，充分利用岩石的强度，使边墙所受的力大为减少，从而减少边墙的厚度，节约了建筑材料。为了保证边墙稳定性，可在边墙的上端打入锚杆，将边墙和岩石锚固在一起。

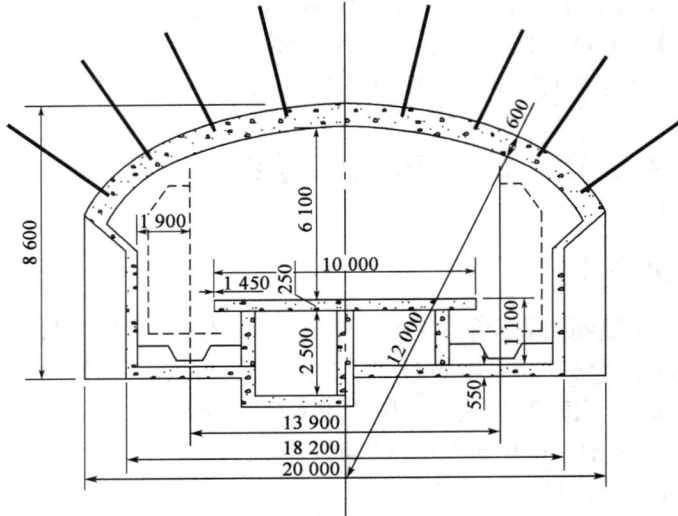

图 5-4　大拱脚、薄边墙单拱车站（重庆地铁）（尺寸单位：mm）

（3）当岩石的坚固性系数 $f \leqslant 2$，松散破碎易于坍塌时，可采用曲墙的单拱形式，如图 5-5 所示。这种衬砌结构的形式很像马蹄，因此，也叫马蹄形衬砌，如岩石比较坚硬，又无涌水现象时，底板可做成平面，并与边墙分开。

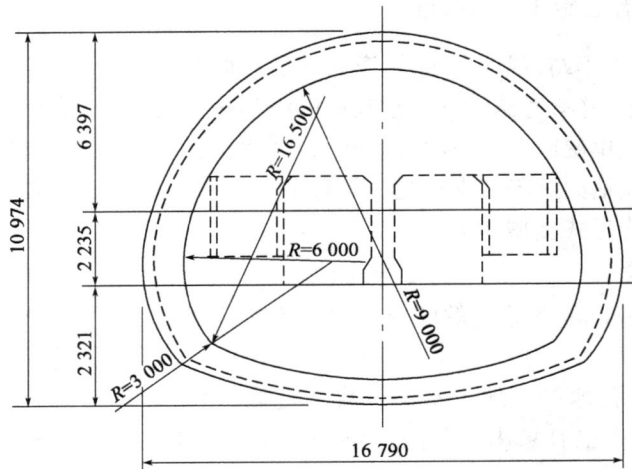

图 5-5　日本横滨地铁三泽下街车站（尺寸单位：mm）

2. 双拱车站隧道

双拱车站有两种基本形式，即双拱塔柱式和双拱立柱式。

（1）双拱塔柱式车站

这种车站在两个主隧道之间间隔一定距离开有横向联络通道,双层车站还可在其中布置楼梯间,如图5-6所示。两主隧道的净距一般不小于1倍主隧道的开挖宽度。

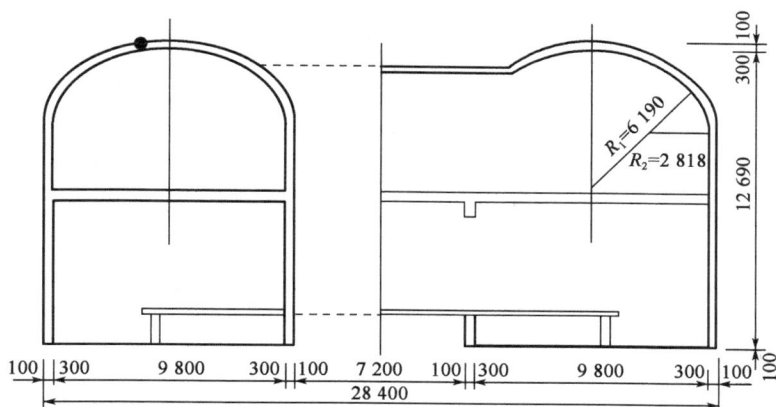

图5-6　青岛地铁国棉九厂站(尺寸单位:mm)

这种结构形式隧道横断面积相对较小,不仅适用于岩石地层,而且在第四纪地层中,采取一系列辅助施工措施的条件下也可采用,横断面根据地质条件可设计为曲墙或直墙。

（2）双拱立柱式车站

双拱立柱式车站早期多在石质较好的地层中采用,图5-7为纽约地铁车站的实例图。因拱圈相交节点处的防水处理较困难,随着新奥法的出现,这种形式近年来在岩石地层中已逐渐被单拱车站取代。单层双拱立柱式车站是联邦德国一些城市地铁暗挖车站中用得较多的一种结构形式。这些车站大多埋置于软岩或松散土层中,且地下水位较高。

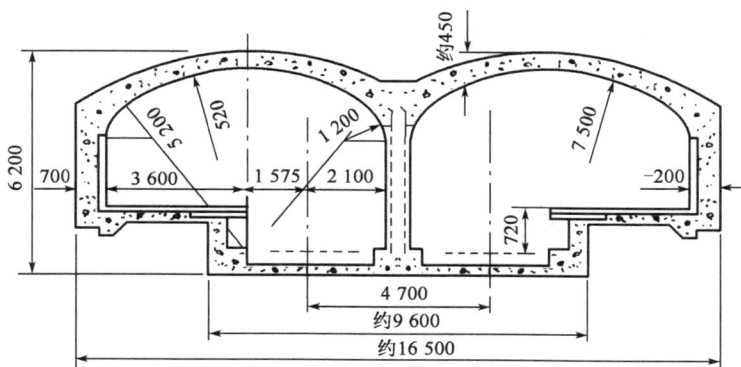

图5-7　双拱立柱式车站实例(纽约地铁车站)(尺寸单位:mm)

3.三拱车站隧道

三拱车站有塔柱式和立柱式两种基本形式,但三拱塔柱式车站现已很少采用,土层中大多采用三拱立柱式车站,如图5-8所示。由于此类车站施工开挖断面大、施工技术复杂困难、造价高、地面沉降控制困难、拱圈相交处防水处理较困难,在第四纪地层中不宜广泛采用,如确需设计三拱立柱式车站时,也以单层车站为宜。

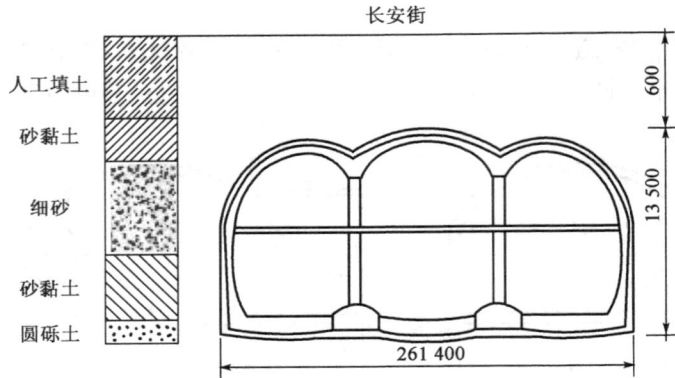

图 5-8 三拱立柱式车站实例（西单站）（尺寸单位：mm）

三、结构设计

1. 结构设计的一般要求

（1）当车站位于较完整的岩石地层且地下水不发育，或位于交通繁忙、施工场地狭窄，不允许中断交通等，不宜采用明挖法施工时，方可设计为暗挖法车站结构。

（2）围岩分级应采用定量和定性相结合的方法确定围岩级别。其定量评定方法可依照《铁路隧道喷锚构筑法技术规范》（TB 10108—2002）的有关规定，围岩分级参照《铁路隧道设计规范》（TB 10003—2016）执行。

（3）矿山法车站结构计算时可参考下式确定深、浅埋隧道分界深度 H_p。

$$H_p \leqslant (2 \sim 2.5) h_q \tag{5-1}$$

式中：h_q——深埋隧道垂直荷载计算高度，m。

$$h_q = 0.45 \times 2^{S-1} \omega \tag{5-2}$$

式中：S——围岩级别，如围岩为 IV 级围岩，则 $S=4$；

ω——宽度影响系数。

$$\omega = 1 + i(B - 5)$$

式中：B——隧道开挖宽度，m；

i——围岩压力增减率，当 $B < 5m$ 时，取 $i = 0.2$；当 $B > 5m$ 时，取 $i = 0.1$。

当隧道埋深小于 H_p 时，隧道属浅埋暗挖隧道。

注：① I ~ III 级围岩取低值，IV ~ VI 级围岩取高值。

② 采用非爆破法开挖或采用锚喷支护时，h_q 可适当减少。

③ 单线隧道取低值，双线隧道取高值。

（4）车站覆土厚度应根据工程地质及水文地质条件、周围环境状况，车站结构类型及尺寸、线路条件等因素确定，以选定合理的覆跨比。

（5）隧道横断面内净空尺寸，应在满足建筑限界和车站功能的基础上，考虑施工误差、测量误差、不均匀沉降、结构变形的需要，应预留适当的余量。

（6）隧道衬砌结构类型及尺寸，可根据工程地质及水文地质条件、远期预测客流量、埋置深度、周围环境状况、施工条件等因素，通过工程类比和理论分析法确定。必要时，可通过试验论证。

（7）车站隧道宜设计为复合式衬砌，其设计参数可采用工程类比法和结构计算确定，并通过现场监控量测予以修正。当地质条件适宜且施工条件许可时，二次衬砌可采用装配式衬砌。

（8）隧道施工引起的地面沉降和隆起，均应控制在环境允许的范围以内。施工时，应依据周围环境、建筑物基础和地下管线对变形的敏感程度，采取稳妥可靠的措施。地面沉降量，一般控制在 30mm 以内，隆起量控制在 10mm 以内。

（9）结构计算模式，应反映施工阶段和运营阶段结构的实际工作条件，并反映结构与周围地层的相互作用。

（10）车站隧道衬砌结构，应按施工阶段和正常作用阶段进行结构强度计算。必要时，也应进行刚度和稳定性计算。对于混凝土、钢筋混凝土结构应进行抗裂度和裂缝宽度验算。最大裂缝宽度允许值按荷载的短期效应组合并考虑长期效应组合的影响为 0.2 ~ 0.3mm，地震力或其他偶然荷载作用时，不验算结构的裂缝宽度。

复合式衬砌的初期支护和二次衬砌之间，一般应设防水层。初期支护可采用锚喷支护、格栅钢架及超前小导管、大管棚、注浆加固等辅助施工措施。二次衬砌采用模筑防水混凝土或钢筋混凝土。

2. 结构设计

（1）对于复合式衬砌，其初期支护计算时，应将支护与围岩视为统一的承载结构，宜采用考虑时间效应的平面有限元进行结构分析。二次衬砌宜按荷载—结构模型计算，其设计荷载除计及实际可能发生的水压力、地震力、人防荷载等外，对于 Ⅲ ~ Ⅵ 级围岩的车站隧道，二次衬砌宜再考虑 30% ~50% 的围岩压力值进行结构设计，其荷载设计值可参考相关规范。

（2）深埋车站隧道，按照"新奥法"原理进行设计。应合理地利用围岩自承能力、防止围岩松弛，及早施作初期支护，并使其具有与围岩特性相适应的柔性，可允许围岩产生一定的变形，二次衬砌应在围岩和初期支护变形基本稳定后施作。变形基本稳定应符合下列条件：

①隧道周边变形速率有明显减缓趋势。

②水平收敛（拱脚附近）速度小于 0.2mm/d，拱脚下沉速度小于 0.15mm/d。

③施作二次衬砌前的总变形量，已达预计总变形量的 80% 以上。

④初期支护表面裂缝不再继续发展。

初期支护设计参数，可参考《铁路隧道设计规范》（TB 10003—2016）选定；二次衬砌可根据结构计算设计为防水混凝土或防水钢筋混凝土。

（3）浅埋暗挖法车站隧道，应按照浅埋暗挖法原理设计。初期支护要施作及时，且具有较强的支护能力。应按主要承载结构设计，满足强度和刚度的要求。其荷载应为全部覆土重量和其他施工期间所产生的附加荷载。初期支护一般宜采用喷锚支护加格栅钢架的结构形式，并增设超前锚杆、小导管注浆、大管棚等辅助施工措施。二次衬砌宜采用防水钢筋混凝土，必要时可采用补偿收缩混凝土。

（4）应根据工程地质、水文地质状况、施工方法、隧道埋深和周围环境等条件，进行隧道应力和稳定性分析，并结合工程经验确定初期支护及二次衬砌的设计参数。并采用信息化设计，根据现场地质条件、施工量测反馈信息，及时调整相关设计参数，确保工程安全。

（5）结构计算应分为施工阶段和使用阶段。施工阶段计算，应模拟施工全过程按施工开挖顺序进行。根据计算的围岩应力,应变及地面沉降量,并参考类似工程经验确定施工方法。

(6)初期支护的设计和施工中,均应根据工程地质及水文地质条件,做好施工组织设计,采取有效工程技术措施,确保施工各阶段和最终实现支护和围岩的稳定,严格控制地面沉降量,对于浅埋暗挖法隧道应步步为营,及早浇筑仰拱及二次衬砌。

(7)矿山法施工车站隧道的复合式衬砌,宜在初期支护与二次衬砌之间设置防水层。初期支护施工时,应预留注浆管及时进行初砌背后注浆。当地层渗透系数大或引排水环境所不允许时,注浆不仅充填初期支护与围岩之间的空隙,还应注入围岩1~2m范围,以最大限度地止水。

(8)初期支护与二次衬砌之间的防水层设计,可根据地层渗透系数、水文地质条件、周围环境状况等,采用全包或半包形式。当采用全包防水层时,泄水孔仅排泄防水层内侧渗漏水,二次衬砌应承受全部静水压力。当采用半包防水层时,应在边墙脚防水层端部防水层与初期支护之间铺设盲管,以排除边墙底部滞留水,通过泄水孔排入隧道内侧沟,引入车站排水系统。计算二次衬砌时,其水压力可作一定的折减,但应考虑长期运营排水系统的堵塞,计算时应留有余地,以策安全。

第三节　地下车站暗挖结构(盾构法)

一、特点及适用条件

盾构法是在盾构的保护下修筑隧道的一类施工法。其特点是地层掘进、出土运输、衬砌拼装、接缝防水和注浆充填盾尾间隙等主要作业都在盾构保护下进行,并需随时排除地下水和控制地面沉降,因而是工艺技术要求较高、综合性较强的一类施工方法。

盾构法施工有以下优点。

(1)除竖井施工外,施工作业均在地下进行,隐蔽性好,因噪声、振动引起的环境影响小。

(2)隧道施工的费用和技术难度基本上不受覆土深度的影响,适宜于建造深埋隧道。

(3)穿越河底或海底时,不影响通航,也不受风雨等气候的影响。

(4)穿越地面建筑群和地下管线密集的区域时,对周围环境影响较小。

(5)自动化程度高、劳动强度低、施工速度较快。

(6)在土质差,水位高的地方建设埋深较大的隧道,盾构法有较高的技术经济优越性。

盾构法施工存在如下主要问题。

(1)当隧道曲率半径较小时($R<20D$),施工较为困难。

(2)在陆地建造隧道时,如隧道覆土太浅,盾构法施工困难很大,而在水下时,如覆土太浅则盾构法施工不够安全。

(3)盾构施工中采用全气压方法以疏干和稳定地层时,对劳动保护要求较高,施工条件差。

(4)盾构法隧道上方一定范围内的地表沉陷尚难完全防止,特别在饱和含水松软的土层中,要采取严密的技术措施才能把沉陷限制在很小的限度内。

(5)在饱和含水地层中,盾构法施工所用的拼装衬砌,对达到整体结构防水性的技术要求较高。

盾构法施工可用于在各类软土地层和软岩地层中掘进隧道,尤其适用于市区地铁和水底隧道的掘进。

二、盾构地下车站结构形式

盾构车站的结构形式与所采用的盾构类型、施工方法和站台形式等关系密切。传统的盾构车站是采用单圆盾构与矿山法结合修建的。单圆盾构可以是两台平行作业,也可利用一台在端头井内折返。近年来开发的"多圆盾构"等新型盾构,进一步丰富了盾构车站的形式。盾构车站的站台有侧式、岛式及侧式与岛式混用(称为复合型)3 种基本类型。将以上情况加以组合,盾构车站的结构形式可大致分类如下。

1.由 2 个并列的圆形隧道组成的侧式站台车站

每个隧道内都设有一组轨道和一个站台,两隧道的相对位置主要取决于场地条件和车站的使用要求,一般多设于同一水平,乘客从车站两端或车站中部夹在两圆形隧道之间的竖井(或自动扶梯隧道)进入站台;在两并列隧道之间可以用横向通道连通,两隧道之间的净距应保证并列隧道施工的安全并满足中间竖井(或斜隧道)的净空要求,如图 5-9 所示。

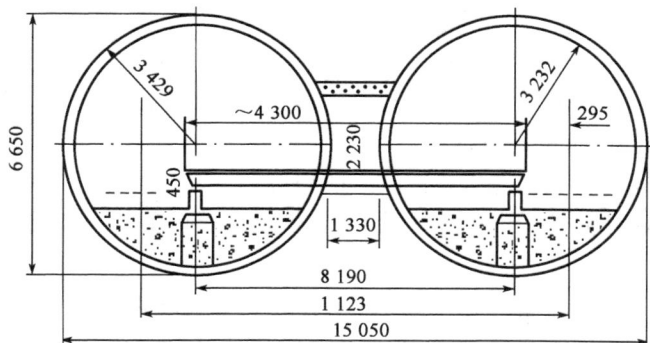

图 5-9 伦敦地铁盾构车站(尺寸单位:mm)

车站隧道的内径主要取决于侧站台宽度、车辆限界及列车牵引受电方时,日本东京地铁盾构隧道的内径与站台宽度的一般关系见表 5-1。

站台宽度与隧道内径的关系(单位:m) 表 5-1

站台宽度	2	3	4	5	6
隧道内径	6.40	7.24	7.94	9.01	10.04

这种形式的盾构车站有以下特点。

(1)除横通道外,一般施工较简单。

(2)工期及造价均优于其他形式的盾构车站。

(3)总宽度较窄,可设置在较窄的道路之下。

(4)适用于客流量较小的车站。

侧式站台车站的技术难点在横通道的设计与施工。

2.由 3 个并列的圆形隧道组成的三拱塔柱式车站

柱塔式车站两侧为行车隧道并在其内设置站台,中间隧道为集散厅,用横向通道将 3 个隧道连成一个整体。乘客从中间隧道两端或位于车站中部的竖井进入集散厅。此种形式的车站在苏联的深埋地铁中采用较多。图 5-10 为基辅地铁三拱塔柱式车站的典型断面；侧站台的有效宽度为 3.276m，隧道内径为 7.50m，钢筋混凝土管片的厚度为 0.5m，平行隧道的净距为 1.1m。

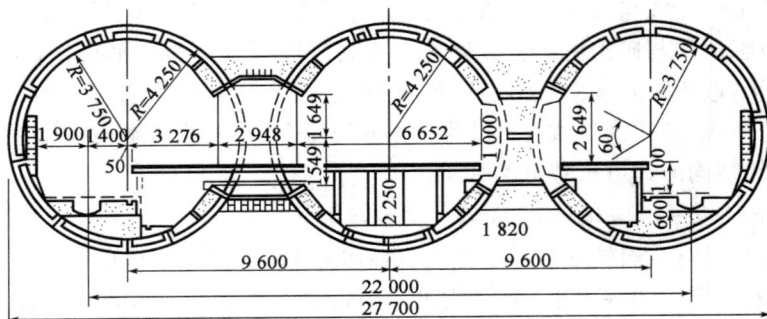

图 5-10　基辅地铁三拱塔柱式车站(尺寸单位:mm)

塔柱式车站有以下特点。

(1)除横通道外，一般施工较简单。

(2)总宽度较大，一般为 28～30m，故在较宽的路段内方可使用。

(3)复合型站台。在集散厅为岛式站台，集散厅以外部分由于两旁隧道被斜隧道隔开为侧式站台。适用于中等客流量的车站。

(4)适用于工程地质和水文地质条件较差的地层。

(5)由于车站被塔柱分为 3 个单独的站厅，建筑艺术效果不如立柱式车站。

3.立柱式车站

传统立柱型车站为三跨结构，先用单圆盾构开挖两旁侧隧道，然后施工中间站厅部分，将它们连成一体。中间站厅视施工方法的不同，可以是拱形的或平顶的。两旁侧隧道的拱圈及中间隧道的拱圈(或平顶)在纵梁及立柱上。这种形式的车站也称为眼镜形车站，是一种典型的岛式车站，乘客从车站两端的斜隧道或竖井进入站台。站台宽度应满足客流集散要求，一般不小于 10m，站台边到立柱外侧的距离不小于 2m。

图 5-11 为莫斯科地铁三拱立柱式典型车站的横断面，衬砌采用铸铁管片。中间隧道用半盾构施工，中央拱圈下面的弧形钢支撑不仅作拉杆用，而且在站厅上方形成一个弓形的通风道。顶纵梁为跨度 4.5m 的双臂式变截面钢梁，其造型体现了力学、美学和施工工艺三者的巧妙结合。直线形的上翼缘可以保证纵梁与初期衬砌管片的可靠连接；曲线形的下翼缘与车站总体建筑风格保持一致；双腹板工字形焊接断面用以承受拱圈可能产生的不平衡推力并保证横向必要的稳定性。在拱圈交汇处设计了两种异形管片。

传统型的立柱车站施工工序多，工程难度大，造价较高，但它具有总宽度较宽、能满足大客流的优点。总宽度一般可以控制在 20m 左右。

针对传统盾构车站存在的问题，日本开发了"多圆形盾构"，如图 5-12 所示。这种新型盾构经组装或拆卸后，既可用于地铁区间隧道，也可用于车站隧道的施工，车站断面一次性开挖成形。

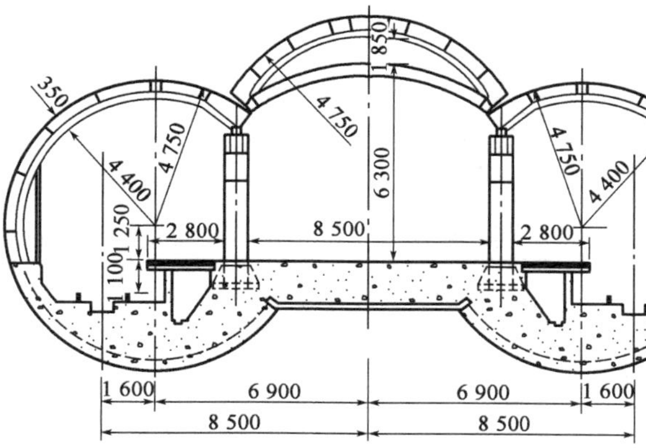

图 5-11　莫斯科地铁三拱立柱车站(尺寸单位:mm)

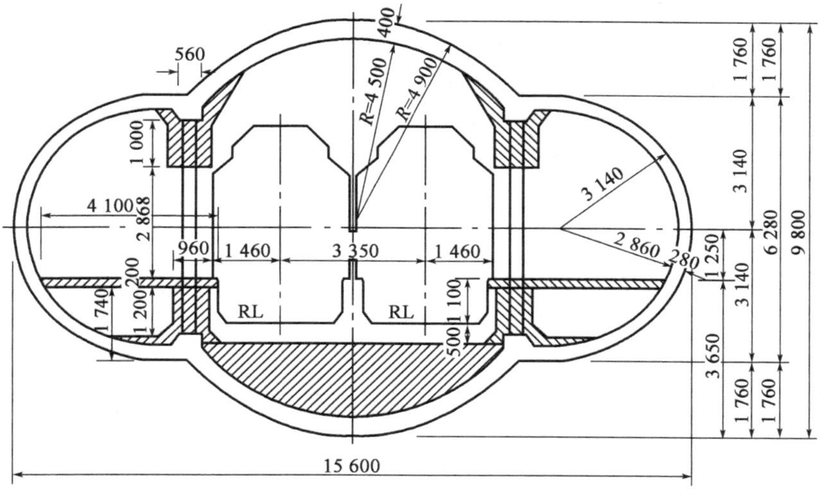

图 5-12　东京地铁 7 号线白金台车站(尺寸单位:mm)

三、盾构地下车站衬砌形式

盾构车站用盾构施工的部分,其承载结构以往均采用由球墨铸铁管片(图 5-13)组成的装配式衬砌。随着管片生产工艺的提高及高强度等级混凝土的采用,一些埋置于稳定地层中的深埋车站的衬砌已被钢筋混凝土管片所代替。但在受到复杂的部位或结构受力较大时,如圆形结构的相交部或在浅埋车站中,目前仍多采用铸铁管片或钢板与钢筋混凝土的复合管片。当采用球墨铸铁管片时,一般不作内衬,仅在强度或刚度需要加强的部位内浇钢筋混凝土组合复合结构。管片除包括封顶块、邻接块和标准块等常规类型外,在门洞区和梁柱相交节点处有时还用异形管片。异形管片的形式与构造和横通道及中央站厅的施工方法、纵梁的结构形式等有关。

微课10

盾构地下车站
衬砌结构形式

扫描此码　深度学习

盾构车站中用矿山法施工的部分一般采用现浇钢筋混凝土衬砌,横通道也可采用铸铁管

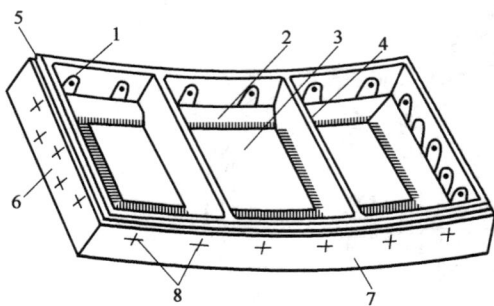

图5-13　铸铁管片

1-螺栓孔的突出部分；2-管壳加厚部分；3-管片；4-加劲筋；
5-槽口；6-纵向突缘；7-环向突缘；8-螺栓孔

片成钢板衬砌。

综上所述，盾构法修建的地下车站衬砌形式主要有3种。

（1）预制装配式衬砌（拼装管片单层衬砌）

这种衬砌是用工厂预制的构件（或为管片），在盾构尾部拼装而成。管片种类按材料可分为钢筋混凝土、钢、铸铁以及几种材料组合而成的复合管片。

钢和铸铁管片价格较贵，现在除了在需要开口的衬砌环或预计将承受特殊荷载的地段采用外，一般都采用钢筋混凝土管片。

（2）预制装配式衬砌和模注钢筋混凝土整体式衬砌相结合的双层衬砌

为防止隧道渗水和衬砌腐蚀，修正隧道施工误差，减少噪声和振动以及作为内部装饰，可以在装配式衬砌内部再做一层整体式混凝土或钢筋混凝土内衬。根据需要还可在装配式衬砌与内层间敷设防水隔离层。国内外在含地下水丰富和含有腐蚀性地下水的软土地层内的隧道，大都选用双层衬砌来解决隧道防水和金属连接件防腐蚀问题，也可使隧道内壁光洁，减少空气流动阻力。

（3）挤压混凝土整体式衬砌

挤压混凝土整体式衬砌（Extrude Concrete Lining，简称ECL）是随着盾构向前掘进，用一套衬砌施工设备在盾尾同步灌注的混凝土或钢筋混凝土整体式衬砌，因其灌注后即承受盾构千斤顶推力的挤压作用，故有此名称。

挤压混凝土整体式衬砌可以是素混凝土的或钢筋混凝土的，但应用最多的是钢纤维混凝土的。

新浇筑的混凝土在活动的端模板和可伸缩的弧形模板作用下，同时承受盾构千斤顶和四周围岩的作用，处于三向受力状态。

四、衬砌结构设计

1.设计原则

衬砌设计是包括规划、勘测、设计、施工和运营全过程设计的产物，不可能是其中某一个阶段的独立成果，故设计者必须综合考虑使用要求、地质情况和施工条件等诸多因素，才能得出实用、安全而经济的衬砌结构。

隧道的用途主要有运输交通、给水和排水、人行和各种市政设施等，设计者必须了解其使用要求和设计标准，而这些标准作为设计衬砌的形式和尺寸的最重要的依据。隧道所处的地质条件，包括工程地质和水文地质条件，直接影响隧道衬砌形式和尺寸的选择。

隧道可采用不同的盾构形式，以及不同的辅助施工方法，而施工方法会对衬砌形式和尺寸提出不同的要求。即使设计出同一衬砌形式和尺寸，但采用不同的施工措施，也会得出相异的隧道质量和造价。

总之，衬砌设计应遵循如下设计原则。

（1）按施工工艺及工程水文地质特点确定设计荷载及边界条件，从结构和非结构两方面做出符合技术标准的设计。

（2）要认识到施工工艺及地质条件的变化因素很多，而衬砌形式及施工质量所形成的结构工作条件又是多种多样的，因此衬砌设计很难简单地用一种计算公式和程序取得符合要求的设计结构。因此，除采用比较适当的设计施工依据和设计理论进行设计计算外，还必须与量测分析和经验判断结合起来，以确定衬砌的最终设计。因此，设计计算、理论分析、现场监测及工程经验相结合以确定衬砌设计作为一个重要原则。

（3）在技术经济分析论证中，要全面考虑工程造价、使用年限、长期维修费及运行中的经济效果。

（4）现阶段结构设计以平面结构计算为主，但应对纵向受力和变形做必要的理论分析和经验判断，以防止在饱和含水松软地层中的隧道因发生一定的不均匀纵向沉陷而丧失稳定或影响使用要求。

2. 设计方法

盾构法隧道一般处于软土地层，土质比较均匀，受力比较明确，适宜于采用荷载结构模型和地层结构模型，前者用于常规设计，后者用于特殊设计，并用收敛限制模型来监控设计。

装配式衬砌由于接头刚度较小，易做成柔性结构，理论和实践都证明隧道周围土压力比较均匀。由于被动抗力以及孔洞自由位移和土层固结效应等其他原因，致使水平压力接近垂直压力，故宜采用计及地层弹性抗力的假定抗力法、弹性地基梁法和连续介质法。当把主动和被动侧压力合在一起，采用加大了的侧压力系数时，则也可采用弹性结构阶段自由变形法。接头刚度对衬砌刚度的影响较大，故设计方法必须包含接头刚度这个因素。

目前，盾构隧道设计方法主要有5种设计方法：自由变形法、弹性抗力法、椭圆变形法、弹性铰接法和收敛限制法。其中椭圆变形法可用于初步设计，分析各因素的影响程度；弹性铰接法可用于施工图阶段，精确算出内力并配筋；收敛限制法用于施工时监测，以控制设计。

思　考　题

1. 地下车站结构的形式主要有哪些？各有什么特点？
2. 地下车站各类型的适用条件是什么？
3. 简述地下车站结构设计的原则。
4. 简述地下车站和隧道的计算方法、计算模型及相应的使用范围和优缺点。

第六章 区间隧道工程

区间隧道是连接两个地下车站之间的建筑物,工程投资所占份额较大,所以区间隧道设计得合理与否,将对整个工程的造价产生很大的影响。

区间隧道的设计是在线路平、纵断面设计基础上,根据沿线地形、地貌、水文地质、工程地质、环境要求、工期要求、工程投资、建筑限界及施工方法等因素确定区间路道衬砌结构、构造;再根据衬砌结构所受荷载进行结构设计,或采用以工程类比和现场量测为基础的信息化设计。

第一节　区间隧道的结构类型

一、区间隧道的断面形式

区间隧道有矩形、圆形、多圆形、拱形及椭圆等断面形式。

矩形断面分单跨、双跨两种,其内轮廓与区间隧道建筑限界接近,内部净空可以得到充分利用,便于顶板上敷设城市地下管网设施。一般矩形断面形式及尺寸如图 6-1 所示。

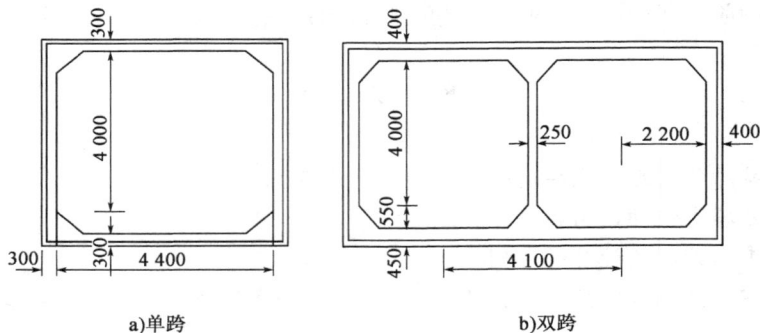

a)单跨　　　　　　　b)双跨

图 6-1　矩形断面(尺寸单位:mm)

拱形断面有单拱、双拱和多跨连拱三种形式,如图 6-2 所示。前者多用于单线或双线的区间隧道或联络通道,后两者多用在停车线、折返线或喇叭口岔线上。

圆形断面形式,如图 6-3 所示,具有结构受力合理、线路纵向坡度、平面曲线半径变化不会改变断面形状、对内净空利用影响少等特点。其横截面的内轮廓尺寸除要根据建筑限界、施工误差、道床类型、预留变形等条件决定外,还要按线路的最小曲线半径进行验算。目前国内广州、上海、南京等城市的地铁圆形区间隧道内径均为 5.5m。

受城市既有地下构筑物的限制。近年来开发了双圆、三圆、矩形等多种盾构断面形式。双圆的盾构断面形式如图6-4所示，可以采用上下、左右任意组合的结构形式，使之与周边条件相协调。

微课11

区间隧道的结构
类型

扫描此码　深度学习

二、区间隧道的衬砌结构

明挖法建造的矩形断面隧道衬砌分为装配式和整体浇筑钢筋混凝土式结构。

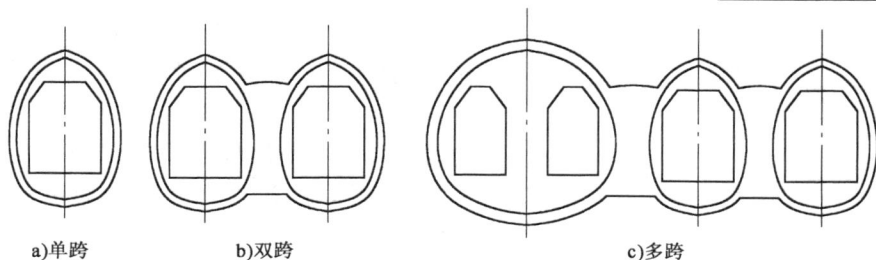

a)单跨　　b)双跨　　c)多跨

图6-2　拱形断面区间隧道示意图

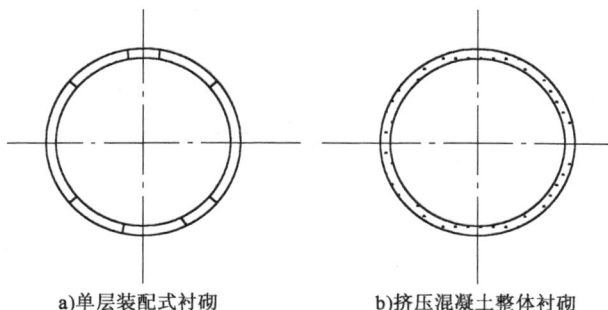

a)单层装配式衬砌　　b)挤压混凝土整体衬砌

图6-3　圆形断面区间隧道示意图

预制装配式衬砌的结构形式应根据工业化生产水平、施工方法、起重运输条件、场地条件等因素选择。目前单跨和双跨较为通用，装配式衬砌各构件之间的接头构造，除了要考虑强度、刚度、防水性等方面的要求，还要求构造简单，施工方便。由于装配式衬砌整体性较差，防水较困难，目前已较少采用。

整体浇筑的衬砌指的是现浇模筑混凝土衬砌，有素混凝土和钢筋混凝土两种。整体式钢筋混凝土衬砌整体性好、防水性能容易得到保

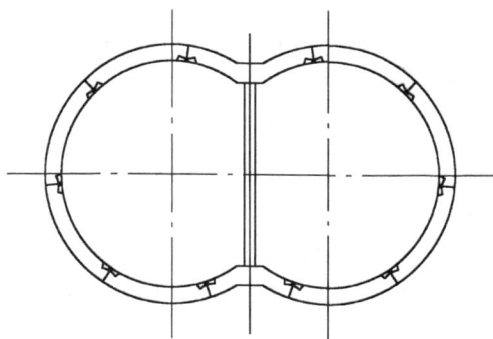

图6-4　双圆形断面区间隧道示意图

证，能够适用于各种工程地质和水文地质条件，但施工工序较多，速度较慢，而且还需要有一定的养护时间，不能立即承载，对围岩不能做到及时支护。

1. 拱形断面隧道的衬砌结构

拱形断面隧道的衬砌一般是由初期支护、防水层和二次衬砌组成的复合式衬砌结构。

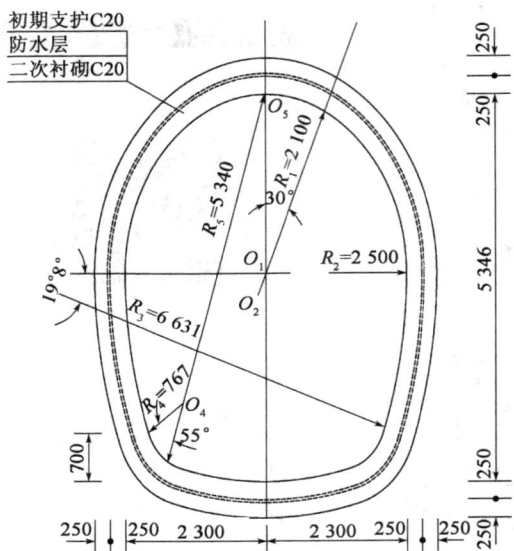

初期支护C20
防水层
二次衬砌C20

图6-5 复合式衬砌(尺寸单位:mm)

图6-5为某地铁单线区间隧道的复合式衬砌,其外层为喷锚支护,对围岩起加固作用,并控制围岩变形,防止围岩松动失稳。一般应在开挖后立即施作并应与围岩密贴结合,所以,最适宜采用喷锚支护。根据具体情况选用锚杆、喷混凝土、钢筋网和钢支撑等单一或并用而成。喷混凝土则有素喷混凝土和钢纤维喷混凝土两种。因素喷混凝土抗拉强度低,抗裂性差,通常都配合钢筋网一起使用。内层为模筑混凝土,或喷混凝土的二次衬砌,通常在初期支护封闭后尽快施作,其承受的荷载与施作的时间有关,并承受外静水压力、围岩蠕变或者围岩性质恶化和初期支护腐蚀后引起的后续荷载,提供光滑的通风表面等。防水层的作用是防水和减少二次衬砌因混凝土收缩而产生的裂缝。一般选用抗渗性能好、化学性能稳定、耐久性好,并有足够的柔性、延伸性和抗拉、抗剪的塑料或橡胶制品。

干燥无水的坚硬围岩中的隧道衬砌,亦可采用单层的喷锚支护,不做防水隔离层和二次衬砌,但此时喷混凝土的施工工艺和抗风化性能都应有较高的要求。衬砌的表面要平整,不允许出现大量的裂缝。在防水要求不高围岩有一定的自稳能力时,区间隧道亦可采用单层的模筑混凝土衬砌,不做初期支护和防水层。

2. 圆形断面隧道的衬砌结构

盾构法修建的圆形断面隧道衬砌结构,可分为单层和双层衬砌。单层衬砌,是在盾尾内一次拼装组成的,施工中起到支撑围岩和承受盾构推力的作用。成环后成为永久性结构;双层衬砌,包括一次衬砌和二次衬砌,其中,一次衬砌的结构与单层衬砌相同,二次衬砌通常是用来提高结构的刚度、加强管片防水和防锈的能力、起到内部装修的作用,因此,双层衬砌主要用在含有腐蚀性地下水的地层中。在地铁中,还以此作为防振措施。国内现有的地铁盾构隧道,以单层管片衬砌为主。

单层衬砌,一般采用施工迅速、安装容易的预制装配式管片结构或挤压混凝土整体式衬砌结构。挤压混凝土衬砌具有内表面光滑、衬砌背后无空隙、控制地层移动特别有效的特点。同时,混凝土经挤压后强度提高,抗渗性增强,结构承载力加大,自动化程度高,施工进度较快,但需要较多的施工设备,如混凝土成型用的框模;拼拆框模的系统;湿混凝土配制车、泵、阀、管等组成的混凝土制备输送系统等。此外,混凝土的制备、输送、钢筋架立等工艺较为复杂。

(1)衬砌环的分块与拼装

预制装配式衬砌环的分块,一般有两种方式,如图6-6所示,一种是由4块标准管片(A)、2块相邻管片(B)和1块封顶管片(K)构成;另一种是由3块标准管片(A)、2块相邻管片(B)和1块封项管片(K)构成。相邻管片一端带坡面,封顶管片则两端或一端带坡面。

衬砌环的拼装形式,有错缝和通缝两种,如图 6-7 所示。错缝拼装,可使接缝分布均匀,减少接缝及整个衬砌环的变形,整体刚度大。但对管片的制片精度要求高。封顶块的拼装形式,有径向楔入和纵向插入两种。径向楔入时,封顶块的两个径向边必须呈内八字形或者平行。受载后有向下滑动的趋势,对受力不利;纵向插入时,封顶块不易向内滑动,受力较好。但在拼装封顶块时,需加长盾构千斤顶行程。封顶块位置一般设在拱顶处,也有设在 45°、135° 甚至 180° 处的,视需要而定。

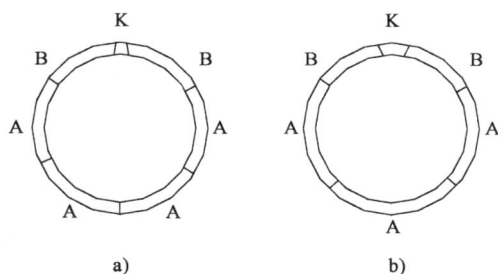

图 6-6 环形管片分块示意图

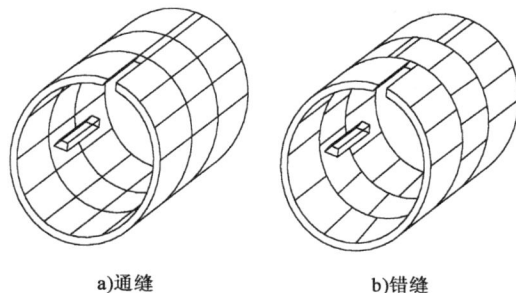

a)通缝 b)错缝

图 6-7 管片拼缝型示意图

从防水、拼装速度等方面考虑,衬砌环分块数越少越好,但从运输和拼装方便而言,又希望分块数多些。设计时,应结合隧道所处的围岩条件、荷载情况、构造特点、计算模型、运输能力、制作拼装方便等因素综合考虑决定。通常,直径 $D \leqslant 6m$ 的隧道衬砌环以分 4~6 块为宜;$D > 6m$ 时,可分为 6~8 块。上海和广州地铁均为 6 块。

曲线段的衬砌除与上述规定相同外,尚需在标准衬砌环之间插入一些楔形衬砌环或楔形垫板,以保证隧道向设计的方向转折。

(2)管片分类及连接

管片按材料可分为钢筋混凝土、钢、铸铁以及几种材料组合而成的复合管片。在区间隧道的特殊地段,如集水井、需要开口的衬砌环或预计将承受特殊荷载的地段,一般采用钢或铸铁管片。

按截面形式,管片又分为箱形和平板形两类。箱形管片(图 6-8)是指因手孔较大而呈肋板形结构。手孔较大不仅方便接头螺栓的穿入和拧紧,而且较省材料,单块管片质量较轻,便于运输和拼装,截面的削弱量应考虑在盾构千斤顶推力作用下不发生开裂为前提。箱形管片的纵向加劲肋是传递千斤顶推力的关键部位,一般沿衬砌环向等距离布置。

平板形管片是因螺栓手孔较小或无手孔而呈曲板形结构的管片,仅在螺栓孔处有截面的削弱,可以较好地承受盾构千斤顶的推力,同时,由于内在表面平整,对通风的阻力比较小。现代盾构隧道的钢筋混凝土管片大多采用平板型结构,如图 6-9 所示。

管片的厚度,取决于隧道的受力状态、围岩条件、覆盖层厚度、管片材料、隧道用途、施工工艺等因素。根据国外经验,钢筋混凝土管片的厚度一般为衬砌环半径的 5.5% 左右。上海地铁区间隧道钢筋混凝土管片的厚度为 350mm,广州地铁为 300mm。

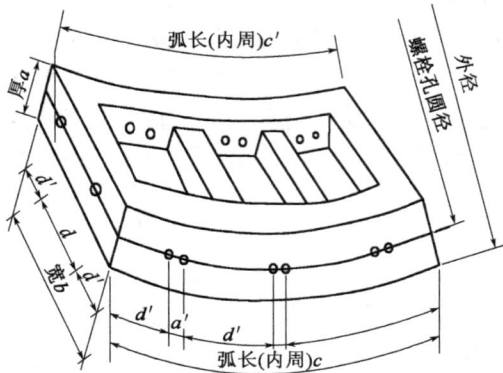

图 6-8　钢筋混凝土箱形管片　　　　　　　　图 6-9　钢筋混凝土平板形管片

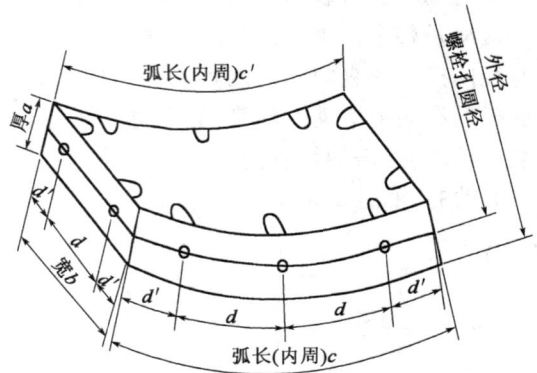

　　管片宽度的选择,对施工、造价的影响较大。当宽度较小时,虽然搬运、组装、在曲线上施工都比较方便,但接缝增多,加大了隧道防水的难题,增加了管片制作成本,而且不利于控制隧道纵向的不均匀沉降。管片宽度太大,则施工不便,也会使盾尾长度增长而影响盾构的灵活性。

　　因此,管片宽度应根据盾构的灵活性和拼装能力确定,在条件许可的情况下,应尽量加大管片的宽度,以减少接缝的数量。因此,过去单线区间隧道管片宽度控制在 700～1 000 mm 之间,但随着铰接盾构的出现,管片宽度有进一步提高的趋势,目前,多控制在 1 000～1 400 mm之间。

　　管片之间以及各衬砌环之间的连接方式,从其力学特性来看,可分为柔性连接和刚性连接。前者允许相邻管片间产生微小的转动和压缩,使衬砌环能按内力分布状态产生相应的变形,以改善衬砌环的受力状态;后者则通过增加连接螺栓的排数,力图在构造上使接缝处的刚度与管片的刚度相同。刚性连接拼装复杂、造价较高,且还会在衬砌环中产生较大的次应力,容易带来不良后果,因此,目前较为通用的是柔性连接。常用的柔性连接,有单排螺栓连接和销钉连接。单排螺栓连接按螺栓形状又可分为弯螺栓连接、直螺栓连接和斜螺栓连接三种。销钉连接可用于纵向接缝,亦可用于横向接缝。用销钉连接的管片形状简单,截面无削弱,建成的隧道内壁光滑平整,和螺栓连接相比既省力、省时,价格又低廉,连接效果也好。在稳定的不透水地层中,圆形衬砌的径向接缝也可不用任何连接件连接。因管片沿隧道径向呈一楔形体,外缘宽内缘窄,在外部压力作用下,管片相互挤紧可形成一个稳定的结构。

　　（3）区间联络通道衬砌结构

　　一般浅埋地铁线路纵断面为高站位、低区间的布置形式。因此,两条区间隧道之间的联络通道可设在线路的最低点,并与排水泵站台一并修建,如图 6-10 所示。

　　在设置联络通道的地段,区间隧道的内侧需要留出一个旁洞,宽 250～400 cm。为了承受旁洞顶部拱圈传来的荷载,旁洞下均需设置过梁以及支承过梁的壁柱,从而在旁洞四周形成封闭的框架。由于框架受力复杂,加工精度要求高,通常采用钢管片或铸铁管片拼装而成。框架以外仍采用标准的钢筋混凝土管片,因为钢过梁上直接设置标准衬砌环小的相邻管片,所以,构成开口的衬砌环只能通缝拼装。图 6-11 所示为铸铁管片拼装的旁洞框架,而铸铁材料的抗拉强度低,所以,铸铁过梁做成拱形,但当在过梁上设置了长度等于 1/2 标准管片长的短管片时,开口的衬砌环仍可保持错缝拼装。

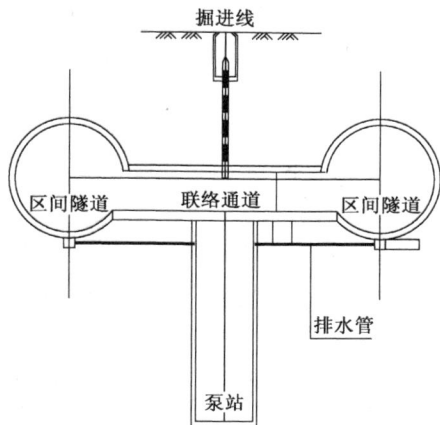

图 6-10 区间联络通道

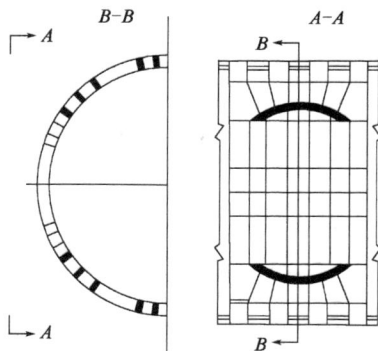

图 6-11 铸铁门框构造

旁洞开口部分在盾构通过时用临时填充管片堵塞,使衬砌环保持封闭,以改善其受力条件,防止泥沙涌入。联络通道施工前,再将其拆除形成旁洞,此时,荷载才得以完全传到框架上。

一般情况下,联络通道和中间泵站均采用矿山法施工,为了加强其防水性能可采用拱形封闭的复合式衬砌。联络通道衬砌的各项设计参数可按计算确定,亦可按工程类比法采用。

(4)渡线和折返线衬砌结构

采用盾构法建造区间隧道时,渡线和折返线隧道一般是和车站一起采用明挖法施工。由于渡线的断面变化较多,一般以矿山法施工为宜。

3. 双圆盾构隧道的衬砌结构

根据施工方法的不同,双圆形断面隧道的管片结构有两种形式,图 6-12 为横向双连形的 MF(Mnlti Face)盾构施工法的管片结构图;图 6-13 为竖向双连形的双联圆形隧道(DOT)施工法的管片结构图。

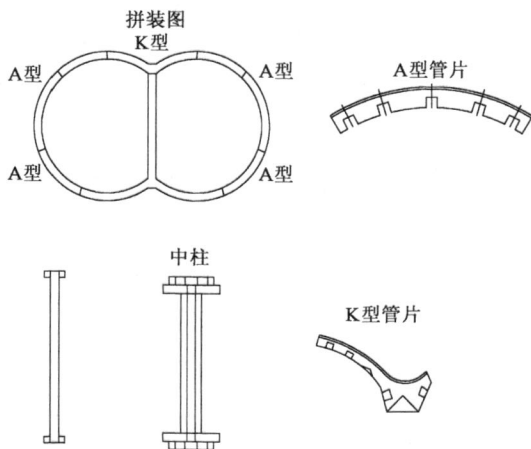

图 6-12 MF 施工法横向双连形管片结构示意图

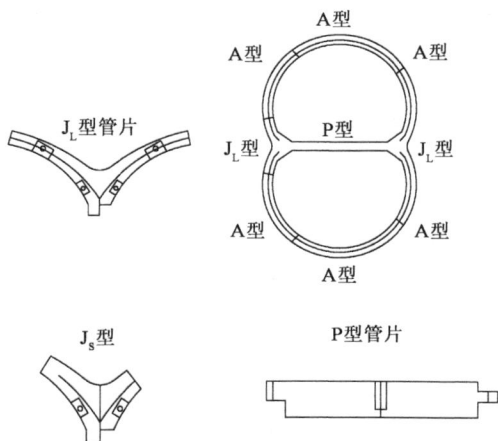

图 6-13 DOT 施工法的管片结构示意图

　　MF 施工法的横向双连形断面隧道的管片,由左、右两侧为圆弧部分的 A 型管片、中间上下方如海鸥形状又略呈 V 形的 K 型管片以及连接上、下方 K 型管片的钢柱构成。DOT 施工法有横向双连形和纵向双连形两种断面形式。管片在分块上采用可以通用的形式,即均由圆弧部分的 A 型管片、中间夹缝处使用大小相等的 V 形连接管片(J_L、J_S 型)以及将连接管片连成支柱或底板的格型管片(P 型)组成。

第二节　区间隧道的结构设计方法

　　由于施工方法不同,地铁区间隧道的断面形式、结构支护衬砌类型、结构计算方法和适用范围各异。表 6-1 列出了国内外隧道结构设计模型,表 6-2 列出了隧道施工和设计方法分类。

国内外隧道结构设计模型　　　　　　　　　　　　　　　　　　　表 6-1

国家	盾构开挖的软土隧道	锚喷、钢拱支护的软土隧道	中硬石质深埋隧道	明挖施工的框架结构
澳大利亚	弹性介质中全支承圆环（全周弹簧模型）；Muir Wood 法、Curtis 法或假定隧道变形法	初期支护：Proctor-white 法；二次支护：弹性介质中全支承圆环；Muir Wood 法、Curtis 法或假定隧道变形法	初期支护：Proctor-white 法；二次支护：弹性介质中全支承圆环；Muir Wood 法、Curtis 法或假定隧道变形法	箱形框架弯矩分配
奥地利	弹性地基圆环	弹性地基圆环；FEM；收敛约束法	经验方法	弹性地基框架
德国	覆盖 <2D,顶部无支承的弹性地基圆环(部分弹簧模型)；覆盖 <3D,全支承的弹性地基圆环(全周弹簧模型)；FEM	覆盖 <2D,顶部无支承的弹性地基圆环；覆盖 <3D,全支承的弹性地基圆环；FEM	全支承的弹性地基圆环；FEM；连续介质或收敛 – 约束法	弹性地基框架(底压力颁布简化)
中国	弹性地基圆环；经验法	初期支护：FEM,收敛约束法；二次支护：弹性地基圆环	初期支护：经验法永久支护：作用 – 反作用模型；大型洞室：FEM	箱形框架弯矩分配
瑞士		作用 – 反作用模型	FEM；经验法；收敛 – 约束法	矫形框架弯矩分配
英国	弹性地基圆环；Muir Wood 法	收敛 – 约束法；经验法	FEM；经验法；收敛 – 约束法	弹性地基连续框架
美国	弹性地基模型		弹性地基圆环；Proctor-white 法；FEM；锚杆法；经验法	
瑞典			通常为经验法,有时作用 – 反作用模型、连续介质模型、收敛 – 约束法	
比利时	Schulze-Duddek 法			刚架
法国	随意性地基圆环；FEM	FEM；作用 – 反作用模型；经验法	连续介质模型；收敛 – 约束法；经验法	
日本	局部支承圆环；梁 – 弹簧模型	局部支承的弹性地基圆环；经验法加量测；FEM	弹性地基框架；FEM；特征曲线法	弹性地基框架；FEM

隧道施工、设计方法分类　　　　　　　　　　　表 6-2

序号	施 工 方 法	断 面 形 式	衬砌支护形式	结构设计计算方法
1	明挖法	矩形和直墙拱形	现浇钢筋混凝土、预制钢筋混凝土砌块	软弱土层中弹性连续矩形、拱形框架,结构力学方法或假定抗力结构力学方法
2	矿山法（钻爆法、凿岩机掘进法）	拱形、直墙拱形和圆形	钢拱架、喷射混凝土锚杆支护、现浇钢筋混凝土复合衬砌、预制钢筋混凝土砌块	局部变形理论的弹性地基梁方法、反分析法、新奥法、数值分析方法
3	盾构法	圆形	钢、铸铁、钢筋混凝土（或钢纤维）管片	地层衬砌位移协调弹塑性解析解,数值分析法、弹性无铰自由变形圆环、弹性多铰局部抗力约束圆环
4	顶管法	圆形或矩形	钢筋混凝土预制管段	同3
5	沉管法	矩形	预制钢筋混凝土箱段	同1
6	配合上述施工方法的辅助工法: ①注浆加固; ②降低水位; ③冻结法; ④管棚法	圆形、直墙拱形、矩形	钢拱架临时支护,现浇钢筋混凝土的衬砌支护	同2

思　考　题

1. 区间隧道的断面形式有哪些?
2. 区间隧道有哪些衬砌形式?
3. 衬砌环内管片之间以及各衬砌之间的柔性连接方式有哪些? 各有什么特点?
4. 双圆形断面隧道的管片结构按施工方法可分为哪几种形式?

第七章 地铁结构的计算

第一节　地铁结构的计算方法

一、地铁结构的工作特性（Working Features of Metro Structure）

地下工程所处的环境和受力条件与地面工程有很大的不同,沿用地面工程的设计理论和方法来解决地下工程问题,显然不能正确地说明地下工程中出现的各种力学现象,当然也不能由此做出合理的支护设计。地下结构埋设于地层之中,其周围受到地层的约束,所以,地层不仅对结构施加荷载,即所谓地层压力或称围岩压力,同时又帮助结构承受荷载,减少结构的内力。这种结构与地层共同作用机理与地面结构完全不同。

理论研究和工程实践都证明,这种共同作用的效果主要取决于地层条件以及结构与地层的相对刚度。在软弱地层中,结构的刚度比地层的刚度大,这时地层的约束作用小,甚至可以忽略不计,表现出较大的地层压力。

在进行地下铁道结构的静、动力计算时,必须很好的考虑结构与地层的共同作用,才能得到比较符合实际的结果。然而,影响结构与地层共同作用的因素很多,而且变化很大,有些因素很难甚至无法完全研究清楚。加之地下结构的受力特性在很大程度上还与地下工程的施工方法及施工步骤直接相关,这些问题的存在使得一些地下结构的计算结果,无论在精度上还是可靠度上都达不到设计的要求,很难作为确切的设计依据。所以,目前在进行地下结构的设计时,广泛采用结构计算、经验判断和实测相结合的所谓信息化设计方法（Observational Method）。

用于地下结构静、动力计算的设计模型随结构形式和施工方法而异,用于理论计算的力学模型可归纳为以下两种。

（1）作用与反作用模型（Action and Reaction Model）,如弹性地基框架、全部支承或部分支承弹性地基圆环等,这种模型亦可称为荷载—结构模型,或简称结构力学方法。

（2）连续介质模型（Continuum Model）,包括解析法和数值法。解析法又可分为封闭解（Closed Solution）和近似解（Approximate Solution）,目前它已逐渐被数值法取代。数值法中以有限元法（Fnite Element Method）为主。这种类型亦可称为地层与结构模型,或简称为连续介质力学方法。

还有两种主要是用于设计的模型。

（1）以工程类比为依据的经验设计法（Empirical Method）。

（2）以现场量测和室内试验为主的实用设计法,如以隧道洞周围岩变形量测为依据的约束与收敛法(Confinement and Cconvergence Method)。

根据我国地铁建设发展趋势,仍以建设浅埋地铁为主。在这种情况下的地铁结构大多埋设在第三、第四系的软弱地层中,结构与地层共同作用较弱,荷载较为明确,根据我国多年的地铁设计经验,应主要采用荷载-结构模型。对于深埋或浅埋于岩层中的地铁结构物,除采用传统矿山法施工的结构仍可采用荷载-结构模型外,其余可采用连续介质模型,但在设计中,主要是采用以工程类比为基础的经验设计法,不做结构计算。

二、地铁结构设计的特征和顺序

城市轨道交通的建设是一项复杂的系统工程,其建设必须经过科学、公正、严肃的可行性论证与研究,同时在具体建设的过程中还必须坚持国家在工程建设领域中的基本建设程序,即纳入国家或地方财政预算资金的建设项目都必须坚持预可行性研究,初步勘察与设计,详细勘察,施工设计,工程投标,施工建设,工程监理,竣工验收和交付运营与维修管理等基本程序。修建地铁与轻轨交通工程的结构,也必须遵循这样的基本建设程序,进行线路勘察与测量、设计与计算、施工与监理、运营维修,特别是地铁与轻轨交通工程,其线路埋设在地下的结构大部分属于隐蔽工程,建设质量的好坏不仅直接影响到工程结构物的安全与耐久,同时也影响到车站乘客和管理工作人员的人身安全。在进行地下结构的设计工程中,首要的问题就是确定结构承受荷载的能力和安全性。因此,必须对结构的强度、刚度和稳定性进行设计与计算。

对于地下铁道和轻轨交通,线路设置在地下、地面与高架方式时,主体结构所承受的作用和压力是不同的,因此计算的方法也不尽相同。地面或者高架结构荷载明确,主要采用结构力学方法进行计算。地下结构的荷载与开挖方法、围岩条件、埋深等有关,计算方法主要采取荷载–结构模型或者连续介质模型。但是不管是地面、高架结构还是地下结构,从修建结构的材料说,主要采用混凝土和钢筋混凝土。为使结构正常使用满足特定的服务功能,就要求混凝土结构必须承受一定的荷载并防止发生过大的变形,从而需要对结构进行不同工作状况下的强度计算与稳定性分析。

线路设置于地下的地下铁道与轻轨结构物的主体是钢筋混凝土车站和隧道建筑结构,这些结构物根据其在地下线路中的不同功能,形状也有所不同。尽管结构形式和功能不同,但是它们几乎都为钢筋混凝土结构。因此,地下结构的设计与地下钢筋混凝土结构的设计在原理上是一致的。如浅埋地下铁道结构多数采用钢筋混凝土矩形框架结构,在进行结构设计时,框架节点视为刚性节点,在外力作用下结构是高次超静定结构。力矩分配法是地下铁道结构较适用的内力计算方法。图7-1a)所示为浅埋地下铁道区间隧道结构,其结构要承受竖向的地层压力、侧向压力及地面车辆等荷载,如图7-1b)所示。根据弹性力学的基本原理,可视其为平面应变问题。计算时可沿隧道纵轴方向取1m作为计算单元。除双线区间隧道结构以外,地铁车站采用明挖法施工时大多采用多层多跨的复杂矩形框架结构,其计算可按自由变形框架计算,地基反力假定为直线分布。图7-2为浅埋车站矩形框架结构的计算简图。

在设计地下铁道结构物时,与其他地面结构的设计相比,具有以下特征。

(1)在城市繁华区域,地铁线路主要设置于地下。因地质条件和水文地质条件的不同,设计所采用的施工方法也会不同,因此所采用的施工方法决定了结构的设计方法。

(2)地下结构物大多采用框架或拱形超静定结构。

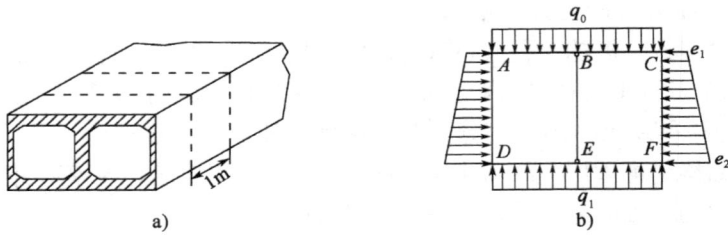

图 7-1　浅埋地下铁道区间隧道框架结构

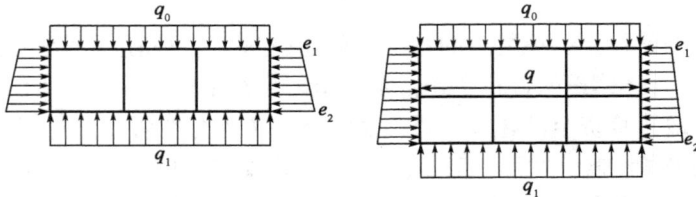

图 7-2　浅埋地下铁道车站矩形框架结构计算简图

（3）由于隧道和车站在线路纵向的长度远大于横断面的尺寸，因此还要考虑地下水的作用，同时要求结构必须具有防水性。此外地下结构物一旦建设完成后，在运营期间进行改建是很困难的，因此在规划与设计时必须详细考虑结构的形式和功能。

在进行地下铁道与轻轨设计时，首先应完成线路的平面和纵断面技术标准的设计，在此之后即可进行具体的结构设计与计算，所应遵循的设计流程为。

（1）选定设计断面。首先根据结构用途、建筑限界、线路平面、纵断面、道床尺寸等决定结构内部空间尺寸，再根据结构高度和宽度的关系、荷载状况，参照类似的已有结构假定断面厚度，选定供计算的结构形状和尺寸，并确定合理的计算模型。

（2）荷载计算。当设计地下结构时，计算可考虑的荷载较多，其中主要是路面活荷载、垂直和水平土压力、地下水压力、结构自重、结构内部荷载以及考虑人防和地震的特殊荷载等。计算时应结合构造形式、地质条件和施工方法等因素综合考虑。

（3）框架内力计算。当框架及荷载均为对称时，可取结构的一半进行计算。内力计算采用力矩分配法或有限单元法，先求出各个节点的弯矩 M、轴力 N 和剪力 Q，然后绘制出弯矩 M 图，轴力 N 图和剪力 Q 图。

（4）结构配筋计算。根据弯矩图轴力图和剪力图，按钢筋混凝土结构设计基本原理和现行钢筋混凝土设计规范，进行结构及构件的配筋计算。

（5）设计图绘制。根据配筋计算的结构，绘制结构的配筋图，并计算出工程材料数量。

（6）根据车站和区间隧道所处的环境，以及计算的结构变形、内力状况，绘制指导性的施工方法。

第二节　结构荷载计算

一、荷载种类

采用荷载—结构模型进行地下铁道结构静、动力计算时，首先确定作用在结构上的荷载量值及分布规律。《地铁设计规范》(GB 50157—2013)中按荷载作用状况将其分为永久荷载、可变荷载和偶然荷载 3 大类见表 7-1。

永久荷载即长期作用的恒荷载,在其作用期内虽有变化但也是微小的,如地层压力、结构自重、隧道上部或岩土破坏棱柱体内的设施及建设物基底附加应力、静水压力(含浮力)、混凝土收缩和徐变影响力、预加应力以及设备重量、地基下沉影响力、侧向土层抗力和地基反力等。

我国规定的作用于地下结构上的荷载分类　　　　　　　　　表 7-1a)

荷 载 分 类		荷 载 名 称
永久荷载		结构自重
		地层压力
		结构上部和破坏棱体范围内的设施及建筑物压力
		水压力及浮力
		混凝土收缩及徐变影响
		欲加应力
		设备重量
		地基下沉影响
可变荷载	基本可变荷载	地面车辆荷载及其动力作用
		地面车辆荷载引起的侧向土压力
		地铁车辆荷载及其动力作用
		人群荷载
	其他可变荷载	温度变化影响
		施工荷载
偶然荷载		地震作用
		沉船、抛锚或河道疏浚产生的撞击力等灾害性荷载
		人防荷载

区间桥梁荷载分类　　　　　　　　　表 7-1b)

荷 载 分 类		荷 载 名 称
主力	恒载	结构自重
		附属设备和附属结构自重
		预加应力
		混凝土收缩及徐变影响
		基础变位的影响
		土压力
		静水压力及浮力
	活载	列车竖向静活载
		列车竖向动力作用
		列车离心力
		列车横向摇摆力

续上表

荷 载 分 类		荷 载 名 称
主力	活载	列车竖向静活载产生的土压力
		人群荷载
	无缝线路纵向水平力	伸缩力
		挠曲力
附加力		列车制动力或牵引力
		风力
		温度影响力
		流水压力
特殊荷载		无缝线路断轨力
		船只或汽车的撞击力
		地震力
		施工临时荷载
		列车脱轨荷载

可变荷载又可分为基本可变荷载和其他可变荷载两类。基本可变荷载，即长期且经常作用的变化荷载，如地面车辆荷载（包括冲击力）和它所引起的侧向土压力、地下铁道车辆荷载（包括冲击力、摇摆力、离心力）以及人群荷载等。其他可变荷载，即非经常作用的变化荷载，如温度变化、施工荷载（施工机具、盾构千斤顶推力、注浆压力）等。

偶然荷载即偶然的、非经常作用的荷载，如地震力、爆炸力等。

对于各项荷载标准值的取法没有明确规定，原则上要求根据相关规定或实际情况决定荷载大小，并考虑施工和使用过程中发生的变化。

结构的计算荷载应根据上述3类荷载同时存在的可能性进行最不利组合，一般来说，对于浅埋地下铁道结构物以基本组合（仅考虑永久荷载和可变荷载）最有工程实际意义。只有在特殊情况下，如7度以上地震区，或有战备要求等才有必要按照偶然组合即将3类荷载都进行考虑来验算。在设计当中，以对结构整体或构件可能出现的最不利荷载组合进行计算。

地铁与轻轨建筑结构一般采用钢筋混凝土或预应力混凝土材料进行浇筑，也可以采用钢结构或钢与混凝土组合的结构，其各部位结构采用混凝土时材料的最低强度等级见表7-2。

地铁与轻轨建筑结构混凝土的最低设计强度等级　　　　　　　　表7-2

地下结构	明挖法	整体式钢筋混凝土结构	C35
		装配式钢筋混凝土结构	C35
		地下连续墙	C35
	盾构法	装配式钢筋混凝土管片	C50
		整体式钢筋混凝土衬砌	C35
		挤压混凝土衬砌	C30

地下结构	矿山法	喷射混凝土永久和初期衬砌	C25
		现浇混凝土或钢筋混凝土衬砌	C35
	顶进法	钢筋混凝土结构	C35
高寒结构		整体式钢筋混凝土结构	C30
		装配式钢筋混凝土结构	C50
		预应力混凝土结构	C40

钢筋混凝土和锚喷支护中的非预应力钢筋可采用Ⅰ级或Ⅱ级钢筋,预应力钢筋应优先采用高强度绞线。

二、地层压力计算方法

地层压力是地下铁道结构物承受的主要荷载。由于影响地层压力分布、大小和性质的因素很多,要准确地确定它是很困难的,应根据结构所在的具体环境,结合已有的试验、测试和研究资料慎重确定。

1.深埋隧道

深埋隧道采用荷载-结构模型时,以承受岩体松动、崩塌而产生的竖向和侧向主动压力为主要特征,围岩的松动压力仅是隧道周围某一破坏围(称为天然拱或承载拱)内岩体的重量,而与隧道埋深无直接联系。围岩的松动压力可按《铁路隧道设计规范》(TB 10003—2016)中建议的公式进行计算,具体计算方法如下:

(1)隧道拱顶所承受的垂直均布压力 q 为:

$$\left.\begin{array}{l} q = \gamma h_a \\ h_a = 0.45 \times 2^{S-1}\omega \end{array}\right\} \tag{7-1}$$

式中:S——隧道穿越地段的围岩级别;

ω——所开挖坑道宽度的影响系数,且 $\omega = 1 + i(B - 5)$;

B——坑道开挖宽度,m;

i——B 每增减1m时围岩压力增减率,当 $B < 5$ 时,取 $i = 0.2$,当 $B > 5$m 时,取 $i = 0.1$;

γ——围岩的容重,kN/m^3;

h_a——深埋隧道垂直荷载计算高度,m。

(2)隧道侧向水平压力 e 为:

$$e = \gamma q \tag{7-2}$$

式中:γ——侧压力影响系数。

对于Ⅲ级围岩,取 $\gamma \leq 0.15$;Ⅳ级围岩,$\gamma = 0.15 \sim 0.30$;Ⅴ级围岩,$\gamma = 0.30 \sim 0.50$;Ⅵ级围岩,$\gamma = 0.50 \sim 1.00$。

式(7-1)的使用条件是不产生显著偏压力及膨胀力的一般围岩及采用钻爆法(或开敞式掘进机法)施工的隧道。

石质隧道的衬砌作用与拱顶上覆的岩土高度有关,具体可参阅《铁路隧道设计规范》(TB 10003—2016)中的计算方法。

2. 浅埋隧道

当地表水平或接近水平，且隧道覆盖层厚度满足式(7-3)要求时，应按浅埋隧道设计。

$$h < (2 \sim 2.5)h_a \tag{7-3}$$

式中：h——隧道拱顶以上覆盖层厚度，m；

h_a——深埋隧道垂直荷载计算高度，m。

（1）竖向压力：

$$\left. \begin{aligned} q &= \gamma h \left(1 - \frac{\lambda h \tan\theta}{B} \right) \\ \lambda &= \frac{\tan\beta - \tan\varphi_c}{\tan\beta [1 + \tan\beta(\tan\varphi_c - \tan\theta) + \tan\theta\tan\theta]} \\ \tan\beta &= \tan\varphi_c + \sqrt{\frac{(\tan^2\varphi_c + 1)\tan\varphi_c}{\tan\varphi_c - an\theta}} \end{aligned} \right\} \tag{7-4}$$

式中：γ——围岩重度，kN/m^3；

h——洞顶离地面的高度，m；

θ——顶板土柱两侧摩擦角，°，为经验数值；

B——坑道跨度，m；

λ——侧压力系数；

φ_c——围岩计算摩擦角，°；

β——产生最大推力时的破裂角，°。

（2）侧向压力：

$$e_i = \gamma h_i \lambda \tag{7-5}$$

式中：h_i——内外侧任意点至地面的距离，m。

当 $h < h_a$ 时，取 $\theta = 0$，属于超浅埋隧道。

（3）土压力计算时对水压力的不同计算方法。

静水压力对不同类型的地下结构将产生不同的荷载效应。对于圆形或接近于圆形的地下结构而言，地下水静水压力的作用使结构的轴力增大。对抗弯性能低的混凝土结构而言，相当于改善了它的受力状态。因此，计算静水压力时，可按照最低水位考虑。反之，计算作用在矩形结构上的静水压力或验算结构的抗浮能力时，则须按可能出现的最高水位考虑。

计算地下水作用的土压力时，一般有两种方法。一种是水压力与土压力分开计算；而另一种则将水压力视为土压力的一部分与土压力合并计算。对于砂性土可采用第1种方法，而对黏性土则宜用第2种方法，因为在黏性土中的水大多是非重力水即结合水，不对土粒起作用。

在水压力与土压力分开计算的方法中，土压力的计算对于地下水以上的土采用天然重度 γ，而地下水位以下的土压力采用浮重度，另外再计算静水压力的作用。在水土合算的方法中，土压力的计算对于地下水以下的土采用饱和重度 γ_s 计算土压力，不再另外计算静水压力。其中浮重度 γ' 为：

$$\gamma' = \gamma_s - \gamma_\omega \tag{7-6}$$

式中：γ_ω——水的重度，一般取 $\gamma_\omega = 10kN/m^3$。

在计算土压力时，由于静水压力计算方法的不同，其结果存在差异，见图7-3。

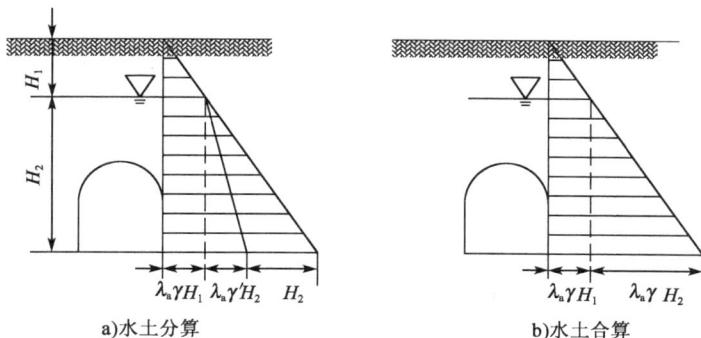

a)水土分算　　　　　　　b)水土合算

图 7-3　计算土压力的两种方法

【例 7-1】　地下铁道区间隧道采用明挖法施工,其承受地层的竖向压力和水平压力以及车辆等荷载,可视为平面变形问题,沿纵向取单位宽度,按闭合框架计算其结构内力。由于底板与地基之间有摩擦力,故可认为底板不能沿水平方向运动。地下铁道区间隧道计算简图参见图 7-4。

【解】　在按自由变形的框架计算时,以直线分布的地基反力 q_1 计算自由变形框架的内力。

（1）顶板上的荷载 q_0:

$$q_0 = \sum_{i=1}^{n} r_i H_i$$

式中:r_i、H_i——各层材料或土层的重度和厚度。

（2）底板上的荷载(地基反力) q_1:

$$q_1 = q_0 + \frac{2Q_1 + Q_2}{2l}$$

式中:Q_1、Q_2——侧壁和中央竖杆的重量。

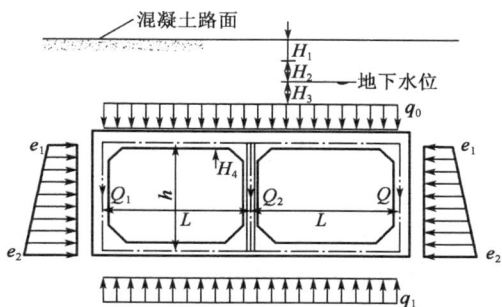

图 7-4　地下铁道区间隧道计算简图

因地基反力采用按直线分布的假定,故求 q_1 时不必计入底板的重量。

（3）侧壁上的荷载。

水平荷载 e_1 和 e_2 包括水平地层压力与水平压力,分别计算如下:

侧壁上的水平地层压力(按单位宽),用郎金公式计算。

$$e = \gamma H \tan^2\left(45° - \frac{\varphi}{2}\right)$$

因顶板以上的地层分层,侧壁上端即顶板厚度一半深度上,假定土层在地下水位下,其浮重度约为 γ_3,其水平地层压力为按有限土层计算:

$$e_1' = \left[\gamma_1 H_1 + \gamma_2 H_2 + \gamma_3\left(H_3 + \frac{H_4}{2}\right)\right]\tan^2\left(45° - \frac{\varphi}{2}\right)$$

侧壁下端的水平地层压力为:

$$e_2' = e_1' + \gamma_3 h \tan^2\left(45° - \frac{\varphi}{2}\right)$$

侧壁上端的水压力为：

$$e_1'' = \varphi\gamma_w\left(H_3 + \frac{H_4}{2}\right)$$

侧壁下端的水压力为：

$$e_2'' = \varphi\gamma_w\left(H_3 + \frac{H_4}{2} + h\right)$$

以上两式中 γ_w 为地下水的重度，φ 为折减系数，根据土质的透水性来确定。

根据以上计算，得水平荷载如下：

$$\left.\begin{array}{l} e_1 = e_1' + e_1'' \\ e_2 = e_2' + e_2'' \end{array}\right\}$$

求得图所示框架的荷载后，可采用力矩分配法、迭代法或位移法计算框架的内力。

三、路面活荷载计算方法

一般浅埋地下铁道和轻轨结构设于城市主干道下方，所以应考虑路面活荷载的影响。关于路面活荷载的采用标准，可参照《公路桥涵设计通用规范》（JTG D60—2015）中有关路面活荷载的规定加以计算。

路面活荷载通过路面下的土层传递于结构之上。在土中的压力传递分布状态，随土质及其密度、荷载分布面的形状等各不相同。

关于地面活荷载在土层中的压力分布状态，计算方法大致分为以下 3 种。

（1）弹性力学解法。

如图 7-5 所示，土层中的压力分布，可按各向同性均匀的直线变形理论计算，也就是在各种不同的地面荷载作用下，其应力分布利用弹性力学公式（如 Boussinesq 公式等）解积分方法求得。

（2）根据马斯顿（Marston）及波士规范（Boston Code）分析的方法。

活荷载向下传递时，假定荷载板的边缘对垂直面呈 α 角扩散，且认为压力均匀分布在该面积上，如图 7-6 所示。

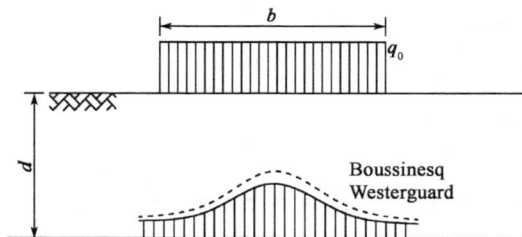

图 7-5　土层中的压力分布模式 1

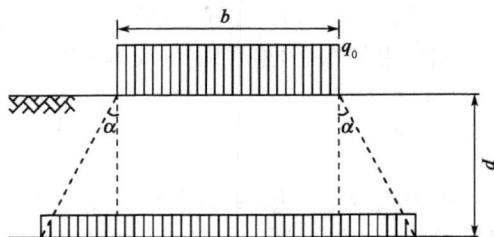

图 7-6　土层中的压力分布模式 2

若荷载板为正方形或圆形时有：

$$\frac{q}{q_0} = \left(\frac{\dfrac{b}{d}}{\dfrac{b}{d} + 2\tan\alpha}\right)^2 \tag{7-7}$$

若为长条形基础时有:

$$\frac{q}{q_0} = \frac{\dfrac{b}{d}}{\dfrac{b}{d} + 2\tan\alpha} \tag{7-8}$$

式中:q——土中深度 d 处荷载集度,kPa;

　　q_0——地面均布荷载,kPa;

　　b——地面荷载分布宽度,m;

　　α——扩散角,一般采用 30°。

(3)克格勒方法。

如图 7-7 所示,假定荷载板下的压力强度是均布的,而其在外扩散角 β 的范围内,直线地逐渐减至为 0。

对于正方形或圆形荷载板有:

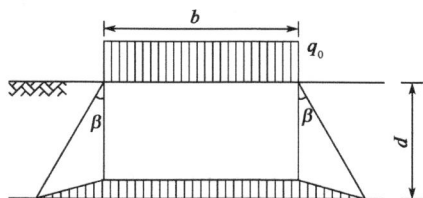

图 7-7　克格勒方法计算土层压力

$$\frac{q_h}{q_0} = \frac{\left(\dfrac{b}{a}\right)^2}{\left(\dfrac{b}{a}\right)^2 + 2\left(\dfrac{b}{a}\right)\tan\beta + \dfrac{4}{3}\tan^2\beta} \tag{7-9}$$

对于长条形基础有:

$$\frac{q_h}{q_0} = \frac{\left(\dfrac{b}{a}\right)}{\left(\dfrac{b}{a}\right) + \tan\beta} \tag{7-10}$$

式中:q_h——在中央部分的压力,一般采用的角度 β 为 55°。

实际的压力分布形状,以图 7-7 最为近似,但计算烦琐。在设计计算时,以采用后两种方法较方便。我国《铁路桥涵设计规范》(TB 10002—2017)就是按第 2 种方法考虑的。

四、地面车辆荷载及其冲击力计算方法

1.竖向压力

一般情况下,地面车辆荷载可按下述方法简化为均布荷载。

单个轮压传递的竖向压力(图 7-8),计算图式见图 7-9。

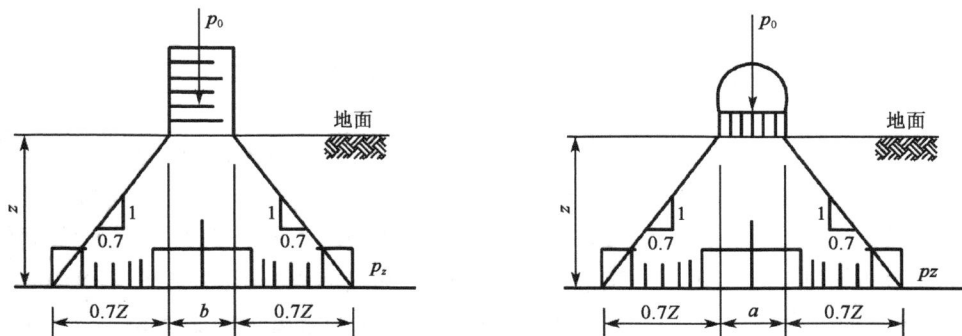

图 7-8　车辆荷载单轮压力计算图示

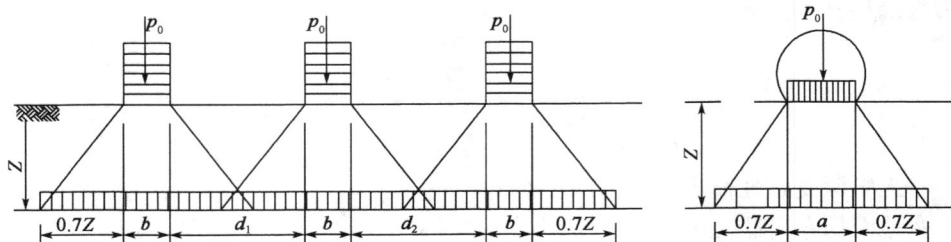

图 7-9　车辆荷载多轮压力计算图式

$$p_{0Z} = \frac{\mu_0 p_0}{(a + 1.4Z)(b + 1.4Z)} \qquad (7-11)$$

两个以上轮压传递的竖向压力：

$$p_{0Z} = \frac{n\mu_0 p_0}{(a + 1.4Z)\left(nb + 1.4Z + \sum_{i}^{n-1} d_i\right)} \qquad (7-12)$$

式中：p_{0Z}——地面车辆轮压传递到计算深度 Z 处的竖向压力；

　　　p_0——车辆单个轮压，按通行的汽车等级采用；

　　　a、b——地面单个轮压的分布长和宽度；

　　　d_i——地面相邻两个轮压的净距；

　　　n——轮压的数量；

　　　μ_0——车辆荷载的动力系数，可参照表 7-3 选用。

地面车辆荷载的动力系数

表 7-3

覆盖层厚度（m）	≤0.25	0.30	0.40	0.50	0.60	≥0.70
动力系数 μ_0	1.30	1.25	1.20	1.15	1.05	1.00

注：本表取自《给排水工程结构设计规范》（GB 50069—2002）。

当覆盖层厚度较小时，即两个轮压的扩散线不相交时，可按局部均布压力计算。

在道路下方的浅埋暗挖隧道，地面车辆荷载可按 10kPa 的均布荷载取值，并不计冲击力的影响。

当无覆盖层时，地面车辆荷载则应按集中考虑，并用影响线加载的方法求出最不利荷载位置。

2. 侧向压力

地面车辆荷载传递到地下结构上的侧压力，可按下式计算：

$$P_{0X} = \lambda_a P_{0Z} \qquad (7-13)$$

【例 7-2】　现有已知地铁隧道采用明挖法进行施工，其结构设计为框架结构，具体尺寸及埋深如图 7-10 所示。已知路面荷载为 22kN/m²，超载系数为 1.2；隧道顶板上覆盖土壤为砂性土，其天然重度为 $\gamma_{sn} = 17.5$kN/m³，土的饱和重度为 $\gamma_{sat} = 19.5$kN/m³；钢筋混凝土重度为 $\gamma_{co} = 25$kN/m³；顶板考虑的人防荷载为 147kN/m²，侧墙的人防荷载为 78.4kN/m²，超载系数为 1.2；土壤的内摩擦角为 $\varphi = 30°$，黏聚力 $c = 20$kPa，水的重度为 $\gamma_w = 9.8$kN/m³，中间圆立柱柱间距为 3.0m，圆立柱半径为 0.3m。求隧道结构所承受的荷载。

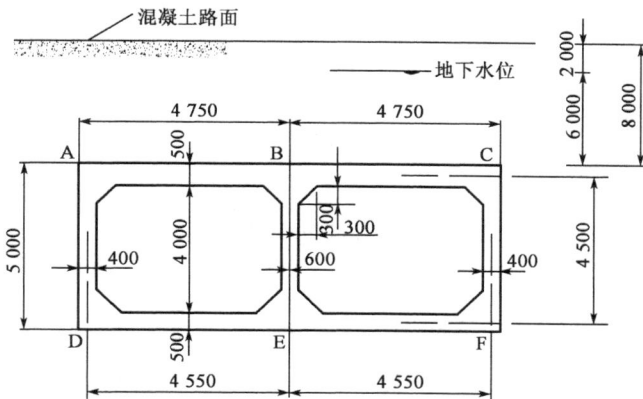

图 7-10 明挖隧道框架结构（尺寸单位：mm）

【解】 取隧道纵向长度为 1m 的结构进行计算，具体计算过程如下。

（1）求隧道顶板所承受的所有荷载。

隧道顶板的荷载作用在顶板的结构轴线所在的平面上，主要有：

路面荷载

$$\frac{22kN/m^2 \times 1.2 \times 9.5m \times 1.0m}{9.5m \times 1.0m} = 26.40kN/m^2$$

顶板上部土体的荷载（按照地下水位以上和地下水位以下土壤分别计算）

$$\frac{(17.5kN/m^3 \times 2.0m + 19.5kN/m^3 \times 6.25m) \times 9.5m \times 1.0m}{9.5m \times 1.0m} = 156.88kN/m^2$$

顶板人防荷载

$$\frac{147kN/m^2 \times 1.2 \times 9.5m \times 1.0m}{9.5m \times 1.0m} = 176.40kN/m^2$$

顶板的自重

$$\frac{0.5m \times 9.5m \times 1.0m \times 25kN/m^3}{9.5m \times 1.0m} = 12.50kN/m^2$$

将以上各荷载相加便可得出顶板所承受的竖向荷载为 372.18kN/m²。

（2）求侧墙所承受的荷载。

在计算侧墙所受的侧向土压力时，按照地下水位以上和地下水位以下不同地层的重度来加以考虑。

侧墙顶部的土压力：

$$e_1 = q_1\tan^2\left(45° - \frac{\varphi}{2}\right) - 2c\tan\left(45° - \frac{\varphi}{2}\right)$$

$$= (26.4 + 17.5 \times 2 + 9.7 \times 6.25)\tan^2\left(45° - \frac{30°}{2}\right) - 2 \times 20\tan\left(45° - \frac{30°}{2}\right)$$

$$= 17.58kN/m^2$$

侧墙顶部所受的侧向水压力：

$$9.8kN/m^3 \times 6.25m = 61.25kN/m^2$$

侧墙顶部顶板人防荷载：

$$78.4kN/m^2 \times 1.2 = 94.08kN/m^2$$

由以上可得侧墙顶部所受的侧向压力合计为172.91kN/m²。

侧墙底部所受的侧向土压力：

$$e_1 = q_2 \tan^2\left(45° - \frac{\varphi}{2}\right) - 2c\tan\left(45° - \frac{\varphi}{2}\right)$$

$$= (26.4 + 17.5 \times 2 + 9.7 \times 10.75)\tan^2\left(45° - \frac{30°}{2}\right) - 2 \times 20\tan\left(45° - \frac{30°}{2}\right)$$

$$= 32.13kN/m^2$$

侧墙底部所受的侧向水压力：

$$\gamma_w h = 9.8kN/m^3 \times 10.75m = 105.35kN/m^2$$

侧墙底部的人防荷载：

$$78.4kN/m^2 \times 1.2 = 94.08kN/m^2$$

侧墙底部所受荷载的侧向压力合计为231.56 kN/m²。

（3）底板所承受的荷载。

由底板自重产生的荷载：

$$\frac{0.5m \times 25kN/m^3 \times 9.5m \times 1.0m}{9.5m \times 1.0m} = 12.5kN/m^2$$

由顶板传递的荷载：

$$\frac{372.18kN/m^3 \times 9.5m \times 1.0m}{9.5m \times 1.0m} = 372.18kN/m^2$$

由于侧墙传递的荷载：

$$\frac{2 \times 4.5m \times 1.0m \times 0.4m \times 25kN/m^3}{4.75m \times 2 \times 1.0m} = 9.47kN/m^2$$

由立柱传递的荷载：

$$\frac{3.14 \times 0.3m \times 0.3m \times 3.7m \times 25kN/m^3}{4.75m \times 2 \times 1.0m} = 2.75kN/m^2$$

由顶板纵梁传递的荷载：

$$\frac{0.6m \times 0.55m \times 1m \times 25kN/m^3}{4.75m \times 2 \times 1.0m} = 0.868kN/m^2$$

则底板所受到竖向向下的荷载为397.77kN/m²。

另外，结构底板还承受地下水压力作用，其值为：

$$9.8kN/m^3 \times 10.75m = 105.35kN/m^2$$

为保持底板的平衡，底板还受到地基的反作用力，其数值为292.42kN/m²。由此可以得出底板所承受的荷载为 397.77kN/ m²。根据以上所有计算结果,可以绘出结构的受力图,如图 7-11 所示。

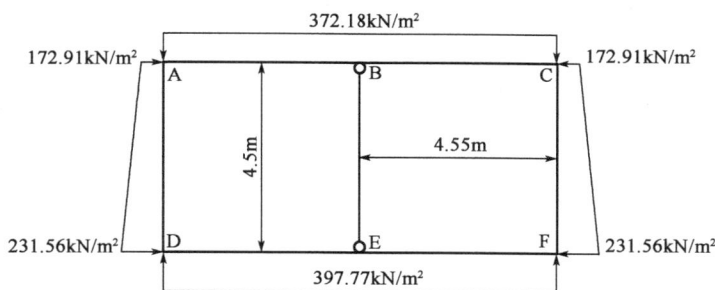

图 7-11　框架结构的荷载图

五、地震荷载计算方法

地震对地下结构的影响概括地讲有两个方面——剪切错位和振动。剪切错位通常都是基岩的剪切位移所引起的,一般都发生在地质构造带附近。另外错位还包括其他原因,例如液化、滑坡或地震诱发的土体失稳引起的较大土体位移。用结构来约束较大的土体位移几乎是不可能的,有效的办法是尽量避开这些敏感部位,如果做不到这一点,则应把震害限制在一定范围,并在震后容易修复。

因此,地下结构的地震作用分析是在假定土体不会丧失完整性的前提下,局限于考虑其振动效应。根据大量调查研究发现,地震的破坏作用,自地表深入地下而迅速衰减,所以,地震一般对于深埋隧道影响较小,而对浅埋隧道,尤其是对松软底层中的浅埋隧道影响较为严重。详细的研究地震对地下结构的振动作用,可采用两种方法:地震动力响应分析和动力模型试验。通过这些分析和试验可以弄清楚隧道横、纵断面应力的响应,动土压力和各种接头的抗震性。但此时必须要详细的掌握隧址处底层的动力特性参数,如底层的杨氏弹性模量、阻尼系数、动强度(c、φ)等以及地震时地层运动信息,如地震加速度等。同时还要求有容量足够的计算机和较长的计算时间。故只有那些埋设于松软底层中的重要的地下铁道结构物才有必要和可能来进行地震响应分析和动力模型试验,而对于一般地下铁道结构都是采用实用的方法,即静力法或拟静力法计算,即在衬砌结构横截面的抗震设计和抗震稳定性检算中采用地震系数法或称惯性力法;检算衬砌结构沿纵轴方向的应力和变形则采用地层位移法,此法系以地基变形为输入的,不考虑衰减系数的静力解,故又称为拟静力法。

静力法或拟静力法就是将随时间变化的地震力或地层位移用等代的静地震荷载或静地层位移代替,然后再用静力计算模型分析地震荷载或强迫地层位移作用下的结构内力,其量值略大于动力响应分析值。

等代的静地震荷载包括:结构本身和洞顶上土柱的惯性力以及主动侧向土压力增量。

由于地震垂直加速度峰值一般为水平加速度的 1/2 ~ 2/3(但在震级较大的震中附近,这一比值则在 0.5 ~ 2.4 之间),而且也缺乏足够的地震记录,目前尚不清楚一些重要因素如震级、震源距和场地条件对垂直地震频谱的影响,因此,对震级较小和对垂直振动不敏感的结构,可不考虑垂直地震荷载的作用。在《铁路工程抗震设计规范》(GB 50111—2006)中只给出隧道抗震设计时水平惯性力和主动侧向土压力增量的算法。只有在验算结构的抗浮能力时才要计算垂直惯性力。

水平地震荷载可分为垂直和沿着隧道纵轴两个方向进行计算。

1.隧道截面上的地震荷载（垂直隧道纵轴）

（1）结构的水平惯性力。作用在构件或结构重心处的地震惯性力一般可表示为：

$$F = \frac{\tau}{g}Q = K_c Q \tag{7-14}$$

式中：τ——作用于结构的地震加速度；

g——重力加速度；

Q——构件或结构的重量；

K_c——与地震加速度有关的地震系数。

对于隧道结构，我们可以将其具体化并简化如下：

①马蹄形曲墙是衬砌，见图7-12，其匀布的水平惯性力为：

$$\left.\begin{aligned} F_1^1 &= \eta_c K_h \frac{m_1 g}{H} \\ F_1^2 &= \eta_c K_h \frac{m_2 g}{f} \end{aligned}\right\} \tag{7-15}$$

式中：η_c——综合影响系数，与工程重要性、隧道埋深、地层特性等有关，规范中建议，对于岩石地基，$\eta_c = 0.2$，非岩石地基，$\eta_c = 0.25$；

K_h——水平地震系数，7度地区，$K_h = 0.1$；8度地区，$K_h = 0.2$；9度地区，$K_h = 0.4$；

m_1——上部衬砌的质量；

m_2——仰拱质量；

f——仰拱的矢高。

②圆形衬砌，见图7-13，其均布的水平惯性力为：

$$F_1 = \eta_c K_h \frac{mg}{D} \tag{7-16}$$

式中：m——衬砌质量；

D——衬砌外直径。

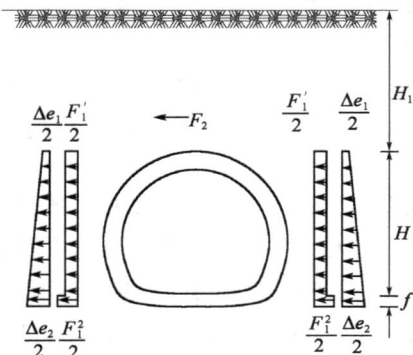

图7-12 马蹄形衬砌的地震荷载图式   图7-13 圆形衬砌的地震荷载图式

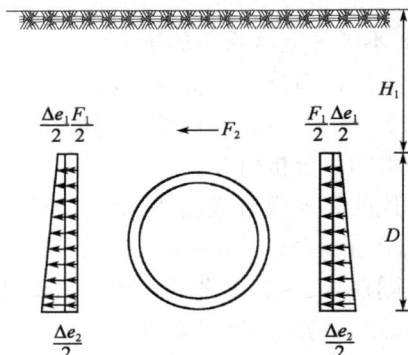

③矩形衬砌,见图7-14,其水平惯性力分为3部分:

$$\left.\begin{array}{l} F_1^1 = \eta_c K_h m_t g \\[2mm] F_1^2 = \eta_c K_h \dfrac{m_w g}{h} \\[2mm] F_1^3 = \eta_c K_h m_b g \end{array}\right\} \tag{7-17}$$

式中:F_1^1、F_1^3——分别为顶、底的水平惯性力,作集中力考虑,作用在顶、底板的轴线处;

F_1^2——边和中墙的水平惯性力,按作用在边墙上的均布力考虑;

m_t、m_b——分别为顶和底板质量;

m_w——边和中墙质量;

h——边墙净高度。

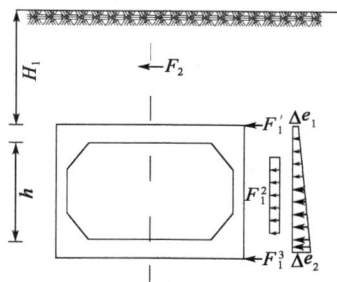

图7-14　矩形框架的地震荷载图式

(2)洞顶上方土柱的水平惯性力为:

$$F_2 = \eta_c K_h m_\perp g$$

式中:$m_\perp$——上方土柱的重量。

(3)主动侧向土压力的增量。地震时地层的内摩擦角要发生变化,由原来的 φ 变为($\varphi - \beta$),其中 β 为地震角,在 7 度地震区 $\beta = 1°30'$;8 度处 $\beta = 3°$;9 度处 $\beta = 6°$。因此,结构一侧的主动侧向土压力增量为:

$$\Delta e_i = (\lambda_a - \lambda'_a) q_i$$

式中:$\lambda_a = \tan^2\left(45° - \dfrac{\varphi}{2}\right)$;

$\lambda'_a = \tan^2\left(45° - \dfrac{\varphi - \beta}{2}\right)$。

而结构另一侧的主动侧向土压力增量可按上述值反对称布置。

(4)结构隧道上方土柱的垂直惯性力,其一般公式为:

$$\left.\begin{array}{l} F'_1 = \eta_c K_V Q \\[2mm] F'_2 = \eta_c K_V P \end{array}\right\} \tag{7-18}$$

式中:K_V——垂直地震系数,一般取 $K_V = \dfrac{K_h}{2} \sim \dfrac{2K_h}{3}$;

Q、P——分别为衬砌和隧道上方土柱的重量。

由于垂直惯性力仅在验算结构抗浮能力时需要考虑,因此,即可按集中力考虑。

2. 沿隧道纵轴方向的地震荷载

地震的横波与隧道纵轴斜交或正交,或地震的纵波与隧道纵轴平行或斜交,都会沿隧道纵向产生水平惯性力,使结构发生纵向拉压变形,其中以横波产生的纵向水平惯性力为主。地震波在冲积层中的横波波长约为160m。因此,孙钧院士在其《地下结构》一书中建议:计算纵向水平惯性力时,对区间隧道可按半个波长的结构重量考虑,即:

$$T = \eta_c K_V (80W)$$

式中:W——结构每延米长的重量。

对于车站结构可按两条变形缝之间的结构重量计算。

地层作用于结构上的强迫位移可分为横向和纵向两类,其计算方法见本章第六节。

六、地下铁道车辆的荷载

现场实测表明,当轨道直接铺设在隧道底板上时,车辆荷载对衬砌应力的影响较小,一般仅产生小于 0.5MPa 的拉应力,故可忽略不计。但当轨道铺设在中层楼板时,则必须计算车辆荷载及其冲击力,具体计算方法在本节的前面已经提及。

七、隧道上方和破坏棱体内的设施和建筑物压力

在计算这部分荷载时,应考虑建筑物的现状和以后的变化,凡规划明确的,应以其设计的基底应力和基底距隧道结构的距离计算;凡不明确的,应在设计要求中作出规定,如上海市规定为 $20kN/m^2$。

八、钢筋混凝土构件裂缝宽度验算

混凝土的抗拉强度很低,在不大的拉应力作用下就可能出现裂缝。钢筋混凝土的裂缝,按其产生的原因可分为以下几类。

(1)作用效应(如弯矩、剪力、扭矩及拉力等)引起的裂缝。由直接作用引起的裂缝一般是与受力钢筋以一定角度相交的横向裂缝。但是,应该指出的是,由于局部黏结应力过大引起的、沿钢筋长度出现的黏结裂缝也是由直接作用引起的一种裂缝,这种裂缝通常是针脚状及劈裂裂缝。

(2)由外加变形或约束变形引起的裂缝。外加变形一般有地基的不均匀沉降、混凝土的收缩及温差变形等。约束变形越大,裂缝宽度也越大。例如在钢筋混凝土薄膜 T 梁的肋板表面上出现中间宽两端窄的竖向裂缝,这是混凝土结硬时,肋板混凝土受到四周混凝土及钢筋架约束而引起的裂缝。

(3)钢筋锈蚀裂缝。由于保护层混凝土碳化或冬季施工中掺氯盐(这是一种促凝、早强剂)过多导致钢筋锈蚀。锈蚀产物的体积比钢筋被侵蚀的体积大 2~3 倍,这种体积膨胀使外围混凝土产生相当大的拉应力,引起混凝土开裂,甚至保护层混凝土剥落。钢筋锈蚀裂缝是沿钢筋长度方向劈裂的纵向裂缝。

过多的裂缝或过大的裂缝宽度会影响结构的外观,造成使用者不安。从结构本身来看,某些裂缝的发生或发展,将影响到结构的使用寿命。为了保证钢筋混凝土构件的耐久性,必须从设计、施工等方面控制裂缝。

对外加变形或约束变形引起的裂缝,往往应在构造上提出的要求和在施工工艺上采取相应的措施予以控制。例如,混凝土收缩引起的裂缝,往往发生在混凝土的结硬初期,因此需要良好的初期养护条件与合适的混凝土配合设计,所以在施工规范中,提出要严格控制混凝土的配合比,保证混凝土的养护条件和时间。

对于钢筋锈蚀裂缝,由于它的出现将影响结构的使用寿命,危害性较大,故必须防止其出现。钢筋锈蚀裂缝是目前正处于研究的一种裂缝,在实际工程中,为了防止它的出现,一般认为必须要有足够厚度的混凝土保护层和保证混凝土的密实性,严格控制早凝剂的掺入量。一

旦钢筋锈蚀裂缝出现,应当及时处理。

在混凝土结构的使用阶段,直接作用引起的混凝土裂缝,只要不是沿混凝土表面延伸过长或裂缝的发展处于不稳定状态,均属正常(指一般构件),但在直接作用下,若裂缝宽度过大,仍会造成裂缝处钢筋锈蚀。

同其他混凝土结构的要求一样,地铁结构不仅需要满足承载力极限状态的要求,还应满足正常使用极限状态的要求,这主要体现在对结构构件的裂缝控制条件上。

地铁钢筋混凝土结构的裂缝形成宽度与很多因素有关,这其中包括结构类型(施工方法)、使用要求、所处环境条件和防水措施等。地下铁道设计规范对结构的最大裂缝宽度作了明显要求,其允许值见表7-4。在进行实际验算时,对于结构有附加防水措施一面取上限值;而对处于侵蚀环境等不利条件下的结构,其最大裂缝宽度允许值应根据具体情况另行确定。不过,当地震力和其他偶然荷载作用时,则不需验算结构的裂缝宽度。

最大裂缝宽度允许值 $[\omega_{max}]$　　　　　　　　　　表 7-4

结 构 类 型		允许值(mm)
盾构隧道管片		0.2
其他结构	水中环境、土中缺氧环境	0.3
	洞内干燥环境或洞内潮湿环境	0.3
	干湿交替环境	0.2

裂缝宽度的计算方法有很多,我国《混凝土结构设计规范》(GB 50010—2010)采用的是半理论半经验的方法。这种方法认为,在裂缝区段内的钢筋与周围混凝土之间产生黏结滑移,滑移量越大裂缝越宽。按此模型推导计算公式,考虑保护层厚度等因素的影响得到理论计算公式,再引入某些系数后得到最大裂缝宽度的最后计算式。

1. 裂缝的平均间距计算

混凝土构件上裂缝分布规律与钢筋混凝土的黏结应力密切相关。《混凝土结构设计规范》(GB 50010—2010)在考虑了以上各个影响裂缝间距的因素之后,根据平均裂缝间距的实测结果给出了受弯构件平均裂缝间距 l_{cr} 的计算公式:

$$\left. \begin{aligned} l_{cr} &= 1.9c_s + 0.08\frac{d_{eq}}{\rho_{te}} \\ d_{eq} &= \frac{\sum n_i d_i^2}{\sum n_i \nu_i d_i} \\ \rho_{te} &= \frac{A_s + A_p}{A_{te}} \end{aligned} \right\} \tag{7-19}$$

式中:c_s——最外层纵向受拉钢筋外缘至受拉区底边的距离,mm;当 $c_s < 20$ 时;取 $c_s = 20$;当 $c_s > 65$ 时,取 $c_s = 65$;

　　　ρ_{te}——按有效受拉混凝土截面面积计算的纵向受拉钢筋配筋率;对无黏结后张构件,仅取纵向受拉普通钢筋计算配筋率;在最大裂缝宽度计算中,当 $\rho_{te} < 0.01$ 时,取 $\rho_{te} = 0.01$;

　　　d_{eq}——受拉区纵向钢筋的等效直径,mm;对无黏结后张构件,仅为受拉区纵向受拉普通

钢筋的等效直径,mm;

d_i——受拉区第 i 种纵向钢筋的公称直径;对于有黏结预应力钢绞线束的直径取为 $\sqrt{n_1}\,d_{p1}$,其中 d_{p1} 为单根钢绞线的公称直径,n_1 为单束钢绞线根数;

n_i——受拉区第 i 种纵向钢筋的根数;对于有黏结预应力钢绞线,取为钢绞线束数;

ν_i——受拉区第 i 种纵向钢筋的相对黏结特性系数,按《混凝土结构设计规范》(GB 50010—2010)表 7.1.2-2 采用;

A_{te}——有效受拉混凝土截面面积:对轴心受拉构件,取构件截面面积;对受弯、偏心受压和偏心受拉构件,取 $A_{te} = 0.5bh + (b_f - b)h_f$,此处,$b_f$、$h_f$ 为受拉翼缘的宽度、高度;

A_s——受拉区纵向普通钢筋截面面积;

A_p——受拉区纵向预应力筋截面面积。

2. 平均裂缝宽度计算

如图 7-15 所示,可以把平均裂缝宽度看作是钢筋在平均裂缝间距这个长度内的伸长值与裂缝之间和钢筋处在同高度的受拉混凝土纤维的伸长值之差,即:

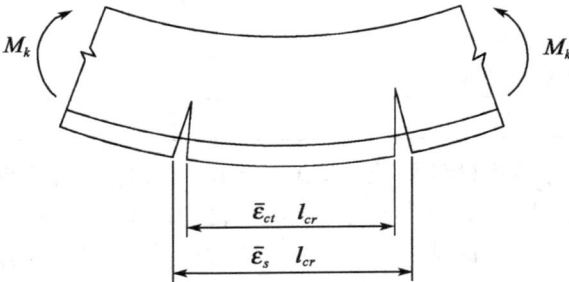

图 7-15

$$\omega = \overline{\varepsilon_s}\,l_{cr} - \overline{\varepsilon_{ct}}\,l_{cr} \qquad (7\text{-}20)$$

式中:ε_s——在平均裂缝间距范围内受拉钢筋的平均拉应变;

$\overline{\varepsilon_{ct}}$——与钢筋处在同一高度的混凝土外表面纤维的平均拉应变。

上式可以进一步改写为:

$$\left. \begin{array}{l} \omega = \alpha_c \psi \dfrac{\sigma_s}{E_s} l_{cr} \\[4mm] \alpha_c = \dfrac{\omega E_s}{\psi \sigma_s l_{cr}} \\[4mm] \psi = 1.1 - 0.65 \dfrac{f_{tk}}{\rho_{te} \sigma_s} \end{array} \right\} \qquad (7\text{-}21)$$

式中:ψ——裂缝间纵向受拉钢筋应变不均匀系数,当 $\psi < 0.2$ 时,取 $\psi = 0.2$;当 $\psi > 1.0$ 时,取 $\psi = 1.0$;对直接承受重复荷载的构件,取 $\psi = 1.0$;

α_c——裂缝间混凝土自身伸长对裂缝宽度的影响系数;

σ_s——按荷载准永久组合计算的钢筋混凝土构件纵向受拉普通钢筋应力或按标准组合计算的预应力混凝土构件纵向受拉钢筋等效应力;

E_s——钢筋的弹性模量,按《混凝土结构设计规范》(GB 50010—2010)表 4.2.5 采用。

3. 最大裂缝宽度计算

在矩形、T 形、倒 T 形和 I 形截面的钢筋混凝土受拉、受弯和偏心受弯构件及预应力混凝土轴心受拉和受弯构件中,按荷载标准值组合或准永久组合并考虑长期作用影响的最大裂缝宽度可按下列公式计算。

$$\omega_{max} = \alpha_{cr}\psi\frac{\sigma_s}{E_s}\left(1.9c_s + 0.08\frac{d_{eq}}{\rho_{te}}\right) \tag{7-22}$$

式中:α_{cr}——构件受力特征系数,按《混凝土结构设计规范》(GB 50010—2010)表 7.1.2-1。

第三节　区间隧道衬砌结构静力计算

一、结构与地层共同作用的处理方法

在采用荷载-结构模型计算衬砌内力时,除了要知道作用在衬砌结构上的主动荷载外,还需要解决结构与地层的共同作用问题,目前较实用的处理方法有以下 3 种。

微课12　隧道结构有限元计算(一)　扫描此码　深度学习

微课13　隧道结构有限元计算(二)　扫描此码　深度学习

微课14　隧道结构有限元计算(三)　扫描此码　深度学习

(1)主动荷载模型,见图 7-16。它不考虑结构与地层的共同作用,因此,除了在结构底部受地层约束外,其他部分在主动荷载作用下可以自由变形。这种模型适用于结构与底层"刚度比"较大的情况,较弱的地层没有"能力"去限制衬砌结构的变形。

(2)主动荷载加地层弹性约束的模型,见图 7-17。它认为地层不仅对衬砌结构施加主动荷载(地层压力),而且由于结构与地层的共同作用,还对衬砌结构施加被动弹性抗力。因为在非均匀分布的径向荷载作用下,衬砌结构的一部分将发生向着围岩方向的变形,只要地层具有一定的刚度,就必然会对衬砌结构产生反作用力来抵制它的变形,这种反作用力就称为弹性抗力,属于被动性质。而衬砌结构的另一部分则背离地层向着隧道内变形,当然,这部分不会引起弹性抗力,形成所谓的"脱离区"。衬砌结构就是在上述的主动荷载和地层的被动弹性抗力共同作用下进行工作的。这种模型适用于各类地层,只是各类地层所能产生的弹性抗力大小和范围不同而已。

竖向围岩主动压力　侧向围岩主动压力　地层反力

图 7-16　主动荷载模型

(3)地层实测荷载模型,见图 7-18。它是主动荷载模型的另一种形式,其计算模式与图 7-15 相同,只是荷载不同。实测荷载是结构与地层共同作用的综合反应,它既包含地层的主动压力,也含有被动弹性抗力。在衬砌与地层密贴时,不仅能量测到地层的径向荷载,而且还能测到地层的切向荷载。但应指出,实测的荷载值除与地层特性、埋深等因素有关外,还取决于衬砌的刚度。因此,某一种实测荷载,只能适用于和量测条件相同的情况下。

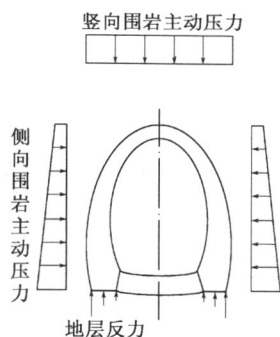

至此，还有最后一个问题要解决，就是(1)和(3)类模型中的基底反力以及(2)类模型中的弹性抗力如何计算。正如上所述，无论是基底反力或是弹性抗力都是由于衬砌结构发生向地层方向变形而引起的被动反作用力。它可以用以"温克列尔(Winkler)"假定为基础的局部变形理论来确定。该假定认为地层的反力或弹性抗力是和在该点所发生的变形成正比的，用公式表示为：

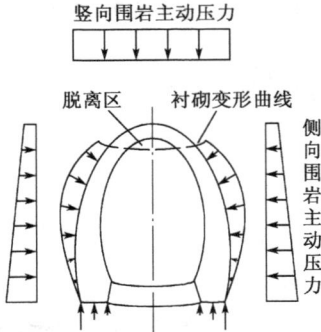

图7-17　主动荷载加地层弹性约束模型

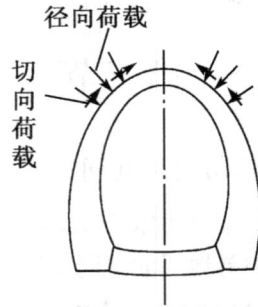

图7-18　地层实测荷载模型

$$\sigma_i = K\delta_i \tag{7-23}$$

式中：δ_i——地层表面某点所产生的压缩变形；

σ_i——地层在同一点所产生的弹性抗力；

K——地层的弹性抗力系数。

温氏假定虽然与实际情况有一定的出入，而且 K 也不是地层固有的特性，但该方法简单明了，K 值与结构内弯矩的关系是 $1/4$ 次方的关系，因此，K 值的精度即使差些，影响也不大，能满足一般工程设计所需的精度，故目前应用十分广泛。

基底反力或弹性抗力的大小和分布形态取决于衬砌结构的变形，而结构变形又和反力或弹性抗力有关。因此，考虑结构与地层共同作用的衬砌结构计算是个非线性力学问题，必须采用迭代解法或某些线性化的假设。例如，假设反力或弹性抗力的分布形态为已知，或采用弹性地基梁理论，或用一系列独立的弹性支承链杆代替连续分布的反力或弹性抗力等。于是，衬砌结构计算就成了通常的超静定结构的求解了。

在利用弹性支承链杆模拟地层的弹性抗力时，式(7-23)中的围岩弹性抗力系数 K 与弹性链杆的刚度系数 K' 之间可以按照 $K' = Kbs$ 进行换算，这里，b 为衬砌结构的计算宽度，一般取 1m，而 s 为链杆支承处两相邻杆件长度和的 $1/2$。

二、明挖箱形衬砌结构计算

明挖箱形结构一般分顺作法和逆作法施工两种。采用顺作法施工时，即在基坑内由下而上地做好结构，然后，回填土和恢复路面交通并开始承载。由于回填土的密实度远不如地层原始状态的，故在侧向不能提供必要的弹性抗力，为了安全可以采用主动荷载模型进行结构计算，其承受的主动荷载如图7-19所示。

关于箱形结构基底反力，通常可以采用两种计算方法：①假设结构是刚性体，则基底反力的大小和分布即可根据静力平衡条件求得；②假设结构为温克列尔地基上的箱型结构，根据地基变形应用公式(7-23)计算基底每一点的反力。若采用矩阵位移法分析箱型结构内力，这两

种计算基底反力的方法可以用统一的程序解决。

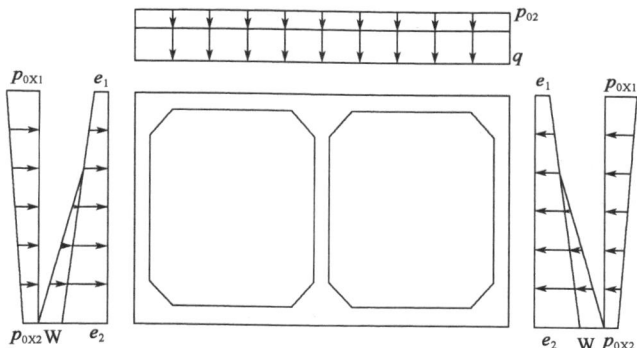

图 7-19　箱形框架主动荷载图

弹性地基上的箱形结构一般按平面应变问题考虑。但在长度比接近 1 时,应按空间结构考虑。对于平面应变问题,通常都是沿纵向取单位宽度进行计算。采用矩阵位移法分析弹性地基上平面框架内力的基本步骤如下:

(1)将框架的上部刚架划分为普通等截面直梁单元,将框架的底板划分为弹性地基上的等截面直梁单元,如图 7-20 所示。

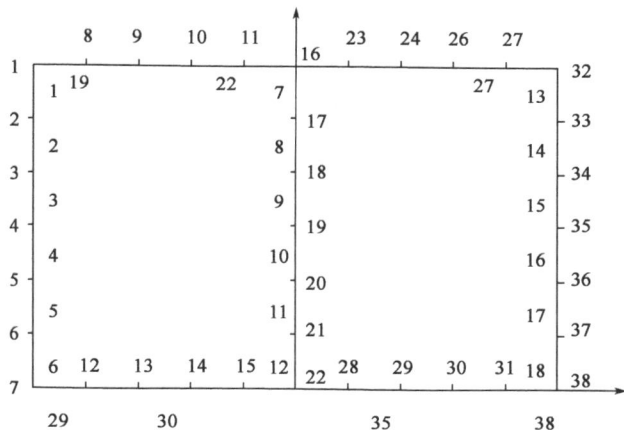

图 7-20　箱形框架计算简图(单元剖分)

(2)计算整体坐标系下的普通等值梁单元的刚度矩阵为:

$$[K]^e = \frac{EI}{L(1+\beta)} \begin{bmatrix} \frac{12}{L^2}(m^2+\alpha l^2) & -\frac{12}{L^2}(1-\alpha)lm & \frac{6m}{L} & -\frac{12}{L^2}(m^2+\alpha l^2) & \frac{12}{L^2}(1-\alpha)lm & \frac{6m}{L} \\ & \frac{12}{L^2}(l^2+\alpha m^2) & -\frac{6l}{L} & \frac{12}{L^2}(1-\alpha)lm & -\frac{12}{L^2}(l^2+\alpha m^2) & -\frac{6l}{L} \\ & & 4+\beta & -\frac{6m}{L} & \frac{6l}{L} & 2-\beta \\ \text{对称} & & & \frac{12}{L^2}(m^2+\alpha l^2) & -\frac{12}{L^2}(1-\alpha)lm & -\frac{6m}{L} \\ & & & & \frac{12}{L^2}(l^2+\alpha m^2) & \frac{6l}{L} \\ & & & & & 4+\beta \end{bmatrix}$$

$$\beta = \frac{12EI}{GA_sL^2}; \alpha = \frac{AL^2(1+\beta)}{12I}; l = \cos\varphi; m = \sin\varphi \tag{7-24}$$

式中: L——单元长;

A——单元的截面积;

A_s——单元的有效剪切面积,对于矩形截面, $A_s = A/1.2$;

E——单元的杨氏弹性模量;

G——单元的剪切模量;

I——单元的惯性矩;

φ——单元与整体坐标系的 x 轴正方向的夹角。

（3）计算整体坐标系下弹性地基上等值梁单元的刚度矩阵,若仅考虑法向弹性抗力时,其计算公式如下:

$$[\pmb{K}]^e = \frac{EI}{L} \cdot \begin{bmatrix} \frac{T_{11}m^2+\alpha l^2}{L^2} & \frac{-(T_{11}-\alpha)lm}{L^2} & \frac{Q_{11}m}{L} & \frac{-(T_{12}m^2+\alpha l^2)}{L^2} & \frac{(T_{12}-\alpha)lm}{L^2} & \frac{Q_{21}m}{L} \\ & \frac{T_{11}l^2+\alpha m^2}{L^2} & \frac{-Q_{11}l}{L} & \frac{(T_{12}-\alpha)lm}{L^2} & \frac{-(T_{12}l^2+\alpha m^2)}{L^2} & \frac{-Q_{21}l}{L} \\ & & S_{11} & \frac{-Q_{12}m}{L} & \frac{-Q_{12}l}{L} & S_{12} \\ \text{对称} & & & \frac{T_{22}m^2+\alpha l^2}{L^2} & \frac{-(T_{22}-\alpha)lm}{L^2} & \frac{-Q_{22}m}{L} \\ & & & & \frac{T_{22}l^2+\alpha m^2}{L^2} & \frac{Q_{22}l}{L} \\ & & & & & S_{22} \end{bmatrix} \tag{7-25}$$

式中:

$T_{11} = 2(\lambda L)^2(SC + S'C')D_1$; $\qquad T_{22} = T_{11}$;

$T_{12} = 2(\lambda L)^2(CS' + SC')D_1$; $\qquad S_{11} = (SC - S'C')D_1$;

$S_{22} = S_{11}$; $\qquad S_{12} = (CS' - SC')D_1$;

$Q_{11} = (\lambda L)(C^2 - C'^2)D_1$; $\qquad Q_{22} = Q_{11}$;

$Q_{12} = (\lambda L)(2SS')D_1$; $\qquad Q_{21} = Q_{12}$;

$D_1 = \frac{2\lambda}{S^2 - S'^2}$; $\qquad \lambda = \sqrt[4]{\frac{K}{4EI}}$;

$C' = \cos\lambda L$; $\qquad S' = \sin\lambda L$;

$C = \cos\lambda Lh$; $\qquad S = \sin\lambda Lh$;

K——地基的法向弹性抗力系数。

若在弹性地基梁中,则需要考虑切向弹性抗力,如作为挡土结构的桩、地下连续墙,或抗震分析时需计算单侧水平荷载时,假设切向弹性抗力亦符合温氏假定,即:

$$R_i = K'\mu_i \tag{7-26}$$

式中: K'——弹性地基的切向弹性抗力系数。

因切向弹性抗力仅与轴力和轴向位移有关,故只要对公式(7-25)中有关轴力和轴向位移进行如下修正即可：

$$\begin{Bmatrix} F_{s1} \\ F_{s2} \end{Bmatrix} = EA\lambda' \begin{pmatrix} \dfrac{\cosh\lambda'Lh}{\sinh\lambda'Lh} & \dfrac{-1}{\sinh\lambda'Lh} \\ \dfrac{-1}{\sinh\lambda'Lh} & \dfrac{\cosh\lambda'Lh}{\sinh\lambda'Lh} \end{pmatrix} \begin{Bmatrix} \mu_{s1} \\ \mu_{s2} \end{Bmatrix} \tag{7-27}$$

式中：$\lambda' = \sqrt{\dfrac{K'}{EA}}$。

（4）将分布荷载按静力等效的原则离散为等效节点力。

（5）按直接刚度法原理组装结构体系的总刚度矩阵和荷载列阵，形成结构体系的刚度方程：

$$[K]\{\delta\} = \{P\} \tag{7-28}$$

（6）对刚度方程引入必要的位移约束条件。对于弹性地基上的平面框架，可假设其底板中点的水平位移为零。

（7）求解刚度方程得到结构体系的节点位移：

$$\{\delta\} = [K]^{-1}\{P\} \tag{7-29}$$

（8）根据各单元的节点位移和底板各节点的竖向位移计算各单元的内力和基底竖向反力：

$$\left. \begin{aligned} \{S\}^e = [K]^e[T]\{\delta\}^e = [B]\{\delta\}^e \\ \sigma_i = KV_i \end{aligned} \right\} \tag{7-30}$$

必要时亦可根据底板节点水平位移计算基底水平反力。

若采用第一种计算基底反力的方法时，上述计算步骤仅需略作改动即可适用。

（1）将框架全部划分为普通等值梁单元。

（2）根据静力平衡条件求出基底反力的大小和分布，并将其视为外荷载按静力等效的原则离散为等效节点力。

（3）除了假设底板中点水平位移为零外，尚需增加边墙中点的竖向约束。

对框架结构的隅角部分和梁柱交叉节点处，为了考虑柱宽的影响，一般采用如图 7-21 所示的方法来计算配筋。

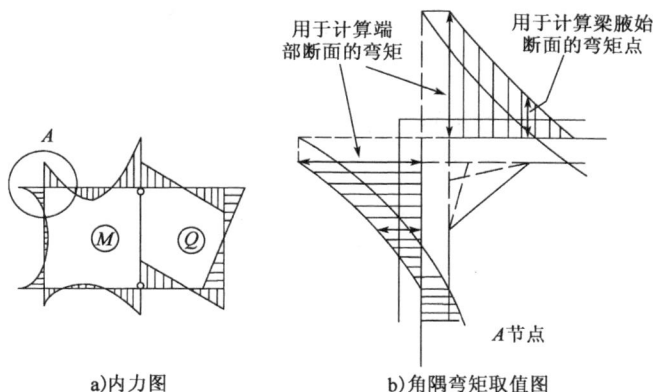

a)内力图　　　　b)角隅弯矩取值图

图 7-21　框架结构隅角弯矩取值图

三、暗挖马蹄形衬砌结构计算

采用矿山法施工的浅埋或深埋隧道衬砌通常为马蹄形复合式结构。按新奥法（NATM）原理进行设计时，在复合式衬砌中，衬砌支护是主要承载结构，二次衬砌则为安全储备。由于深埋隧道复合式衬砌涉及众多的未知因素，目前，尚不易做出可靠的定量分析，所以，本节仅讨论浅埋暗挖隧道复合式衬砌初期支护的结构计算问题。

浅埋暗挖的马蹄形复合式衬砌初期支护所承受的主动荷载如图7-13所示。由于施工对周围地层的扰动和破坏较小，可认为除脱离区外，支护的其他部位均受到地层的弹性抗力作用。对于这种结构理应采用本节中的主动荷载加地层弹性约束模型进行内力分析，为此，可以采用两种计算图示：

（1）弹性地基梁模型，见图7-22。首先将曲线形拱结构简化为由一些等截面直杆组成的折线形结构。若采用矩阵位移法时，可假定在脱离区范围（在拱顶90°~120°之间）内的等直杆为普通梁单元，其余均为弹性地基等直梁单元，同时假定仰拱中点的水平位移为零。其余计算步骤均同本节第一部分。

（2）弹性支承链杆图式，见图7-23。

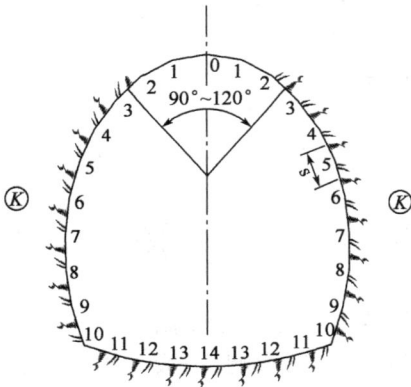

图7-22　弹性地基梁计算模型和单元部分图

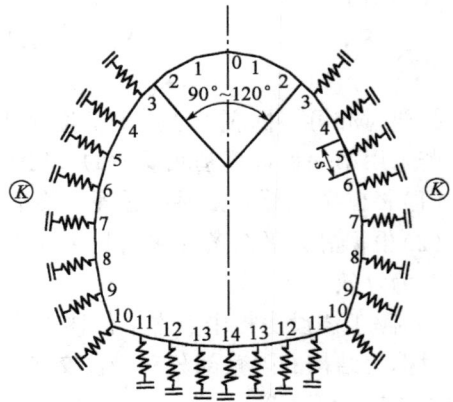

图7-23　弹性支承链杆法计算模型和单元部分图

它与图7-22不同之处在于：

①将折线拱的全部杆件均视为普通等直梁单元。

②将脱离区以外的分布的弹性抗力用一些离散的弹性支承链杆来代替，并作用在折线的节点处，其方向为沿结构轴线的法向，如需考虑切向弹性抗力，尚需在节点处设置切向弹性支承链杆。采用矩阵位移法时，弹性支承链杆在整体坐标系下的单元刚度矩阵为：

$$[K]^e = [T]^T[k][T] \tag{7-31}$$

式中：$[T] = \begin{pmatrix} \cos\theta & \sin\theta & 0 \\ -\sin\theta & \cos\theta & 0 \\ 0 & 0 & 1 \end{pmatrix}$；

$$[k] = \begin{pmatrix} \dfrac{1}{K_n d_i} & & 0 \\ & \dfrac{1}{K_t d_i} & \\ 0 & & 0 \end{pmatrix};$$

θ ——法向弹性支承链杆与整体坐标系 x 轴的夹角,反时针方向为正;

K_n——地层法向弹性抗力系数;

K_t——地层切向弹性抗力系数;

d_i——弹性支承链杆所代表的分布弹性抗力的长度。

其他关于分布荷载的离散、总刚度矩阵的组集和求解、结构内力和地层弹性抗力的计算等均与前文中结构与地层共同作用的处理方法所述相同,此处不再赘述。

若浅埋暗挖隧道的二次衬砌在初期支护变形稳定前施作,则二次衬砌将参与受力作用,初期支护独立作用时所承受的荷载值也必然小于 100% 的计算荷载。为了对处于这种工作状况的复合式衬砌进行内力分析,建议如下步骤计算:

第一步,根据二次衬砌的施作时间,利用初期支护的位移—时间曲线估算出初期支护独立作用时所承受的荷载比例,例如 70%。然后,根据 70% 的计算荷载值,按前述方法对初期支护进行内力分析,求出初期支护中的内力值 $\{S_1^1\}$。

第二步,根据剩余的计算荷载值,采用矩阵位移法对复合式衬砌进行内力分析,求出初期支护中的内力值 $\{S_1^2\}$ 和内层衬砌中的内力值 $\{S_2\}$。则初期支护中的最终内力值为:

$$\{S_1\} = \{S_1^1\} + \{S_1^2\} \tag{7-32}$$

进行复合式衬砌内力分析时可采用如图 7-24 所示的计算图式,外圈单元为初期支护,内圈单元为内层衬砌,内外圈之间的二力杆单元模拟防水隔离层(因其不能抗剪),其整体坐标下单元刚度矩阵为:

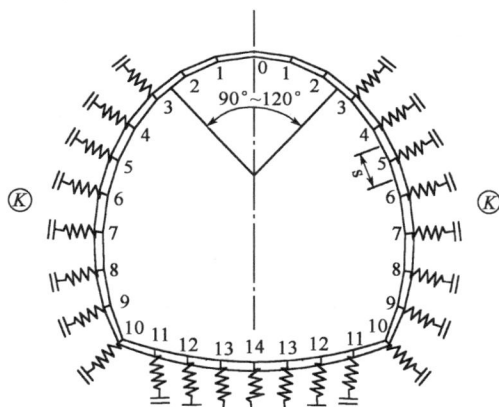

图 7-24　复合式衬砌计算模型和单元部分图

$$[K]^e = \frac{E_p d_i}{t} \begin{bmatrix} l^2 & lm & -l^2 & -lm \\ & m^2 & -lm & -m^2 \\ & & l^2 & lm \\ & & & m^2 \end{bmatrix} \tag{7-33}$$

式中: $l = \cos\alpha$;

　　　$m = \sin\alpha$;

　　　α——二力杆与整体坐标系 x 轴的夹角;

　　E_p、t——分别为防水隔离层的弹性模量、厚度;

　　　d_i——二力杆的间距,亦即它所代表的防水隔离层宽度。

由于防水隔离层厚度 t 较小，有可能使：

$$\frac{E_p d_i}{t} > \frac{E_c d_i}{h} \tag{7-34}$$

式中：E_c——混凝土弹性模量；

h——初期支护轴线与内层衬砌轴线之间的距离。

这显然是不合理的，此时，可令：

$$\frac{E_p d_i}{t} = \frac{E_c d_i}{h} \tag{7-35}$$

四、暗挖圆形衬砌结构计算

采用盾构法修建的圆形隧道衬砌视其所处的地层条件和结构构造特点，目前较通用的计算方法有 3 种：

1. 自由变形弹性匀质圆环法

处于软弱地层和饱和软黏土中的整体式圆形衬砌，或接头刚度接近结构本身刚度的装配式圆形衬砌均可采用本方法进行结构内力分析。在此方法中假定：

（1）地层不提供侧向弹性抗力。

（2）基底竖向反力按均匀分布考虑，并根据静力平衡条件计算其量值。

（3）结构为弹性匀质体。

对于浅埋隧道为了简化计算，可将拱顶上的非均布的竖向地层压力近似地换算成均布荷载：

$$q_2 = \frac{G}{2R_H} \tag{7-36}$$

式中：G——拱背上地层压力总值，有：

$$G = 2\left(1 - \frac{\pi}{4}\right)R_H^2 \gamma \tag{7-37}$$

R_H——衬砌计算半径；

γ——地层重度。

于是，竖向匀布地层压力即为：

$$q = \gamma h + q_2 \tag{7-38}$$

按自由变形弹性匀质圆环分析衬砌内力时，结构所承受的主动荷载和基底反力如图 7-25 所示。衬砌中个界面的弯矩 M（内缘受拉为正）和轴力 N（受压为正）见表 7-5。

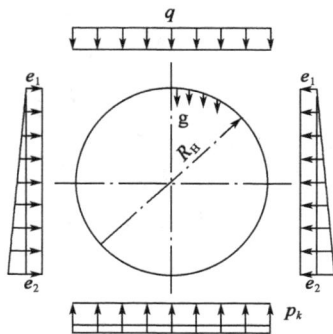

图 7-25 自由变形弹性匀质圆环计算简图

断面内力系数表   表 7-5

荷 载	截面位置	内 力		p
		$M(\text{kN} \cdot \text{m})$	$N(\text{kN})$	
自重	$0 \sim \pi$	$gR_H^2(1 - 0.5\cos\alpha - \alpha\sin\alpha)$	$gR_H(\alpha\sin\alpha - 0.5\cos\alpha)$	g
土荷载	$0 \sim \dfrac{\pi}{2}$	$qR_H^2(0.193 + 0.106\cos\alpha - 0.5\sin^2\alpha)$	$qR_H(\sin^2\alpha - 0.106\cos\alpha)$	q

续上表

荷　　载	截面位置	内　　力		p
		$M(\text{kN} \cdot \text{m})$	$N(\text{kN})$	
土荷载	$\dfrac{\pi}{2} \sim \pi$	$qR_H^2(0.693 + 0.106\cos\alpha - \sin\alpha)$	$qR_H(\sin\alpha - 0.106\cos\alpha)$	q
底部反力	$0 \sim \dfrac{\pi}{2}$	$P_R R_H^2(0.057 - 0.106\cos\alpha)$	$0.106 P_R R_H \cos\alpha$	P_R
	$\dfrac{\pi}{2} \sim \pi$	$P_R R_H^2(-0.443 + \sin\alpha - 0.106\cos\alpha - 0.5\sin^2\alpha)$	$P_R R_H(\sin^2\alpha - \sin\alpha + 0.106\cos\alpha)$	
水压	$0 \sim \pi$	$-R_H^3(0.5 - 0.25\cos\alpha - 0.5\alpha\sin\alpha)$	$R_H^2(1 - 0.25\cos\alpha - 0.5\alpha\sin\alpha) + HR$	W
均布侧压	$0 \sim \pi$	$e_1 R_H^2(0.25 - 0.5\cos^2\alpha)$	$e_1 R_H \cos^2\alpha$	e_1
$\Delta_{侧压}$	$0 \sim \pi$	$\Delta e R_H^2(0.25\sin^2\alpha + 0.083\cos^3\alpha - 0.063\cos\alpha - 0.125)$	$\Delta e R_H \cos\alpha(0.063 + 0.5\cos\alpha - 0.25\cos^2\alpha)$	$\Delta e = e_2 - e_1$

注:1. 计算水压引起的内力时,表格内的公式需乘以水的重度10kN/m³。

2. 公式中 R 表示为隧道外半径,即隧道半径加上衬砌厚度。

3. 公式中 H 表示拱顶顶面至水头的高度。

4. 公式中 α 表示截面与竖直轴的夹角。

2. 考虑侧向水平弹性抗力法

处于能提供侧向弹性抗力的地层,如硬黏土、砂性土中的整体式或装配式圆形衬砌均可采用本方法进行结构内力分析。在此方法中假定。

(1)地层侧向弹性抗力为水平方向作用,并呈三角形分布,上下零点在水平直径上下45°处,最大值 σ_k 在水平直径处,见图7-26。其余任一点的侧向水平弹性抗力 σ_i 均为 σ_k 的函数,即:

$$\sigma_i = \sigma_k \left(1 - \frac{|\sin\alpha|}{\sin45°}\right) = K\delta_k\left(1 - \frac{|\sin\alpha|}{\sqrt{2}}\right) \qquad (7\text{-}39)$$

式中:K——地层弹性抗力系数;

δ_k——水平直径处衬砌的最终水平变位,且:

$$\left. \begin{array}{l} \delta_k = \dfrac{(2q + \pi g - 2e)R_H^4}{24(EI + 0.045KR_H^4)} \\[3mm] e = \dfrac{e_1 + e_2}{2} \end{array} \right\} \qquad (7\text{-}40)$$

E、I——分别为衬砌材料的杨氏弹性模量和惯性矩;

e——等效水平荷载。

(2)基底竖向反力按匀布考虑,并根据静力平衡条件计算其量值。

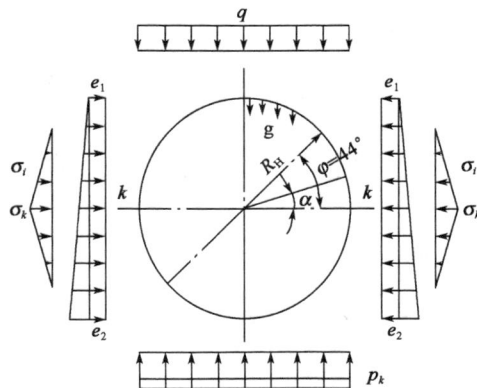

图7-26　考虑侧向地层弹性抗力的圆环计算简图

(3)在装配式衬砌中,若接头刚度较小,则衬砌的整体刚度也将有所减弱,有助于充分发挥地层的承载力,改善结构受力状态。为了使设计经济、合理,在进行内力分析时应考虑接头

对刚度的影响,目前,较适用的方法为:

①按缪尔伍特(Muir Wood)经验公式决定装配式衬砌的有效惯性矩 I_e:

$$I_e = I_j + \left(\frac{4}{n}\right)^2 I_0 \tag{7-41}$$

式中:I_j——接头的惯性矩,常视作零值;

$\quad I_0$——管片的惯性矩;

$\quad n$——环中接头的数量。

②按日本土木协会的《盾构用标准管片》(1982)中规定,如为错缝拼装的平板型管片,其计算刚度取:

$$(EI)_{\text{计}} = \eta (EI)_0 \tag{7-42}$$

式中:η——弯曲刚度有效率,上述文献建议 $\eta = 0.8$;

$(EI)_0$——管片的原有刚度。

该文献还规定,按 $(EI)_{\text{计}}$ 求得衬砌中的内力($M_{\text{计}}$、$N_{\text{计}}$、$Q_{\text{计}}$)后,需按 $(1+\zeta)M_{\text{计}}$ 与 $N_{\text{计}}$ 进行管片设计,按 $(1-\zeta)M_{\text{计}}$ 与 $N_{\text{计}}$ 进行管片接头连接件的设计,其中的 ζ(弯矩增大系数)取为 0.3,其原因是接头不能传递全部弯矩,其一部分要通过错缝拼装的相邻管片传递。

按本方法分析衬砌内力时,衬砌环中各截面的弯矩 M 和轴力 N 仅需在表7-5所示的量值上叠加表7-6所示的值。

σ_k 引起的圆环内力表　　　　　　　　　　　　表7-6

内　力	$0 \leq \alpha \leq \frac{1}{4}\pi$	$\frac{1}{4}\pi \leq \alpha \leq \frac{1}{2}\pi$
M	$(0.2346 - 0.3536\cos\alpha)\sigma_k R_H^2$	$(-0.3487 + \frac{1}{2}\sin^2\alpha + 0.2357\cos^3\alpha)\sigma_k R_H^2$
N	$0.3536\sigma_k R_H$	$(-\sqrt{2}\cos\alpha + \cos^2\alpha + \sqrt{2}\sin^2\alpha\cos\alpha)\sigma_k R_H$

注:α 为计算截面与垂直轴的夹角。

3. 弹性地基梁法或弹性支承链杆法

本方法适用范围和上述的相同,本方法所采用假定与有关公式均和本章第三节所述的暗挖马蹄形衬砌的相同,其计算图式如图7-27所示。

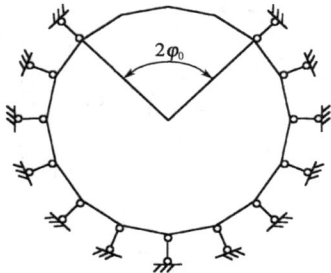

图7-27　圆形衬砌弹性支撑链杆计算简图

【例7-3】　现有一圆形隧道,埋深为20m,地下水位距地面2m。水位线以上地层重度为18kN/m³,水位线以下地层重度为20kN/m³,隧道直径为10m,衬砌厚度为0.4m,衬砌材料为C25混凝土(重度为22kN/m³),围岩等级为V级(侧压力系数为0.5)。试根据表7-5、表7-6中数据计算圆环的内力值。

【解】　此题分为两种情况计算,第一种不考虑侧向弹性抗力,第二种情况考虑侧向弹性抗力。

(1)不考虑侧向弹性抗力

计算衬砌结构的内力,就是要计算两个量,即结构轴力和弯矩。需要考虑的荷载见表7-5。

自重荷载：

$$g = 0.4\mathrm{m} \times 1\mathrm{m} \times 22\mathrm{kN/m^3} = 8.8\mathrm{kN/m}$$

土荷载：

$$G = 2\left(1 - \frac{\pi}{4}\right) \times (5.2\mathrm{m})^2 \times 1\mathrm{m} \times \left(18 \times \frac{2}{20} + 20 \times \frac{18}{20}\right)\mathrm{kN/m^3} = 230.22\mathrm{kN}$$

$$q_2 = \frac{230.22\mathrm{kN}}{2 \times 5.2\mathrm{m}} = 22.14\mathrm{kN/m}$$

$$q = 19.8\mathrm{kN/m^3} \times 20\mathrm{m} \times 1\mathrm{m} + 22.14\mathrm{kN/m} = 418.14\mathrm{kN/m}$$

侧压力：

$$e_1 = 0.5 \times \left(418.14 + 20 \times \frac{0.4}{2}\right)\mathrm{kN/m} = 211.07\mathrm{kN/m}$$

$$e_2 = 0.5 \times (418.14 + 20 \times 2 \times 5.2) = 313.07\mathrm{kN/m}$$

水压力：水压力荷载计算时，$H = 18\mathrm{m}$，$R = 5.4\mathrm{m}$；

底部反力：

$$P_R = q + \pi g - \frac{\pi R \gamma_w}{2} = 418.14 + 3.14 \times 8.8 - \frac{3.14 \times 5.4 \times 10}{2} = 360.99\mathrm{kN/m}$$

依据表7-5我们可以计算出各种荷载单独作用情况下结构的内力，然后把这些单独情况的内力整合，就可以得到衬砌结构总内力。

计算结果见表7-7和表7-8。

衬砌截面轴力表（单位：kN） 表7-7

截面 / 荷载位置	自重引起的轴力	土荷载引起的轴力	底部反力引起的轴	水压引起的轴力	均布侧压引起的轴力	$\Delta_{侧压}$引起的轴力	N
0°	−22.88	−230.48	198.98	1 174.80	1 097.56	166.02	2 384.00
10°	−21.15	−161.41	195.95	1 171.73	1 064.47	163.46	2 413.06
20°	−16.04	37.77	186.98	1 162.74	969.17	155.55	2 496.17
30°	−7.84	343.98	172.32	1 148.48	823.17	141.71	2 621.81
40°	3.00	721.82	152.43	1 129.98	644.08	121.62	2 772.89
50°	15.87	1 127.80	127.90	1 108.61	453.49	95.84	2 929.47
60°	30.04	1 515.51	99.49	1 086.05	274.39	66.43	3 071.87
70°	44.68	1 841.15	68.08	1 064.14	128.39	37.15	3 183.51
80°	58.92	2 068.74	34.55	1 044.85	33.10	13.10	3 253.20
90°	71.84	2 174.33	0.00	1 030.14	0.00	0.00	3 276.24
100°	82.59	2 181.32	−62.64	1 021.87	33.10	2.89	3 226.51
110°	90.34	2 122.03	−174.43	1 021.73	128.39	24.90	3 089.65
120°	94.40	1 998.26	−371.29	1 031.10	274.39	66.17	2 894.67
130°	94.20	1 813.78	−464.32	1 050.98	453.49	123.31	2 681.68
140°	89.36	1 574.19	−583.44	1 081.94	644.08	189.64	2 496.44

截面 荷载位置	自重引起的 轴力	土荷载引起的 轴力	底部反力引起的 轴	水压引起的 轴力	均布侧压引起的 轴力	$\Delta_{侧压}$引起的 轴力	N
150°	79.68	1 286.76	−641.61	1 124.06	823.17	256.09	2 384.52
160°	65.18	960.24	−609.42	1176.86	969.17	312.80	2 385.49
170°	46.10	604.55	−465.32	1239.35	1064.47	350.94	2 528.06
180°	22.88	230.48	−198.98	1310.00	1097.56	364.38	2 826.33

衬砌截面弯矩表（单位：kN·m）　　　　表 7-8

截面位置	自重引起的 弯矩	土荷载引起的 弯矩	底部反力的 弯矩	水压的弯矩	均布侧压的 弯矩	$\Delta_{侧压}$的 弯矩	M
0°	118.98	3 380.65	−478.30	−351.52	−1 426.83	−289.60	953.37
10°	113.58	3 191.97	−462.58	−335.56	−1 340.78	−276.44	890.18
20°	97.76	2 647.06	−415.90	−288.83	−1 093.02	−237.43	709.67
30°	72.65	1 806.76	−339.68	−214.65	−713.42	−174.17	437.56
40°	40.08	764.46	−236.23	−118.43	−247.77	−90.07	112.16
50°	2.49	−364.94	−108.70	−7.34	247.77	8.97	−221.59
60°	−37.23	−1 458.54	39.04	109.98	713.42	114.12	−518.99
70°	−75.78	−2 399.88	202.50	223.90	1 093.02	213.82	−742.14
80°	−109.74	−3 092.52	376.72	324.23	1 340.78	294.99	−865.21
90°	−135.63	−3 471.10	556.39	400.73	1 426.83	334.76	−877.65
100°	−150.18	−3 507.44	734.93	443.70	1 340.78	352.94	−784.85
110°	−150.42	−3 199.14	892.52	444.43	1 093.02	314.37	−604.80
120°	−133.94	−2 555.56	986.13	395.73	713.42	230.64	−363.15
130°	−98.95	−1 596.25	954.33	292.34	247.77	110.76	−89.59
140°	−44.45	−350.37	726.23	131.33	−247.77	−29.67	185.68
150°	29.67	1 144.23	232.30	−87.65	−713.42	−170.59	434.85
160°	122.60	2 842.14	−584.32	−362.23	−1 093.02	−290.77	634.63
170°	232.58	4 691.77	−1 757.39	−687.18	−1 340.78	−371.49	767.63
180°	356.93	6 636.92	−3 289.51	−1 054.56	−1 426.83	−399.92	823.02

（2）考虑侧向弹性抗力

这种情况比上一种情况，多一个荷载侧向弹性抗力 σ_k。σ_k 的计算方法参考公式(7-39)和公式(7-40)。这里杨氏弹性模量取 $E = 29.5 \times 10^9 \text{Pa}$，底层弹性抗力系数 $K = 1\text{MPa}$。

侧向弹性抗力的计算：

$$\delta_k = \frac{(2q + \pi g - 2e)R_H^4}{24(EI + 0.045KR_H^4)}$$

式中：$q = 418.14\text{kN/m}$；

$g = 8.8\text{kN/m};$

$e = \dfrac{e_1 + e_2}{2} = \dfrac{211.07 + 313.07}{2} = 262.07\text{kN/m};$

$R_H = 5.2\text{m};$

$E = 29.5 \times 10^9\text{Pa};$

$I = \dfrac{\pi(D^4 - d^4)}{64} = \dfrac{3.14 \times (10.8^4 - 10^4)}{64} = 176.86\text{m}^4;$

$K = 1 \times 10^6\text{Pa};$

代入可得：

$$\delta_k = 1.98 \times 10^{-6}\text{m}$$

下面计算侧向弹性抗力的大小：

$$\sigma_i = \sigma_k\left(1 - \dfrac{|\sin\alpha|}{\sin 45°}\right) = K\delta_k\left(1 - \dfrac{|\sin\alpha|}{\sqrt{2}}\right)$$

其中在 $\alpha = 0°$ 取得最大值代入可得：

$$\sigma_k = K\delta_k = 1 \times 10^6 \times 1.98 \times 10^{-6} = 1.98\text{N}$$

σ_k 引起的衬砌结构内力根据表 7-6 计算。轴力和弯矩计算结果见表 7-9 和表 7-10。

衬砌截面轴力表（单位：kN）   表 7-9

荷载 截面位置	自重引起的 轴力	土荷载引起 的轴力	底部反力 引起的轴力	水压引起的 轴力	均布侧压 引起的轴力	$\Delta_{侧压}$ 引起的 轴力	σ_k 引起的 圆环内力	N
0°	−22.88	−230.48	198.98	1 174.80	1 097.56	166.02	3.64	2 387.64
10°	−21.15	−161.41	195.95	1 171.73	1 064.47	163.46	3.64	2 416.70
20°	−16.04	37.77	186.98	1 162.74	969.17	155.55	3.64	2 499.81
30°	−7.83	343.98	172.32	1 148.46	823.17	141.71	3.64	2 625.45
40°	3.01	721.82	152.43	1 129.94	644.08	121.62	3.64	2 776.53
50°	15.88	1 127.80	127.90	1 108.57	453.49	95.84	0.39	2 929.86
60°	30.06	1 515.51	99.49	1 085.99	274.39	66.43	0.75	3 072.62
70°	44.71	1 841.15	68.05	1 064.06	128.39	37.15	0.62	3 184.14
80°	58.95	2 068.74	34.55	1 044.75	33.10	13.10	0.23	3 253.43
90°	71.88	2 174.33	0.00	1 030.03	0.00	0.00	0.00	3 276.24
100°	82.63	2 148.79	−62.64	1 021.75	33.10	2.89	0.23	3 226.75
110°	90.38	1 998.81	−174.43	1 021.61	128.39	24.90	0.62	3 090.28
120°	94.44	1 745.99	−317.29	1 030.97	274.39	66.17	0.75	2 895.43
130°	94.24	1 424.10	−464.32	1 050.86	453.49	123.31	0.39	2 682.06
140°	89.40	1 074.94	−583.44	1 081.84	644.08	189.64	3.64	2 500.08
150°	79.71	743.18	−641.61	1 123.97	823.17	256.09	3.64	2 388.16

荷载 截面位置	自重引起的 轴力	土荷载引起 的轴力	底部反力 引起的轴力	水压引起的 轴力	均布侧压 引起的轴力	$\Delta_{侧压}$引起的 轴力	σ_k引起的 圆环内力	N
160°	65.21	470.93	−609.42	1 176.79	969.17	312.80	3.64	2 389.13
170°	46.11	292.54	−465.32	1 239.31	1 064.47	350.94	3.64	2 531.70
180°	22.88	230.48	−198.98	1 310.00	1 097.56	364.38	3.64	2 829.97

衬砌截面弯矩表（单位：kN·m）　　　　　　　　　　表7-10

荷载引起的 弯矩 截面位置	自重引起的 弯矩	土荷载 引起的弯矩	底部反力的 弯矩	水压的 弯矩	均布侧压的 弯矩	$\Delta_{侧压}$的 弯矩	σ_k引起的 圆环弯矩	M
0°	118.98	3 380.65	−478.30	−351.52	−1 426.83	−289.60	−5.72	947.66
10°	113.57	3 191.97	−462.58	−335.55	−1 340.78	−276.44	−5.46	884.73
20°	97.74	2 647.06	−415.90	−288.79	−1 093.02	−237.43	−4.69	704.98
30°	72.62	1 806.76	−339.68	−214.56	−713.42	−174.17	−3.44	434.12
40°	40.03	764.46	−236.23	−118.27	−247.77	−90.07	−1.74	110.42
50°	2.40	−364.94	−108.70	−7.11	247.77	8.97	0.35	−221.24
60°	−37.33	−1 458.54	39.04	110.31	713.42	114.12	2.68	−516.31
70°	−75.92	−2 399.88	202.50	224.31	1 093.02	213.83	4.91	−737.23
80°	−109.90	−3 092.52	376.72	324.72	1 340.78	294.99	6.60	−858.61
90°	−135.82	−3 471.10	556.39	401.29	1 426.83	344.76	7.27	−870.38
100°	−150.38	−3 507.44	734.93	444.31	1 340.78	352.94	6.60	−778.25
110°	−150.64	−3 199.14	892.52	445.07	1 093.02	314.37	4.91	−599.89
120°	−134.16	−2 555.56	986.13	396.37	713.42	230.64	2.68	−360.48
130°	−99.16	−1 596.25	954.33	292.96	247.77	110.76	0.35	−89.24
140°	−44.64	−350.37	726.23	131.89	−247.77	−29.67	−1.74	183.94
150°	29.51	1 144.23	232.30	−87.19	−713.42	−170.59	−3.44	431.41
160°	122.48	2 842.14	−584.32	−361.89	−1 093.02	−290.77	−4.69	629.94
170°	232.52	4 691.77	−1 757.39	−687.00	−1 340.78	−371.49	−5.46	762.17
180°	356.93	6 636.92	−3 289.51	−1054.56	−1 426.83	−399.92	−5.72	817.30

第四节　车站结构静力计算

　　地铁车站结构分拱形和矩形两种,拱形车站结构多采用暗挖法施工,而矩形框架车站结构则采用明挖法施工。由于这两种结构的施工方法和受力特点不同,其结构计算方法也存在明显差异。此外,车站结构体系庞大,往往要分层分跨进行施工,不同的施工顺序将给结构的力学状态带来重大的影响。因此,车站的结构计算要比区间隧道的结构计算复杂得多,而且目前还没有一个一成不变的固定方法。下述主要为一些需要考虑的原则和可能采用的对策。

微课16

车站结构静力计算

扫描此码　深度学习

一、多跨多层矩形框架结构整体计算方法

采用明挖顺作法修建的多跨多层矩形框架结构,可视为一次整体受力的弹性地基上的框架进行内力分析。本节以盖挖逆作地铁车站为例,来介绍多跨矩形框架结构考虑施工步骤的计算方法。

(1)盖挖逆作地铁车站结构的受力特点:

盖挖逆作地铁车站的修建是一个分步施工的过程。结构的主要受力构件,常常兼有临时结构和永久结构的双重功能。其结构形式、刚度、支承条件和荷载情况会随着开挖过程的推进而不断发生变化。结构受力特征不仅与施工方法、开挖步骤和施工措施密切相关,而且荷载效应也具有继承性,即后一施工过程在结构中产生的内力和变形,是前面各施工过程受力的继续,使用阶段的受力是施工阶段受力的继续。

(2)盖挖逆作地铁车站通常埋置较浅,地面车辆荷载对结构受力有较大影响,隧道结构的受力不仅具有一般公路桥梁的特点,而且车辆荷载在任何一个施工阶段都可能存在,也可能消失。车辆荷载作用的结构在不断变化。

(3)盖挖逆作法多以钻孔灌注桩或地下连续墙作为基坑的支护,成桩(墙)过程中对地层极少扰动,又以顶、楼板代替横撑,基坑开挖引起的墙体变形较小,与一般放坡开挖或用顺作法施工的地下结构相比,当地层较稳定时,施工期间作用在坑底以上场面的土压力更接近于静止土压力。

(4)边墙作为挡土结构主要承受横向荷载,同时也承受水平构件传递的竖向荷载,中柱主要承受竖向荷载。施工阶段竖向荷载在中柱和边墙之间分配;结构封底后,竖向荷载在中柱、边墙和底板间分配。

(5)在基坑开挖和形成结构过程中,由于垂直荷载的增加和土体卸载的影响,将会引起边墙和中柱的沉降,由此而产生的对结构体系的影响比顺作法严重得多。后者边墙和中柱承受最大竖向荷载时,底板已完成,整个结构的沉降可通过底板调整得较小和较为均匀。前者最大竖向荷载先全由边墙和中柱下的地基承受。竖向支撑系统过大的沉降,不仅会在顶、楼板等水平构件中产生较大的附加应力,而且会给节点连接带来困难。

上述特点表明,适用于放坡开挖顺作的整体结构分析方法,即不考虑施工过程、结构完成后一次加载的计算模式,或虽然考虑施工阶段和荷载变化的影响,却忽略了结构受力继承性的分析方法都与结构实际的受力状态相距甚远。必须根据盖挖逆作法的施工工艺及结构受力特点,建立新的能够反映结构实际受力状态的分析方法。

二、结构分析考虑的主要问题及计算方法的确定

(1)采用工程上通常用的平面杆系矩阵位移法。

(2)应能反映地层与结构的相互作用及土体的非线性特性。采用弹性支承链杆模型,用竖向弹性支承链杆模拟地层对底板、侧墙底部及中间桩底部垂直位移的约束作用;用水平弹性支承链杆模拟地层对侧墙及中间桩水平位移的约束作用;用切向弹性支承链杆模拟地层摩阻

力对侧墙及中间桩垂直位移的约束作用。为了反映土体的非线性特性，支承链杆的等效刚度可采用最简单的理想弹塑性模式，如图7-28所示。

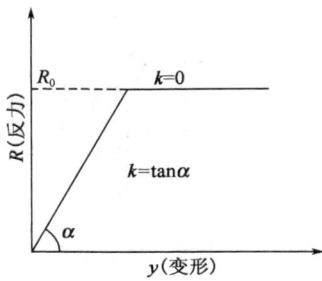

当反力 $R \le R_0$ 时，支承链杆刚度为常数 K；当 $R > R_0$ 时，$K = 0$。其中 R_0 为地基的极限承载力。

（3）为了能确切模拟分步开挖过程及使用阶段不同的受力状况，将结构受力的变化过程划分为若干个相对独立的阶段进行计算。分段原则是：机构组成、支承情况有较大变化或结构受力情况有很大变化。

图7-28 支承链杆的弹性模量

（4）应能反映结构受力的继承性。

对于形式、刚度、支承条件和荷载不断变化的盖挖逆作机构体系，应采用叠加法进行受力分析，即对每一个施工步骤或受力阶段，都按结构的实际支承条件及构件组成建立计算简图，只计算由于荷载增量（或荷载变化）引起的内力增量，这一施工步骤完成后，结构的实际内力应是前面各步荷载增量引起的内力的总和。这里的关键问题是，如何根据盖挖逆作的施工工艺确定引起体系内力改变的每一个荷载增量。一般可归纳为以下两种情况。

①支承的拆除：相当于在原体系的拆除支撑处反向施加这一支撑力。

②坑底土体的拆除：如图7-29所示。

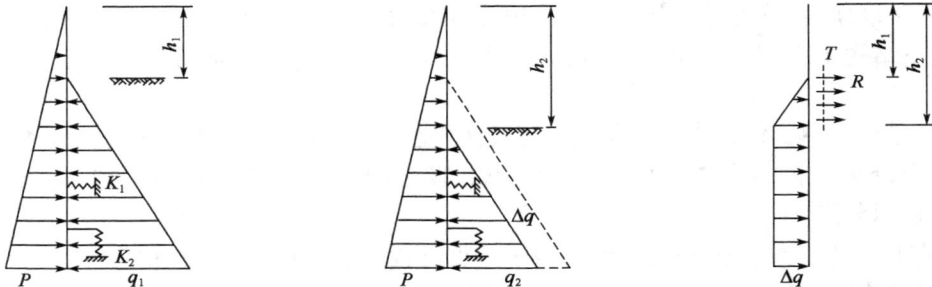

a)基坑开挖到 h_1 深度时作用在侧墙上的荷载及侧墙的支承条件　　b)基坑开挖到 h_2 深度时作用在侧墙上的荷载及侧墙的支承条件　　c)基坑从 h_1 挖到 h_2 深度时作用在侧墙上的荷载增量 Δq、R、T

图7-29 坑底土开挖中所受荷载

P-作用在迎土面上的主动土压力或静止土压力；q_1-作用在开挖面上的静止土压力（基坑深 h_1）；q_2-作用在开挖面上的静止土压力（基坑深 h_2）；Δq-开挖面静止土压力增量，$\Delta q = q_2 - q_1$；K_1-土体等效水平弹簧刚度；K_2-土体等效剪切弹簧刚度；R-水平弹簧的卸载；T-剪切弹簧的卸载

当在边墙全高范围内作用着不平衡的侧向土压力，并分别用水平支承链杆和切向支撑链杆模拟坑底以下土体对墙体变形的约束作用时，假定作用在边墙迎土面一侧的土压力为定值（主动土压力或静止土压力），则基坑从 h_1 开挖至 h_2 深度引起的荷载增量由两部分组成：第一部分为基坑侧面开挖引起的静止土压力的减少，相当于在挖除土体的部位对体系反向施加这一压力的减少值；第二部分为被挖除的土体中弹性抗力的释放（包括水平向弹性抗力和切向弹性抗力），相当于在开挖部位对体系方向施加这些弹性抗力。

③活载效应：活载是一种可变荷载，它们只有在当前的计算阶段起作用。所以对每一个计算阶段，都必须计算无可变荷载和只有可变荷载作用时的两种荷载工况，将它们与前面各步中

无可变荷载的计算结果叠加,即可求得当前阶段包括活载影响在内的体系的实际受力状态。在计算活载效应时,应按使结构构件可能出现的最不利内力进行加载,因此,对每个计算阶段中的可变荷载工况,都可能有若干种的活载加载模式。此外,当结构顶板以上覆土厚度小于1m时,应利用影响线原理,找出地面车辆活载横向的最不利加载位置。

④结构自重:仅当构件在计算简图中第1次出现时才考虑。

在施工过程中,架设支撑、构件刚度的增加和结构构件的施作等,假定都是在各受力阶段结构变形已趋于稳定的情况下进行的,如果忽略混凝土在硬化过程中的收缩对体系的影响,则可认为这些作业都不改变原体系的受力状态。

三、计算参数的确定

在地下结构计算中,侧向土压力及地基弹性抗力系数是两个重要参数,可参考已有的研究成果并结合工程设计经验合理选用。

1. 侧向土压力

侧向土压力的大小与墙体的变形情况有关,在主动土压力和被动土压力之间变化,可按以下两种方式之一处理。

(1)边墙全高范围作用不平衡侧向土压力,开挖面以上视为无约束的构件,开挖面以下视为弹性地基梁。迎土侧的已知外荷载视墙体变形大小可考虑为主动土压力或静止土压力。通常,在饱和软土地层中,施工阶段取主动土压力,使用阶段取静止土压力;当地层较稳定时,施工阶段亦可取静止土压力。当基坑侧开挖面以下取静止土压力时,它与墙体水平弹性抗力叠加以后不应大于其被动土压力。

(2)边墙全高范围按弹性地基梁计算,并作用不平衡土压力,以静止土压力为初始计算荷载,墙体的有效土压力为计算荷载与土体水平弹性抗力的代数和,且墙体的有效土压力应处于主动土压力与被动土压力之间。

2. 地基弹性抗力系数

抗力系数是地层反力和位移之间的一种概念性关系,它不仅与地层的条件有关,而且与构件的受截面积、形状和变形方向等因素有关。现有的一些有关弹性抗力系数的经验公式,大多与土质的变形模量有关。因此,可根据试验、经验公式或查表选用。

四、计算简图

地铁车站一般为长通道结构,其横向尺寸远小于纵向尺寸,故可简化为平面应变问题求解。以三跨双层地铁车站框架结构为例,当边墙顶位于顶板附近时,结构计算一般可分为3个主要的施工过程和1个使用阶段,相应的计算简图及有关说明,见图7-30和表7-11。

地铁车站计算简图的说明   表7-11

| 受力阶段 | 支承条件 | 荷载增量 | | 内力变形增量 | | 体系实际内力及变形 |
		工况一(静载)	工况二(活载)	工况一	工况二	
施工阶段 施工过程①	①坑底以下土体对墙和中间桩的等效水平弹簧及切向弹簧;②土体对墙底和桩底的等效竖向弹簧	①结构自重,覆土重;②不平衡测土压力	地面施工荷载或施工车辆荷载 P_1 及其引起的侧土压力 S_1	a_1	a_2	$A_1 = a_1$ $A_2 = a_1 + a_2$

续上表

受力阶段		支承条件	荷载增量		内力变形增量		体系实际内力及变形
			工况一（静载）	工况二（活载）	工况一	工况二	
施工阶段	施工过程②	①坑底以下土体对墙和中间桩的等效水平弹簧及切向弹簧；②土体对墙底和桩底的等效竖向弹簧	①楼板自重；②开挖引起的不平衡侧土压力增量及弹性抗力的卸载	P_1、S_1 及楼板施工荷载 P_2	b_1	b_2	$B_1 = A_1 + b_1$ $B_2 = A_1 + b_1 + b_2$
	施工过程③	①坑底以下土体对墙和中间桩的等效水平弹簧及切向弹簧；②土体对墙底和桩底的等效竖向弹簧，底板土体等效竖向弹簧及切向弹簧	底板自重	P_1、S_1 及 P_2	c_1	c_2	$C_1 = B_1 + c_1$ $C_1 = B_1 + c_1 + c_2$
使用阶段		①坑底以下土体对墙和中间桩的等效水平弹簧及切向弹簧；②土体对墙底和桩底的等效竖向弹簧，但底板竖向弹簧反力小于水浮力的部分应取消竖向弹簧及切向弹簧	①侧墙：使用阶段侧土压力与施工完成时侧土压力的差值；②楼板：重量；③底板：倒床重，取消弹簧的部分以水浮力作为外荷载	①地面车辆荷载 P_3 及其引起的侧土压力 S_3；②楼板：人群荷载 P_4	d_1	d_2	$D_1 = C_1 + d_1$ $D_2 = C_1 + d_1 + d_2$

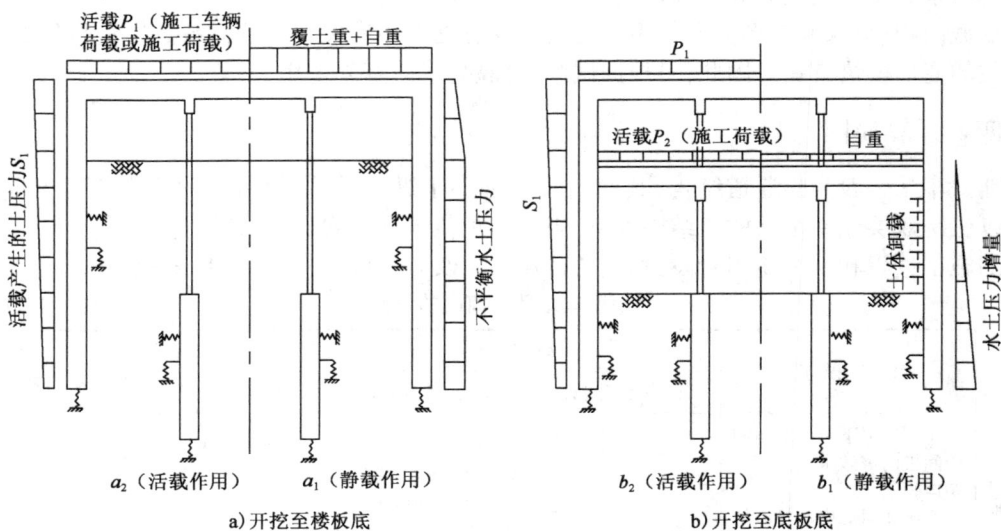

a) 开挖至楼板底

活载P_1（施工车辆荷载或施工荷载）　覆土重+自重

活载产生的土压力S_1　　不平衡水土压力

a_2（活载作用）　　a_1（静载作用）

b) 开挖至底板底

P_1

活载P_2（施工荷载）　　自重

S_1　　土体卸载　　水土压力增量

b_2（活载作用）　　b_1（静载作用）

图 7-30

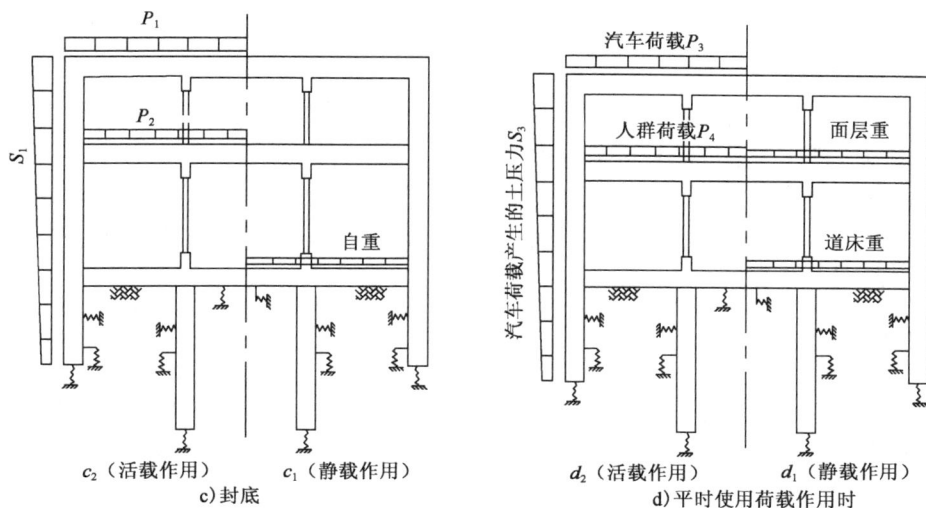

图 7-30　盖挖逆作车站考虑施工步骤的内力分析图

当开挖过程中需要在层间设置临时支撑时,施工阶段的受力状态也相应增加,荷载则需按最不利位置施加。

第五节　暗挖车站结构计算原则

暗挖车站结构受力状态与结构的形式和施工步骤关系十分密切,目前,只能根据施工过程中结构受力和位移的特点,提出一些计算原则,因此,读者可根据具体情况灵活运用。

一、暗挖车站复合式结构的受力特点

(1)暗挖车站结构的修建是一个分步实施的过程,在每一个施工步骤中所施作的初期支护都和上一步骤中施作的初期支护以及围岩形成一个完整的结构体系,承受着这一开挖过程中所引起的围岩松动压力或形变压力。初期支护的荷载效应具有继承性。

(2)一般情况下,二次衬砌是在全断面开挖和初期支护全部做好后再施作,但是,也可能在部分断面开挖和初期支护做好后就施作。若施作二次衬砌时,破除了部分初期支护,使其不能成为完整的结构体系,则初期支护中的内力将会释放,并与随后施作的二次衬砌一起形成一个新的叠合式结构,共同承受被释放的荷载。如果施作二次衬砌时不破坏初期支护的结构体系,则二次衬砌仅承受静水压力和水位恢复后围岩性质恶化所引起的后续荷载。

(3)如果车站结构是在全断面开挖后一次施作,则车站结构将和围岩一起组成一个结构体系共同承受围岩的形变压力(按连续介质模型分析)或围岩的松动压力(按荷载—结构模型分析)。

二、暗挖车站复合式结构的计算原则

(1)车站结构计算一般可视为平面应变问题,采用连续介质模型或荷载—结构模型,运用有限元方法求解,必要时亦可按空间问题考虑。按连续介质模型分析,围岩、初期支护、二次衬砌都可采用连续体单元模拟。如初期支护厚度较小,亦可用轴力杆单元。二次衬砌也可用梁单元,厚度较大时,可用 Timoshenko 梁单元。防水隔离层用轴力杆或夹层单元模拟,按荷载—结构模拟分析的方法同前。

（2）围岩的形变压力可用围岩中的已存应力（若为第 1 次开挖时,围岩的已存应力即为围岩的原始地应力）释放而形成的释放荷载模拟。

（3）采用连续介质模型时,围岩可视为弹塑性体,为了简化亦可视为等效的弹性体。

（4）若初期支护中设有锚杆,一般采用轴力杆单元来模拟,也可将锚杆的效应视为提高围岩力学特性的手段。

三、计算实例

图 7-31 为某暗挖地铁车站断面图。按照设计高程开挖后,车站、轨道地基全为中风化基岩出露,车站、轨道地基所需设计参数:中等风化砂质泥岩,重度 $\gamma = 25.6\text{kN/m}^3$、饱和抗压强度 $R_b = 14.5\text{MPa}$、内摩擦角 $\varphi = 34.4°$、黏聚力 $c = 1\ 296\text{kPa}$、弹性抗力系数 K 取 300MPa/m,基床系

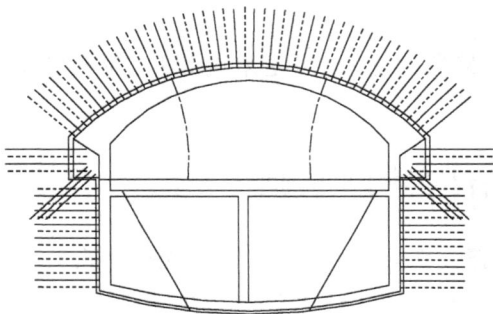
图 7-31 某地铁车站断面图

数取 300MPa/m,水平抗力系数 150MPa/m,泊松比 μ 取 0.39,锚杆混凝土与岩石的黏结强度 0.35MPa,地基承载力特征值取 $5\ 075\text{kPa}$;中等风化砂岩,重度 $\gamma = 25.2\text{kN/m}^3$、饱和抗压强度 $R_b = 32.2\text{MPa}$、内摩擦角 $\varphi = 43.7°$、黏聚力 $c = 2\ 358\text{kPa}$、弹性抗力系数 K 取 600 MPa/m,基床系数取 600MPa/m,水平抗力系数 330MPa/m,泊松比 μ 取 0.15,锚杆与岩石的黏结强度 0.38MPa,地基承载力特征值取 $11\ 270\text{kPa}$。

为了掌握施工阶段围岩及结构的受力和变形情况,采用 ANSYS 10.0 版有限元计算程序,对该地铁隧道的施工过程进行了二维仿真计算,该区段隧道断面宽为 22.50m,高为17.43m。采用了暗挖法施工,计算结果表明,采用该工法施工对隧道开挖过程中所引起的地表沉降以及隧道中各关键点的位移起到了较好的控制作用。图 7-32a) ~ 图 7-32f)表示分析时各步开挖过

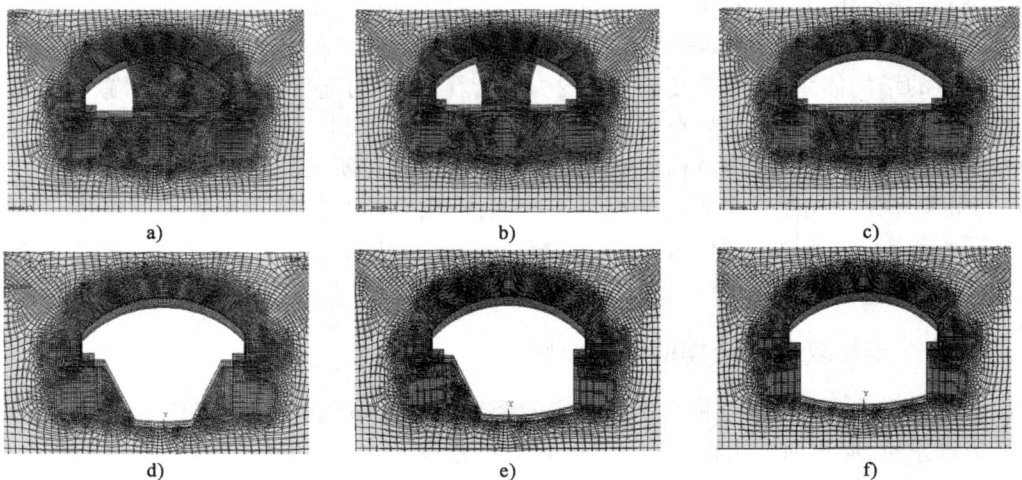

a)　　　　　　　　　b)　　　　　　　　　c)

d)　　　　　　　　　e)　　　　　　　　　f)

图 7-32 某地铁隧道断面开挖过程数值模拟计算

程中所引起的地层和初期支护的位移。

第六节　地下铁道结构抗震分析

在地下铁道结构抗震分析中,目前多采用地震系数法和地层位移法,在求出地震荷载和地层位移后,即可用静力计算模型进行结构的抗震分析。

一、结构横向抗震分析——地震系数法

1.浅埋框架结构

由前面章节可知,浅埋框架结构的静力计算模型为一弹性地基上的框架,当其单侧受到水平地震荷载作用后,结构另一侧的地层必将对其产生水平抵抗力,其数值和分布状况可分为两种情况加以考虑。

(1)需要地层提供的水平抵抗力大于地层能提供的被动土压力,则还应考虑结构底板与地基之间的摩擦力,如图 7-33 所示,此时可以认为墙顶和墙底处地层水平抵抗力的值即为地层的被动土压力:

图 7-33　框架结构抗震计算图

$$p_1 = \gamma H_1 \tan^2 \left(45° + \frac{\varphi - \beta}{2}\right) \atop p_2 = \gamma (H_1 + h) \tan^2 \left(45° + \frac{\varphi - \beta}{2}\right) \Bigg\} \qquad (7\text{-}43)$$

底板与地基间应提供的摩擦力为:

$$f = F - \frac{1}{2}h(p_1 + p_2) \qquad (7\text{-}44)$$

式中:F——水平地震荷载的合力,kN;包括结构本身的水平惯性力、主动侧向土压力增量和结构上方土柱的水平惯性力,后者一般可迁移至顶板中心,但需附加一个力矩。

显然,上述的 f 值必须小于底板与地基之间的极限摩擦力值 $Q\tan\varphi$,此处,Q 为结构重量,φ 为底板与地基之间的摩擦角,否则结构将失去横向抗滑稳定性。

(2)需要地层提供的水平抵抗力小于地层能提供的被动土压力,此时,墙顶和墙底地层的水平抵抗力可按静力平衡条件并假定其呈梯形分布来决定,即:

$$p_1 = \frac{2H_1}{(2H_1 + h)h}F \atop p_2 = \frac{2(h + H_1)}{(2H_1 + h)h}F \atop f = 0 \Bigg\} \qquad (7\text{-}45)$$

当地层的水平抵抗力求出后,即可按静力计算模型求解。

2.浅埋暗挖隧道衬砌结构

浅埋暗挖隧道衬砌结构横向抗震分析的原则与上述浅埋框架结构的相同,只是在暗挖隧

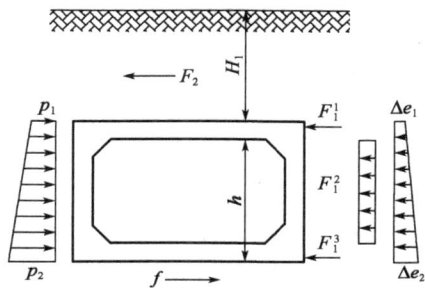

道衬砌结构的静力计算模型中已经考虑了地层的侧向弹性抗力,可用弹性支承链杆表示,或视为弹性地基上的构件,因此,在求出水平地震荷载后,即可直接用静力计算模型求解。

3. 结构抗浮验算

地震时,垂直向上的惯性力将降低结构的抗浮能力,此时,结构所受浮力增加为:

$$G = (Q + P)\eta_c K_v + \gamma_w V \tag{7-46}$$

式中：Q——结构的重力,kN；

V——结构的体积,m³；

P——结构上方土体所受重力,kN；

η_c——综合影响系数；

K_v——为垂直地震系数,且 $K_v = (1/2 \sim 2/3)K_h$，K_h 为水平地震系数。

若要验算地基承载力,则需考虑垂直向下的惯性力。

二、结构纵向抗震分析——地层位移法

根据研究发现,刚度较大而密度小于地层的地下结构,其纵向变形取决于隧道周围地层的位移,包括沿隧道纵轴水平面和垂直面的位移,而隧道衬砌结构则通过弹性支承链杆与地层相连,或将其视为弹性地基梁,并随地层位移产生沿其纵轴水平和垂直面呈正弦波的横向变形(即横波传递方向与隧道纵轴平行时,如图 7-34 所示,以及沿隧道纵轴的拉压变形(即横波传递方向与隧道纵轴垂直时),而任一方向传递的横波都可分解为这两个方向的波。此外还可发现,对于浅埋隧道,沿隧道横截面高度各点的地层位移是不同的,见图 7-35,隧道结构横截面也将产生剪切变形(例如,可使一个矩形横截面变为菱形等)。因此,采用地层位移法进行隧道衬砌结构抗震分析时,既可进行纵向分析又可进行横向分析,但横截面内的抗震分析仍以惯性力法为主。

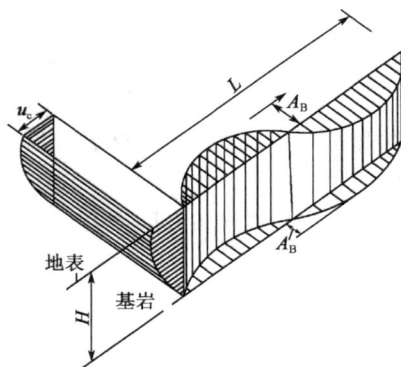

图 7-34　地层中的地震剪切波

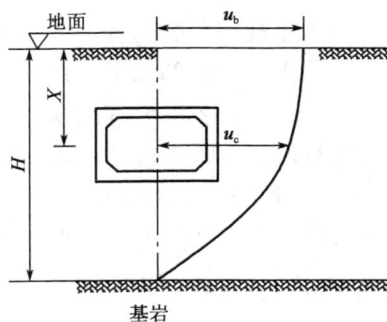

图 7-35　设计地层位移

1. 隧道衬砌结构产生纵向挠曲变形时的受力分析

此时,可将隧道衬砌结构视为四周都受地层约束的空心截面长梁,其长度可取为两变形缝之间的距离,并沿隧道纵轴静态地施加包括水平的或垂直的呈正弦波形的强迫位移,然后用静力弹性地基梁理论确定衬砌结构纵向的弯曲变形。水平方向强迫位移的振幅,可按《日本沉

管隧道抗震设计规范》(JSCE—1975)中的建议公式计算,即:

$$u_c = u_h \cos\left(\frac{\pi x}{2H}\right)$$ (7-47)

式中: u_c——尾随到纵向轴线处的地层位移;

$\quad u_h$——地表面的地层水平位移幅度,可利用反应谱曲线法求得,具体做法可参考上述抗震设计规范;

$\quad x$——隧道轴线值地表的距离;

$\quad H$——基岩的埋深。

强迫位移的波长可按两种方法确定:①波长是地表层厚度的 4 倍,即 $L = 4H$;②波长是地震运动传播速度 c 与其周期 T 的乘积,即 $L = cT$;垂直面的位移幅值约为水平方向的 $1/2 \sim 2/3$。

2. 隧道衬砌结构产生沿纵轴方向拉压变形时的受力分析

同样可用弹性地基梁理论,求出以波长为 L 的正弦波沿隧道纵轴传播时,隧道轴向的相应变形为:

$$\left.\begin{array}{l} Y_i = \alpha_1 u_c \\[2mm] \alpha_1 = \dfrac{1}{1 + [2\pi/(\lambda_1 L')]^2} \\[3mm] \lambda_1 = \sqrt{\dfrac{K_1}{EA}} \end{array}\right\}$$ (7-48)

式中: α_1——地层轴(纵)向变形传递系数;

$\quad L'$——波长,且 $L' = \sqrt{2}L$;

$\quad K_1$——地层的轴向弹性抗力系数;

$\quad EA$——隧道衬砌的轴向刚度。

如果将上述隧道纵向弯曲变形和轴(纵)向拉压变形转换呈隧道衬砌的纵向弯曲应力 σ_B 和轴(纵)向拉压应力 σ_L,则可表示为:

$$\left.\begin{array}{l} \sigma_B = \alpha_2 \dfrac{2\pi D u_c}{L^2} E \\[3mm] \sigma_L = \alpha_1 \dfrac{u_c}{L^2} E \end{array}\right\}$$ (7-49)

其合成应力为:

$$\sigma_x = \sqrt{\gamma \sigma_L^2 + \sigma_B^2}$$ (7-50)

式中: D——隧道横向平均宽度或直径,m;

$\quad \alpha_2$——地层弯曲变形传递系数,可按下式求得:

$$\left.\begin{array}{l} \alpha_2 = \dfrac{1}{1 + [2\pi/(\lambda_2 L')]^4} \\[3mm] \lambda_2 = \sqrt[4]{\dfrac{K_2}{4EI_2}} \end{array}\right\}$$ (7-51)

以上各式中：K_2——地层的横向弹性抗力系数；

EI_2——尾随到衬砌的纵向弯曲刚度；

γ——考虑不同波动成分的组合系数，在 $1.00 \sim 3.12$ 之间取值。

上述计算都是针对地层水平位移而言的，按同样办法也可得到地层竖向位移时隧道衬砌应力的有关公式。又产生纵向拉压变形。如隧道位于较硬地层中，则隧道衬砌结构可考虑为自由变形结构，其合成后的最大应变为：

$$\varepsilon = 5.2 \frac{A}{L} \tag{7-52}$$

式中，振幅 A 值可根据波长 L 计算，即 $L = 6B$ 时或 $L = 6h$ 时，A 按下式计算：

$$A = cL^n \tag{7-53}$$

对于软土，$n = 1.86$，$c = 2.7 \times 10^{-7}$；对于硬土，$n = 1.95$，$c = 3.66 \times 10^{-7}$。

当 $\varepsilon > 1.0 \times 10^{-5}$ 时，就需要有特殊抗震措施，如采用柔性接缝，它应能吸收掉数值上等于 ε 乘以接缝间距的变形量。

3. 隧道衬砌结构沿横截面高度产生相对水平位移时的受力分析

地震时，浅埋隧道横截面沿高度各点处的地层位移是不同的，若以结构底板的位移为零，则各点处所受的强迫位移可假定呈余弦曲线变化，见图 7-36。

而墙（拱）顶处的最大相对水平强迫位移为：

$$\Delta u = u_h \left[\cos\left(\frac{\pi H_1}{2H}\right) - \cos\left(\frac{\pi H_2}{2H}\right) \right] \tag{7-54}$$

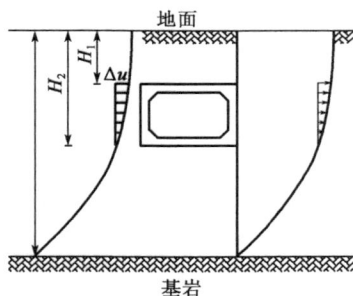

图 7-36　地震位移法横截面抗震计算图式

将上述的水平强迫位移静态地作用于隧道衬砌结构上，可以考虑周围地基的弹性约束，即可用静力法确定结构横截面中由地震所产生的内力。

框架结构出现塑性变形时，结构顶板、楼板、底板与边墙、端墙间的连接必须能适应预计的结构横向振动变形，拐角处的变形缝最好设置在边墙内。在所有预计会出现塑性变形和发生特殊变形的接缝处，应采取特殊的防水措施，如设置一个局部的膨润土存储器等。

思　考　题

1. 地下铁道结构计算的主要计算模型有哪些？各自的适用范围及特点是什么？

2. 计算静水压力时，一般有哪两种方法可供选择？各自如何计算？

3. 明挖矩形框架衬砌结构一般应怎样计算？有哪些步骤？

4. 暗挖马蹄形衬砌结构计算的弹性地基梁法与弹性支承链杆法二者有何异同？

5. 暗挖圆形结构计算较通用的计算方法有哪些?

6. 多跨多层矩形框架结构考虑施工步骤的地铁车站一般应怎样计算?

7. 作用在隧道横截面上的水平地震荷载应如何计算?

8. 采用地震系数法,应如何进行地下铁道结构抗震分析?

第八章 高架结构工程

第一节 概　　述

城市轨道交通系统采用的高架线工程包括高架区间和高架车站两部分,均属城市永久性建筑。结构设计时必须考虑以下几点内容:

(1)高架结构的造型要与城市景观相协调。高架区间的桥梁高跨比既要经济,又要美观;高架车站的造型要有地区特色,简明大方而不追求豪华。区间高架桥梁要注意防水、排水、伸缩缝、栏杆、灯柱、防撞墙等配套构件的功能和外观。

(2)高架桥在必要地段需设置隔音屏障以减轻车辆运行的噪声,桥上应设置养护、维修人员及疏散旅客的安全通道。

(3)当高架桥跨越铁路、公路、城市道路时,桥梁孔径及桥下净空应满足有关规范的限界规定。上海城市轨道交通线规定桥下最小净值高对一般道路为5m,城市主要道路为5.5m,国铁支线为5.7m,国铁和电气化铁路为6.75m。

(4)当高架桥跨越一般河流时,桥梁孔径应保证设计洪水频率,并满足流水及其他漂浮物或船只安全通过的要求。

(5)高架结构的主要技术标准除采用1 435mm的标准轨距外,其他尚未有统一的标准。上海轨道交通明珠线规定的技术标准为:区间直线地段线间距不小于3.6m,站内直线地段线间距为3.6~4.0m;线路区间最小曲线半径为300m,车站站台在困难地段可设在半径不小于800m的曲线上,车场线路最小曲线半径为150m;线路最大纵坡区间正线为3‰,其他线为3.5‰,车站站台在困难地段可设在0.5‰的坡道上;线路竖曲线半径一般为5 000m,困难地段为3 000m。

(6)高架桥上的安全护轮设施,在直线及$R \geqslant 400$m的曲线地段,应设钢筋混凝土护轮矮墙结构;在$R < 400$m的曲线地段,应设安全护轮轨。

(7)高架结构的施工应考虑到尽可能避免对城市交通和市民生活的干扰。施工现场,应不中断原有市内交通,设法降低噪声,特别要避免在邻近原有建筑物附近采用打入桩;对地下管线要调查探明,若对结构基础有干扰,要采取适当的处理措施。

第二节　高架区间桥梁结构

高架区间的桥梁可以分为一般地段的桥梁和主要工程节点的桥梁。一般地段的桥梁虽然结构形式简单,然而就工程数量和土建工程造价而言,却可能占据全线高架桥的大部分份额。

例如,上海轨道交通明珠线一期工程一般地段桥梁全长 18.71km,占高架线总长的 80% 以上,对于城市景观和道路交通功能的影响不可轻视。因此,其结构的选择必须慎重,需经多方比较。从城市景观和道路交通功能考虑,宜选用较大的桥梁跨径给人以空透舒适感;按桥梁经济跨径的要求,当桥跨结构的造价和下部结构(墩台、基础)造价接近相等时最为经济;从加快施工进度上看,宜大量采用预制预应力混凝土梁。实际上,一般地段桥梁形式的选定往往是因地制宜考虑的结果。

微课17

高架区间桥梁
结构

扫描此码　深度学习

跨越主要道路、河流及其他市内交通设施的主要工程节点,可以采用任何一种适用于城市桥梁的大跨度桥梁结构体系,但必须和当地城市景观相协调。工程中采用最多的是连续梁、连续刚构、系杆拱之类。例如,上海轨道交通明珠线跨中山西路桥采用跨度 80m + 112m + 80m 的双壁墩预应力混凝土连续刚构;跨中山北路桥采用跨度 30m + 55m + 30m 的连续梁,边孔为预应力混凝土梁,中孔为钢与钢筋混凝土结合梁的混合式结构;跨漕溪路桥采用跨度 54m + 128m + 54m 的预应力混凝土系杆拱连续梁,如图 8-1a) 所示;跨苏州河桥采用跨度 25m + 64m + 25m 的中承式钢管混凝土拱,如图 8-1b) 所示。其构造、设计细则可参阅有关资料。

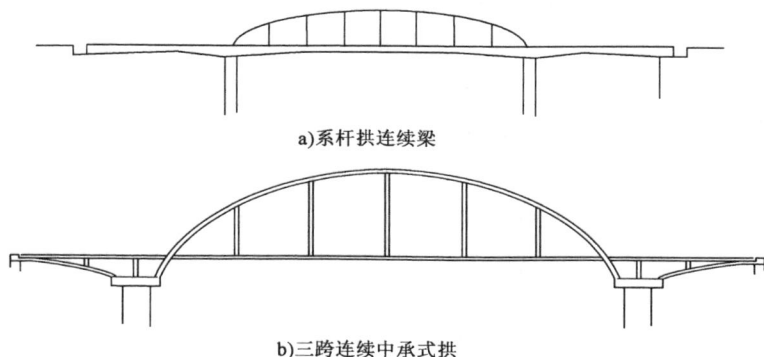

a)系杆拱连续梁

b)三跨连续中承式拱

图 8-1　连续梁示意图

一、高架桥立面和横断面布置

桥梁立面布置的内容包括:体系的选择,桥长及分跨布置,桥下净空及梁高的选择等。

对于城市轨道交通这种长距离的高架桥,从景观上考虑,应尽量采用等跨等高度的梁。桥梁跨径的选择,应结合周围环境和工程地质条件,从景观、经济和施工等方面综合考虑确定,标准区间梁的合理跨度为 20 ~ 30m。桥下净空应符合《城市道路工程设计规范》(CJJ 37—2012)以及城市景观对桥梁净空的要求。

桥梁体系按照受力特点可分为简支、连续和悬臂三种基本类型。根据城市轨道交通的特点以及整体道床和无缝线路的要求,多采用简支或连续体系,在特殊地段(跨河谷地段),也可采用悬臂体系。如上海市轨道交通明珠线一期工程高架线路长为 21.5km,占全线总长 86%,其中跨漕溪路高架桥、跨中山西路高架桥、跨苏州河桥、跨沪宁沪杭铁路桥、跨中山北路高架桥五处节点的桥梁分别采用 3 孔飞鸟式钢管拱桥、5 孔简支组合桥梁和 3 孔钢-混凝土混合连续桥梁,其余均采用预应力混凝土简支梁。

简支梁的特点是结构简单,受力明确,容易做到设计标准化、制造工厂化,安装架设方便,施工速度快,适用于中小跨度。当跨度较大时,多采用连续梁桥,以降低材料用量,减少伸缩缝数量,改善行车条件,提高桥梁的可靠性和耐久性;但其设计与施工比较复杂,对支座的不均匀沉降较敏感。

高架区间标准横断面,根据高架桥的限界及设备安装位置而定。桥两侧设挡板,挡板内侧设电缆支架,挡板上设人行步道,作为检修及紧急疏散之用,步道边设栏杆。曲线地段及道岔区的桥面宽度,根据曲线半径和渡线形式分别进行加宽。车站宽度根据站台形式及宽度、限界及设备位置而定,并考虑施工误差。

二、高架桥梁断面形式

高架桥梁横断面设计即为梁结构设计,对于高架桥标准区间的梁结构设计,应从受力、经济、施工及美观等方面综合考虑。一方面,要求结构安全、经济美观,满足桥下交通要求等;另一方面,要结合工程及场地的特点,采用经济成熟的施工方法与结构形式;同时,还需满足无砟、长枕式整体道床及长钢轨结构对高架桥梁结构的特殊要求。目前,比较适合城市轨道交通高架桥梁的结构有下承式槽形梁结构、预应力混凝土箱梁结构(下承式脊梁结构、上承式箱梁结构)、预应力混凝土板梁结构(空心板梁、低高度板梁)、后张法预应力混凝土 T 形梁结构等形式。

1. 槽形梁结构

在建筑高度很受限制的场合,预应力混凝土槽形梁是一种可以优先选用的方案。槽形梁由车道板、主梁、端横梁三大部分组成(图 8-2),其建筑高度只取决于桥宽而与跨度无关,因此跨度越大,越有利。桥宽与单线、双线及桥内是否设检修道或桥上架空线接触网电杆位置有关,见表 8-1。

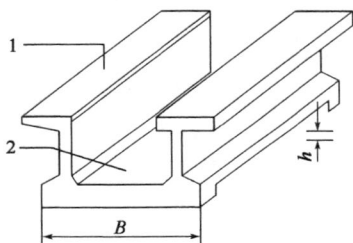

图 8-2　槽形梁示意图
1-主梁;2-车道板

槽形梁宽及板厚　　　　　　　　　表 8-1

类　型	桥宽(m)	车道板厚(m)	类　型	桥宽(m)	车道板厚(m)
单线,不设检修道	4.1	0.30	双线,接触网电杆在桥中央	9.5	0.55
单线,桥内设检修道	4.8~5.0	0.35	双线,接触网电杆在两侧,且不设检修道	8.9	0.50

槽形梁桥的优点,除建筑高度最低外,两侧的主梁还可提供隔音屏作业,而且预拱度很小,可忽略收缩、徐变影响。轨道交通高架桥 40m 单线槽形梁桥的预拱度仅为 8.78mm,40m 双线槽形梁桥的预拱度仅为 4.9mm。施工方法既可以现浇,也可以预制拼装。我国 20 世纪 80 年代建成的两座铁路的槽形梁桥均是现场浇筑。日本的中川桥是先建造主梁,然后在主梁线吊挂模板用以浇筑车道板。这种方法适用于保持桥下净空不能安装满堂脚手架的场合。此外,还有装配式施工或拖拉就位的。加拿大斯卡勃罗的轻轨高架桥跨度 32m,梁高 1.65m,桥宽 8.94m,双线,采用双槽形梁,如图 8-3 所示。采用预应力混凝土主梁预制架设,车道板利用主梁立模现浇。

轨道交通高架槽形梁桥的尺寸见表 8-2,可供初步设计参考。其中,单线 10m、20m、25m 三种跨径的车道板无横向预应力,为单向预应力结构,其他均为双向预应力结构,预应力筋采用冷拉Ⅳ级钢筋或直径为 5mm 的平行钢丝束,设计人员可按材料供应情况自行选择。须注意的是预应力筋的工程数量应按其标准强度换算。

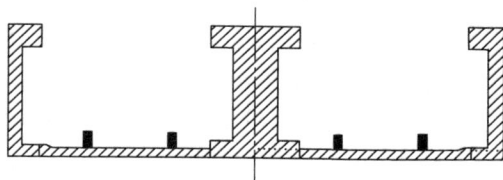

图 8-3 加拿大斯卡勃罗的双槽形梁截面示意图

城市轨道交通高架槽形梁桥的尺寸(单位:m) 表 8-2

项 目	单 线					双 线			
跨度	10	20	25	30	40	20	25	30	40
梁高	1.0	1.5	1.8	2.2	2.9	1.7	2.1	2.2	3.1
车道板厚	0.3	0.33	0.33	0.33	0.33	0.55	0.55	0.55	0.55
桥宽	4.1	4.8	4.8	5.0	5.0	8.9	8.9	8.9	8.9

槽形梁施工装配方案有纵向分块和横向分块两种。此两种方案各有利弊,须根据施工架设条件及所跨越的下部空间决定。

(1)横向分块,每块为一完整的 U 形截面,横向预应力在预制时已经实施完成,在桥头路堤上串联成整体,然后用纵移法移至桥孔,落梁就位。

这种方法的优点是:施工制造简单,块件尺寸和质量都可以做得很小,适合长途运输;块件密贴灌注,工地可以设干接缝,用环氧树脂砂浆黏结,然后在工地只需穿入纵向预应力筋,张拉、锚固、压浆、封端、纵移、落梁,即可架设就位。

横向分块适用于在桥下净空内可以架设临时便梁以便纵移的情况。如立交桥,在桥下不容许中断交通时,临时便梁可以架设得高一些;还可以在桥下行车限界之外设置支架来承托便梁,借以减小便梁跨度,增加其刚度,纵梁下滑道是连续的,设在临时便梁上缘,上滑道应设在端横梁的下缘。这样,槽形梁纵移过程中始终保持两端简支状态,无须顾及预拉区出现裂缝等不良后果。

当然,也可以在槽形梁的前端装置临时的导梁,以便纵移。但这个方法用于简支梁效果不佳,而且预拉区在纵移过程中往往会产生拉应力,这时须在槽形梁的主梁上翼缘设置临时预应力筋。

(2)纵向分块是将两侧主梁预制成两大块体,主梁之间的车道板和端横梁可以预制,也可以在主梁架设就位后就地浇筑。预制的车道板、端横梁和两侧主梁的连接必须采用湿连接,在工地上要施加横向预应力和纵向预应力。

这种方法缺点较多,一是主梁预制块件质量随跨度加大而增加,可能超过工地现有的架设能力;二是湿接头或就地浇筑车道板、端横梁,势必大大增加了工地上的工作量;三是车道板内的纵向预应力不足。如为了减少工地上的工作量,预先就把整块车道板和端横梁预制好,并施加纵向预应力,这样在工地上就只需做湿接头和施加横向预应力。但是,这么一大块薄板的预制、运输、吊装及架设都很困难,而且有失稳的危险。

纵向分块方案的唯一优点是可以利用工地现有的架设机具,将预制主梁直接架设就位,无须设置临时便梁及纵移就位。

槽形梁桥的缺点是：工程数量较大，现场浇筑和张拉预应力工作量大，施工较复杂，施工进度较慢，预制拼装施工经验不足。事实上，工程数量大是下承式桥梁所不可避免，其经济效益需要结合下部结构在较长一段线路上因降低建筑高度所带来的利益进行综合分析。通常在关键桥孔采用槽形梁能降低很长一段线路的高程，其经济效益是不言而喻的。

2. 预应力混凝土箱梁结构

预应力混凝土箱梁结构形式是目前比较先进且已被广泛采用的梁截面形式，这种闭合薄壁截面抗扭刚度大，整体受力性能好，对于斜弯桥尤为有利。同时，因其顶板和底板都具有较大的面积，所以能够有效地抵抗正负弯矩，并满足配筋要求。箱梁截面具有良好的动力特性，其收缩、变形值小，从经济上讲，箱梁材料用量最小；从美观上讲，箱梁截面外形简洁，箱底面平整，线条流畅，配以造型简洁的圆柱墩或 Y 形墩，非常适宜现代化的城市桥梁。

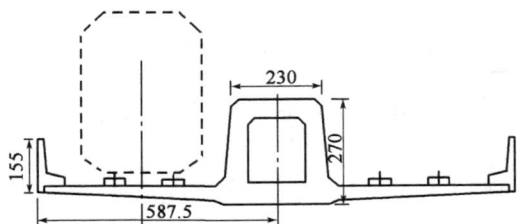

图 8-4　脊梁式箱梁结构(尺寸单位:cm)

箱梁结构分上承式和下承式。上承式在箱梁顶板带小悬臂车道板，适用于建筑高度不受限制的场合。下承式是在箱梁底板带大悬臂车道板(图 8-4)，亦称脊梁式结构，现分述如下。

(1)下承式脊梁结构

下承式脊梁结构主要靠脊梁来承受纵向弯矩，悬臂板作为行车道板，并作为传力结构将荷载传到脊梁上；挡墙主要用于防止噪声和进行车辆倾覆保护，同时也可以作为结构的一部分(边梁)改善悬臂板的受力。

下承式脊梁结构具有以下优点：

①建筑高度低。下承式梁结构的建筑高度为悬臂板的厚度，脊梁高度的改变对悬臂板的厚度并无影响，即跨径的变化不带来建筑高度的改变，这对于城市高架结构的线形布置和建筑非常有利。建筑高度降低使路面高程及引桥长度减小，减少工程数量。

②施工方便，可采用预制构件拼装的方法。施工过程通常是先吊装脊梁，然后拼装悬臂翼板，便于城市内施工，速度快，并显著减少对城市交通和环境的影响。

③结构上的某些部分能同时满足其他需要。除前述的悬臂板和边梁外，脊梁顶板同样可作为检修通道和发生事故时人员的疏散途径，而且还可提供电杆位置；桥下净空大，可充分发挥原有道路的作用。

④脊梁自身就是一个防噪体系，能够减少悬臂板左右相向行驶的车辆相互的噪声干扰；同时，脊梁和两边梁组成的防噪体系，在一定程度上能够减少车辆噪声对周围环境的影响。

⑤外形美观。下承式脊梁结构外形独特、美观，有着现代的特征，配以造型简洁的薄壁墩，能够起到美化城市环境的作用。

由于城市布局的复杂性以及交通体系自身的功能要求，使得结构要有较广的适应性。两跨连续梁体系具有制作方便、施工快速、有利于跨径布置等特点，是一种城市高架结构较为适合的结构体系。简支梁也是一种广泛采用的体系。

下承式脊梁翼板式结构的横截面由脊梁、大悬臂翼板和边梁三部分组成。其总宽度为 8.70 ~ 9.50m，梁高随跨径在 1.60 ~ 2.70m 范围内变化，相应的高跨比(h/l)在 1/20 ~ 1/15 之间变化。由于脊梁的宽度较通常的上承式箱梁小,因此梁高较大。

下承式脊梁,由于行车道在悬臂板上,脊梁部分从工程上、实用上和美观上都不希望做得太大、太宽,其梁宽通常为 1.6～2.3m,结构形式往往为单箱、厚壁甚至实心、变高度等。由于脊梁除了提供部分的纵向抗弯刚度外,还提供主要的横向抗扭刚度,车轴位置的较大偏心,使得脊梁产生显著的扭转效应,因此脊梁的壁厚一般在 0.25～0.42m 之间。在支承区域,由于受约束扭转的作用,结构的剪应力相当大,通常需设置一段实体脊梁(图 8-5)。

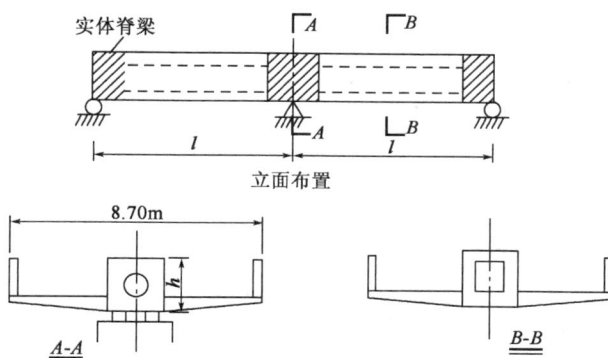

图 8-5　脊梁结构形式示意图

下承式脊梁翼板式结构的另一重要组成部分是悬臂板。悬臂板的结构形式可采用纵向连续板、空心板或者用多根悬臂梁代替(图 8-6)。从施工角度、防振隔振、防噪性能和美观上来看,以实体形式为宜,如图 8-6b)所示。

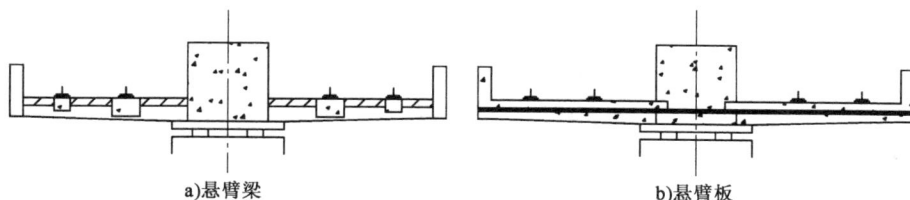

图 8-6　悬臂板形式示意图

悬臂板,除了为上部结构提供空间外,还能提供纵向刚度(因为它有较大的翼缘面积),但抗扭性能则增加不多。悬臂板的主要作用是传递车辆的荷载到脊梁上,承受横向弯矩和剪力作用。在悬臂板和脊梁相接处的根部,为抵抗外力,必须在悬臂板上施加横向预应力。悬臂板的纵向可以采用预应力体系或者钢筋混凝土体系。悬臂板根部的厚度为 0.35～0.42m,纵向自由边的厚度为 0.15～0.20m。

下承式脊梁翼板式结构的边梁,除了结构自身的功能之外,还能提供纵向抗弯功能,这对改善悬臂板的受力是有利的。从防振隔振角度考虑,边梁结构形式为实体挡板,其高度一般与车厢地面高度相等。

下承式脊梁翼板式结构为双向预应力混凝土结构。纵横向预应力均采用 24 根 $\phi5$ 的高强钢丝束,脊梁与翼板的混凝土强度等级为 C50。挡板和桥面轨道系统的混凝土强度等级为 C40。每平方米桥面的混凝土用量及钢筋用量如图 8-7、图 8-8 所示,可供初步设计参考。

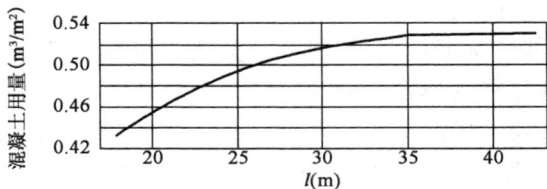

图 8-7　每平方米桥面混凝土用量

根据图 8-8 可知,随着跨径的由小变大,普通钢筋用量与预应力钢筋用量相比由多变少。另外,由于脊梁体承受较大的扭转作用,故纵向钢筋和箍筋用量上升;占主要使用面积的悬臂行车道板纵向采用普通钢筋混凝土体系,也使得钢筋用量上升。

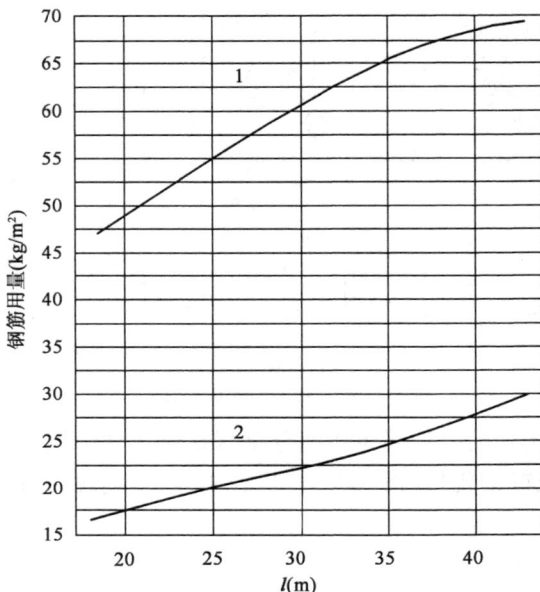

图 8-8　每平方米桥面钢筋用量
1-普通钢筋用量;2-预应力钢筋用量

（2）上承式箱梁结构

上承式箱梁结构的受力性能比脊梁结构合理,其上翼板位于箱梁的受压区,悬臂长度比脊梁结构的悬臂板要小得多,横向无须施加预应力,是城市轨道交通桥梁常用的结构。如上海市轨道交通明珠一期工程一般地段高架桥、地铁2号线北延伸段、莘闵线轻轨,以及加拿大温哥华和泰国曼谷的轻轨等均采用上承式箱梁结构。

上承式箱梁横截面有多种形式:单室双箱梁(图 8-9),宜作为标准区间梁使用,适用于景观要求高、施工能力强的城市;单室单箱及双室单箱梁(图 8-10),材料用量少,外形可做成流线型,造型美观,景观效果好,但预制施工困难。上述两种方案适于采用现浇法施工,建议在大跨度桥梁和曲线桥上使用。

3. 预应力混凝土板梁结构

板梁结构建筑高度小,外形简洁,结构简单,便于吊装施工。预应力板梁的经济跨度为16~20m。板梁梁截面主要有空心板(图 8-11),低高度板(图 8-12)和异形板。空心板梁每跨可根据桥宽采用4~6片梁拼装而成,每片梁吊装质量为40~50t;而低高度板梁采用两片拼装,相对来说吊装质量大。异形板梁在美观上占有优势,采用单片梁形式,一般为现浇施工,工期长。从受力上讲,板梁的抗扭刚度小,对抵抗列车偏载不利。多片空心板梁也可用在道岔区间及有配线的地段。

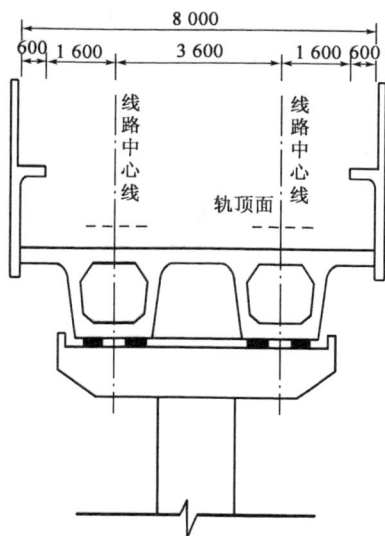

图 8-9 单室双箱梁(尺寸单位:mm)

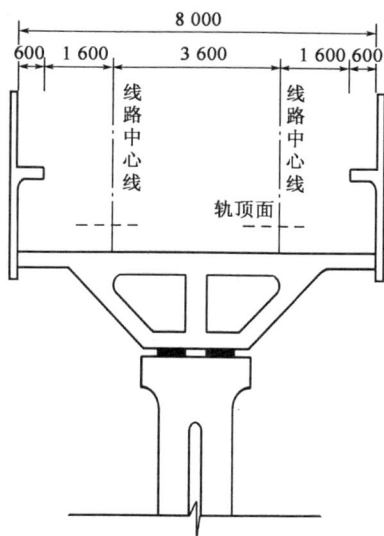

图 8-10 双室单箱梁(尺寸单位:mm)

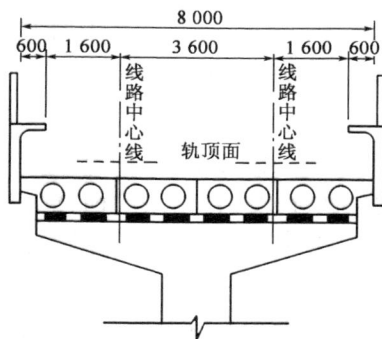

图 8-11 空心板梁(尺寸单位:mm)

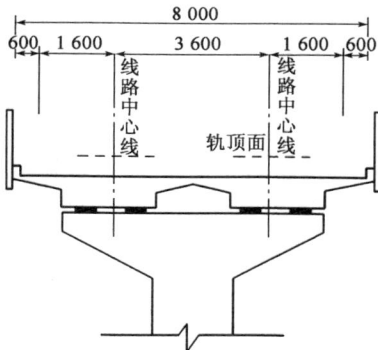

图 8-12 低高度板梁(尺寸单位:mm)

4.预应力混凝土 T 形梁结构

T 形梁(图 8-13)与箱梁同属肋梁式结构,它兼具箱梁刚度大、材料用量省的特点,同时主梁采用工厂或现场预制,可提高质量,减薄主梁尺寸,从而减轻整个桥梁自重。每跨梁由多片预制主梁相互连接组成,吊装质量小,构件容易修复或更换,避免了箱梁拆除内模的困难。简支 T 形梁经济跨度为 20~50m。

5.组合箱梁结构

预应力混凝土组合箱梁,即在预制厂内用先张法制造槽形梁,架立后,再在其上面现浇钢筋混凝土连续桥面板,将槽形梁连成整体,形成组合式箱梁(图 8-14)。区间由四片简支梁组成,一般经济跨度为 23m,吊装质量约为 25t。从受力上讲,该方案兼具箱梁整体性好、抗扭刚度大的优点,同时现浇连续桥面结构克服了简支梁接缝多的特点,使行车条件得到改善;从施工上讲,组合梁预制、运输、吊装方便,架桥速度快,对城市干扰少;缺点是桥面板需就地浇筑,增加现场混凝土施工量,且先张法只能直线预制,不适于弯梁桥,美观上也逊色于其他方案。

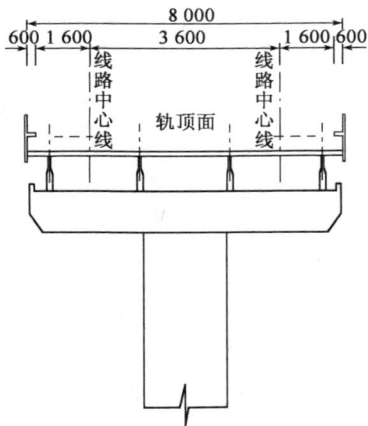

图 8-13　T 形梁(尺寸单位:mm)

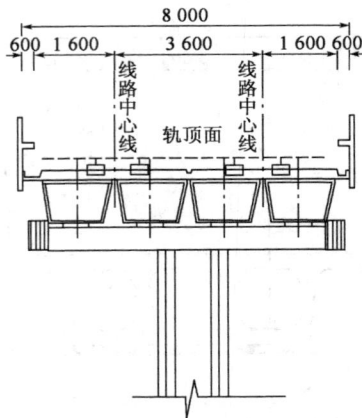

图 8-14　组合箱梁(尺寸单位:mm)

综合上述分析,从构件标准化、便于工厂预制和机械化施工等原则考虑,同一条高架线路的桥梁结构类型不宜过多;在预制和现浇施工方案的选择上,因现浇施工模板工作量大、施工速度慢等缺点,宜优先推荐预制施工方案。另外,钢梁方案由于其造价高、车辆过桥时噪声大、维修工作量大等缺点,一般不宜采用。

第三节　高架车站结构

随着城市轨道交通的迅速发展,线路高架化将会频繁出现,因此高架车站也应运而生。高架车站属于地上高架结构,轨道列车运行于结构的最上层,既非单一的房屋结构,也非单一的桥梁结构,而是桥梁和房建融合在一起的结构体系。作为一种新的结构形式,在结构设计时,需综合考虑各方面的因素,才能进行结构的选型和设计。

高架车站的结构形式,首先应满足车站功能布置要求,并结合当地的城市规划、地面道路及工程地质条件综合考虑而定。目前,国内外高架车站多为 2~4 层,站台层位于结构最上层,

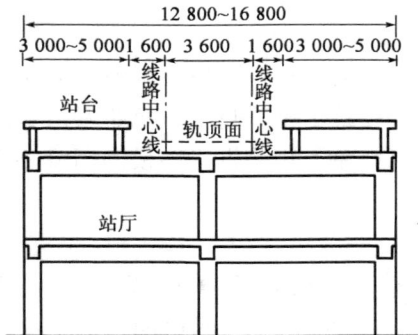

图 8-15　钢筋混凝土框架车站结构
示意图(尺寸单位:mm)

与区间高架桥连接,一般采用现浇或预制钢筋混凝土结构,优先采用预应力混凝土结构。高架车站常见的结构形式有钢筋混凝土空间框架结构、桥梁式结构、框架 + 桥梁式结构三种。

一、空间框架结构

空间框架结构属桥梁、房建结合方案(图 8-15)。高架车站先形成空间框架,再于其上形成连续板梁,同时将桥墩作为房屋框架结构的一部分。该结构体系柱网简单,受力合理,结构整体性和稳定性好。此外,框架纵横梁对桥墩均能起到约束作用,减少了桥墩计算高度,

降低了线路高程和建筑高程,可节省工程造价。但桥建合一没有现行统一的规范与标准可循,设计时,对不同的构件需采用不同的规范,结构计算也较复杂。

高架车站的荷载与房屋建筑一般有所不同,活载占的比重大,而且受荷点不断变化。框架结构受荷不匀,易造成基础的不均匀沉降,特别是在地质条件不好的地段。一旦发生基础不均匀沉降,将损坏结构,而且修复困难。

当列车以一定的速度通过高架车站时,高架车站将产生振动。框架结构的动力稳定性一般比桥梁结构差。因此,高架车站的振动控制成为结构分析和设计的关键问题之一。

南京地铁南北1号线工程共有5座高架车站,均匀采用空间框架体系。框架横向为三柱两跨,纵向柱距为8~12m。行车道梁采用钢筋混凝土板梁、简支或连续支承于框架横梁上。

二、桥梁结构

桥梁结构属于桥建结合方案。高架车站先形成桥梁结构(梁、墩柱、基础),再在桥上布置站台(图8-16)。

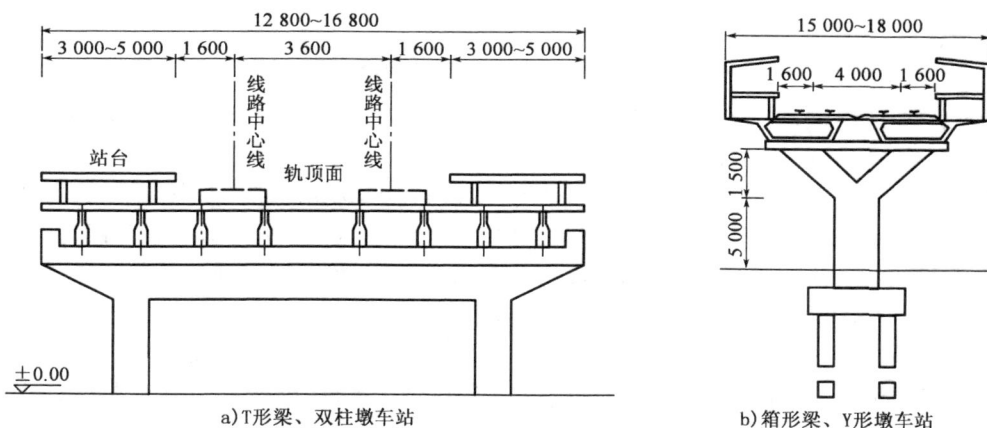

图8-16　桥梁式车站结构示意图(尺寸单位:mm)

桥梁结构可选择的断面形式有箱梁、T形梁、板梁和槽形梁等。箱梁截面抗扭刚度大,整体受力性能和动力性好,广州地铁2号线高架车站采用了这种形式。T形梁刚度大,材料用量省,还可采用预制吊装法施工,宜优先采用。

墩柱常用的结构形式有T形墩、双柱墩、V形墩和Y形墩,高架车站中的墩柱应具有足够的强度和稳定性,避免在轨道列车作用下产生较大位移。

三、框架桥梁结构

框架桥梁结构属于桥建分离方案(图8-17)。主体结构分为两个部分,即车站建筑和高架桥。车站建筑包在高架桥之外,高架桥从房屋建筑中穿过,两者在结构上完全分离,受力明确,传力简洁。

车站建筑和高架桥受力分别自成系统,可防止列车运行对车站的不利影响,以解决基础的不均匀沉降和车站建筑的振动问题。上海轨道交通明珠线部分高架车站采用了这种结构形式。

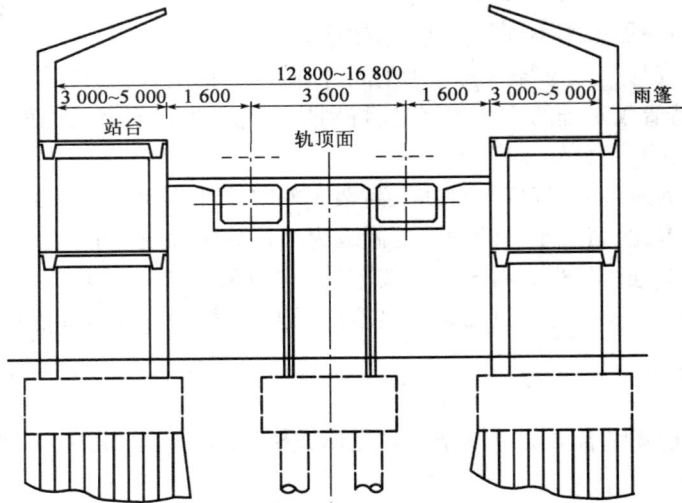

图 8-17　框架桥梁式车站结构示意图（尺寸单位：mm）

上述三种结构体系，从使用功能上看，空间框架结构体系和框架桥梁结构体系适用于大中型车站；桥梁结构体系适用于小型车站和中间站。

就大型车站而言，从结构性能上进行对比，框架桥梁结构优于空间框架结构，原因如下：

（1）框架桥梁结构体系可解决高架车站最突出的力学问题，即列车动力荷载对车站房屋建筑的不利影响。该结构体系将车站建筑和高架桥分离成两个完全独立的力学系统，受力及传力明确简洁，可解决车站振动控制和基础沉降控制这两个在结构设计和施工中的难题。

（2）框架桥梁结构体系可发挥桥梁结构和框架结构各自的特点和优越性。框架结构在各类车站站房中被广泛采用，给车站的功能布置和使用带来方便；框架桥梁结构体系发挥了空间框架结构与桥梁结构两者的优点。

（3）框架桥梁结构体系使高架车站的结构设计大为简化，高架桥和车站建筑可以分别依据现行国家规范进行独立的结构设计和计算。

第四节　高架结构墩与基础

在高架结构的总体设计中，下部结构除应有足够的强度和稳定性以避免在荷载作用下的过大位移外，对其造型亦有严格的要求。但造型常受地形、地貌、交通等限制，又与城市建筑及环境密切相关，合理的造型能使上、下结构协调一致，轻巧美观，使行人有一种愉快的感觉。确定高架桥的下部结构，应遵循安全耐久、满足交通要求、造价低、维修养护少、预制施工方便、工期短、与城市环境和谐、桥墩位置和形状要尽量多透空、少占地等原则。对于全线高架桥，宜减少桥墩类型。

一、高架桥桥墩形式

目前，适用于城市高架桥的桥墩形式有 T 形桥墩、双柱式桥墩和 Y 形桥墩等。

1. T 形桥墩

T 形桥墩占地面积少,是城市轨道交通高架桥中最常用的桥墩形式。这种桥墩既为桥下交通提供最大的空间,又能减轻墩身质量,节约圬工材料,轻巧美观,特别适用于高架桥和地面道路斜交的情况。T 形桥墩由基础之上的承台、墩身和盖梁组成,如图 8-18 所示。墩身一般为钢筋混凝土结构,形状为圆形,矩形或六边形。大伸臂盖梁承受较大的弯矩和剪力,可采用预应力混凝土结构。墩身高度一般不超过 8 ~ 10m。

2. 双柱式桥墩

双柱式桥墩在横向形成钢筋混凝土刚架,受力情况清晰,稳定性好,其盖梁的工作条件比 T 形桥墩的盖梁有利,无须施加预应力,其使用高度一般在 30m 以内,常用的形式如图8-19a)所示。河中桥墩为了避免被较大的漂流物卡在两柱之间影响桥梁安全,可做成如图 8-19b)所示的哑铃式,在城市立交桥中,哑铃式桥墩可抵抗更大的侧向撞击力;其也可在高水位以上或撞击高度以上分为两柱,以下部分为实体圆端形墩,如图 8-19c)所示。上海轨道交通明珠线的双柱式桥墩设计成无盖梁结构,上部结构箱梁直接支承在双柱上,双柱上部设一横系梁,这种构造须在箱梁内设置强大的端横隔板。

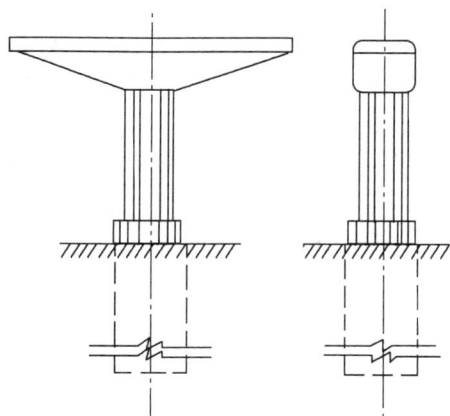

图 8-18　T 形桥墩

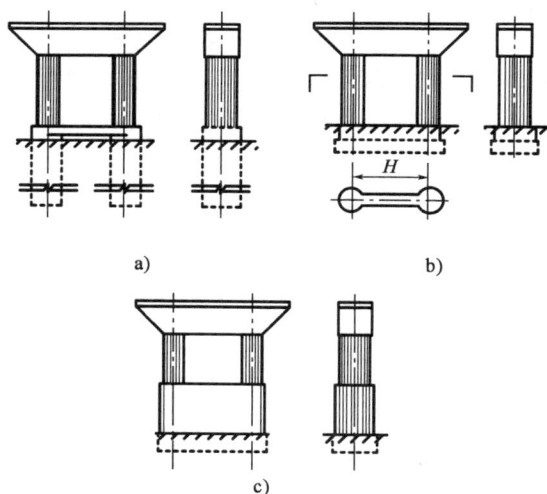

图 8-19　双桥式桥墩

3. Y 形桥墩

Y 形桥墩(图 8-20)结合了 T 形桥墩和双柱式桥墩的优点,下部呈单柱式,占地面积小,有利于桥下交通,空透性好;而上部则呈双柱式,对盖梁工作条件有利,无须施加预应力,造型轻巧美观,施工虽然比较复杂,尚无太大困难。

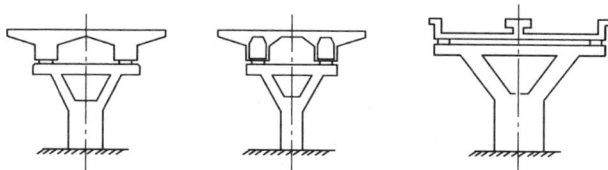

图 8-20　Y 形桥墩

二、高架桥和车站的基础形式

高架桥和高架车站的基础形式应根据当地地质资料确定。当地质情况良好时，应尽可能采用扩大基础（适用岩石及持力层较浅的地基）；若为软土地基，为了保证基础的承载能力，防止基础沉降，宜采用桩基础。国内外工程实践和理论研究表明，在软土地基上，桩基础是首选的基础形式。桩基可以将上部荷载有效地传递到压缩性小的深层土层中，以满足上部结构对基础承载力和变形的要求；桩基础还可有效地承受横向水平荷载等，其抗震及抗动载性能好。

经验表明，在设计中选择合适的桩基持力层，以及桩径、桩长、桩间距等参量，可以使各桩基的总沉降量大致相等。饱和黏土地基的沉降过程是一个固结沉降过程。各桩基础在总沉降量相等的条件下，它们的沉降时程曲线基本相同。所以，各桩基础在沉降过程中的沉降差可控制在很小的范围内。

上海轨道交通明珠线一期江湾镇车站，是高架三层侧式站台车站，一期建成车站总长度为150m，远期发展为190m，车站宽22.2m，檐口高度为17.4m。车站所处场地工程地质条件较为复杂，南段为古河道，北段为古河道边缘，均为黏性土及粉性土充分发育地段。由于车站落在软土地基上，为了确保各基础的沉降差异在1cm范围内，使车站两端与区间桥梁衔接处不均匀沉降差满足轨道设计要求，经多方案分析比较，并考虑与区间桥墩基础类型一致，最后选用桩基方案。选择砂质粉土层作为桩基持力层，要求桩端全断面进入持力层深度不小于$30d$（d为桩直径），桩采用$\phi600$的锤击预应力高强离心混凝土管桩（PHC桩），平均桩长36m，单桩竖向承载力为1250kN，总桩数257根。

由于严格要求基础沉降差异在1cm之内，为此，选取相邻两对基础（边柱基础）进行沉降量计算。将桩基承台、桩群及桩间土作为实体基础，不考虑桩身压力扩散角，采用分层总和法计算各地基沉降量分别为9.85cm和8.94cm，其沉降差为0.91cm，满足设计要求。

第五节　高架结构设计计算

一、设计荷载

作用在高架桥和高架车站上主要有以下一些荷载：

（1）恒载。结构自重、上部建筑重力、预加应力、设备重力、混凝土收缩徐变的影响力和基础沉降影响力。

（2）活载。车辆荷载（根据车辆选型资料，确定荷载图式，双线段按90%活载计）、地铁或轻轨列车的冲击力。曲线地段考虑离心力，离心力作用点在列车的重心位置，距轨顶的高度为1.8m。区间桥梁应考虑双侧人行道荷载。

（3）附加力。制动力或牵引力、风力、列车的横向摇摆力，以及超静定结构考虑温度变化的影响力。

（4）若桥上轨道采用无缝线路，还要考虑因无缝线路产生的对桥墩的水平附加力。

（5）特殊荷载。地震力[设计是根据工程所处场地条件，按《铁路工程抗震设计规范》（GB 50111—2006）计算]、施工荷载以及汽车对道路范围内和接近路边的桥墩的撞击力。

（6）高架桥结构边缘应考虑 30kN/m 的脱轨力。

（7）区间高架结构的挡板设计，除考虑其自重及风载外，尚应考虑 0.75kN/m 的水平推力。

（8）车站站台、楼板和楼梯部位的人群荷载。

上述荷载中，有关高架车站建筑的使用荷载可以参照《建筑结构荷载规范》（GB 50009—2012）。但站间高架桥的荷载有其特殊性，目前尚未制定统一标准，城市轨道交通桥梁的荷载除车辆荷载外，应参照《铁路桥涵设计规范》（TB 10002—2017）的规定。

1. 车辆荷载

城市轨道交通车辆选型受到各方面条件的制约，因此车辆荷载难以确定，更不能像铁路列车荷载或公路汽车荷载那样准确制订出有代表性的标准荷载来。一般建议轻轨车辆荷载的标准图式如图 8-21 所示。

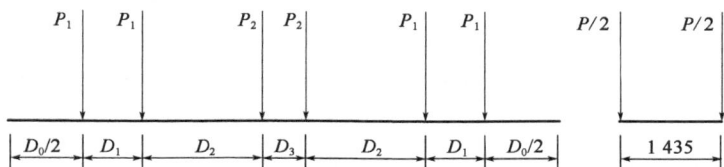

图 8-21　轻轨车辆荷载标准图式（尺寸单位：mm）

图中轴重 P_1、P_2，轴距 D_1、D_2、D_3 及与挂车辆相邻轴距 D_0 应按所选车型的各项数据采用。设计计算时，具体可采用 $P_1 = 100$kN，$P_2 = 70$kN，$D_0 = 6\,900$mm，$D_1 = 1\,900$mm，$D_2 = 4\,850$mm，$D_3 = 1\,800$mm。载重荷载也可以换算为 24kN/m 的线荷载。上海轨道交通明珠线车辆荷载为四轴制，分重车与轻车，重车轴重 170kN，轻车轴重 80kN（图 8-22），重车可以换算为 29.8kN/m（动车）或 27.88kN/m（拖车）。表 8-3 所示为国外某些轻轨高架线路的活载示例。

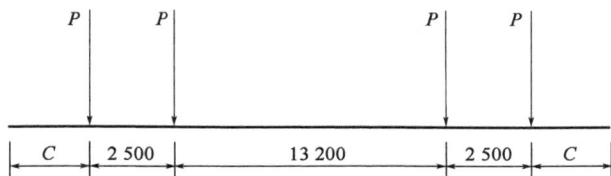

图 8-22　上海轨道交通明珠线车辆荷载图式（尺寸单位：mm）
注：无驾驶员室动车，$C = 2\,300$mm；有驾驶员室动车，$C = 3\,095$mm。

国外某些轨道交通高架线路的活载　　　　　　　　　　　　　表 8-3

国家	加拿大			美国			
地点	多伦多	金斯顿	斯卡勃罗	温哥华	华盛顿	亚特兰大	迈阿密
建造年份	1962	1979	—	—	1972	1978	1980
活载（kN/m）	27.25	17.19	16.38	16.38	23.35	23.74	22.47

2. 车辆制动力、牵引力及横向摇摆力

城市轨道交通车辆的制动力或牵引力可按竖向静荷载的 10% 计算，当其与离心力或冲击力同时计算时，可按竖向静荷载的 7% 计算；双线只计算一线的制动力或牵引力。

车辆的横向摇摆力作用于轨顶处，其值可按 2.5kN/m 考虑。横向摇摆力不与风力或离心力组合。

3. 长钢轨纵向力

当桥上铺设无缝线路时，长钢轨本身除受温度力作用之外，还受梁、轨相互作用的两项纵向附加力作用，即伸缩力和挠曲力。所谓伸缩力，是指梁因温度变化而产生伸缩，但受长钢轨的阻挡而不能实现，因而在长钢轨中引起纵向附加力。所谓挠曲力，是指梁在列车荷载作用下产生挠曲，引起梁上缘即钢轨平面的纵向位移，此纵向位移同样不能实现而引起长钢轨中的纵向水平力。然而，伸缩力和挠曲力又反作用于梁跨（支座）和墩台。此外，如果在桥上发生断轨，或者是无缝线路伸缩区设置在梁上时，梁跨（支座）和墩台又将受到断轨力或温度力的作用。总而言之，作用在桥上的长钢轨纵向力包括伸缩力、挠曲力和断轨力三项。

长钢轨纵向力与桥跨结构的跨度、体系、钢轨重力及钢轨本身的温度力有关。其中作用在桥墩台及固定在支座上的断轨力按一跨简支梁长或一连续梁长内的线路纵向阻力之和计算，但断轨力不得超过最大温度拉力。无论单线或双线桥梁，仅计算一轨断轨力。

4. 混凝土收缩徐变作用

混凝土收缩是指构件尺寸随时间而干缩；徐变则是指构件尺寸在永久荷载（包括自重、附加恒载、附加力及不均匀沉降作用）作用下，随时间而压缩。混凝土收缩、徐变作用的直接影响是降低混凝土的变形模量，导致预应力损失，使构件应力增大，变形也随之增大。其实，这些都不难计算，而令工程师们感到困惑的是构件在预加力作用下预拱度随时间变化越来越大，曾经出现过铁路桥梁的桥上道砟越来越薄，无砟无枕桥梁的轨顶高程无法调节的现象。部分预应力混凝土构件容许构件在最不利荷载作用下出现少许裂缝（但在恒载作用下不容许出现裂缝），从而可以适当降低预加力，既节约材料，又能使构件在永久荷载作用下保持不拱、不挠的状态，从根本上解决了预拱度随时间而发展的问题。

设计时，可以在构件中预留 2~3 根备用束，施工时，随时观察梁的状态，通过利用备用束调节预加力的增减来控制梁的上拱或下挠，不一定要求预拱度等于零，只要控制在毫米级就可以保证混凝土收缩、徐变作用主要是构件缩短，而不会产生无法调节的拱度。

5. 荷载组合及其分项系数

表8-4摘自《混凝土结构设计规范》（BG 50010—2010）中规定的城市轨道交通桥梁的荷载组合及其分项系数，它是依据国家标准《工程结构可靠性设计统一标准》（GB 50153—2008）和《铁路工程结构可靠度设计统一标准》（GB 50216—1994）规定的原则制定的，具有广泛的适用性和先进性。荷载组合分为六类，其中基本组合三类，另有撞击力组合、施工组合和地震力组合各一类，现分述于下。

基本组合Ⅰ：永久荷载的一种或数种（视可能同时出现的情况而定，下同），加基本可变荷载的一种或数种，加其他可变荷载的一种或数种。分别给出承载能力极限状态和正常使用极限状态的分项系数。

基本组合Ⅱ：永久荷载中的自重、附加恒载和不均匀沉降（根据设计需要参与组合），加基本可变荷载（不计制动力或牵引力），加其他可变荷载中的风荷载。此类组合只需验算承载能力极限状态。

城市轨道交通桥梁的荷载组合及其分项系数　　　　表 8-4

荷 载 分 类		基 本 组 合			撞击力组合	施工组合	地震力组合
		I	II	III	IV	V	VI
永久荷载	结构自重	$\Delta_1/1.0$	Δ_1	Δ_1	1.0/1.0	Δ_3/Δ_3	1.0/1.0
	结构附加恒载	$\Delta_2/1.0$	Δ_2	Δ_2	1.0/1.0	1.2/1.0	1.0/1.0
	预加力	—/1.0	—	—	—/1.0	—/1.0	—/1.0
	混凝土收缩、徐变	—/1.0	—	—	—	—	—
	不均匀沉降作用	根据设计需要参与组合					
基本不变荷载	列车活荷载及动力效应 $(1+\mu_k)Q_{1k}$	1.4/1.0	1.2	1.2	1.0/1.0 *	—	0.75 */0.75 *
	离心力	1.4/1.0	1.2	1.2	—	—	—
	列车横向摇摆力	1.4/1.0	1.2	1.2	—	—	0.75 */0.75 *
	列车制动或牵引力	—/1.0	—	—	—	—	—
永久荷载	风荷载	—/0.3	1.1	—	—	0.75/0.75	—
	温度作用　年温差外约束	—/1.0	—	1.3	—	1.0/1.0	—
	温度作用　日温差外约束	—/0.8	—	1.0	—	0.8/0.8	—
	长钢轨纵向力	Δ_4	—	—	—	—	—
	人行道荷载	检算人行道时，$\gamma_Q=1.4$；检算主梁时，不参与组合，即 $\gamma_Q=0$					
偶然荷载	地震力	—	—	—	—	—	$\Delta_5/1.0$
	船只或车辆撞击力	—	—	—	1.0/1.0	—	—
	施工荷载	—	—	—	—	1.5/1.0	—

注：1. 分项系数中，分子用于承载能力极限状态，分母用于正常使用极限状态或施工状态。

2. 一字线表示该项不参与组合。

3. 基本组合 II、III 只适用于承载能力极限状态。

4. Δ_1、Δ_2、Δ_3 表示结构自重或附加恒载效应与可变荷载效应同号时为 1.1、1.4、1.2，异号时为 1.0、1.0、0.85。

5. Δ_4 表示在桥梁铺设无缝线路时，应对桥上无缝线路进行专门设计及试验研究，以确定其长钢轨纵向力，并根据不同结构特性及极限状态确定其作用效应和分项系数。

6. Δ_5 表示当验算支座部件、梁与支座间连接、锚栓及橡胶支挡设施时为 1.5，验算其他构件时为 1.0。

7. 符号 * 表示根据设计需要采用静荷载或动荷载。

基本组合 III：永久荷载和基本可变荷载同基本组合 II，加其他可变荷载中的温度作用。此类组合也只需验算承载能力极限状态。

撞击力组合 IV：除永久荷载的一种或数种及列车活载外，只需考虑船只或车辆的撞击力。分别给出承载能力极限状态和正常使用极限状态的分项系数，正常使用极限状态的容许应力限值应依据有关规范适当提高。

施工组合 V：除永久荷载的一种或数种加其他可变荷载的一种或数种外，再加上施工荷载。分别给出承载能力极限状态和施工状态的分项系数，施工状态的容许应力限值可参阅相关文献。

地震力组合 VI：除永久荷载的一种或数种加基本可变荷载的一种或数种外，再加上地震力荷载，分别给出承载能力极限状态和正常使用极限状态的分项系数，正常使用极限状态的容许应力限值应依据有关规范适当提高。

二、高架结构计算

高架结构尚无设计规范,目前暂用《铁路桥涵设计规范》(TB 10002—2017)、《地铁设计规范》(GB 50157—2013)、《建筑结构荷载规范》(GB 50009—2012)并参考其他有关规范。建议按以下原则进行设计:

(1)结构构件的内力按弹性受力阶段计算。

(2)预应力混凝土桥梁结构应按《铁路桥涵设计规范》(TB 10002—2017)的规定验算其强度、抗裂性、稳定性、应力及变形。

(3)计算预应力混凝土连续梁内力时,应考虑温差、基础不均匀沉降以及由于混凝土收缩、徐变和预应力所引起的二次内力。计算二次内力时,尚应考虑体系转换的影响。

(4)结构应满足《铁路桥涵设计规范》(TB 10002—2017)规定的最小配筋率和最大裂缝宽度的要求。

(5)箱梁应考虑抗扭计算。

(6)墩顶允许位移除满足行车安全及桥梁自身的受力外,还应结合轨道结构形式做具体分析,保证轨道结构的正常使用。

微课18
高架结构设计
计算实例
扫描此码 深度学习

(7)计算桥墩内力时,应特别注意考虑无缝线路引起的墩顶水平力。

(8)墩台身应验算强度、纵向弯曲稳定、墩顶弹性水平位移。

(9)墩顶弹性水平位移、顶帽尺寸及构造要求,暂且执行《铁路桥涵设计规范》(TB 10002—2017)的规定。

(10)桩基设计考虑土的弹性抗力,可按 K 法或 M 法计算。

(11)摩擦桩设计,按土的摩阻力验算桩的承载力,按材料强度验算混凝土及钢筋应力和桩身开裂宽度。

(12)基础的允许沉降量应满足列车安全运营和乘客舒适度的要求,并控制在轨道结构允许变形的范围之内。

第六节　桥上附属结构

一、桥上接触网电杆

1. 架空线接触网电杆在高架桥上的布置方式

(1)接触网电杆设在桥梁横截面的中间,这种方式需增加桥梁断面宽度 0.5 ~ 0.6m。接触网电杆设在桥中央时,桥宽为 9.5m;设在两侧时,桥宽为 8.9m,而槽形梁桥主梁设在两侧,特别适宜电杆设在桥两侧的情况。脊梁式桥的主梁在中央,为电杆设置在桥中央提供了非常有利的条件。

(2)接触网电杆设在桥梁两侧,桥梁断面宽度较小,造价较低,而且对桥下日照影响较小,占用土地宽度也较小。但须树立两排接触网电杆,景观稍差一些。对造价而言,高架桥桥面加宽增加的造价远远超过增加一排电杆的造价。上海轨道交通明珠线主要采用接触网电杆设在桥梁两侧的方案。

2. 接触网电杆高度及工作荷载

接触网电杆高度及工作荷载取决于接触悬挂方式及车辆限界。接触网悬挂可分为简单悬挂方式和链形悬挂方式(图 8-23),前者由弹性吊索与接触线组成,后者由承力索、接触线及吊弦组成,在电杆悬挂点处,承力索与接触线水平面之间的垂直距离称为结构高度。结构高度取决于最短吊弦长度,设计中结构高度一般取 900 ~ 1 300mm。最短吊弦应大于 300mm。

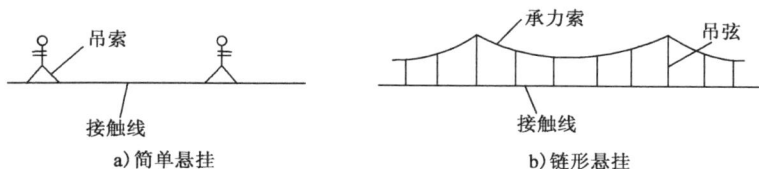

图 8-23 接触网悬挂方式

3. 接触线悬挂高度

接触线悬挂高度是指接触线在电杆悬挂点处与两钢轨顶面连线间的距离。接触线在最大正弛度时的最低高度,由车辆限界高度加接触网带电部分对车辆的绝缘距离以及施工误差、工务抬道等因素确定。例如,湘潭轻轨电车车辆限界高度为 3 820mm,绝缘距离为 25mm,列车振动余量 50mm,施工误差及工务维修抬道考虑 50mm。合计最低高度为 3 945mm。接触线悬挂高度一般取 5m。

4. 接触网支持装置的类型

接触网支持装置的类型有腕臂柱支持装置、软横跨、硬横跨三种。在高架桥上一般选用硬横跨,它具有稳定性好、减少电杆高度及荷载、美观等优点。接触网电杆的侧面限界是指电杆内缘与邻近铁路轨顶连线的中心线的水平距离。它必须保证在任何情况下,电杆不得侵入规定的建筑接近限界。以湘潭轻轨电车为例,在直线区段,最小允许侧面限界为 2 000mm;在曲线区段的加宽部分,须由计算确定,设计中尚应考虑一定的施工误差。

5. 接触网的跨距

接触网的跨距即相邻两电杆间的距离是根据悬挂方式、电杆类型、受电弓类型、线路条件及气象条件等因素确定的。在经济上,希望增大跨距以节约投资;技术上,则要求确保安全可靠,受流质量良好。常用的跨距有 20m、25m、30m、35m、40m、45m、50m 等。上海轨道交通明珠线接触网柱分腕臂柱和锚柱两种,前者间距为 30 ~ 50m,后者间距为 50 ~ 70m。电杆一般有钢柱和钢筋混凝土柱两种。上海轨道交通明珠线电杆的工作荷载由电气化专业设计单位提供,见表 8-5。

上海轨道交通明珠线电杆工作荷载　　　　　　　　　　　　表 8-5

荷　　载	腕 臂 柱 底	锚 柱 底
垂直力(kN)	15	29
垂直线路剪力(kN)	15	16
平行线路剪力(kN)	5	29
垂直线路弯矩(kN·m)	100	100
平行线路弯矩(kN·m)	20	200

二、桥上轨下基础

城市轨道交通高架混凝土桥上的轨道结构，大多数采用无砟无枕承轨台结构。但国外（如韩国的首尔）轨道交通高架桥上也有采用碎石道床的，它具有施工简单、降噪声效果好、抗爬力大、有利于铺设无缝线路等优点。但养护维修工作量较大，恒载也较大，对桥跨结构不利。上海轨道交通明珠线承轨台基础如图 8-24 所示，由支承块、道床板、护轮矮墙组成。

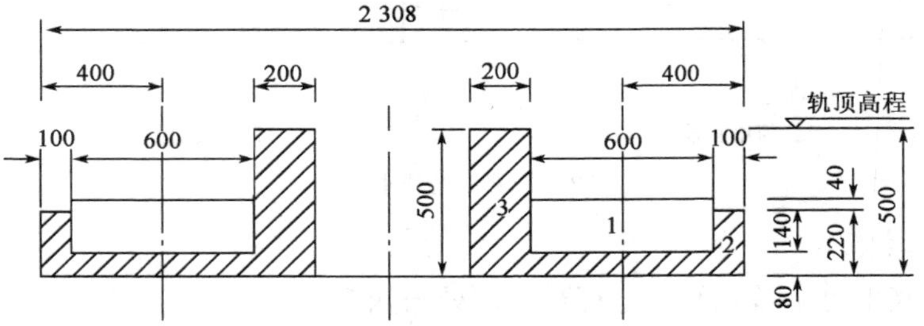

图 8-24　承轨台轨下基础断面图（尺寸单位：mm）
1-支承块；2-道床板；3-护轮矮墙

支承块（图 8-25）是一块预制的钢筋混凝土块，长 600mm，宽 250mm，高 180mm，呈五角形，上部稍窄（宽 210mm），嵌入桥面上后期浇筑的道床中，钢轨垫板及扣件即安置在支承块上。支承块下部预伸出钢筋埋置在道床板中，随同道床一道进行后期浇筑。支承块按 1 680 对/km 设置。

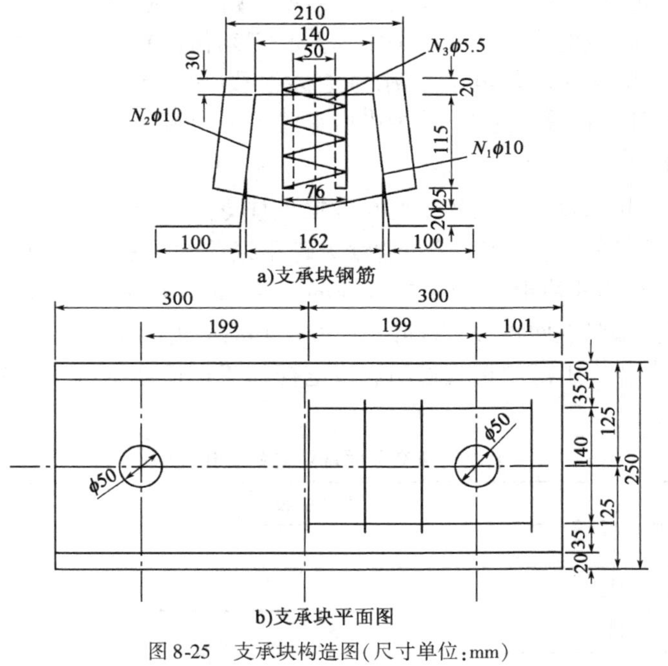

a)支承块钢筋

b)支承块平面图

图 8-25　支承块构造图（尺寸单位：mm）

道床板连同护轮矮墙一道就地浇筑，将支承块嵌固其中，共同构成轨下承轨台基础。为减少梁体混凝土收缩徐变的影响造成轨道不平顺，故采用二次浇筑承轨台。上海轨道交通明珠线要求跨度小于 80cm 的桥梁梁体预应力筋在张拉后 90d 浇筑承轨台;跨度大于 80m 的桥梁另作专题处理。在预制梁体时,道床板的预埋钢筋伸出梁体,使道床与梁体连接成整体。承轨台分段设置,一般长 225cm,宽 90cm,高 22cm,各段承轨台之间的距离为 15cm,以便排水。为适应不同的梁跨,承轨台长度及间距可进行适当调整。由于桥梁位于曲线地段,因此根据曲线半径的大小设置外轨承轨台的超高及轨距加宽尺寸。道岔、无缝线路伸缩调节器等特殊地段的承轨台另行设计。

　　承轨台施工以后的理论最终非弹性变形值,当跨度小于 80m 时,该值为小于 30mm;而跨度大于 80m 的梁另作专题处理。当梁体施工完成后即需对桥梁进行变形(徐变、沉降)的连续观测和分析,通过综合变形曲线提供预期的最终非弹性变形值,以便在施工承轨台时先进行部分修正并预留适当的轨面调整量。

　　图 8-26 为上海轨道交通明珠线高架桥上正线及辅助线采用的大调高量、小阻力弹性扣件。调高量为 40mm,调距为 ±10mm。这种扣件能显著减小车辆振动,降低噪声。

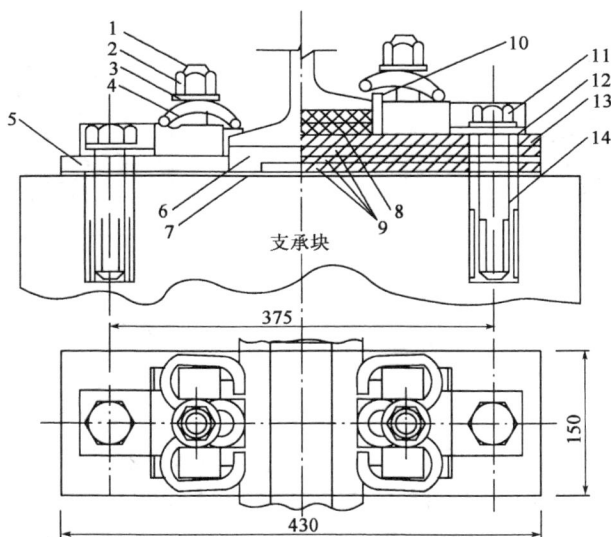

图 8-26　小阻力弹性扣件图(尺寸单位:mm)

1-T 形螺栓;2-螺母 M24;3-平垫圈;4-弹条;5-铁垫板;6-复合胶垫;7-绝缘缓冲垫板;8-轨下调高垫板;9-铁垫板下调高垫板;10-绝缘块;11-锚固螺栓;12-弹簧垫圈;13-平垫块;14-尼龙套管

　　高架桥上个别环保要求高的地段宜采用浮置板结构基础,其优点是减振降噪性能良好,上下左右可以调整,结构刚度适当,排水畅通,不易造成电流泄漏,不存在混凝土二次浇筑问题。缺点是结构复杂,造价较高,施工精度要求高,难度大。

第七节　轨道高架桥梁施工技术

　　轻轨交通和高架道路是两种最重要和最常见的城市桥梁形式,它们均具有线路较长、跨径较小、结构形式较为标准的特点。轻轨交通由于只有双向两股交通,因此其结构较窄的特点尤为突出。对于轻轨高架桥梁,我国现阶段一般采用两种结构形式和相应的施工方法:一是预应力混凝土空心板,跨径一般在 20m 左右,在预制厂预制后运至现场吊装就位;二是预应力混凝土箱梁,跨径一般为 30～40m,一般在搭设满堂脚手架后现浇施工。前者虽然结构形式简单,但跨径小,外观差,技术含量较低,已不能形成竞争优势和满足高新技术产业化的要求;后者虽然跨径增大,但桥梁完成后较美观,缺点是由于采用落后的施工方法,施工时严重妨碍周围环境和现有交通,增加了施工组织的难度,无法形成产业化。由于以上原因,这两种施工方法在国外的城市桥梁中已很少采用,取而代之的是预制节段与体外预应力技术结合的施工方法,这种新颖的施工方法在近 10 年来为国外的桥梁建设广泛采用。预制节段与体外预应力相结合的施工方法融合了预制、节段施工、体外预应力三者的优势。工厂化预制可以缩短施工周期,容易控制施工质量,最大限度地减少现场施工;节段施工不但可以满足运输和吊装要求,而且使不同的跨径均可由标准化的节段组拼而成;而在预应力工艺中先进的体外预应力技术是发挥前两者优势的保障。

动画3　高架轻轨站施工　扫描此码　深度学习

动画4　高架区间施工　扫描此码　深度学习

一、基础施工

轻轨高架桥桥墩及车站框架柱对沉降要求严格,因此均采用独立承台下桩基础,对于车站框架结构则另加连系梁。

1. 桩基施工

桩基主要有:①预应力钢筋混凝土 PHC 桩,桩径 $\phi600$;②预制钢筋混凝土方桩,一般为 450mm×450mm 的断面;③钻孔灌注桩和挖孔桩,桩径有 $\phi800$、$\phi1\ 200$ 和 $\phi1\ 500$ 三种,桩长视地质情况和承载力要求,由设计单位确定。桩基础一般坐落于粉细砂层和基岩上。桩头需伸入承台底面 100mm,桩头钢筋留长 45d(d 为钢筋直径)。

预制桩特别是 PHC 桩一般由工厂预制,场地许可情况下也可在现场制作钢筋混凝土方桩。预制桩分上、下两节,上节桩为 C40 混凝土,下节桩为 C35 混凝土。吊运时混凝土强度应达到85%,打桩时混凝土强度应达到100%,且龄期不小于28d。对打桩要求满足贯入度控制为30～70mm/10 击。值得注意的是,与灌注桩距离小于50m 范围内的沉入桩,均应在灌注桩龄期达到28d 后进行施工,或者先施工沉入桩,后施工灌注桩。

钻孔灌注桩采用水下 C30 混凝土。根据上海地区的地质情况和施工经验,使用 GPS-10 型和 GPS-15 型钻机,成孔时采用原土造浆正循环方法,对于 $\phi500$ 桩,钻到规定孔深后使用反循环泵进行清洗。由于桩尖持力层为粉细砂层,且孔径较大,为保持孔壁稳定,防止孔底坍塌,故钻进时采用较稠的泥浆,特别是在孔深 30m 以后进入粉细砂层,泥浆相对密度在 1.25～1.35之间,待灌注混凝土前的二次清孔时再将相对密度调整至规范允许值。当钻进到设计高程后,利用钻机反循环系统的泥浆泵持续吸渣,使孔底沉渣基本清除,并同步灌入相对密度较小的泥浆。

2. 承台施工

承台的测量放样采用极坐标方法,在邻近的高层顶上设置控制点,然后由上至下投点。这样既可以控制较大的区域,又可以避免因线路较长而使视线受阻的影响。承台轴线的临时控制点应校正后使用。

承台土方开挖到桩顶高程时,要改为人工挖土,避免抓斗碰坏桩头。为防止上方塌陷,应采取放坡、打钢板桩、加木支撑等支护方式。承台位于沟浜范围内,承台底高程高于沟浜底高程时,挖去剩余淤泥,填充碎石,排除积水后再浇筑混凝土。

承台模板采用大型木模,尺寸为 1.83m × 0.914m,表面为七夹板,模板拼装采用 12mm 的拉条螺栓,拆模后凿除外露螺栓,并用砂浆修补。

二、立柱施工

为保证立柱外观的光滑、平整及内在质量,又能加快施工进度,因此采用拆装方便的大型整体式钢模。施工时在现场预拼装,符合要求后,再由吊车整体吊装就位。吊装前,先对拼缝进行嵌密处理,在钢模内表面涂两次脱模剂。立柱混凝土浇筑派专人负责,保证适当速度供料,防止间隔时间过长而产生冷缝。对于双柱有连系梁的立柱,由于立柱模板的模数不可能相当精确,为了保证立柱混凝土外观质量,故采用立柱一次成型再做连系梁的施工方法。横梁内预留 16mm 长的钢筋,采用预埋钢筋接驳器施工。

三、桥梁施工

1. 盖梁施工

盖梁分为预应力钢筋混凝土盖梁和普通钢筋混凝土盖梁两种。盖梁自重荷载较大,其支架下的地基需进行预先处理,即先对原状土进行压实,然后铺设 30mm 厚的砾石砂压实,再在支架投影范围内铺设 15cm 厚的 C25 素混凝土。

盖梁脚手架采用 $\phi48$ 的钢管脚手架,脚手管层高不大于 1.7m,剪力管布置密度一般不小于立杆总数的 1/4。脚手架的顶部水平管控制高程层,须严格按换算高程布置,并且该管的连接扣件需加强。

盖梁模板采用大模板形式,九夹板直接铺设于下层 50cm × 150cm 的木板之上,50cm × 150cm 的木板平铺于下层 75cm × 150cm 的木格栅和牵杆之上。铺设前预先计算好夹板尺寸,使拼缝对称合理,并牢固密封。盖梁侧模为木模,木模外侧设围檩,采用对拉方式固定。

预应力盖梁钢绞线一般采 $7\phi^s15$ 的高强度低松弛钢绞线,抗拉标准强度为 1 860MPa。采用超张拉工艺,预备千斤顶为 YCQ150 型及配套的油泵,张拉形式为双向张拉,盖梁的张拉控制应力为 $\sigma_k = 0.75R_{yb} = 1\,395MPa$,锚下控制应力为 $N_y = 13\,358kN$。超张拉工艺程序为:$\sigma_初 \rightarrow 1.03\sigma_k$ 持荷 5min $\rightarrow \sigma_k \rightarrow$ 锚固。张拉分两阶段进行,第一阶段待混凝土强度达 90% 后进行张拉,第二阶段待板梁吊装完毕后再进行张拉。

2. 板梁施工

板梁分为先张法预应力空心板梁和后张法预应力空心板梁。板梁长度长,质量大,吊装一般采用双机台吊的方法。使用两部 50t 履带吊,把杆长 22m,把杆仰角为 75° ~ 80°,起重量为 19 ~ 31t,幅度为 7 ~ 15m,吊钩高度为 9m。实施双机抬吊作业的关键是因地制宜地选择吊车的最佳作业位置和使动作协调,大都采用隔跨同向位或同跨同向位作业,板梁运输进入的位置基本与架设方向平行。

3. 箱梁的施工

上海轨道交通明珠线的设计采用单箱双室截面,桥跨结构主要采用简支梁,标准跨径为30m,主梁高1.90m,梁宽9.05m,腹板厚20～30cm。标准截面如图8-27所示。设计中预应力筋采用美国材料实验协会(ASTM)标准的270级ϕ15.24的高强度低松弛钢绞线,标准强度为1860MPa。预应力系统采用7股钢绞线,在标准跨径截面上配置了21根,锚固系统采用OVM15-7型锚具,预应力钢束在截面上的配置如图8-28所示。

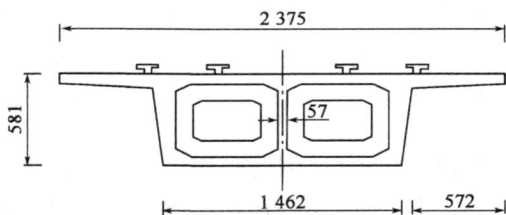

图 8-27　上海轨道交通明珠线 30m 跨标准截面图
（尺寸单位：mm）

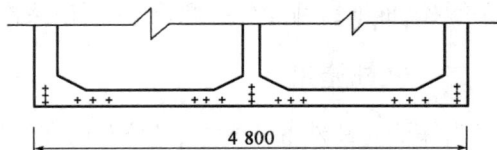

图 8-28　上海轨道交通明珠线 30m 跨预应力布置图
（尺寸单位：mm）

1）满堂脚手架现场浇筑施工技术

箱梁施工流程:地基处理→测量放杆→脚手架→底模→第一次钢筋绑扎→钢绞线及波纹管安装→第一次混凝土浇筑→第一次拆模→第二次钢筋绑扎→钢绞线及波纹管安装→第二次混凝土浇筑→拆模→张拉→落架。

（1）基础处理

施工过程中分批施加预应力,箱梁自重逐步从临时支架移到永久桥墩上,在此施工过程中临时支撑出现较大反力,因此搭设支架前必须对地基进行处理。处理方式同盖梁脚手架搭设对地基处理的要求。

（2）支模体系

支模采用两种形式:一是ϕ45钢管满堂脚手排架,用于不影响交通的部位,并在ϕ48脚手管上端放置75cm×150cm的板组成牵杆格栅,满铺九夹板。二是ϕ580钢支撑平台排架用于交通要道处,保证交通的正常通行。图8-29为箱梁跨越车行道和人车道模板搭设方式。以30号工字钢作为横梁搭设在ϕ580钢支撑上,横梁上搁置28号工字钢纵梁,上面用5cm厚的木板满铺作为操作平台,再在平台上搭设满堂支架,ϕ48钢管下用75cm×150cm的板横桥向布置作为垫木。

箱梁箱孔内的模板采用大模板形式,并用木架支撑、固定。为保证在使用阶段不出现底部受集中力作用,箱梁内不允许留有支撑,在每仓两头各开一个洞,作为检查通道,底模可不拆,但竖向支撑必须拆除。

（3）扎筋及预应力波纹管

由于是采用预应力后张法,钢筋用量不多,但在梁端头钢筋较密,因此在钢筋绑扎的同时,应考虑到波纹管安放的位置,部分钢筋要等到波纹管穿好后再进行绑扎。波纹管在安装过程中一是要注意位置的正确性,二是要注意线形的和顺性。管道与管道的接口用密封胶带缠紧,保证接口的严密性,张拉端与固定锚垫板后设有螺旋筋和钢筋网。在浇筑混凝土前把钢丝束穿好,浇筑混凝土时要间隔抽动钢束,以防管道漏浆造成张拉困难。

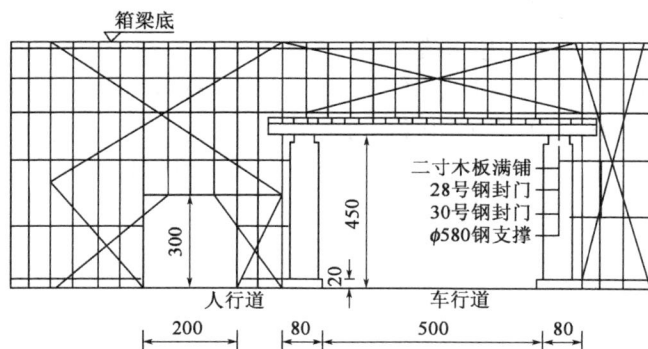

图 8-29　箱梁跨越车行道和人车道模板搭设方式(尺寸单位:cm)

另外,钢筋焊接时严格控制火星溅落,防止烧焦。对于使用的张拉设备,提前进行标定检查,保证油表数据的准确性。

（4）混凝土施工

箱梁混凝土分两次浇筑,第一次施工箱梁翼缘以下部分,第二次施工翼缘以上部分。采用 C50 商品混凝土,长壁软管泵送。混凝土施工缝严格按图纸设置,水平方向在翼缘的下口设置。第二次浇筑混凝土前,按要求对施工缝进行凿毛处理。由于一次浇筑混凝土土方量较大,因此在每一次浇筑前应协调混凝土供应,充分做好混凝土浇筑准备工作,每次混凝土浇筑应在初凝前完成。要求混凝土供应有连续性,并控制混凝土初凝时间。混凝土浇筑由一端向另一端进行(由低向高处),泵车放料控制好速度,浇筑高度要均匀。在混凝土浇筑过程中,避免振捣器碰撞波纹管和预埋件等,同时对支架体系及模板体系进行观测,防止发生过大变形。

由于箱梁混凝土强度等级高,在养护过程中必须严防产生裂缝,故采用湿润养护。当混凝土收缩结束后,用土工布覆盖并浇水保持浸湿状态。当处在冬季施工时,应采用必要的防冻措施,一般在收缩后先盖一层塑料薄膜,再覆盖土工布进行保温养护。

（5）预应力张拉和压浆

箱梁采用的锚具是 OVM 系列群锚体系,固定采用的是 P 锚,张拉控制应力为 $0.73R_{yb}$ 张拉力为 1 330.6kN。张拉时采取双控,即以应力控制为主,伸长量为校核,实际伸长与理论伸长值相比较,误差应保持在 6% 以内,一旦发现伸长值为异值,要停止张拉,进行分析,找出原因,经监理同意后再继续施工。张拉时为对称张拉,先中心轴附近各束,后上下各束。张拉采用超张拉工艺,张拉程序为:0→初应力→105% σ_k（持荷 5min）→σ_k（锚固）。张拉结束后,应随即压浆,一般不超过24h,最迟不超过3d,以免预应力筋松弛。在压浆前要先用压力水冲洗孔道,并用压缩空气排除孔内积水,浆液由波纹管一端向另一端压入,管端部设置排气孔,当出现原浆后即可堵住气孔,并再增压两次,保持3min 左右再关闭阀门。在压浆施工前,应提前 2h 用快速水泥封堵夹具与钢束间的缝隙,防止漏浆。另外,需对排气扎、压浆孔等进行全面检查,并对压浆设备系统进行安装检查。压浆顺序为:先压下面孔道,后压上面孔道,并应将集中一处的孔道一次压完,以免孔道漏浆堵塞邻近孔道;如集中孔道无法一次压完时,应将相邻未压浆的孔道用压力水冲洗,使得再压浆时通畅无阻。曲线孔道为侧向压浆时,应由最低点的压浆孔压入水泥浆,并由最高点的排气孔溢出稠浆。

压浆浆液采用水泥浆,膨胀剂为 U 型,减水剂为 SI-II 型,水泥采用 52.5 级普通硅酸盐水泥,配置完成的水泥浆水灰比为 0.4,流动速度按 ASTM 标准为 14 ~ 20s。

2）桩基支墩和贝雷架平台支模方案

对于特别软弱的地基,又要跨越一定跨度的障碍时,可以选用桩基支墩和贝雷架平台支模方案。跨中布置两排桩基支墩,两侧用原结构系梁作为支墩,实际形成 8m + 9m + 8m = 25m 的跨度布置。跨中每排桩基支墩设 3 个支承台,每个支承台下布置 2 根长 20m 的 $\phi400$ 水泥粉煤灰碎石桩,如图 8-30 所示。

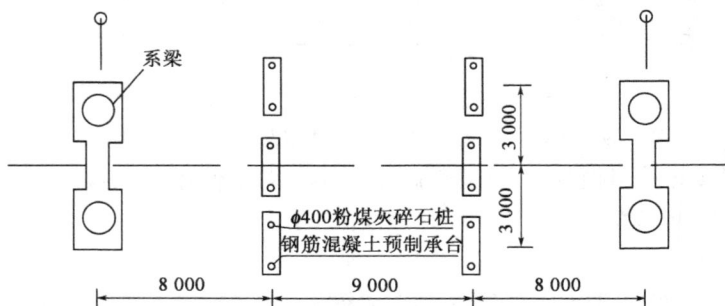

图 8-30　标准跨箱梁下支墩基础平面图（尺寸单位:mm）

贝雷架平台以纵横梁形式布置,横梁为主梁,双榀贝雷片组合,横桥向搁置于承台上。纵梁为次梁,双榀贝雷片组合,纵桥向搁置于贝雷片横梁上。在贝雷桁架平台上布置双榀 20 号槽钢枕梁,间距为 1m。槽钢枕梁之上为常规的 $\phi48$ 钢管支架及竹夹板底模,如图 8-31 和图 8-32 所示。

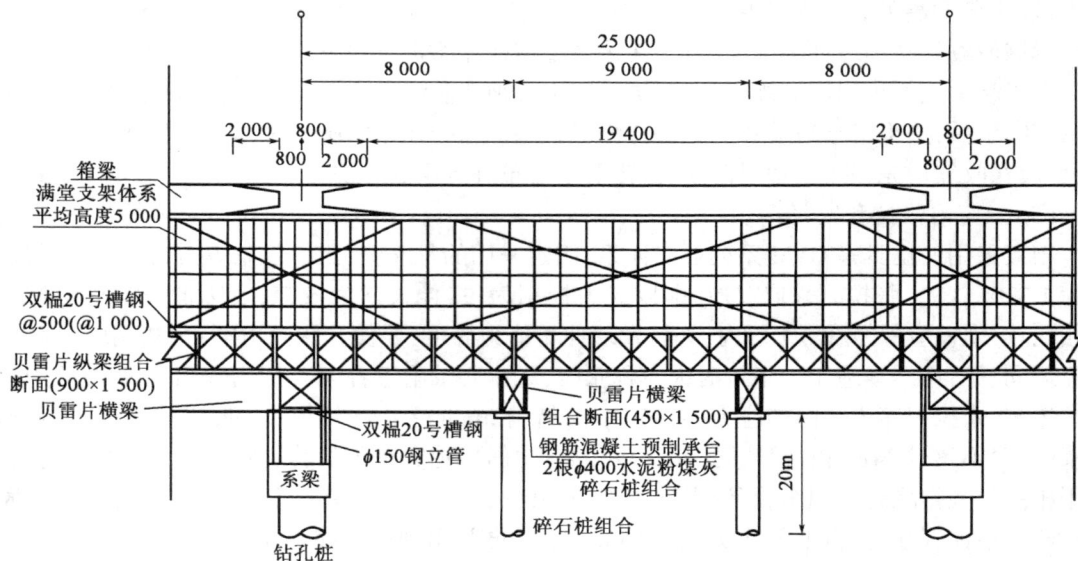

图 8-31　标准跨箱梁支架体系纵断面图（尺寸单位:mm）

3）预制节段拼装施工技术

为了充分发挥标准化施工的优势,使结构在较宽的跨径范围内具有通用性,所以在设计中采用模块设计,整个线路可以只有两种预制节段,即 3m 的标准节段和 1.5m 的墩顶锚固节段。

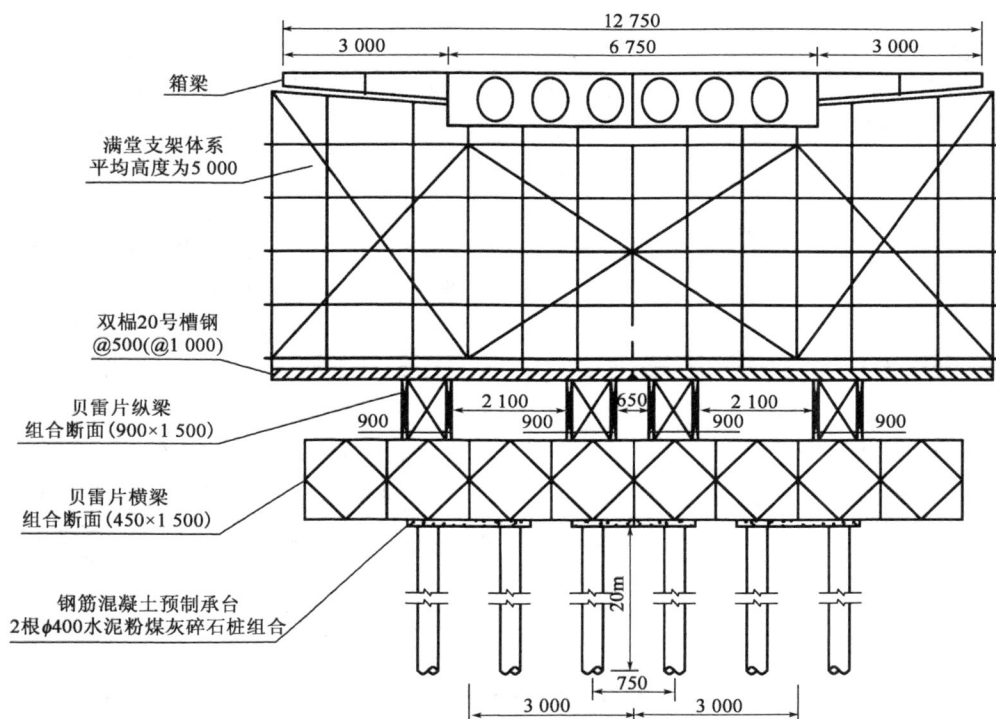

图 8-32　标准跨箱梁支架体系跨中处断面图(尺寸单位:mm)

由于轨道荷载较重,考虑最大跨径为 36m,上部结构适合的跨径分别为 36m、33m、30m、27m、24m、21m 等。全跨结构即由上述两种节段组拼而成,跨径布置可根据现场具体情况决定。结构形式主要采用简支结构,主梁采用等截面斜腹板单箱单室箱梁,高度均为 2.2m,腹板厚度为 35cm,在腹板中设置了复式剪力键(multi-shear key)提供抗剪,上下翼缘板中设置了结构齿块以满足节段镶合需要,节段间采用干接缝。在标准节段中间设置混凝土偏转块供预应力钢束的偏转。标准节段和墩顶节段分别如图 8-33 和图 8-34 所示。

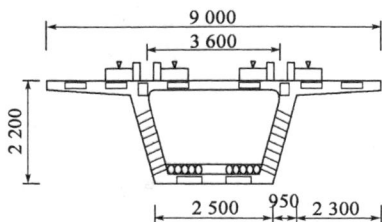

图 8-33　标准节段(尺寸单位:mm)

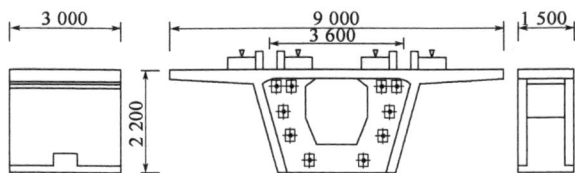

图 8-34　墩顶节段(尺寸单位:mm)

桥跨结构的施工方式采用预制节段组拼逐跨施工的方法。标准预制节段的质量约为 30.5t,节段长度为 3～3.5m,采用短线预制。在预制场地上进行节段的短线预制,可以在预制阶段对施工质量进行较严格地控制。同时,以一个节段的侧面为模板来预制下一节段,可以方便地进行预制节段之间的镶接施工。待预制节段充分养护后,即可以进行节段的现场拼装施工。

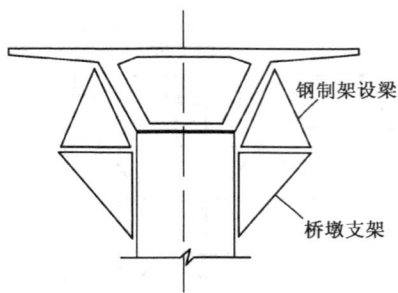

图 8-35　架设梁施工

现场施工采用架在桥墩两侧支架上的钢制架设梁来架设预制节段。桥墩两侧的支架在桥墩施工时即预留固定位置，施工该跨上部结构时拼接钢制桥墩支架。拼装预制节段在钢制架设梁上进行，钢制架设梁比跨径略长，一般采用钢架的形式，如图 8-35 所示。

同时，为适合各种不同的跨径，架设梁的设计还必须可以增减构件以调整长度。待钢制架设梁施工完成后，在其上组拼一跨的所有预制节段，为保证节段之间的密贴，在预制节段上均预留有安装齿块，将一跨的所有预制节段逐块镶接拼装，并全部在钢制架设梁上就位后，布置并张拉体外预应力钢束。张拉结束后，将钢制架设支架前移并安装到下一跨，随后进行下一跨的预制节段组拼施工。

全桥施工的主要步骤为：第一步，施工下部结构，同时预制上部结构的箱梁节段；第二步，上部结构开始逐跨施工，拼装桥墩支架、架设梁，在架设梁上拼装一跨的所有预制的箱梁节段；第三步，张拉体外预应力钢束，形成整跨结构；第四步，前移桥墩支架和架设梁，进行下一跨施工。

第八节　单轨交通的高架结构

单轨交通的高架桥结构首次是在我国的重庆市采用，机车的胶轮与单轨的两侧面接触运行，噪声小，安全可靠。

一、主要设计原则

根据设计范围内的地形地貌、线路高度、工程地质、水文条件、既有及规划建筑情况等因素，进行桥跨方案及结构形式的合理选择，在设计中主要遵循以下原则：

（1）在安全、实用的前提下积极采用新技术，使结构轻盈、美观。

（2）结合跨座式轻轨高架桥的特点，从技术上保证结构的合理性。

（3）进行多方案经济技术比较，严格控制工程投资。

（4）满足桥下立交及其他规划要求。

（5）全线尽可能采用标准跨度轨道梁，并应充分利用轨道梁的轨道作用与承重作用。

（6）各区间均采用预制标准轨道梁，一般在直线和平曲线半径 $R > 700\mathrm{m}$ 的地段采用长 22m 的轨道梁，在平曲线半径 $R \leqslant 700\mathrm{m}$ 的地段采用长 20m 的轨道梁。

（7）桥跨布置以车站站端、道路交叉口、既有建筑（如滨江路高架桥、路基挡墙）、人防洞室及地下管线作为布跨控制点。

（8）桥墩尽可能采用 T 形桥墩，在因设墩条件限制而不能采用 T 形墩的地段，优先考虑采用倒 L 形桥墩或门式刚架墩方案。

（9）位于既有滨江路中央分隔带中间的桥墩，由于轻轨中心线与既有路中央分隔带不完全重合，因而在设墩时为了减小桥墩横向偏心距、保证 T 形墩的对称性，可适当地调整墩中心

向轻轨中心线方向靠拢,桥墩尽量沿轻轨中心线布设,并尽可能避免采用倒 L 形桥墩,但横向距既有路车行道边缘不应小于 0.5m。

(10)桥墩设计时为了更好地节省材料,增大墩身刚度和减小墩顶位移,采用受力特性好的矩形截面钢筋混凝土墩。

(11)根据本段沿线地质情况以及经济、方便施工的原则,尽量采用人工挖孔桩基础,挖孔桩长度以不超过 20m 为宜。在覆土较厚的地段,一般采用钻孔桩基础;在地质及其他条件允许的情况下,可考虑采用明挖扩大基础、挖井基础等。

(12)由于重庆地区酸雨严重,钢结构存在着运营后需要长期维护、对环境的噪声影响较混凝土轨道梁大,以及在纵坡较大的情况下钢梁行车面的防滑处理比较复杂等缺点,因此大跨度桥梁应尽可能少用钢结构。

(13)建筑材料根据设计比选并参照有关规范和设计文件取值如下。

①混凝土:预应力结构采用 C50 混凝土,桥墩盖梁采用 C40 混凝土,桥墩墩身采用 C35 混凝土,承台及桩身采用 C25 混凝土,明挖基础采用 C15 混凝土。

②钢绞线:采用 $R_{yb}=1\,860MPa$ 的高强度低松弛钢绞线。

③预应力粗钢筋:冷拉Ⅳ级钢筋。

④普通钢筋:Ⅰ级、Ⅱ级。

二、主要技术标准与要求

主要技术标准与要求如下。

行车速度:车辆构造速度 80km/h,最高行车速度 75km/h。

设计荷载:车轴荷载轴重 $P=110kN$,其活载图式如图 8-36 所示。

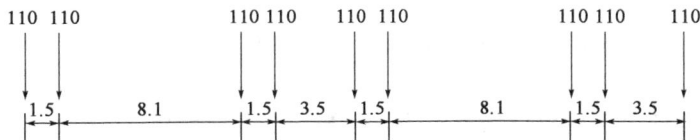

图 8-36　重庆单轨交通车辆荷载图示(尺寸单位:m;轴重力单位:kN)

车辆重心按满员计算距轨顶面为 1.3m,轨顶到车顶高度为 3.82m。

线间距及限界:一般直线段标准线间距为 3.7m;曲线段根据平曲线半径加宽,当曲线半径 $R>500m$ 时,线间距不加宽,当曲线半径 $R\leqslant500m$ 时需加宽。

标准轨道梁梁体截面结构高 1.5m,宽 0.85m,梁上行车的净空限界详见初步设计限界资料。

轻轨高架桥下一般道路净高按 5.2m 取值,大件路地段桥下净高按 7.0m 取值。

(1)静荷载

静载荷包括轨道梁自重、支座、设备及附属物重力。其中,PC 轨道梁重力等有关参数按有关文件取值如下:

①22m 直线 PC 轨道梁吊重 568.7kN。

②20m 曲线($R=100m$)PC 轨道梁吊重 524.2kN。

③线路附属设备重 2.8kN/m(双线)。

④支座重 14kN/个。

（2）动荷载

动荷载的车轴设计荷载轴重 $P = 110\mathrm{kN}$，按 4、6、8 辆编组，取最不利情况加载。

（3）冲击力

对于钢筋混凝土及预应力混凝土结构，其冲击系数计算如下：

$$\mu = \frac{20}{50 + L} \tag{8-1}$$

式中：L——计算跨径，m。

（4）离心力

离心力作用于车辆的重心高度并垂直于轨道轴，离心率取值如下：

$$C = \frac{v^2}{127 \times R} \tag{8-2}$$

式中：v——列车通过曲线时的最高速度，km/h；

R——曲线半径，m。

（5）制动力及牵引力

牵引力及制动力应按列车竖向静活载的 15% 计算，当与离心力同时计算时，可按竖向静活载 10% 计算。区间双线桥应采用一条线的制动力或牵引力；三线或三线以上的桥应采用两条线的制动力或牵引力。高架车站及车站相邻两侧 100m 范围内的区间双线桥应按双线制动力或牵引力计，每条线制动力或牵引力值应为竖向静活载的 10%。制动力或牵引力作用于轨顶以上车辆重心处，但计算墩台时应移至支座中心处，计算钢架结构应移至横梁中线处。

（6）车辆横向力摇摆力

车辆横向力摇摆力应按相邻两节车四个轴轴重的 15% 计，并应以横桥向集中力形式取最不利位置作用于轨顶面。多线桥只计算任一条线上的横向摇摆力。

（7）风力

风力大小参照《铁路桥涵设计规范》（TB 10002—2017）。

（8）流水压力

流水压力参照《铁路桥涵设计规范》（TB 10002—2017）取值。

（9）土压力

作用于桥墩上的土侧压力参照《铁路桥涵设计规范》（TB 10002—2017）取值。

（10）施工临时荷载

结构物在施工时，需考虑作用在其上的施工荷载（如自重、人群、架桥机、风载、吊机或其他机具的荷载）。计算施工荷载时，视具体情况分别采用各自有关的安全系数。

（11）荷载组合

针对荷载可能产生的最不利情况进行组合，荷载组合工况一般取以下几种：

①静荷载 + 动荷载 + 冲击荷载 + 离心荷载 + 车辆横向荷载。

②静荷载 + 动荷载 + 冲击荷载 + 离心荷载 + 车辆横向荷载 + 牵引荷载或制动荷载。

③静荷载 + 动荷载 + 冲击荷载 + 离心荷载 + 车辆横向荷载 + 风荷载 + 温度变化的影响。

④静荷载 + 动荷载 + 冲击荷载 + 离心荷载 + 车辆横向荷载 + 牵引荷载或制动荷载 + 风荷载 + 温度变化的影响。

加载方式一般采用以下几种方式：单孔单线加载，单孔双线加载，双孔单线加载，双孔双线加载。

在结构分析计算时,对结构还进行了施工临时荷载(如架桥机架梁等)的验算。

三、单轨桥梁结构设计原则

结构按各种荷载组合及加载方式进行计算,取其最不利情况,主要荷载产生的结构各部分应力控制按照《铁路桥涵设计规范》(TB 10002—2017)规定的材料容许应力采用;考虑附加荷载时的容许应力,根据荷载组合种类的不同分别采用不同的荷载组合提高系数。

结构的强度、刚度、稳定性以及构造要求、裂缝计算宽度、配筋率等均应满足规范要求。

针对跨座式轻轨交通的结构特点,经计算分析并参照有关文件规定以下设计控制标准:

(1)桥墩一般采用矩形(含方形)带圆倒角形式,截面边长以10cm进级,墩身最小配筋率为0.6%,最大配筋率一般不超过2.5%。

(2)墩顶位移一般情况 $\Delta \leqslant 5\sqrt{L}$(mm),个别对景观要求高及其他特殊地段可按不大于40mm进行控制。

(3)桥墩基础根据地层情况可选用嵌岩桩、钻孔桩、明挖扩大及满坑灌注混凝土等基础形式,嵌岩桩深度以不超过20m为宜,桩身配筋率控制在0.4%~2%之间,最小襟边尺寸一般取10cm。嵌岩深度应满足以下条件:

①满足单桩承载力+安全值(0.5~1.0m)。

②满足嵌固深度+安全值(0.5~1.0m)。

③一般不小于地质专业建议值。

(4)挖孔桩直径(边长)不小于1.2m,适用于无(少)水环境。

(5)为了保证混凝土的耐久性及减小墩顶位移,桥墩墩身一般采用C30混凝土,当配筋率接近上限时宜采用C35混凝土;盖梁采用C40混凝土。主筋净保护层厚度一般采用5cm,桩基主筋净保护层厚度采用7~10cm。

(6)门式墩设计轴线优先考虑顺道路法线方向,上横梁根据计算情况设预拱度。

(7)回填土不能作为基础持力层,既有路基段在经长期压实以后可考虑部分弹性抗力,本设计阶段参照淤泥与流塑黏性土取值。

(8)计算结构变形时,截面刚度按0.8EI取值计算。

四、单轨桥梁结构计算分析

(1)桥梁结构分析采用通用有限元程序(例如ANSYS)进行计算,并可用另外一种空间结构分析通用程序(例如SAP2000)进行复核。

(2)钢筋混凝土桥墩配筋、墩身变形及基础检算均采用桥梁墩台与基础计算程序,并以部分手算核对。

(3)预应力混凝土结构按照《铁路桥涵混凝土结构设计规范》(TB 10092—2017)的有关规定计算。

五、重庆轻轨2号线为例

1. 重庆轻轨2号线单轨主要结构控制尺寸

桥墩盖梁根据构造要求采用2.2m(顺桥向)×5.4m(横桥向)×1.4m(高),位于 $R \leqslant 500$m 曲线上的盖梁横桥向加宽。桥墩墩身截面统一采用矩形截面,并设 $R = 20$cm 的圆倒角。根据结构分析计算结果和各项控制标准,本段区间既有路范围内,位于 $R \leqslant 1\,000\text{m}$ 曲线上的桥墩采用截面尺寸为 $1.7\text{m} \times 1.7\text{m}$ 的矩形墩;位于 $R > 1\,000\text{m}$ 曲线及直线上的桥墩采用 $1.5\text{m} \times 1.5\text{m}$ 及 $1.4\text{m} \times 1.4\text{m}$ 的矩形墩。根据勘测单位提供的勘测资料,滨江路黄花园高架桥左右两幅桥盖梁内侧净距为 1.5m,内侧边梁间净距为 2.0m。为了穿过既有桥中央分隔带,本范围内轻轨桥墩采用分节式桥墩,上部统一采用 $1.7\text{m} \times 1.7\text{m}$ 的矩形墩,下部统一采用厚 1.0m、净距 2.0m 的双薄壁墩,薄壁横向宽度为 $2.8 \sim 3.6\text{m}$,两薄壁绕过既有桥盖梁以后相互连接,当下部墩高大于 12m 时,加设 0.8m 厚的横系梁以加强横向联系。倒 L 形墩墩身截面尺寸为 $1.8\text{m} \times 1.8\text{m}$。门式墩为钢筋混凝土结构,墩身及横梁顺桥向宽度均为 2.2m,横梁厚度及墩身宽度均为 1.5m。

本段区间内上部地表覆土层厚达 $0 \sim 18\text{m}$,且下伏基岩表面普遍存在强风化层,其厚度一般为 $0.5 \sim 1.0\text{m}$。强风化层岩质较软,岩芯较破碎,覆盖土层及基岩强风化岩层力学强度低,且考虑到江水对岸坡土层稳定性的影响,故覆土层不宜作为地基持力层。基岩中风化层岩体完整,力学强度高,适宜作基础持力层,因此选择中风化岩层作为基础持力层。基础采用钻孔或挖孔嵌岩桩,桩径根据力学计算确定。D202B-2、D202B-3、D202B-4 号墩位处素填土和砂黏土层厚达 20m 左右,且地下水丰富,因而为了便于施工,采用 4 根 $\phi 1.2\text{m}$ 的钻孔灌注桩,承台为 $4.8\text{m} \times 4.8\text{m}$ 的矩形承台,厚 2.5m。既有滨江桥范围内,均采用 4 根 $\phi 1.5\text{m}$ 的挖孔灌注桩;为了避开既有桥基础,纵向加大桩间距,采用工字形承台,承台厚 2.5m。桩长根据基岩深度经计算确定,桩身嵌入岩层深度不小于 4m。本区间内其他桥墩均采用矩形挖孔嵌岩桩,与圆形桩相比,在桩顶位移相同的条件下,矩形桩圬工与钢筋数量均减少 6% 左右,而且矩形桩与墩身相互连接条件好。

2. 重庆轻轨 2 号线单轨桥梁施工方法及施工组织

由于本段区间无大跨特殊结构,故采用常规施工方法。路基段及既有桥下基础施工时,为减少开挖对既有滨江路交通及高架桥的影响,采用人工挖孔桩基础,施工弃土随挖随运。基础及墩身钢筋骨架可另辟场地绑扎、存放,然后运送到墩位处安放。既有桥段揭开既有桥中央分隔带盖板,钢筋笼可从桥上穿过中央分隔带吊到桥下安放。墩身立好模板以后,即可浇筑商品混凝土。顶帽施工时为了不侵占既有道路净空,可设墩旁托架,在托架上立模现浇。

D202B-10 及 D202B-11 两个门式墩采用支架上立模现浇的施工方法,为了不影响滨江路行车,支架必须留出足够的行车空间。

本段区间的材料、机具及钢筋加工场地可设在正对人和街口的洗车场处(沿轻轨线路的里程为 CK2+288~CK2+410,长 122m,宽约 20m,总面积 $2\,440\text{m}^2$),洗车场为临时设施,可与有关部门协商解决。

为了保证施工期间不中断滨江路行车,必须设置围护挡板及警示提醒标志,尽量采用外侧车道行车,做好交通疏解工作。

3. 存在的问题及建议

(1)位于既有桥中间的桥墩,应实测滨江路既有桥盖梁、板梁内侧、桥墩、桥台及基础的尺寸与位置,确定其与轻轨线路中心线的偏离关系,全面收集并核实设计所需的既有建筑竣工资料。

(2)初步设计阶段所提供的既有管线资料及人防工程只有平面,没有高程。在下阶段应详细勘测,采用实测挖探等措施,查明既有管线及人防工程的准确位置与结构尺寸,确定其与轻轨线路的关系。为了避免与设计中的截污管相矛盾,在下阶段设计中应进一步详细勘测。

(3)由于勘测单位没有提供流量、河床横断面等详细水文勘测资料,所以无法准确计算桥址处的一般冲刷与局部冲刷。建议在详勘阶段全面勘测、收集、完善水文资料,分析并推算桥址处的水位、流速与冲刷。

(4)地质钻孔应逐墩钻探;地形横向变化较大地段,增加横断面。

(5)建议线路在下阶段进一步优化调整,减小线路中心与既有滨江路桥梁结构中心及路基段中央分隔带中心的横向偏移值。

(6)其他专业如电力、通信、信号等对桥梁下部构造的具体要求,应在下阶段设计中明确。

思 考 题

1.高架车站的站厅层净高不得小于多少米? 安装及装修后的尺寸不得小于多少米?

2.高架站台有效长度范围内,线路中心到站台内结构物界面的距离不得小于多少米?

3.城市轨道交通高架桥,当跨度 $L < 30m$ 时,竖向挠度容许值是多少? 当跨度 $L \geq 30m$ 时,竖向挠度容许值是多少?

4.装配式钢筋混凝土盾构隧道管片的最低设计强度等级是多少?

5.高架桥结构桥墩的形式有哪些?

6.高架桥梁结构断面形式有哪些?

7.高架车站结构类型有哪些?

8.轻轨高架车站的站厅、站台及楼梯活荷载标准值是多少?

9.轻轨高架桥结构设计和计算的内容有哪些?

10.单轨桥梁结构设计原则有哪些?

11.单轨桥梁结构的混凝土强度等级如何选择?

12.单轨桥梁结构的荷载组合有哪些?

第九章 地下铁道的施工技术

第一节 明(盖)挖法施工

一、明挖法施工

1. 概述

明挖法又称明挖顺作法,顾名思义,这是一种地面开挖的施工方法。其基本施工步骤是从地面向下开挖至基底设计高程,然后从下往上施作地铁结构,结构施作完成后进行回填及恢复路面。由于这种施工方式类似于房屋建筑物在敞口基坑内修建基础的施工方法,故又称之为基坑法。

动画6
地下车站施工
扫描此码　深度学习

明挖法具有施工工序简单、施工管理方便、作业面宽敞、便于使用高效率的挖土机械和运输工具等优点,所以施工进度快。此法的施工质量可以得到充分保证。排除征地、拆迁等因素,就土建工程造价而言,在适合明挖的地层中,明挖法是所有施工方法中造价最低的开挖方法。但由于明挖法是沿城市道路进行开挖,必然会影响城市正常交通,还会给居民生活带来很多不便,而且对环境的污染也最大,所以只有在各方面条件都许可的前提下才能采用。明挖顺作法的施工步骤如图9-1所示。

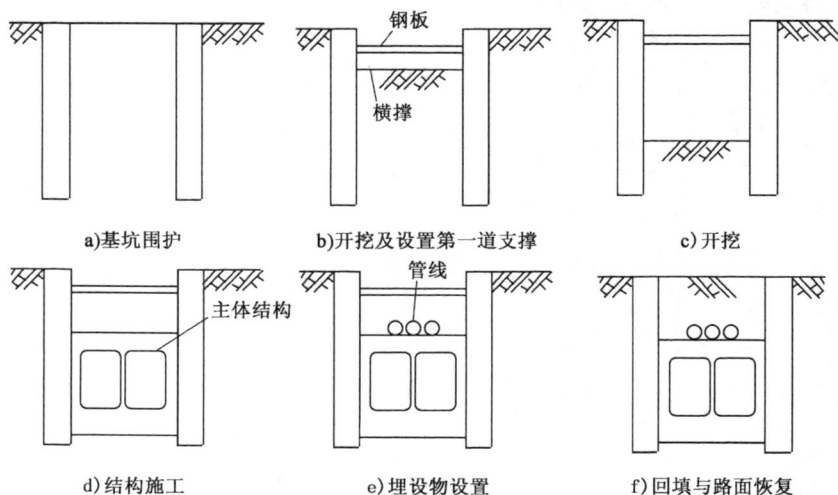

a)基坑围护　　b)开挖及设置第一道支撑　　c)开挖

d)结构施工　　e)埋设物设置　　f)回填与路面恢复

图9-1　明挖顺作法的施工步骤示意图

明挖法施工中的基坑可以分为敞口放坡基坑和有围护结构的基坑。围护结构主要有：排桩围护(钢板桩、挖孔桩、钻孔桩、水泥土搅拌桩等)结构、地下连续墙围护结构、土钉墙围护结构等。在选择基坑类型时，应根据隧道所处地质、隧道埋深、工程地质和水文地质条件，因地制宜地确定。若基坑所处地面空旷，周围无建筑物或建筑物间距很大，地面有足够空地能满足施工需要，又不影响周围环境时，宜采用敞口放坡基坑施工。如果基坑较深，地质条件差，地下水位高，特别是处于城市繁华地区，无足够的空地满足施工需要时，则可采用有围护结构的基坑。

2. 敞口放坡基坑开挖

对于基坑深度较浅、施工场地空旷、周围建筑物和地下管线及其他市政设施距离基坑较远的情况，一般采用敞口放坡开挖法。敞口放坡开挖具有施工简单、施工速度快、工程造价低等优点，并且能为地下结构的施工创造最大限度的工作面。因此，在场地允许的条件下，宜优先采用。

放坡开挖断面分为全放坡与半放坡两种。全放坡开挖断面是指边坡不设支撑结构，而采用放坡的方法保持土坡稳定。其优点是不需设置支撑结构，缺点是土方开挖量大，占用场地大。半放坡开挖与全放坡开挖的区别是在基坑的底部可设置一定高度的直槽，如土质较差时可打设悬臂式钢桩加强土壁稳定，其优点是可以减少土方开挖量。

基坑开挖过程中，由于开挖等施工活动导致土体原始应力场的平衡状态遭到破坏，严重时会出现土体位移，发生边坡失稳。因此，采用敞口放坡基坑修建地下铁道时，保证基坑边坡稳定是整个施工过程的关键。否则，一旦边坡坍塌，不但地基受到振动，影响承载力，而且也会影响周围地下管线以及地面建筑物和交通的安全。为了保持基坑边坡的稳定，在敞口放坡基坑施工中，应注意采取以下防护措施：

(1)根据土层的物理力学性质合理确定边坡坡度，并在不同土层变化处设置折线边坡或台阶。

(2)做好降排水和防洪工作，保持基底和边坡的干燥。

(3)严禁在基坑边坡坡顶 1～2m 范围内堆放材料、土方或其他重物。

(4)基坑开挖过程中，随挖随刷边坡，并进行支护。

(5)当基坑边坡坡度受到限制而采用围护结构又不经济时，可采用坡面土钉、挂金属网喷射混凝土或抹水泥砂浆护面技术等，确保基坑边坡的稳定。

(6)暴露时间在一年以上的基坑，应设置坡面防护措施。

大量计算和实际观测表明，基坑边坡破坏形式与土层的岩性、地面荷载以及边坡的形状等因素有密切关系。基坑边坡主要的破坏形式有以下两种：

(1)沿近似圆弧的滑动面转动，这种破坏常常发生在较为均质的黏性土层中。

(2)沿近乎平面的滑动面滑移，这种破坏常常发生在无黏性土层中。

基坑边坡坡度是直接影响基坑稳定的重要因素，当基坑边坡土体中的剪应力大于土体的抗剪强度时，边坡就会失稳坍塌。而施工不当也会造成边坡失稳，主要表现在以下几方面：

(1)没有按设计坡度进行边坡开挖。

(2)基坑边坡坡顶堆放材料、土方以及运输机械车辆等增加了附加荷载。

（3）基坑降排水措施不到位。地下水未降至基底以下，而地面雨水、基坑周围地下给排水管线漏水渗流至边坡的土层中，使土体湿化，自重加大，增加土体中的剪应力，且改变土体的 c、φ 值，降低其抗剪强度。

（4）基坑开挖后暴露时间过长，经风化而使土体变松散。

（5）基坑开挖过程中，未及时刷坡，甚至挖了反坡，使土体失去稳定。

基坑边坡的坡度可以通过计算、图解、查表等方法确定。在地下铁道的建设中，特别是在北京地铁一、二期工程明挖法施工过程中，一般当地质条件好、土质均匀、地下水位低或通过降水将地下水位维持在基底面以下时，常采用查表法确定基坑边坡的坡度。根据地基基础设计规范并结合北京地铁一、二期工程的施工经验，给出表 9-1、表 9-2 作为参考。

石质基坑边坡坡度 表 9-1

岩石类别	风化程度	坡 度	
		8m 以内	8 ~ 15m
硬质岩石	微风化	1:(0.10 ~ 0.20)	1:(0.20 ~ 0.35)
	中等风化	1:(0.20 ~ 0.35)	1:(0.35 ~ 0.50)
	强风化	1:(0.35 ~ 0.50)	1:(0.75 ~ 1.00)
软质岩石	微风化	1:(0.35 ~ 0.50)	1:(0.50 ~ 0.75)
	中等风化	1:(0.50 ~ 0.75)	1:(0.75 ~ 1.00)
	强风化	1:(0.75 ~ 1.00)	1:(1.00 ~ 1.25)

土质基坑边坡坡度 表 9-2

土的类别	密实度或状态	坡 度		
		5m 以内	5 ~ 10m	10 ~ 15m
碎土	密实	1:(0.35 ~ 0.50)	1:(0.50 ~ 0.75)	1:(0.75 ~ 1.00)
	中密	1:(0.50 ~ 0.75)	1:(0.75 ~ 1.00)	1:(1.00 ~ 1.25)
	稍密	1:(0.75 ~ 1.00)	1:(1.00 ~ 1.25)	1:(1.25 ~ 1.50)
粉土	$S_r \leq 0.5$	1:(1.00 ~ 1.25)	1:(1.25 ~ 1.50)	1:(1.50 ~ 1.75)
黏性土	坚硬	1:(0.75 ~ 1.00)	1:(1.00 ~ 1.25)	1:(1.25 ~ 1.50)
	硬塑	1:(1.00 ~ 1.25)	1:(1.25 ~ 1.50)	1:(1.50 ~ 1.75)

3. 具有围护结构的基坑

目前地铁施工中所采用的围护结构种类很多，其施工方法、工艺和所用的施工机械各不相同，施工中应根据基坑深度、工程地质和水文地质条件、地面环境等因素，结合城市施工的特点，综合比较选择。各种围护结构的类型及特点见表 9-3。

当基坑开挖深度较大或边坡土质软弱时，为了确保围护结构的稳定，也可在围护结构内设置支撑以抵抗侧压力。支撑的形式主要有水平支撑、斜支撑及土层锚杆等。

各种围护结构的特点　　　　　　　　表 9-3

围护结构类型	特　　点
桩板式墙	(1)H 型钢间距一般为 1.2～1.5m; (2)造价低,施工简单,有障碍时可以调整间距; (3)止水性差,地下水位高或坑壁不稳时不适用; (4)无支撑时开挖深度不宜超过 6m,有支撑时开挖深度可达 10m
钢板桩墙	(1)成品制作,可反复使用; (2)施工简便,但有噪声; (3)刚度小,变形大,当与多道支撑结合时,可以用于软弱土层; (4)止水性尚好,有漏水现象时,需增加防水措施
钢管桩	(1)截面刚度大于钢板桩,在软弱土层中开挖深度可以增大; (2)需有防水措施
预制混凝土板桩	(1)施工简便,但有噪声; (2)需辅以止水措施; (3)自重大,受起吊设备限制,不适合大深度基坑,国内用于深度为 10m 以内的基坑,法国用于深度为 15m 的深基坑
灌注桩	(1)刚度大,可用在深大基坑; (2)施工对周边地层、环境影响小; (3)需与止水措施配合使用,如搅拌桩、旋喷桩等
地下连续墙	(1)刚度大,开挖深度大,可适用于各种地层; (2)强度大,变位小,隔水性能好,同时可兼作主体结构的一部分; (3)可邻近建筑物、构筑物使用,对环境影响小; (4)造价高
劲性水泥土 搅拌桩(SMW)	(1)强度大,止水性好; (2)内插的型钢可拔出反复使用,经济性好
稳定液固化墙	国内尚未使用,日本应用较广
水泥搅拌桩挡墙	(1)无支撑,墙体止水性好,造价低; (2)墙体变位大

二、盖挖法施工

盖挖法是一种由明挖法派生出来,既非完全明挖,也非完全暗挖的施工方法,一般使用在城市交通繁忙的地段。盖挖法的主要宗旨是尽可能地减少对城市交通的干扰,因此在开挖到一定深度时,先以临时路面或结构顶板恢复地面畅通,然后才可继续向下开挖。

盖挖法既可用于区间,也可用于车站,但用于车站的情况居多,这是因为车站的宽度和高度都较大,层数多在两层或两层以上,因而施工周期长,对地面交通的影响大,为了尽量减少对地面的干扰,故常采用盖挖法施工。

1.盖挖顺作法

早期的盖挖法是在基坑围护结构的钢桩上架设梁板,以形成临时路面维持地面交通,然后开挖到基坑底,再从下至上施作底板、边墙,最后完成顶板,故称为盖挖顺作法。临时路面一般由型钢纵、横梁和路面板组成,其主要施作步骤如图 9-2 所示。由于主体结构是顺作,施工方便,质量易于保证,故仍然是盖挖法中常用的方法。

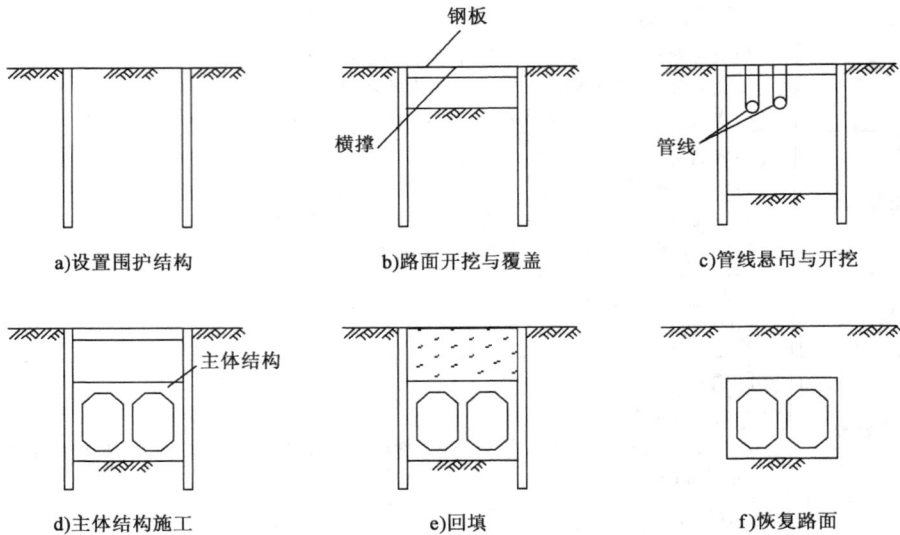

图 9-2　盖挖顺作法的施工步骤示意图

2. 盖挖逆作法

如果开挖面大、覆土浅、基坑距周围建筑物很近,为尽量防止因开挖基坑而引起邻近建筑物的沉陷,或需及早恢复路面交通,可采用盖挖逆作法施工。盖挖逆作法的施工顺序是:先在地表面向下施工基坑的围护结构和中间桩柱(和盖挖顺作法一样,基坑围护结构多采用地下连续墙或帷幕桩,中间桩柱则多利用主体结构本身的中间立柱以降低工程造价),然后开挖表层土至主体结构顶板底面高程,利用未开挖的土体作为土模浇筑顶板。顶板可以作为一道强有力的横撑,以防止围护结构向基坑内变形,待回填土后将道路复原,恢复交通。以后的工作都是在顶板覆盖下进行,即自上而下逐层开挖并建造主体结构直至底板,主体结构的现浇梁板也是以土模浇筑的。在特别软弱的地层中,且邻近地面建筑物时,除以顶、楼板作为围护结构的横撑外,还需设置一定数量的临时横撑,并在横撑上施加不小于设计轴力 70% ~80% 的预应力。盖挖逆作法的施工步骤如图 9-3 所示。

为了减少围护结构及中间桩柱的入土深度,可以在做围护结构和中间桩柱之前,用暗挖法预先做好它们下面的底纵梁,以扩大承载面积。当然,这必须在工程地质条件允许暗挖施工时才可能实现,而且在开挖最下一层土和浇筑底板前,由于围护结构和中间桩柱都无入土深度,故必须采取措施(如设置横撑)以增加其稳定性。采用盖挖逆作法施工时,若采用单层墙或复合墙,刚构的防水层将较难施作。只有采用双层墙,即围护结构与主体结构墙体完全分离,且中间无连接钢筋,才可在两者之间敷设完整的防水层。但需要特别注意中层楼板在施工过程中因悬空而引起的稳定和强度问题,一般可通过在顶板和楼板之间设置吊杆予以解决。盖挖逆作法施工时,顶板一般都搭接在围护结构上,以增加顶板与围护结构之间的抗剪能力,并便于铺设防水层。所以,需将围护结构外漏部分凿除,或将围护结构仅做到顶板搭接处高程,其余高度用便于拆除的临时挡土结构围护。

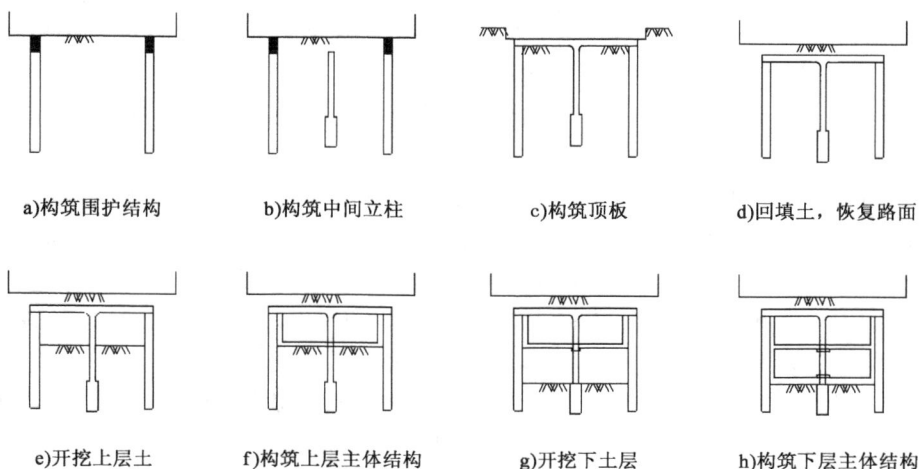

a)构筑围护结构　　　b)构筑中间立柱　　　c)构筑顶板　　　d)回填土，恢复路面

e)开挖上层土　　　f)构筑上层主体结构　　　g)开挖下土层　　　h)构筑下层主体结构

图9-3　盖挖逆作法的施工步骤示意图

3.盖挖半逆作法

盖挖半逆作法与逆作法类似，其区别仅在于顶板完成且恢复路面，向下挖土至设计高程后先修筑底板再依次向上逐层构筑侧墙、楼板。在半逆作法施工中，一般都必须设置横撑并施加预应力，如图9-4所示。

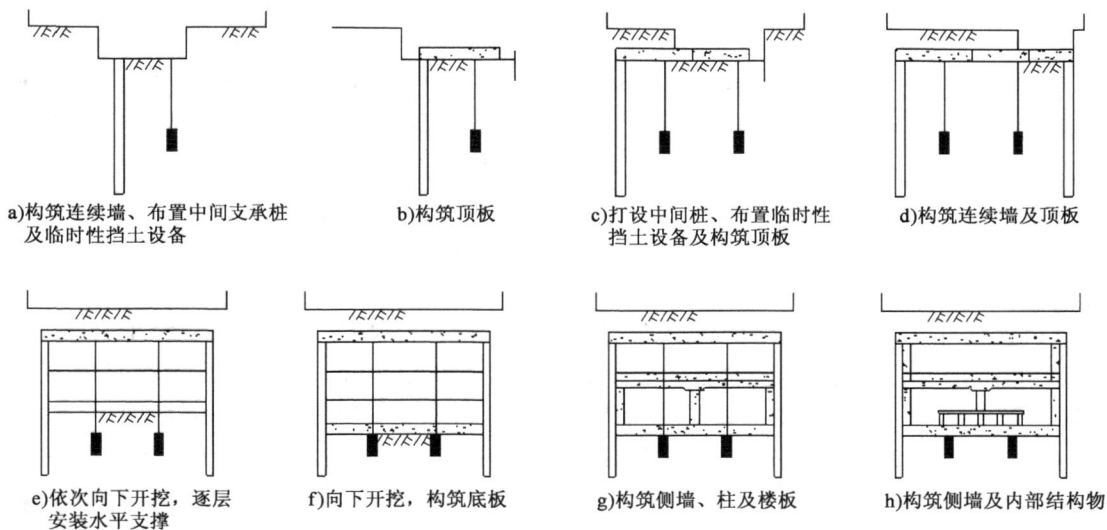

a)构筑连续墙、布置中间支承桩及临时性挡土设备　　b)构筑顶板　　c)打设中间桩、布置临时性挡土设备及构筑顶板　　d)构筑连续墙及顶板

e)依次向下开挖，逐层安装水平支撑　　f)向下开挖，构筑底板　　g)构筑侧墙、柱及楼板　　h)构筑侧墙及内部结构物

图9-4　盖挖半逆作法的施工步骤示意图

采用逆作法或半逆作法施工时，要注意混凝土施工缝的处理问题。由于它是在上部混凝土达到设计强度后再接着往下浇筑的，并且混凝土存在收缩及析水现象，因此施工缝处不可避免地要出现3～10mm宽的缝隙，从而对结构的强度、耐久性和防水性产生不良影响。

针对混凝土施工缝存在的上述问题，可采用直接法、注入法或充填法处理。其中直接法是传统的施工方法，不易做到完全紧密接触；注入法是通过预先设置的注入孔向缝隙内注入水泥浆或环氧树脂;充填法是在下部混凝土浇筑到适当高度,清除浮浆后再用无收缩或微膨胀的混凝土或砂浆充填。充填的高度,用混凝土充填为1.0m;用砂浆充填为0.3m。为保证施工缝的良好充填,一般设置"V"形施工缝,其倾角以小于30°为宜。

根据结构试验,证明注入法和充填法能保证结构的整体性,在构件破坏前不会出现施工缝滑移破坏现象。

由上述可知,盖挖顺作法与明挖顺作法在施工顺序上和技术难度上差别不大,仅挖土和出土工作因受盖板的限制,无法使用大型机具,需采用特殊的小型、高效机具。而盖挖逆作法和半逆作法与明挖顺作法相比,除施工顺序不同外,还具有以下特点:

(1)对围护结构和中间桩柱的沉降量控制严格,以免对上部结构受力造成不良影响。

(2)中间柱如为永久结构,施工精度要求高,施工工艺较难。

(3)为了保证不同时期施工构件相互之间的连接能达到预期的设计状态,必须将各种施工误差控制在较小的施工范围内,并有可靠的连接构造措施。

(4)除在非常软弱的地层中,一般不需再设置临时横撑,不仅可节省大量钢材,也为施工提供了方便。

(5)由于是自上而下分层建筑主体结构,故可利用土模技术,从而节省大量模板和支架。

(6)和盖挖顺作法一样,其挖土和出土往往成为决定工程进度的关键程序。但同时又因为施工是在顶板和边墙保护下进行的,安全可靠,所以并不受外界气象条件的影响。

三、排桩围护结构

基坑开挖时,对不能放坡、开挖深度在6~10m的基坑,可采用排桩围护。

排桩式围护结构(又称帷幕桩围护结构)是地铁基坑开挖施工中经常采用的形式。构成排桩的基本桩单元,可以是钢板桩、挖孔桩、钻孔桩、水泥土搅拌桩或劲性水泥土搅拌桩(SMW)等。

排桩围护结构按排列密度分类,可以有以下几种形式:

(1)柱列式排桩围护。当边坡土质较好、地下水位较低时,可利用土拱作用,以稀疏钻孔灌注桩或挖孔桩支挡基坑,如图9-5a)所示。

(2)连续排桩围护。当土质较软不足以形成土拱时,应采用连续密排桩。密排的钻孔桩可以互相搭接,或在桩身混凝土强度尚未形成时,在相邻桩之间做一根素混凝土树根桩把钻孔桩排连起来。也可以采用SMW搅拌桩、钢板桩、钢筋混凝土板桩等,如图9-5b)所示。

(3)组合式排桩围护。当地下水位较高、开挖深度大且对周围土体位移要求十分严格时,可采用钻孔灌注桩排桩与搅拌桩或SMW防渗墙组合式排桩围护,如图9-5c)所示。

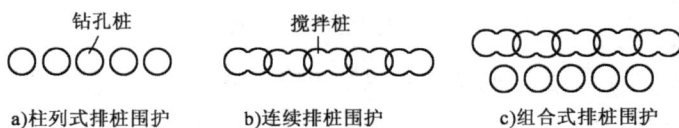

图9-5 排桩围护类型举例

按基坑开挖深度、支挡结构受力情况及排桩围护可分为以下几种:

(1)无支撑(悬臂)围护结构。当基坑开挖深度不大时,即可利用悬臂作用挡住墙后土体。

（2）单支撑结构。当基坑开挖深度较大时，不能采用无支撑围护结构，可以在围护结构顶部附近设置一单支撑（或锚杆）。

（3）多支撑结构。当基坑开挖深度较深时，可设置多道支撑，以减少挡墙的内力。根据上海地区的施工经验，对于开挖深度小于 6m 的基坑，在场地条件允许的情况下，采用重力式深层搅拌桩挡墙较为理想；当场地条件受限制时，可采用 $\phi600$ 密排悬臂钻孔桩，桩与桩之间用树根桩密封，也可采用灌注桩后注浆或打水泥搅拌桩作防水帷幕。

1. 钢板桩围护结构

钢板桩用于地铁开挖的深基坑支护，虽然应用不是很普遍，但也是一种施工简单、投资经济的支护方法。它曾在沿海城市（如上海、天津等地）修建地下铁道时，在地下水位较高的基坑中采用较多。钢板桩的缺点是柔性大，如用于深基坑支护应设多道支撑（或锚杆），一般认为开挖深度超过 7m 的软土地层则不宜采用。

钢板桩常用断面形式多为 U 形或 Z 形。我国地下铁道施工中多用 U 形钢板桩，其沉放和拔除方法、使用的机械均与工字钢桩相同。其构成方法可以是单层钢板桩围堰或双层钢板桩围堰。由于地下铁道施工时基坑较深，为保证其垂直度且便于施工，并使其能封闭合拢，多采用帷幕式构造，如图 9-6 所示。

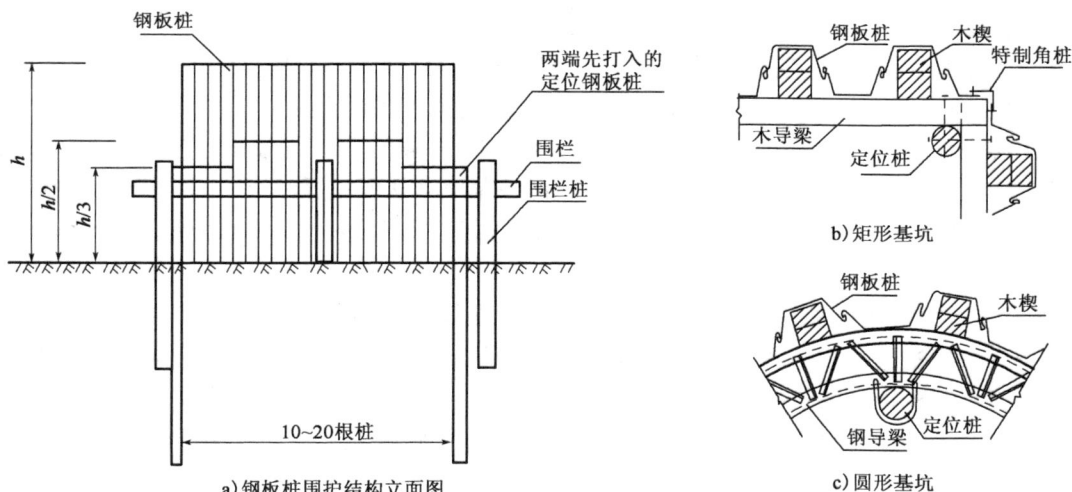

a）钢板桩围护结构立面图

b）矩形基坑

c）圆形基坑

图 9-6　钢板桩围护结构示意图

（1）钢板桩的施工机具

钢板桩施工机具有冲击式打桩机（包括自由落锤、柴油锤、蒸汽锤等）、振动打桩机（可用于打桩及拔桩）、静力压桩机等。

为使钢板桩施工顺利进行，应选择合适的施工机械。其主要依据是钢板桩的质量、长度及数量、土质情况，应有利于钢板桩的打入和拔出，满足噪声、振动等公害控制要求。

（2）钢板桩的打入

钢板桩的设置位置应在基础最突出的边缘外，留有支模、拆模的余地，便于基础施工。在场地紧凑的情况下，也可利用钢板作为底板或承台侧模，但必须配以纤维板（或油毛毡）等隔离材料，以利钢板桩的拔出。

钢板桩在使用前应进行检查整理，尤其对多次利用的钢板桩，在打拔、运输、堆放过程中，容易受外界因素影响而变形，在使用前均应进行检查，对表面缺陷和挠曲进行校正。

为确保施工后的钢板桩轴线位置准确应设置导向装置。导向桩或导向梁可采用型钢，也可用木材代替。导向装置在用完后，可拆出移至下一段继续使用。

钢板桩打入的方法主要有以下两种：

①单根桩打入法。它是将钢板桩一根根地打入至设计高程。这种施工方法速度快，桩架高度相对较低，但容易倾斜，当钢板桩打设精度要求较高、板桩长度较长（大于10m）时，不宜采用。

②屏风式打入法。它是将10～20根钢板桩成排插入导架内，使之成屏风状，然后采用桩机来回施打，并使两端先打到要求深度，再将中间部分的钢板桩依次打入。这种屏风施工法可防止钢板桩的倾斜与转动，对要求闭合的围护结构常采用此法。缺点是施工速度比单桩施工法慢，桩架较高。

2. 人工挖孔桩围护结构

人工挖孔桩适用于无地下水或地下水较少的黏土、粉质黏土，含少量的砂、卵石、姜结石的黏土层；不适用于地下水位较高、有流沙、涌水量大的冲积地带及近代沉积的含水率高的淤泥、淤泥质土层。人工挖孔桩持力层的选择尤为重要，持力层的力学强度直接影响到桩基的合理与安全。挖孔桩持力层应选择无软弱下卧层的中等风化、微风化岩层；透水性较小、中密以上的碎石黏土或砾石黏土层，地基承载力大于200kPa的残积黏性土层。

①施工准备。仔细做好地质调查，分析地质条件，根据土质情况比较此类基础与其他基础的可行性及施工工期、工程造价。对桩体材料的控制应当从源头抓起，首先对进场的原材料进行把关，严禁劣质材料进入现场。在配合比设计过程中，取最佳砂率的配制方案设计最佳级配。

②施工流程：场地平整→放线→定桩位→架设支架或电动葫芦→准备鼓风机、潜水泵、照明设备等→边挖边抽水→每下挖一定深度即进行桩孔周壁的清理、校核桩孔的直径和垂直度→支撑护壁模板→浇筑护壁混凝土→拆模继续下挖，达到设计深度后，验收→绑扎钢筋笼→验收钢筋笼→排除孔底积水，浇筑桩芯混凝土至设计桩顶高程。

③成孔的注意事项如下：

a. 按施工图纸确定挖孔桩的范围，放出桩位中心线和桩径，做好标志，并认真进行测量复核，经有关部门办理签证手续后开挖桩孔。有条件的可考虑由测量人员根据建设方所提供的基础平面图和控制坐标，用激光全站仪进行测量复核。

b. 防止偏孔。为了保证孔位的准确位置，每天都要在挖孔前校核一次挖孔桩位置是否移位、歪斜。尤其在浇筑护壁前要提前检查模板，脱模后再检查护壁。个别壁周泥沙塌落，在浇筑混凝土后护壁容易产生移位和歪斜，因此应注意检查和及时纠正。

c. 注意防止土壁坍落及流沙事故。在开挖过程中，如遇到质地特别松软的土层，流动性淤泥或流沙时，为防止土壁坍落及流沙事故，可减少每节护壁的高度或采用钢护筒，待穿过松软土层和流沙层后，再按一般的方法边挖边灌注混凝土护壁，继续开挖桩孔。开挖流沙现象严重的桩孔可采用井点降水法解决。

④浇筑过程注意事项。在施工时,一旦挖到持力层,经地质勘测且设计、建设方以及监理工程师验证合格后,应立即进行扩大端施工。在各项设计指标均达到要求以后,应立即验证并浇筑混凝土,不得延误工期,以便造成不必要的损失和浪费。注意连续浇筑应分层捣实,严防漏振或超振。严格控制混凝土的浇筑高程,不得超高超深,混凝土浇筑完毕后应设专人进行养护。人工挖孔灌注桩在混凝土施工中,应按照每 50m³ 混凝土,留置两组试块的要求,一组进行标准养护,一组进行同条件养护,按规程分别做静载测试和桩动测检验。

⑤人工挖孔灌注桩应采取下列安全措施:

a. 孔内设应急爬梯供人员上下井。施工人员进入孔内必须戴安全帽,使用的电葫芦、吊笼等应安全可靠并配有自动卡紧保险装置。

b. 每日开工前必须检测井下的有毒有害气体,并应有足够的安全措施。桩孔开挖深度超过 10m 时应配有专门的送风设备向井下输送洁净的空气。

c. 挖出的土石方应及时运离孔口,不得堆放在孔口四周 1m 范围内。机动车辆的通行不得对井壁的安全造成影响。

d. 施工现场一切电源、电路的安装和拆除必须由持证电工操作,电器必须严格接地、接零和使用漏电保护器,严禁一闸多用,照明应采用安全矿灯或电压在 12V 以下的安全灯。

3. 钻孔灌注桩围护结构

(1)钻孔灌注桩施工工艺流程

施工工艺流程为:测量放线→埋设护筒→钻机就位调整→成孔→修孔清孔→验收→吊装钢筋笼(钢筋笼加工制作)→安装导管→二次清孔→灌注混凝土→拔护筒。

(2)钻孔灌注桩施工顺序

①为防止钻孔桩施工时由于相邻两桩施工距离太近或间隔时间太短,容易造成塌孔,从而采取分批跳孔施作,钻孔桩施工时按每间隔两孔施作。

②主体基坑围护桩施作完成后,按施工的先后顺序及场地的条件,依次施工其他结构。

(3)钻孔灌注桩施工技术要点

①测量放线。依据测量控制桩点及设计图纸定出桩孔平面位置,同时以桩中心为交点纵向、横向埋设护桩,经验收无误后进行施工。

②护筒埋设。护筒加工采用 10mm 厚的钢板,一般长 2.0m,埋深 1.7m。在挖埋护筒时,挖坑直径应比护筒大 0.2 ~ 0.4m,且坑底平整。护筒埋设时,筒的中心与桩中心重合,其偏差不大于 10mm,并严格保持护筒的垂直度不大于 0.5。护筒位置正确固定后,四周均匀回填黏土,分层夯实,以保证其垂直度。

③钻机就位。安设钻机时要保证钻机的平稳。精确调整机架,使钻机冲锤中心对准护筒中心,偏差不大于 ±20mm。

④冲孔。采用钢绳冲击钻机,配 22kW 的泥浆泵及优质泥浆管进行作业。泥浆循环沟设在基坑外侧,沟孔畅通,防止泥浆漫流。冲孔过程必须对冲孔深度、地层地质、泥浆指标等进行详细记录。

⑤一次清孔。监理工程师在验收桩孔的深度、垂直度和桩径合格后进行一次清孔。一次清孔时,将泥浆输送软管附于冲锤底并伸至桩底,将孔底淤泥、沉渣清除干净。

⑥泥浆的制备。钻孔灌注桩成孔过程中,为保持孔壁的稳定、悬浮岩屑和冷却润滑钻头,

需不间断地向孔中供给优质泥浆。根据桩径大小、泥浆的各种损失及制备和回收处理泥浆的机械能力确定所需的泥浆数量，采用 MNT-400 泥浆搅拌机拌制泥浆。膨润土泥浆搅拌均匀后，在注浆池内一般静置 24h 以上，加分散剂后静置时间不低于 3h，以便膨润土颗粒充分水化、膨胀，确保泥浆质量；使用振动筛和旋流器进行泥浆的再生处理，以便净化回收重复使用。通过振动筛强力振动除去较大土渣，余下一定量的细小砂粒在旋流器的作用下，沉落排渣。净化后，用化学调浆法调整其性能指标，制成再生泥浆。无法再回收的劣质泥浆，经过三级沉淀进行泥水分离后，水排入下水道，泥渣用作填土或按有关规定运至合理地点。

⑦钢筋笼施工。钢筋笼采用现场加工制作，加工尺寸严格按设计图纸及规范要求执行。钢筋笼主筋采用单面搭接焊，焊接长度符合规范要求，不小于 10d，接头相互错开。主筋与箍筋采用点焊。钢筋原材料使用前应进行调直、除锈去污，并检查其具备出厂合格证和试验复验合格证后方可使用。根据设计图纸计算出箍筋的用料长度、主筋分段长度，将所需钢筋调直后用切割机成批切好备用，并按照钢筋加工规格的不同分别挂牌堆放。钢筋笼在支撑架上加工，将配好定长的主筋平直摆放在支撑架上，焊接加强筋及箍筋。主筋与加强箍筋间采用点焊，加强箍筋置于主筋内侧，自桩顶向下按设计间距布置，箍筋以螺旋式焊接在笼体上。钢筋笼自上至下每 4m 设置一道钢筋保护垫块，保证灌注桩的保护层厚度。将制作好的钢筋笼稳固放置在摆放架上，防止变形，并按型号、类别分类整齐堆放，挂牌标明钢筋笼的长度及对应的桩号。一次清孔结束后，采用 25t 汽车式起重机整体吊放钢筋笼。起吊前检查钢筋笼编号、尺寸，对号入座。下笼时由人工辅助对准孔位，保持垂直慢放，就位后使钢筋笼轴线与桩轴线吻合，并保证桩顶高程符合设计要求。

⑧二次清孔。钢筋笼吊放就位后，下放混凝土浇筑导管，混凝土浇筑导管采用直径为 250mm 的钢管，管节节长 2.5m，管节连接采用丝扣接头。利用混凝土浇筑导管进行正循环清孔。

⑨水下混凝土灌注。钻孔桩身混凝土采用导管法灌注水下混凝土，导管由灌注架提升。

（4）钻孔灌注桩施工质量

为了保证最终成桩后的质量，在施工中应注意以下几个方面：

①在钻机就位检查无误后，使钻杆慢慢向下移动，当钻头接触地面时，再开动电动机，且开始的钻速要慢，以减小钻杆的晃动，又易于校正桩位及垂直度。

②如发现钻杆不正常地摆晃或难于钻进时，应立即提钻检查，排除地下块石或障碍物，避免设备损坏或桩位偏斜。

③遇硬土层时，应慢速钻进，以保证孔形及垂直度。

④钻到设计高程时，应在原深度处空转清孔。停钻后，不可进钻。提钻弃土时，不可回转钻杆。

⑤钻取出的土不可堆在孔口边，应及时清运。

⑥吊放钢筋笼时，应防止变形和碰撞孔壁。钢筋笼外侧应设有预制的混凝土垫块，以保证混凝土保护层厚度。

⑦经检查合格的孔，应不隔夜及时浇筑混凝土。混凝土从串筒内注入，一般深度大于 6m 时，靠混凝土下冲力自身压实；小于 6m 时，应以长竹竿人工插捣，当只剩下 2m 时，采用混凝土振捣器捣实。

⑧桩顶高程低于地面时，孔口应有盖板，以防人、物坠入。

4.水泥土搅拌桩

水泥土深层搅拌桩是利用水泥、石灰等材料作为固化剂,通过深层搅拌机械,将软土和固化剂(浆液或粉体)强制搅拌,利用固化剂和软土之间所产生的一系列"物理—化学"作用,使软土硬结成具有整体性和一定强度的桩体。

水泥搅拌桩(MIP)首先出现在美国,20世纪50年代引入日本,1974年由日本港湾技术研究所等单位又合作开发研制成功水泥搅拌固化法(CMC)。1977年国内由冶金部建筑研究总院和交通部水运规划设计院开始进行深层搅拌法的室内试验和机械研制工作。1978年制造出国内第一台SJB-1型双轴搅拌机,1980年天津市机械施工公司等首先将其改制成单轴深层搅拌机,上海宝钢工程在20世纪80年代初开始应用搅拌桩代替钢板桩作为支护结构并获得成功,1983年铁道部第四勘察设计院等开始进行粉体喷射搅拌法加固的试验研究。1990年日本大阪防水建设社研制开发了一种新的搅拌施工工艺——RR工法,施工时搅拌头上下、左右、旋转翻滚成桩,一次成桩单元桩体直径达2m。

深层搅拌法最适宜于饱和软黏土,包括淤泥、淤泥质土、黏土和粉质黏土。加固深度从数十米至数十米,国内最大深度可达15～20m。一般认为,对含有高岭石、多水高岭石与蒙脱石等黏土矿物的软土加固效果较好;对含有伊利石、氯化物等黏性土以及有机质含量高、酸碱度(pH值)较低的黏性土的加固效果较差。深层搅拌桩支挡结构不透水,不设支撑,基坑能在敞开的条件下开挖,使用的材料仅为水泥,因此具有较好的经济效益,深受工程建设人员的欢迎。深层搅拌桩的主要缺点是其抗拉强度低,因而常排列成格栅形式,成为重力坝式挡墙,或在其中插入型钢加压改良。

深层搅拌桩的施工工艺流程如图9-7所示。

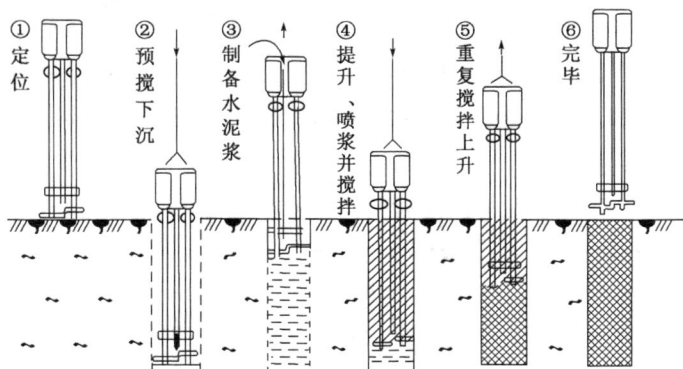

图9-7　深层搅拌桩施工工艺示意

其施工过程如下。

①定位。桩架定位及保证垂直度。

②预搅下沉。待深层搅拌机的冷却水循环正常后,起动搅拌机的电动机,放松起重机钢线绳,使搅拌机沿导向架搅拌切土下沉,下沉速度可由电动机的电流表控制。

③制备水泥浆。按设计要求的配合比拌制水泥浆,压浆前将水泥浆倒入集料斗中。

④提升、喷浆并搅拌。深层搅拌机下沉到设计深度后,开启灰浆泵将水泥浆压入地基土中,并且边喷浆、边旋转,同时严格按照设计确定的提升速度提升搅拌头。

⑤重复搅拌上升。搅拌头提升至设计加固深度的顶面高程时，集料斗中的水泥浆应正好排空。为使软土和水泥浆搅拌均匀，可再次将搅拌头边旋转边沉入土中，至设计加固深度后再将搅拌头提升出地面。根据需要，还可以再次复搅、复喷（二次喷浆）。一般在第一次喷浆至顶面高程，喷完总浆量的 60%，将搅拌头边搅边沉入土中至设计深度后，再将搅拌头边提升边搅拌，并喷完余下的 40% 水泥浆。喷浆搅拌时搅拌头的提升速度不应超过0.5m/min。

⑥完毕。桩架移至下一桩位施工。

5. 劲性水泥土搅拌桩

劲性水泥土连续搅拌桩支护结构，又称 SMW（Soil Mixing Wall）。它是在水泥土搅拌桩中插入型钢或其他芯材形成的，同时具有承载力与防渗两种功能的围护形式。

在设计分析上，目前对水泥土与型钢之间的黏结强度的研究还不充分。通常认为，水、土的侧压力全部由型钢单独承担，水泥土搅拌桩的作用在于抗渗止水。水泥土对型钢的包裹提高了型钢的刚度，可起到减小位移的作用。此外，水泥土还起到套箍作用，可以防止型钢失稳，对 H 型钢可以防止翼缘失稳，这样可使翼缘厚度减小到很薄（甚至可以小于 10mm）。

劲性水泥土搅拌连续墙具有如下优点：

①占用场地小。一般钢筋混凝土地下连续墙，墙体加导墙宽度为 1.0～1.2m，双头搅拌桩加灌注桩宽度在 2m 以上；而 SMW 工法一般单排地下连续墙宽度为 0.65～0.85m，双头搅拌桩宽度约为 1.2m。

②施工速度快。

③施工过程中对周边建筑物及地下管线影响小。对环境污染小，无废弃泥浆。

④耗用水泥、钢材少，造价低。特别是 H 型钢能够回收，成本大大降低。

SMW 工法采用国产的双轴搅拌机，桩径 700mm、间距 1 000mm；采用进口的长螺旋多轴多组叶片的搅拌机，有桩径 650mm、间距 900mm 和桩径 850mm、间距 1 200mm 两种。插入型钢有轧制 H 型钢、槽钢、拉森板桩，也有用钢板焊接而成的 H 型钢。桩体布置有单排、双排两种基本形式，均可以对 H 型钢进行隔孔设置（间隔布置）、全孔布置（连续布置）和隔孔与连续设置（间断布置），如图 9-8 所示。

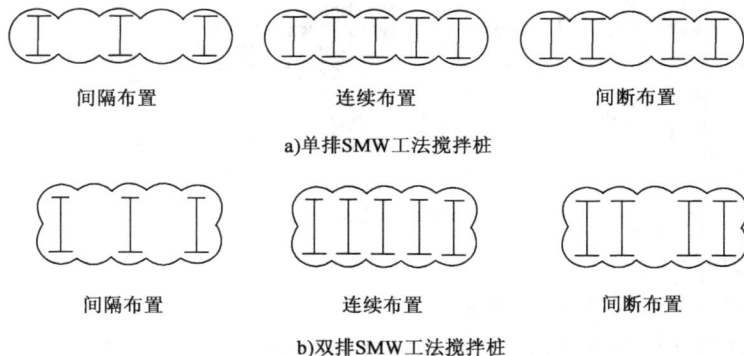

间隔布置　　　　　　　连续布置　　　　　　　间断布置

a)单排SMW工法搅拌桩

间隔布置　　　　　　　连续布置　　　　　　　间断布置

b)双排SMW工法搅拌桩

图 9-8　SMW 搅拌桩内型钢的布置方式

SMW 支护结构的施工以水泥土搅拌桩为基础，因此凡是适合应用水泥土搅拌桩的场合都可以使用，特别是以黏土和粉质土为主的软土地区。

SMW 结构适用的基坑深度与施工机械有关，国内一般在基坑开挖深度为 6～10m 时采用,国外已有开挖深度为 20m 的例子。经过不断的工程实践,它极有可能逐步代替钻孔灌注桩围护,在某些工程中也有可能代替地下连续墙。

劲性水泥土连续搅拌桩支护结构的施工要点如下。

（1）开挖导沟、设置围檩导向架

沿 SMW 墙体位置开挖导沟、设置围檩导向架。导沟可使搅拌机施工时的涌土不致冒出地面,导向架则是确保搅拌桩及 H 型钢插入位置的准确,这对设置支撑的 SMW 墙尤为重要。围墙导向架应采用型钢制成,导向围檩间距比型钢宽度增加 20～30mm,导向桩间距为 4～6m,长 10m 左右。围檩导向架施工时应控制好轴线与高程。

（2）搅拌桩施工

搅拌桩施工工艺与深层搅拌桩相同。水泥掺入量和水灰比是确保工程质量的重要指标。

水泥掺入量一定时,采用较小的水灰比,水泥土强度就能得到保证。然而,水灰比小,水泥土的黏稠度高,H 型钢插入的阻力就大;水灰比大,H 型钢一般能依靠自重插入,但水泥土强度达不到预定要求。为确保水泥土强度大于等于 1.2MPa,又能使 H 型钢顺利插入,一般水泥掺入量大于 20%,水灰比取 1.6～2.0。在水泥浆液中适当增加木质素磺酸钙的掺入量,以减小水泥浆液在注浆过程中的堵塞现象。也可掺入一定量的膨润土,利用其保水性提高水泥土的变形能力,不致引起墙体开裂,对提高 SMW 墙的抗渗性能起到很好的效果。

（3）型钢的压入与拔出

型钢可采用压桩设备压入搅拌桩内。H 型钢应平直、光滑、无弯曲、无扭曲。型钢在插入前应校正平直度,有时在表面涂抹油脂以减小插入与拔出时的摩阻力。当基坑开挖深度小于 10m 时,可考虑 H 型钢的完整回收。施工前应进行型钢抗拔验算与拉拔试验,以确保型钢的顺利回收。

四、地下连续墙围护结构

1.概述

地下连续墙于 20 世纪 50 年代始于意大利,首先用于水利水电工程,获得成功以后,迅速在世界各地发展起来,并广泛应用于各种土木工程的地下建筑之中。在它出现之前,围护结构主要是钢桩或钢板桩支护,其施作深度有限,而且施工过程中产生很大的噪声,对城市环境造成较大的影响。地下连续墙的问世,是围护结构的一个重要发展,它在止水性能和降低噪声方面都具有十分明显的优点,并使得大深度的基坑开挖成为可能。

地下连续墙虽然适应性较强,但其造价较高,应针对具体条件尽量合理地使用。

（1）适用于修建深度较大的围护结构。

（2）因地下连续墙的刚度大,变形小,有利于控制地表沉陷,故适用于对地表沉陷要求严格的区段。

（3）地下连续墙承载能力强,能承受很大的侧压力,故适用于软弱地层。

（4）地下连续墙的止水性能好,适用于地下水丰富的地段。

（5）当基坑周围的地面建筑物需要采取严格的防止下沉的措施时,地下连续墙的支护作用稳定可靠。

（6）当城市环境要求限制噪声公害,不能采用打桩支护时,可以采用地下连续墙。

总之,地下连续墙的适应性非常广泛,在地铁的施工中已成为重要的基坑围护手段。

地下连续墙有以下优点:

(1)施工时振动小,噪声低,非常适于在城市施工。

(2)墙体刚度大,用于基坑开挖时,可承受很大的土压力,极少发生地基沉降或塌方事故,已经成为深基坑支护工程中必不可少的挡土结构。

(3)防渗性能好,由于墙体接头形式和施工方法的改进,使地下连续墙几乎不透水。

(4)可以贴近施工。由于具有上述几项优点,因此可以紧贴原有建筑物建造地下连续墙。

(5)可用于逆作法施工。地下连续墙刚度大,易于设置预埋件,很适合于逆作法施工。

(6)适用于多种地基条件。地下连续墙对地基的适用范围很广,从软弱的冲积地层到中硬的地层、密实的沙砾层,各种软岩和硬岩等所有的地基都可以建造地下连续墙。

(7)可用作刚性基础。目前,地下连续墙不再单纯作为防渗防水、深基坑围护墙,而是越来越多地用地下连续墙代替桩基础、沉井或沉箱基础,承受更大的荷载。

(8)用地下连续墙作为土坝、水闸等水工建筑物的垂直防渗结构是非常安全和经济的。

(9)占地少,可以充分利用建筑红线以内有限的地面和空间,充分发挥投资效益。

(10)工效高、工期短、质量可靠、经济效益高。

地下连续墙有以下缺点:

(1)在一些特殊的地质条件下(如很软的淤泥质土,含漂石的冲积层和超硬岩石等),施工难度很大。

(2)如果施工方法不当或施工地质条件特殊,可能出现相邻墙段不能对齐和漏水的问题。

(3)地下连续墙如果用作临时的挡土结构,比其他方法所用的费用要高些。

(4)在城市施工时,废泥浆的处理比较麻烦。

2.成槽设备

成槽机械是地下连续墙施工的关键设备。应根据地质条件、开挖断面、技术要求等,选择合适的挖槽机械。目前在施工中应用较多的有抓斗式、回转式和冲击式三种。

(1)抓斗式成槽机

抓斗式成槽机分液压抓斗和钢索抓斗。钢索抓斗是最简单的挖土机械,效率不高;而液压抓斗的切土力较强,成槽效率高,如图9-9所示。

(2)回转式成槽机

回转式成槽机以回转的钻头切削土体进行挖掘,钻下的土渣随循环的泥浆排出地面。从钻头数目来看,有单头钻和多头钻之分,单头钻主要用来钻导孔,多头钻多用来挖槽。

多头钻是一种采用动力下放、泥浆反循环排渣、电子测斜纠偏和自动控制钻进成槽的机械,日本称之为BW钻机。我国参考BW钻机结合我国国情设计和制造了SF液压多头钻,如图9-10所示。

(3)冲击式成槽机

冲击式成槽机通过钻头的上下运动或变换运动方向,击碎地基土,借助泥浆循环把土渣带出槽外。冲击钻机是依靠钻头的冲击力击碎地基土,所以不仅适用于一般土层,对较硬的石质地层亦适用。

图 9-9　液压抓斗成槽机

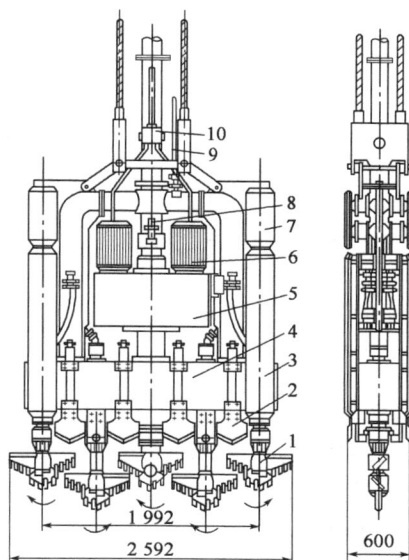

图 9-10　SF 液压多头钻(尺寸单位:mm)

1-钻头;2-侧刀;3-导板;4-齿轮箱;5-减速箱;6-潜水钻机;7-纠偏装置;8-高压进气管;9-泥浆管;10-电缆接头

3.地下连续墙施工工艺

1)工艺流程

地下连续墙的施工,大致要经过筑导墙、成槽、吊放接头管、吊放钢筋笼、浇筑水下混凝土及拔出接头管成墙等环节,如图 9-11 所示。

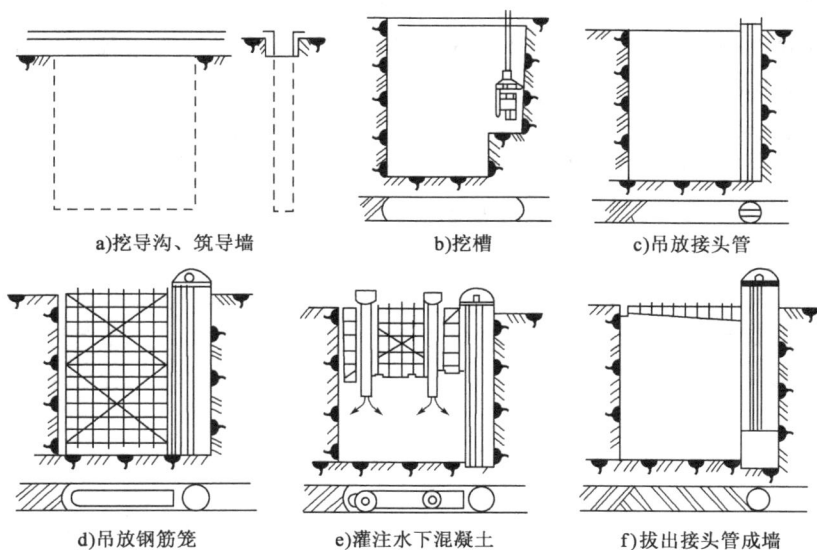

a)挖导沟、筑导墙　　b)挖槽　　c)吊放接头管

d)吊放钢筋笼　　e)灌注水下混凝土　　f)拔出接头管成墙

图 9-11　地下连续墙单元成墙过程示意图

地下连续墙施工工艺流程如图 9-12 所示。

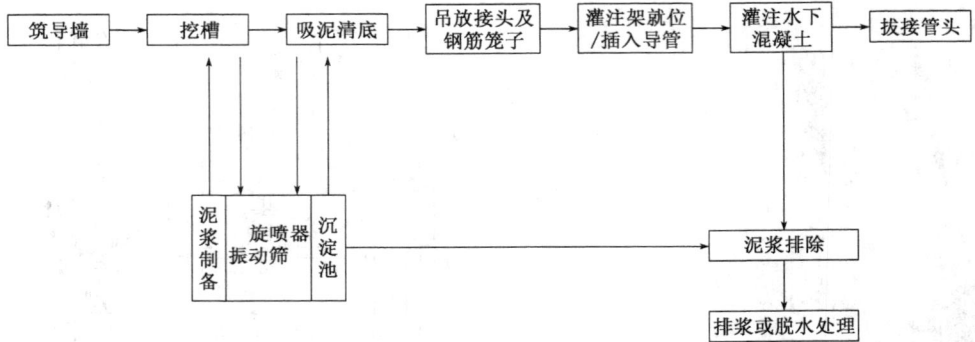

图 9-12　地下连续墙施工工艺流程图

2）导墙构筑

在地下连续墙施工中，导墙有如下作用：

①挡土作用。在挖掘地下连续墙沟槽时，地表土松软容易坍陷，因此在单元槽段挖完之前，导墙起挡土墙作用。

②测量基准作用。导墙规定了沟槽位置，在划分单元槽段的地段，作为测量挖槽高程、垂直度和精度的基准。

③承重作用。导墙既是挖槽机械轨道的支承，又是钢筋笼接头管等搁置的支点，有时还承受其他施工设备的荷载。

④存储泥浆作用。导墙可存储泥浆，稳定槽内泥浆液面。泥浆液面始终保持在导墙面以下 20cm，并高出地下水位 1m，以稳定槽壁。

⑤其他作用。导墙还可防止泥浆漏失，阻止雨水等地面水流入槽内；地下连续墙距现有建（构）筑物很近时，在施工时还可起到一定的补强作用。

图 9-13 为导墙的各种形式，其中图 9-13a）、图 9-13b）断面最简单，它适用于表层土质良好和导墙上荷载较小的情况；图 9-13c）、图 9-13d）为应用较多的两种，适用于表层土为杂填土、软黏土等承载能力较弱的土层，因而将导墙做成倒"L"形或"]["形；图 9-13e）适用于作用在导墙上荷载很大的情况，可根据荷载计算其伸出部分的长度；图 9-13f）适用于相邻建（构）筑物一侧加强的情况，以保护建（构）筑物；图 9-13g）适用于地下水位高的土层，须将导墙提高，以保持泥浆面距水位 1m，导墙提高后两边要填土找平。

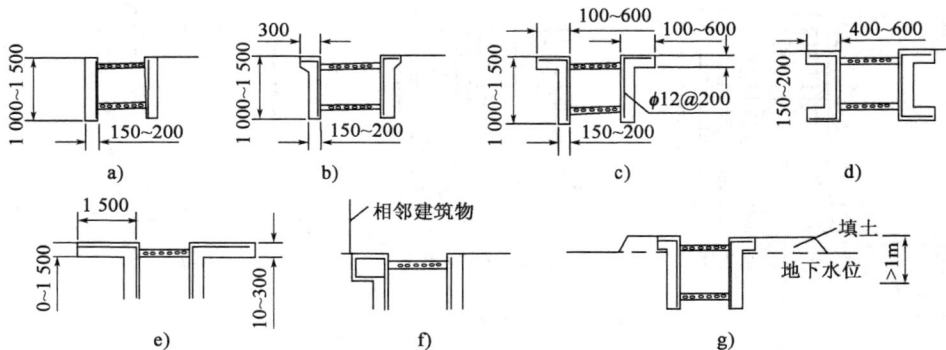

图 9-13　地下连续墙各种形式的导墙示意图（尺寸单位：mm）

导墙施工顺序为:平整场地→测量定位→挖槽绑钢筋→支模板(一侧利用土模,一侧采用模板)→支对撑→浇筑混凝土→拆模板加横撑→整理两侧土方(空隙填满夯实)。

导墙施工要点为:导墙基底应和底面密贴,墙侧回填土用黏性土夯实;导墙中心位置即地下连续墙的中心,在平面上必须按测量位置施工,在竖向必须保证垂直,它直接关系到地下连续墙的精度;导墙的转角处形式做成如图 9-14 所示的平面形式,以保证转角处断面的完整;导墙内水平钢筋必须相互连接成整体。

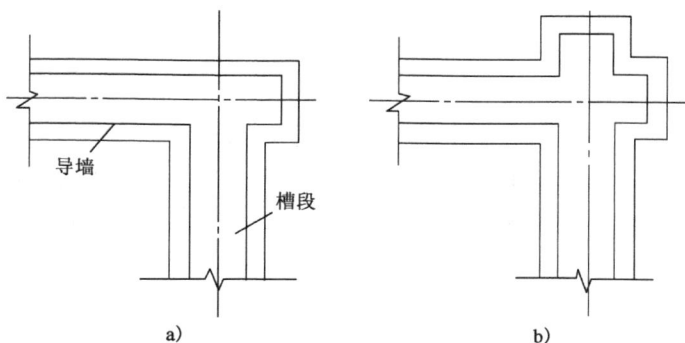

图 9-14　导墙转角形式

导墙施工的注意事项如下:

①槽段开挖前要对其平面位置进行复核,应沿地下墙墙面线两侧构筑导墙;挖槽后应检查基底土质是否密实。导墙一般可采用现浇、预制混凝土或钢筋混凝土及其他材料构筑。导墙深度一般为 1~2m,顶面应高于施工地面。导墙背侧需回填密实,不得漏浆。

②混凝土或钢筋混凝土导墙拆模后,应沿纵向每隔 1m 左右加设两道木支撑。在混凝土未达到设计强度之前严禁在导墙附近堆载或通行重型机械,以防导墙开裂和移位。

③导墙内墙面应垂直,内外导墙墙面间距应为地下墙设计厚度加施工余量,一般为40mm。墙面与纵向轴线距离的允许偏差应为 ±10mm,内外导墙间距允许偏差为 ±5mm。导墙顶面应保持水平,局部高差应小于 5mm,导墙长度偏差应小于 ±10mm。导墙墙面平整度 <5mm。

④导墙面应高于地面约 100mm,防止地面水流入槽内污染泥浆。

⑤导墙外侧应用黏土回填密实,防止地面水从外侧渗入槽内,引起槽段塌方。

3)泥浆护壁

泥浆护壁是挖深槽时不可缺少的环节,泥浆除了能防止槽壁坍塌或剥落外,还具有悬浮渣土的能力,随着泥浆排出地面的同时,也把悬浮渣土带出了地面。泥浆的相对密度一般不大于1.15,含砂量小于 10%。

(1)泥浆的种类

泥浆的种类有膨润土泥浆、聚合物泥浆、CMC 泥浆、盐水泥浆等,使用的外加剂有分散剂、CMC 增黏剂、加重剂、防漏剂、盐水泥浆剂等。膨润土泥浆的主要成分是含有蒙脱石的膨润土。聚合物泥浆是指用有机聚合物或各种无机硅酸盐类取代膨润土制备而成的泥浆。CMC泥浆指采用羧甲基纤维素钠(CMC)作为添加剂的泥浆。盐水泥浆即采用海水或盐水为主拌和的泥浆,使用的是在盐水中也能膨胀的耐盐性黏土,适用于海岸附近的工程。

（2）泥浆的使用方法

泥浆的使用方法有两种：一种是静止方式，使用挖斗挖槽属于泥浆静止方式。随着挖槽的逐渐加深，不断往槽内补充新泥浆，直到浇筑混凝土将泥浆置换出来为止，泥浆一直储存在槽内仅起护壁作用，不用来排渣，渣土由挖斗挖出。另一种是循环方式，使用钻头式挖槽机挖槽属于循环方式。采用钻头式挖槽机施工时，由于它们不具有取土功能，需要用泵使泥浆在槽底与地面之间进行循环，把渣土排出地面。泥浆在管道的外面上升，把土渣带出地面，这称为正循环；泥浆从管道的外面自然流入槽内，然后和土渣一起由钻杆的中心孔抽吸到地面，这叫反循环。

（3）泥浆质量要求

拌制和使用泥浆时，必须随时检验，不合格的泥浆必须及时处理。

泥浆性能指标有：新浆质量指标，存放24h质量指标，使用过程中的质量指标，废弃泥浆指标。当泥浆达到废弃指标时应予以废弃，未达到时可回收。采用振动筛、旋流器或沉淀池等进行除砂净化再生利用。

（4）泥浆池容量

泥浆池总容积包括拌浆池、优质泥浆池、沉淀池、净化池、废浆池等。新鲜泥浆的总需要量与挖槽机械的种类有一定关系，大致为每幅槽段挖方量的70%～80%（挖斗式挖槽机）或80%～90%（钻头式挖槽机）；若地层为砂砾质土时，还应适当增加泥浆用量。用挖斗式挖槽机挖槽时，泥浆池容量大约相当于3倍单幅槽段的挖方量；用钻头式挖槽机时，泥浆池容量约为4倍挖方量。

4）挖槽

挖槽是地下连续墙的主要工序，提高挖槽施工效率是缩短工期的关键。挖槽的精度，又是保证地下连续墙质量的关键步骤之一。

（1）单元槽段划分

槽段的划分就是确定单元槽段的长度，它既是进行一次挖掘的长度，也是一次浇筑混凝土的长度。单元槽段越长，接头越少，可加强墙体的整体性和截水、防渗功能，并提高工作效率。但要结合以下条件综合考虑确定其长度。

①地质条件对槽段壁面稳定性的影响。当地层不稳定时，为防止槽壁倒塌，应减小槽段的长度，以缩短成槽时间。

②对相邻建（构）筑物的影响。当附近有高大建筑物或地面有较大荷载时，为了保证槽壁的稳定应缩短槽段长度，以缩短槽壁暴露的时间。

③槽段最小长度，不得小于挖槽机械工作装置的长度。

④由于钢筋笼是整体吊装，因此其尺寸、大小、质量应结合现场起重机械能力加以考虑。

⑤混凝土的供应能力。一般每个单元槽段内的混凝土宜在4h内浇筑完毕。

⑥泥浆储备池的容量。一般泥浆储备池的容量应不小于每个单元槽段容量的2倍。

⑦作业面。通常单元槽段可采用2～4个挖掘最小长度，一般可为4～8m。但最后封闭槽段时应采用2个挖掘单元。

（2）槽段开挖

①应根据成槽地点的工程地质和水文地质条件、施工环境、设备能力、地下连续墙的结构尺寸及质量要求等选用挖槽机械。通常情况下,对于软质地基,宜选用抓斗挖槽机械;对于硬质地基,宜选用回转式或冲击式挖槽机械。

②挖槽前,应预先将连续墙划分为若干个施工槽段,其平面形状可为"一"字形、"I"形、"T"形等。槽段长度应根据设计要求、土层性质、地下水情况、钢筋笼的质量大小、设备起吊能力、混凝土供应能力等条件确定,一般槽段长度为 3~7m。

③挖槽前,应制订出切实可行的挖槽方法和施工顺序,并严格执行。挖槽时,应加强观察,确保槽位、槽深、槽宽和垂直度符合设计要求。遇有槽壁坍塌事故发生时,应及时分析原因,妥善处理。

④挖槽过程中,应保持槽内始终充满泥浆。泥浆的使用方式,应根据挖槽方式的不同而定。使用抓斗挖槽时,应采用泥浆静止方式。随着挖槽深度的增大,不断向槽内补充新鲜泥浆,使槽壁保持稳定;使用钻头或切削刀具挖槽时,应采用泥浆循环方式,用泵把泥浆通过管道压送到槽底,土渣随泥浆上浮至槽顶面排出称为正循环;泥浆自然流入槽内,土渣被泵管抽吸到地面上称为反循环。反循环的排渣效率高,宜用于容积大的槽段开挖。

⑤槽段的终槽深度应符合下列要求:

a.非承重墙的终槽深度必须保证设计深度,同一槽段内,槽底深度必须一致且保持平整。

b.承重墙的槽段深度应根据设计深度要求,参照剖面图及槽底土(岩)样品等综合确定,同一槽段开挖深度宜一致。遇到特殊情况,应会同设计单位研究处理。

⑥槽段开挖完毕后,应检查槽位、槽深、槽宽及槽壁垂直度,合格后尽快清底及安装钢筋,灌注槽段混凝土。

(3)槽段开挖的注意事项

①由于提升锁口管过程中导墙承受荷载较大,将产生一定量的沉降,因此在每次挖槽前,应测量导墙面高程以便确定挖槽深度和钢筋笼吊筋长度。

②挖槽前,应先将地下连续墙划分若干个单元槽段,其长度一般为 4~6m。每个单元槽段可由若干个开挖段组成。

③在挖槽过程中,应督促施工方按施工方案中的要求进行超声波测槽壁工作,发现问题及时调整;开挖至槽底后所作的超声波图像应得到监理工程师的签认,作为挖槽工作隐蔽工程验收的依据。

④在挖槽期间,应经常巡视检查泥浆补充情况,避免因液面太低而形成塌方。由地面至地下 10m 左右的初始挖槽精度对以下整个槽壁精度影响很大,必须慢速均匀钻进,严格控制垂直度和偏斜度,确保槽壁及接头的垂直偏差符合设计要求。接头处相邻两槽段的挖槽中心线,在任一深度的偏差值,不得大于墙厚的 1/3。挖槽时,若发生较严重的局部坍塌时,应及时回填并妥善处理。钻进过程中应保持护壁泥浆不低于规定高度,特别是对于渗透系数较大的沙砾层、卵石层更应注意保持一定浆位。

⑤槽段开挖结束后,应检查槽位、槽深、槽宽及槽壁垂直度等,合格后方可进行清理,在浇筑混凝土前,槽段接头处必须刷洗干净,不留任何泥沙或污物。永久性地下墙单元槽段接头不宜设在拐角处。拔接头管时,要掌握好混凝土的凝固硬化速度,过早会造成槽壁塌落,过迟会

造成拔不动或埋管事故。一般在混凝土开始浇筑后 2~3h 开始拔动,再使管子回落,且无涌浆等异常现象。可每隔 20~30min 拔出 0.5~1m,如此往复进行,在混凝土浇筑结束后 4~8h 内将接头管全部拔出。

⑥浇筑地下墙混凝土,每 50m 地下墙应做一组试件,每幅槽段不得少于一组,在强度满足设计要求时才能开挖。永久性地下墙施工时混凝土应按每一个单元槽段留置一组抗压强度试件,每五个单元槽段留置一组抗渗试件。

⑦清理槽底和置换泥浆结束 1h 后,槽底(设计高程)以上 200mm 处的泥浆相对密度应不大于 1.2;沉淀物淤积厚度≤200mm;永久结构的沉淀物淤积厚度≤100mm。清槽后检查槽底泥浆相对密度及沉淀物厚度应在清理和置换泥浆 1h 后进行,若部分施工单位因进度问题不肯执行时,监理人员应予以督促。

⑧如用刷壁器刷除已施工槽段接头面上附着的泥皮和土渣时,不应用刷壁次数作为控制标准,而应以刷壁器上无泥渣后再清刷一遍为宜。

(4)清槽

为了给下道工序(如安装接头管、钢筋笼、浇筑混凝土)提供良好条件,确保墙体质量,应对残留在槽底的土渣、杂物进行清除。

清槽方法一般采用吸水泵、空气压缩机和潜水泥浆泵等排渣方法,如图 9-15a)~图 9-15c)所示,当下钢筋笼后可用混凝土导管压清水或泥浆清槽,如图 9-15d)所示。

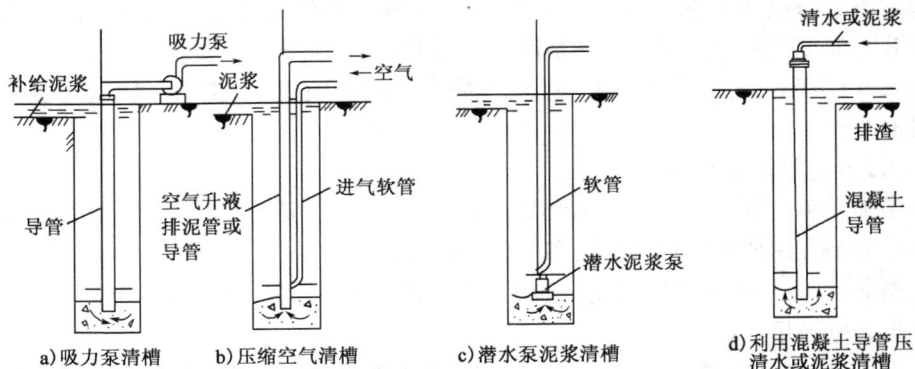

图 9-15　连续墙清槽方法

5)槽段接头施工

槽段接头具有止水、挡混凝土、传递应力、抗剪切等功能。一般情况下接头避免设在转角处以及墙内部结构的连接处,常用接头处理如图 9-16 所示。

接头处渗漏原因分析及预防措施如下:

①接头未清刷干净。只要施工中对先浇槽段接触面的清刷工作稍有松懈,或因为泥浆护壁效果不佳,清刷和下笼过程中不小心碰塌了侧壁的土体,都会使槽段接头处滞留沉渣或局部夹泥,从而导致渗漏水。预防措施主要有:精心配制槽段内的护壁泥浆,泥浆储量要足够,确保成槽及清槽过程中槽壁的土体稳定;成槽机在成槽过程中必须保证垂直匀速,尽量减少对侧壁土体的扰动;槽段两端的清刷作业必须仔细进行,清刷过程中严禁碰撞两侧土体,严禁未清刷干净即进行下一道工序。

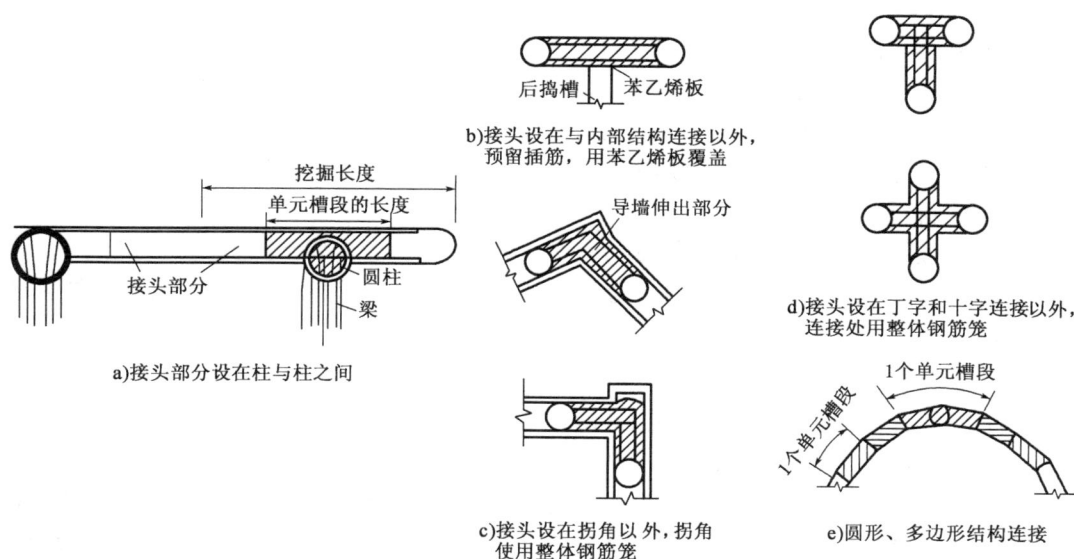

b)接头设在与内部结构连接以外，
预留插筋，用苯乙烯板覆盖

d)接头设在丁字和十字连接以外，
连接处用整体钢筋笼

a)接头部分设在柱与柱之间

c)接头设在拐角以外，拐角
使用整体钢筋笼

e)圆形、多边形结构连接

图9-16　地下连续墙接头处理

②钢筋笼偏斜。某些槽段由于条件的限制，不能采用跳跃式施工，只能按顺序施工相邻槽段，致使后施工的槽段钢筋笼不对称，吊放时因偏心作用产生偏斜；由于接头处未清刷干净，留有前期槽段留下的混凝土块，仍强行吊放钢筋笼，从而产生偏斜。预防措施主要有：尽量避免相邻槽段的连续施工，消除偏心钢筋笼所造成的影响；钢筋笼下放过程中必须垂直、缓慢，如遇障碍物必须提起，摸清情况，待清除障碍物后再行下放，切不可强行插入。

③支撑架设不及时。由于基坑开挖过快，支撑架设不及时，地下连续墙变形过大造成接头处渗漏水。尤其接头管的接头，由于接头刚度较小，对基坑变形更为敏感。预防措施主要有：严格控制开挖进度，及时架设支撑，加强监测。

五、土钉墙围护结构

土钉墙支护是在基坑开挖过程中，将土钉置入原状土体中，并在支护面上喷射钢筋网混凝土面层，通过土钉、土体和喷射的混凝土面层的共同作用，形成土钉墙支护结构。

土钉墙支护适用于地下水位以上或经过人工降水后的黏性土、粉土、杂填土及非松散砂土和卵石土等。对于淤泥质土及饱和软土应采用复合型土钉墙支护。

最常用的土钉是钻孔注浆型土钉。钻孔注浆型土钉是先在土中成孔，置入变形钢筋或钢管，然后沿全长注浆填孔。土钉体及面层构造如图9-17所示。

土钉墙的施工一般按以下程序进行：施工准备→开挖工作面、修整边坡、坡面排水→喷射第一层混凝土→设置土钉（包括成孔、置筋、安装、注浆

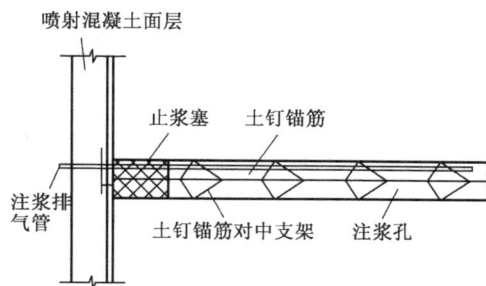

图9-17　钻孔注浆型土钉

等）→绑扎安装钢筋网→喷射第二层混凝土。

1. 施工前的准备

（1）在进行土钉墙施工前，应充分核对设计文件、土层条件和环境条件，在确保施工安全的情况下，编制施工组织设计。

（2）要认真检查原材料、机具的型号、品种、规格及土钉各部件的质量、主要技术性能是否符合设计和规范要求。

（3）平整好场地道路，搭设好钻机平台。

（4）做好土钉所用砂浆的配合比与强度试验，以及各构件焊接的强度试验，验证能否满足设计要求。

2. 土方开挖

土方开挖必须紧密配合土钉墙施工，具体要求如下：

（1）土方必须分层开挖，严格做到开挖一层、支护一层。

（2）每层开挖深度按设计要求并视现场土质条件而定，开挖要到位，不得欠挖，严禁超挖。

（3）每层开挖的长度主要取决于土体维持不变形的最大长度和施工流程的相互衔接，一般为 8~15m。

（4）机械开挖后，应及时对壁面进行人工修整。

（5）对较软弱的土体，需采取必要的超前支护措施。

3. 钻孔

（1）根据不同的土质情况采用不同的成孔作业法进行施工。对于一般土层，孔深小于等于 15m 时，可选用洛阳铲或螺旋钻施工；孔深大于 15m 时，宜选用土锚专用钻机和地质钻机施工。对饱和土易塌孔的地层，宜采用跟管钻进工艺。掌握好钻机钻进速度，保证孔内干净、圆直，孔径符合设计要求。

（2）严格控制钻孔的偏差。保证钻孔的水平方向孔距误差、垂直方向孔距误差、钻孔底部的偏斜误差、钻孔深度误差均在规范和设计要求允许的范围以内。

（3）钻孔时如发现水量较大，要预留导水孔。

4. 土钉制作和安放

（1）拉杆要求顺直，应除油、除锈并做好防腐处理，按要求设置好定位架。

（2）拉杆插入时，应防止扭压、弯曲，拉杆安放后不得随意敲击和悬挂重物。

5. 注浆

（1）浆液配合比应根据设计要求确定，一般采用水灰比为 0.4~0.45，灰砂比为 1:1~1:2 的水泥砂浆。水泥一般采用 42.5 级普通硅酸水泥。

（2）应采用机械均匀拌制浆体，要随拌随用，禁止人工搅浆，浆液应在初凝前用完，并严防石、杂物混入浆液。

（3）对孔隙比大的回填土、砂砾土层，注浆压力一般要达到 0.6MPa 以上。

6. 喷射混凝土

（1）喷射混凝土施工的设备

喷射混凝土施工的设备主要包括：混凝土喷射机、空压机、搅拌机和供水设施等。对各设备器具的要求如下：

①混凝土喷射机应满足密封性能良好；输料连续、均匀；生产能力（干混合料）为 3~5m³/h；允许输送的集料最大粒径为 25mm；输送距离（干混合料）水平不小于 100m，垂直不小于 30m。

②选用的空压机应满足喷射机工作风压和耗风量的要求，一般不小于 9m³。

③混合料的搅拌宜采用强制式搅拌机。

④输料管应能承受 0.8MPa 以上的压力，并应有良好的耐磨性能。

⑤供水设施应保持喷头处的水压大于 0.2MPa。

（2）喷射混凝土施工

根据混凝土搅拌和输送工艺的不同，喷射分为干式和湿式两种。

①干式喷射：干式喷射是用混凝土喷射机压送干拌和料，在喷嘴处与水混合后喷出。

②湿式喷射：湿式喷射是用泵式喷射机，将已加水拌和好的混凝土拌和物压送到喷嘴处，然后在喷嘴处加入速凝剂，在压缩空气助推下喷出。

（3）喷射作业的要求

①喷射作业前要对机械设备、风、水管路和电线进行全面检查并试运转，清理受喷面，埋设好控制混凝土厚度的标志。

②喷射作业开始时，应先送风，后开机，再给料，料喷完后再关风。

③喷射时，喷头应与受喷面垂直，并保持在 0.6~1.0m 的距离。

④喷射作业应分段分片依次进行，同一分段内喷射顺序由上而下进行，以免新喷的混凝土层被水冲坏。

⑤喷射混凝土的回弹率不大于 15%。

⑥喷射混凝土终凝 2h 后，应喷水养护。养护时间，一般工程不少于 7d，重要工程不少于 14d。

7. 土钉的张拉与锁定

（1）张拉前应对张拉设备进行标定。

（2）土钉注浆固结体强度和承压面混凝土强度均大于 15MPa 时方可张拉。

（3）锚杆张拉应按规范要求逐级加荷，并按规定的锁定荷载进行锁定。

第二节　浅埋暗挖法施工

一、概述

近几年，采用浅埋暗挖法修建的地下工程越来越多，特别是在城市地下工程的施工中，它的优越性更加明显。浅埋暗挖法与明挖法、盾构法一样，已成为城市地下工程施工的主要方法之一。

城市浅埋地下工程，以往多是采用传统的明挖法施工。明挖法简单易行，也较经济，但会给附近居民带来诸多的不方便。同时也会不同程度地影响地面交通的正常运行和商业活动的正常开展，在建筑物密集、交通繁忙的城市中心区，尤其严重。同时，明挖

微课19
地铁浅埋暗挖法
扫描此码　深度学习

法还要拆迁和维修大量的地下管网和地面建筑物,其经济损失很大。

与其他施工方法(明挖法、盾构法等)比较,浅埋暗挖法具有许多优点。

(1)适用于各种地质条件和地下水条件。

(2)具有适合各种断面形式(单线、双线及多线、车站等)和变化断面(过渡段断面等)的高度灵活性(图9-18)。

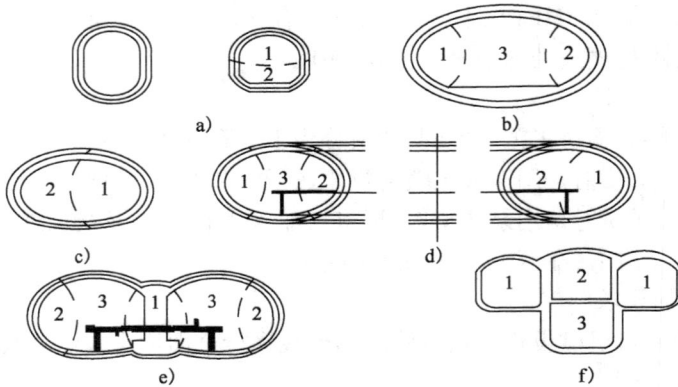

图9-18　各种浅埋隧道断面形式及开挖顺序

(3)通过分部开挖和辅助施工方法可以有效地控制地表下沉和塌陷。

(4)与盾构法比较,在较短的开挖地段使用比较经济。

(5)与明挖法比较,可以极大地减轻对地面交通和人类活动的影响,避免大量的拆迁。

(6)从综合效益观点出发,是比较经济的一种方法。

有关深浅埋分界的问题,一直是工程界所关注的问题。对深浅埋分界的认识,有许多不同的观点,其中有以下几种。

一种观点认为:在施工中,不能保证形成承载拱的深度,就可定义为深浅埋分界深度。这是从松弛荷载的角度确定的方法。按此观点,深浅埋分界深度大致为荷载松弛高度的2.0~2.5倍。

另一种观点认为:隧道开挖所造成的围岩松弛影响范围不能到达地表的深度,可定义为深浅埋分界深度。按此观点,深浅埋分界深度大致为坑道开挖宽度的2.0~2.5倍。

日本山岭隧道技术规范规定:深浅埋分界深度为开挖宽度的1~2倍。

根据国内外近50个试验段的试验资料和工程实例,将覆土厚度(H)和隧道开挖宽度(D)的比值等于或大于2.0,作为深浅埋分界深度是合适的。

目前,在浅埋的概念中,由于施工方法选择的需要,根据工程特点,又将浅埋分为浅埋和超浅埋两种。一般来说,当开挖时,上覆土层有发生整体下沉的可能时,就属于超浅埋;或当覆土厚度与隧道开挖宽度之比值小于0.4时,也可认为属于超浅埋。应该指出,在修建超浅埋和浅埋地下工程时,因埋深的不同,其辅助施工方法会有很大的差异,应给予足够的注意。

二、浅埋暗挖法的施工技术

1.施工的基本原则

根据国内外的工程实践,浅埋暗挖法的施工应贯彻以下原则:

(1)管超前。采用超前支护的各种手段增强围岩的稳定性,防止围岩松弛和坍塌。

（2）严注浆。在导管超前支护后，立即进行压注水泥砂浆或其他化学浆液，填充围岩空隙，使隧道周围形成一个具有一定强度的壳体，以增强围岩的自稳能力。

（3）短开挖。一次注浆，多次开挖，即限制一次进尺的长度，减少对围岩的松弛。

（4）强支护。在浅埋的松软地层中施工，初期支护必须十分牢固，具有较大的刚度控制开挖初期的变形。

（5）快封闭。在台阶法施工中，如上台阶过长时，变形增加较快，为及时控制围岩松弛，必须采用临时仰拱封闭，开挖一环，封闭一环，提高初期支护的承载能力。

（6）勤量测。对隧道施工过程进行经常性的量测，掌握施工动态，及时反馈，是浅埋暗挖法施工成败的关键。

2. 地层预加固和预支护

在城市地下铁道浅埋暗挖法施工中，经常遇到砾砂土、砂性土、黏性土或强风化基岩等不稳定地层。这类地层在隧道开挖过程中自稳时间短，往往在初期支护尚未来得及施作，或喷射混凝土尚未获得足够强度时，拱墙的局部地层已开始坍塌。为此需要采用地层预加固和预支护的方法，以提高周围地层的稳定性。主要的措施有以下几项。

（1）小导管超前预注浆

小导管超前预注浆是开挖单线区间隧道常用的方法。注浆小导管采用 $\phi32 \sim \phi50$ 的焊接钢管制成，导管沿掘进面的上半断面轮廓线布置，间距为 0.2～0.3m，仰角控制在 10°～15°之间，如图 9-19 所示。

注浆小导管管头为 25°～30°的锥体，管长 3.0～3.5m，其中端头花管长 2.0～2.5m，花管部分钻有直径为 6～10mm 的孔眼，每排 4 个孔，交叉排列，间距为 10～20cm。注浆小导管用风镐打入。注浆材料及配合比应根据地质条件和施工要求，通过现场试验确定。注浆压力应根据地质条件、周围建筑物及施工要求通过现场试验确定，一般控制在 0.5～1.0MPa 之间。

（2）管棚超前支护

当地下铁道通过自稳能力很差的地层或区间隧道通过车辆荷载过大的地段，威胁到施工安全或地面邻近建筑物的安全时，为防止由于地铁施工造成超量的不均匀沉降，可采用管棚维护法。

管棚法又称伞拱法，就是将一系列直径为 60～180mm 的钢管，沿隧道外轮廓线或部分外轮廓线，顺隧道轴线方向依次打入开挖面前方的地层内，以支撑来自外侧的围岩压力。管棚排列的形状主要有门字形、正方形、一字形、圆形及拱形，如图 9-20 所示。

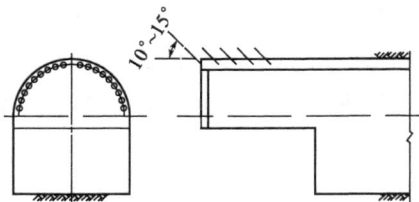

图 9-19 小导管超前注浆示意图

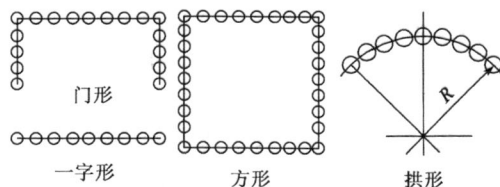

图 9-20 管棚超前支护布管形式

具体可依据工程需要及断面形状确定。而管棚设置的范围、间距、管径则应根据工程地质和水文地质条件以及隧道的埋深等因素确定。一字形布置适用于洞室跨度不大，仅上部土层容易坍塌的地段；门字形布置适用于大型洞室工程上部土层不稳定地段；圆拱形适用于地铁隧道周围土层不稳定地段；正方形布置适用于大型洞室工程且松软土层段。

3. 区间隧道开挖

区间隧道开挖常采用的方法有：全断面法、台阶法、分部开挖法等，这都与山岭隧道相同。另外，还有 CD 法和 CRD 法，虽然山岭隧道有时也用，但主要还是在城市地铁施工中使用得较多，下面对其做一些简单介绍。

（1）中隔墙法（CD 法）

中隔墙法简称 CD 法，施工顺序如图 9-21 所示。具体步骤为：①1 部开挖后，除底部外，立即施作初期支护；②开挖 2 部、3 部，从上往下接长中隔墙，并施作仰拱支护，第 3 部支护完毕后，就形成了"蛋"形的半跨支护；③再依次外挖 4、5、6 部，最后拆除中隔墙。

（2）交叉中隔墙法（CRD 法）

交叉中隔墙法简称 CRD 法，施工顺序如图 9-22 所示。具体步骤类似于 CD 法，唯一不同的是增加了横向的中隔墙，因而更进一步提高隧道的稳定性。

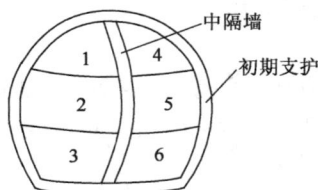

图 9-21　CD 法施工　　　　图 9-22　CRD 法施工

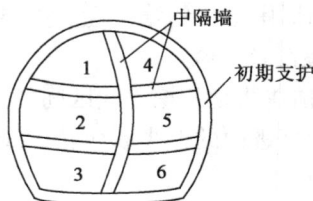

中隔墙采用的构件有格栅钢架或型钢钢架，当需要较大的刚度时，采用型钢。钢架沿隧道纵向的榀间距为 0.5 ~ 1.0m。榀与榀之间用纵向钢筋（$\phi20 \sim \phi22$）连接，以加强结构的空间稳定性。这两种方法的共同点是变大跨为小跨，从而有效地增加隧道的稳定性，避免洞壁坍塌。

4. 车站隧道开挖

为了解对地面交通干扰等问题，采用浅埋暗挖法是修建地铁车站的有效方法。如前所述，浅埋暗挖车站施工的关键问题是如何控制地表沉陷，因此寻求合理的施工方法关系重大。

下面介绍的是目前国内几种行之有效的施工方法。

（1）中洞法

如图 9-23 所示，三拱立柱式车站结构采用中洞法施工时，考虑到立柱和纵梁结构受力复杂，故包括立柱在内的中洞采用 CRD 法施工。CRD 法能针对其结构特点，按照"小分块、短台阶、多循环、快封闭"的原则，先将中洞自上而下分块成环，随挖随撑，及时做好喷锚和钢架初期支护，然后再施作二次模筑钢筋混凝土结构。中隔墙逐层拆除。当中洞各工序完成后，就会形成一个刚度很大的完整结构顶住上部土体，从而有效地减少地表沉降量，然后再对称地自上而下开挖两侧洞。因侧洞跨度比中洞要小，故可用台阶法施工。同样，当初期支护完成后，再施作二次模筑钢筋混凝土衬砌。

（2）侧洞法

如图 9-24 所示，与中洞法相反，侧洞法是先对称地用 CRD 法开挖两个侧洞，待完成二次模筑钢筋混凝土结构后，再用台阶法开挖中洞。由于开挖两个侧洞后，中洞的宽度变窄，其承载土柱

（第7、8、9、10部）承受上覆土体压重的承载力下降,因而可能产生比中洞法要大的地表下沉。

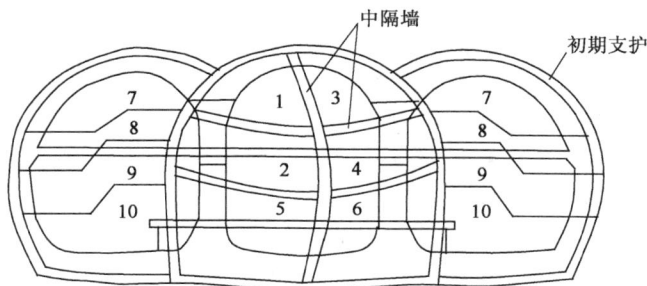

图 9-23　三拱立柱式车站中洞法施工步骤图

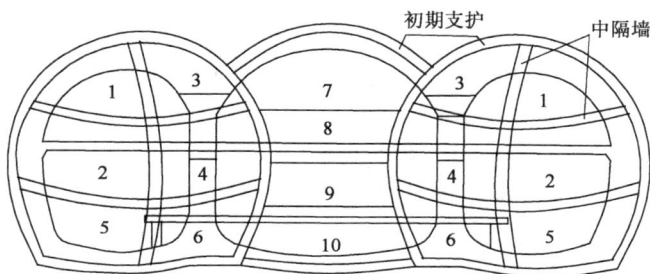

图 9-24　三拱立柱式车站侧洞法施工步骤图

（3）双眼镜工法

如图 9-25 所示,每个侧洞都采用两个侧导坑,这就是双眼镜工法。三跨立柱式车站结构采用的双眼镜法,对地表的沉陷值可以控制在 30mm 之内,与小洞法相当。开挖分三大步进行,即先用双眼镜工法开挖一侧洞,再用双眼镜工法开挖另一侧洞,最后用台阶法开挖中洞。

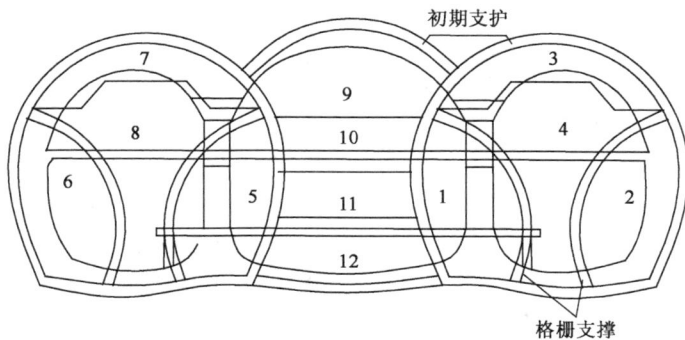

图 9-25　双眼镜工法施工示意图

二次衬砌的施作次序并非一种方式。它既可以如中洞法、侧洞法那样,在每个单洞开挖且初期支护完成后就施作完该单洞的二次衬砌;也可以先做一部分二次衬砌,留下部分二次衬砌待继续开挖到一定程度后再施作,目的是增加平行作业,加快进度。

本节主要介绍后者:

①当右洞（第1、2、3、4部）开挖完成后,及时形成格栅锚喷封闭支护,然后在眼镜内门部（1、2部）施作底梁。

②当左洞开挖时,在右洞中施作边墙和立柱(钢管柱)及仰拱,并拆除格栅支撑。

③左洞继续开挖,右洞施作中层纵梁及中层楼板。

④左洞开挖并初期支护完毕,在眼镜内(5部)施作底梁。

⑤在左洞中施作立柱、边墙和仰拱,并拆除格栅支撑。

⑥在右洞中施作拱圈模注混凝土衬砌。

⑦左洞施作中层纵梁及中层楼板,然后施作拱圈模注混凝土衬砌。

⑧开挖中洞第9部,施作拱部格栅锚喷支护(称为"戴帽"),其格栅钢架的基脚支承在两侧立柱的顶纵梁上。

⑨施作中洞拱部模注混凝土衬砌,与立柱顶纵梁相连。

⑩拆除两侧洞靠中洞处的初期支护。

⑪开挖中洞第10部后,施作中层楼板。

⑫开挖第11、12部。

⑬施作中洞仰拱格栅支护及模注混凝土衬砌,结构体系完成。

⑭施作站台结构,完成车站土建工程。

此外,还有柱洞法(或称"中柱法"),也是现场应用得较多的一种车站施工方法,其基本步骤是先在两个立柱的位置挖导坑,将立柱修筑好,然后再开挖其余部分,这里不再进行详细介绍。

上述方法都能将地表沉陷值控制在30mm之内。总的来说,综合考虑减小施工干扰、加快施工进度、地表沉陷控制等各方面因素,中洞法具有一定的优势。

5. 辅助施工方法

为确保开挖面围岩的稳定,一般情况下可按下列次序依次结合地质条件加以选用。

①上半断面留核心土环形开挖。

②喷射混凝土封闭开挖工作面。

③超前锚杆或超前小导管注浆预支护。

④超前小导管周边注浆。

⑤设置临时仰拱。

⑥开挖面全断面或拱部深孔注浆加固及堵水。

⑦长管棚超前支护或注浆。

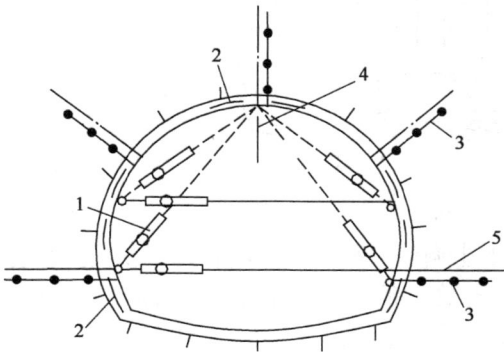

图9-26 隧道监控量测测点布置图

1-隧道周边位移收敛量测;2-衬砌内应力量测;3-锚杆轴力量测;4-拱顶下沉量测;5-围岩内部位移量测

6. 监控量测

利用监控量测信息指导设计和施工是浅埋暗挖法施工工序的重要组成部分。在施工设计文件中应提出具体的要求和内容,监控量测的费用应纳入工程的建设成本。

(1)监控量测项目

根据工程性质及工程地质条件,监控量测项目可分为A类和B类。A类为必测项目,为指导施工、监测工程安全状态服务;B类为选测项目,主要为了解周围地层和支护系统的工作状态,为调整设计提供依据,以便进一步优化结构设计参数。监控量测的测点布置如图9-26所示,量测项目见表9-4。

A、B 类监控量测项目表　　　　　　　　　　　　　　表 9-4

类别	项目名称	断面间距（m）	布设测点数	测试频率		
				1～15d	16～30d	31d 后
A 类	开挖面地质观测	全隧道	开挖面	—	—	—
	净空收敛量测	10～50	2～6 对测点	1 次/d	1 次/d	1 次/d
	拱顶下沉	10～50	1 点	1 次/2d	1 次/2d	1 次/周
	地表下沉	10～50	地表	1 次/2d	1 次/2d	1 次/周
B 类	地层物理力学参数	200～500	根据围岩条件确定	—	—	—
	地层内变形测量	200～500	3～5 个测孔	1～2 次/d	1～2 次/2d	1～2 次/周
	锚杆轴力测量	200～500	3～5 个测孔	1～2 次/d	1～2 次/2d	1～2 次/d
	衬砌内应力测量	200～500	切向、径向各 3～5 点	1～2 次/d	1～2 次/2d	1～2 次/d
	支护接触应力测量	200～500	5～9 个测点	1～2 次/d	1～2 次/2d	1～2 次/d
	地弹性波	500	2～4 个测点	1 次	1 次	1 次

（2）监控量测信息对施工的控制

根据隧道周边位移（收敛）量测数据确定净空预留量。根据位移随时间变化的测试资料进行回归分析，推算最终位移值，此最终位移值即可作为净空预留量。根据位移与时间的变化关系曲线，可以确定二次衬砌施作的时间。

（3）监控量测数值处理

根据监控量测的各种变量如位移、应力和应变等，应及时绘出位移时态曲线、应力时态曲线、应变时态曲线。横坐标为时间，纵坐标为各类变量如位移、应变及应力等。这些曲线可能形成极不规则的散点图，如果将工序标在水平坐标上，就可以看出各工序对隧道监控量测变量的影响。这个散点图是作为分析的第一手原始资料，也是判断地层是否稳定的重要依据。

大量的工程实践表明，采用合理的支护技术和施工工艺，浅埋暗挖法是可以安全地被利用来建设地铁与轻轨暗挖车站和区间隧道的，并且地表沉降可以控制在设计要求的范围以内。

第三节　盾构法施工

一、盾构法概述

1.盾构法

盾构法是使用盾构机在地下掘进，在护盾的保护下，在机内安全地进行开挖和衬砌作业，从而构筑成隧道的施工方法。按照这个定义，盾构法是由稳定开挖面、盾构机挖掘和衬砌三大部分组成。

初期的盾构法是用手掘式或机械开挖式盾构机，结合使用压气施工方法保证开挖面稳定，进行开挖。对于地下水较丰富的地区，用注浆法进行止漏；而软弱地层，则采用掌子面封闭式施工。经过对盾构技术多年的研究开发和应用，已变成现在非常盛行的泥水平衡式和土压平衡式两种盾构机。这两种机型的最大优点是在开挖功能中考虑了稳定开挖面的措施，将盾构施工法中的三大要素的前两者联系融为一体，无须辅助施工措施，就能适应地质情况变化范围较广的地质条件。

在闹市区或软弱地层中,盾构法是修建地下铁道较好的施工方法之一。近年来盾构机械设备和盾构法施工工艺的不断发展,适应不同工程地质和水文地质条件的能力大大提高。各种断面形式和具有特殊功能的盾构机械(扩大盾构法、地下对接盾构等)的相继出现,使其应用范围在不断扩大。由于盾构法施工具有作业在地下进行,不影响地面交通,减少对附近居民的噪声和振动影响;施工费用不受埋深的影响,有较高的技术经济优越性;盾构推进、出土、拼装衬砌等主要工序循环进行,易于管理,施工人员较少;穿越江、河、海时,不影响航运;施工不受风雨等气候条件影响等有利特点,将对地下铁道的施工技术的发展起到有力的推进作用。

盾构法施工稳定开挖面技术的历史,是从压气施工法的"气"演变到泥水式的"水"和土压式的"土"。"开挖面稳定"和"盾构开挖"的技术已达到较完善的地步。目前盾构一般指密封式泥水平衡式盾构和土压平衡式盾构。

盾构技术的发展动向是:开发超大断面的盾构机和异型断面以及多断面等盾构机,加上在衬砌和开挖方面使用了挤压混凝土衬砌施工法的技术,采用管片自动组装装置,以及自动测试技术进行开挖控制,用计算机进行各种施工管理实现管理系统化等的开发研究。为提高盾构施工的安全性、适应性和经济性展示了更为广阔的应用前景。

2. 盾构机分类

盾构机的类型很多,按开挖方式不同可将盾构机分为:手掘式盾构机——开挖和出土可人工进行;半机械式盾构机——大部分的开挖工作和出土由机械进行;机械式盾构机——从开挖到出土均采用机械,见表9-5。从盾构技术的发展进程上看,手工挖掘式、半机械挖掘式趋于淘汰,取而代之的是自动化程度非常高的全机械化操作。

盾构机按开挖方式分类 表9-5

挖掘方式	构造类型	盾构机名称	开挖面稳定措施	适 用 地 层	附注
手工挖掘式	敞胸	普通盾构机	临时挡板支撑千斤顶	地质稳定或松软均可	辅以气压、人工井点降水及其他地层加固措施
		棚式盾构机	将开挖面分成几层,利用砂的安息角和棚的摩擦	砂性土	
		网格式盾构机	利用土和钢制网状格栅的摩擦	黏土淤泥	
	闭胸	半挤压盾构机	胸板局部开孔,依靠盾构千斤顶推力土砂自然流入	软可塑黏土	
		全挤压盾构机	胸板无孔,不进土	淤泥	
半机械挖掘式	敞胸	反铲式盾构机	手掘式盾构机装上反铲式挖土机	土质紧硬,稳定面能自立	辅助措施
		旋转式盾构机	手掘式盾构机装上软岩掘进机	软岩	
全机械挖掘式	敞胸	旋转刀盘式盾构机	单刀盘加面板或多刀盘加面板	软岩	辅助措施
		插刀式盾构机	千斤顶支撑挡土板	软土层	
	闭胸	局部气压盾构机	面板与隔板间加气压	含水松软地层	不再另设辅助措施
		网格式挤压盾构机	胸板为网格,土体通过网格孔挤入盾构机	淤泥	辅助措施
		泥水加压盾构机	面板与隔板间加有压泥水	含水地层冲积层	
		土压平衡盾构机	面板隔板间充满土砂产生的压力和开挖处的地层压力保持平衡	淤泥,淤泥夹砂	

使开挖面保持稳定的方法有敞胸式盾构机和闭胸式盾构机,如图 9-27 所示。敞胸式盾构机适用于自稳性比较好的土层,闭胸式盾构机依靠气压、液压或土压进行开挖面的压力平衡。不同支撑类型的盾构机对土体介质的适应情况不同,正确选择盾构机是隧道施工成败的关键。

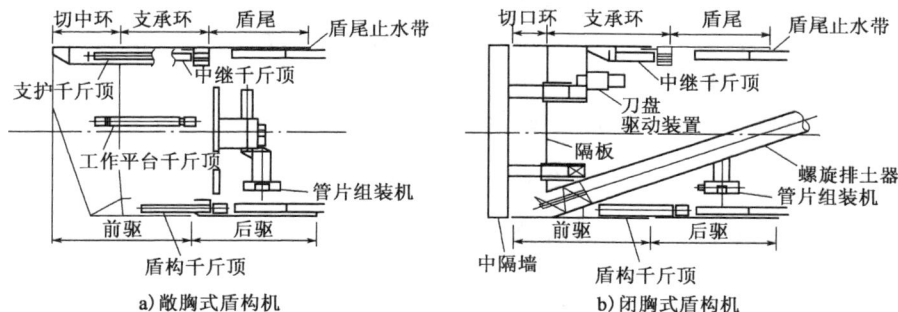

图 9-27 盾构开挖工作面平衡系统

二、盾构法施工中地面沉降及控制

地表下沉与围岩条件、盾构形式(开挖方法)、工作面稳定机构及推进方法、回填注浆等有关,所以施工时必须采用适当的方法谨慎管理,力求减少地表下沉。

盾构开挖引起的地表下沉与围岩条件有直接关系,欲完全避免是比较困难的。但是,依靠合理的施工方法及良好的施工管理可减少地表下沉,如采用适当的方法、工作面稳定机构、推进方法、一次衬砌、回填注浆等。对各工序进行细心管理,采取与实际条件相适的防止地表下沉的措施。

1. 沉降计算

盾构隧道施工引起地面沉降分为以下五个阶段:盾构机到达前、盾构机到达时、盾构机通过时、管片脱出盾尾时及后期固结变形阶段,其预估经验公式如下。

(1)盾构机到达前

从半无限平面介质在均匀圆形荷载作用之下的三维模型简化分析来看,盾构机前进中心线变形为:

$$U = \frac{4(1-\mu^2)\Delta p H_0 [E(k)-(1-R_0^2/H_0^2)F(k)]}{\pi E} \tag{9-1}$$

式中:$E(k)$、$F(k)$——与介质特性有关的积分常数,其值为:

$$E(k) = \int_0^{n\pi} \sqrt{1-k^2\sin^2\rho}\,\mathrm{d}\rho, F(k) = \int_{n\pi}^0 \sqrt{(1-k^2\sin^2\rho)^{-1}}\,\mathrm{d}\rho$$

Δp——盾构机克服静止水平土压力后的推力,其值为:

$$\Delta p = p_c - p_0$$

p_c——刀盘压力;

p_0——中心线处静止水平土压力;

μ——泊松比;

R_0——盾构机半径;

H_0——盾构机中心埋深；

E——弹性模量。

（2）盾构机到达时

当刀盘压力 p_c 满足下式时，土体处于弹性状态。

$$p_0 - c_u\cos\varphi \leqslant p_c \leqslant p_0 + c_u\cos\varphi \tag{9-2}$$

式中：c_u——土体无侧限抗压强度。

若承载系数控制在 ± 1.0 以内，则地层位移为：

$$U = \frac{-(p_c - p_0)R_0}{r} \tag{9-3}$$

式中：r——计算点至盾构机圆心点的距离。

当 $r = H_0$ 时，所得到的就是地表的位移。

若 p_c 不满足式（9-2），则地层处于弹塑性或塑性状态，其地表位移为：

$$U = (1-\mu)R_p^2(c_u/EH_0) \tag{9-4}$$

式中：R_p——塑性圈半径。

当 $p_c > p_0 + c_u$ 时：

$$R_p = R_0\exp\big[(p_c + p_0 + c_u)/2c_u\big] \tag{9-5}$$

当 $p_c < p_0 - c_u$ 时：

$$R_p = R_0\exp\big[(p_c - p_0 - c_u)/2c_u\big] \tag{9-6}$$

（3）盾构机通过时

盾构机通过时预估方式与式（9-4）相同，只是需将强度指标 c_u 和模量 E 进行适当折减，折减方程由试验测定。对于上海的软土层，一般 E 折减 $26\% \sim 30\%$。

（4）管片脱出盾尾时

管片脱出盾尾时，土体下落至管片，形成应力重分布，在无注浆条件下，新形成的塑性半径为：

$$R_p = \sqrt{\frac{ER_0G_r}{(1+\mu)c_u}} \tag{9-7}$$

式中：G_r——盾尾空隙，在注浆情况下，G_r 变为 G_p（G_p 为未被填充时的空隙，由实测回归求得）。根据上海地铁工程实践，在 200% 的注浆条件下填充率为 $50\% \sim 60\%$。G_p 与注浆压力、方式、流量、浆液配比有关，是一经验系数。

（5）后期固结沉降

通过二维固结流量引出隧道四周土体排水规律，由此得出排水体积 Bessel 表达式，取排水体积有一半表现在地表变形上，故后期固结沉降近似表达式为：

$$U_x = H_c\cos^2(\pi x/2L) \tag{9-8}$$

式中：$H_c = (0.4 \sim 0.6)V_0/L$；

$L = R_0 + H_c\arctan(\pi/4 - \varphi/2)$；

$V_0 = 1.1 \sim 1.3\text{m}^3$。

2. 对策

防止盾构机推进引起地表沉降的对策主要有以下几种：

（1）对盾构机推进中的施工参数进行优化，确保开挖面的土体应力接近初始地应力场，控制出土速度,不使超挖和欠挖。

(2)管片脱出盾尾时,衬砌背后适时注浆,控制好注浆压力、浆液材料性质、注浆量等,均是防止隧道上部土体塌陷、后期固结变形的有效方法。

(3)盾构机进出工作井前后50m,也是施工中控制地表沉降的关键地段,可采取恰当的洞周土体加固方法。

三、盾构法施工

1. 不同地层盾构掘进机的选型

(1)盾构机选型原则

影响盾构施工的因素很多,主要有地层条件、地下水的含量及水压、隧道长度和线形、后续设备与盾构机的配套能力、工作环境、覆盖层厚度以及有无辅助工法等。因此选型原则如下:

①以开挖面稳定为核心。盾构选型应在充分把握地层条件的基础上进行。

②应考虑土的塑性流动性、土的渗透系数等,这对开挖面的稳定非常重要。

③应考虑地下水的含量及水压,这往往要与土的塑性流动性及透水性综合考虑,高水压、高渗透性的情况是非常不利的,这涉及泥水盾构、土压盾构以及盾尾密封的选型。

④应检查地层中有无砂砾和大卵石,这直接影响到土的渗透性、切削刀盘的磨耗、切削开挖时对地层的扰动范围、刀盘的开口率、对卵石的破碎方式及其排出方式。

⑤应考虑土层的粒径分布,一般都采用土层颗粒曲线来界定不同盾构的适用土层。

(2)特殊情况下的盾构选型问题

①长距离隧道盾构的施工。由于城市建筑密集,地价高涨,确保竖井用地越来越困难,致使竖井费用增加。长距离隧道盾构选型时需要考虑盾构机的耐久性;扩大盾构机的适用范围,以保证在各种地层条件下开挖面的稳定;材料、设备以及排土的输送配套问题;测量技术及方向控制技术需要相应提高。

②高水压下盾构的施工。高水压下盾构施工的关键问题是刀盘驱动部位的土砂密封和盾尾密封。需要冷却装置以防止密封段数增加而温度上升。保证土砂密封的止水性;盾尾密封应选择耐磨材料,增加段数、改进填充剂的注入管理和交换方法,以确保盾尾密封的止水性。

③隧道穿越不同地层的条件。当某一段隧道穿越不同地层结构时,用任何形式的盾构机都不足以单独将此隧道掘进贯通。此时可以将不同形式的盾构进行组合,在结构空间允许的情况下,将不同形式盾构机的功能部件同时布置在一台盾构机上,掘进过程中可根据地质情况进行功能或工作方式的切换和调整。

④刀盘旋转切削堵塞现象的考虑,盾构刀盘在泥岩、坚硬黏土等地层条件下切削会在刀盘、槽口黏附形成泥饼。对土压式盾构,由于含水率低的固结黏土吸水后附着力增加,会出现开挖渣土在土室内四周附着并压密固结,与刀盘一起旋转造成排土困难。对泥水式盾构,由于是面板形刀盘,也存在开挖土砂附着在刀盘切口和在泥水室内引起堵塞,造成掘进被迫停止的危险。

⑤增加使用带泡沫的浆液。泡沫被封存在类似清洁剂的流体之中,它使土中的颗粒保持分离,因而减少了土的内部摩擦和透水性。由于带泡沫的浆液的质量小,故不会立即流落到盾构的较低的范围内,泡沫是用百分比很小的化学添加剂形成的,因而使废渣的弃置更容易,可以降低摩擦、减小刀盘切削的阻力,降低刀盘的扭矩及刀具磨损。

⑥泥水盾构水压割裂地层现象的预防。泥水盾构工作时，在开挖面上可能会出现水压割裂地层的现象，压力泥水将沿割裂面涌出地表，在水底施工时，高压水还会沿割裂面涌入隧道，这是极其危险的。这种现象一般发生在渗透性低的黏性土地层以及淤泥粉砂地层中，在高渗透性的砂性土地层不会发生。

2. 盾构机的出发与到达

1）竖井

采用盾构法施工的隧道，在始发和到达时，需要有拼装和拆卸盾构用的竖井。当盾构需要调头时，需要设置用来调头的地下空间。在施工过程中，这些地下空间可以从地面开辟一个竖井。如果地下铁道车站采用明挖法施工，则在站端部留出盾构井，该部分结构暂不封顶和填土，同时降低底板高度。拼装、拆卸和调头空间尺寸根据盾构直径、长度及作业方便确定。

（1）封门

在竖井的端墙上应预留出盾构通过的开口，又称为封门。这些封门最初起挡土和防止渗漏的作用，一旦盾构安装调试结束，盾构刀盘抵住端墙，要求封门能够尽快拆除或打开。根据拼装（拆卸）竖井周围的地质条件，可采用不同的封门制作方案。

①现浇钢筋混凝土封门。一船按照盾构外径尺寸在井壁或连续墙的钢筋笼上预埋环形钢板，板厚为8～10mm。环向钢板切断了连续墙或竖井壁的竖向受力钢筋，故封门的周边要求进行构造处理。环向钢板内的井壁可按周边弹性固定的钢筋混凝土圆板进行内力分析或截面配筋设计。这种封门的制作和施工简单，结构安全。但是拆除时要用大量的人力铲凿，费工费时。如条件允许可将静态爆破技术引入封门拆除作业，加快施工速度，降低劳动强度。

②钢板桩封门。这种封门结构较适宜用于采用沉井法修建的盾构工作竖井。在沉井制作时，按设计要求在井壁上预留圆形孔洞。沉井下沉之前，在井壁外侧密排钢板桩，封闭预留孔洞，以挡住侧向水土压力。盾构刀盘切入洞口接近钢板桩时，可用起重机将其连根拔起，用过的钢板桩经过修理后可重复使用，钢板桩通常按简支梁计算。钢板桩封门受埋深、地层特性、环境要求等影响较大。

③预埋H型钢封门。将位于预留孔洞范围内连续墙或沉井壁的竖向钢筋用塑料管套住，以免其与混凝土黏结；同时，在连续墙或沉井壁的外侧预埋H型钢，抵抗侧向水土压力。盾构刀盘抵住墙壁时，凿除混凝土，切断钢筋，逐根拔起H型钢。

（2）始发竖井

始发竖井的任务是为盾构机出发提供场所，用于盾构机的固定、组装及设置附属设备，如反力座、引入线等；与此同时，也作为盾构机掘进中出渣、掘进物资器材供应的基地。由于始发竖井的周围是盾构施工基地，必须要有搁置出渣设备、起重设备、管片存储、输变电设备、回填注浆设施和物资器材的场地。

在没有限制占地的情况下，始发竖井的功能越多越好，但功能越多费用就越高，因此一般都采用满足基本功能所必需的最小净空。但要注意的是，这并不仅是在功能上或计算上留有一定的尺寸，而必须是考虑到有关作业者能宽松、安全作业的空间尺寸，通常在盾构外侧留下0.75～0.80m的空间，可容纳一个拼装工人即可。一般竖井的大小除按盾构机尺寸设计外，还需考虑承压墙、临时支护、始发洞口大小，另外再加上若干余量。图9-28为盾构机从竖井出发时，洞口段可能采取的预处理措施。

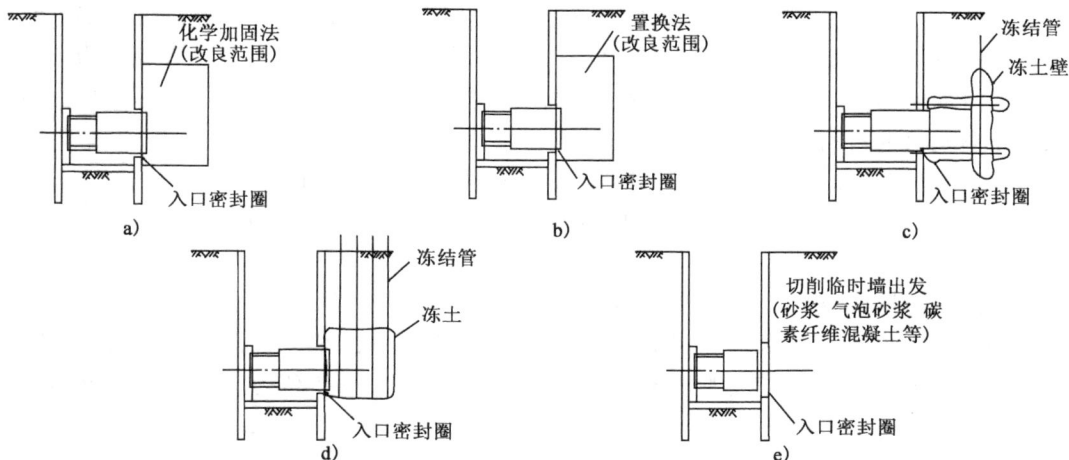

图 9-28　盾构机从竖井出发时,洞口段可能采取的预处理措施

（3）到达竖井

两条盾构隧道的连接方式有到达竖井连接方式和盾构机与盾构机在地下对接的方式。其中,地下对接方式仅在特殊情况下采用,例如连接段在海中难以建造竖井,或者没有场地不能设置竖井等。在正常情况下,一般都以到达竖井连接。

采用盾构修建的隧道长度一般超过 1 000m,不论隧道的用途如何,这样长的距离都应考虑设置隧道的出入口,如人员通行孔、换气孔、车站等。因此,盾构的到达竖井常常既是盾构管道的连接段,又是设置这些设施的场所。因而,作为决定到达竖井尺寸的因素,与其说是由容纳盾构机的场所决定,不如说是由上述各设施所必需的尺寸决定。但是,为了容纳盾构机,到达竖井与盾构机路线轴线垂直方向的宽度应大于盾构机外径,这是必要条件。图 9-29 为盾构机到达竖井时,洞口段可能采取的预处理措施。

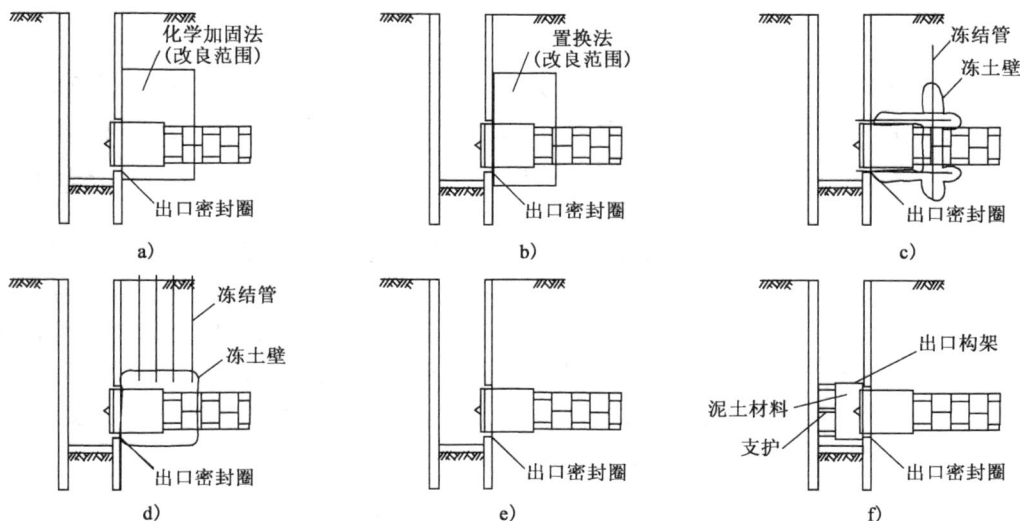

图 9-29　盾构机到达竖井时,洞口段可能采取的预处理措施

（4）中间竖井

以前,在隧道沿线经常设置换向竖井,最近几年由于急弯段施工技术的进步,实例大为减

少。设计的换向竖井，既要作为到达竖井，又要作为始发竖井。所以，到达方向的内净空长度等于盾构机长加富余量，始发方向的内净空长度取出发所需要的长度。大直径盾构机不能用吊车转换方向时，要在竖井内用千斤顶使盾构机转换方向，所以必须考虑足够的空间。一般换向长等于盾构机的对角线长加上 1.0m 以上的富余量。

其他需要设置换向竖井的场合，当有设施要求时，如在下水道的汇流处、电力线的连接处等地方，常设置中间竖井。此时，竖井的尺寸由这些设施需要的空间决定。

(5) 竖井的施工

竖井的平面形状一般为矩形、圆形或其他形状，主要由竖井深度、挡土支护、建筑强度等决定。从净空使用角度而言，圆形竖井是不利的，而从建筑强度的角度考虑应采用圆形。例如，在竖井较深的情况下，优先考虑竖井整体结构的刚性，所以采用在结构上有利的圆形，如果将挡土墙做成刚性的地下连续墙，用圆形支护也是可以的，此时也容易使用内部空间。

对受用地制约或一座竖井用作几条隧道的始发和到达场所的情况，竖井的平面形状不能设计成矩形或圆形，而应根据实际需要设计成特殊的形状。

目前在常用的竖井施工方法及竖井挡土墙施工方法中，沉箱系列有压气沉箱法和开口沉箱法，挡土墙系列有喷锚法、钢板桩法、SMW 法(注入水泥浆在原位混合，建成的薄排柱式连续墙)和地下连续墙法。

在上述这些方法中，喷锚法、钢板桩法、SMW 法是与横撑固壁支护结合使用的方法。采用矩形时用横撑固壁支护，井壁衬砌后，拆除横撑；采用圆形时可不设支护，压气沉箱和开口沉箱不需要横撑固壁。

根据土质条件竖井施工方法有所不同，但深度小于 15m 的竖井，多采用喷锚法、钢板桩法和 SMW 施工法。特别是要求低噪声、低振动场合，不需要拆除时，采用喷锚施工方法的较多。深度超过 20m 的竖井，根据挡土墙的强度常采用护壁桩、地下连续墙或开口沉箱法等施工方法。

2) 盾构拼装

盾构在拼装前，先在拼装室底部铺设 50cm 厚的混凝土垫层，在垫层内埋没钢轨，轨顶伸出垫层约 5cm，可作为盾构推进时的导向轨，并能防止盾构旋转。若拼装室将来要改作他用，则垫层将被凿除，费工费时，此时可改用由型钢拼装的盾构支撑平台，其上亦需要有导向和防止旋转的装置。

由于起重设备和运输条件的限制，通常将盾构机拆成切口环、支承环、盾尾三节运到工地，然后用起重机将其逐一放入井下的垫层或支承平台上。切口环与支承环用螺栓连接成整体，并在螺栓连接面外面加薄层电焊，以保持其密封性，盾尾与支承环之间则采用对接焊连接。

在拼装好的盾构后面，尚需设置由型钢拼成的、刚度很大的反力支架和传力管片。根据盾构需要开动的千斤顶数目和总推力进行反力支架的设计和传力管片的排列。一般来说，这种传力管片都不封闭成环，故两侧都要将其支撑住。

3) 洞口地层加固

当盾构工作井周围地层为自稳能力差、透水性强的松散砂土或饱和含水黏土时，如不对其进行加固处理，则在凿除封门后，必将会有大量土体和地下水向工作井内塌陷，导致洞周大面积地表下沉，危及地下管线和附近建筑物。目前，常用的加固方法有：注浆、旋喷、深层搅拌、井点降水、冻结法等,可根据土体种类(砂性土、沙砾土、腐殖土等)、渗透系数和标贯值、加固深度和范围、加固的主要目的(防水或提高强度)、工程规模和工期、环境要求等条件进行选择,加固后的土体应有一定的自立性、防水性和强度,一般以单轴无侧压抗压强度 $q_u = 0.3 \sim 1.0$MPa 为宜,强度太高则刀盘切土困难,易引发机器故障。

3. 土体开挖与推进

开挖与推进过程中应注意如下几方面。

(1)正确选择推进千斤顶的个数与配置,以确保所需的推力

盾构机是在千斤顶的推力作用下前进的。合理地使用盾构千斤顶,对正确地沿预定线路进行推进是至关重要的。推进方向是由所采用的推力、施加的位置来决定的,必须事先考虑曲线、坡度等来选择千斤顶的个数和位置。有时也在曲线、坡度、蛇行修正等场所,只用单侧的千斤顶推进。这些因素决定千斤顶的单体推力、个数、配置及一定的富余量。

推进时所需的推力会由于围岩条件(粒度组成、围岩强度、密实度、地下水压)、盾构形式、超挖量、有无蛇行修正、隧道曲率半径、坡度等情况而有所不同。以不对管片产生不良影响为基础,注意始终使用适当的推力。

(2)不得破坏开挖面的稳定

闭胸式盾构机同时进行开挖和推进。一方面,要确保开挖面的稳定,避免发生过量取土和压力舱内堵塞,就得使开挖和推进速度相协调。另一方面,敞胸式盾构机要根据围岩的情况,开挖后立即推进或与开挖同时推进,以免开挖面发生破坏。管片组装完成后,要尽快地进行开挖、推进,而且要尽量减少开挖面的暴露时间。

(3)不能损坏管片等后方结构物

推进时,最好在考虑了管片强度的基础上,尽量减小每台千斤顶推力。为了减小每台千斤顶的推力,尽量使用更多的千斤顶来产生所需的推力。在曲线部分、坡度变化部分、蛇行修正部分等不得不使用部分千斤顶时,也要注意尽量使用多个千斤顶。

当需要采用的推力可能损伤管片等后方结构物时,必须对管片进行加固。不得已时,闭胸式盾构机可使用全面外扩式或部分外扩式超挖刀进行超挖;而敞胸式盾构机在确保开挖面稳定的基础上进行超前开挖。

(4)尽量防止横向、纵向和转动偏差的发生

在盾构机推进时,要正确掌握盾构机的位置和方向,同时使推力作用在适当的位置。当盾构机通过曲线部分、坡度变化部分或进行蛇行修正时,可使用部分千斤顶。为使盾构机中心线和管片面尽量正交,在推进时可采用锥形管片或锥形管片环。

盾构机的横向偏差、纵向偏差、转动偏差,往往是由于围岩阻力、千斤顶操作误差、盾构机的机构特性、土质变化、管片刚度、测量误差等综合因素引起。要根据通过测量取得的数据,提前进行修正。

由于软弱地基或管片的结构等原因,使盾构机发生前端低头时,对闭胸式盾构机来说,一般是对下侧的千斤顶加朝上的力矩同时一边向前推进;而对于敞胸式盾构机来说,一般采用在盾构机前端底部浇筑混凝土、进行化学加固等方法进行地基改良,或在盾构机前面底部加上抗力板等来推进。

另外,敞胸式盾构机在方向急剧变化时,对于可进行超前开挖的土质,有时也采用先进行

超前开挖再进行推进的方法。对长径比大的盾构机，因为难以弯曲，可借用反力板加以辅助。

蛇行修正，最好尽早进行，趁蛇行量小时进行修正。急剧的方向修正往往会增加相反一侧的蛇行量，造成在盾尾内管片组装的困难，最好考虑在较长的区间内逐渐地进行修正。在推进过程中，土质突变经常是导致蛇行运动的原因，故对土质的变化要予以关注。

横向、纵向和转动偏差要用测锤、倾斜仪、回转罗盘、经纬仪等来检测并适当选定千斤顶来进行修正。对于闭胸式盾构机，转动偏差多通过改变刀盘的旋转方向，施加反向的旋转力矩进行修正，转动偏差的发生会引起施工效率的下降。

4. 衬砌拼装与防水

对于采用软土层盾构法施工的隧道，多为预制拼装衬砌形式，少数为复合式衬砌或挤压混凝土整体式衬砌。

预制拼装衬砌通常又称作"管片"的多块弧形预制构件拼装，为闭合拼装方便，通常将管片分成A、B和K三种类型，K型管片又有半径方向插入与轴向插入之分（图9-30）。衬砌环的拼装程序有"先纵后环"和"先环后纵"两种。先环后纵法是拼装前缩回所有千斤顶，将管片先拼成圆环，然后用千斤顶使拼好的圆环沿纵向的衬砌靠拢连接成洞。采用此法拼装，环面平整、纵缝质量好，但可能形成盾构机后退。先纵后环法因拼装时只缩回该管片部分的千斤顶，其他千斤顶为轴对称地支撑或升压，所以可有效地防止盾构机后退。

含水土层中盾构法施工，其钢筋混凝土管片支护除应满足强度要求外，还应解决防水问题。管片拼接缝是防水的关键部位，目前多采用纵缝、环缝设防水密封垫的方式。防水材料应具备抗老化性能，在承受各种外力而产生往复变形的情况下，应有良好的黏着力、弹性复原力和防水性能。特种合成橡胶比较理想，实际应用较多。

衬砌完成后，盾尾与衬砌间的建筑空隙需及时充填，通常采用壁后压浆，以防止地表沉降，从而改善衬砌受力状态，提高防水能力。

衬砌拼装系统最常用的是杠杆式拼装器，如图9-31所示，由举重臂和驱动部分组成。举重臂采用杠杆作用原理，一端为卡钳装置，另一端为可调节的平衡锤。举重臂的功能是夹住管片或衬砌构件，将其送到需要安装的位置。驱动部分是由液压系统及千斤顶组成，采用手动操纵阀能驱动举重臂进行平面旋转与径向移动。举重臂多数安装在盾构机支承环上，也有与盾构机脱离安装在车架上的。

近年来国外多采用环向回转式拼装机，在拼装衬砌时由液压马达驱动大转盘，控制环向旋转，其径向及纵向移动由液压千斤顶控制。

5. 盾构法施工的一般步骤

如图9-32所示，盾构法施工的主要步骤如下：

（1）在盾构法隧道的起始端和终端各建一个工作井。

（2）盾构机在起始端工作井内安装就位。

（3）依靠盾构千斤顶推力（作用在工作井后壁或已拼装好的衬砌环上）将盾构机从起始工作井的墙壁开孔处推出。

（4）盾构机在地层中沿着设计轴线推进，在推进的同时不断出土和安装衬砌管片。

（5）及时地向衬砌背后的空隙注浆，防止地层移动和固定衬砌环位置。

（6）施工过程中，适时施作衬砌防水。

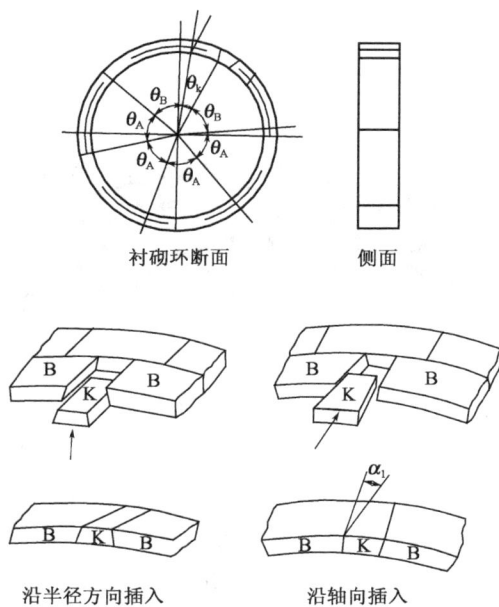

衬砌环断面　　　　侧面

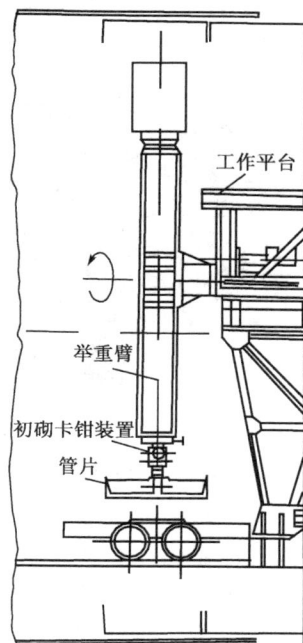

图 9-30　预制管片拼装方式

沿半径方向插入　　　沿轴向插入

图 9-31　杠杆式衬砌拼装器

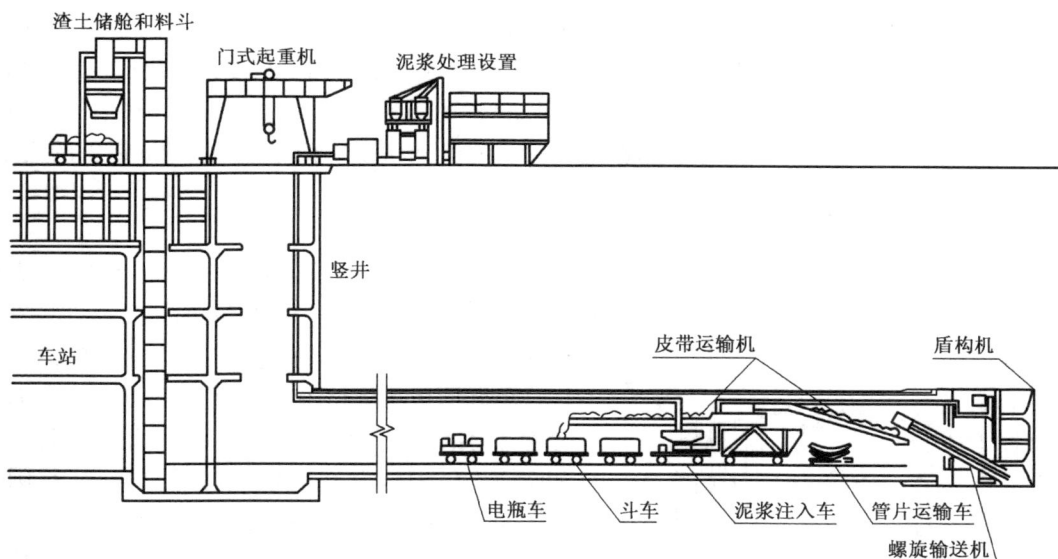

图 9-32　盾构法(土压盾构)施工示意图

（7）盾构机进入终端工作井后拆除,如施工需要,也可穿越工作井再向前推进。图 9-33 为从盾构隧道内看工作井的照片,图 9-34 为盾构衬砌管片的照片。

6. 盾构施工法中应注意的问题

（1）盾构法施工对覆土厚度的要求。一般盾构进出洞时要对地层进行预加固,预加固范围按设计要求,一般长度为进洞 $1D$(D 为隧洞直径)、出洞 $1D+2m$,上下各3m。加固土体达到无侧限抗压强度 $0.3\sim0.5MPa$,渗透系数大于 $1.0\times10^{-7}cm/s$。加固方法可用注浆、搅拌、冻结等。

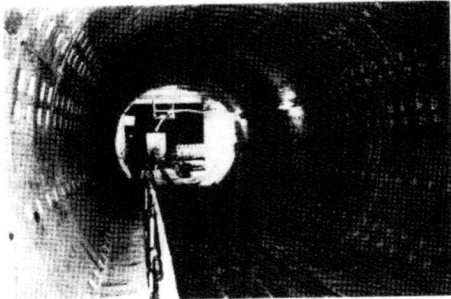

图9-33　从盾构隧道内看工作井　　　　　　图9-34　盾构衬砌管片

（2）对使用管片的技术要求。盾构进洞时,由于前方已无土体,对管片收缩量就有影响,容易造成管片松弛和错台。为此建议在进洞时的10环管片上,增设纵向拉紧装置,并适当加强第一次螺栓紧固力。竖井在盾构洞口应预埋现浇钢筋混凝土环梁筋。一般盾构从硬地层到软地层易下沉、扎头,此时要注意盾构推进要匀速,推进时要严格控制出土量,保持土压平衡,必要时同步注浆,适当增加压力,并提早做管片二次压浆,减少本区段管片的沉降。作为盾构法隧道设计,此时应进行隧道纵向强度和变形验算,适当加大螺栓直径。

（3）隧道内的水平运输以及地面的垂直运输。隧道内配套的水平运输往往也关系到整个施工的进度。通过整个施工流程来看,隧道水平运输包括管片、砂浆以及其他材料的运进,还有掘进所出渣土的运出。如果配套合理并留有一定的富余能力,对整个工程施工工期将起到很好地促进作用。最新报道欧洲一个工程实例,断面直径为3m,整个出渣土的水平运输为皮带运输,通过不断增加的皮带运输组来跟进盾构的前进,最后达到了月产1 000m以上的纪录。

四、盾构技术的发展

随着人类对地下空间的进一步开发利用（图9-35）,盾构技术必将向长距离、大直径、大埋深、断面复杂和高度自动化方向发展。在城市有限的地下空间中,探索构筑经济断面形状、穿过密集的地下建筑空隙、兼顾环境保护和降低施工费的盾构隧道施工法,将具有十分重要的意义。

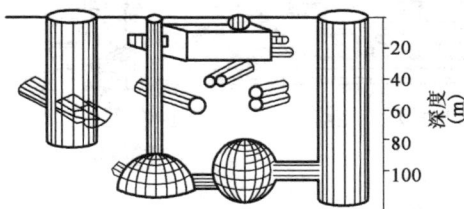

图9-35　未来地下空间利用

单圆面盾构隧道虽然有其受力与施工方面的合理性,但在某些情况下,空间利用并非最佳。双圆面盾构隧道适合双线地铁的净空需求,与圆形断面相比,其无效断面少,可以一次获得合理的隧道断面。双圆形断面可以采用上下、左右任意组合的结构形式,并选择与周边条件和施工条件相适应的最佳断面。由于无效断面少,故缩小了开挖断面,比以往的施工断面经济合理。

日本已开发了多圆面盾构机[二心圆、三心圆（图9-36）],进入实用阶段的施工法有多圆面盾构施工法,即断面可以纵横变化。土压式的有双圆（DOT）盾构机（图9-37）,泥水系列的有多圆(MF)盾构机(图9-38),H&V盾构机具有横向、竖向双连相互转换的功能(图9-39)。上海轨道交通 M8 线引进日本技术,开创了我国双圆盾构施工的先例。

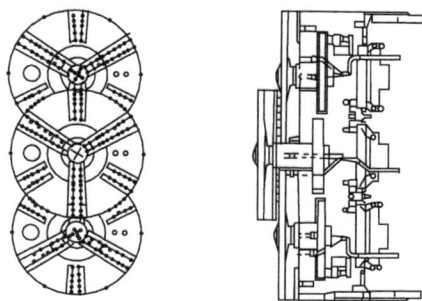

图9-36　三心圆盾构机

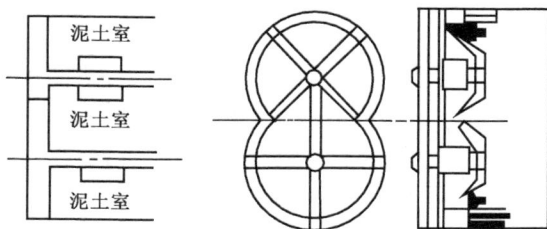

图9-37　DOT盾构机

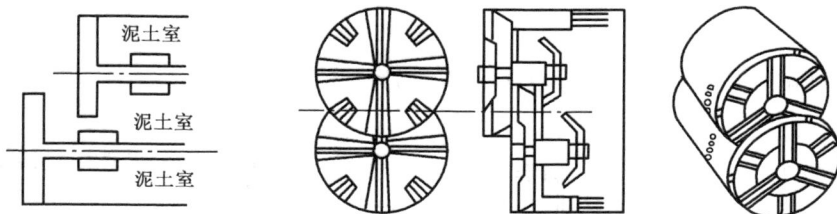

图9-38　MF盾构机

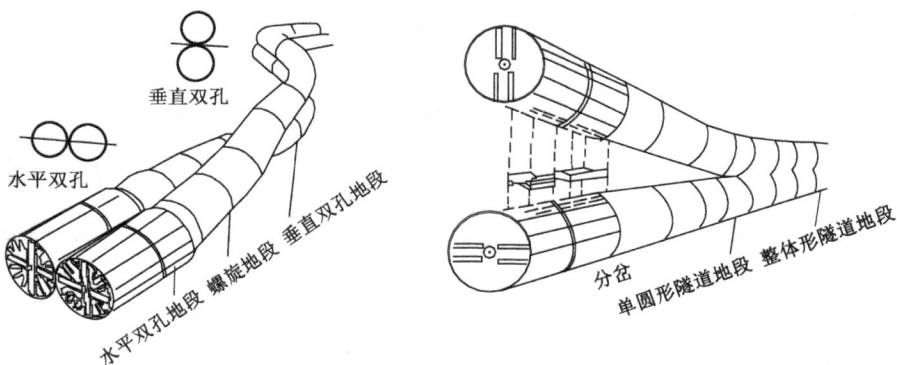

图9-39　H&V盾构机

　　MF 盾构机的开挖机构采用将数个刀头面板前后错开布置,使每个刀头有一个独立的泥土室,因此可进行泥水式及土压式两种方式的开挖。圆盘形的刀头可以独自改变转数和旋转方向,采用这种组合,可以控制盾构机的姿势。

　　DOT 盾构机的挖掘机构是将两个刀头布置在同一平面上,采用同一个泥土室。刀头形状为标准轮辐形,当直径较大或开挖沙砾层时,可选用寿命长的扇叶形状。因此,开挖面的保持仅限于土压式。刀头分别由不同的电动机拖动,相互反方向旋转,且呈与齿轮咬合相类似的状态,但由于对其进行同步控制,故不会发生刀头接触或碰撞。

　　排土机构基本与常规圆形盾构机相同。以双连形的情况为例:采用 MF 盾构机施工时,有两个泥土室,所以就有两套排土机构。采用 DOT 盾构机施工时,只有一个泥土室,但为提高排土性能,确保开挖面稳定,在采用横向双连形结构时,在左右各设一套排土机构;而在采用竖向双连形结构时基本是在下部装备一套螺杆输送机。

图 9-40 为矩形盾构机,其驱动装置在多个旋转轴上,由偏心轴支承的矩形切削刀进行矩形断面开挖。

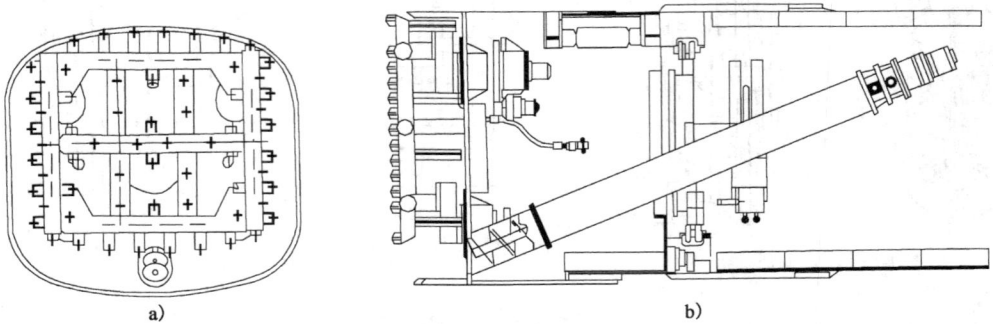

图 9-40　矩形盾构机

图 9-41 为椭圆形盾构机,椭圆面的形成是靠圆形旋转切削刀和带有联动电脑控制的行星切削刀完成的。

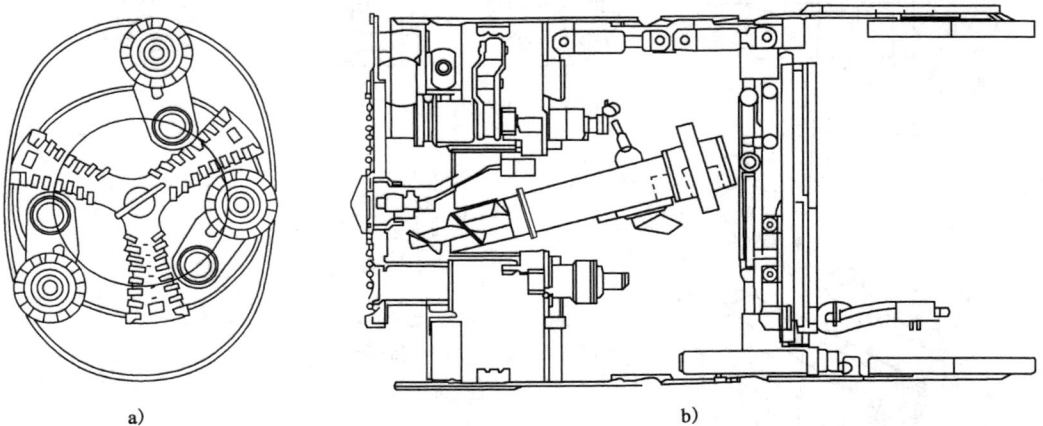

图 9-41　椭圆形盾构机

非圆形盾构机的开挖机构需根据隧道断面形状及其大小、土质条件、施工条件等进行研究设计。切削刀头的运动形态应适合不同土质,刀头形状及配置和数量也需充分研究。

在进行特殊断面盾构的推进时,需对盾构机的方向及姿态控制(特别是侧倾)进行充分研究。当侧倾过大时,设计好的管片则不能按设计要求进行组装。此外,还要有计划地设计或改变每根千斤顶的推力。除了千斤顶操作以外,还需装备中折机构、稳定土拌和机、预留拱度及超挖量机构、侧倾修正千斤顶等。

对于异形截面盾构隧道,由于管片形状与圆形断面管片相比要复杂得多,故需对管片的材质、形状、尺寸以及管片的组装顺序、支挡装置、组装辅助装置等应进行充分考虑,并重视其施工性能的研究。

特殊断面盾构隧道的衬砌与圆形断面盾构隧道的衬砌一样,应能承受附近围岩的荷载,确保必要的隧道净空截面并可根据断面形状和施工条件,修筑成安全、坚固的构造物。

异形截面盾构隧道衬砌的结构及形式的选定、荷载的设定、结构计算、设计项目、制造、质量管理等基本上与圆形断面衬砌相同。此外,关于荷载的设定和结构计算方法的选择,由于作用于衬砌的荷载比圆形截面复杂,故需结合施工拼装过程加以考虑。异形截面盾构隧道在掘进过程中应特别注意加强测量、及时纠偏。

在国外,盾构隧道施工技术已经发展、细化为大量、复杂的施工技术。而新技术的开发、产生有其必然的市场需求。在考虑引进、吸收这些新型技术时必须根据我国的国情,进行仔细论证。就目前我国盾构技术使用的情况而言,一些问题的解决、新技术的开发将成为当务之急。

(1)盾构机的反复使用问题。盾构机本身是一个非常昂贵的设备,以我国的工程造价水准,还不具备一项工程完全折旧的能力。事实上,我国的许多盾构机都是通过改造后进行反复使用。因此,在购置设备时,一定要考虑到机械的反复使用问题,尽可能设计多功能、多用途的机械以充分发挥其作用。

(2)长距离施工。我国正在规划一些长距离隧道的施工工程,而在一些地铁施工、排污隧道施工中也经常遇到长距离施工的问题。这一问题的解决,除依靠提高盾构机的耐磨性能以外,研究刀头等易磨损部件的更换技术也是比较实用的方法。

(3)双圆形或眼镜形盾构。在盾构隧道形状向多元化发展的趋势中,最可能被国内接受的是双圆形或眼镜形盾构。我国的地铁隧道采用单圆双线隧道施工,容易出现后续隧道对先行隧道产生影响和超近距离施工的问题。如果采用双圆形或眼镜形盾构进行施工,这些问题将会得到解决。而这一新技术能否得到使用的另一个决定因素就是造价,也就是施工两个单圆隧道和施工一个双圆形或眼镜形隧道的经济性比较问题。

(4)三圆形盾构。由于地铁车站一般设置在城市繁华地区,很多工程已经遇到难以确保施工用地或施工用地拆迁费过高的问题。如果能够采用三圆形盾构施工地铁车站,将会使这一难题得到解决。但在施工控制、管理方面尚需一些技术积累。

(5)管片技术。目前为止,我国使用的管片种类比较单一,而且分块、接头也比较简单。由于管片技术的发展必须与管片设计理论相结合,而且需要相应的试验验证工作。因此,这一方面尚需要进行大量的研究。

第四节　沉管法施工

一、概述

沉管隧道,简单地说就是在水底预先挖好沟槽,把在陆上预制的适当长度的管体,浮运到沉放现场,按顺序沉放于沟槽中,并回填覆盖而成的隧道。此工法称为沉管法,用此法修建的隧道称为沉管隧道。这是修建水底隧道通常采用的方法。其主要特点如下:

(1)隧道深度与其他隧道相比,在不妨碍通航深度的条件下就可设置,隧道长度可以缩短。

(2)管段是预制的,结构的质量好、水密性高、施工效率高、工期短。

(3)因有浮力作用在隧道上,要求的地层承载力不大,故也适用于软弱地层。

(4)对断面形状有特殊要求时,可按用途自由选择,特别适应较宽的断面形式。

(5)沉管的浮运、沉放,虽然需要时间,但基本上可在 1~3d 内完成,对航运的限制较小。

（6）不需要沉箱法和盾构法的压缩空气作业，在相当水深的条件下，能安全施工。

但在挖掘沟槽时，会出现妨碍海上交通和弃渣处理等问题。

沉管隧道的施工方式，根据现场地点的条件、用途、断面大小等可分为多种方式。但大体上说，有不需修建特殊的船坞、用浮在水上的钢壳箱体作为模板制造节段的"钢壳方式"和在干船坞内制造箱体、而后浮运、沉放的"干船坞方式"。

微课20

沉管法施工

扫描此码　深度学习

钢壳方式在美国应用较多，其特点是采用圆形断面，主要承受轴力而弯矩较小，在力学上是有利的，这种情况在水深很大时，很经济；因底面积小，基础形成容易，故回填土砂也易于进行；可利用造船厂的船台，而不需专用的船坞，质量易于保证；钢壳可同时用于防水。同时对施工中或施工后的冲击也有一定的防护作用。这种方式存在的问题是，在浮动状态下浇筑混凝土会产生复杂的应力，对此要进行加强，断面过大在经济方面会受到限制；钢壳的制作，需现场焊接，为防止变形的发生，制作很麻烦；对钢壳要进行防腐蚀处理；对交通隧道而言，断面上下有多余的空间，根据施工实际，实用上的直径大约以在10m以下为宜。

干船坞方式需修建专用船坞制造预制节段。此方式主要用于宽度较大的公路、铁路和地下铁道等隧道，在欧洲用得较多。其特点是节段在船坞内制造，故不需钢壳，钢材使用量小，对断面大小无限制。这种方式存在的问题是，一般都要修建干船坞，但有无合适地点是采用此法的关键；保证隧道的防水性有难度，要设防水层，对防水层也要加以保护；混凝土的质量管理相当重要，特别是对混凝土水密性的管理；因基础底面积大，地层面和管体底面的基础处理，比较费时费事。

二、断面形状和结构形式

根据断面形式，可对沉管隧道进行分类，如圆形、长方形、其他形状等。一般认为，圆形多为钢壳方式，长方形多为干船坞方式。

（1）钢壳圆形断面。圆形断面对水和土压等外压来说，构件断面力主要是轴力，受力条件有利。在水深条件下采用这种断面是经济的。

（2）钢壳长方形断面。此种断面在日本和美国都采用过。但要注意保证在浮运状态下灌注混凝土时的刚性，宽度越大，越要注意加强。其钢材用量较大。

（3）钢筋混凝土长方形断面。因在干船坞内制造节段，对节段大小无很大限制，故可制造大宽度的节段。与圆形断面相比，无效空间大为减小。从力学角度看，矩形断面受到的弯矩是主要的。因此，断面要比圆形厚些。因节段的宽度大，基底的处理要困难些。

（4）预应力混凝土长方形断面。其最大的特点是，因导入预应力而减少开裂，提高了水密性。与钢筋混凝土相比，构件厚度小些，节段质量也轻些。因而节段高度变小，故土方量减少。但在制造节段时，要注意PC钢材锚固段的防水处理和预应力的偏心等问题。

除上述断面外，尚有一些变化断面，如眼镜形断面、长方形的变形断面等。

三、沉管施工

沉管隧道设计时必须充分考虑施工工艺要求。沉管隧道施工，主要内容与工序如图9-42所示。

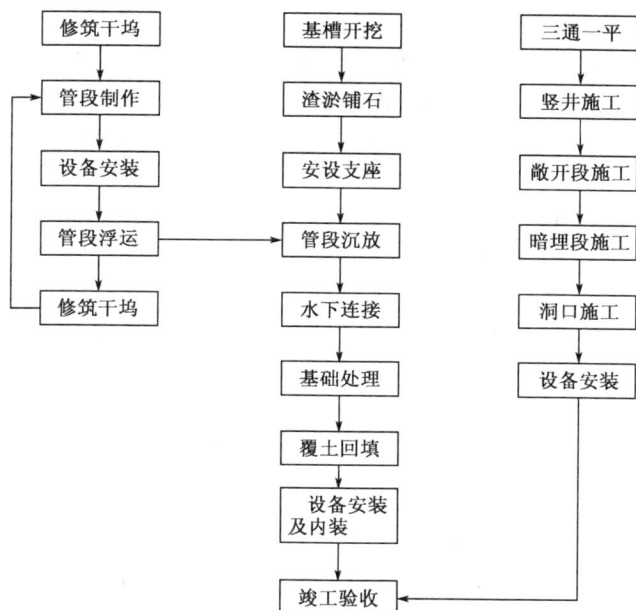

图 9-42 沉管隧道主要施工流程图

沉管管节在干坞中预制好之后,必须浮运到隧址指定位置上进行沉放就位,并进行水下连接。这是沉管隧道施工中至关重要的工序,必须精心组织方能确保万无一失。

1. 沉设方法

预制管段沉设是整个沉管隧道施工中重要的环节之一。它不仅受气候、河流自然条件的直接影响,还受到航道、设备条件的制约。因此,沉管施工中并没有统一的通用方案,需根据自然条件、航道条件、管段规模以及设备条件等因素,因地制宜选用经济合理的沉设方案。

沉设方法和工具设备的种类繁多,为便于了解作如下归纳:

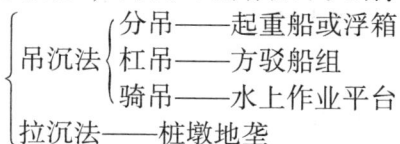

$$\begin{cases} 吊沉法 \begin{cases} 分吊——起重船或浮箱 \\ 杠吊——方驳船组 \\ 骑吊——水上作业平台 \end{cases} \\ 拉沉法——桩墩地垄 \end{cases}$$

(1)分吊法

分吊法又称浮吊法,早期的双车道船台形管段几乎都用此法施工,后来沉管施工又逐渐改用扛沉法。20 世纪 70 年代以后,随着港务作业中大型浮式起重机的出现,浮吊法又被采用。采用浮吊法进行沉放作业时,一般用起重能力为 1 000 ~ 2 000kN的 2 ~ 4 艘起重船提着管段顶板预先埋设的吊点(其位置要能保证各吊力的合力通道管段重心),同时逐渐给管段内压载,使管段慢慢沉放到规定的位置上(图 9-43)。起重船的数量根据其起重能力和管段质量而定。1980 年建成的荷

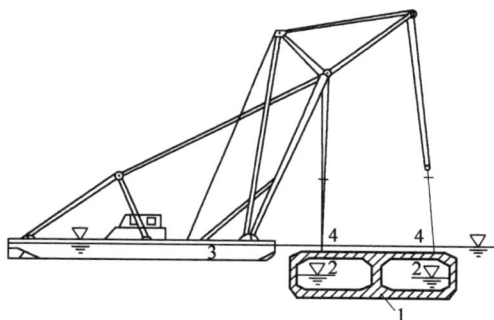

图 9-43 起重船吊沉法示意图
1-沉管;2-压载水箱;3-起重船;4-吊点

兰博特莱克(Botlek)水底公路隧道就采用此法施工。这种方法占用水面较宽,对航道干扰大。

浮箱吊沉设备简单,适用于宽度特大的大型管段。沉放用 4 只 100～150t 的方形浮箱(边长约 10m,型深约 4m)直接将管段吊起来,吊索起吊力作用在各个浮箱中心。4 只浮箱分成前后两组。图 9-44 为汉堡市易北河隧道(1974 年建成)浮箱吊沉法示意图。

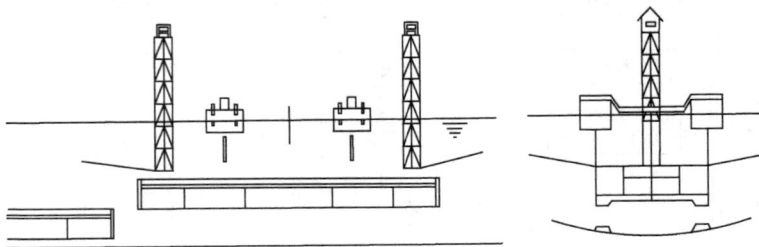

图 9-44　浮箱吊沉法示意图

(2)杠吊法

杠吊法亦称方驳杠吊法。方驳杠吊法是以 4 艘方驳,分前后两组,每组方驳肩负一副"杠棒",即这两副"杠棒"由位于沉管中心线左右的两艘方驳作为各自的两个支点;前后两组方驳用钢杆架连接起来,构成一个整体驳船组。"杠棒"实际上是一种型钢梁或是钢板组合梁,其上的吊索一端系于卷扬机上,另一端用来吊放沉管;驳船组由六根锚索定位,沉管管段另用六根锚索定位。

加拿大迪亚斯岛(Deas,1959 年)隧道工程中,曾采用吨位较大、船体较长的方驳,将前后两侧的两艘方驳直接连接起来,以提高驳船组的整体稳定性。

在美国和日本的沉管隧道工程中,习惯用"双驳杠吊法"(图 9-45),其所用方驳的船体尺度比较大(驳体长度为 60～85m,宽度为 6～8m,型深为 2.5～3.5m)。"双驳杠吊法"的船组整体稳定性较好,操作较为方便,但大型驳船费用较高。管段定位索改用斜对角方向张拉的吊索,系定于双驳船组上。美国旧金山市地铁隧道(长达5.82km,共沉设 58 节 100～105m 长的管段)工程即采用此法沉没。

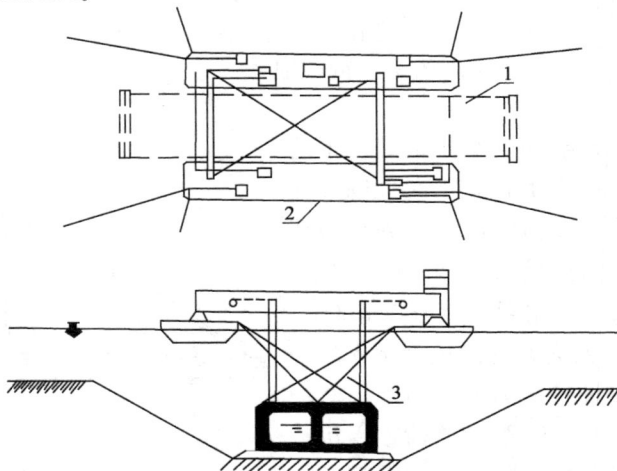

图 9-45　双驳杠吊法示意图
1-管段;2-大型铁驳;3-定位索

（3）骑吊法

采用水上作业平台"骑"于管段上方,将管段慢慢地吊放沉设,如图9-46所示。

这种水上作业平台创造于1953年,主要为海上钻井开采石油设计。20世纪60年代以后被桥梁深水基础施工和沉管隧道施工引用。自升式平台一般由4根栓脚与平台(船体)两部分组成,移位时靠船体浮移(一般为非自航),就位后柱脚靠液压千斤顶下压至河床以下,平台沿柱脚升出水面,利用平台上的起吊设备吊沉管段。施工完毕后落下平台到水面,利用平台船体的浮力放出杆脚,浮运转移。自升式平台适合于水深或流速较大的河流或海湾沉放管段,施工不受洪水、潮水、波浪的影响,不需要锚固,对航道干扰小。这种力法由于设备费太高,因而工程实例并不多。

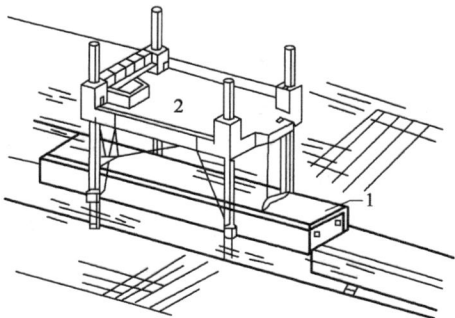

图9-46　自升式平台吊沉法示意图
1-沉管;2-自升式平台(SEP)

（4）拉沉法

拉沉法的特点是既不用起重船,也不用铁驳、浮箱,管段沉放时也不靠灌注压载水来取得下沉力,而是利用预先埋置在基槽底面的水下桩墩当地垄,依靠安设在管顶钢桁架上的卷扬帆,通过扣在地垄桩墩上的钢索,将具有2 000～3 000kN浮力的管段慢慢拉下水去,使管段沉放在桩墩上。在进行管段接头水下连接时,也用此法以斜拉方式使管段接头靠拢。该法设置水下桩费用较高,所以很少采用,只在荷兰埃河（Ee,1968年）隧道和法国马赛市的马赛（Marseille,1969年）隧道中用过,如图9-47所示。

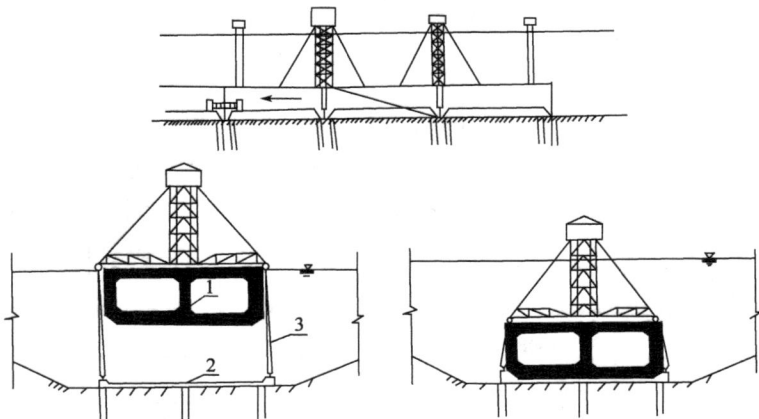

图9-47　拉沉法示意图
1-沉管;2-桩墩;3-拉索

2.管段沉放作业

管段沉放作业全过程可按以下三阶段进行。

（1）沉放前的准备

沉放前必须完成航道疏浚清淤的工作,设置临时支座,以保证管段顺利沉放到规定位置。

应事先与港务、港监等有关部门商定航道管理事项，并及早通知有关单位。

做好水上交通管制准备。需抓紧时间做好封锁线标志（浮标、灯号、球号等）。封锁的范围：上下游方向各 100～200m，沿隧道中线方向的封锁距离视定位锚索的布置形式而定。

（2）管段就位

在高潮平潮之前，将管段浮运到指定位置，此时可在距规定沉设位置 10～20m 处挂好地锚，校正好方向，使管段中线与隧道轴线基本重合，误差不应大于 10cm。管段纵向坡度调至设计坡度。定位完毕后，既可开始灌水压载，至消除管段的全部浮力为止。

（3）管段下沉

下沉时的水流速度，宜小于 0.15m/s，如流速超过 0.5m/s，需采取措施。每段下沉分三步进行，即初次下沉、靠拢下沉和着地下沉，如图 9-48 所示。

3．水下连接

1）水力压接法的发展

早期的沉管水底隧道，都采用灌注水下混凝土的方法进行管段间的连接，而目前这种方法仅在管段的最终接头时采用。采用水下混凝土连接法时，先在接头两侧管段的端部安设平堰板（与管段同时制作），待管段沉放完后，在前后两块平堰板左右两侧的水中安放圆弧形堰板，围成一个圆形钢围堰，同时在隧道衬砌的外边，用钢檐板把隧道内外隔开，最后往围堰内灌注水下混凝土，形成管段的连接。

水下混凝土连接法的主要缺点是水下作业工艺复杂，潜水工作量大，隧道一旦发生变形会导致接头处开裂漏水，故目前一般不再采用，但管段最终接头（最后一个接头）还必须采用水下混凝土连接。为确保接头混凝土质量，应对施工环境进行改进，即把围堰内在有水的情况下灌筑水下混凝土变成在无水的情况下灌注普通混凝土。当水深较大时可对接头进行临时性封闭，排干管段间的水，进行无水条件下施工；当水深不大时（一般在岸边），可在接头处做围堰。排除围堰内水后进行无水条件下施工。

2）水力压接法施工

水力压接是利用作用在管段后端（亦称自由端）端面上的巨大水压力，使安装在管段前端（靠近已设管段或管节的一端）端面周边上的一圈橡胶垫环（GINA 带，在制作管段时安设于管段端面上）发生压缩变形，并构成一个水密性良好，且相当可靠的管段间接头，如图 9-49 所示。

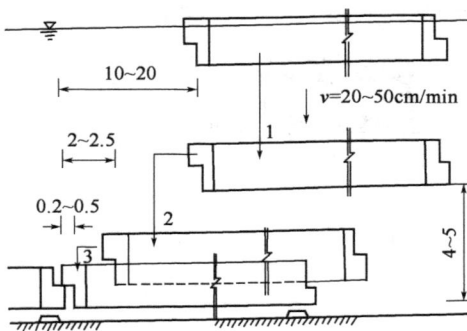

图 9-48　管段下沉作业步骤（尺寸单位：m）
1-初次下沉；2-靠拢下沉；3-着地下沉

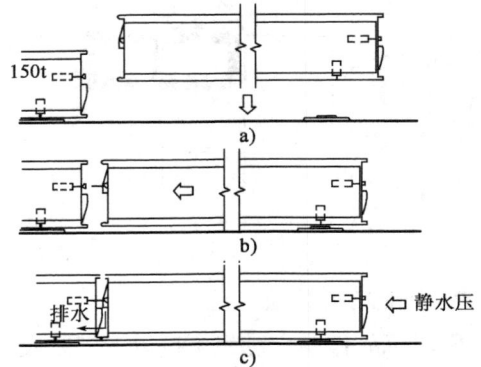

图 9-49　水力压接法

用水力压接法进行水下连接的主要工序是:对位→拉合→压接→拆除端封墙。

（1）对位

着地下沉时必须结合管段连接工作进行对位。对位精度一般要求见表9-6。自采用鼻托后,对位精度很容易控制。上海市金山区沉管工程中曾用一种如图9-50所示的卡式托座,只要将前端的"卡钳"套上,定位精度就自然控制在水平方向为 ±1cm 之内。

一般来说,只要上卡,定位精度就必然控制在 ±2cm 以内。如果连接误差超过允许值,可用设在新设管段后端的定位索进行左右方向的调整,或管段后端底部的定位千斤顶进行上下方向的调整,以校正管段位置使之符合对位精度要求。

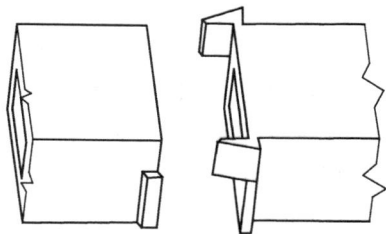

图9-50　金山沉管工程的卡式托座

对 位 精 度 要 求　　　　　　　　　　　　　　　　表9-6

部　　位	水平方向（cm）	垂直方向（cm）
前端	±2	±0.5
后端	±5	±1

（2）拉合

拉合工序是用较小的机械力量,将刚沉设的管段拉向前节既设管段,使胶垫的尖肋部产生初步变形,起到初步止水作用。

拉合时所需机械拉力不大,一般为每延米胶垫长度 10～30N,通常用安装于管段竖壁(可为外壁或内壁)上带有锤形拉钩的拉合千斤顶进行拉合。拉合千斤顶总拉力一般为 1 000～3 000kN,行程为 1 000mm 左右。一个管段可设一具或两具拉合千斤顶,其位置应对称于管段的中轴线。通常采用两个拉力为 1 000～1 500kN 的拉合千斤顶设于管段两侧,以便调整管段。

（3）压接

拉合完成之后,打开既设管段后端封墙下部的排水阀,排出前后两节沉管封墙之间被胶垫所包围封闭的水。

排水完毕后,作用到整环胶垫上的压力,等于作用于新设管段后端封墙和管段周壁端面上的全部水压力。在此压力作用下,胶垫必然进一步压缩,其压缩量一般为胶垫本体高度的1/3左右。

（4）拆除封端墙

压接完成后即可拆除封端墙,安装"Ω"或"W"形橡胶板,使管段向岸边连通。由于没有盾构施工时出土和管片运输的频繁行车,隧道内装工作(包括浇筑压载混凝土),如铺设路面,安装壁面、平顶,安装永久性灯具等均可立即开始,这也是沉管隧道工期较短的一个重要原因。

四、基础处理

沉管隧道的基础施工是在水下进行的,因此施工难度较大。

1. 整平方式

整平方式是在整平的基础上,直接沉放管段的方法,因此如何正确地铺匀基础是关键所在。

整平方式有的是采用安设在沉放作业船的整平器械整平的,有的是利用海上固定脚手架(SEP)用导轨整平的,或是用驳船和水底重物整平的。

2. 喷射方式

喷射方法的原理是:在设于管段上的门式起重机上有3根为一组的钢管,用中间的钢管把水和砂一起喷射,用另外2根钢管,将管段和基础间同量的水吸出。此法的问题是砂的供给需要从管段以外取得,作业受到气候条件的影响;此外,砂的充填情况不能完全确认。因此,日本最近开发出从管段内部用同样的方法修建基础的方式。

3. 压注砂浆方式

压注砂浆法是事先于管段底连续铺设尼龙袋,临时支持管段,而后从沉放作业船上,把准备好的砂浆向尼龙袋中压注。也有直接从管段内部向管段底的空隙压注的,即通过事先设在管段底板的压浆孔(每隔4~9m设置若干个),从沉放好的管段内压注。此法的优点是不受气象和航道的影响,从压浆孔压注的情况,也易于确认。

压注的砂浆流动性要好,对地层反力要有足够的安全度。

4. 临时承台

在采用临时支持管段向底部空隙充填的方式中,需设置临时承台,一般用混凝土块直接放在基础上;在软弱地层时采用摩擦桩。

为调整管段沉放后的高度,在承台上应设置调整高度的千斤顶。

5. 桩基

桩基的问题是要选择在海上易于施工的打桩方法和确保桩的高度和平面位置的精度。这种情况下采用最多的方法是打钢管桩,桩径1m左右。

桩要打到沟道底部。水位较深时,要特别注意高度和平面位置的施工。

第五节　冻结法施工

一、概述

目前在城市进行市政岩土工程及地下空间开发中,遇到许多传统岩土工程方法难以解决的问题;对于城市建设,由于高层建筑的增多,而且多数地下工程往往处于房屋密集地区,致使有很多情况需要在人工支护条件下进行基础开挖,为了保证基坑周围的建筑物、道路等的安全,需要大力研究新型的深基坑支护技术。人工冻土墙围护结构以其对复杂的水文条件和地质条件的适应性强,冻结施工方法灵活、形式多样,冻结墙均匀完整,可靠性高、强度高、设备简单、技术经济效果较好等优点,近几年在地下工程中备受重视,特别是冻结施工技术在市政工程和城市地下工程,尤其是在松软含水地层施工中具有不可替代性,并且在特殊情况的工程抢险中也得到较多地应用。可见,完善和发展人工冻结理论和技术体系不仅具有重要的经济效益,而且具有良好的应用前景。

冻结法有着独特的优点,是一种很有发展前景的施工方法。由于在城市岩土工程的应用还较少,由此产生的下面几方面问题值得进一步研究。

1. 土体性质的弱化

在冻融过程中,由于水分迁移、土体结构的变化,土体力学性质会被削弱,主要表现在:矿物颗粒间内聚力减小,土体承载力降低;孔隙比大多增大,尤其是流塑性黏土,这种变化很大;压缩系数一般会增大,在小于 $1kg/cm^3$ 的压力下有时会增大几倍;含冰率较高的冻土,融化后透水性可增大数十到数百倍。在工程设计中如何考虑这些因素,如预留未冻结区,是一个值得研究的课题。

2. 冻胀融缩与地表移动

随着土体的冻结,水分迁移,水结晶,地质材料由原来的两相(固体骨架、水)或三相体系(固体骨架、水、气)变成了四相体系:矿物颗粒、冰包裹体、液态组分、气态组分。冻土融化又是一个相反的过程。冻胀融缩主要是由于土体中水分的迁移与相变造成的。城市区域高层建筑林立,地面设施众多,地下管线密布。冻胀融缩引起地表移动造成的环境影响问题关系重大,应予严格控制。

3. 冻融附加应力对主体工程结构的影响

对于冻胀融缩的环境岩土工程问题,人们大多把注意力集中在地表移动上,而它对施工的主体工程的影响也是不容忽视的。伴随着冻胀融缩中土体结构的变化和地下水的迁移,冻土围岩工程结构承受附加应力,甚至会对主体工程结构造成破坏。自 1987 年以来,我国徐州、大屯等矿区先后有 20 余个生产矿井发生井壁严重破裂事故,影响十分严重。这些破裂井壁多数为冻结法施工的井壁。目前,人们只能从这些工程事故后果注意到冻融附加应力可能会对主体工程结构产生影响。到底作用机制如何,还存在争论。对于城市地下结构,这种影响又会是怎样的,这还是一个新的课题。

4. 混凝土低温冻害

在正常情况下,混凝土浇筑施工的环境温度要求控制在 $+5℃$ 左右。而冻土为负温度,一般在 $-2 \sim -10℃$。由于冻土低温的影响,浇筑的混凝土几天之内就会降为负温度,因此混凝土的早期强度会受到影响。同时,冻结期内的低温状态也会使混凝土的长期强度受到影响。为了防治混凝土的低温冻害,可以采取下面的措施:合理地设计与控制冻结壁的厚度和温度;适当提高并控制混凝土的入模温度,如不低于 $15℃$;科学地设计混凝土的配比,加入低温早强剂、减水剂,提高混凝土抗冻性能、早期强度和后期强度。

二、人工冻结法

1. 基本原理

冻结法施工是利用冻土具有强度高、可隔水的性质进行土层加固,然后在冻土壁的围护下进行地下结构施工,其原理是将低温冷媒(通常为低温盐水)送入地层,通过热质交换来冻结地层。土冻结后强度显著提高,若冻土形成连续、封闭冻土壁则可以起到支护、隔水的作用,从而在冻土壁的维护下进行地下空间施工。人工水平冻结法能够适应复杂的工程地质和水文地质,其冻结管布置具有任意性,用作地层加固时,冻土壁形状不受加固场合的限制;冻土壁具有隔水性,不需进行基坑排水,可避免因抽水引起的地基沉降对邻近建筑物的影响;冻结地层具有复原性,施工结束土层恢复原状,对土层破坏小,不会影响日后建筑物管线的埋设。

2.施工方法

人工冻结法的施工流程如下:

(1)工作站安装。冻结工作站主要由压缩机、冷凝器、节流阀、中间冷却器、盐水循环系统设备等组成。

(2)冻结管埋设。在冻结孔内设置冻结器,将不同冻结孔内的冻结器连成一个系统,并与冻结站连接。

(3)积极冻结。冻结壁首先从每个冻结管向外扩展,在每个冻结管周围形成冻结圆柱,当各冻结管的冻结圆柱连成一片时,随着冻结时间的延长,地层的平均温度逐渐降低,冻土墙的强度也逐渐增大。

(4)维护冻结。补充冷量损失,维持地层的温度稳定。

(5)解冻。当地层开挖和永久结构施工完成后,就可以解冻,拔除冻结管。

3.人工冻土温度场的发展

冻土的形成过程实质上是土中水冻结并将固体颗粒胶结成整体的物理力学性质发生质变的过程,也是消耗冷量最多的过程。在温度场的形成过程中,其主要的物理影响因素有未冻水含量、冻结温度、相变潜热等。冻结温度场是一个相变的、移动边界和有内热源的、边界条件复杂的不稳定导热问题。

研究冻结过程中温度场的目的:

(1)求算冻土的强度,确定冻结壁的厚度。

(2)了解与检查冻结壁形成情况及厚度。

(3)确定冷量的消耗。

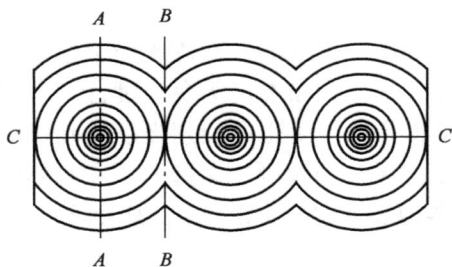

图9-51 等温线分布图

冻结壁平均温度主要与盐水温度、冻结孔间距、冻结壁厚度、冻结管直径以及井帮温度等因素有关。冻结壁平均温度随孔距的增大而升高,孔距越小,冻结壁平均温度越低。冻结壁平均温度随井帮冻土温度的降低而降低。在冻结初期,可近似认为地温是一个平均温度,随着冻结管中冷媒的不断循环,冻结圆柱不断扩大,直至交圈,形成以冻结管走向方向为中心线的两边温度对称的冻土挡墙,中心处温度最低,两边温度最高,如图9-51所示。

4.人工冻结法应用及研究进展

(1)人工冻结法的应用

冻结法技术在发达国家都有较早的应用:1862年在南威尔士的建筑工地基础施工中,英国首先采用了人工制冷技术加固地基基础;1883年在阿尔巴里煤矿,工程技术人员用冻结法开凿了深达百米的竖井筒,获得了冻结法开凿竖井的专利,其基本原理和工艺过程一直运用至今;1886年瑞典在一个长24m的人行横道施工中使用了冻结法;1906年法国把冻结法施工用于横穿河底的地铁工程;苏联在20世纪70年代使用冻结法构筑了地下铁道的斜井隧道;日本自 1962 年起已在地铁、隧道、排水管道等建设中应用冻结法完成了数百项工程。人工冻结技术在我国也已经得到了成功的应用:1955 年我国首次在开滦煤矿成功地应用冻结法进行竖井施工。而且伴随着垂直冻结技术的发展,我国的水平冻结技术和斜井冻结技术也已经取得了很大的成功。

(2)人工冻结法的研究进展

研究冻结井壁的形成规律和冻结壁的温度变化特征,采用的方法主要是分析法、数值法(主要是有限元法)、试验法和现场实测。前三种方法通过求解数值模型,给出问题的解析解或数值解,或者根据微分方程定解问题得到的相似准则而设计的模型试验资料,给出准则变量之间的表达式,为工程设计使用。现场实测则是根据实测资料归纳总结,给出经验公式或数据为施工设计提供依据。不同的地质特征和工程性质的差异,使这项技术成为综合性工程技术。人工冻结中往往需要预测冻结土体随时间的发展,以及维持冻结所需的能量。由于复杂的几何形状,特别是包含土中水的相变,使冻结过程的热计算相当复杂。目前只有简单几何形状和条件的移动边界问题有精确解。

三、常规盐水冻结

1. 常规冻结的施工工序

常规冻结的施工工序有:冻结孔钻进,冻结器安装,制冷站和供冷管路安装,地层冻结试运转,地层冻结运转以及维护,地下结构施工。

(1)冻结孔的布置。根据设计要求,布置冻结孔。冻结孔可以设计为水平、垂直和倾斜的方式。目前矿山竖井施工、隧道施工、基坑围护冻结施工主要采用垂直孔,其次是倾斜钻孔。冻结孔施工和一般的地质钻孔施工类似,开孔直径为 80～180mm。钻孔过程中采用泥浆循环,并进行偏斜控制或定向控制。国内煤矿井筒施工一般采用千米钻机和冻注钻机,市政工程及隧道内施工一般采用工程钻机或坑道钻机。

(2)冻结器的安装包括冻结管和供液管的下放和安装。冻结管一般采用无缝钢管或焊管加以焊接和螺纹连接。冻结管要进行内压试漏,使其达到设计要求;供液管一般采用塑料管或钢管。

(3)制冷站和供冷管路的安装包括:盐水循环系统管路和设备安装,制冷剂如氨、氟利昂等压缩循环系统管路与设备安装,清水循环系统管路和设备安装,供电线路和控制线路安装,保温施工。

(4)地层冻结运转和维护。通过调试,使得各设备达到正常运转状况。地层冻结分为积极冻结期和维护冻结期,积极冻结期要按设计最大制冷量运转,加强冻结壁形成的观测工作,及时预报冻结壁形成情况。冻结壁达到设计要求后,进入隧道施工阶段,即进入维护冻结期,此时适当减少供冷量,控制冻结壁的进一步发展。

(5)隧道施工包括土方挖掘和钢筋混凝土浇筑施工。施工前应使冻土墙的形成达到设计要求,具体的条件是:①各观测孔的数据达到设计要求;②制冷站有效冻结时间达到设计要求;③各土建准备工作就绪。

2. 冻土壁结构设计

冻结法施工首先要确定施工方案,根据隧道工程施工的要求,以及地层地质条件、施工技术水平、施工设备、经济条件,选择技术先进、经济合理的方案。而施工方案首先应根据施工需要选择冻结壁的形式。

(1)圆形和椭圆形帷幕。对于隧道工程等一些圆形和近圆形的结构,选用圆形和椭圆形帷幕,能充分利用冻土墙的抗压承载能力,具有较好的力学性能,而且也较为经济合理。

(2)直墙和重力式连续墙。直墙结构受力性能较差,冻土会出现拉应力,一般需要内支撑。重力式墙在受力方面得到改善,承载能力也有所提高,但其工程量相应较大,需要布置倾斜冻结孔。墙体结构要进行稳定性计算。

(3)连拱形冻土连续墙。为了克服冻土直墙的不利受力条件,将多个圆拱或扁拱排列起来组成冻土连续墙。这样可使墙体中主要出现压应力,同时还可利用未冻土体的自身拱形作用来改善受力状况。

3. 冻土壁参数设计

设计参数有冻土壁厚度、平均温度、布孔参数、冻结时间。上述参数的计算与整个费用的优化、工期优化有关。

(1)根据冻结壁结构和打钻技术水平选取开孔距离,钻孔控制偏斜率。

(2)根据施工计划和制冷技术及装备水平,初选盐水温度和积极冻结时间。

(3)根据布孔参数、盐水温度、冻结时间进行温度场计算,得出冻结壁厚度和平均温度。

(4)根据土压力和冻结壁结构验算冻结壁厚度。

(5)若冻结壁厚度达不到设计要求,则要调整上述冻结参数,经过反复计算直到技术可靠,费用和工期目标最优。

4. 制冷设计

(1)根据冻结孔数、冻结孔间距、盐水温度、盐水流量、管路保温条件,计算冻结需冷量。

(2)根据需冷量、设备新旧水平、工作条件,计算冻结站的装备制冷量。

5. 辅助系统设计

(1)盐水管路设计,包括管材直径、壁厚、线路、阀门控制等。

(2)清水管路设计,包括管材直径、壁厚、线路、阀门控制等。

(3)盐水管路的保温设计。

(4)地层冻结观测设计,包括测温孔、水文孔布置,设备运行状态观测。

6. 水平冻结技术的实质和特点

水平冻结技术是在含水不稳定的地层中钻设水平冻结器,利用低温制冷媒介如盐水等进行循环,降低地层温度,将天然土变成冻土,进而形成完整性好、强度高、不透水的临时水平冻结加固体,从而在其保护下进行隧道开挖和衬砌的一种施工辅助措施。浅埋隧道水平冻结包括三大循环系统:制冷系统、盐水循环系统和冷却水循环系统。其冷冻工艺流程如图9-52所示。

(1)冻结技术的优点有如下几点:

①冻结加固地层强度高。地层冻结后土体的抗压强度一般可达 $4 \sim 8$ MPa。

②封水效果好。可保证开挖工作面在无水条件下作业。

③整体支护性能好。冻结体形成后,冻结体内不会存在任何缝隙,是一个完整的支护体。

④安全性好。在冻结体的掩护下,可保证隧道的安全施工。

⑤灵活性好。可通过调整冻结孔孔位或冷媒剂的温度,人为控制冻结结构物的形状和扩展范围。

⑥属环保型工法。由于冻结法是一种临时措施,地层冻结仅仅是将地层中的水变成冰,并且所加固地层最终要恢复到原始状况,能够保护城市地层地质结构和地下水不受污染。同时,设备管路和盐水均可回收利用,满足环保要求。

⑦占用施工场地小,施工时不影响地面交通。

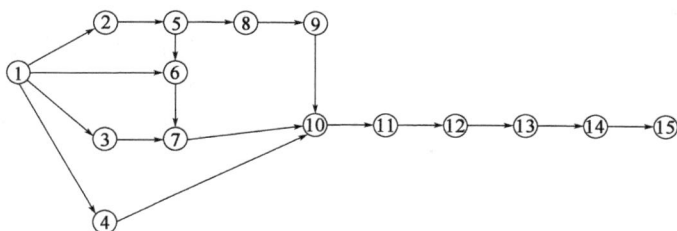

图 9-52　隧道水平冻结技术施工工艺流程图

1-准备;2-孔口设施制作;3-制冷站土建工程;4-供电、供水系统施工;5-冻结孔钻孔及测斜;6-盐水干管施工;7-制冷设备安装;8-冻结管试漏及供液管下放;9-集配液圈安装;10-系统试运转;11-积极冻结期及测温孔监测;12-隧道开挖支护及维护冻结(包括监测);13-隧道永久衬砌及维护冻结;14-工程完工、设备拆除;15-结束

(2)水平冻结技术的适用条件为:水平冻结技术可适用于各类地层,主要广泛应用于城市繁华地区地面建筑物下、道路下和江河下的隧道、洞室和车站,以及桥梁深基础等各类复杂、困难地层的辅助施工。

四、液氮冻结

1. 液氮冻结原理

冻结法作为地基加固的一种工法已广泛应用于矿山、市政等工程领域。冻结法的主要功能有:使不稳定的含水地层能形成强度很高的冻土体;能形成完整的防水屏蔽,起到隔水作用;能起到良好的挡土墙作用,以承受外来荷载。冻结法依其冷却地层的方式,可以分为直接冻结(液氮冻结)和间接冻结(盐水冻结)两大类。盐水冻结方式是利用氨压缩调节制冷,并通过盐水媒介热传导原理进行冻结。一般在工地现场设置冷冻设备,冷却盐水至 −30 ~ −20℃,然后将盐水引进冻结管内使地层土壤冻结,温度升高后的盐水回流到冷冻机再冷却。该工法施工工期较长,对施工场地要求较高,一般适用于规模较大的冻结工程。液氮冻结方式是一种低温液化方法。从工厂将低温液化气(液氮 −193℃)直接运达到工地,输入到预先埋设在地层中的冷冻管内,液氮在冷冻管中气化而使冷冻管周围地层的土壤冻结,最后将汽化后的氮气放入大气中即可。液氮冻结温度极低,冻结速度快,时间短。一般适用于暂时性的小规模工程施工,常用于一些地下的危急工程。

2. 温度分布与冻结速度

图 9-53 是我国 1979 年进行液氮冻结地层试验绘制的温度场曲线,其规律和特征如下:

(1)液氮冻结属深冷冻结,冻土温度较常规冻结的温度低,温度梯度大。冻结器管壁温度

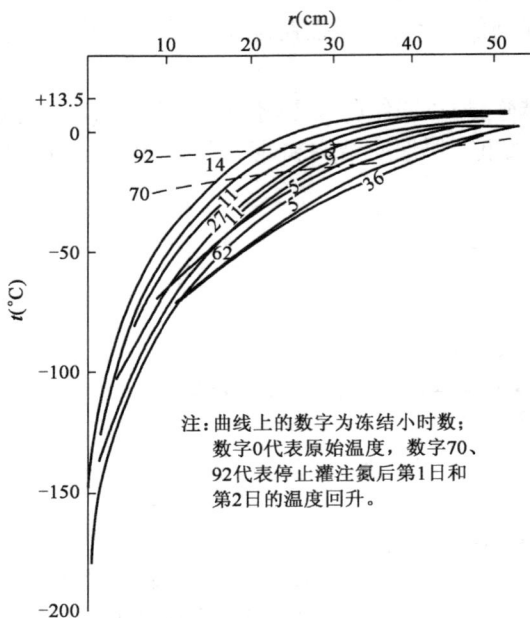

注:曲线上的数字为冻结小时数;数字0代表原始温度,数字70、92代表停止灌注氮后第1日和第2日的温度回升。

图 9-53　我国实测冻土温度分布(1979 年)

可达到 $-1\,800℃$,而盐水冻结的温度为 $-20\sim-300℃$,温度曲线呈对数分布。

(2)冻土温度变化与液氮灌注状况关系很大,温度变化灵敏。液氮灌注量的微小变化会引起冻结管附近土体温度的急剧变化,如上升或下降。停冻后温度上升很快,因此维护冻结十分必要。

(3)液氮冻结地层初期冻结速度极快,但随时间和冻土扩展半径的发展而逐渐下降,与常规冻结相比,在 0.5m 的冻土半径情况下,液氮冻结的速度能达到 10 倍以上。

冻土扩展半径公式可按下式计算:

$$R = \alpha\sqrt{t} \tag{9-9}$$

式中:R——冻土壁一侧厚度,m;

t——冻结时间,h;

α——冻结系数,与土的自然温度、土体导热系数、冻结管间距等有关,见表 9-7。

液氮冻结系数 α　　　　　　　　　　　　　表 9-7

国　　　家	土　　　性	含水率(%)	α
中国	砂质黏土	25.1	6.92
苏联	黏土	31	7.1

3.安全防范措施

(1)施工人员应做好劳动防护措施,所有操作者要戴上厚的防护手套。

(2)对液氮系统所有可能接触施工人员身体的部分进行保温,防止施工人员接触液氮和低温液氮气体,产生冻伤事故。

(3)注意液氮罐储存过程中的压力变化,防止液氮罐放气阀突然释放低温液氮气态,冻伤施工人员。

(4)加强施工现场的通风,防止施工现场氮气浓度过高,发生施工人员窒息事故。

思　考　题

1.简述明挖法的概念和工艺流程。

2.明挖法施工中的基坑分类及其注意事项有哪些?

3.简述地下连续墙的含义和施工工艺。

4.简述地下连续墙施工中泥浆和导墙的作用。

5.地下连续墙接头如何处理?

6. 浅埋暗挖法的地层预加固和预支护措施有哪些?

7. 盾构机开挖方式分类及各开挖方式的注意事项有哪些?

8. 盾构施工时如何控制地表的沉降对相邻建筑物的影响?

9. 沉管施工中的沉设方法有哪些?

10. 简述冻土的形成及其物理力学特性。

11. 试比较常规盐水冻结和液态氮冻结的特点和区别。

12. 水平地层冻结法的使用条件是什么? 在进行水平冻结施工时应考虑哪些因素?

第十章 地铁防水设计

地铁是在城市中修建的快速、大运量、用电力牵引的轨道交通,因此也称为城市地下铁道,简称地铁。

地铁是城市轨道交通的主要形式。线路通常设在地下隧道内,也有在城市中的以外地区从地下转到地面或高架桥上,对地面线路亦称为轻轨。

地面或高架结构的防水设计参考其他相关部分,本章所述主要是地下部分。

第一节　地铁防水概述

一、防水设防的特点

地铁隧道工程属大型构筑物,长期处于地下,时刻受地下水的渗透作用,防水问题能否有效解决,不仅影响工程本身的坚固和耐久性,而且直接影响到地铁的正常使用。因此,地铁系统的防水效果,已经成为工程质量的主要考核指标,同时也是技术经济效益的重要体现。工程防水效能的耐久性,取决于防水设计、防水材料及施工工艺,而施工工艺在很大程度上与施工人员的技术素质有关。

微课21
明挖法地下车站及区间隧道防水设计
扫描此码 深度学习

二、防水设计一般原则

地铁工程防水的设计,应根据气候条件、工程地质和水文地质状况、结构特点、施工方法、使用要求等因素进行,以保证结构的安全、耐久性和使用要求。

地下结构防水应遵循"以防为主、刚柔结合、多道防线、因地制宜、综合治理"的原则,采取与其相适应的防水措施。

当结构处于贫水稳定地层,同时位于地下潜水位以上时,在确保安全的条件下可考虑限排。

跨河流和邻近河流的地铁地面和高架工程,应按1/100的洪水频率标准进行设计。

对下穿河流或湖泊等水域的地铁工程,应在进出水域的两端适当位置设防淹门或采取其他防淹措施。

三、防水设计的内容

1.设计依据的技术资料

(1)地下水类型、补给来源、水质、流量、流向、压力。

（2）工地地质构造,包括岩层走向、倾角、节理及裂隙,含水地层的特性、分布情况和渗透系数,溶洞及陷穴,填土区、湿陷性土和膨胀土层等情况。

（3）历年气温变化情况、降雨量、地层冻结深度。

（4）区域地形、地貌、天然水流、水库、废弃坑井以及地表水、洪水和给排水系统资料。

（5）工程所在区域的地震烈度、地热,含瓦斯等有害物质的资料。

（6）施工技术水平和材料来源。

2.设计内容

（1）施工方法的选择

对于地下结构施工方法和结构形式的选择,必须贯彻因地制宜的原则,通过综合比较,选择经济效益、社会效益和环境效益较好的方案。由于防水设计与结构形式紧密相关,而地下结构形式对施工方法又有一定的依从关系,所以施工方法的选择尤为重要。

根据国内外工程在土层中修建地铁的经验,区间隧道除洞口附近或郊区空旷地带线路埋深较浅的区段采用明挖法施工外,一般宜采用暗挖法施工(应进行矿山法和盾构法的比选),布置于车站端部的折返线或渡线隧道应进行明挖法和矿山法的比选。

地下车站应优先采用常规的明挖法施工;当不允许长期占用既有道路施工时,可采用盖挖顺作法;当需要缓解施工对地面交通的影响,且车站较深、邻近地面建(构)筑物或重要地下管线,必须严格控制开挖引起的地面沉降时,可采用盖挖逆作法;仅当不具备明挖条件或当车站埋置过深,采用明挖法施工很不经济时,方可考虑采用暗挖法施工。此外,对于枢纽车站或具有综合功能要求的车站,一般也不宜采用暗挖法施工。

岩石地层中的区间隧道和地下车站,一般采用矿山法施工。

（2）预留工程

地铁的结构设计,应根据城市轨道交通线网规划,考虑发展的可能性,必要时在近期工程中做出适当的预留。预留工程的规模视所处的工程地质及水文地质条件,以尽可能减少近期工程投资,同时又不给远期工程的实施与地铁的安全运营造成过多困难和投资的无谓增大为原则。例如,在饱和的软黏土地层中,地下换乘车站的相交节点或区间隧道下穿地下车站的节点等,都应在近期工程中一次做成(两侧结构向远期线路方向外延2~3m,以利于近、远期工程接合部位的防水层施工,并减少远期车站施工时对近期车站运营的影响)。而在无水的或一般冲洪积地层中,预留工程可以简化,如在近期工程的底部只预留远期工程开挖时的护壁桩和临时中间支撑柱等。

（3）防水等级和设防要求

迎水面主体结构防水混凝土的抗渗等级和其他技术指标,质量保证措施;防水层选用的材料及其技术指标,质量保证措施。

地铁工程的变形缝(诱导缝)、施工缝、后浇带、穿墙管(盒)、预埋件、预留通道接头、桩头等工程细部构造的防水措施,选用的材料及其技术指标,质量保证措施。

（4）地铁工程的给排水系统

排水管沟、地漏、出入口、窗井、风井等,应有防倒灌措施;寒冷及严寒地区的排水沟应有防冻措施。

四、防水设计中的问题

1. 地铁建设与地下水

城市环境和水资源的保护，是地铁建设需要考虑的重要问题。全面查清水文地质情况，对地铁线路规划、施工方法选择、项目投资的决策都具有重要意义。

若以"地下水"为核心，以隧道施工为例，可以将城市地铁的施工方法分为无水施工作业和带水施工作业。采用降水法将地下水位降至基坑以下，然后采取明挖法施工隧道，是典型的"无水施工作业"。这种降低地下水位的做法，可能导致地表沉降，水体干枯，环境破坏。

盾构法施工则是典型的"带水施工作业"。土压平衡盾构在软土地层中施工，以现今技术可以做到地表无有害沉降，能达到城市环境保护的高标准要求。

对于地下铁道建设与地下水的关系，现在国外不仅注意地铁施工过程中对地下水的影响，而且已在研究地铁运营过程中，因渗漏水导致地下水变化，进而影响环境生态变化的问题。

2. 环境调查及危害预测

（1）调查项目和内容

调查范围界定：工程主体为中心的 10km 范围。调查项目如下：

①气候调查（气温、降雨量、相对湿度、平均风速、风向）。

②土地利用状况变迁调查（绿地状况、地表被覆状况的发展过程）。

③地下构筑物的分布情况。

④上下水道的分布状况。

⑤环境污染调查（汽车交通、大气质量、噪声、振动）。

⑥生态系统调查（动植物种类及其伴随着环境变化而发生的变化）。

⑦地层调查：地形与地质状况，土质与水理特性。

⑧地下水位调查：滞水砂层近三年的连续变化；地下水调查：水温、pH 值、导电率、水质，周边水井调查：井下水位、水质。

（2）调查结果分析

根据现状调查结果，对工程实施后可能对环境带来的影响，做出定性的预测。地铁建设对城市环境和自然环境的影响因素，如图 10-1 所示。定性预测的内容如下：

①城市发展与生态体系的关联，城市区域的环境变化与生物相的变化（气候与动植物、土地利用与动植物、环境污染与动植物）。

②施工地点地下水的历年变化（三年期间的连续调查），主要滞水层的地下水变动特点、地下水的流向，主要滞水层与气象条件的关系。

③地铁建设规划要求的定性变化数据。

（3）分析确定地铁设计与施工的基本要求

①考虑滞水砂层的位置，确定隧道的埋设深度。

②地层构成（滞水砂层、不透水层）与隧道位置的关系。

③研究确定隧道的施工方法（明挖法还是盾构的暗挖法）。

④根据确定的施工方法，研究制订相应的地下水对策和施工细则。

a. 明挖法：挡土墙类型与降低地下水位方法。

b. 盾构法:采用泥水盾构还是土压平衡盾构,同时确定盾构始发与到达时的地下水对策。

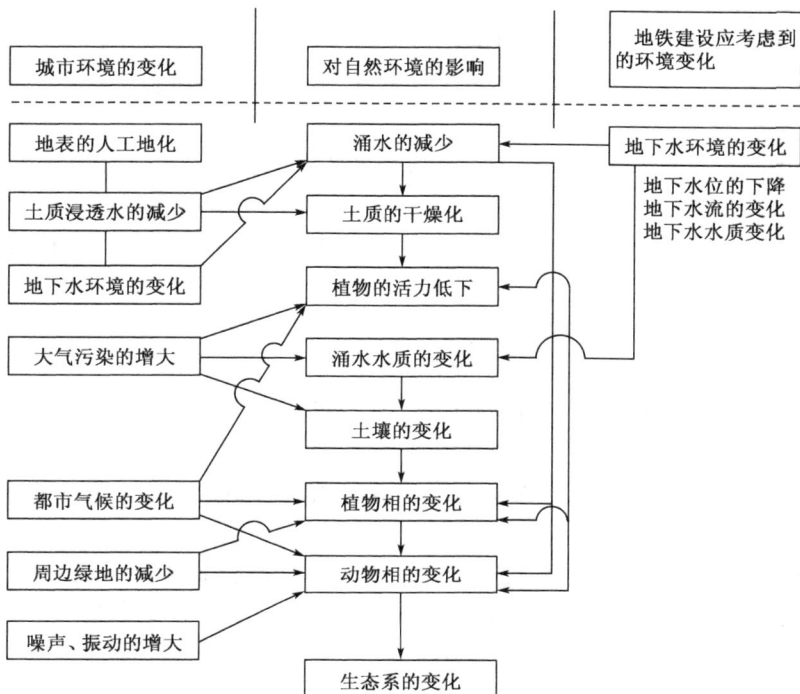

图 10-1 地下铁道建设对城市环境和自然环境影响因素

(4)地下水向隧道中渗流的解析

①渗流解析的基本构想。

②解析的基本方针和基本条件设定(按隧道结构是防水型,还是防排型分布设定)。

③地下水在隧道施工过程中的渗流危害与对策。

④地下水在隧道运营过程中的渗流危害与对策。

(5)工程施工过程中与工程竣工后的检测

①工程施工过程中的检测项目:地下水位、水质(整个调查范围),生态系调查(植物、动物、水性生物),水文、水质调查(居民庭院的水池、沼泽),土质调查(居民庭院的水池、沼泽、植物)。

②工程竣工后的监测:地下水位(隧道线路近旁),水文、水质调查(居民庭院的水池、沼泽)。

3. 管道系统的影响

地铁给排水系统设计若有不当,将引起渗流、结露,影响正常运作。因其效果与主体渗漏水等同,故在此一并讨论。

(1)给水系统

①地下区间的给水管不应穿过变电所、通信信号机房、控制室、配电室等房间。

②车站内的给水干管宜采取防结露措施。重度结露有时会造成渗水效果,同样影响使用。

③寒冷地区设在出入线洞口附近、进风道内及无采暖措施的地面或高架站站厅、站台的给水管应采取防冻保温措施。

④地铁的管道敷设应考虑热膨胀的影响。当穿过结构变形缝时,必要时应考虑防沉降措施,给水干管必须固定在主体结构或道床上。

⑤当给水管穿过主体结构时,应设防水套管。

⑥埋在地下或设在垫层内的给水管道的外壁,应采取防腐蚀措施。

（2）排水系统

①区间隧道主排水泵站应设在线路实际坡度最低点,每座泵站所担负的区间长度,单线不宜大于3km,双线不宜大于1.5km,主要排除结构渗水、冲洗及消防废水。

②地下车站排水泵房必须设在车站线路坡度的下坡方向的一端,主要排除车站范围内的结构渗水、冲洗和消防废水。

③地下车站污水泵房宜设在厕所附近,主要排除厕所污水。

④临时排水泵房应设在地铁分期修建的先建段内。

⑤地下车站局部排水泵房,宜设在地面至站厅层的自动扶梯基坑附近、折返线车辆检修坑端部、地下车站站台板下、碎石道床区段及电梯井等不能自流排水而又有可能集水的低洼处。

⑥露天出入口及敞开通风口排水泵房的雨水排放设计,按当地50年一遇的暴雨强度计算,集流时间为5～10min。

⑦洞口的雨水如不能自流排放时,必须在洞口适当位置设排水泵站,并在洞口道床的适当位置设横向截水沟,保证将雨水导流至泵站集水池。排水管渠或排水泵站的排水能力,按当地50年一遇的暴雨强度计算,集流时间按计算确定。

4. 防水混凝土存在的问题

（1）抗渗等级

根据工程结构需要,目前所修建的地铁工程多采用钢筋混凝土作为主体结构,在设计和施工中强调做好结构自防水,并在设计中明确提出混凝土抗渗等级要求。但在现实工程中,获得理想效果却十分困难,主要有以下几个方面的原因:

①片面强调混凝土抗压强度和抗渗等级,而忽略了防止混凝土产生裂缝的各种措施。通常表现为混凝土强度等级及抗渗等级越高,单位水泥用量则越多,水化热增高,混凝土收缩量加大,从而导致混凝土裂缝产生,破坏了结构自防水的完整性。

②混凝土质量欠佳,地下工程底板和墙体的混凝土不密实,导致渗漏水。

③地铁车站的设计与施工是复杂的系统工程,鉴于我国目前的实际施工技术水平,各地事故频发,损失严重。因而,确保基坑工程安全是首要任务,结构防水的设计与施工必须考虑、服从这个重要前提。由于这一状况的存在,传统的混凝土结构自防水技术规则常常遭遇挑战,进而次生一系列与防水有关的质量问题。

（2）裂缝

有关文献指出,当钢筋混凝土裂缝宽度在0.2～0.3mm时,一般不会影响结构承载力,但其防水能力就值得探讨了。根据调查资料,在由裂缝引起的各种不利后果中,渗漏水占60%。从物理概念上讲,水分子的直径约为0.3nm(0.3×10^{-6}mm),可穿过任何肉眼可见的裂缝,所以从理论上讲防水结构物是不允许出现裂缝的。

渗透与渗透压力有关,扩散、迁移则与浓度相关。试验证实,在一定压力下,一个具有宽度为0.12mm的裂缝,开始每小时漏水量为500mL,一年后每小时漏水只有4mL。另一个试验表明,裂缝宽0.25mm,开始漏水量每小时为10 000mL,一年后每小时只有10mL。说明裂缝除有自愈现象外,还有自封现象,即0.1～0.2mm的裂缝虽然不能完全胶合,但可逐渐自封。根据上述试验,有人认为一般微细裂缝并不会引起结构物的渗漏,因此就没有必要采取防水或封堵措施。但实际情况并不完全是这样,既要看到混凝土的微细裂缝有自愈和自封的可能,也要看到有些裂缝随着时间的推移,在各种外力和内力的作用下,会逐渐扩大,并可能引发渗漏水;而带有侵蚀性介质的地下渗水,还会带来钢筋的腐蚀、混凝土的剥落、承载力的降低和寿命缩短等严重问题。

(3)耐久性

地铁结构的耐久性设计,目前还达不到完全定量的程度。设计时,除满足本章有关条文要求外,尚应根据环境类别,从材料、构造、施工质量和使用阶段的维护与检测等方面加强宏观控制,从总体上保证对设计基准期为50年的地铁结构,在规定的100年设计使用年限内应具备的使用功能和安全储备。当然,还需要结合地铁工程自身的特点做一些工作,如超长结构裂缝的控制、提高在含有稳定液泥浆中灌注的混凝土和喷射混凝土的耐久性,以及确定与时间因素有关的各种设计参数的取值等,逐步把耐久性设计从定性控制过渡到定量设计。

5. 防水工程管理与维护

设计必须保障隧道结构物具有良好的承载性、耐久性。如设计对某些潜在的因素考虑不周,就会出现劣化现象或加速劣化的发展,从而造成结构物耐久性的降低或使用寿命的缩短。

维修管理是指混凝土结构物在使用期间,其性能保持在容许范围内的技术行为。在设计阶段应对维修管理做出指导性技术要求,其目的是保证隧道良好的运营条件和结构物的使用功能。设计文件应列出隧道工程维修管理工作的基本原则,确保隧道的正常运行,包括对影响隧道结构物安全性、耐久性的变异进行检查,及时采取对策和预案等。世界各国对此都非常重视。

从防水工程管理与维护角度出发,隧道结构物有以下关注点。

(1)隐蔽性:导致工程人员无法迅速发现结构物的变异,增加了判断结构物变异"隐蔽"原因的难度。

(2)环境影响:围岩和地下水条件变动的影响、列车运行振动引起的结构疲劳、电力的迷流等对结构物使用寿命的影响。

(3)维修操作性:隧道属于难维修的工程,因此在隧道结构物的设计阶段,应确立"提供防水维修条件预设计"的概念。

(4)关注重点:提高混凝土的耐久性。根据文献记载,目前满足结构物功能要求的混凝土耐久性可能只有60年左右;喷射混凝土更低些,只能满足30年不维修的要求;简易的混凝土制品约为20年;桥梁、隧道约为50年。而一般混凝土结构物的设计使用寿命,都要求在100年以上。因此,提高混凝土的耐久性,就成为防水设计关注的重点。混凝土结构寿命平均值的调查数据,参见表10-1。表中数据显示,在隧道个案244项之中,混凝土结构寿命为100年左右的不足40%。

因此,结构物不管是新是旧,都要消除"免维修或不维修"的误解,而建立起"把劣化构件或构件的性能恢复到设计意图的使用水准以上"的补修、补强的概念。也就是说,要构筑一个把设计、施工、维修管理结合到一起的理念,这也是目前各国土建工程技术重要的发展趋势。

混凝土结构寿命平均值的调查数据　　　　表 10-1

结 构 名 称	10 年	20 年	30 年	50 年	法定偿还期	100 年	>100 年	合计
隧道	0	2	20	122	5	21	21	244
公共建筑	0	4	17	94	101	16	16	257
大坝	0	0	2	28	2	88	88	202
桥梁	0	8	35	134	4	3	3	236
防波堤	3	24	51	84	8	12	12	199

第二节　地铁防水等级标准

当进行地铁工程防水设计时，必须对在正式使用时的容许渗漏水量做出规定。这是衡量地铁工程技术水准和工程质量的重要指标。

一、英国的防水等级标准

英国建筑工业和情报协会（CIRIA）第 81 号报告"隧道防水"（1979 年 4 月），最终拟定了隧道防水分级标准，见表 10-2。

CIRIA 隧道防水分级标准　　　　表 10-2

级　　别	最大容许渗漏水量[$L/(m^2 \cdot d)$]	级　　别	最大容许渗漏水量[$L/(m^2 \cdot d)$]
O	肉眼观察不到	D	30
A	1	E	100
B	3	U	不作限制
C	10	—	—

二、德国的防水等级标准

德国地下交通设施研究会（STUVA）隧道及地下工程防水等级标准，见表 10-3。

STUVA 隧道及地下工程防水等级　　　　表 10-3

防水等级	隧道状况	适用区域	定　　义	容许渗漏水量[$L/(m^2 \cdot d)$] 10m 区间	100m 区间
1 级	完全干燥	储藏室、作业室、休息室	衬砌内壁观察不到渗水痕迹	0.02	0.01
2 级	基本干燥	有霜冻危险的交通隧道区域；地下车站	衬砌内壁可以观察到渗水痕迹，用干的手触摸湿斑无水分渗出之感，但用吸墨纸或者报纸贴附到壁上，可观察到局部有吸湿但不至于变色的现象	0.10	0.05
3 级	有毛细现象生长的湿迹	没有必要达到防水等级 1 或 2 的隧道区域或房间	在衬砌内壁上可以局部观察到有明显渗水现象，在明显呈现湿迹的范围内，可以将吸墨纸或者报纸大部分吸附，发生变色，但无水分滴落现象	0.20	0.10
4 级	若干滴水点	交通或市政管线隧道	个别地方，容许滴水现象	0.50	0.20
5 级	有滴水点	下水隧道	个别地方，容许滴水现象	1.0	0.50

三、我国的防水等级标准

《地下防水工程质量及验收规范》(GB 50208—2011)规定的地下工程防水等级标准,见表 10-4。

地下工程防水等级标准 表 10-4

防水等级	标　　　准
1 级	不允许渗水,结构表面无湿渍
2 级	不允许漏水,结构表面可有少量湿渍; 房屋建筑地下工程:总湿渍面积不应大于总防水面积(包括顶板、墙面、地面)的 1/1 000;任意 100m² 防水面积上的湿渍不超过 2 处,单个湿渍的最大面积不大于 0.1m²; 其他地下工程:总湿渍面积不应大于总防水面积的 2/1 000;任意 100m² 防水面积上的湿渍不超过 3 处,单个湿渍的最大面积不大于 0.2m²;其中,隧道工程平均渗水量不大于 0.05L/(m²·d),任意 100m² 防水面积上的渗水量不大于 0.15L/(m²·d)
3 级	有少量漏水点,不得有线流和漏泥沙; 单个湿渍面积不大于 0.3m²,单个漏水点的漏水量不大于 2.5L/d,任意 100m² 防水面积上的漏水或湿渍点数不超过 7 处
4 级	有漏水点,不得有线流和漏泥沙; 整个工程平均漏水量不大于 2L/(m²·d),任意 100m² 防水面积的平均漏水量不大于 4L/(m²·d)

地下车站及机电设备集中区段的防水等级应为一级,不允许渗水,结构表面无湿渍。

区间隧道及连接通道等附属的隧道结构防水等级应为二级,顶部不允许滴漏,其他部位不允许漏水,结构表面可有少量湿渍,总湿渍面积不应大于总防水面积的 2/1 000;任意 100m² 防水面积上的湿渍不超过 3 处,单个湿渍的最大面积不大于 0.2m²。

从等级中可知,一级只有定性要求;二级既有定性要求,又有定量指标。定量指标不仅规定了整个工程的渗水量值,也规定了工程任一局部的渗水量值。修订上述标准的主要依据如下。

防水等级为一级的工程,其结构内壁并不是没有地下水的渗透现象,而是因墙面渗水与墙面蒸发散失两种现象同时存在,当渗水量小于正常人工通风系统的蒸发散失量[0.012 ~ 0.024L/(m²·d)]时,则墙表面无湿渍现象,从表面上看,可以认为墙体是"不透水"的。由于渗水量极小,测量极为困难,因此对一级标准没有规定定量指标。

防水等级为二级的工程的渗漏量在规范中给了定性要求和定量指标。20 世纪 90 年代德国 STUVA 隧道防水等级规定处于基本干燥的隧道其容许渗水量为:10 区间为 0.2L/(m²·d),100m 区间为 0.01L/(m²·d)。上述德国标准中渗水量的量值和我国防水等级为二级时的量值基本上是一致的,但由于这一量值仍然较小,故难以准确检测,如以这一量值作为标准将给工程验收带来一定困难。在过去的 10 年间,上海地区曾对工程渗水量大小与工程表面的湿迹大小进行了长期观测,尽管由于工程通风与风量大小、季节、湿度、温度等环境条件对湿际的状态影响甚大,但经过对大量观测数据的分析,在通风不好、工程内部湿度较大的情况下,也得到了一些有价值的数据:每 5 ~ 6 滴水约为 1mL,每分钟 2 ~ 3 滴的渗水量约与混凝土结构表面 0.06m² 的湿迹相当。因此,铁道、隧道等部门在判断一个工程是否达到二级标准时,采用测量任意 100m² 防水面积上的湿渍总面积、单个湿迹的最大面积、湿迹个数的办法来判断,已得到了工程界的认可。因此,修订时规定了工程结构内壁任意 100m² 防水面积上的湿渍总面积、单个湿迹的最大面积及湿迹个数,作为判断工程是否达到二级标准的量化指标。

第三节　结构主体防水设计

一、混凝土结构自防水

（1）防水混凝土抗渗等级不得小于 P8,处于侵蚀性介质中防水混凝土的耐侵蚀系数,不应小于 0.8。

（2）防水混凝土结构,应符合下列规定。

混凝土结构自防水设计应根据所处的环境条件,选用相适宜的材料,以满足混凝土自身的抗渗性、耐久性的要求。结构厚度不应小于 250mm。

（3）防水混凝土结构最大裂缝宽度,应符合下列规定。

处于一般环境中的结构,按荷载效应标准组合并考虑长期作用影响时,最大计算裂缝宽度允许值,可按表 10-5 中的数值进行控制;处于冻融环境或侵蚀环境等不利条件下的结构,其最大计算裂缝宽度允许值应根据具体情况另行确定。

最大计算裂缝宽度允许值　　　　　　　　　　　　　表 10-5

结 构 类 型	允 许 值	附　注
水中环境、土中缺氧环境	0.3	—
洞内干燥环境或潮湿环境	0.3	环境相对湿度为 45%~80%
迎土面地表附近干湿交替环境	0.2	—

注:当设计采用的最大裂缝宽度计算式中保护层的实际厚度超过 30mm 时,可将保护层厚度的计算值取为 30mm。

（4）钢筋的混凝土保护层厚度应根据结构类别、环境条件和耐久性要求等确定。

《地下工程防水技术规范》（GB 50108—2008）规定,迎水面钢筋保护层厚度不应小于 50mm。

《地铁设计规范》（GB 50157—2013）规定,受力钢筋的混凝土保护层厚度不得小于钢筋的公称直径,且在一般环境条件下应符合表 10-6 的规定。

受力钢筋的混凝土保护层最小厚度（单位:mm）　　　　　表 10-6

结构类别	地下连续墙		灌注桩	明挖结构					钢筋混凝土管片		矿山法施工的结构			
				顶板		楼板	底板				初期支护或喷锚衬砌		二次衬砌
	外侧	内侧		外侧	内侧		外侧	内侧	外侧	内侧	外侧	内侧	
保护层厚度	70	70	70	45	35	30	45	35	35	25	35	35	35

注:1. 车站内的楼梯及站台板等内部构件主筋的混凝土保护层厚度可采用 25mm。

　　2. 顶进法和沉管法施工的隧道主筋的混凝土保护层厚度可采用明挖结构的数值。

　　3. 矿山法施工的结构当二次衬砌的厚度大于 50cm 时,主筋的混凝土保护层厚度应采用 40mm;箍筋、分布筋和构造筋的混凝土保护层厚度不得小于 20mm。

二、分布钢筋

分布钢筋的设计对减少混凝土裂缝有重要作用。明挖法施工的地下结构周边构件和中楼板每侧暴露面上分布钢筋的配筋率,当分布钢筋采用 HPB235 级钢筋时不宜低于 0.3%,当为 HRB335 级钢筋时不宜低于 0.2%,同时分布钢筋的间距也不宜大于 150mm。当受拉主筋的混凝土保护层厚度大于或等于 40mm 时,分布钢筋一般布置在受力筋的外侧。

三、附加防水层

附加防水层有卷材防水层、涂料防水层等,适用于需增强防水能力、受侵蚀性介质作用的工程。规范明确规定附加防水层应设在迎水面或复合衬砌之间。目的是保护结构主体不受侵蚀性介质的作用,并能有效地阻止水对结构主体内部的侵入,从而提高混凝土的耐久性。

1. 卷材

卷材防水层应根据施工环境条件、结构构造形式、工程防水等级要求选择材料品种和设置方式。并应符合下列规定:

(1)卷材防水层宜为 1~2 层。高聚物改性沥青防水卷材单层使用时,厚度不宜小于 4mm,双层使用时,总厚度不应小于 6mm;高聚物改性沥青自粘卷材单层使用时,厚度不宜小于 1.5mm,双层使用时,总厚度不宜小于 3.0mm;合成高分子防水卷材,单层使用厚度不宜小于 1.5mm;塑料树脂类防水卷材厚度宜为 1.2~2.0mm。

卷材及其胶黏剂应具有良好的耐水性、耐久性、耐刺穿性、耐腐蚀性和耐菌性。

关键是卷材彼此之间的接头及卷材与基层的粘贴要密实,且胶黏剂应长期耐水、耐腐蚀。

(2)卷材防水层的主要物理性能除应满足设计要求外,尚应符合国家现行的有关强制性标准的规定。

(3)阴阳角应做成圆弧或 45° 折角,其尺寸依据卷材品种和厚度确定;在转角处、阴阳角和特殊部位,应增贴 1~2 层相同的卷材,宽度宜不小于 500mm。

2. 涂料

涂料防水层应根据工程所在地区环境、气候条件、施工方法、结构构造形式、工程防水等级要求,选择防水涂料品种,并应符合下列规定。

防水涂料品种较多,虽然材料选择有较大余地,但又给如何选择适合于地铁工程防水要求的材料造成一定难度。根据地铁工程防水材料的要求,耐久性是需要特别强调的一个最重要指标,因地铁工程长期处于地下水的包围之中,如涂料遇到水产生溶胀现象,性能降低,就会失去其应有的防水功能。因此,所选用的防水涂料应具有良好的耐水性、耐久性、耐腐蚀性。据此,无机类材料宜优先选用掺外加剂、掺合料的水泥基防水涂料,水泥基渗透结晶型防水涂料;有机类材料宜优先选用高渗透型环氧树脂等反应型涂料。

(1)潮湿基层宜选用与潮湿基面黏结力大的水泥基渗透结晶型防水涂料、聚合物改性水泥基等无机涂料或有机防水涂料;或用其所长,采用先涂水泥基类无机涂料后涂有机涂料的复合涂层。

(2)冬期施工宜选用反应型涂料。

(3)有腐蚀性的地下环境宜选用耐腐蚀性好的环氧沥青、高渗透型环氧树脂等反应型涂料、特种聚合物水泥涂料。涂料防水层的保护层应根据结构具体部位的情况确定。

(4)涂层防水所选用的涂料应具有良好的耐水性、耐久性、耐腐蚀性,并且无毒、难燃、低污染；无机防水涂料应具有良好的干湿黏结性、耐磨性；有机防水涂料应具有较好的延伸性及适应基层变形的能力。

（5）无机防水涂料厚度宜为1.0~3.0mm，有机防水涂料厚度宜为1.0~2.0mm，其中反应型涂料宜不小于1.5mm。

（6）防水涂料可采用外防外涂，在有限制的条件下，也可采用外防内涂和顶板外涂、侧墙于底板内涂。涂料的耐水性需复验合格后方可使用。

四、防水措施

明挖法施工的地铁，其地下结构防水设防分为结构主体防水和细部构造防水两部分。对于结构主体，其防水以目前普遍应用的防水混凝土自防水为主，当工程的防水等级为一级时，应再增设一至两道其他防水层；当工程防水等级为二级时，可根据工程所处的地质条件、环境条件等不同情况，考虑增设一道其他防水层。之所以作这样的规定，是因为地铁的地下结构长期受地下水侵蚀、炭化等作用，而防水混凝土并不是绝对不透水的材料。有资料显示，通常规定抗渗等级即使能达到P12，其渗透系数也只能达到 10^{-11}m/s。如果在设计时就注意到能将有害物质与地下结构隔离开，则结构的耐久性就会提高。而全外包防水层或在主体结构外侧涂刷水泥基渗透结晶型涂料能有效地阻止地下水的腐蚀性介质对地下结构的入侵，可延缓炭化过程，提高其耐久性。对于施工缝、后浇带、变形缝，应根据不同的防水等级选用不同的防水措施，防水等级越高，拟设防道数越多，一方面为了解决目前缝隙渗漏率高的状况；另一方面是由于缝的工程量相对于结构主体来说要小得多，采用多道做法也能做到精心施工，使薄弱环节能得以加强，工程质量有所保证。

1. 明挖法修建的地下结构防水措施

明挖法修建的地下结构防水措施应按表10-7的要求选用。

明挖法修建的地下结构防水措施　　　　　　　　　　　　　　表10-7

工程部位		主体				施工缝					后浇带				变形缝							
防水措施		防水混凝土	防水砂浆	防水卷材	防水涂料	膨润土防水材料	遇水膨胀止水条	外贴式止水带	中埋式止水带	水泥基渗透结晶型防水材料	预埋注浆管	补偿收缩防水混凝土	外贴式止水带	预埋注浆管	防水涂料	遇水膨胀式止水条（胶）	防水密封材料	中埋式止水带	外贴式止水带	可卸式止水带	防水密封材料	外贴防水卷材	外涂防水涂料	预埋注浆管
防水等级	一级	必选	应选一至两种				应选两种				必选	应选两种				必选	应选两至三种						
	二级	必选	应选一种				应选一至两种				必选	应选一至两种				必选	应选一至两种						

矿山法施工的车站,隧道结构防水应根据含水地层的特性、围岩稳定情况和结构支护形式确定。在贫水的Ⅰ、Ⅱ级围岩地段的车站及拱、墙宜用复合式衬砌防水,底部可考虑限排,不设仰拱但需铺底,其强度等级不小于C30,厚度不小于250mm。对于地下水较多的软弱围岩地段,应采用全封闭式的复合衬砌。

2. 矿山法修建的地下结构防水措施

矿山法修建的地下结构防火措施应按表10-8的要求选用。

矿山法修建的地下结构防水措施　　　　　　　　　　表10-8

工程部位		主体				内衬砌止水缝						内衬变形缝				
防水措施		防水混凝土	塑料防水板	防水卷材	膨润土防水材料	遇水膨胀止水条(胶)	外贴式止水带	中埋式止水带	水泥基渗透结晶型防水材料	防水涂料	预埋注浆管	中埋式止水带	外贴式止水带	可卸式止水带	防水嵌缝材料	预埋注浆管
防水等级	一级	必选	应选一至两种			应选两种						必选	应选两种			
	二级	必选	应选一种			应选一至两种						必选	应选一至两种			

第四节　地下车站防水设计

一、防水概念设计

(1)地下车站结构的防水,应采用钢筋混凝土结构自防水,并根据需要可局部或全部增设附加防水层或采用其他防水措施。

(2)地面车站、高架车站及地面建筑可分期建设,但地下车站的土建工程宜一次建成。地下工程若分期建设,将给防水工程的连续密封带来很大困难。

(3)地下车站出入口的地面高程应高出室外地面,并应满足当地防洪要求。

(4)对于单建的风亭,如城市环境有特殊要求时,采用敞口低风井,井底部应有排水设施,风口最低高度应满足防淹要求。

二、防水设计要求

1. 一般要求

(1)明挖法修建的地下车站,结构防水措施应按表10-7中的一级防水要求选用。

(2)明挖敞口放坡施工的地下车站,结构宜采用防水混凝土和全外包柔性防水层组成双道防线。柔性防水层的设置应符合前述有关规定。

(3)两拱相交节点处所采取的防水措施,应能满足接缝两端结构产生的差异沉降及纵向伸缩时的密封防水要求。

2. 单层连续墙

地下连续墙既作为工程主体的支护，又兼作主体结构的内衬墙，无疑对降低工程造价、缩短工期、充分利用地下空间都极为有利。但由于地下连续墙的混凝土是在泥浆中浇筑的，而影响混凝土质量的因素较多，故墙体混凝土密实度通常不如整体现浇混凝土好，连续墙幅间接缝、墙与板连接缝也是防水的薄弱环节。因此，地下连续墙作为单层墙主体结构时，防水设计应符合下列规定：

(1)地下连续墙施工时宜采用高分子护壁泥浆护壁和水下抗分散混凝土浇筑。

(2)连续墙墙体幅间接缝应采用经实践检验行之有效的防水接头。

(3)墙体幅间接缝如有渗漏，应采用注浆、嵌填弹性密封材料等进行堵漏。

(4)连续墙墙体应施作内防水层，内防水层宜为水泥基渗透结晶型防水材料或聚合物防水砂浆等。

(5)车站顶板迎水面宜设置柔性防水层，并应处理刚、柔连接过渡区的密封。

3. 叠合墙

叠合式墙使用钢筋接驳器将内衬墙与地下围护墙连接，造成防水层无法实施全包。因此，只能因"位"制宜，不同部位采用不同的防水措施。

(1)围护结构为连续墙时，其支撑部位及墙体的裂缝、空洞等缺陷应采用防水混凝土或防水砂浆进行修补。墙体幅间接缝的渗漏，应采用注浆、嵌填聚合物防水砂浆进行防水处理。

(2)连续墙墙面应进行凿毛、清洗，必要时局部施作防水处理后，再浇筑内衬防水混凝土。

(3)连续墙墙板连接的防水处理宜用水泥基渗透结晶型防水材料进行加强密封。

(4)车站顶板迎水面宜设置柔性防水层，并应处理柔、刚连接过渡区的密封。

需要指出的是：在设计中，车站顶板通常采用附加柔性防水层，而侧壁初期支护的局部薄弱处进行加强防水处理后再浇内衬组成叠合侧墙，底板靠密实混凝土自防水。从施工实践来看，侧壁支护墙与内衬结构共同组成叠合结构墙，也可以体现出加强了内衬侧壁的防水。底板由于结构比较厚，并且其浇筑及养护条件好，受外界因素影响较小，因此底板的混凝土自防水性能优于顶板。顶板增设附加柔性防水层，叠合墙、底板靠结构自防水，从整体防水措施上看仍然是相匹配的。

4. 复合墙

复合墙或复合衬砌之间的夹层防水层与混凝土二次衬砌是完全分开的，防水层施工要立模板灌注混凝土，此过程中很难保证防水层不破损，防水层只要有一处损坏就会引起水的窜流，造成复合衬砌地段的防水失败。因此规范作了如下规定：

(1)明挖顺筑或逆筑车站结构顶、底板迎水面防水层与侧墙支护结构和内衬墙之间的夹层防水层宜形成整体密封防水层，并根据不同部位设置与其相适应的保护层。

(2)地下车站与区间隧道的接合部位宜采用刚柔结合的密封区，并根据结构构造形式选择与其匹配的加强防水措施。

（3）地下车站与区间隧道所选用的不同材料应能相互过渡黏结或焊接，必须使其形成连续墙整体密封的防水体系。

具体做法是在车站与区间隧道的接合部位或将一个区段划分为若干个小的密封区，如利用分段施工缝或变形缝在二次衬砌迎水面设立背贴式止水带和夹层防水层进行焊接，或用双面自粘带进行黏结，用丁基橡胶防水密封黏结带在分段的端头将防水层与混凝土黏结并密封，必要时要在接合部二次衬砌与夹层防水层之间进行压浆，使其相互之间不连通，这样就能限制防水层破坏后，水在防水层中流窜的范围。

5．矿山法施工的车站隧道结构防水

矿山法施工的车站隧道结构防火应符合下列规定。

采用矿山法式施工的车站隧道结构防水应根据含水地层的特性、围岩稳定性情况和结构支护形式确定。在贫水的Ⅰ、Ⅱ级围岩地段的车站拱、墙宜用复合式衬砌防水，底部可考虑限排，不设仰拱但需铺底，其强度等级不小于C30，厚度不小于250mm。对于地下水较多的软弱围岩地段应采用全封闭式的复合衬砌。防水措施应符合表10-8中一级防水的要求。

三、防水构造实例

1．叠合墙车站防水构造

叠合墙车站防水构造如图10-2所示。

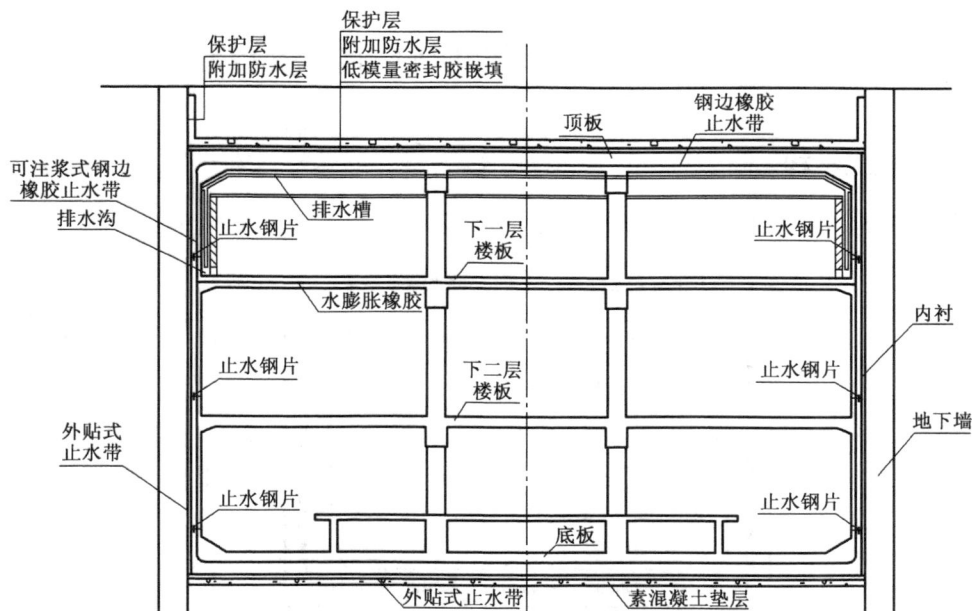

图10-2　叠合墙车站防水构造图

2．单墙车站防水构造

单墙车站防水构造如图10-3所示。

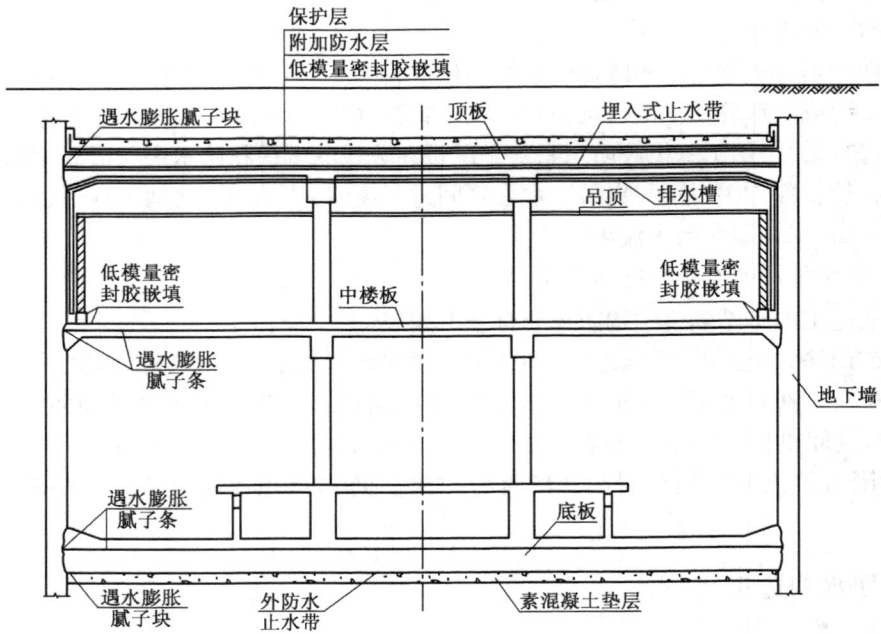

图 10-3　单墙车站防水构造图

第五节　明挖区间隧道防水设计

一、浅埋式结构

如图 10-4 所示为明挖区间隧道浅埋式结构的工程实例。

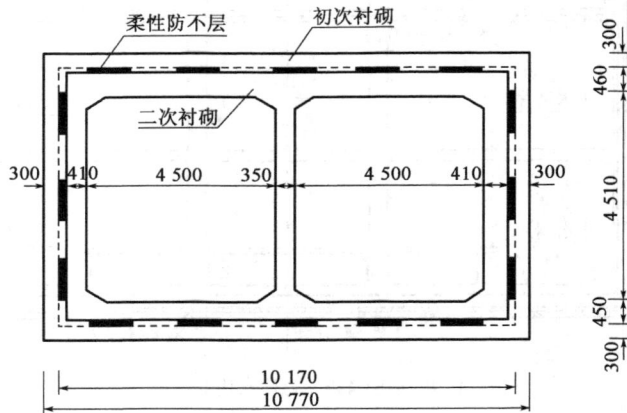

图 10-4　隧道结构断面图(尺寸单位:mm)

二、防水层设计

防水层应与混凝土本体构成刚柔相济、多道设防的防水体系,既对混凝土产生保护作用,增强其抵抗环境中各种不利因素作用的能力,又能弥补混凝土结构的局部缺陷增强防水效果。防水质量控制的重点在于保证混凝土结构自防水的有效性,整个工程必须设计、选材与施工并重。

(1)顶板与侧墙的迎水面可选择采用 2mm 厚聚氨酯涂料。顶板聚氨酯涂料施作完毕后,先铺一层油毡,然后再浇筑 70mm 的细石混凝土作为保护层。先铺油毡的目的在于避免浇筑细石混凝土时对聚氨酯涂层产生破坏。侧墙的聚氨酯涂层采用 20mm 厚的聚乙烯泡沫板保护,如图 10-5 所示。

(2)当围护结构距离侧墙很近,无法施作聚氨酯涂料时,先紧贴围护结构砌筑砖模,然后在砖模上施作抗渗微晶水泥砂浆,依次作为附加防水层,再浇筑主体结构侧墙。

(3)底板内防水时,可在浇筑混凝土终凝前干撒水泥基渗透结晶型防水材料,抹压密实。外防水可在底板浇筑前,通过在垫层上干撒水泥基渗透结晶材料干粉的方式施作。伸入底板的桩头周围则涂刷水泥基渗透结晶型材料进行防水处理。

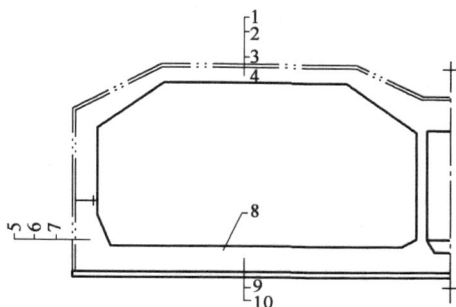

图 10-5 防水层布置

1-70mm 厚 C20 细石混凝土;2-油毡隔离层;3-2mm 厚聚氨酯涂料;4-顶板;5-20mm 厚聚乙烯泡沫保护板;6-2mm 厚聚氨酯涂料;7-侧墙;8-水泥基渗透结晶型防水材料;9-底板;10-垫层

三、接缝防水处理

1.变形缝的间距

变形缝的间距应综合考虑各种因素确定,通常每 60m 设一道变形缝,在每两道变形缝之间设 3 条横向施工缝。

所有变形缝均设置在相邻结构无变化的部位,保证了缝两侧外荷载、结构的一致性,加上剪力杆的作用,既可适应隧道纵向伸缩的变形要求,又可保证缝两侧沉降的协调,有利于防水构造及行车安全。

变形缝间设置衬垫板,可减少相邻结构间因地震撞击导致的结构损坏。衬垫板的材料为低密度聚乙烯(PE)垫板,要求其硬度为 50~60 度(C 型硬度计)。若其材质硬度过大,则在夏季高温时,变形缝处混凝土可能会因膨胀导致内侧保护层局部崩裂。

2.变形缝的形式

可采用外贴式止水带与可注浆的中埋式钢边橡胶止水带复合防水,顶板迎水面可嵌低模量聚氨酯密封胶,在缝的背水面设置接水盒,在不影响结构和周边环境的前提下,引排变形缝的少量渗水,如图 10-6 所示。

中埋式钢边橡胶止水带注浆管的设置间距可为 3~5m。若发生渗漏水,采用聚氨酯或环氧类化学浆液通过注浆管注浆,能进一步保证变形缝的防水效果。

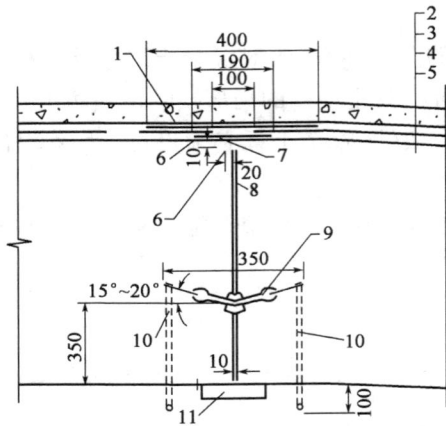

图 10-6 顶板变形缝防水处理(尺寸单位:mm)
1-3mm 厚聚氨酯涂料(加聚酯布);2-70mm 厚 C20 细石混凝土;3-油毡隔离层;4-2mm 厚聚氨酯涂料;5-顶板;6-聚乙烯薄片;7-低模量聚氨酯密封胶;8-10mm 厚 PE 垫板;9-可注浆中埋式钢边橡胶止水带;10-注浆管;11-镀锌钢板接水盒

3. 施工缝的形式

横向施工缝可采用中埋式钢边橡胶止水带(不带注浆管)兜绕成环,并在接缝面涂刷水泥基渗透结晶型防水涂料,如图 10-7 所示。

水平施工缝中设计采用 20cm 宽的钢板止水带和单组分聚氨酯水膨胀密封胶,其接缝面已涂刷了水泥基渗透结晶型防水涂料,如图 10-8 所示。单组分聚氨酯水膨胀密封胶使用密封胶枪挤压施工,它能在潮湿环境下固化和膨胀,为避免引起过分早期膨胀,应确保在施胶后 6h 内浇筑混凝土。

钢板止水带的连接应采用焊接方式,在浇筑混凝土之前应把接缝面清理干净,这些对保证施工缝的防水效果也是非常重要的。

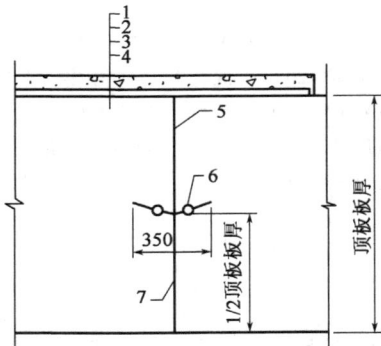

图 10-7 顶板横向施工缝防水处理(尺寸单位:mm)
1-70mm 厚 C20 细石混凝土;2-油毡隔离层;3-2mm 厚聚氨酯涂料;4-顶板;5-施工缝;6-中埋式钢边橡胶止水带;7-水泥基渗透结晶型防水材料

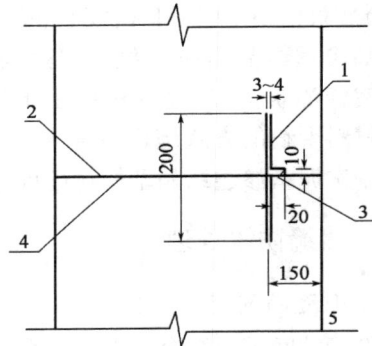

图 10-8 侧墙水平施工缝防水处理(尺寸单位:mm)
1-钢板止水带;2-水泥基渗透结晶型防水材料;3-单组分聚氨酯水膨胀密封胶;4-水平施工缝;5-结构内侧

第六节 矿山法(新奥法)区间隧道防水设计

采用矿山法施工的隧道,其防水措施通常为复合衬砌全面防水的构造。

复合式衬砌除采用自身密实性防水之外,还需做夹层柔性防水层。一般由喷锚防水混凝土初期支护、敷设夹层柔性防水层和二次模筑防水混凝土衬砌三部分组成。

在喷锚支护结构内掺入一种性能可靠、使用方便的复合膨胀剂,通过严格的湿喷施工工艺,使混凝土喷层具有可控制的膨胀率,用以补偿在凝结硬化过程中所产生的体积缩减,从而减少乃至防治各种收缩裂缝,堵塞渗漏水通道,达到喷射混凝土自防水的目的。

中柱顶部两拱之间形成明显的积水带,各施工步骤的施工缝又是防水的薄弱环节,同时连拱处卷材施工又是防水施工最困难的部位,且极易遭到破坏引起渗漏,故节点防水采用"防、截、堵"相结合的综合防水措施。其一,在两拱之间形成的低洼带进行压浆加固地层,减少地下水汇集,并对初次衬砌混凝土的孔隙填充并增加其密实度。与此同时又在纵梁范围的导洞初期支护表面抹聚合物砂浆找平,并涂刷多道弹性水泥,以使导洞范围的喷射混凝土防水可靠。其二,它既是刚柔结合的防水转向单一柔性防水的过渡区,又是刚柔防水的封锁区,从而避免了连拱处防水卷材遭破损而渗漏。其三,初期支护与二次衬砌之间设大于等于1.5mm厚度的塑料树脂类防水卷材和二次衬砌结构防水。其四,拱顶二次衬砌结构与夹层防水之间进行充填注浆,使防水层与二次衬砌之间紧密结合并加强二次衬砌混凝土的密实度。其五,为避免破除小导洞向顶拱转换过程中防水层受到破坏,在顶梁节点处,特别是在初次衬砌、二次衬砌之间防水层搭接范围应用钢板、石棉布作防水层的保护层尤为重要,能形成多道防线,并且各种措施并用,使其达到牢固从而加强薄弱处的防水,确保不渗漏。

一、围岩注浆

围岩注浆不仅是加固围岩的重要措施,也是地铁防水的一种手段。围岩注浆一方面可以充填围岩空隙,胶结松散地层,使围岩强度得到提高;另一方面,充填结构外围岩体的渗流空隙,在结构外形成环形保护层,可以显著减轻结构承受的地下水压,减少地下水向临空面的汇集和渗出。对于地下水较多和地质状态较差的地区,应采用小导管超前支护和预注浆。开挖后,也可对喷射混凝土初期支护外进行均匀注浆,保证初次衬砌的水密性。

二、夹层防排水设计

夹层防排水设计如图10-9和图10-10所示。

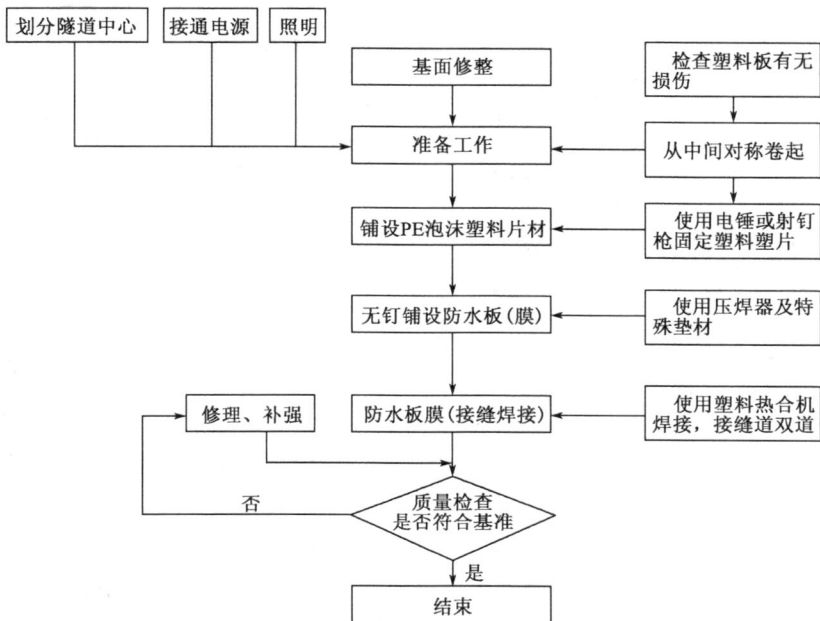

图10-9　夹层防排水施工程序图

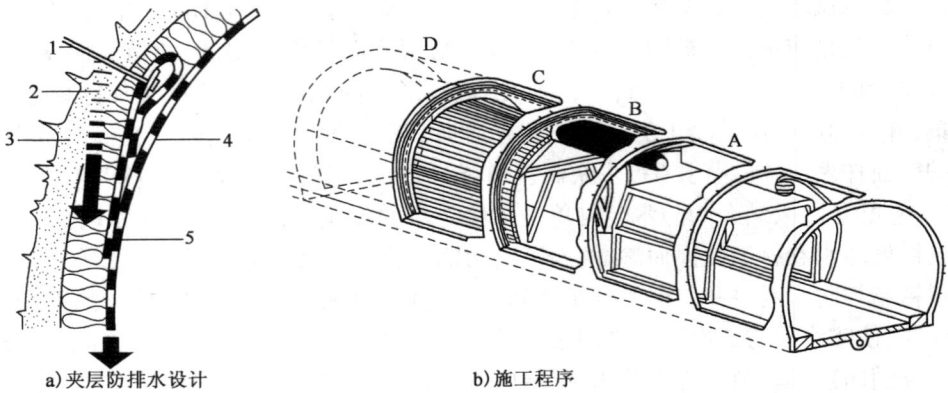

a) 夹层防排水设计   b) 施工程序

图 10-10 夹层防排水设计及施工程序图

1-锚杆;2-缓冲层;3-喷射混凝土;4-塑料防水板;5-焊接点;A-土工织物铺设;B-防水板安装;C-内衬模板架设;D-内衬混凝土浇筑

　　设置在喷射混凝土初期支护与二次衬砌之间的夹层防排水体系是复合衬砌防水系统的主要组成部分,其主要包括:由土工布和防水板组成的堵水结构;由环向排水盲管、纵向排水管、横向排水管和排水边沟(或中央排水管)组成的集水、排水结构。堵水、集水和排水结构有机结合,互相影响,任何一个环节的缺陷都将影响到其他环节,直接导致其他环节防排水压力增大甚至彻底失效。

　　初期支护完成并达到一定强度后,首先施工环向排水盲管、纵向排水管和预埋横向排水管(图 10-11)。

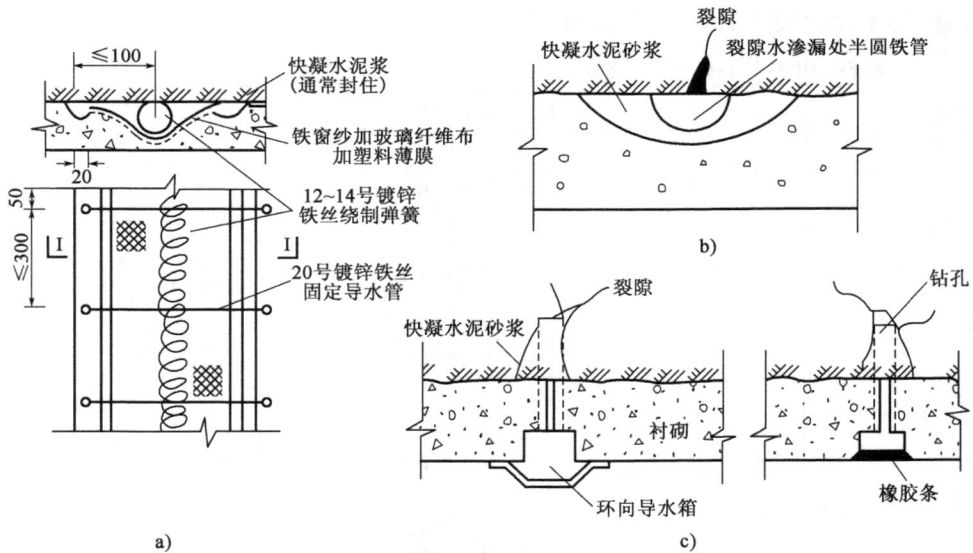

图 10-11 环向导水槽设计实例(尺寸单位:mm)

　　环向排水管通常采用由涂塑弹簧外包玻璃纤维布或塑料滤布构成的弹簧排水管。在施工前应检查玻璃纤维布或塑料滤布是否套紧,弹簧涂塑层是否均匀、是否出现老化。施工时,根据渗水量大小调整环向排水管的间距,安装时应尽量紧贴渗水岩壁,减小地下水由围岩到弹簧排水管的阻力。环向排水管应尽量圆顺,尤其在拱顶部位不得起伏不平。安装时用钢筋卡或铁丝固定,应注意处理好钢筋卡、铁丝端头,避免刺穿防水板。纵向排水管一般也采用弹簧排水管,其尺寸较环向排水管大,材质要求基本相同。敷设纵向排水管的基面应采用素混凝土夯实,满足强度、平整度、坡度要求。纵向排水管敷设要平整、顺畅,外部用土工布包裹,防止泥沙进入排水管。此外,应做好纵向排水管与环向排水盲管和横向排水管的连接,保证渗水通过排水系统通畅外排。

在施工防水板之前,必须先施工防水板缓冲层。防水板缓冲层兼有缓冲、滤水和排水作用。缓冲层设在喷射混凝土和防水板之间,可以较好地整平喷射混凝土基面,防止防水板在长期使用过程中被刺破;同时,缓冲层属于多孔材料,能较好地滤除渗水中的泥沙,防止泥沙堵塞排水系统。另外,缓冲层与防水板在夹层中共同构成一个排水通道,使地下渗水能自由地向排水盲管、衬砌底部的纵向排水管汇聚外排。常用的缓冲层材料有土工布和聚乙烯泡沫塑料卷材。

防水板缓冲层应采用暗钉圈固定在基层上,其固定方法如图 10-12 所示。

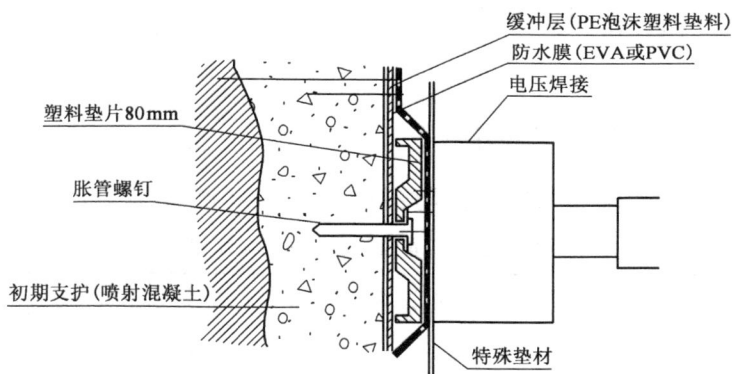

图 10-12　防水板固定方法设计图

缓冲层的连接可根据实际工程情况,采用缝合法或搭接法。缝合宽度不应小于 0.1mm,缝线抗拉强度应达到缓冲层抗拉强度的 60% 以上;采用搭接法时,搭接宽度不应小于 0.3m。

防水板是夹层防水体系的关键部分,也是阻止渗水向二次衬砌渗透的主要措施。它不仅防水效果好,还可以隔离初期支付和二次衬砌,减少二次衬砌的收缩裂缝。防水板品种主要有:乙烯-醋酸乙烯共聚物(EVA)、聚氯乙烯(PVC)、聚乙烯-醋酸乙烯-沥青共聚物、聚乙烯(PE)等。

塑料防水板应符合下列规定:幅宽为 2 ~ 4m;厚度不得小于 1.2mm;耐穿刺性、耐久性、耐水性、耐腐蚀性、耐菌性;塑料防水板主要性能指标应符合表 10-9 的规定。

塑料防水板指标性能

表 10-9

项目	断裂拉伸强度 (MPa)	断裂延伸率 (%)	热处理时尺寸变化率 (%)	低温弯折性	抗　渗　性
指标	≥12	≥200	≤2.5	-20℃无裂纹	0.3MPa(24h 不透水)

三、防水板设计对施工的要求

（1）防水板应在初期支护基本稳定并经验收合格后进行敷设，敷设基面的强度、干燥程度均要达到规范要求。

（2）基层平整度应符合下式要求：

$$D/L = 1/10 \sim 1/6 \qquad (10-1)$$

式中：D——初期支护基层相邻两凸面凹进去的深度；

L——初期支护基层相邻两凸面间的距离。

（3）铺设防水板前应先铺缓冲层。

（4）铺设防水板时，边铺边将其与暗钉圈焊接牢固。两幅防水板的搭接宽度应为 10cm。搭接缝应为双焊缝，单条焊缝的有效焊接宽度不应小于 10mm，焊接严密。环向铺设时先拱后墙，下部防水板应压住上部防水板。

第七节　盾构法区间隧道防水设计

一、盾构隧道衬砌防水基本措施

不同防水等级的盾构隧道衬砌防水措施应符合表 10-10 的规定。

不同防水等级盾构隧道的衬砌防水措施　　表 10-10

防水措施 防水等级	高精度管片	接缝防水				混凝土内衬或其他内衬	外防水涂料
		密封垫	嵌缝	注入密封剂	螺孔密封圈		
一级	必选	必选	全隧道或部分区段应选	可选	必选	宜选	宜选
二级	必选	必选	部分区段宜选	可选	必选	局部宜选	对混凝土有中等以上腐蚀的地层宜选

二、管片防水密封垫

1. 分类

在盾构工法发展的同时，研究开发了各式各样材质构造的管片接缝防水密封材料。

就材质而言，最初使用的是沥青系材料，后来以提高防水性能为目的，利用了未硫化橡胶系列、硫化橡胶系列、发泡材系列、聚氨酯系列等多种基材。

按构造形式的不同可分为，有单一材料制品和复合材料制品。

由止水功能分析，从非膨胀性材料研究发展到水膨胀性材料，可以适应管片接缝的变形而保持水密性。

水膨胀性与非膨胀性材料还可相互复合,加工成新的密封材料。

2. 沟槽形状

管片防水密封材料的选定和管片密封沟槽形状的设计如何优化,取决于以下两个方面。

(1)尽可能多地收集施工实例资料,对其施工过程、防水效果作出综合分析,来决定设计方案。

(2)从管片拼装误差、接缝容许变形量、密封材料特性三者之间,做出理论计算,再取一定的安全系数。

首先,要确定对粘贴面、千斤顶接触面及角部的基本要求,即粘贴面试管片是单面粘贴还是双面粘贴;千斤顶接触面如何保护密封垫;管片角部的密封垫是折曲粘贴,还是切断后对齐粘贴,或者密封垫加工成直角方形框,套箍到管片上。

微课22
盾构法区间隧道
防水技术
扫描此码 深度学习

其次,由管片拼装的误差和地层水压力决定对防水密封材料的止水性能要求。由管片构造和施工经验决定接缝的最大张开量,并要兼顾发生地震时可能出现的接缝张开量。通常,还要考虑衬砌背后注浆,盾构推进纠偏对接缝的影响;以及衬砌脱出盾尾之后,水压力已产生作用,但水膨胀橡胶尚未膨胀时,材料本身要具有弹性复原止水的足够能力。

再次,密封沟槽形状与密封材料的体积之关系也至关重要。

密封沟槽的形状,由密封材料的耐压试验资料决定。密封材料本身与其加工成不同形状制品时,其耐压性能有所不同。因此,密封垫形状、材料以及沟槽形式是紧密相关的,必须清楚地认识到这一点。通常,耐压性能与密封材料本身的容许压缩率有关,需依次调整密封沟槽的深度和密封垫厚度。密封垫压缩率计算公式如下(图10-13):

$$压缩率(\%) = \frac{2h - 2d - 接缝张开量}{2h} \times 100\% \quad (10-2)$$

式中:h——密封垫厚度;

d——密封沟槽深度。

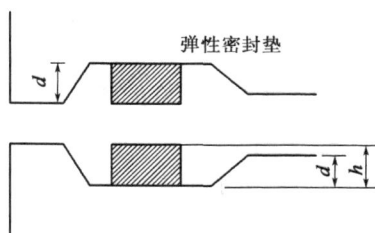

图10-13 密封垫压缩率的计算

另外,密封材料体积 V_1 与接缝张开量为零时的密封沟槽体积 V_2,应保持 $V_1 \leqslant V_2$ 的关系。

若 $V_1 \leqslant V_2$,压缩到接缝张开量为零时,必然需要过大的压缩力,对管片拼装精度不利;同时,溢出沟槽的密封材料会发生塑变,丧失了弹性止水功能。

3. 截面形式

钢筋混凝土管片接缝防水的主要防线是环绕管片肋面设置沟槽,在沟槽内粘贴或套箍预制的橡胶密封条。对这种用途的制品,专门称其为"管片接缝防水密封垫"(简称密封垫)。

密封垫的止水机理是在管片压密后,靠橡胶本身的弹性恢复原力密封止水。为了使密封垫的弹性复原力永久保持,除了与密封沟槽的深度设计有关之外,最重要的是密封垫断面设计。如齿槽型、中空型均有利于弹性复原力的永久保持(图10-14)。

在欧洲,管片防水密封垫是以橡胶在接缝中的弹性复原力挤密防水为主流(图10-15)。其材质有氯丁橡胶(CR)、丁苯橡胶(SBR)、三元乙丙橡胶(EPDM)等橡胶。这种构造形式在管片拼装、接缝压密时,接缝的端面棱角处易遭受损伤。

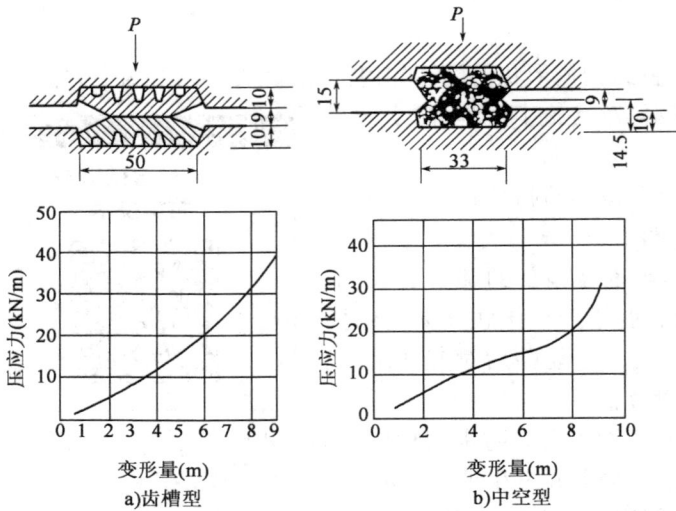

图 10-14　密封垫不同断面形式的应力-应变曲线(尺寸单位:mm)

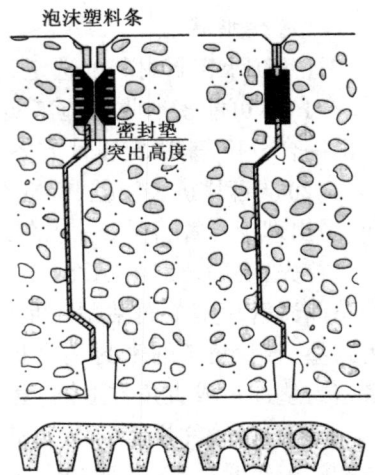

a)齿槽型　　b)中空型

图 10-15　欧洲应用的典型管片密封垫构造图

综合国内外资料,管片接缝防水密封垫的设计应考虑以下几点。

(1)对止水所需的接触面压力,设计时要顾及接缝的张开量和错位量。

(2)在设计确定的耐水压力条件下,接缝处不允许出现渗漏。

(3)在千斤顶推力和管片拼装的作用下,不致使管片端面和角部损伤等弊病发生。

(4)要考虑远期的应力松弛和永久变形量。

(5)对隧道容许的渗透量,应以契约的形式保证。

4.材料性能

《地下防水工程质量及验收规范》(GB 50208—2011)对弹性橡胶密封垫材料物理性能和遇水膨胀橡胶密封垫胶料物理性能的规定,见表 10-11 和表 10-12。

弹性橡胶密封垫材料物理性能　　　　　　表 10-11

序号	项　　目			指　　标	
				氯丁橡胶	三元乙丙胶
1	硬度(邵尔 A,度)			(45±5)～(60±5)	(55±5)～(70±5)
2	伸长率(%)			≥350	≥330
3	拉伸强度(MPa)			≥10.4	≥9.5
4	热空气老化	70℃×96h	硬度变化值(邵尔 A,度)	≤+8	≤+6
			拉伸强度变化率(%)	≥-20	≥-15
			扯断伸长率变化率(%)	≥-30	≥-30
5	压缩永久变形(70℃×24h)(%)			≤35	≤28
6	防霉等级			达到与优于2级	达到与优于2级

注:以上指标均为成品切片测试的数据,若只能以胶料制成试样测试,则其伸长率、拉伸强度的性能数据应达到本规定的120%。

遇水膨胀橡胶密封材料物理性能

表 10-12

项 目		性 能 要 求		
		PZ-150	PZ-250	PZ-400
硬度(绍尔 A,度)		41 ±7	42 ±7	45 ±7
拉伸强度(MPa)		≥3.5	≥3.5	≥3.0
扯断伸长率(%)		≥450	≥450	≥350
体积膨胀倍率(%)		≥150	≥250	≥400
反复浸水试验	拉伸强度(MPa)	≥3	≥3	≥2
	扯断伸长率(%)	≥350	≥350	≥250
	体积膨胀倍率(%)	≥150	≥250	≥300
低温弯折(-20℃ ×2h)		无裂纹		
防霉等级		达到与优于 2 级		

注:1. 成品切片测试应达到本指标的 80% 。

2. 接头部位的拉伸强度指标不得低于本指标的 50% 。

3. 体积膨胀倍数率是浸泡前后试样质量的比率。

三、管片嵌缝

普通管片环的嵌缝槽,一般深约 25mm,单面绝对宽度为 6mm。嵌缝槽可平行槽边,平底及平的外表面。铸铁管片的嵌缝槽,通常是铣出来的,而混凝土管片的嵌缝槽,可以制成"底宽口窄"的形状以利嵌缝材料的嵌固,其槽底可以制成斜楔口,当管片接缝出现张角时,以利嵌缝材料填入接缝间隙。后一种构造形式还有利于嵌缝槽工具的勾缝。通常混凝土表面不需要凿毛。

嵌缝材料采用石棉和水泥的复合物。其中多数是用于混凝土管片,也可以用于铸铁管片的嵌缝。可膨胀的嵌缝材料在美国和英国已有新的发展,聚氨酯泡沫嵌缝材料即是一例。这种嵌缝材料是用低黏度的聚氨酯化合物浸渍麻丝或黄麻,再加水而制成的。另一种新的嵌缝材料,其中包覆经过初次或二次特殊处理过的帘子线,受潮时膨胀,能够在一定程度上适应接缝变形而不会开裂。

四、导水沟、导水沟密封垫

嵌缝槽可以改良为采用预制嵌条来进行密封,嵌条覆盖到槽口,在嵌条下面设计一个导水沟(这种带有导水沟的嵌条译为"导水沟密封垫")。到目前为止所研究的导水沟密封垫只能承受低水压力,其作用是将隧道上部的水导流至隧道下部排走。设计使用导水沟密封垫的隧道工程,衬砌环务必拼装得十分精确,管片预留沟槽还必须洁净。导水沟密封垫在管片十字接缝处的构造要周密地进行设计。

导水沟密封垫由乙丙合成橡胶制成,可以加工成各种尺寸,如图 10-16 所示。导水沟密封垫的十字连接,是将制件切成 U 形接口,用聚氨酯胶黏结在一起,使用掺有树脂的丁基水系胶黏剂封涂管片混凝土表面,并将导水沟密封垫黏结到嵌缝槽内。这种密封垫经过试验可以承受 $10N/cm^2$ 的水压而不渗漏。

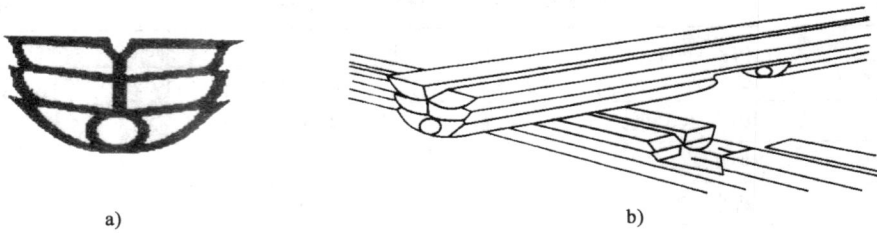

图 10-16　导水管密封垫（英国）

德国地下交通规划研究协会试验的另一种合成橡胶导水沟密封垫如图 10-17 所示。图 10-17b) 得出最令人满意的试验结果，但是它仅可承受 $0.5 \mathrm{kg/cm^2}$ 的水压力，而且要求管片的拼装精度达到 1mm。

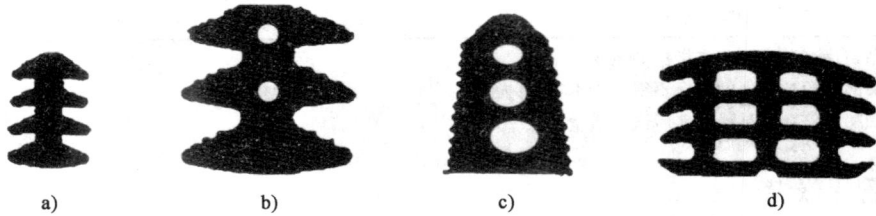

图 10-17　试验的导水沟密封垫（德国）

五、接缝灌注密封剂

近年来，研究人员研究出了一种以合成树脂为基料的密封材料，将其灌注到管片环纵缝中间相互连通的预留沟槽内。但该项技术尚未广泛应用。

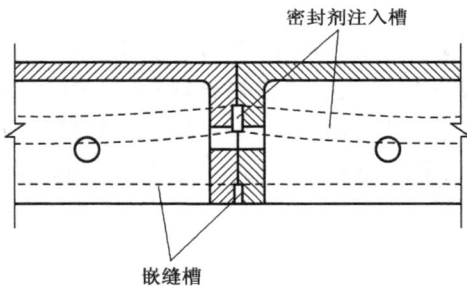

采用这种灌注工艺的一个例子是，密封剂槽孔毗连并绕过管片肋和所有的螺栓孔，以使拆除任何一个螺栓，都可直接与泵相接，进行密封剂的灌注（图 10-18）。密封剂的注入进行情况，可以通过拆除附近的螺栓进行检查。

图 10-18　在螺栓连接管片接缝中推荐采用的密封剂灌注槽

六、密封垫实例

我国 5 个盾构法隧道工程的管片防水密封垫实例，见表 10-13。

国内盾构法隧道工程的管片密封垫（单位：mm）　　　　　　　　　表 10-13

序号	工 程 名 称	密封垫断面形式	备　注
1	上海地铁 2 号线		环纵缝通用

序号	工 程 名 称	密封垫断面形式	备 注
2	上海外滩观光隧道	变形缝环加贴水膨胀橡胶 28 三元乙丙橡胶 14.5 37	环纵缝通用
3	深圳地铁 2A 标段	水膨胀橡胶 三元乙丙橡胶 16 25	环纵缝通用
4	深圳地铁 2B 标段	水膨胀橡胶 6 18 三元乙丙橡胶	环纵缝通用
5	南京地铁	水膨胀橡胶 三元乙丙橡胶 16 25	环纵缝通用

注:1.上海地铁2号线(水膨胀橡胶与氯丁橡胶复合型)。

　　2.上海外滩观光隧道(三元乙丙橡胶)。

　　3.深圳地铁2A标段(三元乙丙橡胶与水膨胀橡胶复合型)。

　　4.深圳地铁2B标段(三元乙丙橡胶与水膨胀橡胶复合型)。

　　5.南京地铁(三元乙丙橡胶与水膨胀橡胶复合型)。

第八节　沉管法区间隧道防水设计

1.管段混凝土防水

20世纪50年代初,出现三边包裹的钢壳,即顶板上的钢板用柔性防水层代替;1956年出现单边钢板防水加三边柔性防水的做法,底板仍保留钢板作防水层(取其在施工阶段不易被损坏);20世纪60年代初,在一些沉管隧道的工例中,开始有全部采用柔性防水的设计。

柔性防水层最初使用沥青油毡,20世纪50年代开始采用了玻璃纤维布油毡,到20世纪60年代后期,异丁橡胶卷材开始应用于管段防水。近年来,又发展了涂料防水代替施工较麻烦的卷材防水。

沉管隧道外防水用的卷材,以选用织物卷材(如玻璃纤维布油毡)为宜,其强度大、韧性好。1969年，丹麦的水底隧道采用了异丁橡胶合成橡胶卷材。水底隧道的水下深度一般约为20m，所用卷材层数达5～6层之多。

随着化学工艺的发展，涂料防水逐渐被引用到管段防水上来，它最突出的优点是操作工艺比卷材防水简单，能在平整度较差、潮湿的混凝土面上直接涂布。

2. 管段分缝及其防水

（1）变形缝的布置与构造

钢筋混凝土的沉管结构，如无适当的措施，很容易因隧道的纵向变形而开裂。假定混凝土浇筑温度为5～15℃，沉管外侧温度为10℃，内测温度为0～25℃，而整个沉管隧道又是整体无缝的，那么在变温影响下所产生的纵向应力可达$40kg/m^2$，沉管结构势必发生严重的开裂。又如，管段在干坞中预制时，一般都是先浇筑底板，隔若干时日后再浇筑竖墙和顶板。两次浇筑的混凝土，龄期、弹性模量、剩余收缩率均不相同，后浇的混凝土不能自由收缩，而要受到偏心受拉内力的作用，常易发生裂缝。此外，不均匀沉降、地震影响等都可能导致管段开裂。这种纵向变形所引用起的裂缝都是通透的，对防水很不利。因此，在设计中必须采取适当措施加以防止。

最有效的措施是设置垂直于隧道轴线方向的变形缝，把每节管段划分成若干节段。根据各国的实践经验，节段的长度不宜过大，一般为15～20m（图10-19）。

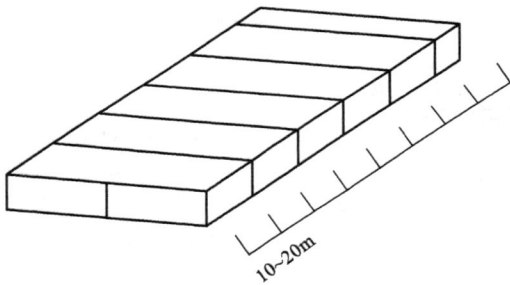

图10-19　变形缝的布置（节段的划分）

变形缝的构造要满足以下三个主要要求：

①能适应一定幅度的线变形与角变形。

②施工阶段能传递弯矩，使用阶段能传递剪力。

③变形前后均能防水。

为满足第一个要求，变形缝左右两侧管段节段的端面之间，要留一小段间隙，不使直接接触。间隙中用防水材料充填。间隙的宽度应按变温幅度与角变量来决定，一般不少于2cm。

在管段浮运时，为了保持管段的整体性，变形缝一定要能传递由波浪引起的纵向弯矩。如管段结构的纵向钢筋在变形缝处全部切断，则需安设临时的预应力索（或预应力筋），待沉设完毕后，再行撤去。如不设临时预应力设施，则可将变形缝处的外侧纵向钢筋切断，而临时保留内侧纵向钢筋，待沉设完毕后，再进行切断（图10-20）。为传递横向剪力，宜采用台阶缝，如图10-21所示。

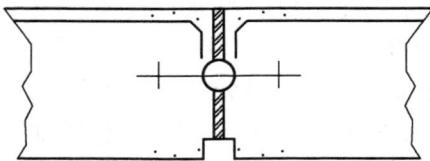

图10-20　变形缝传力图

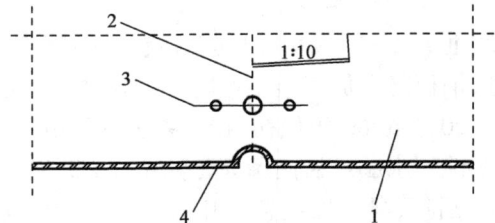

图10-21　变形缝的抗剪措施

1-管壁；2-变形缝；3-钢片橡胶止水带；4-止水钢板

（2）管段各节段间的变形缝止水带

在管段各节段间的变形缝,是保证管段不裂、不漏的"安全阀",因此非常重要。在变形缝的各组成部分中,最为主要的是既能适应变形,又能有效地堵住渗漏的止水缝带。

在管段中应用较普遍的是钢边橡胶止水带(图10-22),以提高止水效果。

（3）管段接头防水

管段沉设完毕之后,须与前面已沉设好的管段(简称既设管段)或竖井接合起来。这项连接工作在水下进行,故亦称水下连接。

管段接头应具有以下功能和要求:第一是

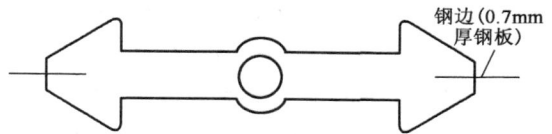

钢边(0.7mm厚钢板)

图10-22 钢边橡胶止水带

水密性的要求,即要求在施工和运营各阶段均不漏水;第二是接头应具有抵抗各种荷载作用和变形的能力;第三是接头的各构件功能明确,造价适度;第四是接头的施工性好。如图10-23a)所示。

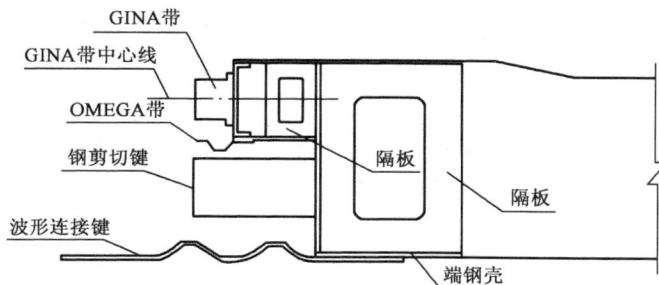

a)GINA止水带接头构造图

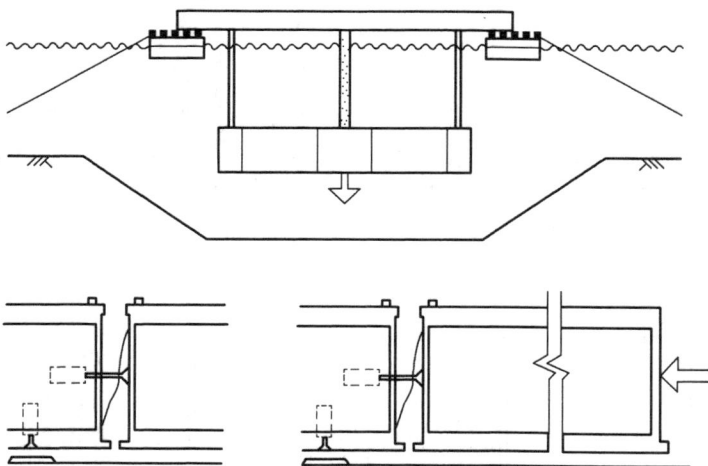

b)水下压接示意图

图10-23 管段接头构造及水力压接法

水下连接的方法有两种,分别为水下混凝土连接法和水力压接法。目前,采用水力压接法的较多。

水力压接法就是利用作用在管段上巨大水压力使安装在管段前端面（靠近已设管段或竖井的端面）周边上的一圈胶垫发生压缩变形，形成一个水密性可靠的管段间接头。在管段下沉就位完毕后，先将新设管段拉向既设管段并紧密靠上，这时胶垫产生了第一次压缩变形，并具有初步止水作用。随即将既设管段后端的端封墙与新设管段前段的端封墙之间的水（这时这部分水已与河水隔离）排走。排水前，作用在新设管段前、后两端封墙上的水压力是相互平衡的。排水后，作用在前端封墙上的水压力变成一个大气压力的空气压力。于是作用在后端封墙上的巨大水压力就将管段推向前方，使胶垫产生第二次压缩变形，如图 10-23b）所示。经二次压缩变形后的胶垫，使管段接头具有可靠的水密性。

第九节　车站与区间隧道防水衔接

地下车站与区间隧道均为明挖法，其结合部的防水并无特别之处，其防水设计原则已在本章第四节简略提及，此处不再赘述。

当车站为明挖，而隧道为暗挖时，其衔接防水以盾构法为典型，故本节所述均为盾构法。

一、衔接的工法

在软土地层中，车站与区间隧道衔接是整个工程的难点。衔接的工法有气压工法、土体置换、钢板桩围护、冻结法、化学注浆加固等九种工法。近年来我国应用较多的是冻结法、化学注浆加固法，如图 10-24 所示。

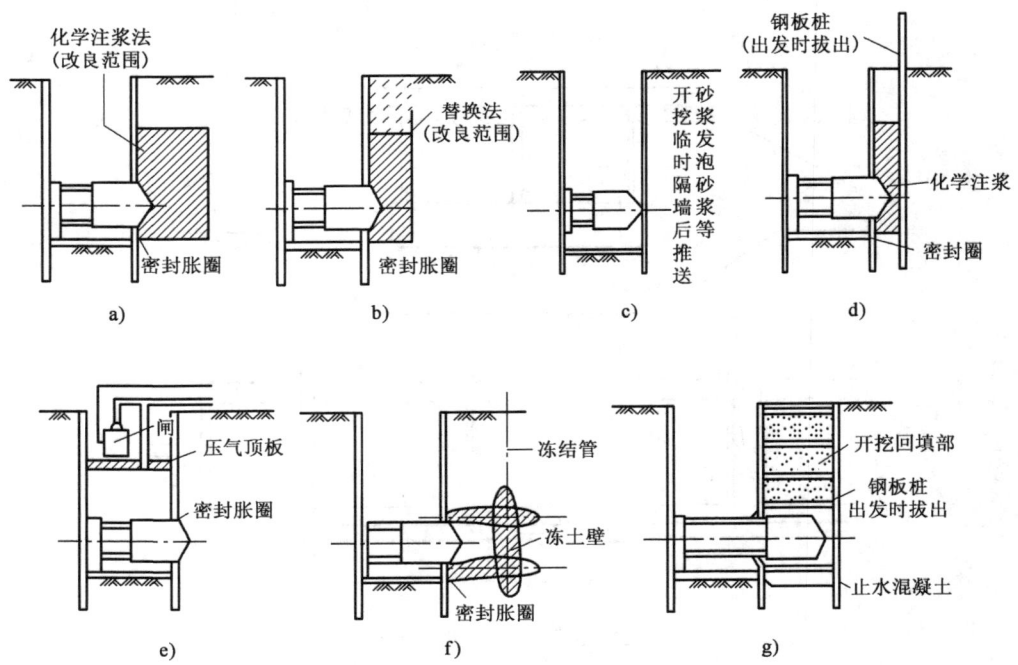

图 10-24　车站与区间隧道衔接的工法

二、衔接的防水装置

采用盾构法建造区间隧道时,首先要在地铁车站两端建造盾构安装工作井,一端为盾构始发井,另一端则为盾构到达井。盾构始发通过预留洞门进入土层,称"盾构出洞";盾构推进到正面地铁车站到达井,从土层进入预留洞门,称"盾构进洞"。盾构出洞前,必须对洞口土体进行加固处理,以防止洞门打开时,土体和地下水涌入工作井内引起地面塌陷和危及盾构作业安全。

由于车站端头井预留孔洞的直径大于盾构直径,盾构进洞时,两者之间存在的间隙会导致水、泥沙流入,因此也需要采用地基加固的方法,来保证盾构进洞的安全。

洞口土层加固的厚度按盾构到达与始发的不同要求为 $3.0 \sim 6.0$ m,加固后的土体,应有良好的均匀性和自立性。但土体加固的质量常因多种原因无法达到预期的效果,因此进出洞需配合土体加固设置防水装置来保证施工安全。

1. 插板式出洞防水装置

最初设计的插板式出洞防水装置如图 10-25 所示。在车站端头井,内衬混凝土浇筑前,预埋钢环上要预先烧焊成环布置的预埋螺母,且其端部采用圆钢片与螺母紧密焊接,以免内衬混凝土浇捣时泥浆流入其中,造成螺母堵塞。

盾构出洞防水装置时,先设置预制成环的帘布橡胶板于洞口位置,帘布橡胶板在生产过程中加入了环向和径向锦纶线,保证了帘布橡胶板在隧道推进过程中的完整性,且不会随着盾构和衬砌的外翻而受损。另外,帘布橡胶板的端部设计成圆球凸起状,以加强端部与盾构或衬砌外径的紧密相贴(图 10-26)。

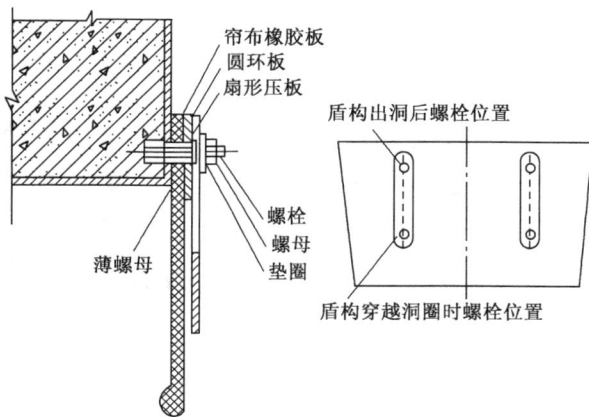

图 10-25 插板式出洞防水装置图

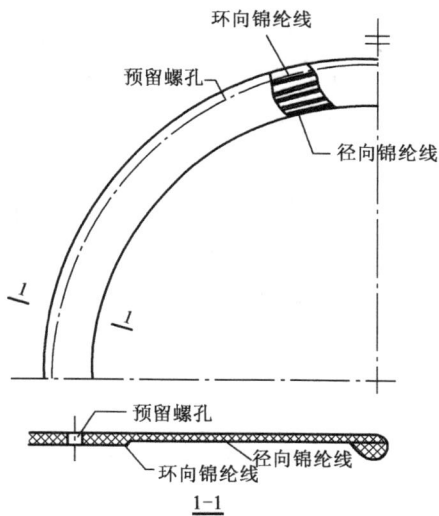

图 10-26 帘布橡胶板细部构造图

为使帘布橡胶板与洞口紧密相贴,需紧跟其后压上圆环板。圆环板可分段加工制作,但安装时,段与段之间的间隙应控制在最低程度。最后,设置可沿洞圈径向移动的扇形压板;再设置垫圈、螺母、螺栓,以便对扇形压板加以定位。螺栓穿过圆环板、帘布橡胶板上预留的螺孔,固定于预埋钢环上的螺母内。

在盾构穿越洞圈时，呈圆环状排列的扇形压板与盾构外径尽量紧密相接，而帘布橡胶板会向盾构推进方向外翻。此外，水、土压力正好作用于外翻部分会向出洞井方向移动，紧靠住扇形压板，形成一紧箍于盾构外径的"袜套"，从而形成封闭的出洞防水密封环圈。待盾构穿越洞圈后，衬砌外径小于盾构外径，洞圈与衬砌之间的间隙增大，此时施工人员沿衬砌径向往隧道圆心移动扇形压板，呈圆环状的扇形压板向衬砌中心收缩，扇形压板与盾构外径呈紧密相接状态，起到了洞圈防水功能。

2. 铰链式出洞防水装置

上述出洞防水装置能达到良好的出洞防水效果，但扇形压板的移动需靠人工作业，给施工带来一定的不便，因此设计人员对出洞防水装置进行了设计优化，采用铰链板装置替代了扇形压板装置，如图 10-27 所示。铰链板装置的优点在于无论是盾构穿越洞圈时还是穿越洞圈后，翻板始终可与盾构外径或衬砌外径紧密相接而无须人工作业。帘布橡胶板可随着铰链板的翻转角度，随时保持其与铰链板的紧密相贴。铰链板装置由固定板、翻板、销套、开口销组成。固定板与翻板通过销套、销轴、开口销连为一体，然后固定板烧焊于圆环板上，形成一防水单元。

3. 双道铰链式出洞防水装置

为适应大直径的盾构隧道，根据实际工况设计的双道铰链式出洞防水装置，如图 10-28 所示。

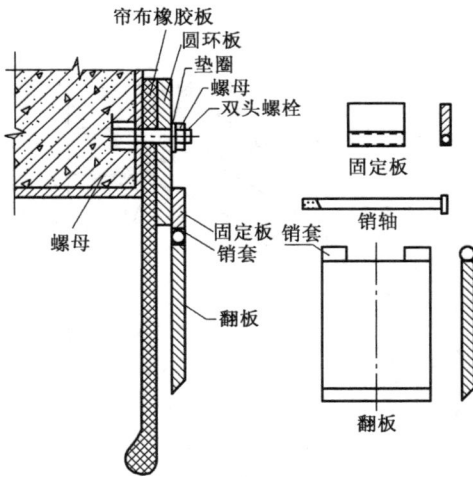

图 10-27　铰链式出洞防水装置图

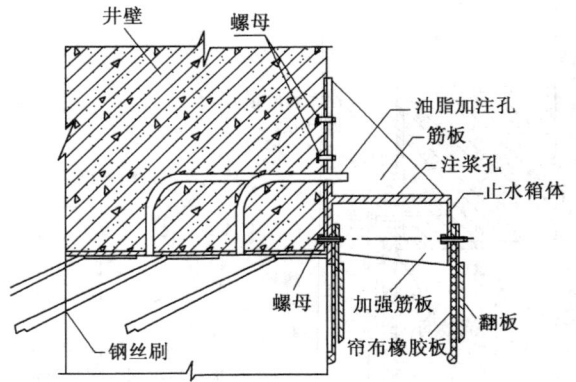

图 10-28　双道铰链式出洞防水装置图

该出洞防水装置采用双道铰链式密封压件与帘布橡胶板组成防水线。双道铰链式密封压件之间以止水箱体相连接，止水箱体为一整体密封构件，可通过箱体上的注浆孔灌注防水砂浆与压注堵水材料，以加强两道出洞防水装置之间的止水效果。另外，通过井壁处设置三道密封钢丝刷以及对油脂加注孔压注耐高水压、难燃型油脂的方法，可形成新一道组合密封止水线。此创意是把盾构尾部密封原理应用在了出洞防水装置上。

三、衔接处的最终防水处理

1. 盾构始发车站

盾构从车站工作井始发,推出洞门后,应对洞圈进行永久性防水处理,通常的做法是沿洞圈焊接弧形钢板。洞圈内的管片为特殊管片,即管片制作时在外背面预埋钢板。整个衬砌环的预埋钢板,在管片制作时要注意遵照设计的防水要求。

2. 盾构到达车站

盾构到达车站后的洞圈防水处理必须迅速、及时。

洞圈的建筑空隙要用麻布、木楔及时嵌入,封堵止水,然后沿洞圈全周焊接弧形钢板。

为密实地充填洞圈的建筑空隙,通常还辅以水泥灌浆。

3. 衔接处的最终防水处理

地铁车站、区间隧道施工完成,车站、隧道清理洁净,铺设轨道之前,为确保隧道与车站的刚性连接,防止该部位不均匀沉降对列车行驶的安全危害,沿整个洞圈要浇制钢筋混凝土加强环。通常条件下,因不可避免的盾构推进误差,盾构到达车站后,总是会有一环管片不同长度的伸出车站内壁,这一环管片要等拆除后,现场浇制钢筋混凝土加强环。

思　考　题

1. 试述地铁防水的重要性及地铁隧道防水工程的新材料、新技术、新工艺。
2. 地铁防水的一般原则是什么?
3. 复合式衬砌夹层防水如何设计?它有什么优点?
4. 盾构法结构防水具体包括哪些内容?
5. 地铁车站与暗挖区间隧道的防水措施主要有哪些?

第十一章 城市轨道交通环境与灾害控制

第一节 城市轨道交通的通风与空调

地铁的内部空气环境需要采用通风或空调系统进行控制,以保证其内部空气环境的空气质量、温度、湿度、气流组织、气流速度和噪声等,均能满足人员的生理及心理条件要求和设备正常运转的需要。

根据地铁环境及运营特点,通风空调系统应具备以下几种功能:

(1)列车正常运行时,保证地铁内部空气环境在规定的标准范围内,以便为乘客提供舒适的过渡环境,为管理人员提供舒适的工作环境。

(2)根据地铁系统内部各种设备的工艺要求,应提供空调或通风换气,以保证工艺设备良好运行所需的环境要求。

(3)列车阻塞在区间隧道时,对阻塞隧道进行机械通风,为列车空调系统提供运行所需的空气冷却能力和新风量。在阻塞期间维持列车内部乘客能接受的环境条件,或向疏散的乘客提供足够的新鲜空气,使乘客能迎着新风方向疏散。

(4)列车在地铁内发生火灾时,根据火灾发生地部位和具体位置,对事发点采取有效的通风、排烟措施,以诱导乘客安全撤离火场及消防人员进行灭火工作。

一、城市轨道交通通风空调系统的组成

城市轨道交通通风空调系统的组成按各地下车站功能区的划分可简化为四个子系统:①公共区通风空调兼排烟系统;②设备管理用房通风空调兼排烟系统;③隧道通风兼排烟系统;④空调制冷循环水系统。图11-1为通风空调系统的组成示意图。

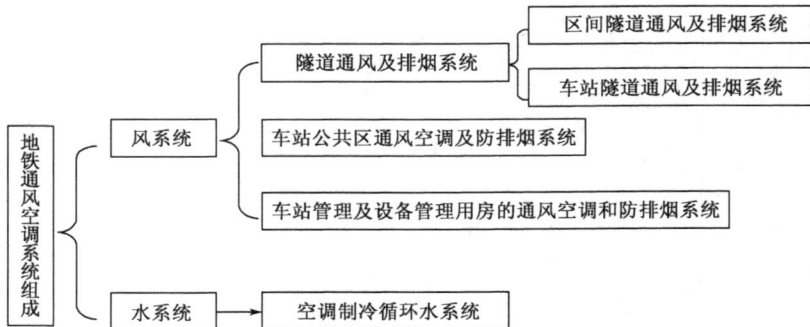

图11-1 通风空调系统的组成示意图

1. 车站公共区通风空调系统

车站公共区通风空调系统称为"大系统",同时兼作车站公共区排烟系统。该系统由空调机、新风机、回排风机、消音器、联动风阀和调节风阀等设备组成。

城市轨道交通车站的站厅、站台层公共区是乘客活动的主要场所,也是环控系统空调、通风的主要控制区。设计中除在站厅、站台长度范围内设有通风管道均匀送、排风外,还在站台层列车顶部设有车顶回、排风管(OTE),站台层下部设有站台下回、排风道(UPE),并在列车进站端的车站端部设有集中送风口,其作用是使进站热风尽快冷却,增加空气扰动,减少活塞风对乘客的影响。车站公共区空调大系统原理如图 11-2 所示。

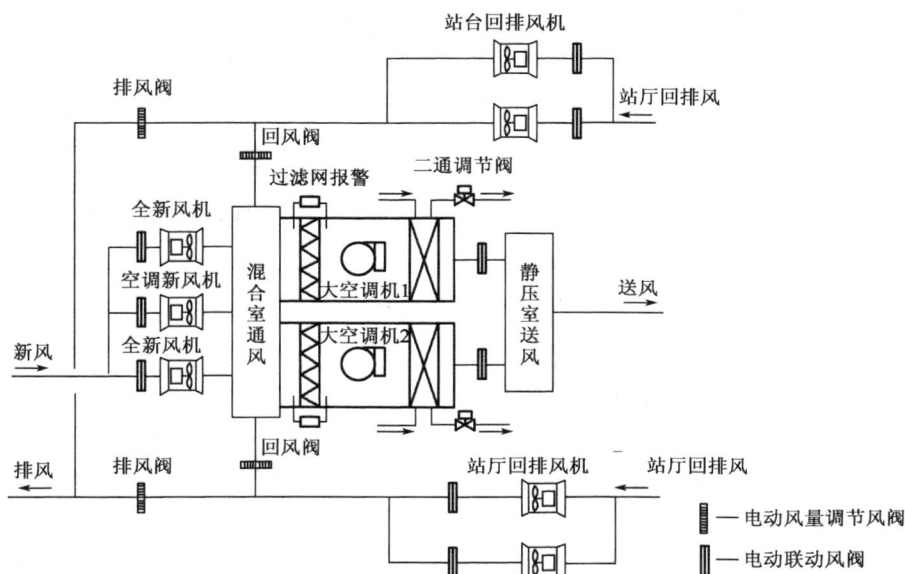

图 11-2　车站公共区空调大系统原理图

车站的空调、通风机设于车站两端的站厅层,设备对称布置,基本上各承担半个车站的负荷,车站大系统主要有:四台组合式空调机组,四台回、排风机,以及相应的各种风阀、防火阀等设备。其作用是通过空调或机械通风来排除车站公共区的余热余湿,为乘客创造一个舒适的乘车环境;并在发生火灾时通过机械排风方式进行排烟,使车站内形成负压区,新鲜空气由外界通过人行通道或楼梯口进入车站站厅、站台,便于乘客撤离和消防人员灭火。

站厅层的空调采用上送上回形式,站台层采用上送上回与下回相结合的形式。一般在列车顶部设置轨顶回、排风管将列车空调冷凝器的散热直接由回风带走,同时在站台下设置站台下回、排风道,直接将列车下面的电器、制动等发热和尘埃用回风带走。图 11-3 为某岛式车站风流组织示意图。

车站站台或列车发生火灾时,除车站站台的回、排风机运转向地面排烟外,其他车站大系统的设备均停止运行,使站台到站厅的上、下通道间形成一个速度不低于 1.5m/s 的向下气流,便于乘客迎着气流撤向站厅和地面。车站站厅发生火灾时,站厅回、排风机全部启动排烟,大系统的其他设备均停止运行,使得出、入口通道形成由地面至车站的向下气流,便于乘客迎着气流撤向地面。

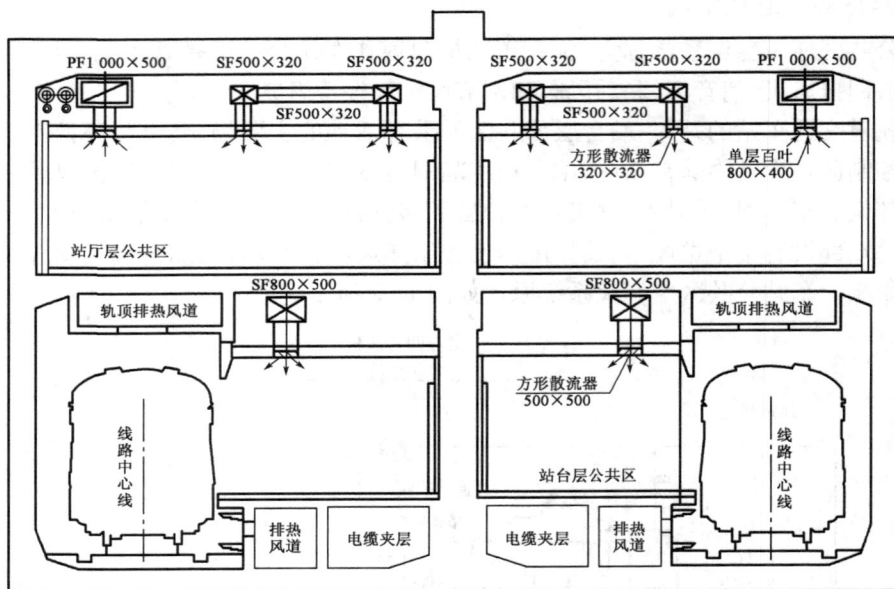

图 11-3 某岛式车站风流组织示意图（尺寸单位：mm）

2. 车站设备用房通风空调系统

车站设备用房通风空调系统称为"小系统"，由空气处理机、送风机、回排风机、各类风阀组成。小系统设备一般位于车站站厅层两端的环控机房和小系统通风机房。

车站的管理及设备用房区是城市轨道交通车站管理系统的核心地带，也是环控系统设计的重点地区。机房一般布置在车站两端的站厅、站台层，站厅层主要集中了通信、信号、环控电控室、低压供电、环控机房以及车站的管理用房；站台层主要布置的是高、中压供电用房。车站设备管理用房通风空调系统原理如图 11-4 所示。

不同的设备用房对环境温湿度要求也不同，小系统的空调、通风根据以下四种形式分别设置独立的送风和（或）排风系统。

（1）需空调、通风的用房，例如通信、信号、车站控制、环控电控、会议等用房。

（2）只需通风的用房，例如高、低压，照明配电，环控机房等用房。

（3）只需排风的用房，例如洗手间、储藏间等。

（4）用气体灭火保护的用房，如通信、信号设备室，高低压室，环控电控室等。

车站小系统的设备组成主要包括车站的设备及管理用房服务的轴流风机，柜式、吊挂式空调机组及各种风阀。其作用是通过对各用房的温湿度等环境条件的控制，为车站工作人员提供一个舒适的工作环境，为各种设备提供正常运行的环境。在火灾发生时，通过机械排风方式进行排烟，有利于工作人员撤离和消防人员灭火。在气体灭火的用房内关闭送、排风管进行密闭灭火。

3. 空调制冷水系统

车站空调制冷循环水系统的作用是为车站内空调系统制造冷源，并将其供给车站空调大、小系统中的空气处理设备（组合式空调箱、柜式风机盘管），同时通过冷却水系统将热量送出车站。

城市轨道交通通风空调系统按冷源与车站的配置关系,可分为独立供冷与集中供冷两种形式。

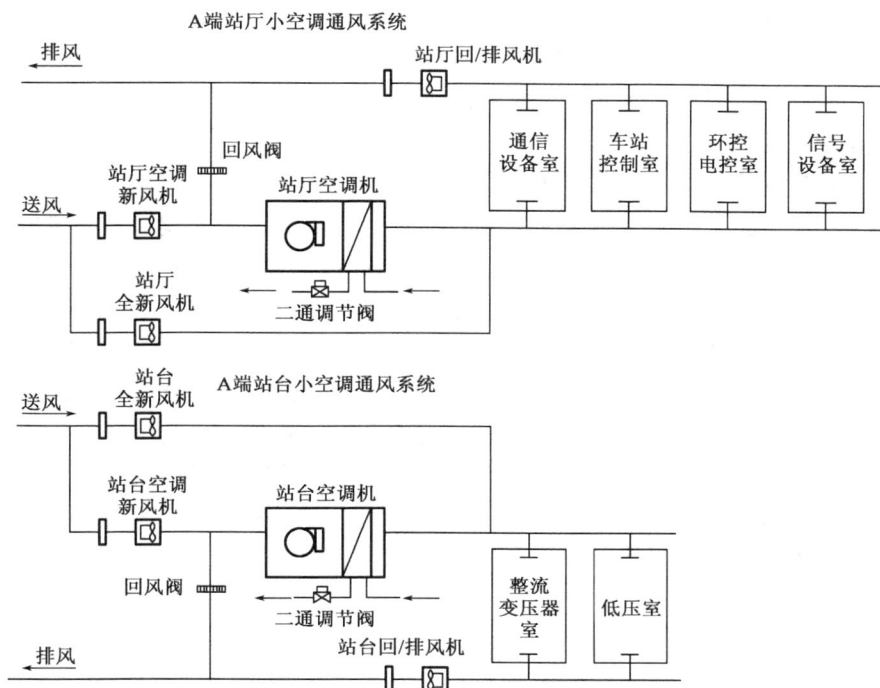

图 11-4 车站设备管理用房通风空调系统原理图

(1)独立供冷

独立供冷即在每个地下车站中均设置独立冷冻站,通常采用两台制冷能力相同的较大(制冷量≥1 000kW)的螺杆式机组和一台较小的(制冷量≤500kW)螺杆式冷水机组(或活塞式冷水机组及其他形式)组合运行的模式。两台制冷量大的螺杆式机组按大系统空调冷负荷选型;一台制冷量小的螺杆式冷水机组按小系统(负责设备管理用房)空调冷负荷选型,它既可单独运行,也可并入大系统,与大容量的螺杆式机组联合运行。空调水系统还包括冷冻、冷却水泵、冷却塔、空调箱等末端设备。冷冻站集中设置在车站一端制冷机房内,位置尽可能靠近负荷中心,力求缩短冷冻水供、回水管的长度。

在空调季节正常运行的工况下,根据车站冷负荷的大小来控制大容量螺杆式机组及小容量螺杆式冷水机组启停的台数;非空调季节,水系统全部停止运行。当发生区间隧道堵塞事故时,水系统按当时正常的运行工况继续运行。当站厅层、站台层公共区或区间隧道发生火灾时,关闭作为大系统冷源的那部分水系统,只运行与小系统有关的部分;当小系统设备用房发生火灾时,水系统全部停止运行。

(2)集中供冷

城市轨道交通集中供冷系统采用集中设置冷水机组、联动设备及其他辅助设备,经过室外管廊、地沟架空、区间隧道敷设冷水管,用二次水泵将冷水输送到车站空调大系统末端。与独

立供冷方式相比,集中供冷系统具有以下优点:

①能效高,环境热污染小,便于维护管理。

②通过对线网中冷冻站进行合理布局,以减少冷却塔对周围环境的影响。

③减少了前期为室外冷却塔设备占地及美观等要求与城市规划部门的协调工作量。

④冷冻站的数量少,可节约地下的有限空间。

⑤运营效率高,便于集中维护管理,提高自动化水平。

4. 隧道通风及排烟系统

隧道通风及排烟系统在正常运营情况下用于排热换气,灾害情况下用于定向排烟、排热和送新风。隧道通风系统的设备主要由分别设置在车站两端站厅、站台层的四台隧道通风机,以及与其相应配套的消声器、组合风阀、风道、风井、风亭等组件构成,其作用是通过机械送、排风或列车活塞风作用排除区间隧道内的余热余湿,保证列车和隧道内设备的正常运行。典型区间段通风兼排烟系统如图11-5所示。另外,在每天清晨运营前半小时打开隧道风机,进行冷却通风,既可以利用早晨外界清新的冷空气对城市轨道交通进行换气和冷却,又能检查设备及时维修,确保事故发生时能投入使用。在列车由于各种原因停留在区间隧道内,而乘客不能下列车时,顺列车运行方向进行机械通风,冷却列车空调冷凝器等,使车内乘客仍有舒适的旅行环境。当列车发生火灾时,应尽一切努力使列车运行到车站站台范围内,以利于人员疏散和灭火排烟。当发生火灾的列车无法行驶到车站而被迫停在隧道内时,应立即启动风机进行排烟降温,隧道一端的隧道风机向火灾地点输送新鲜空气,另一端的隧道通风机从隧道排烟,以引导乘客迎着气流方向撤离事故现场,消防人员顺着气流方向进行灭火开展抢救工作。

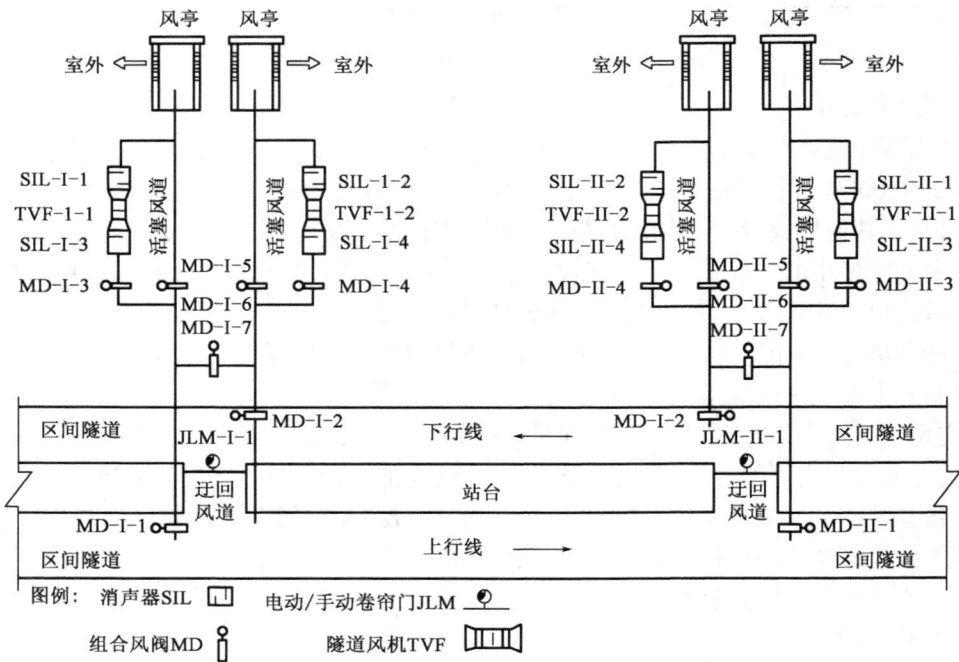

图11-5 典型区间段通风兼排烟系统

注:图中所有表示风流方向的箭头均可逆。

二、通风空调负荷确定及影响因素

1.通风空调负荷确定

对于确定的通风方式,通风空调系统的负荷大小就是确定该系统通风设备及相应建筑物的尺寸最重要的参数。确定通风空调的负荷需考虑以下几个方面:

(1)列车运行时产生的热量是地铁系统的主要热源,占地铁总热量的60%。由于地铁线路平、纵断面的差异以及列车效率、再生制动回收率等不同,这一经验数据差异较大。

(2)照明散热量,占总热量的比重不大,但不能忽略不计,车站内照明一般给出单位面积照明负荷,区间隧道照明一般给出每米隧道长度照明负荷。

(3)人体散热,占地铁总热量的8%左右,根据乘客所在地段可分为车站上和车厢内人体散热。

(4)设备散热,一般包括自动扶梯、售检票装置、广告栏、机房设备等,只要给出各种设备的负荷及各设备效率,便可直接计算。

2.影响通风空调负荷的因素

影响通风空调负荷有以下几种因素:

(1)环境控制系统运行模式。

(2)设计高峰小时客流量。车站的设计高峰小时客流量是影响车站空调负荷的一个至关重要的因素,它直接决定了站内乘客的散热、散湿量,间接决定了车站内各类售检票、自动扶梯等发热设备的设置数量,也决定整个环控系统的最小新风供给量。

(3)车站照明及广告灯箱的设置。位于市中心的车站站厅及站台层设置的各种广告灯箱密度大,灯具的发热量就大,应根据车站所处位置有区别地进行热量复核。

(4)热库效应。地铁周围土质是一个很大的容热体,起到了夏储冬放、调节地铁空气温度的作用,俗称热库效应。一般地铁产热量的25%~40%传到地铁周围的土质中。

(5)出入口及屏蔽门开启时热渗透。每座车站都设有两个以上的出入口,如果是换乘站,还有换乘通道,这些出入口与换乘通道无疑是车站空调负荷的"渗透点"。另外,当列车进站,屏蔽门开启时,区间热风将被带入站台成为一部分待处理的热负荷,它也是影响车站冷负荷的重要因素。

综上所述,影响地铁空调负荷的因素众多,且各项因素存在很大变数,如列车引起的活塞风和发热量随列车速度的不同而不断变化;区间热渗透量随区间隧道不同时期壁温的变化而变化;客流、车站环境不恒定,导致站内负荷变化。这些都对环控系统的设计提出了比较高的要求。

三、环控系统运行方式

1.车站环控系统

车站环控系统运行分空调运行、全新风运行和事故运行三种工况。其原理如图11-6所示。

(1)空调运行。在夏季,当站台、站厅的温湿度大于设定值时,启动空调系统,向站台和站厅送冷风。通过送、回风的温湿度变化调节新风与回风的比例及进入空调器的冷水量,保证站台、站厅的温湿度要求。

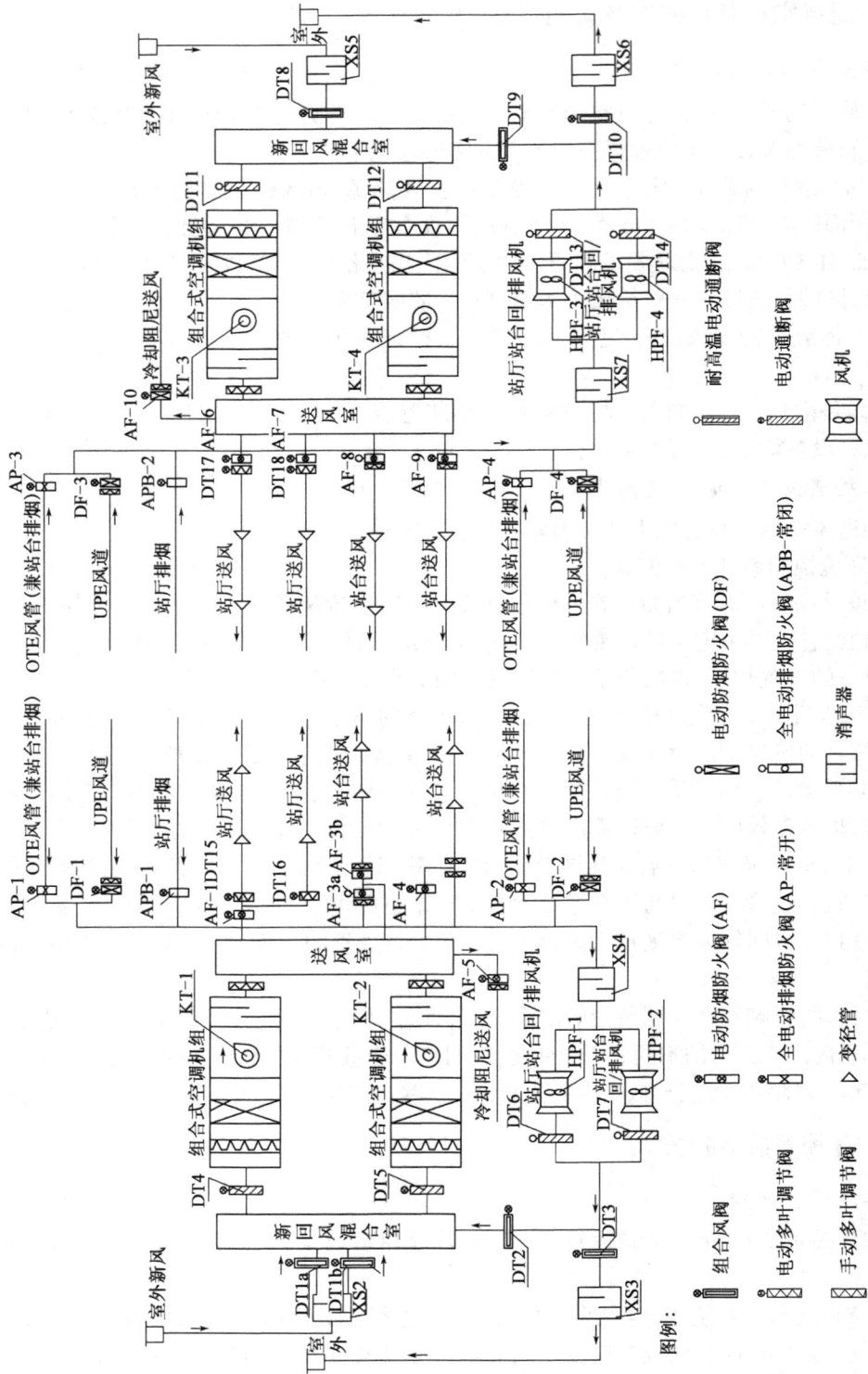

图11-6 车站环控系统原理图

（2）全新风运行。主要是在春、秋两季，当室外空气的焓开始低于站内空气的焓时，启动全新风风机将室外新风送至车站。

（3）事故运行。车站事故通风是当站厅层发生火灾时，关闭站台层送风系统及站厅层回、排风系统，启动全新风风机向站厅送风，由站台层回、排风系统将烟雾经风井直接排向地面。

2. 车站设备房及管理用房空调及通风系统

车站设备房及管理用房包括站长室、站务室、车站控制室、公安人员室、站台服务室等房间，管理人员较为集中。为提高各房间的空气调节效果，一般采用分体式空调机组；同时，另外设置机械送排风系统，提供新风和其他季节的通风换气。除此之外，还要对车站降压变电所、环控机房、车站出入口等地方采用机械送排风的措施。

3. 区间隧道通风及机械通风系统

区间隧道的运行主要有正常运行、堵塞运行和事故通风运行等三种工况。

（1）当列车正常运行时，利用列车在隧道内高速运动产生的活塞效应从车站一端风井引入新风，经过区间隧道由下一站风井排风。列车停靠车站时列车下部的制动发热量和顶部的空调冷凝发热量由站台排热通风系统进行排放。

（2）堵塞运行是当列车因故滞留在区间隧道时，为使列车空调器正常运转，关闭列车后方事故机房内的旁通风门，事故风机向区间隧道送入新风，前方站事故风机将区间隧道内的空气排至地面。区间内的气流方向应与列车的行进方向保持一致。

（3）当列车在区间隧道内发生火灾时，区间隧道一端的事故风机向火灾区间送风，另一端事故风机将烟雾经风井排至地面。中央控制室确认火灾后，根据事故列车在区间隧道内的位置、列车内事故的位置和火灾源距安全通道的距离等决定通风方向，以利于乘客的安全疏散。乘客的疏散方向必须与气流的方向相反，使疏散区处于新风区。

四、防排烟系统

据资料记载，仅从1971年12月到1987年11月期间，欧洲和北美地铁中就发生40多起重大火灾，并导致人员伤亡。调查统计发现，所有伤亡中绝大部分是烟熏所致，如1979年在美国旧金山海湾隧道的地铁列车着火事故中，1人死亡，56人因受烟熏致伤。因此，现在地铁把防排烟系统设计放在了重要地位。

1. 地铁防排烟系统的特点

若地铁对外连通的口部相对较少，一旦发生火灾，浓烟很难自然排除，故必须设置机械排烟系统。

地下铁道设有坡度，有时一个区间隧道内其坡度、坡向不尽相同，最小坡度为0.3%。最大可达3%。在高温受热条件下，坡度越大升力也越大，当排烟方向与坡向一致时，排烟系统应考虑克服烟气的上升力。由于地铁隧道是狭长的建筑物，列车在区间隧道发生火灾时，乘客从事故地点往口部撤离，一般需要经过较长的路程，且乘客对疏散通道的情况不熟悉，因此疏散极限视距应大于30m，减光系数不大于$0.1m^{-1}$。

2. 排烟标准

按使用性质及排烟特点来区分，地铁内主要分为三大区域，即车站的站厅和站台；区间隧道；车站设备用房和管理用房。

车站站厅和站台的标准。站厅和站台是乘客出入地铁并作短暂停留候车的场所，排烟量按每分钟、每平方米建筑面积 $1m^3$ 计算。防烟分区的建筑面积不大于 $750m^2$，排烟设备耐温 $150℃$，持续工作 1h。

区间隧道标准。区间隧道的排烟量是按其流经隧道断面的流速不小于 $2m/s$ 计算，但其流速也不应大于 $11m/s$，以免影响乘客疏散。排烟设备耐温 $150℃$，持续工作 1h。

车站管理用房和设备用房标准。除了因设备特殊要求而按其要求设计外，其余的地方排烟量按每分钟、每平方米建筑面积 $1m^3$ 计算。设备耐温 $280℃$，持续工作 30min。

3. 系统与运行

排烟系统按车站站厅和站台、区间隧道及设备管理用房分别设置。

站厅、站台的排烟系统，一般是与正常通风的排风系统兼用的。该系统应满足正常排风及发生火灾时排烟的要求。

区间隧道的排烟系统宜用纵向一送一排的推拉式系统。排烟设施最好与平时的隧道通风兼顾。一般在车站的两个端部各设机房，一台风机对一孔隧道，两台风机互为备用，亦可并联运行。风机为可逆式轴流风机，正转可送风、反转可排烟。反转时的风量与风压应满足排烟要求。

设备管理用房的排烟设计是根据管理用房的要求设置的，应根据相同的使用要求划分在一个系统中，最好与平时排风系统兼用。

排烟系统的运行应根据地下铁道防灾系统的指令进行，由防灾中心统一安排。一般是根据不同的火灾地点决定不同的运行方式。

（1）车站站台着火时，应在站台排烟，由站厅送风，使站台的楼梯口处形成一股由站厅流向站台的气流，其速度应大于 $3m/s$。乘客由站台向站厅方向撤离。

（2）站厅着火时，由站厅排烟，站台送风，使站台保持一定的正压。新鲜空气由站厅的出入口进入站厅，乘客迎着新鲜空气流进方向，由出入口向地面撤离。

（3）列车在区间隧道内着火时，应尽可能将列车驶至车站，让乘客撤离。此时由该车站站端的风机排烟，并按站台着火的方式运行。一旦列车不能驶至车站，出现下列三种情况时，采取不同的运行方式。

① 列车头部着火。列车因故停留在单线区间隧道内时，乘客不可能从列车的侧向撤出，只能由尾部安全门进入隧道向出站方向的车站撤离。此时由列车进站方向的事故风机排烟，由出站方向的事故风机送风引导乘客迎着新风撤离。

② 列车尾部着火。乘客的撤离方向与排烟的运行模式恰好与列车头部着火时相反。

③ 列车中部的车厢着火。此时乘客由车头和车尾的安全门同时进入隧道。排烟运行方式为：进站方向的事故风机送风，出站方向的事故风机排烟。从车头安全门下车的乘客迎着新风迅速向车站撤离。从车尾安全门下车的乘客要顶着烟气流动的方向迅速撤到连通两孔隧道的联络通道处，由联络通道进入另一孔隧道，迎着送风方向撤离。虽然有一小段路程乘客的撤离方向与烟气流动方向相同，有被烟气熏倒的可能，但由于着火的初期，隧道中心区域尚未被烟气侵入，只要组织合理，争取在烟气充满隧道前迅速撤离，就不会被烟气熏倒，否则就相当危险。

第二节　给水与排水及消防系统

城市轨道交通工程给水系统的主要任务是满足工程生产、生活用水。消防系统包括消火栓系统、自动喷水灭火系统、气体灭火系统和灭火器设施,能够迅速有效地扑灭各类火灾,以满足轨道交通工程的安全运营。

一、城市轨道交通给排水及消防系统的设计原则

(1)城市轨道交通工程给排水设计主要遵循下列设计原则:

①遵循节约用水和综合利用的原则。

②给水系统设计需满足车站生活与生产对水量、水质和水压的要求。

③排水采用污、废(雨)分流制度。

④水泵等给排水设备的选型,本着尽可能采用国产设备,采用技术先进、安全可靠、经济合理和高质量的产品的精神。

⑤生活饮用水水质须符合国家现行生活饮用水卫生标准;排入市政下水道的污、废水,其主要水质指标必须符合有关市政接管水质标准。

⑥水泵按照常规设计,设置可曲挠橡胶接头、阀门、止回阀等。水泵基础设置减振装置。

⑦管道从出入口、风道或专用通道进出车站,不能随意在侧墙(连续墙)穿过。

⑧给排水管道应采用防止杂散电流腐蚀的措施。

⑨给排水设备的选型,采用技术先进、安全可靠、经济合理并经过实践运营检验的国产化产品,规格尽可能统一。

(2)城市轨道交通工程消防设计主要遵循下列设计原则:

①轨道交通工程消防设计贯彻"预防为主,防消结合"的原则。

②消防用水量按照全线同一时间内发生一次火灾考虑。

③给水系统水源采用城市自来水,每座车站一般由两条不同的城市自来水管引入给水管,并在消防引入管上设防污隔断阀。消防时一般直接从城市管网抽水,不设消防水池;对个别市政供水量不能满足消防用水量要求的车站,应设消防水池。

④消火栓布置,按照任何位置失火,同时要有两股水柱到达的原则。

⑤消防与车站内的生产、生活给水系统分开设置,形成独立且安全可靠的消防供水系统。

⑥除气体灭火采用进口产品外,其余均尽可能采用国产设备。

⑦地下车站设置自动喷水灭火系统;区间隧道内,仅设消火栓给水系统。

二、给水系统

城市轨道交通工程地下车站的生产、生活给水管网是独立的内部供水系统,从两根接自市政管网的消防进水管中的任一根接出生产、生活给水管,一般采用 DN70 管径,单独设置水表后,进入车站,呈枝状布置,保证车站生产、生活用水的水质、水量和水压。车站还设了开水间,内设电加热开水器,以满足车站职工的饮水需要。在站厅和站台层公共区的两端各设一个 DN25 的冲洗给水栓,污、废水泵房内均应设置冲洗水斗。

工作人员生活用水量为50L/（人·班）时，变化系数采用2.5~3.0；冷却水系统补充水按循环水量（环控专业提供）的2%~3%计，一般取2%；车站内站厅及站台层公共区清扫用水量按2m³/d计；生产用水量和水压根据生产工艺确定；各附属建筑物及站内公共厕所用水量和水压按《建筑给水排水设计规范》（GB 50015—2003）确定。由于受客流量、乘客停留时间等诸多因素的影响，站内公共厕所使用人数变化幅度较大且难以确定，公共厕所用水量标准根据经验值通常取20m³/（d·处）。

生活水管管径按照设计秒流量确定。

轨道交通车站绝大多数是地下建筑，城市管网地面自由水压力一般不低于0.2MPa，可以满足车站生活和生产用水要求。因此，凡地下车站，一般均无须设置生活和生产用水加压泵。地面及高架车站需核算市政供水压力，对不能满足用水要求的车站设增压设施，一般采用变频泵供水。

地下车站需设置冷却循环给水系统。冷却循环系统主要由冷却塔、循环水泵、补充水和管道及配件组成。冷却循环水泵布置在车站的冷水机房内，冷却塔一般设置在车站主体结构的地面上。根据环控专业提供的冷冻机组所需循环水量和冷却塔规格数据要求选择节能、低噪声（不大于68dB）高效率冷却塔。冷却塔选择规格数据见表11-1。冷却塔台数与冷却循环泵台数对应，一般至少两台，不考虑备用。从生产、生活给水管上引出一根支管作为冷却循环补充用水，接至冷却塔。

冷却塔选择规格数据表　　　　　　　　　　　　　　　　　　表11-1

大气压力（Pa）	进塔水温（℃）	出塔水温（℃）	湿球温度（℃）
1.004×10^5	35	30	28.8

三、排水系统

城市轨道交通工程排水系统采用分流制，分为污水、废水、雨水系统。原则上采用分类集中，经泵提升至压力窨井后，就近排入市政下水道。污水需设置污水检测井。排水水质必须符合有关排放标准。

生产、生活和消防的排水量分别按照以下标准和基本原则进行计算：工作人员生活排水量50L/（人·班），时变化系数采用2.5~3.0；生活水量按11m³/d计。消防废水量与消防用水量相同。

隧道出入口雨水量按重现期为30年一遇的暴雨强度计算，高架及地面站雨水量按暴雨重现期为4年计算。

1. 车站排水

（1）污水系统

污水仅为车站工作人员和乘客厕所所有卫生器具的排水。站内厕所污水通过管道排入污水泵房内的污水集水池，其有效容积不大于6h收集的污水量，集水池底面设倾向出水管一侧的0.1%坡度，水池顶板上设有透气管并要求环控专业在泵房内设置排风口。污水集水池设在厕所附近且在污水泵房内，污水泵应带有反冲洗装置。污水经潜水排污泵抽至室外压力窨井后,经污水检测井后排入城市污水管道。一般设置两台潜污泵,一备一用。

（2）车站废水系统

车站废水包括:隧道结构渗水,站厅、站台地面冲洗水,环控机房和各类排水泵房洗涤盆排水以及消防废水。

车站主排水泵房设置在车站内线路最低点,一般结合车站端头井布置。泵房尺寸应不宜小于 $3m \times 4m$,集水池有效容积不小于 10min 的隧道结构渗水量和消防废水量之和,且不小于 $30m^3$。废水泵房一般设置 2 台泵,一备一用。但当地铁靠近河滨时,废水泵房一般设置 3 台泵废水泵,按两用一备设计,以防水灾事故。潜水泵应带有反冲洗装置。

污、废水泵房内分别设置冲洗龙头。站厅和站台的地面冲洗废水、消防废水由设在站厅的地漏汇集,站厅层两侧每隔 50m 左右及在一些有排水要求的设备用房布置地漏,并通过 De110 排水立管接入线路道床排水沟。站台层可以不设地漏,直接从站台溢入两边线路明沟,站台板下的地坪应有 2% 的坡度坡向道床明沟及废水泵房。茶水间的废水通过排水管道排入线路道床明沟。出入口通道和站厅连接处设置横截沟,沟内设置 De110 地漏,其排水管接至道床明沟。隧道结构渗水经侧墙泄水孔排入线路道床明沟,汇集至废水集水池(池内设吸水坑,池底以不小于 1% 的坡度坡向吸水坑)。由废水泵房的潜水废水泵提升至室外压力窨井,然后排入城市下水道。

（3）车站雨水系统

车站敞开式出入口的设计雨水量按照 30 年一遇的暴雨重现期计算,高架区间雨水设计重现期采用 4 年。敞开式出入口的自动扶梯下面设集水坑和雨水排出潜水泵,一备一用。泵提升雨水经压力窨井后,再排入市政雨水管道系统。

2. 区间排水

（1）区间主排水泵房

区间主排水泵房主要排除结构渗漏水、事故漏水、凝结水、冲洗及消防废水,设在线路纵坡最低点。每座泵站所担负的区间长度,单线不宜大于 3km,双线不宜大于 1.5km;当主排水泵房所担负的区间长度超过规定,而排水量又较大时,宜设辅助排水泵房。

主排水泵房集水池有效容积不宜小于 $30m^3$,当用盾构法施工的区间排水泵房集水池有效容积不能符合上述规定时,则必须满足水泵安装要求,并确保每小时开泵次数不得超过 6 次。

废水自潜污泵提升排至地面压力井后,再排入地面雨水管网系统。每座泵房设 2 台及以上潜水排污泵,平时互为备用,消防时可同时运行。

（2）洞口雨水泵房

隧道敞开引道段的设计雨水量按照 30 年一遇的暴雨重现期计算,宜设 3 台泵,集水池有效容积不小于最大一台泵 5 ~ 10min 的出水量。

3. 局部排水泵房

局部排水泵房设在局部低洼不能自流排水的地方,如地铁折返线车辆检修槽的端部、自动扶梯机房等处。集水池有效容积按不小于 10min 的渗水量与平时冲洗废水量之和确定。

4. 控制方式与要求

控制原则：主废水泵及雨水泵采用现场水位自动控制、泵房内手动控制；车站控制室集中控制，并在控制室内显示排水泵工作状态和水位信号。

车站主废水泵集水池水位控制：停泵水位、第一台泵启动水位、第二台泵启动水位及最高警戒水位。

污水泵及局部排水泵由现场水位自动控制、泵房内手动控制；车站控制室显示排水泵工作状态和水位信号。

车站污水池水位控制：停泵水位、开泵水位、最高警戒水位。

区间内排水泵房及洞口雨水泵房除控制系统外，一般设置最高警戒水位的自动报警装置，以便在自动启动失灵时及时报警到附近车站的防灾控制室。

四、人防给排水

1. 人防设计的条件与必要性

城市轨道交通应考虑平战结合，兼顾交通和防空作用。两者需要同步设计。一是沿线人民防空工程规划应与轨道交通相连通，使轨道交通更能充分发挥战时疏散干道和连通道的作用；二是战时防护和平时使用相结合；三是战时的内部设备充分利用平时已有的设备。轨道交通工程有许多有利条件，例如埋深较深，有较高的结构强度等，充分利用这些条件，可以降低兼顾人民防空设计所增加的费用。

人民防空设计应兼顾范围通常包括地下车站、地下区间、地下车辆存放库、地下主变电所等相关地下设施。但地下车站形式较复杂，有些车站一半在地面，一半在地下，还有些车站中间为敞开式的天窗，此时可视各条线路的地理位置及具体情况，确定设防与不设防。

2. 人防给排水设计

（1）给水系统的设计应优先利用城市给水管网和地铁工程平时给水系统供水，战时各防护单元应自成独立系统。

（2）将每个车站与一个区间隧道作为一个防护单元。车站为战时人员临时掩蔽部，掩蔽人数按1000人设计。按每人每天3L考虑战时水箱容量，保障给水天数不少于5d。各防护单元水箱有效容积为15m³。水箱材料宜采用食品级玻璃钢，每个水箱设4个水龙头。水箱水源从车站内的给水管上接入，由水箱排水管排至水箱附近的地漏，再由地漏排向废水泵房，最后由废水泵房内的泵提升至室外排水管网排出。

（3）也可储存桶装纯净水或矿泉水作为人员饮用水，饮水机按每50~100人配置一台考虑。

（4）设计施工时要预留、预埋好进水管、排水地漏及排水管等各种预埋件，进水管管径为DN50。废水经水箱附近的地漏排向平时使用的废水泵房，由废水泵房内的泵提升至室外排水检查井。

（5）进出地铁（含车站及区间隧道段）的给水管、消防水管、循环冷却水管、压力排水管等均应在人防工事内侧设防护阀门，防护阀门工作压力不小于1.0MPa。防护阀门应设在便于操作处，并应用色漆明显标志。在穿越人防密闭墙、密闭门框框墙、临空墙、防护单元隔墙等处必须预埋密闭套管。平时,可不安装防爆波闸阀,在相应位置设同直径同长度短管,临战前换装防爆波闸阀。

(6)进、出地铁的消防管、循环水管均可在人防工事防护密闭门内侧安装一段法兰短管及可曲挠橡胶接头,临战时拆下法兰短管,用堵头封堵。

(7)人防口部需设洗消污水集水井,集水井可与平时排水井相结合,人防出入口的密闭通道地面上应设洗消排水口,收集洗消污水排向洗消污水集水井。洗消污水的排放可利用地铁集水井中的废水泵排出。若平时不设废水泵,洗消污水的排放可由人防专业队伍解决。

(8)战时在地铁每个出入口内设一个用于冲洗墙面及地面用的冲洗龙头,冲洗水管可从给水管或消火栓给水管上接入,管径可采用 DN25,冲洗水管在穿越密闭墙处设密闭套管,并在人防工事内侧(指密闭门后的人防清洁区)设工作压力不小于 1.0MPa 阀门。

五、消防系统

地铁系统一旦发生火灾,温度上升快,浓烟排出与乘客疏散十分困难,火灾扑救难度大,极易对人民生命财产造成重大损失。根据国内外已运营地铁情况表明,造成地铁损失最大的是火灾。因此,应将消防设计作为轨道交通工程重要内容,设置完整的消防系统。

1. 消防水源

城市轨道交通工程消防水源直接从城市自来水干管引入两路进水。为了达到消防水压要求,如果采用车站内的消防泵直接从市政管网上吸水的方式,就省去了消防水池的占地,而且可以充分利用市政管网的压力,减少设备,并节省投资。由于轨道交通工程全线只按同一时间内发生一次火灾考虑,故消防设备使用率很低,对市政自来水管网的影响很小。某些地区的轨道交通工程,是否设消防水池还需遵照当地有关部门的规定。

2. 消火栓系统

消火栓给水贯穿整个线路,每个车站的服务范围为车站本身及其两端 1/2 的区间,同时考虑到前后两站增压泵事故情况下向相邻站增压送水。因此,消防泵的服务范围为本站至两相邻区间。为确保供水安全,车站内消防管通常连通成环状,而区间的消防管由车站环状管网上接出,并在区间中部连通,连通管处设手动电动阀门。当区间的埋设深度较深,对出口压力大于 0.5MPa 的消火栓处需采取减压措施。

消火栓用水量:地下站为 20L/s,地下区间为 10L/s,高架站及停车场根据建筑规模按《建筑设计防火规范》(GB 50016—2014)的要求确定。火灾延续时间为 2h。每股水枪流量为 5L/s,最不利点充实水柱大于等于 10m。

地下站站厅层和站台层均设消火栓箱;车站内消火栓一般采用单阀单出口型,其间距一般不大于 30m;在岛式站台层、设备区的尽端及长度大于 25m 的出入口等处可设两个单阀单出口消火栓,布置间距不大于 50m;并保证车站范围内任意点均有不少于两股充实水柱可同时到达。区间隧道每 50m 设一个单口消火栓,不设消火栓箱、水龙带及水枪,将水龙带放在邻近车站端部的专用消防箱内。

消火栓管网在每个车站外设消防水泵接合器,水泵接合器一般靠近车站出入口或风道,距每个消防水泵接合器 40m 范围内设相应数量的室外消火栓,如有条件可利用附近其他建筑的室外消火栓。

消火栓干管管径为 DN150，每隔 5 个消火栓箱置一只阀门。消火栓干管宜布置成环状，站厅层水平成环，站台层纵向成环。站厅层管道基本上布置在站厅两侧的离壁式隔水墙上方。将排气阀设置在地下车站及区间隧道的给水干管变坡点的最高点，而泄水阀则设在最低点设。车站两端与区间的连通管上必须设阀门。

消防水泵控制设计为泵房内手动启闭；消防箱内按钮启动（只能开，不能关）；车站控制室遥控；防火中心监测遥信显示。

每条行车隧道设置一根消防干管，平行的两条区间隧道的消防干管均与车站的消防管连接并在车站设连通管，使车站和区间形成环状管网。

在车站地面设置两只 DN100 地上式（或墙壁式）水泵接合器。在距水泵接合器 15～40m 范围内设置与水泵接合器配套供水的地上式市政消火栓。

所有进出车站主体的消防管道都同时考虑人防要求。某岛式站台车站消火栓系统示意图如图 11-7 所示。

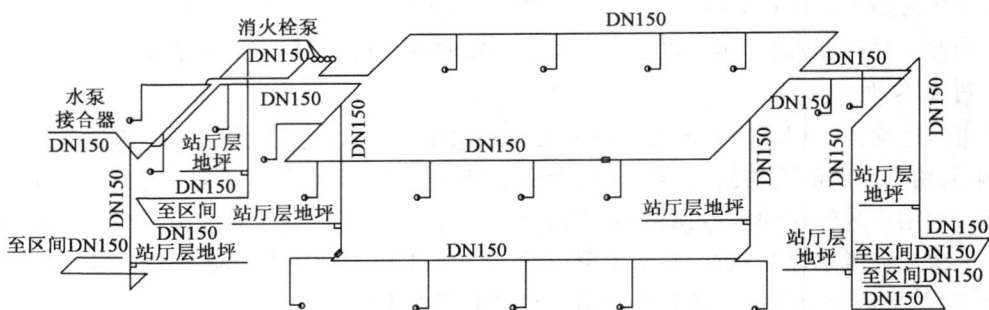

图 11-7 岛式站台车站消火栓系统示意图

3. 自动喷水灭火系统

自动喷水灭火系统一般设在地下车站的站厅、站台层公共区、长距离出入口通道、结合车站的商业开发等部位。上海市《城市轨道交通设计规范》（D GJ 08-109—2004）中规定，地下车站的站厅层、站台层的公共区及长度超过 100m 的出入口通道应设置自动喷水灭火系统设施。

自动喷水灭火系统具有很高的灭火、控火率，能够及时扑灭初期火灾，降低火场温度，并具有报警功能，而且不污染环境。

地铁车站的自动喷水灭火系统按中危险 Ⅱ 级考虑。喷淋消防专用泵与消火栓泵采用合建式消防泵房。合建式消防泵房长度为 8～10m，宽度为 4～5m。系统总管由车站消防泵房引出，经过湿式报警阀、信号蝶阀、水流指示器接至保护区域。

在车站地面上设置两只 DN100 地上式喷淋水泵接合器，并且在 15～40m 距离范围内设有配套市政消火栓（含本来就有的市政消火栓）。自动喷水灭火系统示意图如图 11-8 所示。

4. 灭火器

灭火器的设置按现行《建筑灭火器配置设计规范》（GB 50140—2005）的规定执行。地下车站火灾危险等级为严重危险级。

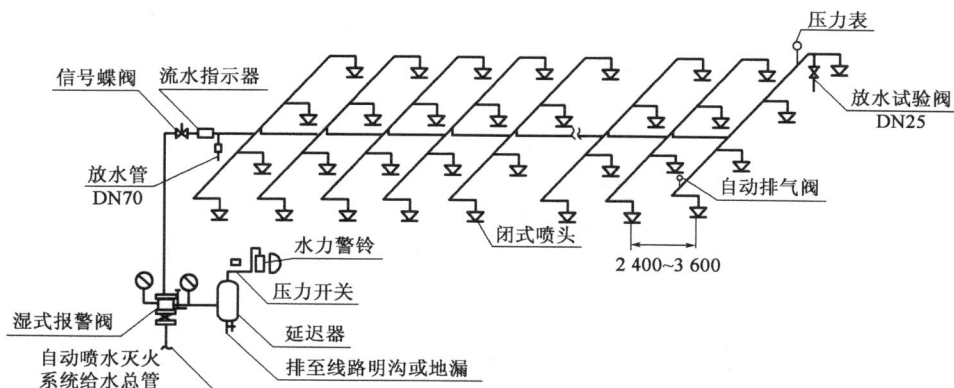

图 11-8 自动喷水灭火系统示意图(尺寸单位:mm)

第三节 供 电 系 统

电能不仅是城市轨道车辆电力牵引系统必需的能源,为轨道交通运营服务的机电设备,包括通风、空调、照明、通信、信号、给排水、防灾报警、电梯、电动扶梯等也都依赖并消耗电能。在城市轨道交通运营中,若供电一旦中断,不仅会造成城市轨道交通运输的瘫痪,而且还有可能危及旅客的生命安全,造成财产损失。因此,轨道交通供电系统作为城市轨道交通正常运营的重要条件和保证,要求它是一个高度安全、可靠,同时接线简单、经济合理而又运行灵活的供电系统。

一、供电系统的构成

1. 系统的构成

轨道交通供电系统实际上由两大部分组成:一部分为外部电源,即城市电网;另一部分为轨道交通内部供电系统,即通常所说的供电系统。轨道交通作为城市电网的一个用户,内部供电系统包括三部分:主变电所,牵引供电系统,变配电系统。通常把内部供电系统统称为供电系统。

以轨道交通为例,轨道交通牵引供电系统,其各部分的名称及功能简述如下。

①牵引变电所:供给轨道交通一定区段内牵引电能的变电所。

②接触网(架空线或接触轨):经过电动列车的受电器向电动列车供给电能的导电网。

③回流线:用以供牵引电流返回牵引变电所的导线。

④馈电线:从牵引变电所向接触网输送牵引电能的导线。

⑤电分段:为便于检修和缩小事故范围,将接触网分成若干段称为电分段。

⑥轨道电路:利用走行轨作为牵引电流回流的电路。

⑦一般将接触网、馈电线、轨道、回流线总称为牵引网。

牵引供电系统由牵引变电所和牵引网所组成,其中牵引变电所和接触网是牵引供电系统的主要组成部分。图 11-9 为地铁牵引供电系统示意图。

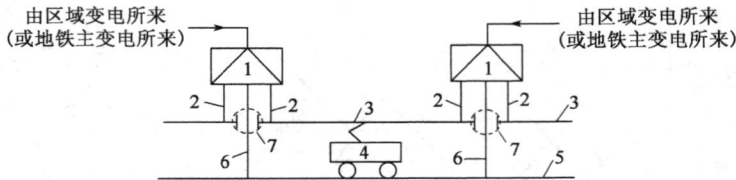

图 11-9　地铁牵引供电系统示意图

1-牵引变电所；2-馈电线；3-接触网；4-电动列车；5-钢轨；6-回流线；7-电分段

2. 供电方式

城市电网对轨道交通的供电方式有三种：集中式供电，分散式供电，混合式供电。

（1）集中供电方式

集中供电方式，即城市轨道交通供电系统在城市轨道交通沿线均衡地设置几座主变电所，每座主变电所分别从城市电网引入 110kV 或其他电压等级的电源，引入的电压等级越高，主变电所的数量就越少。由于城市 110kV 或 220kV 公用变电站容量较大，供电能力较强，因此轨道交通主变电站接引电源时，对城市公用变电站的改造工程量较小。

集中供电方式有以下优点：

①便于城市电力系统的调度管理。城市轨道交通供电系统自成体系，有利于城市轨道交通供电的管理，运营维护方便，提高了检修作业的独立性。

②提高了供电的可靠性和灵活性，受牵引负荷的冲击和谐波影响小，如谐波含量超标，可在主变电所设滤波装置。

③轨道交通主变电所设置位置尽可能地靠近多条轨道交通线路，可实现建造一座主变电所，同时给多条轨道交通供电，达到供电资源共享的目的。

国内城市电网电压等级为 35kV、10kV 的公用变电站容量较小，供电能力较差，无法为轨道交通的车站提供足够可靠的电源。因此，目前国内大多数城市轨道交通均采用集中供电方式，但它的缺点是外部电源及中压环网电缆所需的投资很大。

集中供电方式组成如图 11-10 所示。

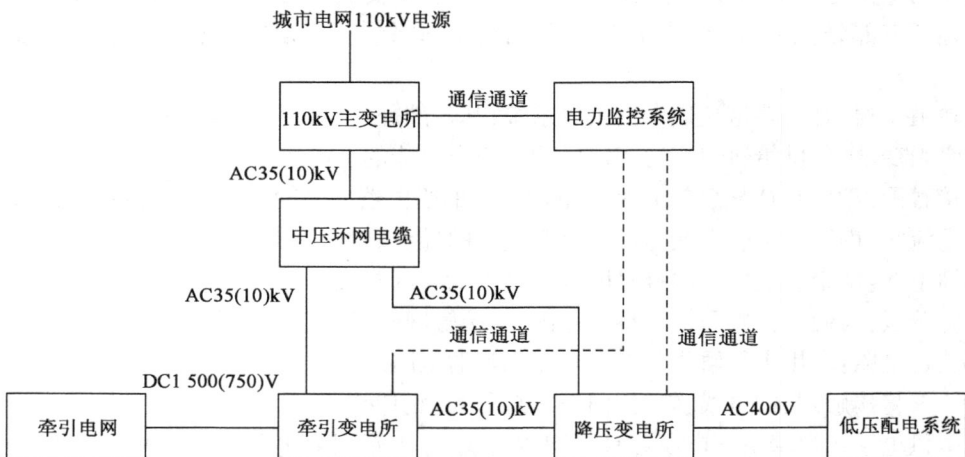

图 11-10　集中供电方式

（2）分散供电方式

分散供电方式不设主变电所,各牵引变电所、降压变电所或电流开闭所分别由城市轨道交通沿线城市电网就近引两路相互独立的 35kV 或更低电压等级的电源供电。分散式供电要求城市电力系统的变电所留有足够的备用容量才能保证城市轨道交通电源的可行性、可靠性。

分散供电方式有以下优点:

①由于沿线牵引变电所、降压变电所可由就近的城市电网供电,供电距离短,可极大地节省外部电源投资。

②无须单独设置主变电所,节省了较大的投资。

③由于每站都可接引两路可靠的电源,所以无须中压环网电缆,节省了大量的投资。

由于城市电网可靠,当轨道交通各车站可以分散取得满足要求的电源时,可优先考虑采用分散供电方式。目前发达国家的轨道交通大多采用分散供电方式。缺点是要求城市轨道交通沿线城市电网有足够的电源引入点及备用容量,与城市电网接口多,同时因牵引负荷的冲击和谐波将影响较小容量的城市公用变电站 35kV 或更低电压等级电源点的电能质量。分散供电方式组成如图 11-11 所示。

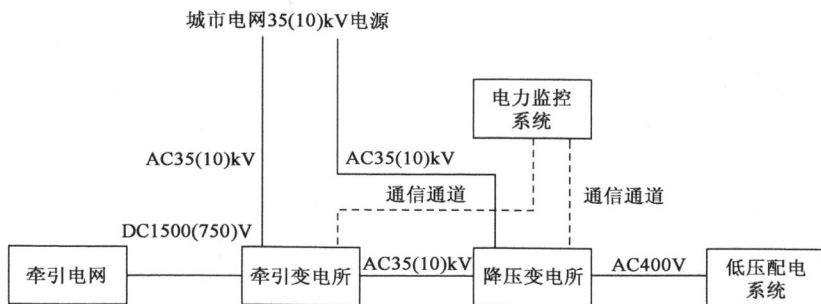

图 11-11　分散供电方式

（3）混合供电方式

混合式供电方式是前两种方式的结合,以集中供电方式为主,个别地段就近引入城市电网电源作为集中供电方式的补充。此种供电方式不利于城市轨道交通供电系统的管理。当城市轨道交通线路很长,穿越城市中心及郊区,可考虑混合供电方式。

3.负荷等级

（1）负荷等级的概念

电力网上各用电设备所消耗的功率称为电力负荷,电力负荷根据其重要性和供电的可靠性及其中断供电造成的损失或影响的程度,国家有关部门将电力负荷分为三级。

一级负荷。如果中断供电将达成人身伤亡;或者造成国民经济重大损失,损坏重要设备,破坏生产工艺过程,使重要原料生产的产品大量报废,使重点企业的连续生产过程被打乱,需要长时间才能恢复;中断供电将影响有重大政治、经济意义的单位的正常工作,从而造成重大损失者,为一级负荷。

二级负荷。如果中断供电将会造成国民经济较大损失,损坏生产中的设备,使生产产品大量下降,使生产过程被破坏需要较长时间才能恢复;造成大中城市、大型影剧院、商场的秩序混乱;中断供电将影响重要的企业、事业单位的正常工作,均为二级负荷。

三级负荷。不属于上述一、二级负荷者均为三级负荷。

(2)轨道交通系统的负荷等级

轨道交通系统是一个重要的用电部门,它不同于一般工业和民用的用电,为一级负荷。一级负荷规定由两路独立的电源供电,当任何一路电源发生故障中断供电时,另一路应能保证一级负荷的全部用电。牵引变电所的电源进线应来自两个区域变电所或区域变电所的两路独立电源,当一路电源失压时,另一路电源自动投入,使牵引变电所从区域变电所不间断地获得三相交流电。在城市轨道交通供电系统中,根据用电性质的不同可分为两部分,即由牵引变电所为主的牵引供电系统和降压(动力)变电所为主的动力供电系统。

(3)系统供电要求

城市轨道交通用电则通常是沿线路十几或二十几公里的范围内分布。轨道交通作为城市电网的重要用户,属一级负荷。轨道交通供电系统的主变电所、牵引变电所、降压变电所,都要求能获得两路电源。对两路电源的要求如下:

①两路电源要求来自不同的变电所或同一变电所的不同母线。

②两路电源应分列运行,互为备用,即当一路电源发生故障时,由另一路承担全部负荷。

③电源容量按轨道交通远期用电量设计。

为便于运营管理和减少损耗,要求集中式供电的主变电所的站位和分散式供电的电源点,要尽量靠近轨道交通线路,减少引入轨道交通的电缆通道的距离。

4.供配电系统的内容

(1)供电系统的构成

在可行性研究阶段即需要与当地供电部门共同协商,确定下列内容:

①外部供电方案。

②系统一次接线方案。

③近、远期用电量及需要电源容量。

④电力系统近、远期有关的规划及系统参数。

⑤地区变电所出线保护与地下铁道供电系统进线保护的配合。

(2)主变电所设置选择原则

牵引变电所所址的选择影响着变电所供电容量、馈电质量、投资和运行费用等。牵引变电所所址选择应考虑以下一些因素:

①电源引入的方便性。牵引变电所应有两路电源,变电所至城市电网电源或轻轨线的高压电源距离不能太远,如采用架空线电源,要考虑两路架空电源引入的方便。

②变电所的位置条件。尽可能设在地面,并与车站建筑物结合。地面变电所和地下变电所相比,具有投资小、运行费用低、运行管理方便等优点,在城市中确实不能解决时,可设于地下,一般情况下应力争建设在地面。地面变电所可以单独建设,例如设在轻轨线区间的高架桥下或地面线附近,其优点是可以使变电所分布均匀,供电质量较好。变电所与车站建筑物结合,例如地面出入口、车站两端的端部、或地下线的风亭等,这主要使运行管理方便、建设费用低,尤其是采用有人值班时,可省去如取暖、热饭、厕所等单独设施。

③尽可能靠近轻轨线路。与无轨电车做法不同,轻轨线路的接触轨或接触网应直接从变

电所接入,而不需经过200m左右长的馈电线,以减少牵引网的电压损失。所以有条件靠近轻轨线路时,牵引变电所应靠近线路设置;如不能靠近,其牵引变电所至线路的馈电线长度也应不超过200m。

④地形条件。应设在地质条件好,土石方工程量较少的地方,并避免设在坍塌或高填土方地区,以保证土建费用低和结构的稳定。

⑤变电所应具有设备运输通道和消防通道,维护管理和生活条件方便,尽量避免设置在空气污染及土壤中电阻率过高和有剧烈振动的地区。

⑥牵引变电所的分布距离。除满足接触网的电压水平外,还应考虑线路功率损失和杂散电流的影响。变电所分布距离与轻轨线车站站间距离,列车编组方式和线路状态,牵引网馈电方式,牵引变压器容量等有关。一般来说,车站站间小,列车起动次数多,变电所应密一些。具体位置应根据牵引计算和牵引供电计算来确定。

⑦与城市规划相协调。变电所的建设一般在沿街两旁或轻轨高架桥下;或需与其他建筑,例如宿舍、办公楼结合;或单独建设,均应取得城市规划部门的同意,并应注意与外界的景观协调。

（3）主变电所

①作用:轨道交通供电系统的主变电所对城市电网是用户,对供电系统是电源,它担负着将城市电网高压电变成轨道交通牵引供电系统和变配电系统所需的电压,并向轨道交通输送电能的任务。主变电所的电压级可为110kV、63kV和35kV。

②接线要求如下:

a.每座主变电所从城市电网引入两路独立的110kV电源,其中一路能承担变电所的全部负荷。

b.主变电所高压侧应为内桥主接线,设桥路开关;低压侧单母线分段,设分段开关。桥路开关和分段开关正常处于断开状态,失压自投,故障闭锁。

c.为减少占地面积,主变电所应设计成室内式。

③主变电所变压器的组成如下:

a.包括两台主变压器和两台自用电变压器。主变压器应按轨道交通远期最大运量设计。

b.主变压器宜采用油浸风冷、有载自动调压变压器。根据需要可为三线圈或双线圈的结构。

c.因主变电所的负荷为直流牵引负荷和低压动力照明负荷,故其功率因数补偿主要是补偿变压器的空载无功功率。

④控制方式:变电所按三级控制设计,即就地、距离和远动。变电所为有人值班。

⑤变电所布置要求:宜选用SF6绝缘全封闭组合电器GIS,以减少占地面积。变电所的平面布置应紧凑,便于设备运输、安装和运行维护,并设有通往轨道交通的电缆通道。

5. 牵引供电系统

牵引供电系统由两部分构成:牵引变电所和牵引网。牵引变电所是牵引供电的核心,根据牵引供电计算,沿轨道交通线路设置。地下铁道的牵引网可分为两种:接触轨受电,架空接触网受电。

1）牵引变电所

牵引变电所在线路上的位置和容量，需根据运行高峰小时的车流密度、车辆编组及车辆形式通过牵引供电计算，经多方案的比选确定。从理论上讲，对于地下线路，如果地面有地方，牵引变电所设于地面比较合适，便于运营维护。而实际上，轨道线路选线多选在人口稠密、商业繁华的地区，这些地区又往往是闹市区和建筑物集聚的地区，线路需从地下通过。实践证明，要在这样地区的地面上找到设置牵引变电所的地方确实很困难。地下车站降压变电所是一定要建在地下的，故而一般将牵引变电所和降压变电所合建于地下车站的站台端比较合适。

（1）牵引变电所的站位和容量设置原则

①供电合理，运营方便，满足高峰运营时最大负荷的需要。

②系统中任何相隔两座的牵引变电所故障解列时，靠其相邻牵引变电所的过负荷能力，仍应能保证列车的正常运行，不影响运送客流的能力。

③地下车站设置牵引变电所时，一般位于车站站台端，宜与地面站务用房合建。

④牵引变电所的设置应首先考虑有列车检修线的车站一端，检修线应由专用回路供电，列车夜间检修时，不影响线路的正常停电维修。

⑤地下车站牵引变电所应和车站主排水站分别设于车站的两端。

⑥牵引变电所需通过具有足够分断能力的曲直流快速开关向牵引网送电。

（2）牵引变电所设备平面布置应考虑的因素

①平面布置合理，便于运营管理和维修巡视。

②便于设备运输，并留有设备运输通道。

③留有电缆敷设通道，使电缆敷设方便，走向合理。

④在地下车站，变电所的电缆通道为站台底面至结构底板的高度。

（3）牵引变电所控制方式

牵引变电所按二级控制设计，即就地和远动控制。各控制对象应能单独进行转换控制方式。按无人值班设计，可设巡回值班。

（4）牵引变电所平面布置

牵引变电所的平面布置可分为变压器室、高压室、低压室、蓄电池室、集控室、值班室。

2）接触网

接触网是牵引供电系统的重要组成部分，一旦损坏将中断牵引供电。接触网按其结构形式可分为接触轨式和架空式两大类型。

（1）接触轨式

接触轨是沿着走行轨道一侧平行铺设的附加第三轨，故又称第三轨。轨道交通电动列车（车辆）侧面或底部伸出的受电器与第三轨接触取得电能，该种受电器称为受电靴（接触靴），接触轨可分为上部受流式和下部受流式两种，具体结构如图11-12所示。

上部受流式接触轨安装在专用绝缘子上，工字形轨底韧下，接触靴自上与之接触受电；下部受流式接触轨底朝上，由绝缘体紧固在弓形肩架上，肩架固定装在轨枕一侧。上部受流式的优点是固定方便，缺点是接触靴在其上面滑行，无法加防护罩。下部受流式的优点是可以加防护罩，对施工人员较为安全。

轨道交通直流制750V系统一般可采用第三轨。我国北京、天津的轨道交通和苏联的轨道交通均采用第三轨,其优点是隧道净空高度低,结构简单,造价低;缺点是人身和防火方面安全性差,难以与采用架空式接触网的地面或高架铁道衔接。

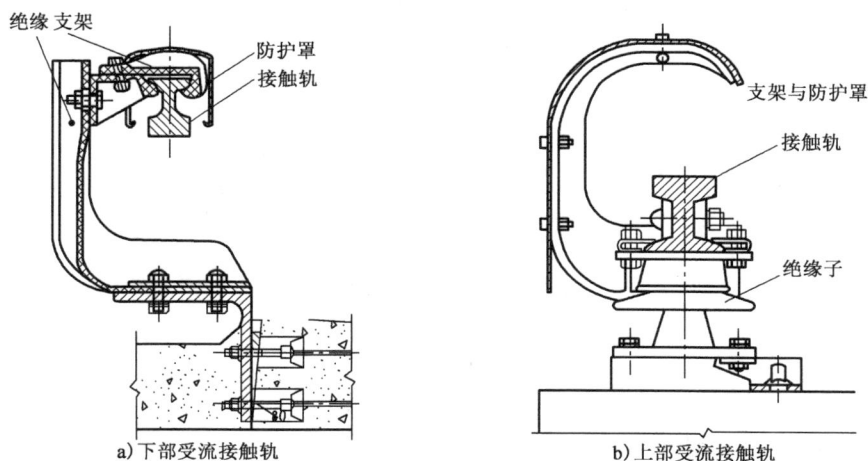

a)下部受流接触轨　　　　　　　　b)上部受流接触轨

图 11-12　接触轨式接触网

接触轨的主要优点是寿命长,可长期使用;维修量极小或基本不用维修;在地面对城市景观没有影响。

接触轨的主要缺点是车辆不能脱离电源;电压偏低,对于大运量的车辆供电,使得牵引变电所的距离较近。一般在车辆编组总质量不超过 350t(定员)时,采用接触轨供电比较合适。

（2）架空式

架空式接触网是架设在走行轨道上部的接触网,由电动列车顶部伸出的受电弓与之接触取得电能。它又可分为地面架空式和隧道架空式两种。

①地面架空式。

地面架空式接触网主要部分是由包括承力索、吊弦、接触线组成的接触悬挂装置,以及相应的支持装置、定位装置、支柱与基础构成。

a. 接触悬挂装置:其作用是使接触线与受电弓之间保持足够的弹性,以保证它们之间的良好接触受流。

b. 支持装置:其作用是用以支持接触悬挂,并将其负荷传给支柱或其他建筑物的结构,包括腕臂、拉杆和绝缘子。

c. 定位装置:其作用是保证接触线与受电弓的相对位置在规定范围内,包括定位器与定位管。

d. 支柱与基础:其作用是用以支承接触悬挂和支持装置,并将接触悬挂固定在规定高度。

②隧道架空式。

因为隧道内空间狭窄,所以隧道架空式接触网必须考虑隧道断面、净空高度、带电体对接地体的绝缘距离等因素的限制。此外隧道架空式接触网的支持装置可直接设置在洞顶或洞壁,而不需要专门立支柱,如图 11-13 所示。只有合理地选择和确定悬挂方式,才能充分地利用有效的净空高度,改善接触网的工作性能。

如图 11-14 所示,安装在绝缘子上的馈电线通过连接线与接触线连接,使接触线受电。接触线由调节臂固定,调节臂带棒式绝缘子,一端固定安装在隧道洞顶一侧的弹性支架上。调节臂可用来调整接触线与轨面之间的高度,弹性支架通过调节臂使接触线与受电弓之间保持足够的弹性,以保证它们之间的良好接触受流。

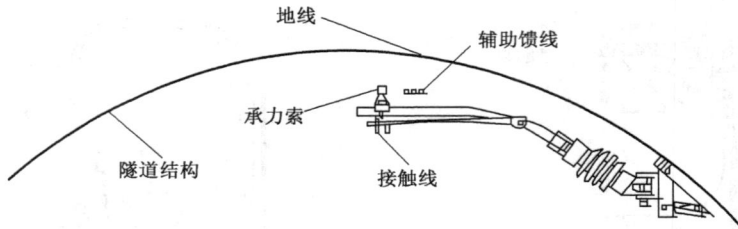

图 11-13　隧道架空式接触网

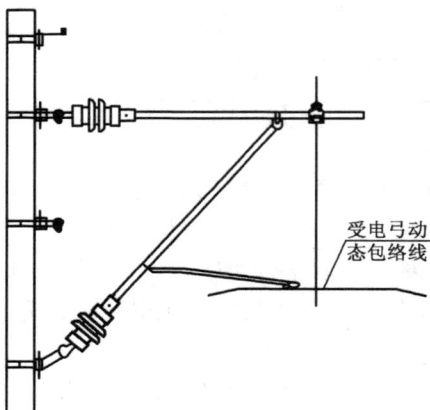

图 11-14　架空式悬挂方式

地面与隧道架空式悬挂均属柔性接触悬挂,还有一种悬挂方式为刚性架空式接触悬挂,可适用于低净空隧道,在日本的东京、大阪等地的轨道交通中已有应用,但在弹性方面不如柔性接触悬挂。

架空接触网的主要优点是安全性较好,车辆可随时落弓脱离电源;电压较高,适用于大运量系统供电。一般在车辆编组总质量超过400t时,采用架空接触网比较合适。

架空接触网的主要缺点是要经常进行巡视维修,易受外界气候条件的影响;容易局部磨损,寿命较短,要定期更换;在地面线,对市容景观有不利的影响。

对于两种牵引供电方式,世界各国都根据自己的特点和需要而广泛采用。按照国际电工委员会(IEC)和我国规程的规定,轨道交通接触轨的标称额定电压为直流750V,允许电压波动范围为500~900V;架空接触网的额定电压为直流1 500V,允许电压波动范围为800~1 000V。到目前为止,已投入使用的接触轨的额定电压最高为1 200V,随着科学技术的不断进步和发展,接触轨额定电压也有可能逐步过渡到1 500V。

目前,两种牵引供电方式同时并存。轨道交通究竟采用哪种牵引供电方式,要根据本城市的特点、车辆编组和客流的大小,经过技术、经济比较确定。现在世界上采用接触轨供电方式的城市占70%,采用架空接触网的城市占30%。两种供电方式各有其优缺点,在技术上是同时并存的。

6. 供电系统管理自动化(SCADA)

(1)SCADA 系统的作用

SCADA 系统的作用是保证在控制中心对供电系统中的主变电所、牵引变电所及降压变电所的供电设备及接触网电动隔离开关的运行状态进行监视、控制及数据采集。

(2)SCADA 系统的组成

SCADA 系统由三部分组成:主机设在控制中心;远程控制终端设在各变电所;信息通道采用通信网络,控制终端通过通信网络与控制中心相连接。

SCADA 系统原理框图,如图 11-15 所示。

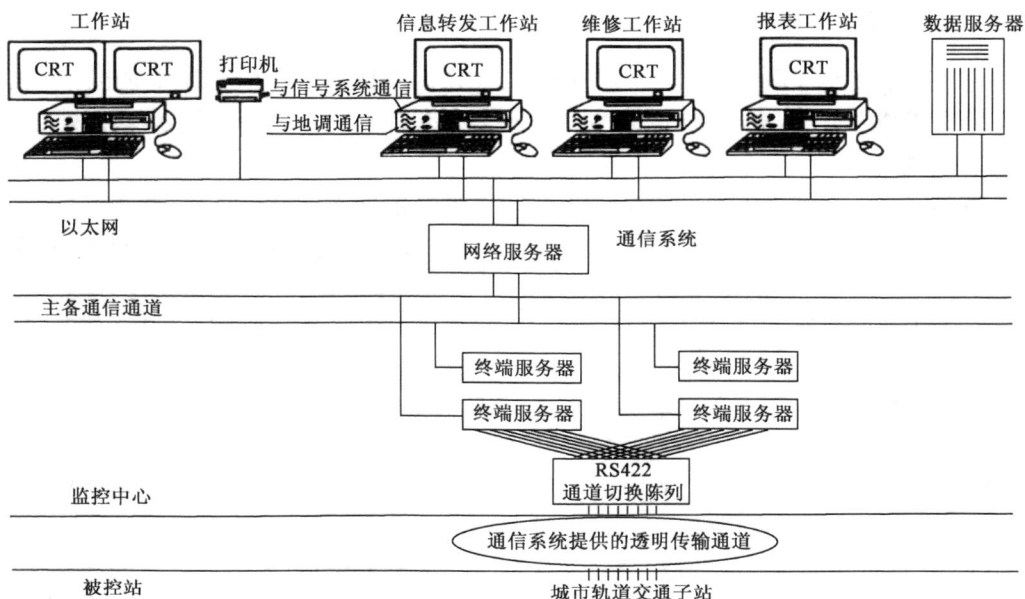

图 11-15　SCADA 系统构成图

（3）SCADA 系统的功能

SCADA 系统的主要功能如下:

①控制功能,即可单控,又可以进行程序控制,并对控制对象实行控制闭锁。例如,发生事故跳闸后,此开关自动闭锁,操作人员不能再实施控制操作,而解锁操作只能手动执行。

控制中心对各种变电所的遥控,一般有以下三种方式。

a.选点式操作,即单控。调度员可根据站名、开关号以及动作状态进行选择操作。

b.选站式操作,调度员通过对所控站名、动作状态的选择,按系统的运行方式发出指令,进行停送电操作。

c.选线式操作,调度员对运行线名、动作状态进行选择,实现全线停送电操作。

每个远程控制终端还应具有遥控测试功能,由控制中心向控制终端发送测试命令制终端向控制中心返回执行信息。

②遥测功能。即控制中心对各变电所的量值遥测。遥测的主要参数包括进线、母线、馈线的电压、电流、有功电度、无功电度、有功功率、无功功率及主变压器温度等。

③数据处理功能。数据处理的主要内容包括开关动作记录、故障记录、操作记录、报警以及预告记录、各种统计报表、各种参数变化曲线、极限值检测、过负荷记录、电流、电压最大值、最小值及相对时间等。

④打印功能。自动按时序打印;召唤打印、报警和统计数据及屏幕画面打印。

⑤汉字功能。在所有的显示画面中,包括报警记录、操作记录、时序记录及曲线文字描述中采用汉字显示。

⑥口令功能。提供不同级别的口令,以确保操作安全。

⑦培训功能。为调度员及操作人员提供培训软件。

二、车站动力、照明

地下铁道除了直流电动车辆外,其他所有交流低压负荷都由变配电系统供电。变配电系统由两部分组成:降压变电所和动力照明。

1. 降压变电所

地下铁道每个车站都应设降压变电所,地下车站一般设于站台两端(负荷小时,也可设于一端),各负责半个车站和相邻半个区间的供电。如和牵引变电所位置相同,则与牵引变电所合建;如是地面车站;则与地面站务用房合建。

降压变电所的两路电源可以来自主变电所,也可来自相邻牵引变电所。单母线分段,根据系统需要,也可以不设分段开关。

降压变电所设两台电力变压器,其容量选择满足以下条件。

(1)正常两台变压器分列运行,同时供电,负荷率不超过70%。

(2)当一台变压器故障解列时,自动切除三类负荷。另一台变压器可以承担全部一、二类负荷,保证轨道交通的正常运行。

(3)变电所低压侧单母线分段,设分段开关,失压自投,来电自复。

(4)变电所低压侧采用无功功率自动补偿装置,补偿电容采用干式无油设备,功率因数补偿到0.9以上。

(5)低压负荷应按动力、照明、广告照明、空调分别计量,以便运行用电考核。

(6)在站台两端各设一组镉镍碱性蓄电池组,其容量选择应满足变电所两路失压时,供给车站、区间220V事故照明,时间不少于30min,以便使地下车站的旅客能安全撤出到地面。

(7)事故照明电源正常由两路低压电源供电,两路电源一用一备,自动切换。仅当变电所两路电源失压时,才自动切换到蓄电池组供电。

2. 动力照明

动力照明系统采用380V/220V三相五统制系统(TN-S系统)配电。低压负荷按其用途和重要性可分为以下三大类。

一类负荷:事故风机、消防泵、主排水泵、售检票机、防灾报警、通信信号、事故照明等。

二类负荷:自动扶梯、局部通风机、普通风机、排污泵、工作照明、节电照明等。

三类负荷:空调、冷冻机、热风幕、广告照明、维修电源等。

对三大类负荷供电的技术要求如下:

一类负荷为双电源、双电线,供电末端自动切换,来电自复。

二类负荷为双电源、单电缆。

三类负荷为单电源、单电缆。

对于一、二类负荷,一般由两路电源供电,当一台变压器故障解列时,另一台变压器可承担全部一、二类负荷。三类负荷由一路电源供电,当一台变压器故障解列时,可根据运行需要自动切除。为便于运营管理,在车站两端的站台层和站厅层,宜各设一配电室,以便于对本层用电设备的供电和管理。动力照明的配电方式基本上采用放射式供电,个别负荷可采用树干式供电。对于大容量的动力设备和主要用户应由变电所直接供电,如车站风机、冷冻机组、消防泵、区间排水泵、通信、信号等用电设备。低压配电回路每路进线容量不宜超过200kW。移动式用电设备回路宜装设漏电开关。一般动力设备可采用直接启动,大型动力设备应采用降压启动。设就地和集中两种控制方式。集中控制为车站总控室由微机实现对风机、冷冻机组、空调、水泵等设备的监视与控制。用电设备的双电源切换箱应当设计成自投自复装置,一路为工作电源,另一路为备用电源。区间每隔100m设一动力插座箱,内设三相漏电开关,三相插座和单相插座各一个,容量为15kW。每一回路只考虑一组使用,箱体应为防潮、防溅型。照明设计力求简洁、实用,便于维修,并应和车站的建筑形式相配合,以荧光灯照明为主。轨道交通照明分工作照明、节电照明、事故照明、附属房间照明、广告照明、诱导照明、安全照明。站台层和站厅层的照明主要由工作照明、节电照明、事故照明构成。工作照明为运营服务,容量约占2/3,在运营高峰过后可以停掉;节电照明约占1/3,一般不停电。在夜间列车停运时,节电照明可以停掉,车站照明依靠事故照明。工作照明和节电照明灯具应交叉配置,以便照度均匀,并应在配电室和车站控制室进行控制。事故照明和附属房间照明不在车站控制室控制。车站站台层、站厅层、区间隧道的事故照明为白炽灯。正常由交流电源供电,发生事故(变电所两路电源停电)时,自动转换到蓄电池组供电个别地点可设应急灯以作为补充。车站站台板下和电缆隧道中的照明采用36V安全照明。在站台层和站厅层每隔30m应设单相安全插座,单独回路供电;车站附属房间的单相插座应采用单独回路供电,并装设漏电开关保护。地下隧道的区间照明设于行车方向左侧墙上,分工作照明和事故照明,每隔10m设一灯具,照明灯具应具有遮光性能,两种照明灯具相间布置。地下车站的照度应符合地下铁道设计规范的规定.地面车站应符合建筑电气设计标准。

第四节　地铁防灾设计

一、防灾设计原则

地铁应具有防火灾、风灾、冰雪、地震、雷击和停车事故等灾害的防灾设施,并以防火灾为主。防灾系统是地铁和轻轨运营管理的重要设施之一,要经常维修、检查、调试,使其处于良好的状态,不能有丝毫麻痹、松懈及侥幸心理。严格执行国家、地方、行业颁布的抗震、防火、防洪排涝、抗风、民防和环境保护的设计施工规范和规程,吸收国外先进经验,因地制宜地做好地铁与轻轨工程的防灾设计。防灾设计应贯彻国家"以预防为主,防消结合"的工作方针。地铁工程应建立良好的灾害预测、预报、评估及预警系统,定期对投入运营的工程进行诊断和抗灾可靠性评定,建立智能性修复系统。经常结合国内外地铁灾害进行案例分析,建立仿真模型和智能仿真,开发数字减灾防灾综合信息系统。

防灾设计所采用的各种防灾措施,应确保运营期间的安全,一旦发生火灾或其他事故,应尽早发现,迅速扑灭或排除,使灾害事故造成的人员伤亡及经济损失减少到最低限度。地下铁道防灾设计能力,宜按同一时间内发生一次火灾或其他灾害考虑。

当列车在区间隧道内发生火灾事故时,应尽早将列车牵引到车站使乘客安全疏散。也可以利用区间隧道的联络通道,将乘客转移到另一条未出现灾情的隧道,并快速安全疏散。车站人行道的宽度、数量及出入口的通过能力,应保证远期高峰小时客流量,在发生火灾及其他事故时,能在 6min 内将一列车乘客、候车人员和车站工作人员疏散到地面或安全地点。

地下铁道的车辆选型必须符合地下铁道防灾要求。

地下铁道建筑结构的防灾设计,必须采取安全可靠的防灾措施,并应设有完善可靠的消防和事故防排烟系统,还应设置先进可靠的火灾自动报警、防灾设备的监控及防灾通信系统。地下铁道的防灾系统与城市总体防灾系统联网,成为其中的一个组成部分。随时从城市总体防灾系统获取各类灾害信息,一旦灾害发生时迅速向总体防灾系统报告,并得到城市防灾系统领导的指示和帮助。

地下铁道防灾系统设计除执行《地铁设计规范》(GB 50107—2013)外,还应执行国家现行有关规范的规定,每个城市地铁的防灾设计应取得当地消防部门的认可。

二、防灾技术要求

1. 防火技术要求

(1)地下铁道及地下工程的出入口、通风亭的耐火等级应为一级。地下铁道的控制中心、车站的行车值班室或车站的控制室、变电所、配电室、通信及信号机房、通风和空调机房、消防泵房等重要设备用房,应采用耐火极限不低于 3h 的隔墙和耐火极限不低于 2h 的楼板与其他部位隔开。地下铁道车站应采用防火分隔物划分防火分区,除站台和站厅外每个防火分区最大允许使用面积不应超过 1 500m^2。

(2)车站的站台、站厅、出入口楼梯、疏散通道、封闭楼梯间等乘客集散部位,以及车站控制室、变电所、配电室、通信及信号机房等重要设备用房,其墙、地面及顶面的装修应采用非燃材料。其他部位装修也不可使用可燃材料。石棉及玻璃纤维制品含有害物质,塑料类制品燃烧后能产生有毒和刺激性气体及大量烟雾,因此这些材料不得在车站建筑中使用。

(3)防火墙是阻止火灾蔓延的重要分隔物。管道穿越防火墙时其缝隙是防火的薄弱环节,因为管道保温材料着火蔓延造成重大火灾的例子时有发生,因此应用非燃材料,将穿越防火墙管道周围的空隙填塞密实。楼板是划分竖向防火分区的分隔物,如有管道穿越其缝隙处也应用非燃材料填塞密实。

(4)防火门宜采用平开门,在关闭后能从任何一侧手动开启。疏散楼梯间或主要通道上的防火门,应采用向疏散方向开启的甲级单向弹簧门。可用人防工程的各类钢筋混凝土防护密闭门代替防火门。车站设置防火墙或防火门困难时,可采用水幕保护的防火卷帘或复合式防火卷帘。防火卷帘上应当留有小门并采用两级下落式先降至离地面 2m 处,在确认无人员遗漏时,最后降落第二级。地下铁道与地下商场等地下建筑物相连接时,必须采取防火分隔措施。站厅与站台间的楼梯处,宜设挡烟垂幕,挡烟垂幕下缘至楼梯踏步面的垂直距离不应小于2m。车站间两条单线隧道之间应设联络通道,通道内宜设防火卷帘或防火门。

(5)每一个防火分区安全出入口数量不应少于两个,并应有一个出口直通安全区域与相邻防火分区连通的防火门可作为第二个安全出口竖井爬梯出口不得作为安全出口。供人员疏散的出入口楼梯和通道宽度应满足《地铁设计规范》(GB 50107—2013)车站建筑设计的要求。附设于地下铁道的地下商场等公共场所的安全出口门、楼梯和疏散通道的宽度应按其通过 100 人不小于 1m 的净宽计算。

(6)表 11-2 规定了隧道内消火栓最大间距、最小用水量及水枪最小充实水柱的数值。车及折返线消防栓箱内宜设火灾报警按钮,当车站设有消防泵房时,应设水泵启动按钮。地铁的车站出入口或通风亭的口部等处,应设水泵接合器,并在40m范围内设置室外消防栓和水池。当城市管网和水压不能满足地铁隧道内消防要求时,必须设消防泵和消防水池。消防池容积要满足自动灭火时间内连续补充的水量。

隧道内消火栓最大间距、最小用水量及水枪最小充实水柱　表11-2

地　　点	最大间距(m)	最小用水量(L/s)	水枪最小充实水柱
车站	50	20	10
折返线	50	10	I0
区间(单洞)	100	10	10

(7)地下铁道车站及区间隧道内必须具备事故机械通风系统。排烟系统宜与正常排风系统合用,当火灾发生时,应确保正常排风系统转换为排烟系统。事故通风系统应具有下列功能:

①当列车阻塞在区间隧道时,应能向事故地点迎着乘客疏散方向送新风,背着乘客方向排风。

②区间隧道发生火灾时,应能背着乘客疏散方向排烟,迎着乘客疏散方向送新风。

③当车站站台发生火灾时,应能及时排烟,并防止烟气向站厅和区间隧道蔓延。

④当车站站厅出现火灾时,应能及时排烟,并防止烟气向出入口和站台蔓延。

每一个防烟分区建筑面积不宜超过$750m^2$,防烟分区不得跨越防火分区。车站的排烟量,应按每分钟每平方米(建筑面积)为$1m^3$计算,排烟设备容量应满足同时排除两个防烟分区的烟量。区间隧道内火灾的排烟量,按单洞区间隧道断面的排烟流速不小于$2m/s$考虑,但排烟流速不大于$11m/s$。列车阻塞在区间隧道时送风断面风速按同排烟流速指标计算。排风机及烟气流经的辅助设备,如风阀及消声器等,应保证在150℃时能连续工作1h。

(8)地下铁道应设火灾疏散指示和防灾救护设施。在有指示标志的地方,如站厅、站台、自动扶梯、自动人行道及楼梯口,人行疏散通道的拐弯处、交叉口及安全出口处应设置疏散指示灯;事故照明灯应设在站厅、站台、自动扶梯、自动人行道、电梯及楼梯口,区间隧道和疏散通道内每隔20m左右设置一处。事故照明灯以及指示照明灯都要有单独的耐火供电系统,应符合《地铁设计规范》(GB 50157—2013)中电气工程设计的规定。

(9)地下铁道应设置防灾自动报警与监控系统,采用防灾控制中心和车站防灾控制室两级控制。火灾自动报警系统中的信号装置和联动控制装置,应采用自动和手动两种方式。

2. 抗震设防技术要求

(1)抗震设防的目的在于减轻建筑物的地震破坏,设防的原则简单地说就是"大震不倒,中震可修,小震可用"。地铁与轻轨作为城市交通工程应该按现行《建筑抗震设计规范》(GB 50011—2010)中铁路工程和铁路隧道工程抗震设计和施工规程的相关条款执行。

(2)地铁与轻轨设防的烈度应按照《中国地震烈度区划图》,结合所在城市位置采用。

(3)地铁与轻轨选线时,注意选择在坚硬或中等坚硬的地段,尽量避开软弱土、液化土以及平面分布上成因、岩性、状态明显不均匀的土层(如古河道、断层破碎带、暗埋的沟谷及半填半挖地基)等。严格要求避开地震时可能发生滑坡、坍塌、地陷、地裂、泥石流等及地震断裂带上可能发生地表错位的部位。

（4）地铁的车站和隧道被围岩介质包裹，在地震波作用下，地下结构与围岩介质的共同作用机理非常复杂。目前，隧道和车站抗震设计一般采用静力法，它应该与建筑物抗震设计规范要求一致。一方面从静力法向反应谱和动态时程分析方法过渡，使地下工程结构抗震设计的模型及理论更趋于完善。另一方面，处理好局部构造，也可达到事半功倍的效果。

3.防空袭技术要求

地铁的车站和隧道均深埋于地下。利用地铁作为战时民防工程部分，或用于人员隐蔽、疏散，或用于战时兵员、军事设备、物资调动，可以增加整个城市的总体防御能力。

（1）结合城市战时的地位、作用和总体防御规划，确定地铁规划网络中的哪一条线、哪几个车站和区间隧道用作人防工事，哪一些战时仍然是客运交通工具，不作为人防工事使用。地铁工程一旦确认兼顾人防功能，势必要增加投资，改变结构承受荷载标准，增加防护设施。

（2）对于明确兼顾人防功能的地下铁道工程，按战时技术要求确定适当的设防等级。在经济技术条件许可的情况下，严格按照人民防空工程设计和施工规范进行地铁设计施工，满足城市客运交通的设施与满足等级人防的设施同时到位，同步完成。如20世纪60年代开始建设的北京地铁1号线一期工程，在经济条件不允许情况下，同时考虑战争长时间不发生，闲置防护设施是一种浪费，为此就提出平战功能转换的技术原则。在设计阶段考虑防护的要求，对于防护设施如防护门、密闭门、防火分隔单元、采光天窗和大型通道战时封堵、战时清洁通风滤毒设备等，施工时仅预留必要的预埋件和接口，到临战前再加以改造安装，以达到人防工事要求的等级。国内外城市地铁都不同程度地考虑了战时人防功能。

（3）地下铁道的通信系统应与城市人防指挥部、防灾救灾中心联网，随时接受他们的指导，以充分利用地下铁道车站和隧道防护能力，发挥其中通风、给排水、电气、通信、信号、防灾系统的设备为战时防灾救灾服务。从而使地铁工程战时发挥更大的战备效益。

第五节　城市轨道交通运营管理设备

一、城市轨道交通通信系统

通信系统是轨道交通运营指挥、企业管理、公共安全治理、服务乘客的网络平台，为列车运行的快捷、安全、准点提供了基本保障。

通信系统在正常情况下应保证列车安全高效运营，为乘客出行提供高质量的服务；在异常情况下，应保证能迅速转变为供防灾救援和事故处理的指挥通信系统。

通信系统主要由传输、有线电话（包括公务电话、专用电话）、无线通信、闭路电视监视、广播、时钟、电源及接地防雷、公用通信、公安（消防）通信等子系统组成。

1.传输系统

（1）传输系统的功能

传输系统能满足各有关系统的信息内容及其传输容量的要求，提供所需的业务接口。利用轨道交通线路两侧的各一条光缆，从物理上构成自愈环，确保传输系统的可靠性。

（2）城市轨道交通对传输系统的技术要求

传输系统的各节点,可提供点对点直通式、一点对多点共用式及总线式等信道形式。

传输系统具有自诊断功能,可进行故障管理、性能监视、系统管理、配置管理,并具有集中告警维护、统一管理的网络管理功能。该系统还具有扩展性,并能平滑升级。

传输系统留有与其他轨道交通线路及上级管理部门的通信接口。

（3）传输线路

①通信干线传输线路采用光电缆。光缆用于传输系统以及信号、无线通信和防灾报警等相关系统。

②站间联系、各种临时通信和备用倒换通道则主要由电缆构成。

③干线通信光缆线路采用 ITU-TG.652 建议的双窗口单模光纤。为保证通信线路的安全,沿轨道交通全线上下行线路,各敷设一条 96 芯单模光缆和一条 50 对高抗干扰电缆。干线通信线路采用阻燃、低烟、无卤、防鼠害的铠装型光电缆,在区间内全线设置通信电缆托架或电缆管、槽保护。

2. 有线电话系统

轨道交通各职能部门所使用的有线电话系统从功能上划分,可分为公务电话系统和专用电话系统两类。

公务电话系统主要是供管理部门、运营部门、维修部门等工作人员进行内部及外部公务联系。

专用电话系统主要是供控制中心调度员,车站、停车场、车辆段的值班员,组织指挥行车、运营管理及确保行车安全。该系统主要包括调度电话、站（场）内集中电话、站间电话、区间电话、紧急电话、接车电话、市内直线电话等。

从现有的交换网络来看,每条轨道交通线路都各自成网。由于轨道交通对于语音通信的需求规模并不大,所以采用专用电话系统由轨道交通自建交换网络;而公务电话系统则可以采用轨道交通自建模式,也可利用公众电信运营商交换网络的设置原则。

轨道交通自建公务电话系统、专用电话系统时,可采有合设及分设组网两种方式。

1）公务电话系统

（1）公务电话系统构成

按照设置数字程控交换机构建本线公务电话系统的方式,根据公务电话终端接入方式的不同,有两种系统构成方式。第一种方式是在控制中心设置程控交换机,各车站、停车场、车辆段设置远端模块,由公务电话终端接入各自的远端模块;各远端模块通过传输系统提供的 E1 接口与控制中心程控交换机连接。第二种方式为在控制中心设置程控交换机,各车站、停车场、车辆段的公务电话利用传输系统的接入设备提供的模拟语音接口,以透传方式接入控制中心程控交换机。

方式一与方式二相比,方式二可有效减少传输系统与程控交换机模拟用户接口板的配置,且能够更好地满足系统的要求。

控制中心内部的公务电话用户通过电缆实回线直接接到程控交换机的用户接口上。

公务电话系统在控制中心设置有操作维护终端、计费终端、话务台（人工或自动）等配套设备。

（2）公务电话系统的功能

轨道交通内部用户与公众网用户之间可自动呼叫（包括国内和国际的长途呼叫）。内部用户可自动拨叫119、110和120等各种公众网中的特种业务。

分机可方便地召开会议电话，系统至少可同时召开8组以上会议，每组会议至少可有16方参加，且都可以有外线用户参加。

2）专用电话系统

专用电话系统通常由调度电话、区间电话、站间电话及站内集中电话、紧急电话、接车电话、市内直线电话组成。

①调度电话：是控制中心调度员组织、指挥所辖范围内的值班员而设的一种专用通信设备，为控制中心调度员与各车站、车辆段（或停车场）值班员，以及与办理行车业务直接有关的工作人员提供专用的直达通信工具。必须迅速、可靠地直接通话，同时不应接入与本业务系统无关的电话。

通常，设行车调度电话、电力调度电话、防灾调度电话、客运服务调度电话和总调度。

②站内集中电话：是站（场）值班员与本站（场）其他有关值班人员进行联系的点对点直通电话。

③站间电话：是保证安全行车的专用电话设备，供相邻车站值班员间办理有关行车业务联系。在其回线上不得连接其他电话，应能保证相邻站值班员无阻塞的直达通话。

④区间电话：是供驾驶员和区间维修人员与邻站值班员及相关部门联系通话。

⑤紧急电话：是紧急状态下供乘客或车站工作人员使用的，用户摘机即可与本站车控室值班员或具有车控室功能的客服中心值班员进行通话。

⑥接车电话：是供站台值班员与控制中心行车调度员进行接发车通话使用。

⑦市内直线电话：是供轨道交通相关部门或人员与地方相关部门直接联系的电话。其中，主变电所至地方供电局，控制中心防灾救援中心至市消防局、防汛指挥中心、地震监测部门之间应设置成热线电话，并具有录音功能。

3）无线通信系统

无线通信系统为在轨道交通运营出现异常情况和有线通信出现故障时，亦能迅速提供防灾救援和事故处理等指挥所需要的通信手段。

根据运行组织、业务管理和指挥的需求，无线通信系统设置5个子系统。

①行车调度子系统：供行车调度员、列车驾驶员、车站值班员、站台值班员之间进行通信联络，满足行车要求。

②事故及防灾子系统：供环控调度员、车站位班员、现场指挥人员及相关人员之间进行通信联络，满足事故抢险及防灾需要。

③车辆段、停车场调度子系统：供车辆段、停车场信号楼值班员、列检库运转值班员、列车驾驶员、场内作业人员之间进行通信联络，满足段内调车及车辆维修需要。

④维修调度子系统：供维修调度员与现场值班员之间进行通信联络，满足线路、设备日常维护及抢修要求。

⑤公安调度子系统：供公安调度员、车站、车辆段、停车场公安人员之间进行通信联络，满足公安要求。

各调度员与无线用户以及无线用户之间具有通话呼叫功能,根据不同用户之间的业务联系,可有选呼、组呼和全呼几种方式。

中心调度员对运行中的列车具有广播功能,对通话台的标志码、用户名、通话内容等具有显示功能,对通话台的通话内容可进行录音和检索。同时,具有多级优先呼叫功能、数据及辅助功能、系统网络管理功能。

4)闭路电视监视系统

闭路电视监视系统是轨道交通维护和保证运输安全的重要手段,为控制中心的调度员、各车站值班员、列车驾驶员以及轨道交通公安分局等提供有关列车运行、防灾救灾、旅客疏导以及社会治安等方面的视觉信息,还能够提供弱电系统设备管理监视信息。

此外,具有授权权限的轨道交通内部相关部门、领导,以及市政务平台和应急指挥平台在需要时也能够调看和检索相关图像。

闭路电视监视系统的基本模型如图11-16所示。

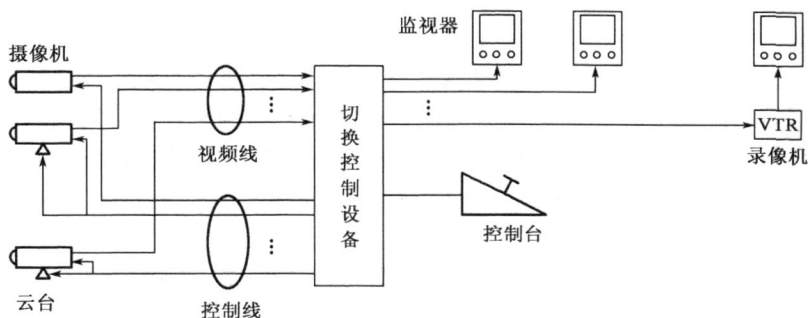

图11-16　闭路电视监视系统的基本模型

闭路电视监视系统由控制中心电视监视管理子系统、车站电视监视子系统、列车电视监视子系统以及传输通道等部分组成。

①监视功能:车站值班员、警务室值班员监视本站站台、站厅及自动扶梯、出入口情况,中心调度员监视全线各车站情况。

②图像选择功能:车站值班员可选择本站任一摄像机的图像在任一监视器上显示,既可用各种时序自动循环切换,也可由操作人员手动切换。

③录像功能:对任何一路图像信号进行录像,中心调度员可对所辖范围内的任何一路图像信号进行调看。

④摄像范围控制功能:控制中心各调度员和各车站值班员分别能够在远程和本地控制摄像机的云台和镜头焦距,用以调整摄像机摄像范围和视场大小,并可设定优先级。

⑤字符叠加功能:系统应能将摄像机的号码及位置、摄像日期和时间等信息进行叠加,以便在监视器上显示。

⑥系统网络管理功能:在控制中心的中心网管室设置一套电视的网管设备。该套设备主要负责对电视监视系统中包含的视频前端设备、控制设备和编解码设备的运行状态进行综合监视与管理,在必要时对系统数据及配置进行及时修改。

5）广播系统

轨道交通的整个广播系统由三个相对独立的子系统即正线广播系统、车辆段、停车场广播系统及列车广播系统组成。

（1）正线广播系统

正线广播系统主要用于控制中心调度员、各车站值班员和副值班员播送列车进出站信息，对乘客进行安全提示和向导，对车站工作人员播发通知；在发生紧急情况时，对列车内和车站内的乘客进行疏散向导广播。

（2）车辆段、停车场广播系统

车辆段、停车场广播系统不受中心广播设备控制，是完全独立的，只接受正线广播系统网管的监视。车辆段、停车场的有线广播系统包括行车广播和防灾广播。

（3）列车广播系统

列车广播系统主要对车内乘客播放列车运行信息及在发生紧急情况下对车内乘客进行疏导，由 TETRA 系统来提供无线通道。

6）时钟系统

在控制中心设 GPS 接收单元和一级母钟，各车站、车辆段、停车场设子钟驱动器以驱动各个车站的车站控制室、站台及相关工作场所所设的显示子钟（终端），并向各自动化系统提供标准的时间驱动信号，向乘客、控制中心调度员、车站值班员及运营部门的工作人员输出统一的时间信号，为故障分析、保证列车的安全准点运行提供统一的时间平台。

（1）时钟系统的功能

为乘客和控制中心、车站、车辆段、停车场等各部门工作人员提供统一的标准日期、时间信息，使全线时间标志完全一致。

一级母钟能自动跟踪 GPS 接收单元来校准时钟。

一级母钟能分路输出，连接各车站、车辆段、停车场等各子钟驱动器及各系统设备的外时钟输入口。

（2）时钟系统的组成

时钟系统由一级母钟、分路输出接口、子钟驱动器及显示子钟等设备组成。其中一级母钟、分路输出接口设备设于控制中心内，子钟驱动器设于车站通信机械室，显示子钟设置于各站现场。

显示子钟安装于控制中心调度大厅及管理办公用房、车站站厅、站台、车站控制室及车辆段、停车场等需要显示时间的场所。结合乘客信息系统，显示子钟的形式以数字式为主体，适当采用视频显示屏等形式。

7）公用通信系统

公用通信系统主要是满足乘客在地下空间内享受与地面同等的移动通信需求。除满足目前各移动电信运营商及无线市话的各种移动电话制式的需求外，还应考虑将来新增移动电信运营商和移动电话制式的需要。同时可以为轨道交通外部用户提供光纤通道及有线用户接入网的传输端口等业务。

系统无线信号覆盖范围包括全线各车站的站厅、站台、出入通道等公共区域和全部地下隧道。

为方便乘客在地铁车站进行通话联络和银行业务办理,在每个地铁车站的站厅、站台、出入通道等处预留安装 IC 卡公用电话和 ATM 机的位置。

公用通信系统由传输系统、公用通信引入系统、电源系统及接地、集中告警系统等构成。

8)(消防)通信系统

公安(消防)通信系统由公安(消防)引入、公安电视监视、公安(消防)电话等系统组成。

公安电视监控系统是公安人员维护地铁正常的运营管理秩序、保障乘客安全、监控异常情况、防范突发事件的有效技术手段。该系统可为公安监控人员提供直观的图像。所有终端均与专用电视监视系统共用。在轨道交通公安分局、车站警务室设置控制终端。

公安(消防)电话系统可使公安(消防)值班人员应能实现与市公安局、轨道交通公安分局、派出所、车站警务室、地铁指挥中心等机构的有线通信,以便于指挥调度地铁公安(消防)人员。为此,在每个车站公安值班室、控制中心分别新设公安(消防)电话,电话可设为热线电话。

9)通信房屋技术要求

车站通信设备室(含公安通信)面积 55m²;通信电源室面积 20m²,电源室最小宽度为 3m;电缆引入室面积 $2 \times 15m^2$,电缆引入室最小宽度为 2.5m;公用通信设备室面积不低于 40m²。通信机房与变电所应尽量远离。车站通信设备室的位置宜靠近车站控制室,使配线最短,引入方便。

通信机房的地面应设防静电活动地板。内装修应满足通信设备的要求,应做到防尘、防潮、隔音。当通信设备有要求时,应采取防静电措施。通信机房地面均布荷载设备室不小于600kg/m²,电源室不小于 1 000kg/m²。室内净高不低于 2.8m,门的宽度不小于 1.5m,门的高度不小于 2.4m。

通信用房其他主要工艺要求应符合有关规定。

车站控制室预留通信控制台 2.5m×1m 的位置。

二、信号系统

1. 信号系统的作用

地下铁道信号系统的作用简单地说主要体现在保证行车安全和提高通过能力及运输效率两个方面。

(1)保证行车安全

地下铁道信号设备通常由闭塞、联锁、行车指挥和列车运行控制等设备组成。闭塞、联锁及列车运行控制系统中的自动停车、列车超速防护等设备,直接维系着行车安全,一般定义为安全系统。而行车指挥和列车运行控制系统中的列车自动驾驶或无人驾驶系统一般不维系行车安全,定义为非安全系统。

信号系统保证行车安全的作用主要体现于禁止同时为来自不同方向的列车建立同一条进路,确保同一径路上的不同列车之间具有足够的安全间隔距离;保证列车以不超过线路、道岔、车辆结构等规定的允许速度行驶;凡涉及行车安全的信号设备必须满足故障导向安全的原则。

(2)提高通过能力和运输效率

近年来,随着城市化进程的加快,地下铁道的输送压力越来越大。由于地铁列车编组受到线路和站台长度的限制,因此提高列车速度和增加行车密度成为提高通过能力和运输效率的关键措施。影响行车速度和密度的主要因素包括端站线路配置方式、停站时间、车辆性能、信号系统等,而其中以信号系统关系最大。

采用先进的信号系统可以明显地提高通过能力和运输效率,加速车辆周转,保证列车按计划行车。并能实现列车的最佳化运行,最大限度提高各系统的潜在效能,使运行管理人员从繁杂的事务性工作中解脱,而从事更高级的运行管理工作。

2.信号系统设置的主要原则

(1)信号系统应具有较高的安全性和可靠件,符合数字化、网络化、智能化发展方向,充分体现信号、通信、计算机技术一体化。凡涉及行车安全的系统、设备必须满足"故障—安全"原则。

(2)设备配置应合理,具有较高的性能价格比,易于扩展、安全可靠、操作简便、维修方便、自动化程度高,有利于行车组织和运营管理,实现行车指挥自动化和科学化。

(3)选用的系统和设备应具有在地铁运用的成熟经验,具有较高的完整件,适应地下铁道的使用环境。

(4)正线正常运行时线路按双线单方向右侧行车,特殊情况下应能组织反向行车。

3.信号系统的分类

地下铁道信号系统由信号、联锁、闭塞和列车自动控制系统组成。

1)固定信号

(1)信号机应采用色灯信号机。信号显示方式如下:

①红灯——禁止通行。

②绿灯——允许出段。

③双黄灯——允许进段。

④红灯 + 月白灯——引导进段。

⑤月白灯——允许调车。

(2)信号机应设在列车运行方向的右侧,安装困难时可设在左侧。

(3)车站宜设进站和出站信号机;区间道岔应设防护信号机;车辆段及停车场应设进段(场)和出段(场)信号机;有调车作业的区域应设调车信号机;在自动闭塞区段的闭塞分区分界处,应设通道信号机,但实行列车自动防护的线路可不设通过信号机。

(4)信号机的定位显示应符合下列规定:

①无防护道岔的进站和出站信号机可显示进行信号,必要时应能人工关闭。

②防护道岔的各种信号机均应显示停车信号。

③通过信号机应显示进行信号。

2)闭塞

为保证地下铁道行车安全和满足高密度行个的需要,可在运营线路的区间采用自动闭塞,实现列车运行间隔控制。在双线区段,宜采用单向自动闭塞;单线双向运行的区段应采用双向自动闭塞。

(1)自动闭塞设置应符合下列规定:

①自动闭塞分区的划分应根据牵引计算、行车间隔和有关要求确定。

②自动闭塞分区的最小长度应满足列车最高速度时的安全制动距离,实行列车自动防护的线路应按限速要求检查。

③通过信号机应不间断地检查所防护闭塞分区的空闲和占用情况。

④轨道电路应不间断地检测列车运行位置或传递运行信号。

⑤双向运行的自动闭塞设备,必须保证在任何情况下不得同时开通两个相对的运行方向;当闭塞分区被占用或轨道电路失效时,不得改变运行方向。

(2)自动闭塞分为以下三种方式。

①固定自动闭塞方式:是指基于轨道电路的自动闭塞方式,闭塞分区一旦划定将固定不变。

②移动闭塞方式:不依靠轨道电路向列控车载设备传递信息,而采用移动通信、地面交叉感应电缆、应答器等媒体向列控车载设备传递信息,实现自动闭塞。

③准移动闭塞方式:是介于上述二类方式之间的自动闭塞方式,是基于报文式轨道电路的自动闭塞方式。音频数字轨道电路具有较大的信息传输量,列控车载设备根据由钢轨传输而接收到的报文信息,实现自动闭塞。

3)联锁

联锁是对车站的道岔、信号进行集中控制,提高行车和调车作业能力,确保行车安全的车站信号控制设备。在地下铁道有道岔车站和车辆段应装设联锁设备。

联锁有电气集中联锁和计算机联锁两种方式。

联锁设备应符合下列规定。

①确保进路上道岔、信号机和区段的联锁,联锁条件不符时,信号机不得开放。敌对的进路必须相互照查,不得同时开通。

②能受列车自动监控系统或行车指挥控制系统控制或车站控制。

③装设引导信号的信号机因故不能开放时,可使用引导信号。开放引导信号应检查进路中道岔位置及其锁闭状态。

④进路解锁宜采用分段解锁方式。锁闭的进路应能随列车正常运行自动解锁和人工办理取消进路及限时解锁。限时解锁时间应确保行车安全。

⑤锁闭的进路应能防止轨道电路分路不良造成的错误解锁。

⑥联锁道岔应能单独操纵和进路选动,影响行车效率的联动道岔宜采用同时启动方式。

⑦控制台应监督线路及道岔区段占用、进路开通及锁闭、信号开放和挤岔等。

4)列车自动控制系统

列车自动控制系统(ATC),用于实现行车指挥和列车运行的全盘自动化,包括列车自动监控(ATS)、列车自动防护(ATP)和列车自动运行(ATO)三个子系统。

(1)ATS系统

ATS系统主要作用是编制、管理行车计划,实现对全线列车的监控。其主要功能如下:

①列车识别、追踪。

②自动监视列车运行和设备状态。

③自动或手动办理进路。

④运行图或时刻表生成及管理。

⑤自动调整运行计划;自动描绘或复制列车运行实绩。

⑥车辆段运行监视及车辆维修周期、调车和乘务员管理。

⑦系统故障时可降级使用及系统复原处理。

⑧乘客向导信息处理。

⑨列车运行模拟及培训。

⑩运行统计及报表处理；与 ATP/ATO 系统交换信息。

（2）ATP 系统

ATP 系统是保证行车安全的基本系统，ATP 系统必须满足"故障—安全"原则。其主要设备包括车载设备、轨道电路等地面设备，车站联锁设备也纳入该系统中。其主要功能如下：

①动检测列车位置；确定列车运行的最大安全速度。

②连续速度监督，实现超速防护。

③控制列车运行间隔，满足规定的通过能力。

④向 ATO 传输控制数据；与 ATS 属交换信息。

⑤车门开、关的安全监控；ATP 显示及报警。

⑥列车非预期移动的监控。

⑦ATP 系统车上设备应具有日检测试能力；具有记录、统计、打印功能。

⑧执行控制中心或车站设备的进路控制命令，实现车站信号、道岔与轨道电路之间的联锁。

（3）ATO 系统

ATO 系统是列车运行自动化系统中的高层次环节，在 ATP 系统的安全防护下实现列车自动驾驶，ATO 对提高列车运行效率，完成运行自动调整、实现列车经济运行等具有重要作用。

ATO 系统主要由车载设备和地面设备组成。其主要功能如下：

①车站出发一般采用驾驶员按压启动按钮人工启动方式，区间和站外停车后的再次启动为自动方式。

②区间运行自动调速（牵引、滑行、制动）。

③进站定点停车。

④可自动或监视列车车门的开闭，并满足对设置的屏蔽门的监控。

⑤列车运行状态自诊断。

⑥与 ATS 交换信息，实现列车运行自动调整。

三、城市轨道交通自动售检票系统

自动售检票 AFC 系统（Automaticfare Collection）是利用计算机技术、网络通信技术、电子付费技术等高新技术，进行计时、计程的自动售票和检票，替代传统的纸票售检票方式，并实现轨道交通运营的信息化管理。目前，国内外发达城市已经实现或正在实现城市公共交通"一卡通"收费系统，城市轨道交通作为城市公共交通中的一部分，其收费系统除满足城市公交"一卡通"在车站的应用外，还应实现轨道交通网络收费的"一票通"。

1. AFC 系统结构

轨道交通的 AFC 系统一般针对每一条线路设置一套 AFC 系统，称为线路 AFC 系统。通常，线路 AFC 系统由中央计算机系统、车站计算机系统、车站网络、车站终端设备、车票和 IC 卡编码设备等构成。车站计算机通过通信系统的主干网与中央计算机相连，车站计算机系统与车站 AFC 终端设备通过以太网沟通,形成车站局域网。

AFC 系统包含 IC 卡编码设备、线路中央计算机系统及网络、车站计算机系统及车站售检票终端设备、车票。

在轨道交通网络化运营的情况下,AFC 系统具有多线路协调运营、多线路一票换乘等特点。要适应网络化运营的特点,AFC 系统除了上述的线路 AFC 系统和设备外,还应包括轨道交通清分中心、维修中心和培训中心等系统。AFC 系统构成如图 11-17 所示。

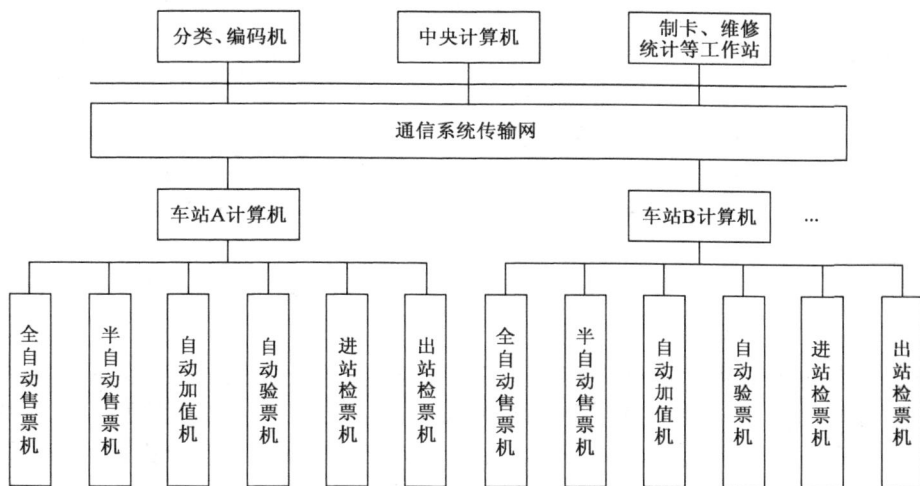

图 11-17　AFC 系统构成

2. 线路 AFC 系统

(1)中央计算机系统

中央计算机(Center Computer,简称 CC)系统是整个 AFC 系统的核心,系统设置于线路的控制中心。该系统设备主要包括服务器、存储设备、各管理工作站、初始化编码分拣机、密钥系统、硬件加密机、车票清点打包设备、车票清洁设备、打印设备、UPS 不间断电源等。为确保数据的安全存储,主机设备要求采用双机热备份,数据存储一般采用磁盘阵列,主机不但要有强大的计算能力,还要有良好的输入、输出特性,同时应具有良好的扩展性,具有 24h 不间断工作的能力及很强的容错能力。中央计算机系统应预留与城市"一卡通"的接口能力。

中央计算机系统从运营管理的角度来看,主要包括线路运营中心系统和线路票务中心系统。

中央计算机系统是线路 AFC 系统的中枢心脏,负责对本线所有 AFC 设备进行监控,实现对线路系统运营、票务、收益及维修的集中管理功能。收集、保存从各个车站传来的售检票数据、客流统计、设备维护及设备状态信息,并建立相关数据库,对车站计算机下达系统命令;与公交"一卡通"进行数据交换,实现收益清算功能。

在运营出现异常情况时,中央计算机系统能设置相应的降级或紧急运营模式,并实时下发指令给相关车站计算机系统或终端设备,并对相关交易数据作相应处理。

中央计算机系统具体实现下列功能:监视、控制 AFC 系统设备;收集、保存从各个车站传来的售检票数据、客流统计、设备维护及设备状态信息,并建立相关数据库;建立、维护系统运行参数,并下传到各车站计算机;接收、处理非法进入系统及紧急故障报警信息;完成当天全线运营收入、客流统计等运营报告;向运营、管理部门提供可供运营组织、决策分析的统计信息报告;向各车站计算机下达同步时钟信息;编制、发行系统使用的各种车票。初始化编码机可自动供票、编码、验证车票,能够根据操作员输入的数据对车票进行初始编码,并将编码机的设备号输入车票,对编好的车票数据进行审核记录;且具有票面打印功能。

（2）车站计算机系统

在轨道交通的每个车站,设置车站计算机 SC（Station Computer）系统。车站计算机系统接收来自本站 AFC 终端设备的数据,进行统计、处理、存储并传输到,中央计算机。车站计算机系统从运营管理的角度可以分为车站运营系统和车站票务系统;车站计算机系统主要设备包括车站服务器、监控工作站、票务工作站、UPS、紧急按钮和打印设备等。软件由操作系统软件、数据库系统软件、车站级应用软件和防病毒软件构成。其中车站服务器、监控工作站、UPS电源、紧急按钮控制盘等设备布置于车站的车控室;票务管理工作站和打印设备等设置于AFC 票务室。

车站计算机是车站 AFC 设备的核心,支持车站自动售检票系统的设备监控、票务管理、财务管理、设备维护等,并主要完成下列功能。

实时监控车站 AFC 终端设备的运行状态,并随时接收设备的报警信号;向车站终端设备下达各种运行模式指令,具有自动与手动两种下达方式;实现车站收益管理,实时生成车票处理、客流、现金收益及维护等各种运行报表,在运行结束后生成当日运行报表;实现数据管理,接受车站终端设备上传的各种交易数据及设备状态数据,实时或批量上传到中央计算机系统处理,同时车站计算机系统接受中央计算机系统下达的运行指令、系统参数及软件更新数据,并下达到相应设备执行;在紧急情况下,车站值班人员可按下紧急报警按钮,控制所有进、出站检票机运行紧急运行模式,此时所有检票机全部倒向开通状态（杆式检票机三杆全部落下、门式检票机门打开）,以方便乘客快速疏散。

3. 车站设备（终端设备）

车站 AFC 终端设备主要包括自动售票机、半自动售票机、自动检票机、补票机、自动验票机、自动加值机、兑币机等。车站终端设备均可独立控制。

车站 AFC 终端设备均设置在车站的站厅层,其中自动售票机、自动验票机、自动加位机、兑币机设置在车站的出入口处,便于乘客进站购票、验票、自动充值等需求;半自动售票机设置在售票厅或补票厅中;自动验票机设置在付费区与非付费区之间。

车站终端设备配置规模及数量,应根据线路客流分析及本站的客流预测数据确定。按照近期客流配置车站终端设备,按照远期客流规模预留设备的安装条件。

（1）自动售票机

自动售票机 ATVM（Automatic Ticket Vending Machine）用于乘客自助式购买地铁单程票及对储值票进行充值。自动售票机可接受硬币、纸币、储位票、金融卡（预留）等支付方式,并具备找零功能。

自动售票机采用后开门检修方式。

自动售票机安装在车站站厅层的非付费区内。自动售票机如图 11-18 所示。

自动售票机应能满足下列性能要求:自动售票机的硬币接收器能接收中华人民共和国法

定流通硬币,至少四个币种,一般具有 0.50 元、1 元找零功能;能出售多个收费等级的车票,可同时出售多张(一般在 10 张以下)单程票;在车票发行开始前,可用取消键中止发行,送入的钱币自动退出;如果车票发行处理已经开始,则取消键失效;在出售每一张车票前,均对车票进行校验,对不符合要求的车票送入回收票盒中,并重新发行一张车票;具有故障报警功能,一旦出现故障,及时向车站计算机报警,并传递故障码;向车站计算机传递设备状态信息,包括设备号、运行记录数据、运行状态等;能接受中央计算机下达的运行参数;在与车站计算机数据传输信道中断的情况下,自动售票机独立运行,并保存 7d 的运行数据,中断恢复后,及时将保存的信息传送至车站计算机;当票盒里的票出售完或即将出售完时或者钱箱快满时,自动售票机向车站计算机报警,并显示设备号,出售完时自动停止使用,并有停用显示;当对自动售票机的票盒或者钱柜进行调换安装结束后,售票机应能自动恢复服务,并向车站计算机发送相关事件信息。

(2)半自动售票机

半自动机又称为人工售票机 BOM(Booking Office Machine),由人工收钱,并由人工操作半自动售票机赋值出售乘客使用的各种地铁车票及公交"一卡通"车票,具有车票分析、查询、充值、更新、退款、挂失、替换、补票等功能。半自动售票设备如图 11-19 所示。

图 11-18　自动售票机

图 11-19　嵌入式的半自动售票设备

(3)自动检票机(闸机)

自动检票机分为进站检票机 EnG(Entry Gate)和出站检票机 ExG(Exit Gate),设置在车站付费区与非付费区之间,呈线性布置在车站的出入口处。

检票机的阻挡装置有三角转杆式及门式,其中门式又分为垂直开闭门式和水平开闭门式。

在紧急状态下可由中央计算机系统、车站计算机系统或紧急报警按钮控制三角转杆自由落下或门打开。在检票机失电时,三角转杆也应自由落下或门打开。自动检票机如图11-20 所示。

三角转杆式检票机具有设备造价低、不宜逃票等特点,适合流动人口多、乘客素质参差不齐的城市地铁;门式检票机为携带大件行李、乘坐儿童车及残疾人车的乘客提供通行方便,适合客流量大、乘客素质较高、有携带大宗行李物品的场所,如机场、码头、车站等。

(4)便携式验票机

便携式验票机 PAC(Portable Analysis Checking)由车站工作人员随身携带,对乘客所持车票进行核查,为及时解决票务纠纷提供帮助。

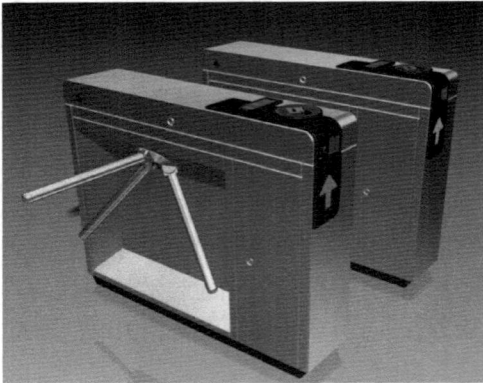

图 11-20 自动检票机(闸机)

(5)自动加值、验票机

自动加值、验票机设在非付费区近出入口处,一般与自动售票机相邻排列设置。该机具有引导乘客加值和验票的操作提示,可以接收 6 种不同面值的纸币,对于无法识别的纸币作退币处理,不设找零。

(6)车票

目前,应用于轨道交通的车票主要有单程票和储值票两种。

AFC 系统的车票在 20 世纪八九十年代均以磁卡作为信息载体。磁卡 AFC 系统技术成熟,但存在磁卡信息存储容量小、安全保密性差、车票传输机构复杂、造价昂贵、故障率和维修费用高等缺点。

近年来,非接触式 IC 卡技术得到了发展和应用。非接触式 IC 卡不再以磁介质作为信息载体,而是由微型处理集成电路芯片经封装制成。随着微电子技术的发展、芯片成本的降低、制作工艺的成熟、成品率的提高、多应用的需求,非接触式 IC 卡 AFC 系统将逐步取代磁卡AFC 系统。

车票使用方式为单程票采用"照进插出"使用方式,储值票则采用"照进照出"的使用方式。

4. 票务管理及运行模式

(1)票务管理

线路 AFC 系统的票务管理一般采用线路中心及沿线各车站二级管理模式,中央计算机系统负责全线的票务管理工作,各车站负责本站的票务管理。

所有投入使用的车票,均需经中央计算机系统的编码机进行初始编码后方可在系统中使用。单程票必须经自动售票机或半自动售票机赋值后才为有效票,储值票必须经半自动售票机赋值后才为有效票。

(2)运行模式

在正常运行模式下,乘客使用的车票必须按先进站后出站的进出站次序来使用。进站时,乘客持车票经检票机检验为有效后,才可进站,否则提示乘客车票无效,需到售票处验票;出站时,由出站检票机检验乘客所持车票的有效性,对有效储值票扣除相应车费后,允许乘客通过。

若储值票余额不足,则视为无效票,禁止通过并提示乘客到补票处补票。对有效单程票,允许乘客通过并回收单程票;对无效单程票,禁止通过并提示乘客到补票处查询。

单程票由出站检票机回收后可在车站内循环使用,直接补充到自动售票机、半自动售票机内。储值票可永久使用。

5. 设备布置、设备用房设置原则

(1)设备布置原则

设备布置有以下几项要求:车站计算机设于 AFC 机房(车控室);AFC 机房设于站厅层,尽量靠近站厅及通信机械室,并应尽量远离可能产生电磁干扰的房间;自动售票机设置于站厅靠近出入口处,离墙 800mm 距离布置,一般按组布置,一组 2～3 台,每组间距 800mm;自动加值、验票机的布置原则与自动售票机相同;半自动售票机设于售票厅或补票厅,售票室可采用铝合金小房;进出站检票机设于付费区与非付费区的交界处,检票机间通道宽度为 600mm,并应尽量加大非付费区的面积。

(2)设备用房设置原则

控制中心需设置 AFC 中央计算机设备用房及管理用房,包括主机房、控制室、数据库室、编码室、车票发行室、票务管理等房间,总面积为 300m² 左右。设备用房应按照电子计算机机房的标准进行设计,架设防静电地板(一般为 300mm 高),并根据 AFC 系统的要求在地板下预埋相应的管槽。

AFC 系统在沿线各车站需要设置一间票务室,位置在设备管理区内,面积为 15m² 左右;每隔 3～4 个站需要设置一间 AFC 维修室,位置在 AFC 设备室附近,面积为 15m² 左右。在车站站厅层应设置售票厅、补票厅,面积为 6m² 左右,售票厅、补票厅一般设置在非付费区,也可以根据需要设置在非付费区与付费区之间,并应根据土建需要考虑安装 AFC 系统设备的预留管线的引入条件。

思 考 题

1. 简述地铁通风空调系统的功能与作用。

2. 城市轨道交通工程给排水设计主要遵循的设计原则是什么?

3. 地下车站消防设备布置有哪些技术要求?

4. 牵引变电所的设置原则是什么?

5. 架空网与接触轨各有什么特点?

6. 简述城市地铁的灾害特点及防灾重点。

7. 简述防灾设计内容、原则及技术要求。

8. 地铁与轻轨通信系统主要由哪几部分构成?

9. 通信技术对轨道交通的作用体现在哪些方面?

10. 简述信号系统在城市轨道交通中的作用。

11. AFC 系统是由哪几部分组成的? AFC 系统各部分的主要功能是什么?

12. AFC 系统车站计算机系统由哪些主要设备构成?

第十二章 信息化施工监测

第一节 信息化施工监测的设计原理

城市地下工程施工监测与铁路或公路山岭隧道施工监测的主要区别在于,后者只需对施工期隧道自身的安全进行监控量测,并通过监测数据调整设计和施工参数;而前者除了对地下工程的安全性进行监测之外,由于轨道交通网通常是从闹市区通过,施工区周围的既有建筑物密集,新建地铁的施工还必须保证这些既有建筑物的安全和正常使用。

城市地下工程施工对周围环境的影响,严重的会造成既有建筑物不均匀沉降、开裂,甚至倒塌,并造成人员伤亡;施工对地下管线的影响,由于变形过大,会造成煤气泄漏、爆炸,水管爆裂,电缆断裂造成停电和通信中断等事故,严重危及人民生命财产的安全。所以,城市地下工程施工必须结合周围环境特征对地下工程自身的安全和环境影响进行监控量测。

城市轨道交通地下工程的施工监测设计原理,主要是通过现场测试获得关于结构稳定性和支护系统工作状况,以及对周围环境影响的数据,然后根据监测数据,确定地下工程的设计和施工对策。这一过程可称为监控设计或信息化设计。监测设计要充分考虑近地建筑物的重要性、离施工区的距离以及地层特征、施工方法等因素。

现阶段我国城市轨道交通地下工程的施工方法可分为浅埋暗挖法、盾构法和明挖法等,其施工监测相应分为下述几种。

微课24

浅埋暗挖法施工监测

扫描此码　深度学习

(1)浅埋暗挖法施工监测

浅埋暗挖法施工过程中,围岩(地层)的变形和松动可能传至地表,影响地表建筑物的安全。因此,监测设计除应对围岩(地层)和支护结构中产生的位移与应力变化等进行监测外,尚应对地表及地面建筑物、构筑物的变形进行观测。

(2)盾构法施工监测

盾构法常应用于自立性较差的地层中,尤其适用于自立性差、流动性高的软弱地层和淤泥质地层中。不论采用何种开挖方式,都会使开挖面附近地层的应力状态发生变化,即使是采用密闭式盾构,如泥水盾构、土压平衡盾构,亦会因开挖面的不稳定导致过大的地表沉降。因此,其监测设计除根据需要对衬砌环、土层进行应力、变形选测外,更主要的是应对隧道隆陷、地表沉降进行监测。

(3)明挖法施工监测

明挖法施工监测旨在基坑开挖施工过程中,借助一些仪器设备和手段对围护结构、周围环境(土体、建筑物、道路、地下管线等)的应力、位移、倾斜、沉降、开裂及地下水位的动态变化、土层孔隙水压力变化等进行综合监测。根据前期监测结果,对原设计进行评价;判断现行施工方案的合理性;预测下阶段施工过程中可能出现的新动态,为优化和合理组织施工提供可靠信息;对后期开挖方案与开挖步骤提出建议,并对施工过程中可能出现的险情进行及时的预报。有异常情况时,立即采取必要的工程措施,以确保工程安全。

城市轨道交通地下工程的施工除上述三种方法外,许多高架道路的桥墩基础采用桩基。因此,在已有的建筑物附近或一些市政设施附近打桩时,常由于桩的挤土作用而造成结构物的开裂,地下工程因土的侧向位移而破裂等,这类工程施工也需进行相关的监测。

第二节　浅埋暗挖法施工监测

一、监测目的和监测项目

城市轨道交通结构工程采用浅埋暗挖法施工的监测目的有以下三点:

(1)验证支护设计的效果,保证围岩稳定和施工安全。

(2)确保近地建筑物的安全。

(3)积累监测数据,为今后同类工程的设计与施工提供工程类比的依据。

隧道施工之前,应根据埋深、地质、地面环境、开挖断面和施工方法等按表 12-1 的监测项目,拟订监测方案。

监测项目和监测频率　　　　　　　　　　　　　　　　　　表 12-1

类别	监 测 项 目	监测仪器和工具	测 点 布 置	监 测 频 率
应测项目	围岩及支护状态	地质描述及拱架支护状态观察、数码相机	每一开挖循环	开挖后立即进行
	地表、地面建筑、地下管线及构筑物变化	水准仪和水平尺	每 10～50m 一个断面,每断面 7～11 个测点	开挖面距量测断面前后 <2B 时,1～2 次/d; 开挖面距量测断面前后 <5B 时,1 次/2d; 开挖面距量测断面前后 >5B 时,1 次/周
	拱顶下沉	水准仪、钢尺等	每 5～30m 一个断面,每断面 2～3 个测点	开挖面距量测断面前后 <5B 时,1 次/2d; 开挖面距量测断面前后 <2B 时,1～2 次/d; 开挖面距量测断面前后 >5B 时,1 次/周
	周边净空收敛位移	收敛计、激光断面测试仪等	每 5～100m 一个断面,每断面 2～3 个测点	开挖面距量测断面前后 <2B 时,1～2 次/d; 开挖面距量测断面前后 <5B 时,1 次/2d; 开挖面距量测断面前后 >5B 时,1 次/周
	岩体爆破地面质点振动速度和噪声	声波仪及测振仪等	质点振动速度根据结构要求设点,噪声根据规定的测距设置	随爆破及时进行

类别	监测项目	监测仪器和工具	测点布置	监测频率
选测项目	围岩内部位移	地面钻孔安放位移计、测斜仪等	每代表性地段设一断面，每断面2~3个测点	开挖面距量测断面前后<2B时，1~2次/d；开挖面距量测断面前后<5B时，1次/2d；开挖面距量测断面前后>5B时，1次/周
	围岩压力及支护间应力	压力传感器	每代表性地段设一断面，每断面15~20个测点	开挖面距量测断面前后<2B时，1~2次/d；开挖面距量测断面前后<5B时，1次/2d；开挖面距量测断面前后>5B时，1次/周
	钢筋格栅、拱架内力及外力	支柱压力计或其他测力计	每10~30榀钢拱架设一对测力计	开挖面距量测断面前后<2B时，1~2次/d；开挖面距量测断面前后<5B时，1次/2d；开挖面距量测断面前后>5B时，1次/周
	初期支护、二次衬砌内应力及表面应力	混凝土内应变计及应力计	每代表性地段设一断面，每断面11个测点	开挖面距量测断面前后<2B时，1~2次/d；开挖面距量测断面前后<5B时，1次/2d；开挖面距量测断面前后>5B时，1次/周
	锚杆轴力、抗拔及表面应力	锚杆测力计及拉拔器	必要时进行	开挖面距量测断面前后<2B时，1~2次/d；开挖面距量测断面前后<5B时，1次/2d；开挖面距量测断面前后>5B时，1次/周

注：B 为隧道开挖跨度。

监测项目通常分为应测项目和选测项目。应测项目是指施工时必须进行的常规测量，用来判别围岩稳定和支护衬砌受力状态，指导设计施工的经常性量测，主要包括支护状态和建筑物变形观测。洞内监测项目为拱顶下沉和隧道净空变形量测，洞外监测项目为地表及地面建筑物和构筑物的变形观测。这类监测方法简单、可靠，对修改设计和指导施工起到很大的作用。

选测项目是指在重点和有特殊意义的隧道或区段进行的补充量测，主要包括周岩内部位移、锚杆轴力和拉拔力、衬砌内力、围岩压力等。这类监测技术较复杂，费用较高，通常根据实际需要，选取部分项目进行量测。

二、监测手段

选择监测手段，应尽量考虑测试方法简单易行，能直接反映围岩与支护衬砌的受力状态，量测仪表和元件性能可靠，量测精度能满足要求，数据易于处理和反馈等因素。

1. 位移监测

位移监测是最值得推荐的测试项目，尤其是隧道周围的位移最能反映围岩和支护结构力学性态的变化，易于建立一些标准来鉴别所设计的支护结构和施工流程是否需要修改。位移监测可以采用一些简单、可靠的机械式仪表进行。

（1）水准量测

在软弱围岩条件下或浅埋隧道中，可以用水平仪量测隧道拱顶或地表面铅垂方向的位移，用普通水平仪量测地表沉降，精度可达2~4mm。在洞内，与悬挂钢尺配合量测拱顶下沉，精度达 1mm,若采用精密水准仪,则可达到更高的精度。

对于一些城市浅埋地下工程,若其周围有其他建筑物,则需对地表沉降进行更严格地监测和控制,以防止其他建筑物被破坏。

(2)收敛计(净空位移计)

隧道开挖所引起的围岩变形,最直观的表现就是隧道净空的变化,量测隧道净空变化的仪器称为收敛计。按钢尺或铟钢尺的张拉设备不同,可分为重锤式、弹簧式和电动式三种。现多采用弹簧式收敛计,量测时用百分表测读隧道周边两点间的相对位移值,精度一般在 0.1mm。图 12-1 为弹簧式收敛计。

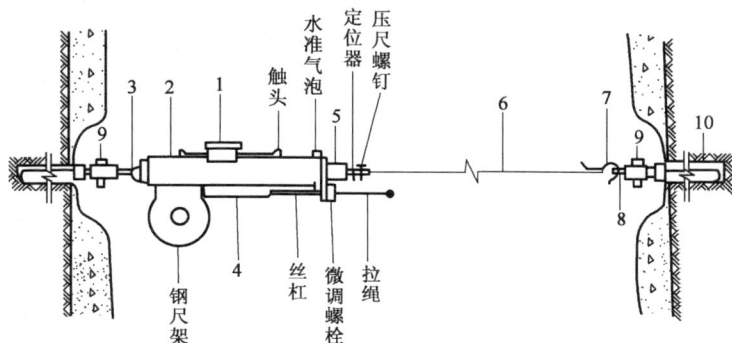

图 12-1　QJ-81 型球铰弹簧式收敛计

1-百分表;2-壳体;3-球铰;4-弹簧;5-滑管;6-钢丝;7-挂钩;8-挂环;9-销钉;10-固定测点

(3)激光断面测试仪

激光断面测试仪的测量原理为极坐标法,如图 12-2 所示,以某物理方向(如水平方向)为起算方向,按一定间距(角度或距离)——测定仪器旋转中心与实际开挖轮廓线交点之间的矢径(距离)及该矢径与水平方向的夹角,将这些矢径端点依次相连即可获得实际开挖的轮廓线,并通过计算软件的协助,自动形成实际开挖轮廓线和设计开挖轮廓线的空间三维匹配,如图 12-3 所示。同时,输出各测点与相应设计开挖轮廓线之间的超欠挖值(距离、面积等)。

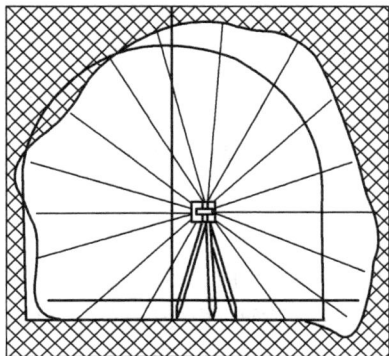

图 12-2　激光断面仪测量原理

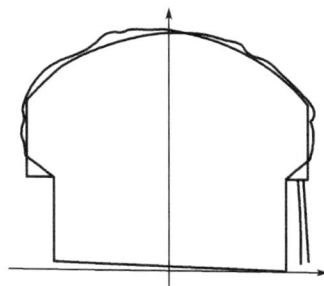

图 12-3　激光断面仪输出的图形效果

值得一提的是,激光断面测试仪不仅可以用于开挖质量的控制,还可以用于初期支护(喷射混凝土)和二次衬砌断面轮廓线和厚度的检测。

（4）位移计（钻孔伸长计）

位移计用于监测围岩内部径向变形，判断开挖后围岩松弛区的范围，以确定锚杆长度。位移计的基本原理是岩体内部某一点的位移状态，通过与之固定在一起的某种媒介（杆、弦）引至岩体外部，以便进行量测。单点位移计的装置方式如图12-4所示，包括三个基本部分：内锚头（楔缝式）、位移传递杆、孔口测读部分（包括百分表和外锚头）。位移计的锚杆体用3号钢制作，一端用楔子与钻孔壁楔紧，另一端装有测点，可自由伸缩。由单点位移计测得的位移量，是洞壁与锚杆固定点之间的相对位移量。

在同一测点处设置深度不同的位移计，采用多点杆式位移计，可测得不同深度岩层之间的相对位移量。图12-5表示一种两点杆式位移计。它有两个内锚头，两根金属杆分别与两内锚头相连，将内锚头的位移分别引至孔口，与中间锚头相连的金属杆是空心的，所以从深部锚头引出的金属杆可以自由地从中间穿过。用百分表分别量测两杆杆端和孔口外锚头端面之间的相对位移量。

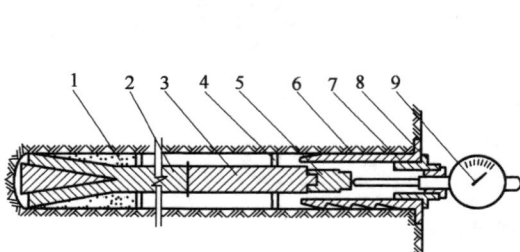

图12-4 单点位移计装置图
1-砂浆；2-锚杆体；3-连接杆；4-固定环；5-测头；6-外壳；
7-定位器；8-测环；9-百分表

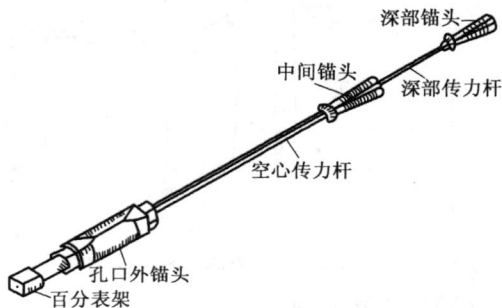

图12-5 两点杆式移计装置图

增加内锚头个数和与之相应的测杆的根数，就成为多点杆式位移计，用来量测围岩内沿某一方向上多点的位移。

上述位移计的测读都是采用百分表。其优点是简单可靠，但对人难以接近的观测点来说，很不方便，这时必须采用电传感器测读装置进行测读。

2. 围岩压力监测

由于作用在衬砌结构上的围岩压力的计算方法问题较多，因此实测围岩压力在工程中也受到了重视。围岩压力衬砌结构的内力是判断结构物工作安全度的主要依据。通常采用钢弦式压力盒或液压式压力盒进行围岩压力的监测。

（1）钢弦式压力盒

钢弦在某一应力状态下的自振频率极其稳定，利用自振频率和应力的对应关系，计算压力盒所受到的围岩压力。采用这种传感器简单可靠，性能稳定，密封防水，也便于远距离和长期观察。

（2）液压式压力盒［格鲁塞尔（Glozel）压力盒］

液压式压力盒装置如图12-6所示。当压力盒受围岩压力 P 作用后，盒内的油将压力传到平衡室的金属薄膜上，量测时，微型油泵使进油管逐步升高油压 P_s，当 P_s 稳定在某一数值时，$P_s = P$ 为欲量测的压力。

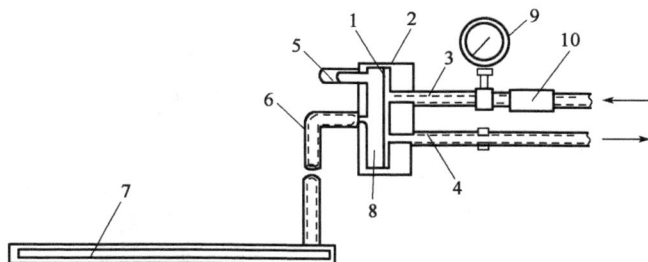

图 12-6　液压式压力盒装置图

1-金属薄膜;2-压力平衡室;3-进油管;4-回油管;5-排气管;6-压力油管;7-压力盒;8-压力油腔;9-压力表;10-接头

3. 围岩和支护衬砌应变(应力)量测

在围岩中钻孔,将应变(应力)计埋入孔中,再向孔中灌注水泥砂浆,或将应变计埋入支护衬砌内,测出应变值便可掌握围岩和支护衬砌的应变(应力)状态。常用的应变计有钢弦式、差动电阻式和电阻式测杆,其使用方法可参考有关资料。

三、测点布置原则与监测频率

1. 监测断面和测点的布置

(1)洞内收敛和拱顶下沉监测的测点,原则上应设在同一断面。监测断面的间距视隧道长度、地质条件和施土方法等确定,一般情况下,可参考表 12-2 选用。在施工初期,为掌握围岩变化动态,要缩小间距,待取得一定的数据后可适当加大。

收敛和拱顶下沉监测断面布置　　　　　　　表 12-2

隧 道 情 况	监测断面间距(m)	隧 道 情 况	监测断面间距(m)
洞口附近或埋深小于2B	10	一般情况	30 ~ 50
长隧道开始施工的200m地段	20 ~ 30		

注:1. 土、软岩或重要工程取低值。
　　2. 表中 B 为隧道开挖宽度。

拱顶下沉设 1 ~ 3 个测点,原则上设在拱顶。收敛监测的基线视围岩条件选择 1 线、2 线、3 线,最多可达 6 线,如图 12-7 所示。

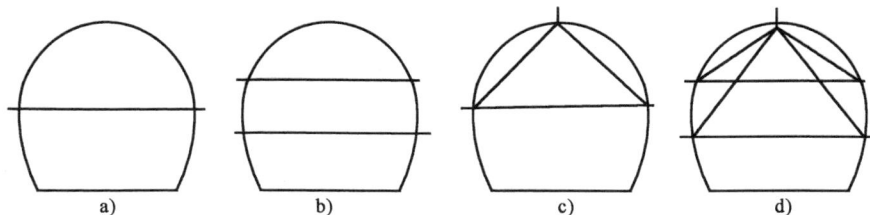

图 12-7　净空位移监测的测线布置示意图

(2)对土、软岩地段的浅埋隧道要进行地表下沉监测。断面间距可视地质条件、覆盖层厚度、施工方法及周围建筑物情况确定,一般情况下,可参考表 12-3 选用。

地表沉降测点布置 表 12-3

覆盖层厚度	断面间距（m）	覆盖层厚度	断面间距（m）
$H > 2B$	20 ~ 50	$H < B$	5 ~ 10
$2B > H > B$	10 ~ 20		

注：表中 H 为隧道顶部覆盖层厚度；B 为隧道开挖宽度。

为掌握地表沉降范围，测点除设在隧道中线上外，还可在与隧道中线垂直的横断面上布置测点。测点间距一般为 2 ~ 5m，必要时，加密测点，如图 12-8 所示。

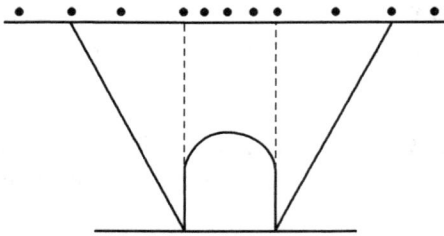

图 12-8 地表沉降测点在横断面上的布置图

（3）围岩内部变形可设置单点或多点位移计进行监测。一般情况下，每 100 ~ 500m 设一监测断面，每个断面设 3 ~ 15 个测点。

（4）围岩压力、支护衬砌间压力以及支护、衬砌应力等选测项目，根据需要选用部分项目，断面间距一般为 100 ~ 500m，每个断面可布置 5 ~ 20 个测点。

2. 监测频率和时间的确定

由于一般情况下，开挖断面处地表沉降及施工对周围环境的影响最大，因此监测频率主要根据距开挖断面的距离而定，一般参考表 12-1 确定。地表沉降监测应在开挖断面前方 $2B$ 处开始进行，直到开挖面后方 $3B$ ~ $5B$，地表下沉基本停止为止。

四、监测数据的处理和围岩稳定性判断

由于使用的监测仪器存在缺陷，以及外部环境变化、人为等因素的影响，故监测所得到的数据具有离散性。为了检验监测结果的可靠性，了解围岩应力大小、变形规律和稳定性，应对监测数据进行回归分析。位移-时间曲线最能直接明确地反映围岩和支护衬砌受力状态随时间的变化情况，故多予采用。

1. 位移-时间曲线的选定

位移-时间曲线常选用下面三种非线性函数中拟合精度最高者进行回归分析，位移与时间的对应观测数据不宜少于 25 组次。

（1）对数函数：

$$\left.\begin{aligned} u &= A\lg(1 + t) \\ u &= A + \frac{B}{\lg(1 + t)} \end{aligned}\right\} \tag{12-1}$$

（2）指数函数：

$$\left.\begin{aligned} u &= Ae^{-\frac{B}{t}} \\ u &= A(1 - e^{-Bt}) \end{aligned}\right\} \tag{12-2}$$

（3）双曲线函数：

$$\left.\begin{aligned} u &= \frac{t}{A + Bt} \\ u &= A\left[1 - \left(\frac{1}{1 + Bt}\right)^2\right] \end{aligned}\right\} \tag{12-3}$$

以上式中：u——位移值，mm；

t——监测时间，d；

A、B——回归常数。

上述三种非线性函数中，对数函数主要用于软弱围岩隧道开挖后初期变形，不能用于预估围岩变形的最终值；而指数函数、双曲线函数可预计最终位移值。

2. 围岩稳定性的判别

隧道施工时，常用围岩和支护位移值或位移速度作为判断围岩稳定的标志。若超过某一临界值，则表示围岩不稳定，需加强支护衬砌。

容许位移值或位移速度值与地质条件、隧道埋深、断面尺寸及地表建筑物等因素有关。例如，城市地铁隧道通过建筑群时，对地表下沉要求高，一般不超过 5～10mm。一般围岩和初期支护结构的基本稳定应具备下列条件：

（1）隧道周边收敛速度有明显减缓趋势。

（2）收敛量已达总收敛量的 80% 以上。

（3）收敛速度小于 0.15mm/d 或拱顶位移速度小于 0.1mm/d。

如隧道施工中出现下列情况之一时，应立即停工，采取措施进行处理。

（1）周边及开挖面塌方、滑坡及破裂。

（2）监测数据有不断增大的趋势。

（3）支护结构变形过大或出现明显的受力裂缝且不断发展。

（4）时态曲线长时间没有变缓的趋势。

五、工程实例

某地铁区间隧道工程，地下管道密布，地面南侧有高大建筑物，最大开挖宽度为 14.2m，高度为 10m，共有 11 种断面变化。隧道通过的地层主要为黏性砂类土和砾类土交互沉积而成，地下水水位位于结构以上，施工难度大。采用双眼镜法、中隔壁法、中洞法、下台阶法等多种施工方法。

在施工中最直观的控制监测项目为地表沉降，采用城市二等水准测量控制精度，在隧道横断面上方的地表布设 9 个测点，纵向间距 10～15m。

当上台阶开挖接近测点时，地表开始下沉，并缓慢增加；当开挖面通过观测点时，地表沉降加速，当下台阶掌子面通过时，地表沉降会发生骤增现象；当开挖通过测点断面一定距离时，洞内已喷护完毕，下沉速度减慢。如图 12-9 所示，通过回归分析，这段后期沉降变化应符合 $u = t/(0.0396t + 0.302)$ 曲线。

通过对地表沉降点的观测，可以获得地表沉降槽的曲线，依此判断施工影响范围，图12-10 是地表沉降曲线，其形状与正态分布曲线相近。

洞内监测内容主要包括拱顶下沉、净空收敛及拱底上抬的量测。拱顶下沉和净空收敛监测布置在同一断面上，断面间距 10～15m。各曲线如图 12-11、图 12-12 和图 12-13 所示，数据表明周边位移量在初期支护封闭之前变化都较大，拱顶下沉量占总沉量的 50% 以上，说明需及时进行结构封闭；收敛变化规律符合 $u = 3.077e^{-0.9766/t}$ 曲线。

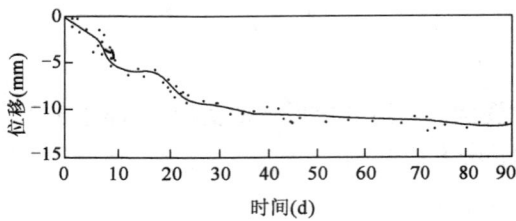

图 12-9 隧道中线地表沉降与时间的关系

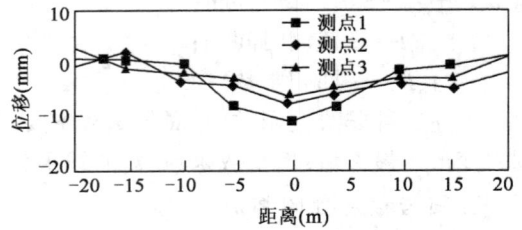

图 12-10 地表沉降曲线

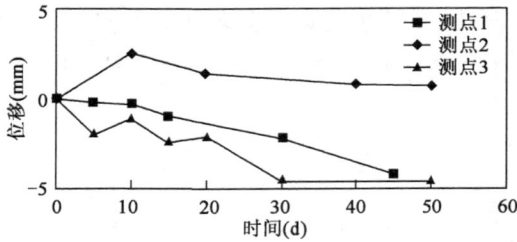

图 12-11 拱顶下沉与时间的关系

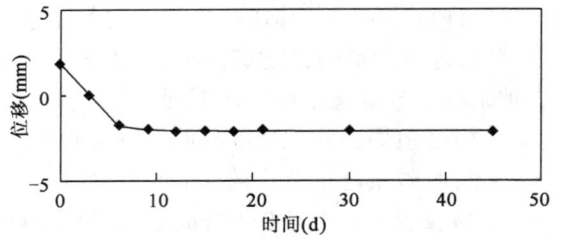

图 12-12 拱顶上抬与时间的关系

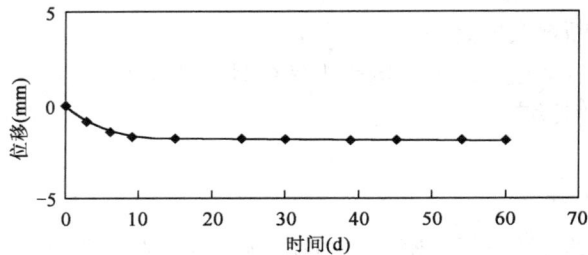

图 12-13 拱脚收敛与时间的关系

第三节 盾构法施工监测

盾构推进引起的地层变形可以通过地表的横向和纵向沉降来分析。横向沉降槽的研究，大多采用 Peck 的经验公式或基于随机介质理论的沉降分布。盾构施工引起地表的纵向沉降一般分四个阶段：前期变形，盾构通过时的沉降，盾尾与衬砌脱离后的变形，后续沉降。

盾构到达观测点之前，由于顶进速度或出土量的原因，会导致前方地表下沉或隆起；从盾构开挖面到达观测点的正下方开始至盾尾即将脱离该点为止，这一阶段产生的沉降为盾构通过时的沉降。产生这部分下沉的原因，主要是盾壳对土体的摩擦力破坏了土体结构强度，降低了土体的模量，并使土体产生挤压和剪切变形，从而引发地层沉降。

盾尾与管片衬砌脱离之后，可采用注浆来弥补盾尾的空隙，当注浆不够或注浆填充率不足时，由于地层损失将产生地层沉降；反之，当注浆超量时，将引发地层隆起。

后续沉降阶段指灌浆结束后，地层发生的那部分下沉，其主要原因是土体的固结变形和蠕变。由于地层的超孔隙水压的逐渐消散，土体产生固结变形，因而地表发生固结沉降。另外，蠕变变形包括土体的蠕变变形和管片的蠕变变形。

盾构隧道的监测项目、测点布置和监测频率,可以根据表 12-4 中所列的内容,结合工程特点进行选取。

盾构掘进施工监控量测项目

表 12-4

类别	监测项目	测量工具	测点布置	量 测 频 率
必测项目	地表隆陷	水准仪	每 30m 设一断面,必要时,需加密	掘进面前后 <20m 时测,1~2 次/d; 掘进面前后 <50m 时测,1 次/2d; 掘进面前后 >50m 时测,1 次/周
	隧道隆陷	水准仪、钢尺	每 5~10m 设一断面	掘进面前后 <20m 时测,1~2 次/d; 掘进面前后 <50m 时测,1 次/2d; 掘进面前后 >50m 时测,1 次/周
	土体内部位移（垂直和水平）	水准仪、磁环分层沉降仪、倾斜仪	每 30m 设一断面	掘进面前后 <20m 时测,1~2 次/d; 掘进面前后 <50m 时测,1 次/2d; 掘进面前后 >50m 时测,1 次/周
	衬砌环内力和变形	压力计和传感器	每 50~100m 设一断面	掘进面前后 <20m 时测,1~2 次/d; 掘进面前后 <50m 时测,1 次/2d; 掘进面前后 >50m 时测,1 次/周
	土层压应力	压力计和传感器	每一代表性地段设一断面	掘进面前后 <20m 时测,1~2 次/d; 掘进面前后 <50m 时测,1 次/2d; 掘进面前后 >50m 时测,1 次/周

在盾构的推进过程中,地层在三维空间中的移动如图 12-14 所示。地表垂直隧道轴线的横断面上的变形如图 12-15 所示,最大沉降发生在隧道顶部,沉降量和沉降槽的宽度随顶进过程而变化,并趋于稳定。

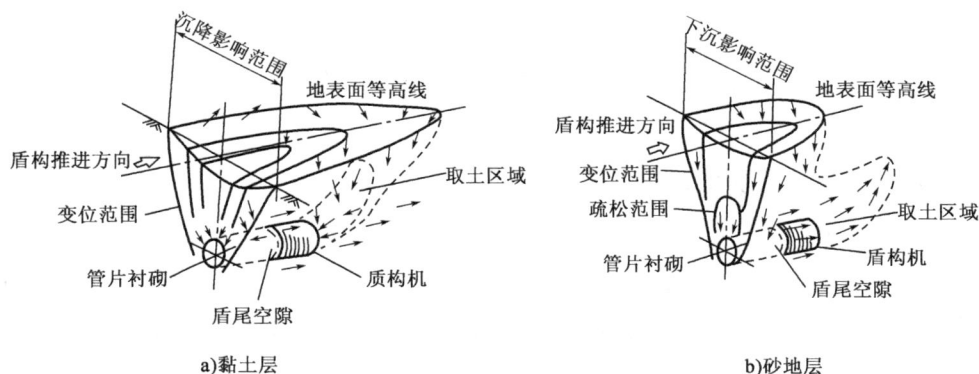

图 12-14　空间地层移动概略图

盾构推进引起的沉降槽在地表面上产生的沉降等高线呈锥形,如图 12-16 所示。锥尖顺着盾构推进方向。随着盾构的推进,锥形沉降等高线向前扩展。

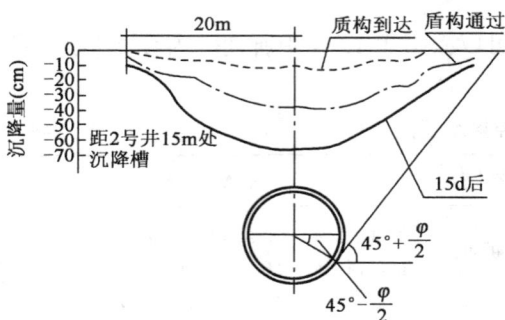

图 12-15　某盾构隧道地表横断面变位曲线

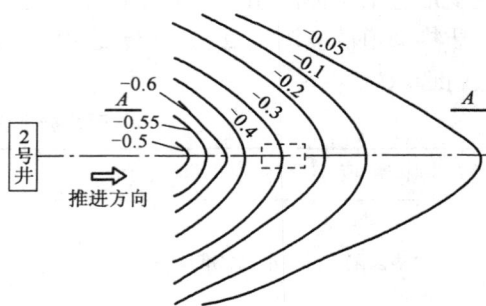

图 12-16　地表沉降等高线（单位：m）

在盾构推进时，不但会引起地表的沉降或隆起，还会因盾构正面推力造成地层的水平变位。图 12-17a）为隧道周围土体的横向水平变位图，图 12-17b）为图 12-16 中 *A-A* 剖面上土体的水平变位图，从图中可以看出，近盾构处水平变位较大，越往前水平变位越小，形成"盆"形影响区域。

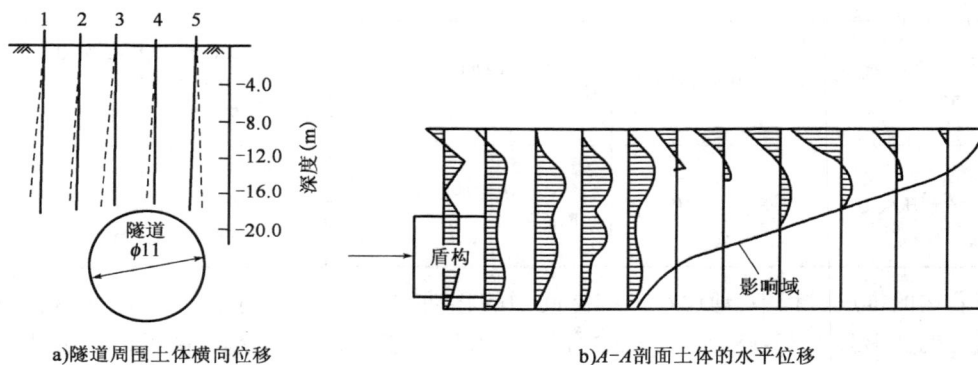

a）隧道周围土体横向位移

b）*A-A* 剖面土体的水平位移

图 12-17　地表沉降等高线

第四节　明挖法施工监测

一、明挖法施工监测的内容和监测仪器

1. 明挖法监测的内容

我国城市轨道交通地下车站的施工方法多数采用明挖法，当地铁区间周边无重要建筑物时，也可采用明挖法。施工监测的内容与一般城市深基坑工程相似，分围护结构的安全监测和周边既有建筑物的变形控制监测两大部分。

（1）围护结构的安全监测

围护结构的安全监测主要通过对围护结构在施工过程中的变形和受力情况等的监测，根据监测结果来评价围护结构的安全性，以便采取相应的工程措施。一般围护结构的监测内容如下。

①围护结构的水平位移。

②围护结构的沉降。

③围护结构的内力。

④支撑系统的内力。

⑤表层土体沉降、水平位移以及深层土体分层沉降和水平位移。

⑥桩侧土压力。

⑦坑底隆起。

⑧土层孔隙水压力。

⑨地下水位。

（2）周边既有建筑物变形监测

通常，城市轨道交通车站设在商场或其他人流相对集中的地方，周边的建筑物一般离施工场地较近，如果拆迁或改移，将带来较大的经济损失，所以必须对邻近建筑物进行安全性监测。监测内容可以根据周边建筑物的特点和具体的施工方法来确定，一般包含以下内容。

①周边建筑物的沉降、倾斜和裂缝。

②周边构筑物、道路、地下管网等设施的变形。

2. 明挖法施工监测仪器

明挖法施工监测所使用的仪器和测试手段主要有以下几种。

（1）水准仪和经纬仪：主要用于测量墙顶和周围环境的沉降和变位。

（2）测斜仪：主要用于墙体和土体水平位移的观测。

（3）深层沉降标：量测墙后土体位移的变化，用以判断墙体的稳定状态。

（4）土压力盒：用于量测墙后土体的压力状态（主动、被动和静止）、大小及变化情况，以检验设计计算的准确程度和判断墙体的位移情况。

（5）孔隙水压力计：用于观测墙后孔隙水压力的变化情况，判断土的松密和移动。

（6）水位计：用于量测墙后地下水位的变化情况，以检验降水效果。

（7）钢筋应力计和测温计：钢筋应力计用来量测支撑结构的内力，判断支撑结构是否稳定；测温计一般与钢筋应力计一起埋设在钢筋混凝土支撑中，用来计算由于温度变化引起的应力。

（8）低应变动测仪和超声波无损检测仪：用来检测围护结构的完整性和强度。

二、围护结构的安全监测

1. 围护结构的水平位移监测

（1）围护结构的顶部水平位移监测

围护结构顶部水平位移是围护结构变形最直观的体现。因此也成了深基坑监测工作中最重要的一个监测项目。监测时，测点的布置和观测频率应遵循以下原则。

一般，间隔5~8m布设一个监测点，在基坑转折处、距周围建筑物较近处等重要部位，应适当加密测点。基坑开挖初期，可每隔2~3d监测一次。随着开挖过程进行，可适当增加观测次数，以1d观测一次为宜。当位移较大时，每天观测1~2次。

考虑到基坑开挖时施工现场狭窄、测点被阻挡等实际情况，可采用多种方法进行观测，如采用铟钢丝、钢卷尺两用式位移收敛计对围护结构顶部进行收敛量测,或采用精密光学经纬仪进行观测。

（2）围护结构的倾斜监测

根据围护结构受力特点及周围环境等情况,钻孔布设测斜管。采用灌注桩或地下连续墙作为围护结构时,通常将塑料测斜管连接并固定在钢筋笼内,管底封住,用高精度测斜仪进行监测。根据围护结构在各开挖施工阶段倾斜变化,及时提供围护结构沿深度方向水平位移随时间变化的曲线。

设置在围护结构中的测斜点,一般每边可设置 1～3 个测点,测斜管埋置深度一般为 2 倍的基坑开挖深度,或与钢筋笼同长。钻孔布设时,测斜管放置于围护结构后,一般用中细砂回填围护结构与孔壁之间的孔隙(最好用膨胀土、水泥、水按 1:1:6.25 比例混合回填)。正式测试前,应对测斜孔进行连续观测,取其稳定值作为初读数。也可以在基坑开挖过程中及时在围护结构侧面布设测点,用光学经纬仪观测围护结构的倾斜。

2. 围护结构的沉降监测

用精密水准仪对围护结构关键部位布点进行沉降监测。

3. 围护结构的内力监测

围护结构的内力监测,就是用钢筋应力计对围护结构钢筋和锁口梁钢筋较大应力断面处的应力进行监测,以防止围护结构的结构性破坏。

安装前,应对钢筋应力计进行标定,将钢筋应力计焊接在主钢筋上,并将测线引出至钢筋笼上端。

4. 支撑系统的内力监测

支撑系统的内力监测就是对钢筋混凝土支撑的混凝土及钢筋的受力状况进行监测(采用钢筋应力计及贴应变片)。对钢管支撑,可用荷重传感器或应变计等监测其受力状态变化。基坑周围土体的位移监测包括对表层土体和深层土体分层沉降、水平位移的监测。监测范围重点为基坑边开挖深度 1.5～2.0 倍范围内。对基坑周围土体进行位移监测,可及时掌握基坑边坡的稳定性,查明土体中潜在滑动面的位置。基坑周围土体分层沉降监测旨在测量各层土的沉降量和沉降速率,分层沉降量测采用分层沉降仪。

5. 桩侧土压力监测

桩侧土压力是围护结构设计计算中的重要参数。对开挖过程中桩侧土压力进行监测,可以掌握桩侧土压力的发展过程,以便对设计中可能存在的问题及时加以解决。桩侧土压力可采用钢弦式和电阻应变式压力盒。

6. 基坑底部的隆起监测

（1）基坑底部隆起是基坑稳定性验算中的重要内容,特别在软土地区基坑开挖中,隆起量一般为基坑开挖深度的 0.5%～1.0%。引起基坑隆起的因素有以下三个方面:

①卸荷产生的回弹。

②基坑底部土体吸水膨胀。

③挡墙根部产生塑流变形或不可逆侧移。

（2）基坑底部隆起观测点的布设。基坑隆起观测点布设应根据基坑形状及地质条件,以最少的点数测出所需各纵、横断面隆起为原则进行。

三、周边既有建筑物的变形监测

1. 周边建(构)筑物的沉降、倾斜和裂缝监测

(1)周边建(构)筑物的沉降和倾斜监测

观测点布置应根据建筑物结构形式、基础形式及各种建筑在不同沉降差下的反应、工程地质条件、开挖方案等因素综合考虑。一般应在建筑物角点、中点、沉降缝位置、周边设置,每栋建筑物的观测点不少于8个。观测方法和观测精度一般与沉降观测相同。

(2)周边建(构)筑物的裂缝监测

对裂缝观测日期、部位、长度、宽度进行详细记录,裂缝宽度数据应精确至0.1mm。裂缝观测标志可用油漆平行性标志或用建筑胶粘贴金属标志,也可采用在主要裂缝部位粘贴骑缝石膏条的简单方法进行观测。

2. 周边道路管线的变形监测

基坑开挖过程中,应同时对邻近道路、管线等设施进行水平位移和沉降观测。基坑开挖时,水平方向影响范围为1.5~2.0倍开挖深度,因此用于水平位移及沉降的监测点一般应设置在基坑边2.5~3.0倍开挖距离以外,水平位移监测点可更远一些。

观测点的位置和数量应根据管线种类、材质、直径、埋深、受开挖影响范围、管道接头形式和受力要求等布置。

地下管线位移监测有直接法和间接法两种,所以测点亦有两种布置方法。直接法就是将测点直接布置在管线本身上;而间接法则是将测点设在靠近管线底面的土体中,为分析管道纵向弯曲受力状况或在跟踪监测跟踪注浆调整管道差异沉降时,间接法必不可少。

四、各监测项目测点布置原则及监测频率

基坑监测应按基坑等级、开挖步序和参数等确定监测项目、监测仪器、测点布置、监测频率等。监测项目选择原则见表12-5,测点布置原则见表12-6,监测频率制订原则见表12-7。

各级基坑工程监测项目选择表 表12-5

基坑等级	周边地下管线位移	坑周地表沉降	周围建筑物沉降	周围建筑物倾斜	墙体水平位移	支撑轴力	地下水位	墙顶沉降	立柱隆沉	土压力	孔隙水压力	坑底隆起	土体分层沉降
一级	√	√	√	√	√	√	√	√	√	○	○	○	○
二级	√	√	√	√	√	√	√	○	○	○	○	○	○
三级	√	√	√	√	√	√	√	○	○	○	○	○	○

注:1. √为必测项目,○为选测项目,可按设计要求选择。
　　2. 基坑等级的规定见本节基坑变形控制保护等级及监测项目的警戒值。

五、基坑变形控制保护等级及监测项目的警戒值

1. 基坑变形控制保护等级的划分

为了保护周围环境,必须根据周围建(构)筑物和管线的允许变位,确定基坑开挖引起的

地层位移及相应的围护结构的水平位移、周围地表沉降的允许值，以此作为基坑设计的控制标准。

监 测 点 布 置 表　　　　　　　　　　　　　　　　　表 12-6

监 测 项 目	布 设 范 围	埋 设 深 度
地下管线位移	参见周边既有建筑物的变形监测（本节周边既有建筑物的变形监测）说明	—
建筑物沉降	参见周边既有建筑物的变形监测（本节周边既有建筑物的变形监测）说明	—
坑周地表沉降	不小于 2 倍基坑开挖深度范围内	—
墙体水平位移	每 20～30m 布设一个测斜孔为宜，并保证基坑每边上都有监测	与围护墙体同深
墙顶沉降	与测斜孔同点；局部重要部位加密	—
立柱沉降	沿基坑纵向每开挖段（约 25m）1 个	—
支撑轴力	沿基坑纵向每 2 个开挖段（约 50m）为一组，环境要求较高时，可适当加密	—
土压力	按设计要求定	按围护墙体深度埋设土压力传感器
地下水位	沿基坑长边至少布置 2 个，环境要求较高时，可适当加密	不低于降水深度
坑底隆起	按设计要求定	埋设深度宜为基坑开挖深度的 2 倍
深层土体沉降	按设计要求定	埋设深度为基坑开挖深度的 2 倍

现场监测时间间隔表（单位：d）　　　　　　　　　　　　　表 12-7

施工工况 ＼ 基坑等级	一级	二级	三级
施工前	3	7	7
桩基施工	1	2	7
围护结构施工	3	7	7
开挖 0～5m	1	2	2
开挖 5～10m	1	1	1
开挖 10～15m	1	1	1
开挖 >15m，浇垫层	0.5	0.5	1
浇好垫层，浇好底板	1	2	3
浇好底板后 7d 内	1	2	3
浇好底板后 7～30d 内	2	7	15
浇好底板 30～180d	7	15	—

注：1. 本表宜用于制订坑周建（构）筑物变形、邻近管线变形、坑周地表沉降以及基坑挡墙水平位移的监测频率，对其余监测项目的监测频率，尚应根据设计要求和现场实际情况选定。

2. 若施工中出现变形速率超过警戒值的情况，应进一步加强监测，缩短监测时间间隔，为改进施工和实施变形控制措施提供必要的实测数据。

上海地区,根据基坑工程的重要性,一般将基坑工程分为三级,符合下列情况之一时,属于一级基坑工程。

(1)围护结构作为主体结构的一部分时。

(2)基坑开挖深度大于等于10m时。

(3)距基坑边两倍开挖深度范围内有历史文物、近代优秀建筑、重要管线等需要严加保护时。

开挖深度小于7m,且周围环境无特别要求时,属三级基坑工程。

除一级和三级以外的,均属二级基坑工程。

2.监测项目的警戒值和允许值

在基坑工程中,确定各监测项目的警戒值和允许值是一项十分重要的工作。它不仅是设计计算的重要基础,同时也是确定合理施工流程、保证周围环境安全的主要依据。监测项目的警戒值应根据基坑自身的特点、监测目的、周围环境的要求,结合当地工程经验并和有关部门协商综合确定。一般情况下,每个项目的警戒值应由累计允许变化值和变化速率两部分控制。

对于不同等级的基坑,应按不同的变形标准进行设计和监测。表12-8给出了一、二级基坑的变形控制标准。三级基坑通常宜按二级基坑的标准进行控制,当环境条件许可时,可适当放宽。

一、二级基坑变形设计和监测的控制标准 表12-8

基坑级别	墙顶位移(cm)		墙体最大位移(cm)		地面最大沉降(cm)	
	监控值	设计值	监控值	设计值	监控值	设计值
一级基坑	3	5	5	8	3	5
二级基坑	6	10	8	12	6	10

此外,确定变形控制标准时,应考虑变形的时空效应,并控制监测值的变化速率,一级工程宜控制在2mm/d之内,二级工程应控制在3mm/d之内。

根据上海地区的经验,一些项目的警戒值的取值如下:

(1)围护结构的变形。如果监测的目的是为了保证基坑自身的安全,围护结构的最大水平位移一般为80mm,位移速率为10mm/d。当周围有需要严格保护的建(构)筑物时,应根据保护对象的要求来确定。

(2)煤气管道的变形。沉降或水平位移不得超过10mm,位移速率不超过2mm/d。

(3)自来水管道的变形。沉降或水平位移不得超过30mm,位移速率不超过5mm/d。

(4)基坑外水位。坑内降水或基坑开挖引起的坑外地下水位下降不得超过1 000mm,下降速率不得超过500mm/d。

(5)立柱桩差异沉降。基坑开挖所引起的立柱桩隆起或沉降不得超过10mm,发展速率不得超过2mm/d。

(6)弯矩及轴力。根据设计计算确定,一般将警戒值控制在80%的设计允许最大值内。

六、工程实例

1.工程概况与难点

某地铁车站基坑呈东西向。车站主体工程水文地质条件十分复杂,有层厚6m的沙质土。

地下各类废涵管、暗浜纵横交错，施工较为复杂和困难。施工难点之一是车站南侧挡土连续墙高某隧道地下雨水泵房（地下结构深 8m）仅 0.8m（图 12-18），又由于早先泵房施工留下的围护钢板桩侵入，使该段车站工程围护结构缺口达 9.6m。相邻的周边重要建筑物又要求车站深基坑开挖严格控制变形以达到保护要求，这使该车站工程施工难度成为上海地铁车站建设中较为罕见之例。

2. 施工方案的确定

护墙体采用厚 600mm、深 25m、B 型接头的地下连续墙，插入深度为 0.8 倍的开挖深度，基坑支撑体系为 4 道 $\phi609mm \times 16mm$ 钢管支撑。支撑平面间距为 3m，每 6m 宽的一幅地下墙用两根钢管支撑。

由于泵房早先围护钢板桩体侵入较多，做该处围护时，无法挖槽形成连续墙体，经反复商榷，最后决定采用"拉森"钢板桩作围护。

针对车站施工所面临的诸多困难，工程建设方最终决定采用逆作法施工。该方法采用"二明一暗"的作业流程：先顺作至中板高程处形成中楼板之后，再在中板下逆作挖土，形成底板，最后再在该标段形成顶板。

3. 监测点位的分布

采用逆作法施工的同时又对监测工作提出了更高要求。针对施工当中的重点和难点，监测部门制订了具体的监测方案（监测点位分布图见图 12-19）。监测内容如下。

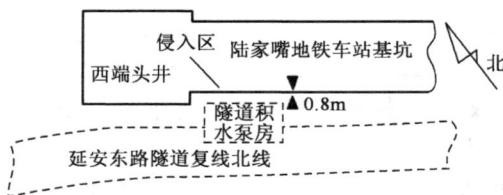

图 12-18　车站与隧道地下雨水泵房位置示意图

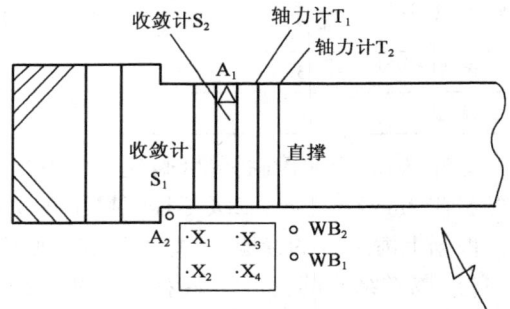

图 12-19　监测点位分布图

（1）连续墙体测斜（A_1），观测北侧地下连续墙体的变位情况。测斜管采用 $\phi80PVC$ 管，埋设深度与结构入土深度同深。

（2）为了解泵房周围土体纵剖面变化情况，埋设两孔 $\phi60PVC$ 测斜管 WB_1 和 WB_2，槽口方向与连续墙垂直，埋深为 9m，孔深超过邻近隧道泵房地下结构深度。

（3）钢支撑轴力测试（T_1、T_2）观测钢支撑的受力变化，遇紧急情况增加支撑数量。钢支撑轴力计采用 $\phi125$ 振弦式反力计。

（4）泵房上部地表土体沉降测量点（$X_1 \sim X_4$）位埋设采用 20cm 长钢筋预制桩，点位间距为 2m。

（5）收敛计测试（S_1、S_2），观测钢板桩由于东、西两侧连续墙剪力而发生的微小平行方向变形，并推算钢板桩由于承受支撑传递的南北方向垂直挤压力而产生的微小变形。收敛计采用进口 GEOKON 收敛计，读数精度为 0.001mm，如图 12-20 所示。

由于早先埋设于西端头井南侧连续墙体中测斜孔位被损坏,为间接反映东、西两侧连续墙体承受的东、西方向剪切形变,在紧贴南侧的连续墙体之外土体内补设了 A_2 双向(槽口分别平行和垂直于连续墙)测斜孔。

4.监测成果分析

(1)连续墙体变位情况

在开挖前对测斜孔 A_1 进行了初步测定。测试数据自孔口向下计算,每日孔口的位移量由经纬仪测定出,数据处理时一并进行计算。图 12-21 是测斜孔 A_1 的位移变化曲线图。

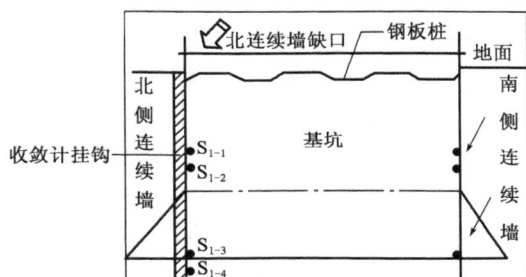

图 12-20 收敛计布设示意图

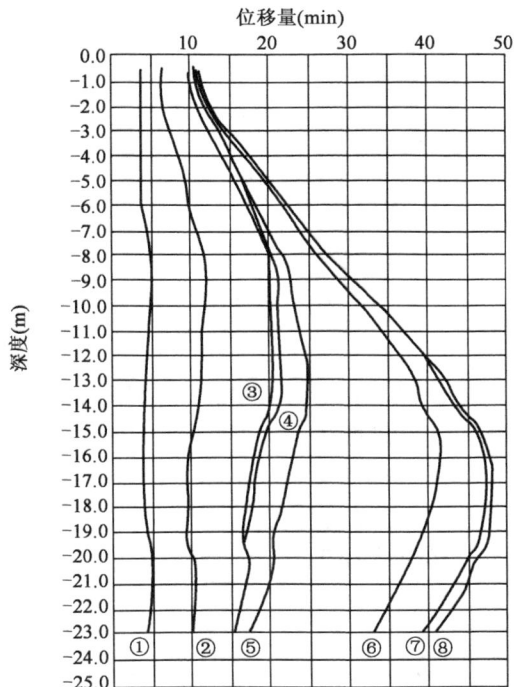

图 12-21 测斜孔 A_1 的位移变化曲线图

①-1994 年 10 月 20 日;②-1994 年 10 月 26 日;③-1994 年 11 月 2 日;④-1994 年 11 月 7 日;⑤-1994 年 11 月 18 日;⑥-1994 年 11 月 29 日;⑦-1994 年 12 月 5 日;⑧-1994年 12 月 10 日

基坑开挖后,基坑北侧连续墙体测斜位移量逐渐增大,至制作中楼板之前,测斜位移变化达 17.5mm(深度为 -17m)。中楼板制作并养护期间,测斜位移量大为 4.29mm(深度为 -16m)。中楼板制作完成后,在其下进行逆作期间,连续墙位移变化量为 7.37mm(深度为 -19m),表现为"踢脚"变形。而在中楼板深度以上(深度为 -7.5m)的围护墙体彼此间测斜位移变化最大量只有 -0.69mm。在底板浇筑和养护期间,围护墙体位移变化最大量为 1.23mm(深度为 -18.5m),中楼板高程以上围护墙体位移最大量为 0.72mm(深度为 -3.5m)。

施工期间只出现报警情况一次(11 月 29 日,日变量 2.2mm),说明围护墙体位移变化比较稳定。底板浇筑和养护期间最大达到 48.5mm(深度为 -18.5m),约为 0.32%h(h 为挖深),但日变化很小,未予报警。

（2）泵房周围变位情况

基坑开挖期间，泵房一侧钢板桩接缝处无明显渗漏水现象，加之泵房附近预先做过地基加固，监测获得的资料表明：泵房附近土体变化比较稳定，且变位呈均匀增大形态。其结果与 A_1 孔变化相近，最大位移见表 12-9。

土体变位最大值统计表   表 12-9

深度 （m）	最大位移（mm）		深度 （m）	最大位移（mm）	
	WB_1	WB_2		WB_1	WB_2
-0.5	3.65	4.05	-5.0	11.7	12.2
-1.0	4.29	4.59	-5.5	12.81	13.6
-1.5	5.18	5.05	-6.0	14.19	14.79
-2.0	5.98	5.56	-6.5	15.23	15.49
-2.5	6.91	6.69	-7.0	16.33	16.18
-3.0	7.89	7.79	-7.5	17.76	16.79
-3.5	8.75	8.85	-8.0	19.09	17.46
-4.0	9.75	9.78	-8.5	20.4	18.36
-4.5	10.75	10.95	-9.0	21.93	19.40

双向测斜孔 A_2 在基坑开挖期间变化不甚明显，最大位移量为 7.43mm（深度为 -6.5m，沿钢板桩连续墙断口方向）和 5.41mm（深度为 -7.0m，沿基坑方向）。说明土体由于自身的塑性对邻近墙体变化反应不明显，但一定程度上反映了深部土体施工期间变化的规律性。

（3）支撑轴力情况

支撑轴力计 T_1 和 T_2 均安装在第三道支撑（一层之上）上，图 12-22 反映了施工期间轴力的变化情况。

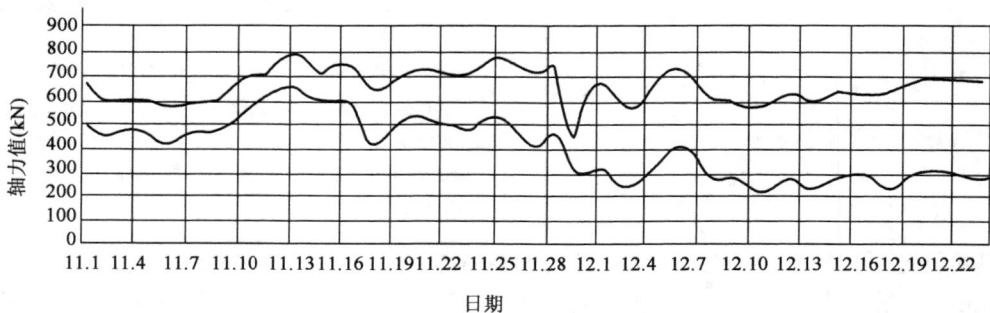

图 12-22　支撑轴力计变化曲线图

由于预加轴力为 30% 的设计轴力（2 000kN），开挖至负一层制作中板束筋（11 月 9 日），轴力缓慢增大（至 760kN），中板浇筑混凝土和养护后，轴力变化趋于稳定，11 月 23 日开始中板下逆作法施工后，轴力未增大反而有少许下降，直到负二层底板束筋浇筑混凝土后，轴力一直在 600kN 和 250kN 左右变化。这与 A_1 孔的测斜变化规律有十分相近之处，说明中板形成后，作为一种支护结构已经成为基坑的主要支撑承载。

（4）收敛计测试

基坑围护体几组点位间距变化情况如图 12-23 所示。收敛计测试较直接地反映了基坑围护之间随施工过程产生的变化情况。中板形成后，11 月 8 日中板下开始逆作施工，S_2 间距缩小较快，这种情况一直持续到制作底板垫层，最大达 -2.09mm，这种变化和逆作挖土造成基坑南、北两侧围护墙体外荷增大密切相关。12 月 5 日，底板浇筑后，S_2 变化趋于稳定。11 月 20 日，西头井南侧挖四道支撑土，至 12 月 1 日，西头井挖五道支撑土，这期间，S_{1-1}、S_{1-2}、S_{1-3} 都明显呈现增大，说明西头井斜撑传递到钢板桩处的剪应力增大，但由于中板的形成将钢板桩两侧地下结构连为一体，有效地抵抗住了剪应力产生的变形。12 月 14 日，西头井浇筑底板后，各组收敛计测定的间距变化都趋于稳定。

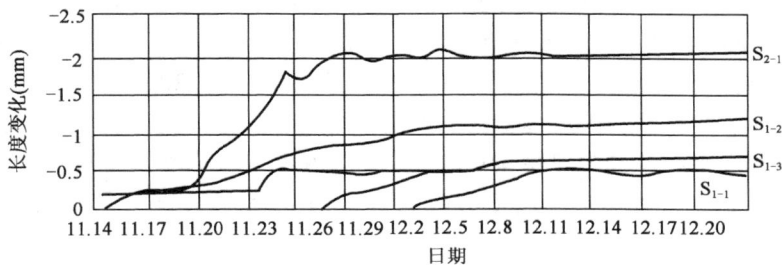

图 12-23　围护墙体间收敛计测试曲线

（5）地表沉降观

泵房上部地表沉降观测最大位移量统计见表 12-10。

泵房上部地表累积沉陷最大值统计表（单位：mm）　　　　　　　表 12-10

点号	X_1	X_2	X_3	X_4
最大沉降量	-5	-7	-9	-12

可以看出施工期间泵房上部土体沉降变化较小，这与泵房周围施工前进行了地基加固有关。

思　考　题

1. 信息化施工监测有哪些重要的工程意义？常见的施工监测类型有哪些？
2. 浅埋暗挖施工监测的应测项目有哪些？相应的监测仪器有哪些？
3. 盾构法施工引起地表隆起和沉降的原因是什么？
4. 明挖法施工监测的内容有哪些？
5. 基坑变形监测的警戒值取值方法是什么？

参 考 文 献

[1] 张庆贺,等.地铁与轻轨[M].2版.北京:人民交通出版社,2006.

[2] 张庆贺,等.地铁与轻轨[M].北京:人民交通出版社,2002.

[3] 周晓军,周佳媚,等.城市地下铁道与轻轨交通[M].成都:西南交通大学出版社,2008.

[4] 毛保华,等.城市轨道交通[M].北京:科学出版社,2001.

[5] 彭庆艳.引导城市发展的城市轨道交通线网规划方法[J].城市轨道交通研究,2009,12(8).

[6] 叶霞飞,等.城市轨道交通规划与设计[M].北京:中国铁道出版社,2001.

[7] 薛绍祖.地下建筑工程防水技术[M].北京:中国建筑工业出版社,2003.

[8] 薛绍祖.地下防水工程质量验收规范培训讲座[M].北京:中国建筑工业出版社,2002.

[9] 崔玖江.隧道与地下工程修建技术[M].北京:科学出版社,2005.

[10] 朱合华.地下建筑结构[M].北京:中国建筑工业出版社,2005.

[11] 关宝树.隧道工程维修管理要点集[M].北京:人民交通出版社,2004.

[12] 朱祖熹,陈心茹.内装可卸式止水带的衍变与发展[J].地下工程与隧道,1998(1):24-28.

[13] 邵臻.九华山隧道明挖区段防水设计介绍[J].中国建筑防水,2006(3):27-29.

[14] 李添用,等.大型基坑的防水与地铁车站的保护[J].建筑防水技术,2006(2):14-15.

[15] 朱祖熹.上海隧道等地下工程防水技术的发展[J].上海隧道(专辑),1997:105-111.

[16] 何克文,王世清.地铁天津站交通枢纽工程地下结构新型防水材料应用技术[J].建筑防水技术,2009(1).

[17] 张道真.防水工程设计[M].北京:中国建筑工业出版社,2010.

[18] 北京城建设研究总院有限公司,中国地铁工程咨询有限责任公司.地铁设计规范:GB 50157—2013[S].北京:中国建筑工业出版社,2014.

[19] 国家铁路局.铁路隧道设计规范:TB 10003—2016[S].北京:中国铁道出版社,2017.

[20] 陶龙光,刘波,侯公羽.城市地下工程[M].北京:科学出版社,1996.

[21] 夏明耀,曾进伦.地下工程设计施工手册[M].北京:中国建筑工业出版社,1999.

[22] 周顺华.城市轨道交通结构工程[M].上海:同济大学出版社,2004.

[23] 孙钧.地下工程设计理论与实践[M].上海:上海科学技术出版社,1996.

[24] 高毓才.建设中的北京地铁[M].北京:中国铁道出版社,1999.

[25] 耿永常,赵晓红.城市地下空间建筑[M].哈尔滨:哈尔滨工业大学出版社,2001.

[26] 北京市地下铁道设计研究所.世界城市轨道交通[M].北京:中国铁道出版社,1998.

[27] 钟桂彤.铁路隧道[M].北京:中国铁道出版社,1993.

[28] 蒋爵光.隧道工程地质[M].北京:中国铁道出版社,1994.

[29] 中华人民共和国交通运输部.公路桥涵设计通用规范:JTG D60—2015.北京:人民交通出版社股份有限公司,2015.

[30] 国家铁路局.铁路桥涵设计规范:TB 10002—2017.北京:中国铁道出版社,2017.

[31] 中华人民共和国住房和城乡建设部.城市道路工程设计规范(2016年版):CJJ 37—

2012.北京:中国建筑工业出版社,2016.

[32] 中华人民共和国住房和城乡建设部.建筑结构荷载规范:GB 50009—2012.北京:中国建筑工业出版社,2012.

[33] 国家铁路局.铁路桥涵混凝土结构设计规范:TB 10092—2017.北京:中国铁道出版社,2017.

[34] 王丽华.地铁车站站台设计[J].北方交通,2018(4):200-222.

二维码资源索引

微　　课

动　　画